GESCHICHTE FRANKREICHS

BAND 3

Frankreich im Zeitalter des Absolutismus

1515–1789

Geschichte Frankreichs

HERAUSGEGEBEN VON
JEAN FAVIER

Beratung der deutschen Ausgabe
Karl Ferdinand Werner

DEUTSCHE VERLAGS-ANSTALT
STUTTGART

GESCHICHTE FRANKREICHS

BAND 1 KARL FERDINAND WERNER
Die Ursprünge Frankreichs
bis zum Jahr 1000

BAND 2 JEAN FAVIER
Frankreich im Zeitalter der Lehnsherrschaft
1000–1515

BAND 3 JEAN MEYER
Frankreich im Zeitalter des Absolutismus
1515–1789

BAND 4 JEAN TULARD
Frankreich im Zeitalter der Revolutionen
1789–1851

BAND 5 FRANÇOIS CARON
Frankreich im Zeitalter des Imperialismus
1851–1918

BAND 6 RENÉ RÉMOND
Frankreich im 20. Jahrhundert
1918 bis zur Gegenwart

Geschichte Frankreichs

BAND 3

Frankreich im Zeitalter des Absolutismus 1515–1789

VON JEAN MEYER

Aus dem Französischen übertragen
von Friedel Weinert

DEUTSCHE VERLAGS-ANSTALT
STUTTGART

LA FRANCE MODERNE DE 1515 À 1789
erschien als dritter Band der
HISTOIRE DE FRANCE
erstmals 1985 bei Fayard, Paris.

CIP-Titelaufnahme der Deutschen Bibliothek

GESCHICHTE FRANKREICHS/
hrsg. von Jean Favier. Beratung d. dt. Ausg.
Karl Ferdinand Werner. –
Stuttgart : Deutsche Verlags-Anstalt
Einheitssacht.: Histoire de France ⟨dt.⟩
NE: Favier, Jean [Hrsg.]; EST

Bd. 3 Meyer, Jean: Frankreich im Zeitalter
des Absolutismus 1515–1789. – 1990

MEYER, JEAN:
Frankreich im Zeitalter des Absolutismus
1515–1789 / von Jean Meyer. Aus d. Franz. übertr.
von Friedel Weinert. –
Stuttgart: Deutsche Verlags-Anstalt, 1990
(Geschichte Frankreichs; Bd. 3)
Einheitssacht.: La France moderne de
1515 à 1789 ⟨dt.⟩
ISBN 3-421-06453-9

Lektorat: Wolfgang Stammler
Typographische Gestaltung:
Brigitte und Hans Peter Willberg, Eppstein
Gesamtherstellung: Wilhelm Röck, Weinsberg
Printed in Germany

INHALTSVERZEICHNIS

ERSTER TEIL
VON CHAMBORD ZUM PETIT TRIANON

KAPITEL I DER KÖNIG UND SEINE UNTERTANEN

KAPITEL II DIE MACHT DER MENGE

KAPITEL III VON DER REGIERUNGSKUNST

KAPITEL IV DAS FRANZÖSISCHE VOLK

KAPITEL V DIE WECHSELSPIELE DER NEUZEIT

ZWEITER TEIL DAS FRANKREICH DER RENAISSANCE: VOM RUHM ZU DEN MASSAKERN

KAPITEL I DIE ERSCHÜTTERUNGEN DES 16. JAHRHUNDERTS

KAPITEL II DAS KÖNIGTUM ALS MEISTERWERK DER LEBENSKUNST

KAPITEL III DIE RELIGIONSKRIEGE

KAPITEL IV DAS ALLTAGSLEBEN

KAPITEL V FRANKREICH – »MUTTER DER SCHÖNEN KÜNSTE«

DRITTER TEIL
DAS 17. JAHRHUNDERT

KAPITEL I KRIEGS- UND FRIEDENSZEITEN 1598–1659

KAPITEL II ABSOLUTE MONARCHIE, MINISTERHERRSCHAFT UND ANGRIFF AUF DIE KRONGEWALT

KAPITEL III RUHM UND MACHT 1660–1685

KAPITEL IV EUROPA GEGEN FRANKREICH 1688–1715

KAPITEL V DIE »REVOLUTIONEN« DES 17. JAHRHUNDERTS

VIERTER TEIL
DAS JAHRHUNDERT DER AUFKLÄRUNG

KAPITEL I DER FRIEDEN ODER DIE GENERATION DES LÄCHELNS 1715–1740

KAPITEL II DAS WIEDERAUFFLAMMEN DES KRIEGES 1740–1763

KAPITEL III DIE KRISE DER JAHRHUNDERTMITTE

KAPITEL IV »DER GLÜCKLOSE KÖNIG« 1774–1789

SCHLUSS

ERSTER TEIL

Von Chambord zum Petit Trianon

KAPITEL I

Der König und seine Untertanen

Die traditionellen Merkdaten der Neuzeit lauten 1515 und 1789. Am 1. Januar 1515 lag der als »Vater des Volkes« geltende Ludwig XII. im Sterben. Dem »Gerechten« folgte Franz I. auf den Thron. Frankreichs Krone ging vom Haus Valois-Orléans auf das Haus Valois-Angoulême über. Am 14. Januar 1789 brach das Ancien régime zusammen und machte dem modernen Frankreich Platz. Doch damit verschwand das Herrscherhaus der Bourbonen, das 1589 das der Valois ablöste, nicht ganz: der letzte der drei Brüder, Karl X., ging erst 1830 zum letzten Mal ins Exil.

Es war ein seltsames Geschick der französischen Krone, daß die Linie der Bourbonen mit drei Brüdern zu Ende ging. Ein ähnliches Schicksal widerfuhr im 14. Jahrhundert den Kapetingern (mit Ludwig X. »dem Zänker«, Philipp V. »dem Langen« und Karl IV. »dem Schönen«) sowie im 16. Jahrhundert den Valois-Orléans (mit Franz II., Karl IX. und Heinrich III.). Ein solches Geschick entfesselt Spekulationen über vergeltende Gerechtigkeit und das Wirken des Fluchs. So gibt es zwei Mythen über Frankreich, einen glorreichen und einen abschreckenden Mythos.

Am Anfang der Neuzeit stand ein junger Riese, Franz I. Der Pinsel eines Tizian oder eines Clouet haben seine Kunstversessenheit für die Ewigkeit festgehalten. Franz I. läutete im Pomp und Getöse der Schlacht von Marignano eine Reihe von zehn Herrschaftsfolgen ein, deren längste die von Ludwig XIV. – zweiundsiebzig Jahre, davon neununddreißig Jahre Selbstherrschaft – und Ludwig XIII. – dreiunddreißig Jahre »unterstützte« Herrschaft – waren. An ihrem Ende stand ein junger Mann mit ausdruckslosem Gesicht, der von den Ereignissen überfordert war: Ludwig XVI.

Den Artilleriesalven der Schlacht von Marignano (1515) folgten die Fanfaren und die blitzende Kavallerie. Marignano 1515, das bedeutet: Von den hundert Daten der französischen Geschichte, die unsere Generation noch fromm auf den Schulbänken gelernt hat, lebt die Erinnerung an dieses Datum weniger durch die Thronbesteigung Franz' I. am 1. Januar als durch die Schlacht selbst fort. Für einen historischen Augenblick fallen Vergangenheit und Gegenwart zusammen: Das ganze französische Königreich erlebte dieselbe Freude, die der Musiker Clément Janequin in seiner Schilderung der Schlacht feierte. In dieser Begeisterung erkennt der Historiker ein Symbol. Der Angriff der französischen Kavallerie mit ihrer *furia francese* war eine jener verrückten und völlig irrationalen Handlungen, die der Adel genoß, selbst wenn er damit den Ausgang einer Schlacht wieder in Frage stellte. Und endlich gelang auch einmal das gedankenlose Heldentum. Aber das war zum Teil auf die Feuerkraft der Kanonen zurückzuführen.

Die »moderne« Epoche wurde von zwei Welten beherrscht. Auf der einen Seite zeigte die Neuzeit mit der mächtigen Artillerie, auf die Frankreich seit Karl V. eine Art von Monopol besaß, schon ihre erschreckenden Züge. In dem Dauerkriegszustand, der diese drei Jahrhunderte auszeichnete, hatte derjenige das Recht auf seiner Seite, der über die größte Zahl von Kanonen verfügte, vorausgesetzt, daß er sie intelligent einsetzte. Auf der anderen Seite flüchtete sich das alte »Rittertum« des Mittelalters, soweit es überlebte, in einen zügellosen Heroismus, der sich zu allem fähig erwies, doch selten zum Guten, und immer häufiger negative Ergebnisse zeitigte, denn die Notwendigkeit, vernünftig zu handeln, setzte sich mit immer größerer Schärfe durch.

Dem jungen König, der am 1. Januar 1515 in die Geschichte eintrat, sollte es weder an Glanz noch an Niederlagen fehlen, noch sollte ihm die Schmach der Gefangenschaft erspart werden. Er sammelte Mätressen und Königinnenherzen; er zog sich unversöhnliche und erbarmungslose Feinde zu; er erfuhr systematische Verunglimpfung, aber auch anhaltendste Verherrlichung, die er dem Können seiner Baumeister zu verdanken hatte, deren traumhafte Bauten sich von Paris bis zur Loire erstreckten, also jenes Tal entlang, das vom Ende des Mittelalters bis zum Höhepunkt der Renaissance die Hauptverkehrsader Frankreichs bildete. Dem Frankreich der Kathedralen folgte das Frankreich der Schlösser. Und die Diener folgten dem Vorbild des Herrn: Das bemerkenswerte Schloß des Admirals Bonnivet (eines Günstlings Franz' I., der 1523 Oberbefehlshaber des französischen Heeres in Italien wurde und 1525 in der Schlacht von Pavia fiel) im Herzen des Poitou, das leider fast ganz verschwunden ist, bezeichnete in besonders anschaulicher Weise das machtvolle Eindringen der italienischen »Neuheit« der Renaissance.

Franz I. war ein einzigartiger Mensch; er trug vornehmlich mittelalterliche Charakterzüge, die durch seine künstlerische und intellektuelle Art überdeckt wurden. Unter seiner Herrschaft erlebte Frankreich eine Politik des Zögerns, besonders gegenüber dem aufkommenden Protestantismus. Der König nahm lange eine zwiespältige Haltung ein. Warum ist denn Frankreich die »älteste Tochter der Kirche« geblieben? Warum ist es nicht zum Calvinismus übergetreten? Seine Herrschaft begann mit italienischen Träumen, die Franz I. von den voraufgegangenen Regierungen geerbt hatte; sie ging in der Konfrontation mit Europa zu Ende. So verspielte Frankreich seine Begegnung mit dem Meer und der Neuen Welt. Zwar überlebte es, verfing sich aber in dem brudermörderischen Kampf gegen die Habsburger. Gegenüber dem sich vereinigenden Europa unter dem Schirm der klugen Heiratspolitik der Habsburger und gegenüber den amerikanischen Reichtümern, die die Habsburger anhäuften und ungeniert im Dienste ihres Hegemoniestrebens ausgaben, hielt Franz I. stand. Immerhin verstand er es, das Wesentliche zu gewährleisten: die Einheit des Landes.

Bei den Historikern gehört es zum guten Ton, sich über die »Schlachten-Geschichte« lustig zu machen. Dennoch gilt, daß Frankreich zweieinhalb Jahrhunderte lang mit den Habsburgern im Streit lag. Die Herrschaft Franz' I. markierte also einen Einschnitt, der einen unaufhörlichen Kampf in Gang setzte. Doch der Krieg war teuer. Die ganze französische Innenpolitik geriet in seinen Sog; denn jede »Reform« war zunächst steuerlicher Art, eine Konsequenz des Krieges. Die Schlachtengeschichte bestimmte die Geschichte der Finanzen und prägte die Geschichte dieses Staates, der so tief in das Leben des Volkes eingriff.

Wie sah das Ende dieses »großen Theaters« aus? 1774 starb der alte König Ludwig XV., der die Impfung verweigert hatte, an Pocken. Den Thron bestieg ein junger König, voll der besten Absichten, der von seinen Erziehern auf vortreffliche Weise in alle maritimen Angelegenheiten eingewiesen war. Von Ludwig XIV. bis zu Ludwig XVI. hatte Frankreich versucht, den verpaßten Anschluß aufzuholen. Doch der Kampf um das Meer durch Krieg und Handel war oft fehlgeschlagen, besonders im katastrophalen Siebenjährigen Krieg. Der junge König hatte nur einen

Traum: Frankreich dem Meer zuzuwenden. Eine Zeitlang gelang ihm das auch. Der amerikanische Unabhängigkeitskrieg endete 1783 in einer Apotheose. Doch diesmal reichten die Finanzen nicht aus, und so ging aus dem finanziellen Chaos – das im Vergleich zum restlichen Europa noch relativ überschaubar war – schließlich die Revolution hervor. Den zweieinhalb Jahrhunderte dauernden Kampf gegen die Habsburger überlagerte zunehmend ein zweiter Hundertjähriger Krieg zwischen Frankreich und den Seemächten, in erster Linie mit England.

Die Revolution übernahm in diesem Punkt, ganz wie später auch Napoleon, beide Erbschaften. So gesehen war der logische Einschnitt nicht 1789, sondern 1815 mit seiner irreparablen Katastrophe, die die endgültige Festlegung der nordöstlichen Grenze und die Preisgabe der maritimen Machtansprüche besiegelte. So haben Frankreichs Könige zwischen 1515 und 1815 immer wieder zwischen dem Land und dem Meer hin und her geschwankt und sich jeweils dem gerade Dringlichsten zugewandt. Sie hatten oft keine andere Wahl.

DAS KÖNIGREICH FRANKREICH

Es hilft zum besseren Verständnis des bisweilen so schmerzhaften Verhältnisses zwischen Frankreich und seinen Königen, zunächst die Bedeutung der Chronologie herauszuarbeiten, die sich in zwei Hauptphasen einteilen läßt. Von 1515 bis 1630 änderten sich die Grenzen des Landes nur wenig. Die einzige erwähnenswerte (aber beschränkte) Erwerbung, die offiziell vom Frieden von Cateau-Cambrésis (1559) herrührte, war die der *Trois-Evêchés* (die drei Bistümer Metz, Toul und Verdun, die 1552 von Heinrich II. annektiert worden waren. Ihre Zugehörigkeit zu Frankreich wurde 1648 beim Westfälischen Frieden anerkannt; d. Übers.); auch Calais kann in diesem Zusammenhang genannt werden. Frankreich umfaßte 1515 etwas mehr als 450000 Quadratkilometer; 1635, bei seinem Eintritt in den Dreißigjährigen Krieg, war sein Umfang auf kaum mehr als 470000 Quadratkilometer angewachsen. In einem Zeitraum von etwas mehr als einem Jahrhundert erfuhr es auf den Karten keine Veränderung. Es war noch immer das mittelalterliche Frankreich. Beim Tode Ludwigs XIV. (1715) umfaßte Frankreich 514000 Quadratkilometer, 1789 knapp 528000 Quadratkilometer, 1815 kam es auf 530000 Quadratkilometer (zum Vergleich: heute umfaßt Frankreich 551000 Quadratkilometer). Das bedeutet, daß sich die Form des Hexagons im wesentlichen zwischen 1630 und 1715 herausgebildet hat, zumal Lothringen, die Haupterwerbung Ludwigs XV., praktisch von Frankreich umschlossen war. Die Neuzeit verwandelte somit das mittelalterliche Fünfeck in ein Sechseck. Allen Einwänden und Behauptungen zum Trotz bestand darin die wesentliche Leistung der zehn Könige von Franz I. bis Ludwig XVI.

Es ist merkwürdig zu beobachten, daß Frankreich in Wirklichkeit durch die Ausformung zweier französischer Staaten entstand. Der Norden mit seinen fruchtbaren und stark bevölkerten Ebenen, die jeder Invasion offenstanden, zählte mehr als zwei Drittel der Gesamtbevölkerung, von der fast ein Drittel entlang der Küste des Ärmelkanals konzentriert lebte; der von Bergen beherrschte Süden war in viele kleine, unzulänglich miteinander verbundene Einheiten aufgeteilt, die nur von den beiden Rhônearmen und der breiteren Landstufe zwischen Toulouse und Narbonne durchbrochen wurden.

Was die östlichen Grenzgebiete anlangt, so bleiben diese, auch wenn sie sich tatsächlich von der berühmten Grenzlinie der vier Flüsse Schelde, Maas, Saône und Rhône entfernt haben, doch geographisch und gefühlsmäßig fest damit verbunden. Entlang der Maas und der Saône hatte sich die Situation praktisch nicht verändert. Entlang der Rhône hingegen hatten die Provinzen Dauphiné und Provence die Flußlinien überschritten und sich der Alpenwasserscheide genähert, während das Königreich von Piemont-Sardinien, zu dem Savoyen gehörte, noch unbeschwert die Alpenpässe überspannte. Auf der nördlichen Seite führte der Hundertjährige Krieg zu einem merklichen Rückzug. In seinen »*Dialogues des morts*«, die Fénelon für den Herzog von Burgund, den möglichen Erben der Krone, geschrieben hatte, legte er Franz I., der sich an Karl V. wendet, diese gewichtige Kritik in den Mund: »Während ich im Gefängnis war, haben Sie mir den Lehnseid für die Grafschaft von Flandern abgenötigt; der Vasall hat sich die Gewalt zunutze gemacht, um dem Herrscher sein Recht zu verschaffen.« Über die ins Spiel gebrachten Gesprächspartner erhob Fénelon heftige Vorwürfe gegen Franz I. Tatsächlich stieß Frankreich hier nur noch durch einen engen Küstenkorridor an den Ärmelkanal, der, von der Somme bis Calais reichend, einen der schwächsten

Punkte des Königreichs bildete. Die Grenzprovinzen waren die Picardie – mit der Somme als der einzigen Verteidigungslinie – und vor allem die Champagne und Burgund. Für die Bewohner dieser beiden Provinzen wurde diese Situation zu einem Verhängnis, das eine entscheidende Rolle bei der inneren Entwicklung des Königreichs spielte: Weil sie für die Versorgung der königlichen Heere aufkamen, stellten diese Provinzen und natürlich Paris auch den Großteil der gefürchteten und beneideten Munitionslieferanten und Steuerpächter.

Seit der Eingliederung der Provence und der Bretagne in das Königreich unternahm Frankreich bis zum Westfälischen Frieden (1648) keine weiteren Annexionen mehr. Man begreift von daher, daß die Franzosen sich daran gewöhnt hatten, ihr Land gleichsam nur innerhalb der mittelalterlichen Grenzen zu »fühlen«. Fénelon warf dem König übermäßige Eroberungen vor. Das »Kleine Konzil«, das um Bossuet und Fénelon die konservativsten Bischöfe Frankreichs versammelte, dachte kaum anders. Die Verfasser der Geschichtsbücher des 17. und 18. Jahrhunderts gingen über die gewaltigen Konsequenzen der Siege Ludwigs XIV. hinweg, und es bedurfte des ganzen Voltaireschen Genies, um die Bedeutung der Eingliederung von Metz, Lille, Straßburg, Besançon und Perpignan in das Land zu ermessen.

Der Begriff »Frankreich« ist selbst lange Zeit vager geblieben als der Begriff »Königtum«. Das Königreich Frankreich hatte Vorrang vor Frankreich. Man gehörte zuerst seinem König und Lehnsherrn. Er war Symbol und Inbegriff der Einheit. Im Gefolge des Königs fand die Ideologie vom Staat zunächst Verbreitung, und der gesunde Menschenverstand des Volkes hatte sich nicht getäuscht, als es Ludwig XIV. die historische Äußerung »Der Staat bin ich« zuschrieb.

Die Historiker des 19. Jahrhunderts, die einer von den Epigonen der Aufklärungsphilosophen begonnenen Tendenz folgten, haben darin den unverkennbaren Machtmißbrauch eines »Despoten« gesehen. Der Äußerung entsprach jedoch eine andere Realität. Frankreich war ein außerordentlich heterogenes Land, das von der Person des Königs und seinem Gesetz zusammengehalten wurde. Die Äußerung traf in erster Linie auf das Land zu und hatte nur wenig mit der Person des Großen Königs selbst zu tun. Auf seinem Sterbebett machte Ludwig XIV. gegenüber seinen Nächsten, die ihn beweinten, die entscheidende, ihn charakterisierende Bemerkung: »Ich gehe, doch der Staat bleibt bestehen.«

Die »moderne« Geschichte beginnt mit einem fundamentalen Wandel, der wenigstens die Eliten, wenn nicht schon das Volk auszeichnete, nämlich mit dem Übergang von der Treue zur Herrscherdynastie hin zu einer Verbundenheit zum Staat, vor allem zum Vaterland. Nach der Definition des Wörterbuches bedeutete »Vaterland« zunächst nur Heimat, Gegend. Am Ende des 18. Jahrhunderts unterlag das Wort einem Bedeutungswandel hin zur »großen Nation«, zu dem *einen* Vaterland. Staat und Nation haben sich so den König einverleibt, ihn sich zu eigen gemacht, und es kennzeichnet gut den außerordentlichen Erfolg der Könige und ihrer Regierungen, daß dieser Übergang letzten Endes der Symbolfigur, um die sich alles aufbaute, ein Ende setzte und dem abstrakten Kult um die Trikolore Platz machte, die dies in der überlieferten Doppelbedeutung der Farben zum Ausdruck bringt: im Weiß der Krone, im Rot und Blau von Paris.

Daraus folgten schließlich zwei Hauptprobleme. Das erste ist einfach zu benennen, das zweite hingegen ist sehr komplex. Jede territoriale Erwerbung geschah durch gewaltsame Annexion – oder wenigstens ohne Befragung der betroffenen Bevölkerung – von Regionen, die bis dahin entweder autonom gewesen waren oder als Teil einer anderen Einheit existiert hatten. Der Anschluß an die französische Krone konnte durch unterschiedliche Aspekte erleichtert werden: zum Beispiel durch die Sprache wie in Lothringen, im Artois oder in Metz – aber dieser Faktor spielte weder im Roussillon noch im Elsaß, noch in einem Teil von Lothringen eine Rolle –, manchmal auch durch die Erinnerung an die alte französische Lehnsherrschaft, falls man sie nicht vergessen hatte. Aber weder Lille noch Besançon, noch Straßburg kehrten leichten Herzens nach Frankreich zurück. Die Krone stieß auf einen keimenden Nationalismus und in jedem Fall auf manchmal hartnäckigen lokalen Widerstand.

Das erklärt, warum das französische Volk nur schwer die Ausdehnung nach Nordosten und noch weniger die nach dem Mittelmeer hin innerlich mitvollziehen konnte. Der Erfolg der Anpassung war nicht einheitlich. Lille und Straßburg bekamen Zitadellen, die sowohl gegen äußere Feinde als auch gegen die Stadt selbst gerichtet waren. Aber während Lille nach zwei Generationen ganz französisch wurde, blieben Straßburg und Perpignan teilweise dem französischen Wesen fremd. Die Krone unternahm darüber hinaus keine großen Anstrengungen, um das Land wirklich zu vereinen. In Wirklichkeit war das Privileg ein sehr geschmeidiges Instrument, das der König anläßlich seiner Krönung zu respektieren schwor. Das zweite Problem war ein mittelalterliches Erbe. Frankreich entstand in einer zerstückelten und zerteilten Landschaft, in der alle großen Invasionswellen entweder ausliefen oder abgeschwächt wurden. Geschichtlich baute sich die Krondomäne um zwei oder vielleicht drei Zentralpunkte auf. Die Ile-de-France im Norden, die Wiege der Kapetinger-Dynastie, bildete um die Landzunge der Seine-Loire – und um die große Metropole und ihren Hochebenen mit ihrer Bevölkerungsdichte von mehr als vierzig Einwohnern pro Quadratkilometer – das zeitlich erste und wirksamste Element der Neugliederung. Der zweite Zentralpunkt bildete sich im 13. Jahrhundert für den Preis eines erbarmungslosen Kampfes um das Languedoc herum. Schließlich war das Frankreich Karls VII. (1403–1461), das im Laufe des ersten Hundertjährigen Krieges auf die Verkehrsader der Loire zurückgeschnitten worden war, vor allem das Frankreich des Südens. Im 16. Jahrhundert blieben viele Erinnerungen daran lebendig. Das 17. und 18. Jahrhundert erlebten dagegen den Triumph von Paris.

H. Le Bras und E. Todd schrieben in ihrem 1981 erschienenen Werk: »Aus dem Blickwinkel des Anthropologen dürfte es Frankreich eigentlich gar nicht geben. Die meisten großen und kleinen Nationen Europas und der Welt – zum Beispiel England, Deutschland, Rußland, China, Japan, Schweden, Irland, Polen – sind in gewisser Weise nur ursprüngliche und homogene Systeme, alte und winzige Stämme, die, durch tausend Jahre demographischer Ausdehnung aufgebläht, heute den Maßstab einer Nation erreichen. Länder wie Indien, Jugoslawien, Spanien sind dagegen absolut heterogen, Aneinanderreihungen von Völkern, die ihre sprachliche und administrative Einheit nicht realisiert haben. Frankreich wurde von keinem bestimmten Volk gegründet ..., seine Geschichte ist ohne Anfang und ohne Ende.«

Dem wäre manches entgegenzuhalten. Das Wichtigste an diesem Zitat aber ist, daß Frankreich »logischerweise nicht existieren dürfte«. Doch die Geschichte lief so ab, als ob dieses Volk, das in seinem Innersten von einer typischen Tochter des Volkes, Jeanne d'Arc, verkörpert wurde, die Einigungspolitik der französischen Könige, die in der Neuzeit zentralistisch wurde, akzeptiert habe, und zwar trotz der sprachlichen Trennung in die Länder der Langue d'oïl und der Langue d'oc. Michelet hatte nicht unrecht, als er bemerkte, daß die französische Nation die einzige sei, die von einer Frau geboren worden sei. Aber es waren die Könige, die sie geschaffen, erhalten und vergrößert hatten. Wer waren nun diese Könige?

DAS PORTAL DER KÖNIGE

Was hat sich in den zweihundertvierundsiebzig Jahren zwischen 1515 und 1789, die zum markantesten Teil des französischen Nationalerbes gehören, ereignet? In diese Zeit fiel vor allem die Herrschaft von zehn Königen, von denen einige zu den »größten« zählen, die die Geschichte des französischen Volkes vorzeigen kann. Aber das Schauspiel nahm ein blutiges Ende, über den »Königsmord« am 21. Januar 1793 hinaus scheint die Schändung der Grabmäler von Saint-Denis das alte Band der Treue durchtrennt zu haben, das König und Volk so stark verband, daß man die Kinder des Königs »Kinder Frankreichs« nannte.

Die Geschichte der Könige prägte den Alltag des Volkes tiefgreifender, als man oft wahrhaben will. Das »rustikale« Louis-Quinze-Mobiliar ist nichts anderes als die Popularisierung, nicht die Vulgarisierung, des höfischen Stils. Die alte französische Höflichkeit – der tiefgreifende »Prozeß der Zivilisation«, dessen Entwicklung Norbert Elias detailliert und anschaulich beschrieben hat – hat in vieler Hinsicht ihre Wurzeln in der sonst so verschrienen Etikette des Hofes. Beim Betreten eines Hauses oder vor einer Dame den Hut zu ziehen war in Wahrheit eine höfische Geste. Wer die Geschichte des Volkes schreibt, kann die der Könige nicht auslassen. Betrachten wir daher die Galerie der Könige des »dritten Hauses«.

Zehn Herrschaftsfolgen in zweihundertvierundsiebzig Jahren, das bedeutet eine durchschnittliche Regierungsdauer von siebenundzwanzigeinhalb Jahren. Diese erste Feststellung ist wichtig. Das französische Königtum hatte das Glück, lange Herrschaftszeiten zu erleben. Vielleicht waren die letzten sogar – unter mehreren Gesichtspunkten – zu lang. Denn jeder König gehört einer Generation an, die ihn stützt. Wenn er zu lange lebt, deckt sich sein Denken nicht mehr mit dem der Generationen, die während seiner Herrschaft geboren wurden: Sie leben am Ende wenn nicht gegen ihn, so doch ohne ihn.

Könige	Geburt	Beginn der Herrschaft	Ende der Herrschaft	Dauer (Jahre)
HERRSCHERHAUS DER VALOIS				
Franz I.	1494	1. 1. 1515	31. 3. 1547	32
Heinrich II. (Sohn)	1519	31. 3. 1547	10. 7. 1559	12
Franz II. (Sohn)	1544	10. 7. 1559	5. 12. 1560	1
Karl IX. (Bruder)	1550	5. 12. 1560	30. 5. 1574	14
Heinrich III. (Bruder)	1551	30. 5. 1574	2. 8. 1589	15
HERRSCHERHAUS DER BOURBONEN				
Heinrich IV.	1553	2. 8. 1589	14. 5. 1610	21
Ludwig XIII. (Sohn)	1601	14. 5. 1610	14. 5. 1643	33
Ludwig XIV. (Sohn)	1638	14. 5. 1643	1. 9. 1715	72
Ludwig XV. (Urenkel)	1710	1. 9. 1715	10. 5. 1774	59
Ludwig XVI. (Enkel)	1754	10. 5. 1774	21. 9. 1792	18

Diese Tabelle ist mit der Tabelle über die mittelalterliche Periode nach Ludwig dem Heiligen zu vergleichen. Denn für die Menschen des Ancien régime war der König von Frankreich der Nachfahr von Ludwig dem Heiligen (1214–1270), und sein offizieller Titel lautete: »Allerchristlichster König«. Selbst für die weltliche Geschichtsauffassung der Dritten Republik stammten die französischen Könige von dem König ab, der unter der Eiche von Vincennes zu Gericht saß, um dem gemeinen Volk und den Armen Gerechtigkeit widerfahren zu lassen. Solche Bilder, die sich gegenseitig vervollständigen und rechtfertigen, begründeten die eigentliche Legitimität der französischen Könige. Für die Zeitgenossen Ludwigs XIV. nahmen viele Dinge bei Ludwig dem Heiligen ihren Anfang – und so wird auch Frankreichs Namenstag am Tag des Heiligen Ludwig (25. August) begangen. Der Vergleich des sogenannten »Königsportals«, der französischen Herrschaftstafel, vor und nach 1515 rief beim Volk und den Gebildeten erstaunliche Assoziationen hervor.

Könige	Geburt	Beginn der Herrschaft	Ende der Herrschaft	Dauer (Jahre)
HERRSCHERHAUS DER KAPETINGER, DIREKTE LINIE				
LUDWIG XI. der Heilige	1215	8. 11. 1226	25. 8. 1270	44
PHILIPP III. der Kühne (Sohn)	1245	25. 8. 1270	6. 10. 1285	15
PHILIPP IV. der Schöne (Sohn)	1268	6. 10. 1285	29. 11. 1314	29
LUDWIG X. der Zänker (Sohn)	1289	29. 11. 1314	8. 6. 1316	2
JOHANN I. der Postume (Sohn)	1316	15. 11. 1316	19. 11. 1316	–
PHILIPP V. der Lange (Bruder) von Ludwig X.	1291	6. 1. 1317	3. 1. 1322	5
KARL IV. der Schöne (Bruder)	1295	3. 1. 1322	1. 2. 1328	6

Könige	Geburt	Beginn der Herrschaft	Ende der Herrschaft	Dauer (Jahre)
HERRSCHERHAUS DER VALOIS				
Philipp VI.	1293	27. 5. 1328	22. 8. 1350	22
Johann II. der Gute (Sohn)	1319	22. 8. 1350	8. 4. 1364	14
Karl V. (Sohn)	1338	8. 4. 1364	16. 9. 1380	16
Karl VI. (Sohn)	1368	16. 9. 1380	21. 10. 1422	42
Karl VII. (Sohn)	1403	28. 10. 1422	22. 7. 1461	39
Ludwig XI. (Sohn)	1423	22. 7. 1461	30. 8. 1483	22
Karl VIII. (Sohn)	1470	30. 8. 1483	7. 4. 1498	15
Ludwig XII. (Vetter)	1462	7. 4. 1498	1. 1. 1515	17

Frankreich hatte von 1215 bis 1515 vierzehn Könige, was einer durchschnittlichen Regierungszeit von einundzwanzigeinhalb Jahren entspricht. In der Neuzeit, und das ist sehr bedeutend, verlängerte sich die mittlere Herrschaftszeit um sechs Jahre.

Periode	über 40 Jahre	30 bis 40 Jahre	20 bis 30 Jahre	10 bis 20 Jahre	bis 10 Jahre
1215–1515	2	1	3	5	3
1515–1790	2	2	4	1	0

Abgesehen von der sehr kurzen Herrschaft Franz' II. gab es in der Neuzeit keine Regierungszeiten mehr unter zwölf Jahren Dauer; die Tabelle zeigt einen deutlichen Trend zu einer Verlängerung der Regierungszeiten. Die statistische Verlängerung geht nicht einfach nur auf das Konto der langen Herrschaftszeiten von Ludwig XIV. und Ludwig XV.; sie ist ebenso eine Folge der durchschnittlichen Verlängerung der Regierungszeiten im Vergleich zum ausgehenden Mittelalter. Darin liegt ein deutlicher Beweis für die allgemein erhöhte Lebenserwartung bei den sozial favorisierten Gruppen. Dieses Phänomen zeitigte wichtige politische Konsequenzen.

DIE GUTEN UND DIE SCHLECHTEN KÖNIGE

Ein anderes Bild ergibt sich, wenn wir die Herrschaftszeiten unter dem Aspekt ihres »Erfolgs« betrachten, wie es in den Geschichtsbüchern des 18. Jahrhunderts gerne geschah und das wir hier noch durch das »Urteil« über Ludwig XVI. ergänzen, das trotz aller Rehabilitierungsversuche insgesamt nur negativ ausfallen kann. Die Geschichtsschreibung, wie man sie damals unterrichtete, verstand sich im wesentlichen als Richtspruch durch das Volk als gleichsam höchste postume Instanz, und dies bereits lange vor 1789. So »subjektiv« diese Bewertung auch sein mag, es lohnt sich, sie hier wiederzugeben.

Periode	gut und sehr gut	ziemlich gut	befriedigend	mittelmäßig oder schlecht	gesamt
1215–1515	3 (21%)	2 (14%)	2 (14%)	6 (42%)	14
1515–1790	1 (10%)	2 (20%)	2 (20%)	5 (50%)	10

Merkwürdigerweise ergeben die Urteile, mit denen das Volk manchmal unerwarteterweise mit den Intellektuellen, den Politikern und Gelehrten übereinstimmte, global vergleichbare Prozentsätze. *Vox populi, vox Dei.* Wie sah die »individuelle Klassifizierung« aus?

	1215–1515	1515–1790
Gut oder sehr gut	Ludwig der Heilige Ludwig XII. Karl V.	Heinrich IV.
Ziemlich gut	Karl VII. Ludwig XI.	Franz I. Ludwig XIV.
Befriedigend	Karl VIII. Philipp IV. der Schöne	Heinrich II. Ludwig XIII.
Schlecht oder mittelmäßig	Ludwig X. der Zänker Philipp V. der Lange Karl VI. Philipp VI. Johann II. der Gute Karl IV.	Franz II. Karl IX. Heinrich III. Ludwig XV. Ludwig XVI.

Diese »Klassifizierung« ist im Laufe einer Herrschaft nicht immer gleich geblieben. Ludwig XV. war lange Zeit der »Vielgeliebte«, was keineswegs den abwertenden Sinn hatte, den der Ausdruck später annahm, als man sich darüber lustig machte. Für kurze Zeit traf auf Ludwig XVI. die schmeichelhafte Gleichung zu »XVI. = XII. + IV.«, das heißt, die Addition von Ludwig XII. und Heinrich IV. Das moralische Urteil geht auch nicht einmal immer Hand in Hand mit einer gefühlsmäßigen Bewertung. Das Volk liebte zum Beispiel Karl VI., trotz oder gerade wegen seines Wahnsinns. Einige dieser Wertungen änderten sich auch mit den Autoren. Voltaire bewunderte das Jahrhundert Ludwigs XIV., des »Großen Königs« und seiner Minister, aber das war zu seiner Zeit eine Ausnahme. Saint-Simon zog Ludwig XIII. Ludwig XIV. vor, doch hatte das bei ihm persönliche Gründe. Die erste Generation unter der Herrschaft Ludwigs XIV. sah im König den »Großen«, danach wurde er jedoch zum Gegenstand der Abscheu.

Nimmt man Philipp den Schönen, der damals unterschätzt wurde, oder Ludwig XII., der weit überschätzt wurde, so wird deutlich, daß diese

»Klassifizierung« nicht immer der heutigen Einschätzung entspricht. Die mittelmäßigen Herrschaftszeiten waren manchmal zu kurz, um Früchte zu tragen. Angesichts des Idealbilds fällt das nicht ins Gewicht: Man weiß, wie in den Augen des französischen Volkes ein König zu sein hatte. Ludwig XV. und Ludwig XVI. litten stark unter der Gegenüberstellung mit dem Idealtypus.

DER IDEALE KÖNIG IM URTEIL DER GELEHRTEN

Welche Eigenschaften forderte das Volk vom König? In dem Bild, das die »Handbücher« des 18. Jahrhunderts zeichnen, fehlt es nicht an Widersprüchen. Paradoxerweise hatten die Franzosen keinen Eroberer-König im Sinn, diese Eigenschaft wurde am geringsten bewertet. Voltaire täuscht sich auch hier, weil diese Eigenschaft die Ausnahme bildet. Dagegen hatte der König nicht das Recht, auch nur ein Stückchen Land abzutreten, über dem zu irgendeinem Zeitpunkt das Lilienbanner geweht hatte. Wir finden hier die Ansicht der Rechtsgelehrten wieder, daß der König nicht Eigentümer des Königreiches war, sondern nur dessen Nutznießer, als der er seinem Nachfolger ein ungeschmälertes Territorium hinterlassen mußte. Jede Abtretung galt als nichtig. Darüber hinaus mußte der König ein Hüter der Gerechtigkeit sein und mehr noch ein Beschützer der Armen und Schwachen. Als Vertreter Gottes auf Erden war er der höchste Richter, der Oberherr, dem die höchste Gewalt zukam. Er konnte und mußte sogar jeden ungerechten Prozeß in seine Hand nehmen. Jeder Untertan hatte das Recht, ihn anzurufen. Das war der Hauptgrund für die französische Zentralisation, ihre traditionelle Rechtfertigung und der Grund für ihre Beliebtheit im Volk.

Natürlich mußte der König Christ sein, selbst wenn die Dinge sich mit dem Protestantismus verkomplizierten. Das bedeutet, daß er in den Augen der Franzosen zunächst gewisse Tugenden vorweisen mußte. Tatsächlich haben sich die Tugendvorstellungen im Verhältnis zur Entwicklung der verbreiteten oder dominanten Moralvorstellungen verändert. Die eheliche Treue und die Unterordnung unter die gewohnten Regeln der christlichen Sexualmoral zählten wenig. Heinrich IV., der *Vert Galant* (»Schürzenjäger«), konnte in seine buntgemischte Hofgesellschaft ungeniert den dichtbesetzten Kreis der religiösen Reformer aufnehmen, angeführt vom heiligen Franz von Sales, dem nachgesagt wurde, beim Spiel zu mogeln, sowie die bunte Schar von Mätressen, die er sich gleichzeitig hielt, ohne daß dieses Treiben im geringsten seiner zu seinen Lebzeiten noch schwachen Beliebtheit geschadet oder seine enorme postume Popularität verhindert hätte. Man hat Ludwig XIV. seine Favoritin, die Herzogin La Vallière, und selbst seine Mätresse Madame de Montespan verziehen, aber nicht Madame de Maintenon (die er heimlich heiratete), weil sie im Verdacht stand, eine rechtmäßige Gattin von nichtfürstlichem Rang zu sein. In dieser Hinsicht wurde Ludwig XV. nicht viel nachgesehen, obwohl er weniger gut »versorgt« war als sein Urgroßvater. Über die zeitweilige Impotenz Ludwigs XVI. trieb man sogar seinen Spott. Barbier wies in seinem *»Journal«* darauf hin, daß sich die gültige Moral in diesem Bereich stark gewandelt habe; in vergangenen Zeiten, so schreibt er um 1740–45, glaubten die Pariser, daß die großen Herren sich fast alles erlauben konnten, da sie von einer höheren Art zu sein schienen. Heutzutage, fügt er hinzu, haben sich die Verhältnisse geändert... Das ist ein wichtiger Hinweis.

An erster Stelle verlangte man vom König, daß er gerecht und sparsam zu sein hatte. Das Volk mit seinem gesunden Menschenverstand wußte, daß der Krieg teuer war. Die Kriegslasten hatte das Volk unmittelbar zu tragen: Unterbringungen, Plünderungen, Zerstörungen, Folterungen von seiten der Soldaten; der Freund war nicht immer weniger zu fürchten als der Feind. Das Volk spürte die Last auch mittelbar; es finanzierte die Heere des Königs. Im Grunde akzeptierten die Franzosen niemals wirklich die Rechtmäßigkeit der ständigen Besteuerung. Zwar waren sie bereit, im Notfall Hilfe zu leisten, aber das sollte eine Ausnahme bleiben. Das wirkliche Problem war die permanente Steuererhebung. Die Könige und ihre Berater wußten das sehr gut; es gab keinen neuen Steuererlaß, der nicht versprach, die Steuer auf die Zeit des laufenden Krieges zu beschränken.

Für die katholische Mehrheit der Franzosen mußte der König katholisch sein. Aus diesem Gefühl ging die Liga hervor, die man als eine erste große mißlungene Revolution verstehen kann. Das galt natürlich nicht für die Protestanten. Aber als ihre Bewegung in den Jahren 1550–1560 ihren Höhepunkt erreichte, gab es drei oder fünf Millionen Protestanten bei einer Bevölkerung von achtzehn oder zwanzig Millionen Franzosen.

MACHIAVELLI

Machiavelli hatte sich bereits zweimal in Frankreich aufgehalten – das erste Mal 1496 für fünf Monate, das zweite Mal 1504 in Lyon –, als der Einundvierzigjährige 1510 seinen *»Rapport sur les Choses de France«* verfaßte, dem zehn Jahre zuvor die kurze Abhandlung *»De natura Gallorum«* vorausgegangen war. In diesem *»Rapport«* legt ein ebenso gut unterrichteter wie intelligenter Diplomat ein Bild vor, das er von Frankreich am Beginn des 16. Jahrhunderts gewonnen hatte. Es ist ein kostbares Dokument: Seine Lückenhaftigkeit und Unwahrscheinlichkeiten erlauben uns, seine Informationen in der richtigen Relation zu sehen.

Wie viele Italiener und Europäer liebte Machiavelli Frankreich nicht allzu sehr. Das lag nicht nur am Verhalten der französischen Soldateska in Italien, das schmerzhafte Erinnerungen hinterlassen hatte und auch später noch zurücklassen sollte; auch nicht an der ziellosen französischen Italienpolitik, die bereits *a priori* durch ihre offen ausgesprochenen Ambitionen verdächtig war und durch ihre Unbeständigkeit und Inkonsequenz noch verdächtiger wurde. Machiavelli liebte Frankreich nicht, weil es ihm als eine gewaltige Macht erschien, deren einziger schwacher Punkt der fragwürdige Wert ihrer Armee war. Er schreibt: »Frankreichs Krone und König sind heute kraftvoller, reicher und mächtiger als je zuvor... Die Einwohner Frankreichs sind demütig und unterwürfig, sie hegen für den König die höchste Ehrfurcht.«

Dieses Bündnis zwischen König und Volk verlieh dem König seine atemberaubende Macht: »Der König bestallt so viele Provinzgouverneure, wie es ihm gefällt, und er bezahlt sie, wie es ihm behagt; er ernennt sie nach seiner Willkür. Er ernennt auch die anderen Gouverneure, selbst wenn es sich um eine kleine Stadt handelt. Beachten Sie, daß alle Ämter im Königreich vom König vergeben oder verkauft werden und von niemand anderem. Der Wille des Königs allein genügt... Die Truppen sind dort stationiert, wo es dem König beliebt, und in der Anzahl, die ihm gefällt.«

Die Wiederholung der Begriffe fällt auf. Aber was Machiavelli noch mehr beunruhigte, waren das steuerliche Potential des Königreichs und als Konsequenz seine militärischen Möglichkeiten. Aber er überschätzte diese Möglichkeiten gewaltig. So schätzte er die »Freischützen« auf die phantastische Zahl von 1700000 Mann. Bei der Beschreibung des französischen Steuersystems, die nicht frei von Ungenauigkeiten ist, fügt er hinzu: »Wenn die *Taille* (die wichtigste direkte Steuer, eine Einkommens- und Grundsteuer; d. Übers.) nicht ausreicht, leiht sich der König Geld, das er kaum jemals zurückerstattet; es wird durch königliche Briefe gefordert.« Machiavelli hatte den Eindruck, daß dem König von Frankreich in diesem Bereich keine Schranken gesetzt waren: »Die Einnahmen werden im Verhältnis zu den Ausgaben festgelegt.«

In Europa war man der gleichen Meinung. Aber erst um 1688 schlug Spannheim, der brandenburgische Gesandte in Paris, den gegen Ludwig XIV. Verbündeten eine Form der Kriegsführung vor, durch die Frankreich in die Knie gezwungen werden sollte: ein sehr langer Krieg, der die steuerlichen Reserven des Landes aufzehren sollte. Europa brauchte also fast eineinhalb Jahrhunderte, um zu merken, daß es selbst für Frankreich unüberwindbare Schranken gab.

Machiavelli hielt das Land für reich: »Dank seiner Ausdehnung und dem Vorteil, den die großen Flüsse bringen, ist Frankreich fett und üppig, Lebensmittel und Arbeitskräfte sind billig oder sogar kostenlos, weil im Volk nur wenig Geld im Umlauf ist: die Untertanen können kaum genügend Geld aufbringen, um ihren Grundherren die Abgaben zu zahlen, selbst wenn sie sehr gering sind.« Es ist ein einzigartiges Dokument, voll von Widersprüchen und erstaunlichen Behauptungen: die Geringfügigkeit der Seigneuriallasten, der enorme Umfang der steuerlichen Einnahmequelle des Königs, die Dürftigkeit des Geldumlaufs. Glaubte Machiavelli, daß die Kleinsteuern die gewaltigen Finanzquellen des Königs bildeten, so wie aus Bächen Flüsse werden? Einige Paragraphen später präzisiert er, daß der Klerus allein zwei Fünftel der »Renten und Einkünfte des Königreichs« besäße, und daß die Grundherren steinreich seien. Einen Wirtschaftshistoriker wird noch mehr die – richtige – Behauptung erstaunen, daß die Lebenshaltungskosten, aus der Sicht eines Ausländers, gering waren: das ist eher ein Zeichen für eine bedeutende wirtschaftliche Rückständigkeit und für die Schwäche der nicht-agrarischen Produktionsmittel. Wir befinden uns dabei in der Herrschaftszeit des »Vaters des Volkes«, des beliebten Ludwig XII. (1498–1515), während dessen Regierungszeit das Gleichgewicht zwischen den wieder ansteigenden Bevölkerungszahlen und der Produktion das empfindliche Zwischenstadium erreichte, bei dem ein traditioneller Wirtschaftstyp das Maximum dessen leistet, was er seinen Nutznießern bieten kann.

Machiavelli hatte dafür seine eigene Erklärung, die den voraufgegangenen Aussagen nicht notwendig widerspricht: »Das kommt daher, daß die Franzosen nicht wissen, wo sie ihre Produkte absetzen können, denn jeder hat davon im Überfluß. Nirgendwo kann man einen einzigen Scheffel Weizen verkaufen, weil jeder selbst genug zum Verkaufen hat. Die Adligen selbst geben außer für ihre Bekleidung nichts aus, denn sie haben zu Hause beliebig viel Vieh und Geflügel, und auf den Seen und anderswo wimmelt es von Wild aller Art. Das gilt allgemein, so daß das ganze Geld in die Hände der Grundherren fließt, die steinreich sind, während die Leute aus dem Volk sich schon für reich halten, wenn sie einen Gulden besitzen.«

Dennoch waren diese steinreichen Herren gehorsam: Die großen Barone waren mattgesetzt, es gab keine großen Herzöge mehr wie den Herzog der Bretagne und den Herzog von Burgund, die zum Verrat bereit waren und für den Feind »den Bock machten« nach dem Beispiel der Grafen von Flandern. »Da die Bretagne, die Guyenne, das Bourbonnais und der größte Teil von Burgund Frankreich jetzt völlig unterworfen sind, sehen sich die feindlichen Herrscher nicht nur jenes Mittels beraubt, das Königreich zu erschüttern, darüber hinaus stehen ihnen die Barone als Feinde gegenüber; dank ihrer Provinzen sieht der König sich seinerseits gestärkt und seine Feinde geschwächt.« Vor dieser Zeit »zögerte kein Nachbar Frankreichs, das Königreich anzugreifen«.

DIE KEHRSEITE DER MEDAILLE

Die Franzosen sind einfach unausstehlich: Sie sind zänkisch und nur am Augenblick interessiert, vergessen Wohl und Wehe, das ihnen widerfahren ist; sie vergießen arglos ihr Blut, sind aber schrecklich geldgierig. Der französische Hof ist noch schlimmer: Es geschieht dort nichts, ohne daß viel »Geld, Geschäftigkeit und Glück« dabei im Spiel ist. Die Franzosen halten ungern ihre Versprechen und haben immer ihre eigenen Interessen im Auge. Seit Caesars Zeiten haben sie sich offenbar kaum weiterentwikkelt: »launisch und leichtfertig«, lasch in Zeiten der Not, »anmaßend im Glück« – es ist auf sie kein Verlaß. Das Wort Ehre hat für sie nur wenig Bedeutung, und wenn sie einen Fehler begehen, versuchen sie das Problem durch Gewalt zu lösen. Das ist das undifferenzierte Bild, das die Schrift *»De natura Gallorum«* entwirft.

Vor allen Dingen sind die Franzosen Diebe: »Von Natur aus lechzen sie nach dem Gut der anderen und vergeuden gleichzeitig ihr eigenes und das der anderen. Ein Franzose bringt es fertig, selbst mit der Nase zu stehlen, um sich an einem gestohlenen Gegenstand zu ergötzen oder ihn zu verderben oder damit denjenigen zu erfreuen, dem er ihn entwendet hat. Im Gegensatz zu den Spaniern«, so präzisiert der *»Rapport sur les Choses de France«,* »sehen Sie das, was diese Leute Ihnen gestohlen haben, nie wieder.«

In Machiavellis Urteil klingen sicher Erinnerungen an die ersten Kriege in Italien mit und lassen an die italienischen oder deutschen Reaktionen auf die Plünderungen denken, die ja ebenfalls organisiert waren und während der Französischen Revolution und des Empires ganz Mittel- und Südeuropa planmäßig ausbeuteten. Diese Erinnerungen waren vielleicht der Hauptgrund für den Aufstieg des europäischen Nationalismus am Ende des 17. und Anfang des 18. Jahrhunderts.

In Machiavellis Augen bildeten diese Fehler glücklicherweise ein Gegengewicht zu der Macht des Königreichs. Tatsächlich habe – nach Machiavelli – das französische Königreich nicht mehr viel zu befürchten. Die Engländer seien nur noch ein Schatten ihrer selbst: »Sie haben schon seit so langer Zeit keinen Krieg mehr geführt, daß kein heute Lebender mehr einen Feind zu Gesicht bekommen hat.« Ein spanischer Einfall sei praktisch unmöglich: Die Zufahrtswege nach Frankreich seien auf dieser Seite des Landes zu mühsam und die Gegenden zu arm, um eine Armee zu ernähren. Die Flamen auf der anderen Seite befänden sich in einer zu starken wirtschaftlichen Abhängigkeit von Frankreich, sowohl hinsichtlich ihrer Versorgung als auch hinsichtlich des Verkaufs ihrer handwerklichen Produkte: »Die Flamen werden niemals gegen die Franzosen Krieg führen, es sei denn, man zwingt sie dazu.« Die Schweizer könnten nur Raubzüge machen; im übrigen griffen sie nur ungern Festungen an. »Auf der italienischen Seite sind die Berge und die Festungen, die die Zugänge schützen, schon an sich abschreckende Hindernisse, ganz abgesehen davon, daß kein italienischer Fürst mächtig genug ist, einen Angriff auf das Königreich zu wagen.«

Diese Faktoren würden jedoch durch den geringen Wert der französischen Armee aufgewogen: »Von Natur aus sind die Franzosen im Kampf eher ungestüm als widerstands- oder bewegungsfähig; und wenn sie auf einen Gegner treffen, der der Wucht ihres ersten Aufpralls widersteht, verlieren sie ihren Schneid und Mut, so daß sie feiger als Weiber werden. Sie vertragen Ermüdung ebenso schlecht wie Unbequemlichkeit, und auf die Dauer läßt die Disziplin nach, so daß es leicht ist, sie zu besiegen, wenn man sie in diesem Zustand der Verwirrung überrascht.«

Die militärische Stärke der Franzosen liege in ihrer Kavallerie, die der Spanier und Schweizer in ihrer Infanterie. »Die deutsche Infanterie ist sehr gut, und ihre Infanteristen sind von prächtigem Wuchs, im Gegensatz zu den kleinen Schweizern, die keine sauberen und stattlichen Männer sind.« Die deutsche Kavallerie sei dagegen schlecht bewaffnet und vor allem unzureichend geschützt: Weder die Pferde noch der untere Körperteil des Reiters seien gepanzert. Aber »die Infanterie, die man in Frankreich aushebt, kann nicht sehr gut sein, denn sie hat schon seit langem keinen Krieg mehr geführt und hat daher keine Erfahrung. Darüber hinaus sind die Nichtadligen und Leute vom Fach dermaßen dem Adel unterworfen und in allen Angelegenheiten gegängelt, daß sie jede Selbstachtung verloren haben. In Kriegszeiten bedient sich daher der König nicht der Infanteristen, mit Ausnahme der Gascogner, die etwas besser als die anderen sind: Das kommt daher, daß sie den Spaniern nahe sind und ihnen etwas ähneln. Sie haben sich als bessere Meisterräuber denn als Meisterkrieger erwiesen. Zur Verteidigung oder Erstürmung eines Ortes sind sie sehr gute Soldaten, weniger gut jedoch in geordneter Feldschlacht, im Gegensatz zu den Deutschen oder Schweizern, die auf dem Schlachtfeld ohne Vorbild sind, jedoch ohne viel Nutzen in der Verteidigung von oder im Angriff auf befestigte Stellungen. So bedient sich der König immer der Schweizer oder der deutschen Landsknechte; denn seine Ritter mißtrauen den Gascognern, wenn es darum geht, sich dem Feind zu stellen. Wenn seine Infanterie soviel Wert hätte wie seine Kavallerie, könnte der König jedem anderen Herrscher die Stirn bieten.« Dieses strenge Urteil hinderte Machiavelli nicht, am 20. Dezember 1514 Papst Leo X. zum Bündnis mit Frankreich zu raten...

Man könnte diese Liste der Stereotypen nach Belieben verlängern; viele davon werden überleben. Was man auch darüber denken mag, Richelieus Einschätzung in seinem *»Testament Politique«* unterscheidet sich nur wenig vom Testament Machiavellis, das er gelesen hat, wie es so viele französische Politiker des 17. und 18. Jahrhunderts gelesen haben.

Der Eindruck, den Machiavelli, besonders in seinem Brief an Leo X., vermittelt, ist, daß in Frankreich mehr als anderswo »das Volk will, was der König will, nicht dagegen der König, was das Volk will.«

DAS NATIONALGEFÜHL

Es war zu einer gewissen Zeit Mode, der Neuzeit die Tiefe ihres Nationalgefühls abzusprechen. Ohne Zweifel war das Nationalgefühl des 16. Jahrhunderts weit entfernt von dem, was die Revolutionstruppen empfanden oder was die Volksschullehrer der Dritten Republik den Kindern einbleuten, wodurch Frankreich in die Lage versetzt wurde, den Ersten Weltkrieg zu überstehen.

Natürlich war dieses Gefühl längst nicht einstimmig oder gleichmäßig verteilt oder gar ausdrücklich vorhanden. Der Ausländer nahm es aber als einen dominanten Zug wahr. Dem Adel fehlte dieses Gefühl zum Teil, denn er war noch von Begriffen der Wechselseitigkeit zwischen Lehnsherr und Vasallen geprägt. Die politischen Beziehungen bleiben zum Teil vertragliche Beziehungen mit all ihrer Kurzlebigkeit und Bedingtheit. Wenn auch der Connétable von Bourbon, der gegen Franz I. aufbegehrte, selbst nicht das Gefühl hatte, dadurch, daß er dessen Gegner Karl V. diente, Verrat zu begehen, weil der König seine Versprechen nicht gehalten hatte, so sah doch Bayard (1476–1524), einer der hervorragendsten französischen Heerführer seiner Zeit, der im Schatten des Todes stand, in dieser Haltung ganz deutlich Verrat. Dieses Nationalgefühl war am schärfsten im Gefolge der großen Diener des Königtums oder, wie überall in Europa, im wiederauflebenden Humanismus der Dichter und mehr noch der Gelehrten ausgeprägt.

Ehrenkodex auf der einen Seite, Vorrang der Religion auf der anderen Seite: Während der Liga-Kriege stand die Treue zum katholischen Glauben für einen großen Teil der Bevölkerung an erster Stelle. Sie ermöglichte das Auftreten der ersten »totalitären Partei«, die die Geschichte offenbar erlebt hat. Selbst Kardinal von Bérulle (1575–1629) und seinen Getreuen erschien das Bündnis mit dem katholischen Spanien, trotz seiner politischen Nachteile, als der einzige realistische und mögliche Ausweg. Wer wird jemals dem Volk in die Seele schauen können, um zu erfahren, was die »Bauernlümmel«, wie man sie nannte, wirklich über Frankreich dachten?

Unter diesem Vorbehalt – und weitere Einschränkungen müßten gemacht werden – bleibt es doch eine Tatsache, daß sich das französische Volk zu Beginn des 16. Jahrhunderts, trotz innerer Unterschiede, von den Nachbarvölkern zutiefst verschieden fühlte und gleichzeitig das Bewußtsein hatte, an etwas Höherem teilzunehmen. Was dieses Höhere war, darüber bestand selbst bei den Klerikern und »Intellektuellen« keine Klarheit. Rational gesehen läßt sich sagen, daß die Franzosen sich zuerst als eine geographische Einheit verstanden.

Gab es außerhalb des »politischen« Bereichs wirklich eindeutige Vorstellungen von Frankreich? Es ist bekannt, daß das Königreich, und besonders die Krondomäne, lange Zeit als eine numerische Liste von Rechten und Städten aufgefaßt wurde, deren geographische Verteilung mehr oder weniger verschwommen war. Diese Sichtweise war längst noch nicht verschwunden. Aber dank der Fortschritte der Geographie ging man langsam zu einer »räumlichen«, »kartographischen« Auffassung von Politik über. Lange Zeit wurde der Begriff einer Grenzzone beibehalten, die oft bewaldet war und eine Sicherheitszone bildete, in der Gebietsteile beider Grenzstaaten miteinander verschachtelt waren; vor Ort war es manchmal für eine Reihe von Dörfern zweckmäßig, sich den Umständen entsprechend bald dieser, bald jener Lehnsherrschaft zuzurechnen, wobei die Steuerbedingungen eine wichtige Rolle spielten. Die Karten blieben noch eine Zeitlang ziemlich ungenau, besonders im Hinblick auf den Längengrad: Wie in ganz Europa dehnten die Spezialisten den alten Kontinent nach Westen aus und gaben damit einen verzerrten Eindruck von den Flächen wieder; auch das war ein Grund für die Überschätzung der französischen Stärke. Als mit den Cassinis (Jean Dominique Cassini, 1625–1712, französischer Astronom und Direktor des Pariser Observatoriums; sein Sohn Jacques Cassini, 1677–1756, interessierte sich besonders für die Gestalt der Erde; d. Übers.) die gewaltige, von Ludwig XIV. und Colbert in Gang gesetzte astronomische Arbeit zu einer Darstellung der tatsächlichen Größenverhältnisse führte, machte sich Enttäuschung breit. Ludwig XIV. drückte seine Enttäuschung durch das mehr oder weniger bittere Wort aus: »Sie haben mir Frankreich um ein Drittel verkleinert.«

So traten zwei Begriffe von Frankreich in Erscheinung. Der »volkstümliche« Begriff war verschwommen und bestand aus vagen Erinnerungen. Er entstand aus dem Hörensagen, stammte aus mittelalterlichen Überlieferungen und blieb in dem alten Begriff der vier Karolingerflüsse verankert. Der Begriff widerstand allen Versuchen der Reduktion und erwies sich nicht gerade als hilfreich bei den Bemühungen um eine politische Erweiterung und Überwindung dieser Grenzen. Der zweite Begriff entstammte der Vision der »Theoretiker«, war aber mit dem Begriff der »Praktiker« verbunden und durch ihn bedingt. Er wurde auf der Landkarte durch immer präziser werdende Grenzlinien ablesbar, die auf dem natürlichen Terrain wiederum durch Grenzsteine gekennzeichnet wurden. Das war das Werk des 17. und 18. Jahrhunderts.

Bei näherer Betrachtung war Frankreich für viele mit dem König identisch, der zugleich den Staat und das »Vaterland« verkörperte. Beide Begriffe, wie sie die französische Umgangssprache gebraucht, stammen aus dem 16. Jahrhundert. Der erste Begriff ist »akademisch« und hat sich, wie es scheint, mit Machiavellis Werk »Der Fürst« durchgesetzt. Der zweite ist ein juristischer Begriff, wie der des Bürgers; er griff langsam auf die herrschenden Kreise über. In der Zeit zwischen dem Ende des 16. Jahrhunderts und der ersten Hälfte des 17. Jahrhunderts kam er aus dem Gebrauch, tauchte jedoch ab 1680 wieder auf. Der Begriff des Staates änderte sich hingegen nicht. Frankreich wurde mit der königlichen Familie identifiziert, aber darüber hinaus mit etwas, was den König, seine Person, seine Familie überstieg. Die magische Formel – »der Ruhm des Königs und das Staatswohl« – floß immer häufiger aus der Feder von Colberts Beamten wie etwa von Usson de Beaurepaus. Auch der Staat war nicht alles. Jenseits von Staat und »Volkswohl« – die Formel diente Ludwig XIV. als Leitmotiv, als persönliches Herrschaftsmerkmal, das er zum Beispiel in seinen geheimen Empfehlungen an seinen Enkel Philipp V. von Spanien verwendete – gab es noch Frankreich selbst als Person. Es gab keine Fahne; sie war eine revolutionäre Idee, und das Lilienbanner war strenggenommen nur die Flagge der königlichen Kriegsmarine.

DIE KÖNIGSKRONE UND DIE VIELFALT

Man darf sich nicht täuschen lassen: Hinter der Vielfalt des französischen Lebens verbarg sich zu Beginn des 16. Jahrhunderts ein Gefühl der Zusammengehörigkeit. In gewisser Weise wissen wir heutzutage vielleicht zu gut, daß wir in der Vielfalt leben, und wir sind geneigt zu glauben, daß ein Gefühl nur existiert, wenn es klar erfaßbar ist, obwohl die Kraft einer Vorstellung selten durch ihre Unbestimmtheit vermindert worden ist; im Gegenteil, sie wird manchmal dadurch noch verstärkt.

A priori gab es nichts, was Südfrankreich dazu veranlaßt hätte, mit Nordfrankreich innerhalb desselben Rahmens zusammenzuleben. Man ging soweit zu behaupten, daß es wahrscheinlicher, wenn nicht sogar logischer gewesen wäre, zwei »Staaten« entstehen zu sehen: der eine im Norden, der die Pariser Bucht und Süddeutschland umfaßt hätte; der andere hätte von Aquitanien bis zur Po-Ebene gereicht.

Dennoch blieb das ganze französische und italienische 16. Jahrhundert hindurch der große Traum von Mailand und dem Königreich Neapel. Die nationalistische Geschichtsschreibung des 19. Jahrhunderts hat diese »Chimären« etwas voreilig verdammt und bedauert, daß durch die Anziehungskraft, die Italien ausübte, zuviel Zeit zum vernünftigen Aufbau der »viereckigen Wiese« verlorenging. Aber es bestand das Problem der italienischen Kriege. Es stand nicht alles von vornherein fest. Das sagte Machiavelli auch zu Leo X.: Gewiß, die Treue der Mailänder sei »zweifelhaft«, aber die französische Flotte solle nur nach Genua eindringen, »kaum wäre sie angekommen, so würde sich die ganze Lombardei für sie erheben, und die anderen Völker – aus Angst oder Unzufriedenheit – würden in ihren Dienst strömen«. Das war eine unvorsichtige Vermutung: Im Jahre 1515 konnte Machiavelli nicht die große Veränderung im Verhältnis der finanziellen Kräfte erahnen, die durch die neuentdeckten Schätze Amerikas hervorgerufen werden sollten.

Die französische Vielfalt gibt den Historikern ein Problem auf, das schon Machiavellis Zeitgenossen, besonders die Intellektuellen, empfanden. Als Beispiel sei der Bretone Bertrand d'Argentré (1519–1590, Rechtsgelehrter, Seneschall von Rennes, Autor eines *»Commentaire sur la coutume de Bretagne«;* d. Übers.) genannt, der die Sehnsucht nach dem alten, unabhängigen »Herzogtum« der Bretagne beschwor. Tatsache ist, daß es im 14. und 15. Jahrhundert unabhängige Staaten gab, wie zum Beispiel Burgund, aber auch die Franche-Comté, meisterhaft von Lucien Febvre beschrieben, und die Bretagne, über die eine umfangreiche Literatur existiert. Am Ende des Mittelalters gab es einen starken Aufschwung des »Provinznationalismus«, der parallel zum Aufstieg des königlichen Herrscherhauses verlief. Sein Fundament blieb zu schwach, um die geringste Hoffnung auf Erfolg zu zeitigen; die Nationalbestrebungen waren streng »feudalistisch« und in gewisser Hinsicht »reaktionär« – Bertrand d'Argentré deutet das Gewohnheitsrecht der Bretagne im vergangenheitsträchtigen Sinne um –, sie basierten auf einem zu engen sozialen Unterbau und waren darüber hinaus nur von kurzer historischer Dauer.

Das Problem war zunächst politischer Natur. Machiavelli schreibt dazu: »Die Krone, die auf Bluterbschaft beruht, hat sich bereichert, denn jedesmal, wenn ein König ohne männlichen Erben stirbt oder keine Verwandten hat, die sein Erbe antreten können, gehen seine Güter und Besitztümer auf die Krone über ... Es gibt einen anderen triftigen Grund für die Größe des Königs: Das Königreich war einst unter mächtige Barone aufgeteilt, die nicht zögerten, gegen ihren Lehnsherrn Krieg zu führen. Aber heute sind sie alle vollständig seiner Autorität unterworfen, die dadurch gestärkt wurde. Es gibt aber noch einen anderen Grund: Die reichsten und mächtigsten Barone sind königlichen Blutes und haben denselben Stammbaum, so daß ihnen, falls es keinen nächsten Erben gibt, die Krone zufallen kann. Von daher unterstützt jeder den Thron in der Hoffnung, daß er eines Tages selbst oder eines seiner Kinder ihn besteigen wird, und in der Angst, daß eine rebellische oder feindliche Geste ihnen nur Schaden bringt.«

Doch lachen wir nicht zu schnell darüber. Bei den Großen war die Kindersterblichkeit fast so hoch wie bei den kleinen Leuten; auch bei vielen männlichen Erben konnte der Glücksfall eintreten. Dank Freund Hein, der alle unmittelbaren Nachkommen des Großen Königs beseitigt hatte, mit Ausnahme des kleinen Ludwig XV., wurde so der Regent beinahe König. Machiavelli selbst hatte in Ludwig XII. ein Beispiel vor Augen: »Der herrschende König hätte beinahe diese Erfahrung gemacht, als er im Laufe des bretonischen Krieges, in dem er sich auf die Seite des Herzogs gegen die Franzosen gestellt hatte, in Gefangenschaft geriet: Nach dem Tod von König Karl stritt man heftig darüber, ob er nicht durch seinen Aufstand und seinen Abfall von der Krone seine Rechte verloren habe. Aber die Reichtümer, die er angehäuft hatte, erlaubten es ihm, freigebig zu sein; außerdem stellte sich heraus, daß außer ihm der nächste Thronanwärter, der Herzog von Angoulême, noch ein Kind war; aus diesen Gründen und auch, weil die Gunst ihm winkte, wurde er trotz allem König.«

Diese grobe Einschätzung entstammt der Sichtweise der Menschen dieser Zeit. Aber aus dieser Einschätzung flossen die Entscheidungen der Zeitgenossen und nicht aus den tatsächlichen Kräfteverhältnissen. Jedenfalls bezweifelte Machiavelli, als er 1510 von Leo X. hinsichtlich des zu schließenden Bündnisses um Rat gefragt wurde, nicht den Enderfolg Frankreichs. Welche Gefahren dem Papsttum auch drohten, für Machiavelli stand fest, daß das Bündnis mit Frankreich geschlossen werden mußte. Wenn Frankreich nicht schon dem ersten Ansturm erliege, werde seine Finanzstärke letzten Endes die Entscheidung zu seinen Gunsten erzwingen: »Wenn der Krieg weitergeht, wird der Sieg zum anderen Lager übergehen, auf die Seite der Franzosen. Der Sieg wird ihnen nicht entgehen, wenn sie den Krieg in die Länge ziehen.« Halten wir diese Aussage fest: »Wenn man die militärischen Kräfte, die Dispositionen und die jeweiligen finanziellen Mittel in Rechnung stellt, kann man den Sieg voraussehen.«

Das widerspricht nur teilweise dem Bericht von 1510; auch wenn die französische Armee schwach war, vermochte sie doch Jahre durchzuhalten. Vielleicht täuschte sich Machiavelli auch; so glaubte er an eine ernsthafte Bedrohung durch die Schweiz, die allerdings nur einige Jahre lang bestand. Seine Diagnose war jedoch bereits in ihrem Ansatz falsch, was er nicht voraussehen konnte. Die Habsburger Monarchie kam in den Besitz des amerikanischen Silbers, und diese Tatsache kehrte alle Voraussagen um.

In Wahrheit glaubten 1515 die gescheitesten politischen Beobachter an eine baldige französische Vormachtstellung – und dies klang gar nicht so unvernünftig. Dem Steuerpotential der Franzosen stellte sich jedoch bald der Reichtum aus Übersee entgegen; nach Übersee aber wandte sich Frankreich nur sporadisch und letztlich sehr spät. Es ist darum jetzt an der Zeit, die Frage zu stellen, wie Frankreich, über die Sichtweise der Zeitgenossen hinaus, nach Einschätzung der Historiker aussah.

KAPITEL II

Die Macht der Menge

DIE FRANZOSEN 1515 UND 1790

Die Stärke einer Nation bemißt sich an vielen Sachverhalten, wie zum Beispiel an der Größe seiner Bevölkerung. Tag für Tag machten die Pfarrer und Vikare in den Pfarrbüchern ihre Eintragungen: die Taufe als Aufnahme in den katholischen Glauben; die Eheschließung vor Gott und den Menschen; endlich der Abgang in Gott. Die Vielfalt solcher Dokumente erlaubt es den Historikern, über Gewinne und Verluste Buch zu führen und in das elementare, fundamentale und einzigartige Handeln der breiten Massen Einblick zu gewinnen.

Von Louis Henry bis zu Pierre Goubert und ihren Nachfolgern hat eine bedeutende Gruppe von Historikern demographische Daten über das alte Frankreich gesammelt. Dadurch gelingt es, die demographischen Kurven der französischen Bevölkerung aufzuzeichnen. Für die Zeit von 1715 bis 1790 sind sie zuverlässig; für die Zeit davor ist ihr Verlauf ungenauer. Es läßt sich auch einigermaßen die Anziehungskraft der Städte und die Entwicklung der großen Zentren ermessen; schließlich kann man die numerischen Kräfteverhältnisse zwischen den großen Ländern des Abendlandes betrachten.

Zuvor ist aber noch eine Präzisierung angebracht. Man muß, selbst auf die Gefahr der Verwirrung, zwei Bevölkerungsteile auseinanderhalten. Der eine Teil, der nach seinen Eintragungen theoretisch innerhalb der Grenzen von 1815 lebt – diese Grenzen legte Europa dem revolutionären und imperialen Frankreich als Strafe auf –; der andere Teil ist der, mit dem der französische König tatsächlich zu einem gegebenen Zeitpunkt rechnen kann. Ein drittes Element wird, wenn es bekannt ist, noch hinzuzufügen sein: jene Bevölkerungszahl, die Frankreich nach Einschätzung der Zeitgenossen hatte.

Geht man von zuverlässigen Zahlen aus, dann hatte Frankreich im Jahre 1715, in seinen heutigen Grenzen, ungefähr 22 Millionen Einwohner; im Jahre 1643, beim Tode Ludwigs XIII., hatte es wahrscheinlich ebenso viele Einwohner. Das heißt, daß Frankreich unter Ludwig XIII., in seinen damaligen Grenzen, ungefähr auf 18 Millionen Seelen kam, während es unter Ludwig XIV. auf mehr als 20 Millionen Einwohner kommen dürfte, wenn man in Rechnung stellt, daß Lothringen *de facto* vor 1714 eine französische Provinz war. 1515 dürfte Frankreich, in seiner heutigen sechseckigen Form, ungefähr 20 Millionen Einwohner gehabt haben, während das Fünfeck zu seiner Zeit sicher nicht eine Einwohnerzahl von 16 bis 17 Millionen überschritt. Die sicherste Hypothese geht heute, abgesehen von demographischen Höhen und Tiefen, von der ungefähren Stabilität der Einwohnerzahlen aus oder von einem leichten Anstieg über drei Jahrhunderte hinweg.

Das entspricht nicht dem damaligen Bild. Man nahm das Problem erst um die Mitte des 17. Jahrhunderts, in den Kreisen um Colbert und Fouquet, ernsthaft in Angriff. Aber die von Colbert 1664 begonnene Umfrage blieb ergebnislos. Erst um 1695 kamen Kreise um den Herzog von Beauvilliers und interessierte Persönlichkeiten wie Vauban oder Boisguillebert auf eine einigermaßen plausible Zahl. Sie nahmen die 1694 aufgestellten Kopfsteuer-Listen zur Grundlage. Dazu muß man bemerken, daß Vauban seine Zahlen, die zwischen 13 und 18 Millionen schwankten, durch eine Multiplikation der Zahlen aus den Kopfsteuer-Listen gewonnen hat. Die Historiker haben lange willkürlich an dieser Zahl festgehalten, als entspräche sie den wirklichen Grenzen des Landes zu dem Zeitpunkt, als das Fünfeck sich aufgrund der Eroberungen Ludwigs XIV. fast in ein Sechseck verwandelt hatte. Die bretonischen Umfragen machten deutlich, daß diese Schätzungen um ein Fünftel zu tief lagen; dadurch mußte das etwas zu pessimistische Bild der Regierungszeit Ludwigs XIV. revidiert werden.

Im 18. Jahrhundert begann der verrufenste, aber fähigste Generalkontrolleur des Ancien régime, Abbé Terray – der Onkel von Madame Lavoisier –, die große Umfrage, die es erlaubte, über die natürliche Bewegung der französischen Bevölkerung von 1770 bis zur Französischen Revolution Bilanz zu ziehen. Diese Untersuchung beruhte auf der Erhebung von Geburtenraten und der Zahl der Sterbefälle und Eheschließungen, deren Mittelwert, auf zehn Jahre berechnet, mit einem empirischen Koeffizienten multipliziert wurde. Dieser Koeffizient stammte zum Teil aus den statistischen Berechnungen der Lebensdauer, die hauptsächlich von den englischen Lebensversicherungsgesellschaften und den königlichen Tontinen (Leibrentengesellschaften, benannt nach ihrem Erfinder, dem italienischen Bankier Lorenzo Tonti, 1630–95; d. Übers.) erstellt wurden. Diese neuerliche Untersuchung stützte sich noch stärker auf die Arbeiten der zeitgenössischen Demographen. Das Ergebnis kam den wirklichen Verhältnissen sehr nahe. Als Necker und Calonne die französische Bevölkerung um 1780 auf etwa 27 Millionen Einwohner bezifferten, kamen sie, bis auf etwa eine halbe Million, den gesicherten Zahlen der heutigen Demographen sehr nahe. Nach der Quasi-Stagnation oder dem sehr langsamen Wachstum des 16. und 17. Jahrhunderts erlebte Frankreich im Laufe des 18. Jahrhunderts einen spürbaren Aufschwung. Dadurch wuchs die Bevölkerung von 22 Millionen Einwohner im Jahre 1715 auf 28 Millionen im Jahre 1789. Im Vergleich zu Gesamteuropa im 18. Jahrhundert war das eine sehr durchschnittliche Zahl.

War man sich dessen bewußt? Man wußte überall aus Erfahrung, daß das Los der Kinder ungewiß war, und daß man, »um eins zu behalten, zwei machen mußte«. Sobald man über diese Erfahrungstatsache hinausging, wurden die Verhältnisse jedoch ziemlich unklar. Noch in den siebziger Jahren des 18. Jahrhunderts, als die führenden Kreise genau wußten, daß die Bevölkerung beträchtlich wuchs, herrschte bei den Gelehrten, den Priestern und selbst beim Volk noch das allgemeine Gefühl vor, daß sich Frankreich entvölkere. Diese Meinung war sehr alt und bestimmend. Soweit man verallgemeinern kann, hat sich dieses Gefühl während der Katastrophen in der ersten Hälfte des 17. Jahrhunderts herausgebildet. Das erklärt die »populationistische« Sorge: Colbert bremste die Auswanderung in die Kolonien, aus Angst, das Mutterland zu entvölkern. Nur Kanada bildete eine Ausnahme.

Überall stößt man auf das gleiche Problem: In den Augen des Staates, der herrschenden Kreise und der Eliten blieben Staatsraum und Siedlungsweise verschwommene Begriffe. Die »Moderne«, das bedeutet vor allem den Übergang von einer vagen Wahrnehmung des Raumes, der Zeit und der Bevölkerungsverteilung zu einer genauen, linearen, kartographisch unterstützten Wahrnehmung der Grenzen und einer numerischen Sichtweise der Kräfteverhältnisse. Ein Großteil der Kritik an den Politikern des 16. und 17. Jahrhunderts wird irrelevant, wenn man ermißt, wie viele wichtige Entscheidungen aufgrund mangelhaften Wissens getroffen werden mußten, wie stark sie notwendigerweise auf Intuitionen anstatt auf exakten Erkenntnissen beruhten. Es liegt in der Natur der Sache, daß Staatsleben und Alltagsleben davon in Mitleidenschaft gezogen wurden.

Ohne große Übertreibung kann man behaupten, daß die Regierungen erst gegen Ende des 17. Jahrhunderts anfingen, die Situation zu begreifen und einigermaßen richtig einzuschätzen. Zwischen 1690 und 1720 wurde für Frankreich die Zahl von etwa 20 Millionen Einwohner ermittelt – die Fehlergrenze lag bei 20 bis 25 Prozent. Diese Erkenntnis wurde erst durch die Zentralisation erreicht, die ein unverzichtbares Instrument des Fortschritts war, und sie war so wertvoll, daß man aus ihr ein Staatsgeheimnis machte – wie etwa auch aus der Zahl der Matrosen, und zwar aus verständlichen militärischen Gründen. Es entstand ein beträchtlicher Abstand zwischen den Informierten – den Generalkontrolleuren des 18. Jahrhunderts – und der intellektuellen Elite, die sich allzuoft mit allgemeinen Vorstellungen zufriedengeben mußte. Das war einer der tieferen Wurzeln für die Revolution. Als deren Illusionen einmal verflogen waren, griff man rasch wieder auf viele Praktiken des Ancien régime zurück.

Dank der Pfarrbücher verfügt der Historiker über solide Instrumente und Methoden. Folgt man den Ergebnissen von Jacques Dupâquier, so hatte Frankreich, innerhalb der gegenwärtigen Grenzen, zu Beginn der Herrschaft Ludwigs XIV., ungefähr 22 Millionen Einwohner. Die Zahl trifft wahrscheinlich auch auf das Frankreich von 1715 zu. Die Zahl von 24 Millionen, um 1740, ist noch zuverlässiger. Im Jahre 1789 lag die Einwohnerzahl zweifellos bei 28 Millionen. Demnach muß sich die Bevölkerung innerhalb eines wesentlich geschrumpften Königreiches im 17. Jahrhundert auf 19 bis 20 Millionen Einwohner eingependelt haben und stieg dann nach 1715 auf die oben erwähnte Höhe.

Kann man hinter das Datum von 1630 zurückgehen? Die Schätzung wird hier noch fragwürdiger. Besser sind uns die Bevölkerungsschwankungen bekannt, die E. Le Roy Ladurie zusammengefaßt hat. Nach dem Tief am Ende des Mittelalters zeichneten sich die Herrschaftsperioden von Ludwig XI. und Ludwig XII. durch eine lange Phase der Erholung aus, die sich bis zum Beginn des Jahrzehnts von 1570 erstreckte. Es ist kein Zufall, daß Ludwig XII. als »Vater des Volkes« galt; seine Herrschaft fiel in die Zeit, als man durch die Erholung zu einer normalen Wirtschaftslage zurückfand, ohne daß bereits die ersten Auswirkungen einer sehr relativen »Übervölkerung« spürbar wurden. Am Anfang des 16. Jahrhunderts fing dann der klassische Zyklus der Ernährungskrisen wieder an.

Zwischen 1570 und 1600 folgte eine schwierige Zeit, in der zu den Auswirkungen der Religionskriege – die in gewisser Hinsicht eine Begleiterscheinung der demographischen Probleme waren – negative klimatische Veränderungen hinzutraten. Dazu verlangsamte sich das Wachstum, was die Stockungen vermehrte. Zwischen 1600 und 1670/80 trat eine komplexe Situation zutage, die je nach Region variierte. Stark schematisierend kann man sagen, daß die demographische Kurve, mit Ausnahme des Nordostens, der von der Bevölkerungskatastrophe Mitteleuropas betroffen war, folgende Merkmale aufweist: erstens eine fast allgemeine Phase der Erholung, die etwa bis 1640 dauerte; zweitens eine Periode sehr unterschiedlicher regionaler Instabilität, in der die Bevölkerungszahl noch bis etwa 1670 leicht anstieg. Dadurch wurden die verheerenden Verluste im Nordosten ausgeglichen und vielleicht sogar rückgängig gemacht.

Dieser nordöstliche Teil Frankreichs wurde nämlich von den Zerstörungen des Dreißigjährigen Krieges heimgesucht. Man hat von einem wahrhaft »blutigen Streifen« gesprochen, der auf etwa hundert Kilometer – entlang der Somme und der Maas, in der Picardie, dem Laonnais, der Champagne, einem Teil von Burgund und besonders in Lothringen – schwer verwüstet wurde; dieser »blutige Gürtel« fiel später im Ersten Weltkrieg auf eine für diese Region tragische Weise mit dem Gebiet der Grabenkämpfe zusammen. Schließlich leisteten auch die Bürgerkriege ihren Beitrag zu der Verwüstung, denn während der Fronde erlebte die Pariser Bucht die gleichen Schreckenstaten wie das äußere Kampfgebiet.

Von 1690 bis 1720 trat das Klima an die Stelle von Krieg und Epidemien. In der Tat brachte die Herrschaft Ludwigs XIV. dem französischen Volk einen unschätzbaren Segen: Etwa in den sechziger Jahren des 17. Jahrhunderts verschwand allmählich die bis zu diesem Zeitpunkt andauernde Pest; und bis 1792 blieb Frankreich von Invasionen verschont. An beiden Entwicklungen hatte der Absolutismus einen bedeutenden Anteil. Die französische Militärmacht trug den Krieg nach außen. Sie bot dem Land durch den eindrucksvollen »Eisengürtel« der Vaubanschen Festungen Schutz und ersparte von diesem Zeitpunkt an den Bauern den

Durchmarsch von Kriegsvolk. Die «Dragonade« wurde zur Ausnahmeregel, dazu bestimmt, Rebellen aller Art mattzusetzen.

Wir kennen nicht alle Ursachen für das Verschwinden der Pest. Vielleicht verminderte sich die Ansteckungsgefahr bei Epidemien, auch wenn die Pest noch weiter in Mittel- und Osteuropa grassierte; die letzte ernsthafte Epidemie suchte Ostpreußen und Pommern wie zu den schlimmsten Zeiten heim (1710). Vielleicht hatte sich die Bevölkerung den Verhältnissen auch besser angepaßt oder war schon einigermaßen immunisiert. Vor allem zeigten die von Colbert und Ludwig XIV. errichteten sanitären Barrieren ihre Wirkung. Die große Londoner Epidemie, die Defoe in seinem *»Journal of the Plague Year«* beschreibt, oder die holländische Epidemie kamen im großen und ganzen vor den Linien des französischen Heeres an der Somme zum Stehen. Gräben und Zäune verhinderten ihr Übergreifen.

Doch die Wirkung dieses Segens wurde durch das Klima geschmälert oder sogar aufgehoben. Die zwei Jahrzehnte von 1690 bis 1710 fallen besonders durch eine Abkühlung des Klimas auf, die je nach Region sehr unterschiedlich ausfiel. Sie wirkte sich auch auf die Ernten aus, die von einem regionalen Klima zum anderen variierten. Diese Abkühlung erreichte in den Katastrophenjahren von 1694 und 1709/10 ihren Höhepunkt. Auch im demographischen Verhalten zeigte sich ihre Wirkung, denn zu beiden Zeitpunkten trat ein deutlicher Geburtenrückgang ein, zwar weniger lang, dafür jedoch heftiger als beim erstenmal.

Der demographische Aufschwung schritt bis 1740 langsam voran und beschleunigte sich danach. Von 1715 bis 1789 gewann Frankreich ungefähr sechs Millionen Einwohner hinzu; das war ein Viertel der Bevölkerung von 1715. Die scheinbare Stabilität der globalen Zahlen verdeckt, daß bis 1740 mehrere demographische Spitzen (1510, 1670) aufeinanderfolgten, die die demographischen Höhen des beginnenden 14. Jahrhunderts erreichten oder überstiegen. Einige Historiker glauben, daß dieses hohe Niveau von der Relation zwischen den landwirtschaftlichen Ressourcen und den technischen Möglichkeiten ihrer Bewirtschaftung abhing, in Verbindung mit den Auswirkungen auf die soziale Situation, so als ob eine Art von Höchstgrenze existiert, bei deren Überschreitung es den Epidemien und Hungersnöten obliegt, die Bevölkerungszahl wieder auf ein niedrigeres Niveau zurückzuführen. Wahrscheinlich hat sich diese Höchstgrenze im Laufe der Jahrhunderte nach oben verschoben.

Die demographischen Höhen wurden durch demographische Tiefen unterbrochen. Die im 14. und 15. Jahrhundert zu beobachtenden starken Einbrüche in der Geburtenzahl schwächten sich trotz der Kriege tendenziell ab: Das Tief zur Zeit der Fronde war weniger ausgeprägt als das Tief während der Liga-Kriege, und es scheint, daß der Süden mehr oder weniger davon verschont blieb. Im 18. Jahrhundert änderte sich die Lage. Nach der Erholungsphase verlängerte und beschleunigte sich in ganz Europa der Bevölkerungsaufschwung. Dieses Phänomen fiel unterschiedlich stark aus. Das Bevölkerungswachstum war viel stärker in Deutschland, England und ganz Nordeuropa. Allerdings ging es hier zum Teil darum, einen besonders ernsthaften Bevölkerungsschwund auszugleichen. Das ist ein wichtiger Punkt, denn das schwache Wachstum in Frankreich führte rasch dazu, daß es seinen Rang als bevölkerungsreichstes Land verlor. Das europäische Kräftegleichgewicht wurde dadurch verändert.

DAS KRÄFTEVERHÄLTNIS IN EUROPA

Mit seinen 15 bis 17 Millionen Einwohnern war Frankreich unter Ludwig XI. oder Ludwig XII. das bevölkerungsreichste Land in Europa. Auf dem Papier hielt ihm nur das Heilige Römische Reich Deutscher Nation das Gleichgewicht. Um 1200 zählte der deutsche Raum in Mitteleuropa ungefähr 18 Millionen Einwohner und erreichte um 1300 14 Millionen Einwohner, was einer mittleren Bevölkerungsdichte von 28 Einwohnern pro Quadratkilometer entspricht. Diese Zahl war wie in ganz Europa durch die enorme Epidemiewelle auf 10 Millionen Menschen im Jahre 1450 geschrumpft. Wie anderswo war das 16. Jahrhundert auch hier eine Periode der Erholung. Am Vorabend des Dreißigjährigen Krieges hatte Mitteleuropa 18 Millionen Einwohner – weniger als Frankreich. Aber dieser Raum, der zu Frankreich ein Gegengewicht hätte darstellen können, war in so viele Kleinstaaten aufgeteilt, daß ein Vergleich keinen Sinn ergibt. Noch um 1700 gab es über 100 Reichsfürsten und an die 1500 Kleinstaaten, die mehr oder weniger unabhängig voneinander bestanden. Das gleiche gilt für den italienischen Raum und seine 10 Millionen Einwohner, vom russischen Raum ganz zu schweigen. Nachdem sich die

Bevölkerungsverhältnisse gegen Mitte des 16. Jahrhunderts wieder erholt hatten – um 1550 kam das Heilige Römische Reich (im folgenden Reich genannt) wieder auf seine 14 Millionen Einwohner vom Anfang des 14. Jahrhunderts –, gab es in Europa fünf Bevölkerungsmassen: 17 bis 18 Millionen Menschen im Reich, gut 10 Millionen in Spanien, etwa 12 Millionen in Italien, die Bevölkerungmasse Frankreichs und schließlich die nicht genau zu ermittelnde russische Bevölkerungsmasse von 8 bis 12 Millionen. Es lag wohl vor allem an dem starken Eindruck, den die politische Machtkonzentration in Frankreich auf Machiavelli machte, daß er sich über das unerschöpfliche französische Machtpotential täuschte. Am Ende des 18. Jahrhunderts haben sich die Verhältnisse stark verändert.

Doch nicht genug damit; die Fülle dessen, was die historischen Gelehrten an Europas Schulen an Erkenntnissen zusammengetragen haben, liefert uns noch weitere überraschende Daten. Nehmen wir zum Beispiel die Metallgewinnung. Von 1440 bis 1550 hatte sich die Silberproduktion auf das Fünffache gesteigert; sie erreichte ungefähr 65 Tonnen pro Jahr, von denen mehr als drei Viertel aus dem Herrschaftsgebiet des Reiches kamen. Um 1550 war die Oberpfalz das Zentrum der europäischen Metallverarbeitung (5000 Tonnen Eisen), gefolgt vom Siegerland (1000 Tonnen). Die Salzminen von Lüneburg lieferten jährlich 25 000 Tonnen Salz. Mehr als 80 Prozent der europäischen Blei- und Kupferproduktion kam aus Gegenden, die die Habsburger kontrollierten. Der Rest wurde zu mehr als der Hälfte von England produziert, das außerdem aus eigenem Boden den größten Teil des europäischen Zinks förderte.

Selbst wenn die Historiker bis zum heutigen Tage die französische Silber- oder Bleiproduktion unterschätzt haben, hatte doch die französische Metallproduktion, gemessen am europäischen Maßstab, so gut wie keine Bedeutung. Nur das Salz aus der Bretagne und dem Poitou hatte wesentlichen Anteil an der Ausfuhr. Das weist auf den gewaltigen Rückstand Frankreichs in diesem Bereich hin. Der moderne Kapitalismus ist italienisch oder deutsch, nicht aber französisch.

So war das Scheitern Franz' I. bei der Kaiserwahl von 1519 kein Zufall, sondern eine Konsequenz. Von der gewaltigen Summe von 851918 Gulden stellten die Fugger Karl V. 543 385 Gulden zur Verfügung, die Welser 143 333 Gulden. Franz I. konnte mit dieser Summe nicht mithalten. Bei all dem spielten die Reichtümer aus Amerika noch nicht die große Rolle, die ihnen später zufiel. Hinzu kam sicher das Gefühl, daß der König von

Frankreich zu mächtig sei, zumal Karl V. den »Staaten« eine größere Autonomie versprochen hatte. Schließlich hat auch noch ein gewisses Nationalgefühl mitgespielt. Die wesentliche Tatsache aber war, daß der deutsche Kapitalismus (mit seinem Ursprung in der Metallproduktion) eine in Frankreich unbekannte Macht darstellte. Diese wenigen Grundwahrheiten waren zu jener Zeit in Frankreich kaum verbreitet, und es blieb nur einigen klugen Köpfen vorbehalten, das Ausmaß dessen zu ermessen, was finanzielle Macht bedeutet.

Dieser französische Rückstand existiert auch in anderen Bereichen. Das wird besonders im Hinblick auf die Neue Welt deutlich. Es kann nicht genug betont werden, daß Frankreich an den »großen Entdeckungen« kaum Anteil hatte, besonders nicht an der Entdeckung Amerikas oder der Entdeckung der afrikanischen Route nach Indien. Das war das Werk Portugals und Spaniens. Beiden kam die unentbehrliche finanzielle und geistige Unterstützung des großen italienischen Kapitalismus zugute. Und doch befanden sich gleichzeitig mit Engländern, Spaniern und Portugiesen auch bretonische und baskische Fischer auf den Bänken von Neufundland. Im Südatlantik betrieben sie mehr oder weniger Seeräuberei; Dieppe und Rouen trieben Handel mit brasilianischem Holz.

Dennoch führte diese Vorläuferaktivität nicht zu großen Ergebnissen. Es ist in diesem Zusammenhang vielfach auf die Bürgerkriege und politischen Umstände hingewiesen worden, doch verdeckt dies alles nicht die Tatsache eines beträchtlichen intellektuellen Mangels in Frankreich: das fehlende Interesse Frankreichs an Amerika. In den kartographischen Gelehrtenpublikationen über die Neue Welt bildete Frankreich im Europa des 16. Jahrhunderts das Schlußlicht; zwischen der Iberischen Halbinsel, Flandern und dem Reich war es eine Zone geringer Produktionsdichte und schwach ausgebildeter Interessen.

Ein weiteres Beispiel ist die Druckkunst. Sie entstand an der großen Verkehrsader des Rheins, über Basel hatte sie sich von Amsterdam bis Wien entwickelt. Um 1450 zählte Basel 8000 Seelen, Straßburg 18000. 1445 druckte Gutenberg das erste Buch mit beweglichen Lettern, dem 1454 die berühmte lateinische Bibel mit 42 Zeilen folgte. Im Jahre 1500 wurde die Druckkunst in gut 60 Städten Deutschlands praktiziert (von 260 Städten in Europa). Insgesamt erschienen mehr als 40000 Titel, wenn auch mit Durchschnittsauflagen von weniger als 200 Exemplaren pro Titel. Es war der Beginn der »Ära Gutenberg«.

Frankreich fand nur langsam Zugang dazu. Nicht, daß der französische Humanismus von zweitrangiger Bedeutung gewesen wäre, ganz im Gegenteil. Aber man darf nicht Wissenschaft und Technik, Wissenschaft und Ökonomie, und noch weniger Wissenschaft und Populärwissenschaft in einen Topf werfen. 1466 erschien in Straßburg die erste Übersetzung der Bibel in modernem Deutsch (die erste Übersetzung geht aufs 14. Jahrhundert zurück). Durch die Reformation wurden einige dieser Aspekte besonders verdeutlicht: Bei seinem Tode erreichte Luthers Bibel eine Auflage von über 100000 Exemplaren.

Ein solcher Aufbruch war in vielen Bereichen zu beobachten. Die Italiener entwickelten die doppelte Buchführung, und schon 1484 wurde diese Methode, die für die Entfaltung des großen Kapitalismus unentbehrlich war, von den Nürnberger Tuchhändlern in Deutschland eingeführt. Zu diesem Zeitpunkt zählte Nürnberg vielleicht 25 000 Einwohner.

Aus diesen Beispielen wird deutlich – was noch einmal betont sei –, daß die Macht des französischen Königreichs nicht auf einem ökonomischen oder intellektuellen Vorsprung beruhte. In vielen Bereichen, die nicht sekundärer Natur waren, hinkte es eher hinter der allgemeinen europäischen Entwicklung her. Die italienischen Kriege rücken damit in ein anderes Licht. Weil jeder Krieg, wenigstens in dieser Epoche, zugleich auch ein Mittel war, an einer entwickelten Zivilisation teilzuhaben, lag hier einer der Gründe für den großen politischen Drang Frankreichs nach Süden, zu den Ländern der Künste, der Literatur und des geistig-technischen Fortschritts; dagegen war der deutsche Raum das Land des technisch-materiellen Fortschritts. Auch im politischen Bereich besaß Frankreich keinen Vorsprung. Italien hatte die Diplomatie erfunden und auf finanziellen, steuerlichen und administrativen Gebieten experimentiert. Auch der Merkantilismus war italienischen Ursprungs. Und es gab in einer Reihe von kleinen deutschen Fürstentümern eine Vielzahl von Neuerungen, die für die Zukunft von Bedeutung wurden.

Die Stärke Frankreichs lag in einem anderen Bereich; man könnte sie durch eine Antinomie oder ein Paradox definieren. Auf der einen Seite war Frankreich oder genauer gesagt die Krondomäne – die französische Monarchie – durch seine territoriale und demographische Masse ein gewaltiger Komplex. Das Phänomen der »Schwelle«, das weiter oben angesprochen wurde, kam voll zum Tragen: Sind zehn Millionen Menschen erst einmal politisch vereint, zieht dieser Konzentrationsprozeß im Sinne eines Steigerungseffekts weitere Konzentrationsprozesse in anderen Bereichen nach sich, besonders im fiskalischen Bereich. Auf der anderen Seite zeichnete sich die noch traditionelle französische Wirtschaft in einem normalen Jahr durch Vielfalt und Produktionsüberschuß aus und war insofern stark exportorientiert. Die französische Stärke lag bei Getreide, Wein und Salz. Diese klassische Trilogie bot enorme Exportmöglichkeiten. Die Nord-Süd-Ausdehnung hatte aus dieser Sicht nur Vorteile, da die Palette der Agrarprodukte sich von Norden bis Süden erstreckte.

Im ganzen gesehen war das Land autark – dieser alte Traum verblaßt nur langsam, ohne ganz zu verschwinden – und weniger als andere Länder Hungersnöten und Nahrungsengpässen ausgesetzt; auch hielt es erfolgreicher als andere Länder – mit Ausnahme Osteuropas – in Jahren des Überflusses einen umfangreichen Export aufrecht. »Wie Gott in Frankreich leben«, dieses alte deutsche Sprichwort war noch in der Zwischenkriegszeit des 20. Jahrhunderts der Titel eines deutschen Bucherfolges. Zusammengenommen glichen diese beiden Faktoren viele Schwächen aus. Frankreich erschien als die Macht, die eines Tages ganz Europa dominieren könnte. Eine furchterregende und gefürchtete Macht war Frankreich auch durch seine Vorherrschaft in bestimmten Bereichen. Einen Vorsprung verschaffte ihm paradoxerweise die Stärke seiner Artillerie. Die Feuerkraft des Abendlandes hängt eng mit den 150000 Gemeinden zusammen, in denen die Kirchtürme der Christenheit standen; denn die langjährige Erfahrung in der Herstellung von Kirchenglocken hatte technische und soziale Strukturen geschaffen, durch die auch rasch der Guß von Kanonen angekurbelt werden konnte. Die chinesischen Kaiser begriffen das sehr schnell, als sie die Jesuiten aufforderten, ihre Armeen mit Artilleriegeschützen zu bestücken. Parallel dazu war die Entwicklung der deutschen Goldschmiedekunst einer der Gründe für die frühzeitige Niederlassung des deutschen Uhrmacherhandwerks in Nürnberg.

Doch zurück zu den Kanonen. Die Technik der französischen Artillerie genoß in Europa keine Sonderstellung – auch Straßburg und Nürnberg waren bemüht. Wie immer spielte hier die Größe der Städte und der Länder eine entscheidende Rolle. Das Königreich Frankreich war nicht mit einem Stadtstaat von 20 bis 30000 Einwohnern und auch nicht mit dem venezianischen Staat vergleichbar. Die Geschichte der Neuzeit ist auch geprägt durch die lange Auseinandersetzung zwischen den großen Nationalstaaten und den Stadtstaaten. Der letzte große Konflikt war der

Kampf zwischen Frankreich und Holland; Holland stellte im Grunde den einzigen Versuch eines aus Stadtprovinzen gebildeten Bundesstaates dar.

Der Hundertjährige Krieg bewirkte, daß Festungsbarrieren mit immer dickeren Mauern durchbrochen werden mußten – ähnlich der »Maginotlinie« der Herzöge der Bretagne zwischen Fougères und Nantes. Das führte dazu, daß Frankreich seit den Brüdern Bureau, den Organisatoren des Sieges von Karl VII., bei dem die Feuertechnik sich an der Technik der englischen Bogenschützen rächte, immer die entscheidende Waffengattung gepflegt hatte – und zwar in politischer Hinsicht entscheidend, denn die Kanonen ermöglichten den Aufstieg der absoluten Monarchie. Und absolut war sie wirklich in jenem Sinne, daß sie durch den Einsatz des letzten Mittels die Städte entmachtete, den militärischen Widerstand der großen Feudalherren schwächte und im Gegenzug den Besitzer jener Waffe stärkte, der keine Mauer standhalten konnte. Wer die Kanonen besaß, dazu die finanziellen Mittel, konnte ziemlich viele Probleme lösen.

DIE KRAFTLINIEN AM ENDE DES ANCIEN RÉGIME

Wie hat sich Frankreich bis 1789 entwickelt? Die von Machiavelli ins Auge gefaßten Möglichkeiten wurden nicht verwirklicht. Die Zeit der unumstrittenen französischen Vormachtstellung währte nicht lange: von 1648 beziehungsweise 1659 bis 1692. Nach dieser Zeit blieb Frankreich zwar eine europäische Macht, aber seine Position geriet ins Wanken. Sein demographisches Übergewicht wurde durch das rasche Anwachsen der russischen Bevölkerung in Frage gestellt. Auf finanzieller Ebene zog der englische Staat rasch mit den Einnahmen des französischen Staates gleich. Auch die kurzzeitig erworbene Seeherrschaft ging 1692 schon wieder verloren. Der amerikanische Unabhängigkeitskrieg war nur ein halber Erfolg, denn im Falle einer Verlängerung hätte er sich zum Schlechten wenden können. Die Armee überstieg nur selten die Grenze von 200000 Mann und wurde im Laufe des 18. Jahrhunderts zunehmend vom österreichischen und selbst vom preußischen Heer eingeholt. Sie war bei weitem nicht die schlagkräftigste Armee.

Ebenso hörte auch die französische Verwaltung auf, das einzige Vorbild zu sein. Obwohl sie verbessert wurde, setzten sich zwei neue Modelle durch. Die absoluten Monarchien Mittel- und Osteuropas entwickelten ihre eigenen Systeme, die vom französischen Modell abgeleitet waren. Aufgrund der fehlenden oder schwachen öffentlichen Meinung und dank der Kameralistik – einer auf den Universitäten gelehrten Finanz- und Verwaltungswissenschaft, die auf einem kontinentalen Typ des Merkantilismus beruhte – übertrafen diese Systeme die Leistungsfähigkeit der französischen Verwaltungsmaschinerie. Die russischen, ungarischen, spanischen und selbst die polnischen Volkszählungen am Ende des 18. Jahrhunderts waren den französischen Schätzungen, die sich nur auf die Geburtenlisten stützten, weit überlegen. Alle Länder Europas wußten, wie sich ihr Adel zusammensetzte, nur Frankreich konnte keine genaue Zahl angeben.

Selbst im künstlerischen und intellektuellen Bereich bestand keine absolute französische Überlegenheit mehr. England wetteiferte erfolgreich um die Aufmerksamkeit der deutschen Gelehrten. Shakespeare siegte über Racine. Am Ende des 18. Jahrhunderts entwickelte sich eine außergewöhnliche deutsche Literatur. Mit Hilfe der Politik glich die Anglophilie das massive Eindringen der französischen Moden wieder aus.

Natürlich gab es zu diesem Bild ein Gegenbild. Der französische Kunsthistoriker Louis Réau konnte das »französische Jahrhundert der Aufklärung« feiern, so wie der französische Schriftsteller Antoine Rivarol (1753–1801) die weltweite Verbreitung der französischen Sprache hervorheben konnte. Der Stempel, den Frankreich Europa aufgedrückt hatte, blieb deutlich sichtbar.

Es lassen sich leicht treffende Beispiele finden. Versailles blieb das Modell für ausländische Fürstensitze. Die französischen Künstler erfreuten sich einer eindrucksvollen europäischen Gemeinde von Liebhabern. In St. Petersburg errichtete Falconet die kühne Statue Peters des Großen, dessen Pferd sich auf einem Felsen aufbäumt. Oudry, der von Ludwig XV. bevorzugte Tiermaler, fand seine Hauptkundschaft in Mecklenburg und Schweden. Die Versailler Feste wurden in ganz Europa nachgeahmt, was so weit ging, daß die beste Dokumentation zu diesem Thema in Schweden zu finden ist. Die Maler der *fêtes galantes* (»Liebesfeste«) zogen überall eine enorme Käuferschaft an. Friedrich der Große kaufte einen Teil der Sammlung des Regenten auf, darunter Watteaus *»L'Enseigne de Gersaint«* (»Gersaints Ladenschild«). Man machte sich gegenseitig die französischen Architekten streitig. Balthasar Neumann, der die Würzburger Residenz und die Kirchen Vierzehnheiligen und Neresheim, die Prachtstücke des deutschen Rokoko, gebaut hatte, konsultierte zuerst, trotz seines Genies, französische Architekten wie Germain Boffrand. In den rheinischen Gebieten fühlten sich die französischen Architekten wie zu Hause. So baute in Schwetzingen der Lothringer Nicolas de Pigage das bewundernswerte Sommerresidenz-Theater der pfälzischen Kurfürsten, dessen Zuschauerraum, aus Holz gebaut, über eine ausgezeichnete Akustik verfügt und dessen Bühne, die größer als der Zuschauerraum ist, sich zum Park hin öffnen läßt, so daß man bei Regen die Feuerwerke von innen bewundern konnte. Selbst die Namen dieser Residenzen waren französisch. Die Hauslehrer und Erzieher waren wie die Perückenmacher Franzosen, und in Leipzig wohnte der junge Goethe der jährlichen Ankunft der Modepuppen bei, die die französische Damenmode nach der Art von Mademoiselle Rose, der Schneiderin Marie Antoinettes, trugen, und nicht zuletzt war die französische Sprache die *lingua franca* des ganzen europäischen Adels.

Die Epoche der Neuzeit läßt sich leicht als zweiter Höhepunkt der französischen Geschichte betrachten. Nach dem Frankreich der Kathedralen und der Kreuzzüge und nach dem Ende des erzwungenen Rückzugs zur Zeit des Hundertjährigen Krieges wurde das neuzeitliche Frankreich wieder zum Modell für das französische Europa der Aufklärung. Vor allem waren es die »Philosophen«, die Europa ihren Stempel aufdrückten. Nach Racine und Molière kamen Voltaire und Rousseau.

Den Charakter der europäischen Aufklärung prägten in Wirklichkeit mehr als nur nationale Nuancen. Zum Teil wurden diese Unterschiede durch die religiöse Frage verursacht. Besonders die deutsche Aufklärung ging nicht den Weg einer radikalen Ablehnung des Christentums, den die französische Aufklärung immer mehr einschlug. Die deutsche Aufklärung und der deutsche Pietismus zogen an einem Strang. Das politische Denken in England, das sich freier als in Frankreich entfaltete, schlug eine empirische Richtung ein, die zugleich origineller und weniger radikal als das französische Denken war.

Schließlich gab es aber auch Bereiche, in denen das französische Modell immer nur ein Beispiel unter anderen war, besonders auf dem Gebiet der Musik. Die Zeit der totalen Vorherrschaft der französisch-flämischen Schule, am Ende des Mittelalters und zu Beginn des 16. Jahrhunderts, war vorbei. Wie groß auch der Ruhm von Lully, Marc-Antoine Charpentier und Rameau sein mag, so überwogen doch zusehends die italienischen und deutschen Schulen. Johann Sebastian Bach beherrschte die erste Hälfte des 18. Jahrhunderts. In regelmäßigen Abständen wurde die französische Musik, selbst in Frankreich, zum Gegenstand heftiger Angriffe. Nach einer ersten, von Mazarin begünstigten italienischen Welle, der ein kraftvoller Gegenangriff von seiten Ludwigs XIV. und Lullys folgte, setzte sich in den neunziger Jahren des 17. Jahrhunderts mit der Aufspaltung des Mäzenatentums unter zahlreiche Höfe die italienische Mode von neuem durch. Italien, die Heimat der Violine und des Theaters – wie auch der Architektur und Baukunst – machte regelmäßig mit gewagten Neuheiten von sich reden. Die Oper Rameaus bekam durch die Oper Glucks Konkurrenz. Und am Ende des Jahrhunderts führten Mozart und Haydn die deutsche Musik zu ihrem Triumph, der bereits von Händel, der England erobert hatte, eingeleitet worden war. Diese Entwicklung war so bestimmend, daß das ausgehende 20. Jahrhundert immer noch nicht ganz die französische Musik von Komponisten wie Couperin und Campra wiederentdeckt hat.

Soweit das französische Europa der Aufklärung wirklich existierte, blieb es das Privileg einer dünnen europäischen Schicht, im wesentlichen des internationalen Hochadels, eines Teils der Aristokratie und eines noch kleineren Teils des Bürgertums. Was diese sozialen Schichten ihrem Lebensumkreis auch immer an Fassade oder gar tiefgründiger französischer Wirklichkeit anzubieten hatten, war weit davon entfernt zu überzeugen. Denn die französische Welle hatte auch strittige und umstrittene Seiten. So verdrängte die französische Gastronomie, die sich zur großen internationalen Cuisine entwickelte, die nationalen Küchen auf den Rang von zurückgebliebenen Pflegestätten mittelalterlicher Tafelgerichte und unterstrich so noch die sozialen Privilegien. Sie erschien als Symbol eines übertriebenen Luxus, der auf der Ausbeutung der Völker beruhte.

Noch gravierender war, daß die französische »Lebensart«, die der Soziologe Norbert Elias als »Zivilisation der Sitten« umschrieben hat, die Führungsschichten vom Volk trennte. Der Zivilisationsprozeß, der einen Strom unterschiedlicher Gebräuche mit sich führte, war kurzfristig sehr oberflächlich, hatte aber langfristig tiefgreifende Auswirkungen. Er drückte zuerst allen Adelsgesellschaften das Siegel seiner »Höflichkeit« auf und drang anschließend in einer langsamen, eindrucksvollen Osmose ins Innerste der volkstümlichen Verhaltensweisen ein. Er zeigte sich in den kleinen Gesten der Eßkultur (das Essen mit Messer und Gabel), in den elementaren Regeln eines gesitteten und ehrenhaften Umgangs, in einem offenkundigen Respekt vor dem Ehrgefühl des anderen, in all dem, was im 19. Jahrhundert die Grundlage der »viktorianischen« Prüderie ausmachte, in Wahrheit aber nur die Kodifikation und die Kontrolle der Gesten und Haltungen bedeutete. Das ist eines der Hauptkapitel der europäischen Zivilisation. Im Kielwasser des salesianischen Modells der »Ignorantenbrüder« schärften alle europäischen Volksschulen der Jugend des Industriezeitalters die bescheidenen Gesten des höfischen Alltagslebens ein, die für einige Zeit auch noch die Basis unserer Anstandsformen bildeten.

Dieser Erfolg war jedoch von einer »Befreiung« der Sitten begleitet, die Anstoß erregte. Der Hof war Schule und Modell der Gottlosigkeit, der Religionskritik und, mehr noch, der Libertinage. Das war einer der Gründe für die entrüstete Abweisung der französischen Emigranten der Revolutionszeit durch die Kirchen in den anderen Ländern; denn sie galten als Vertreter des schlechten Vorbilds. So verbreitete sich rasch die Ansicht, daß sie – von einigen Ausnahmen abgesehen – nur bekommen hätten, was sie verdient hatten. Es war eines der auffälligsten Paradoxe der »allerchristlichsten« Monarchie, daß die französische Armee immer »auf skandalöse Weise« gottlos und gotteslästerlich war. Ihre seelsorgerliche Betreuung war bei weitem die dürftigste in ganz Europa. Nicht daß die Feldgeistlichen wirklich den Ruf verdienten, den man ihnen etwas voreilig anhängte; aber was konnten diese einfältigen, wenig geachteten und isolierten Existenzen gegen ein Offizierskorps ausrichten, das mit seiner Verderbtheit prahlte und es auf religiöse Provokation anlegte – und das zu Lebzeiten des »Großen Königs« und noch ausschweifender in späteren Zeiten! Die französische Armee, ein Haufen von Plünderern und Wüstlingen: Im 18. Jahrhundert verlor sie die Sympathie, die sie noch im 17. Jahrhundert mehr als jede andere Armee genossen hatte. Allerdings waren die revolutionären und kaiserlichen Truppen, als die vorbildliche Haltung der Soldaten des Jahres II der Revolution einmal abgelegt war, noch schlimmer; sie überzogen ganz Europa mit Plünderung.

Die Armeen und Vertreter des Hofes trugen dazu bei, daß die »Lokkerheit« der französischen Sitten schnell zum Gemeinplatz aller antifranzösischen Schmähschriften wurde. Man braucht nur die volkstümlichen oder gelehrten Stereotypen der elementaren Volkspsychologie Revue passieren zu lassen, um zu begreifen, daß der schlechte französische Ruf sich im Laufe des Jahrhunderts eher noch verstärkte und in gewisser Weise bis in unsere Zeit weiterbestanden hat. Weil die europäischen Aristokratien diese lockeren Sitten übernahmen, verspielten sie ihr Ansehen bei ihren Völkern. Es genügt, um nur ein Beispiel zu nennen, die sehr aufschlußreichen Szenen des besten Lessing-Dramas, »Minna von Barnhelm«, zu studieren, und auch im »Rosenkavalier« von Richard Strauss bleibt davon noch, sehr viel später, etwas erhalten. In den Augen des russischen Muschiks und des preußischen Hörigen wie auch des ungarischen oder süddeutschen Bauern war die Lebensweise der Bojaren und Junker, soweit sie wirklich französisch war oder dafür gehalten wurde, der Inbegriff des Lasters. Die antirevolutionäre und antikaiserliche Propaganda verschlimmerte die Situation noch. Für das Bürgertum der Kleinstädte war die Welt der Fürsten und Herren französisch und daher schlecht, und die Kirchen trugen das Ihrige dazu bei, um diese Vorstellung zu verbreiten. Weil sie Franzosen waren, wollte man in den Priestern, die wohl oder übel nach Spanien auswanderten, unbedingt Ketzer sehen.

Zusammenfassend kann man sagen, daß das französische Europa der Aufklärung auf einer extrem schmalen soziologischen Grundlage beruhte. In dem Maße, wie die großen germanischen, slawischen oder italienischen Literaturen aufblühten und breitere Schichten an den Kulturen teilnahmen, die auf nationaler oder nationalistischer Grundlage Gestalt annahmen, wandten sich die Völker immer mehr ihren eigenen Quellen zu. Durch die Zerstörung der französischen Zivilisation, die die europäische Aristokratie übernommen hatte, zerstörten die Revolutionstruppen auch das französische Europa der Aufklärung, aus dem sie hervorgegangen waren.

KAPITEL III

Von der Regierungskunst

KRIEG UND SICHERHEIT

Das Europa des Adels und der Aristokratien hatte den Völkern durch die Humanisierung der Kriege einen großen Dienst erwiesen. Die Armee des allerchristlichsten Königs hatte dazu wesentlich beigetragen.

Der amerikanische Historiker J. Neff unterscheidet in der europäischen und französischen Militärgeschichte drei Phasen: In der ersten Phase, vom 16. Jahrhundert bis zum Dreißigjährigen Krieg, grassierte eine Form des »totalen« Krieges, die innerhalb von dreißig Jahren zur Auslöschung eines Drittels der Bevölkerung Mitteleuropas und Ostfrankreichs führte; in der zweiten setzten die Armeen der absoluten Monarchen von der Mitte des 17. Jahrhunderts bis zur Revolution *la guerre en dentelle* (den »in Spitzen« und Samthandschuhen geführten Krieg) durch, eine Kriegsform, in der oft eine gewisse Anzahl von ungeschriebenen, aber allgemein anerkannten Regeln respektiert wurde; in der dritten kehrte mit der Revolution der »totale« Krieg zurück.

Es war ein wesentliches Merkmal der Armeen des Dreißigjährigen Krieges, daß sie Eigentum der Regiments- oder Armeekommandeure waren, die sie mit ihrem Kapital finanzierten und unterhielten. Die brutale Konfrontation mit den finanziellen Belastungen durch die endlosen Kriege machte jeden Staat zahlungsunfähig; die Steuerlast vervierfachte sich in Frankreich zwischen 1630 und 1640. Die Truppe lebte vom Land, ob Freund oder Feind, und unter den schlimmsten Bedingungen: Sie verbreitete Seuchen und Epidemien, vernichtete die Ernten, plünderte und verschleuderte alles, vergewaltigte die Frauen, schleppte die Jugend mit, um sie anzumustern; und auf dem »flachen Land«, das heißt im Nordosten, verursachte sie überall Hungersnöte, die schließlich zu den gewaltigen Bevölkerungsverlusten im Osten und Norden des Landes führten.

Mit der Wiederkehr des Friedens machte sich die »Wiederherstellung der Ordnung« durch Ludwig XIV. zuerst durch eine »Royalisierung« der Armee bemerkbar. Sie stand von dieser Zeit an im Dienst eines einzigen Herrschers. Uniform und Gleichschritt hatten nur noch den Zweck, jedermann spüren zu lassen, daß der Soldat königliches Eigentum war; das gleiche galt von den Schiffen oder Galeeren, deren Verzierungen vom Ruhm des Königs, aber auch von seinen amourösen Ausschweifungen kündeten. Von diesem Zeitpunkt an wurde die Armee auch normal besoldet, und welche Verzögerungen und Unzulänglichkeiten bei der Besoldung auch auftreten mochten, so beschränkte sie ihre Plünderungen doch auf ein Minimum, es sei denn, sie hätte ausdrücklichen Befehl dazu erhalten.

Diese Grundsätze faßten sehr schnell in ganz Europa Fuß, denn die Verhaltensregeln des Adels entstammten zum Teil der neostoischen Denkweise der Militärstäbe der Nassauer in der Mitte des 16. Jahrhunderts. Eine befestigte Stellung mußte verteidigt werden; eine Festung konnte nicht kampflos aufgegeben werden. Aber man hatte nun das Recht zur Kapitulation, wenn keine Hoffnung auf schnelle Hilfe mehr bestand. War die Ehre gerettet, konnte man getrost an den Hof des Königs zurückkehren. Der Kampf bis in den Tod stand also nicht mehr zur Debatte. Auch ein Schiff durfte sich angesichts einer drückenden Überlegenheit ergeben: Man durfte sicher sein, daß der Feind es mit allen Ehren behandeln würde. Wir haben es mit einem »ritterlichen« Krieg zu tun; die Verletzung der Kriegsregeln wurde in ganz Europa abgelehnt. Das erklärt den schlechten Ruf Ludwigs XIV., der die Pfalz zerstören ließ, um vor der französischen Grenze einen Korridor zu schaffen, der den Feind abhalten sollte. Dieser Ausnahmefall trug wesentlich zu dem antifranzösischen Einschlag des deutschen Nationalgefühls bei. Aber Voltaires *»Candide«* macht deutlich, daß Krieg Krieg ist. Hat nicht auch der Film, von *»Fanfan la Tulipe«* bis *»Barry Lyndon«*, den Krieg »in verbleichten Spitzen« verherrlicht?

Mit der Revolution trat ein Szenenwechsel ein; angesichts der soliden Heere des Königs bewirkten das Aufgebot der Massen *(levée en masse)* und die damit vorhandene militärische Taktik einen teilweisen Rückfall in die Gewohnheiten des Dreißigjährigen Krieges. Wiederum lebte die Armee aus dem besetzten Gebiet, ja sie übernahm immer mehr die Aufgabe, Frankreich am Leben zu erhalten. Nur so überlebte das Direktorium (1795–1799). Zwar wurden Greueltaten nach Art des Dreißigjährigen Krieges zweifellos seltener, aber den französischen Soldaten des Rußland-Feldzugs wie auch den Matrosen, die auf Ibiza gefangengehalten wurden, blieben die Erfahrungen von Gefangenenlagern, die teilweise an die späteren Konzentrationslager erinnern, nicht erspart. Und der Krieg machte nicht vor den Hütten halt, im Gegensatz zu dem, was die Parolen von 1793 verkündeten.

Insgesamt spielte die französische Armee, nachdem sie in der zweiten Hälfte des 17. Jahrhunderts wieder unter königliche Kontrolle gekommen war, eine bedeutende Rolle. Sie war nun nicht mehr die Ursache von Epidemien und deren Verbreitung, sondern wurde im Gegenteil oft erfolgreich zu ihrer Bekämpfung eingesetzt. In Friedenszeiten wurde sie zur Teilnahme an großen Bauprojekten herangezogen, etwa beim Bau des Schlosses von Versailles oder des Loing-Kanals, und man kann sagen, daß sie in gewisser Weise die militärischen Verluste durch den Schutz ausglich – einschließlich des sanitären Schutzes –, den sie der Bevölkerung bot: Immerhin wurde die erste große Schutzimpfung gegen Pocken in der Armee durchgeführt. Rückblickend muß man feststellen, daß die Armee von 1650 bis 1793, im Grunde sogar bis 1813/1814, alle ernsthaften, langanhaltenden Bedrohungen vom gesamten Land ferngehalten hatte, was für das monarchische Frankreich ein beachtliches Ergebnis war. Allerdings wurde diese Wirkung durch die langanhaltende Gewohnheit der Franzosen, den auswärtigen Krieg durch den Bürgerkrieg zu ersetzen, teilweise wieder aufgehoben.

DIE KÖNIGLICHE GERICHTSBARKEIT

Nachdem die äußere Sicherheit einigermaßen gewährleistet war, blieb aber immer noch das große Problem der inneren Sicherheit, das heißt der Bekämpfung der Gewalt. Das 18. Jahrhundert stand ganz im Bann der Suche nach den Ursprüngen des »Sozialvertrages«, der Regierende und Regierte miteinander verband. R. Girard hat vorgeschlagen, diese Ursprünge in dem Sicherheitsbedürfnis des Bürgers zu suchen, indem die

Staatsgewalt die individuellen Blutracheakte ablöste und so den Rechtsstaat garantierte – nach dem Beispiel des Richtspruchs, den die Göttin Athene bei Sophokles durch die Einrichtung des Areopags durchgesetzt hatte. Das neuzeitliche Frankreich hat in diesem Bereich große und entscheidende Fortschritte gemacht, und es zeigt sich darin vielleicht sein größter Triumph, denn es war dies eine Herkulesarbeit, die dabei letztendlich doch mit nur geringen Mitteln durchgeführt wurde.

Dank der im letzten Jahrzehnt unternommenen Forschungen läßt sich dieses Problem besser einkreisen. Am Ende des 18. Jahrhunderts konnte man in Frankreich vier Rechtspraktiken unterscheiden. In den Bergen Südfrankreichs – und in Korsika – wurde die Gesetzesgewalt noch nicht stark respektiert. Die knapp bemannten Brigaden der *maréchaussée*, einer berittenen Wegepolizei, wagten sich nur tagsüber im Sommer und auch nur auf den Hauptstraßen in das Quercy oder die Causses. Für das gesamte Languedoc (zwei Millionen Einwohner) vermochte die *maréchaussée* – die wie viele andere Einrichtungen unter der Regentschaft, das heißt unter der Herrschaft des Herzogs von Orleans (1715–1723), nach dem Tod Ludwigs XIV., entstanden war – nur etwa 300 Mann aufzubieten. Privatgewalt wurde hauptsächlich nach dem Prinzip »Auge um Auge, Zahn um Zahn« oder nach dem Gesetz der Blutrache geregelt. Das erklärt die hohe Männersterblichkeit, die nicht nur das demographische Gleichgewicht empfindlich störte, sondern auch, vor allem in Korsika, das Überleben der Bevölkerung in Frage stellte. Wenn eine Angelegenheit nicht nach dem Gesetz des Stärkeren oder des Klans beigelegt werden konnte, »urteilten« die einheimischen Richter über die Bluttat. Das traf vor allem auf die französischen Bergrandzonen und einen Teil des Südens zu. Noch mißtraute man der Gerichtsbarkeit des Königs; sie war weit entfernt, kostspielig oder ganz einfach »fremdartig«: Die Verhandlungen wurden in einer Sprache geführt, die man schlecht beherrschte, dem Französischen, selbst wenn den Angeklagten für gewöhnlich ein Dolmetscher zur Seite stand.

In den Regionen, in denen das Gesetz der Blutrache verschwunden war, überwog die Praxis der lokalen Schlichtung. Sie konnte vom Gemeindepfarrer übernommen werden, von einer Magistratsperson aus der Gemeinde, vom örtlichen Grundherrn oder einfach von einigen Bürgern. Obwohl die Schlichtung theoretisch kostenlos war, nahm sie oft die Form eines notariellen Vertrages an. Vor das Gericht des Königs ging man nur ausnahmsweise, wenn die Schlichtung gescheitert war. In den südlichen Gegenden in der Nähe der großen Städte blieb die Schlichtung bestehen, obwohl sie viel an Boden verlor. Der Großteil der Rechtsfälle wurde nun von der königlichen Gerichtsbarkeit geregelt: vornehmlich Fälle von Ehrverletzung, Familienstreitigkeiten und Bluttaten. Letztere wurden streng bestraft, während Eigentumsdelikte milder abgeurteilt wurden; allerdings griff man im Laufe des 18. Jahrhunderts auch hier härter durch.

Nordfrankreich (eigentlich Nordeuropa) bildete den vierten Rechtsraum. Der Rückgriff auf die königliche Autorität beraubte die gängigen Schlichtungsinstanzen wie die Seigneurialjustiz eines großen Teils ihrer konkreten Rechte. Nur die niedere Seigneurialjustiz bewahrte ihren unleugbaren Einfluß auf die Rechtsstreitigkeiten zwischen Grundherr und Bauer. Alle anderen Fälle wurden vor den erstaunlich effizienten Gerichten des Königs verhandelt. In der Nähe von Paris, in den Ebenen der Ile-de-France wie in der Normandie gingen die Bluttaten seit dem 18. Jahrhundert stark zurück. Langfristig machte sich ein Rückgang der Schwerstkriminalität bemerkbar, eine Entwicklung, die nach der Stadt auch das Land ergriff und bis unmittelbar nach dem Zweiten Weltkrieg anhielt, danach allerdings für die hochindustrialisierten Gesellschaften nicht mehr zutraf. Während Gewaltverbrechen immer milder bestraft wurden – angefangen bei den Affektverbrechen, die oft verständige Richter fanden –, wuchsen die Eigentumsdelikte ins Grenzenlose. Sie wurden auch zunehmend strenger geahndet.

Die beharrliche Rechtspolitik der französischen Könige errang zwar einen eindrucksvollen Sieg, aber die königliche Gerichtsbarkeit – sie galt als die unbescholtenste – wurde mehr und mehr undurchschaubar, und der Justizapparat, der sich zwischen dem Mittelalter und dem 18. Jahrhundert Stück für Stück zusammengefügt hatte, war die Zahl der Fälle nicht mehr gewachsen. Die *Parlements* vermehrten darüber hinaus die politischen Streiks und legten dadurch alle Institutionen lahm. Eine der brennendsten Forderungen des französischen Volkes war 1789 die Allgemeingültigkeit des königlichen Rechts unter Ausschluß anderer Rechtsformen und natürlich mit anderen Richtern.

Dieser Erfolg wurde mit geradezu lächerlichen Mitteln erzielt. Was man heutzutage für gewöhnlich »Ordnungskräfte« nennt, bestand zu jener Zeit aus heterogenen städtischen Korps, die auf das Mittelalter zurückgingen. In Notfällen griffen die Städte auf Bürgermilizen zurück, soweit sie vorhanden waren. Ihr Einsatz war bereits ein politischer Akt. Zweifellos hat es immer etwas der Polizei Vergleichbares gegeben. Aber die Polizei als solche war eine Einrichtung der absoluten Monarchie, und zwar in zweierlei Gestalt: Da gab es einmal die Polizei im eigentlichen Sinne, die von Polizeichef La Reynie (1625–1709) unter der Schirmherrschaft von Ludwig XIV. und Colbert so stark umorganisiert wurde, daß man fast von einer Neuschöpfung sprechen kann; zweitens die *maréchaussée,* eine Wegepolizei, aus der unsere moderne Gendarmerie hervorging, also eine Truppe, die auf polizeiliche Einsätze spezialisiert ist. Besonders auf dem Lande hatte sie die Aufgabe, Übeltäter zu verfolgen und zu verhaften. Sie umfaßte aber für ganz Frankreich, also 28 Millionen Einwohner, nur dreitausend Mann. Dazu kamen in den Städten Korps wie die Stadtwachen, die bisweilen lächerlich klein waren und nur zur Verstärkung dienten. Was die Bürgermilizen anlangte, so setzte die Krone alles daran, sie überflüssig zu machen; wo sie sich erhielten, dienten sie nur noch als Paradetruppen.

Das Verschwinden der Bürgermilizen hing eng mit der allgemeinen Entwaffnung im Inneren Frankreichs zusammen. Bis zur Fronde hatten Unsicherheit und Bürgerkriege die Städte dazu gezwungen, ihre Befestigungen instand zu halten, zu vermehren und der Artillerie anzupassen. So hatte sich Rouen während der Liga mit sehr massiven Schutzmauern umgeben. Aber der innere Friede erlaubte es, die Stadtmauern verfallen zu lassen, was unter anderem auch den Vorteil hatte, die städtischen Finanzen zu entlasten. Vor allem sah die königliche Obrigkeit darin eine Gewähr für das Verschwinden der städtischen »Armeen«; denn da nicht die königlichen Garnisonen die Stadtmauern bewachten, sondern die Bürgermilizen – bei ihnen handelte es sich um Gelegenheitstruppen, die nach Stadtvierteln oder Zünften aufgeteilt waren und ständig einen Herd für Aufstände oder Bürgerkriege bildeten –, machte das Verschwinden der Mauern ihre Existenz überflüssig.

Die Entwaffnung des Volkes ging aber noch sehr viel weiter. Das Programm dazu wurde während der Liga-Kriege entworfen, besonders unter Heinrich III., konnte aber erst ab 1661 wirklich in die Tat umgesetzt werden. Natürlich war eine allgemeine Entwaffnung unmöglich durchzusetzen; die bäuerliche Welt hielt immer an ihren Waffen fest, zum einen weil sie glaubte, daß Waffen zum Menschen gehörten, zum andern weil die vielen »wilden Tiere« (besonders Wölfe) den Besitz von Waffen unentbehrlich machen. Aus diesem Grund wurden die ländlichen Gegenden besonders in Südfrankreich und etwas weniger in Nordfrankreich nur unvollständig entwaffnet. Anders dagegen die Städte, vor allem die großen Städte, in denen die Entwaffnung vollständig gelang. Deshalb verfügten die Aufständischen bei den sehr seltenen Erhebungen im 18. Jahrhundert und selbst 1789 nur über behelfsmäßige Waffen: Werkzeuge, Stöcke, Steine, Sensen und vor allem die berüchtigten Spieße, die nur einen mangelhaften Ersatz für das Schwert oder die Feuerwaffen darstellten.

So ergab sich eine paradoxe Situation. Die Bilder glichen sich: Wie das Römische Reich war das Frankreich des Ancien régime ein weicher Körper mit einem harten Panzer; einzig die Armee war in der Lage, einem ernstzunehmenden Aufstand standzuhalten. In Paris war die Polizei immer nur sehr schwach gewesen. Sie kam höchstens auf 9000 bis 10000 Mann, bei einer Einwohnerzahl von 650000 in Paris und 50000 in Versailles. Und auch diese Zahlen besagen nur wenig, denn wirklichen Nutzen brachten nur die 1500 Reiter. Aus diesem Grund mußte die französische Armee immer häufiger an Polizeiaktionen teilnehmen. Da man wußte, daß diese Situation sehr ernste Probleme aufwarf, trat die Armee im 18. Jahrhundert in der Umgebung von Paris erst 1720 in Erscheinung, dann 1775 zur Zeit des »Mehlkrieges« und schließlich 1788.

Alle diese Kräfte waren der Autorität des für die Angelegenheiten des königlichen Hauses zuständigen Ministers unterstellt, der in seinen Händen die Kontrolle über Hof und Stadt vereinigte: Dieses Bild hat nichts mit der Karikatur zu tun, die in ihm nur den Veranstalter der Hoffeste sah. Diese Beobachtungen erlauben ein besseres Verständnis für den Erfolg der Revolution: Wenn der Aufruhr organisiert war, überforderte er die Polizeikräfte; es blieb dann nur noch der Rückgriff auf die Armee. Schlug diese sich auf die Seite der Aufständischen, dann war der Erfolg auf Anhieb gesichert. Man kann sich unter diesen Umständen sogar fragen, ob die angeführten Gründe für die Erhebungen – seien es tatsächliche oder nur unterstellte – wirklich von so ausschlaggebender Bedeutung waren.

Diese Situation wird auf eindrucksvolle Weise durch zwei Tatsachen beleuchtet: Einerseits waren die Mittel zur Repression entgegen den verbreiteten Mythen sehr spärlich; andererseits brachte die Krone mit wenigen Ausnahmen dem Volk, besonders dem Pariser Volk, sehr viel Vertrauen entgegen. Das gilt nicht nur für das 18. Jahrhundert, sondern auch für die beiden voraufgegangenen Jahrhunderte, die noch um vieles unruhiger waren. Zur Verdeutlichung sei daran erinnert, daß sich selbst in Versailles während der schwärzesten Oktobertage des Jahres 1789 nur wenige Soldaten aufhielten, und daß die nächsten Garnisonen, abgesehen von einer Kompanie in Saint-Cloud, selten weniger als einen Tagesmarsch entfernt lagen.

Eines der Hauptprobleme ist es daher zu bestimmen, wann und wie dieses gegenseitige Vertrauen zerstört wurde. Das war kein einmaliger Vorgang, sondern geschah bei verschiedenen Gelegenheiten. Die Fronde, die Ludwig XIV. in lebendiger Erinnerung blieb, führte zur Etablierung des Hofes in Versailles und schuf die einzigartige Situation eines Landes mit zwei Hauptstädten. Darum wurde die Befestigung von Paris preisgegeben, als ab 1670 die Schutzmauern allmählich verfielen. Vauban schlug den Bau eines modernen, erweiterten Mauergürtels vor, der durch eine vorgerückte Linie vereinzelter Festungen verstärkt werden sollte. Zum großen Verdruß des Ingenieurs verzichtete der König darauf. Die Pariser Miliz mit der Verteidigung einer derartigen Mauer zu betrauen hätte zu einer Wiederauflage der Fronde geführt; auch sollte keine große Garnison an Paris gebunden werden: Paris war an der Landesgrenze zu verteidigen. Der Große König hegte ein offensichtliches Mißtrauen. Aber zu Übertreibungen bestand deswegen kein Anlaß. Unter Ludwig XIV. war Versailles nicht besser bewacht als unter Ludwig XVI., vielleicht von dreihundert Mann.

Tatsächlich war das System der Überwachung und Unterdrückung während des Ancien régime feinmaschiger gestrickt und besser ausgestattet. Es basierte auf »polizeilicher« Kontrolle und auf einem Justizapparat, der in den Händen von Amtsträgern lag. Es ist kaum bekannt, wie diese beiden Apparate funktionierten.

Alle Regierungen betrieben ausführlich interne politische Spionage. So waren, um nur zwei Beispiele aus dem 16. Jahrhundert zu nennen, weder Franz I. noch Heinrich III. Unschuldslämmer. Das Nachrichtenwesen wurde jedoch von Richelieu und seiner »grauen Eminenz«, Vater Joseph, vollständig umorganisiert und später von Mazarin verbessert. Den ausländischen Nachrichtendienst stellte Turenne (1611–1675) auf die Beine; er wies den jungen Ludwig XIV. meisterhaft darin ein. Richelieu hatte ihm ausgezeichnete Agenten hinterlassen wie den gefeierten Rossignol, einen Fachmann für Geheimschrift und Entzifferung. Ludwig XIV. chiffrierte selbst sehr oft. Und Pomponne (1618–1699, der in Holland und Schweden als Botschafter diente, war während des Niederländischen Krieges Außenminister und schloß 1679 den Frieden von Nimwegen ab) fiel wegen seiner Verzögerung beim Entziffern vorübergehend in Ungnade.

Die Pariser Polizei wurde von La Reynie umorganisiert. Der Chef der Pariser Polizei war ein echter Minister mit allen Befugnissen, doch ohne Amtstitel. In der Provinz bekamen nach und nach alle Städte einen Polizeichef. Paris war in »Polizeiviertel« aufgeteilt, die von Kommissaren, denen einige Inspektoren zur Seite standen, geleitet wurden: etwa einhundert Personen, darunter vierzig Kommissare. In den anderen Städten war das Zahlenverhältnis entsprechend. Diese Kommissare besaßen sehr viel Macht. Sie dienten im wesentlichen als Nachrichtenagenten und setzten Zivilagenten ein, die berühmten *»mouches«* (Fliegen), die für Gelegenheitsdienste bezahlt wurden. Die Pariser Bevölkerung verglich sie einfach mit Denunzianten, was sie manchmal auch waren.

Hinter diesen von außen halberkennbaren Aktivitäten verbarg sich das heimliche Gesicht der Polizei. Zu ihrer Zeit sprach man ihr eine große Macht zu. Von Heinrich III. und Heinrich IV. an hielt man die französische Krone für allwissend und bis zu Ludwig XV. wußte sie tatsächlich sehr viel. In seinen *»Memoiren«* wird Saint-Simon nicht müde, die unaufhörliche Bespitzelung aller gegen alle anzuklagen, wobei die Welt der Domestiken in Versailles die Hauptrolle spielte; der »Kammerdiener« Ludwigs XIV., Bontemps, war eine der Hauptstützen.

Diese alte Praxis verdankte sehr viel den Gewohnheiten des italienischen Gefolges von Katharina und Maria von Medici und Mazarin. Richelieu wußte sie meisterhaft einzusetzen. In Campions *»Dialogues«* betont einer aus der Gesprächsrunde – bestehend aus Adligen, Militärs und Kirchenmännern, die einen Aufenthalt in Paris damit verbringen, über Politik zu plaudern, also über die Tugenden und Untugenden des Kardinals zu sprechen –, daß es selbst unter engen Freunden vorkomme, daß einer am darauffolgenden Tag den Inhalt der Unterhaltung verrate. Ihm wird nicht widersprochen. Mit der alten Redefreiheit, an der den Franzosen soviel gelegen hatte, war es vorbei, die Zeit des Mißtrauens und der Vorsicht war angebrochen. So ist das Ende von Molières Stück *»Tartuffe«*, das auf den ersten Blick extravagant erscheint, in Wirklichkeit nur die Verarbeitung wirklicher Vorfälle; Ludwig XIV. war vorbildlich unterrichtet, was die erhaltenen Erinnerungen manchmal unverblümt zum Ausdruck bringen. Selbst Colbert, Louvois und die Pontchartrains werden nicht verschont, sondern in der direktesten Weise aufs Korn genommen.

Weder Heinrich IV. noch sein Vorgänger, noch die drei großen Kardinäle der französischen Geschichte (Richelieu, Mazarin, Fleury) schreckten vor diesen Methoden zurück. Prostitution wurde zum Teil für politische Zwecke eingesetzt, um die Überwachung von ausländischen Botschaftern, von einigen Jansenisten und gelegentlich selbst von Bischöfen zu gewährleisten. Auch die großen Damen verschmähten nicht das Informantentum – sie taten es selten unentgeltlich – und informierten selbst über ihre Ehemänner. Dank der Bespitzelung gelang es La Reynie, den Spuren in der schmutzigen Giftaffäre *(affaire des poisons)* nachzugehen, durch die Madame de Montespan kompromittiert wurde. Die Favoritin Ludwigs XIV. fiel endgültig in Ungnade, obwohl Colbert, der mit den Mortemart durch die Ehen seiner Töchter verwandt war, ihr das Schlimmste ersparen konnte.

Von diesem System sind uns nur bruchstückhafte Kenntnisse erhalten, vor allem die Erinnerungen einiger Chefs der Pariser Polizei, darunter die von Lenoir. Zweifellos wurde dieser gesamte informelle und vielgestaltige Apparat gegen den Hochadel eingesetzt. Langsam erstreckte er sich auch auf die Welt der Literatur, doch in geringerem Maß als angenommen. Für Ludwig XIV. spielten auch die Mätressen in diesem kuriosen Ballett eine Rolle; und wie alle Regimes machte die absolute Monarchie die Überwachung der Glücksspiele für ihre Zwecke dienstbar. Das erklärt die Tolerierung zahlreicher Spielstätten, besonders in der gehobenen Gesellschaft; es war kein »Privileg«, sondern eine politische Notwendigkeit: Die Spielhäuser waren der Treffpunkt sämtlicher Spitzel.

Neben den bisher genannten Merkmalen – Schwäche des Unterdrükkungsapparates, ein Polizeisystem, dessen sichtbarer Teil, die Polizeikommissare und Inspektoren, den gewaltigen unsichtbaren Teil verdeckte, der die gehobene Gesellschaft paralysierte – muß noch die ausgedehnte und zahlreich verstreute Welt der Amtsträger erwähnt werden. Dank der Untersuchung von 1664, dem einzigen vollständigen Dokument über die geographische Verteilung und die finanzielle Bedeutung der Welt der Amtsträger, läßt sich die tatsächliche Bedeutung dieses Phänomens ermessen. Erinnern wir uns daran, daß die Ämterkäuflichkeit in diesem

Ausmaß einzigartig in Europa war: 1664 erfaßten Colberts Dienststellen ungefähr 45 000 Amtsträger. Zählt man die nicht Erfaßten hinzu, so dürfte man auf eine Gesamtzahl von 50000 kommen, das heißt, auf rund 400 Franzosen kam ein Amtsträger. Alle unseren bisherigen Bemerkungen über die geringfügigen Mittel der Monarchie werden damit eingeschränkt, denn das Ausmaß der administrativen Durchdringung Frankreichs im 17. Jahrhundert übertraf das des ausgehenden 19. Jahrhunderts! Wenigstens in der Theorie wurde der beschränkte Unterdrückungsapparat damit eindrucksvoll ergänzt. Das soll näher betrachtet werden.

DIE WELT DER »AMTSTRÄGER«

Die Ämterkäuflichkeit, ein italienisches Erbe, war eines der Hauptinstrumente und Hauptmerkmale des neuzeitlichen Frankreich. Das Kapital der 45 000 Amtsträger belief sich 1664 auf eine halbe Milliarde Livres. Das ist eine enorme Summe, wenn man bedenkt, daß die Staatseinnahmen etwa hundert Millionen Livres betrugen. Allerdings verschob sich dieses Verhältnis bis 1789 wesentlich zuungunsten der Amtsträger. Angesichts des militärischen Bedarfs, der im 16. Jahrhundert und während der ersten Hälfte des 17. Jahrhunderts mehr als die Hälfte der Staatsausgaben ausmachte – danach sank er bis zu einem knappen Drittel des Haushalts von 1789 –, reichten die gewöhnlichen Einnahmequellen (direkte und indirekte Steuern) nicht aus. Deshalb mußte man zu außerordentlichen Einnahmequellen Zuflucht nehmen, das heißt Staatsanleihen und Ämterverkauf. Der Verkauf von Ämtern, der bis 1648 den Löwenanteil an den Sondereinnahmen darstellte, war zur Deckung der wichtigsten Bedürfnisse des 16. Jahrhunderts ausreichend. Nach diesem Zeitpunkt überwog die Staatsanleihe; die Schaffung und der Verkauf von Ämtern wurde nach und nach zu einer marginalen Quelle, zumal diese Ämter vererbbares und verkäufliches Privateigentum waren. Auch wenn die venezianischen Botschafter gelegentlich an die *Signoria* schrieben: »Jedesmal, wenn Frankreichs König ein neues Amt schafft, schafft Gott einen Dummkopf, der es kauft«, griff man doch in der zweiten Hälfte des 17. Jahrhunderts immer weniger auf dieses Mittel zurück. Es gab mehrere, zum Teil mißglückte Versuche, die Zahl der Ämter zu beschränken: Colbert, der den wichtigsten Versuch unternahm, hatte damit noch am meisten Erfolg. Bei der Amtsaufhebung mußte der Staat nämlich das Kapital zurückerstatten.

Die Welt der Amtsträger bildete den Kern der Führungselite des Königreichs. Sie gehörten zu den reichsten Franzosen – auf Nordfrankreich entfielen zwei Drittel und auf Paris fast ein Drittel des Gesamtkapitals. Pascal und Marivaux, um nur zwei Beispiele zu nennen, gehörten dazu. Da diese Amtsträger mit ihrem Amt ein Stück der öffentlichen Gewalt erworben hatten, zogen sie zweifellos mit diesem Staat an einem Strang. Staatsgehorsam lag deshalb zwar in ihrem Interesse, aber ganz stimmten ihre Interessen nicht mit denen des Staates überein, da der Staat ihnen die Zinsen, die ihre Einkünfte bildeten, nicht auf den tatsächlichen, sondern nur auf den Nennwert des Amtes entrichtete (1664 knapp zwei Prozent des investierten Kapitals), und sie deshalb in finanziellen Angelegenheiten durchaus eine gegensätzliche Haltung gegenüber dem Staat vertraten. Außerdem kam es zu zahlreichen Konflikten über die Befugnisse der Verwaltung. In Wirklichkeit gab es zwei Staatsverwaltungen, die sich nur an der Spitze gegenseitig durchdrangen: Auf der einen Seite standen die direkten Verwaltungsleute, die Staatssekretäre und Kommissare (darunter die Intendanten), die keine Amtsträger waren; sie hatten einen Auftrag erhalten, der ihnen eine Vergütung sicherte, aber sie waren jederzeit kündbar; auf der anderen Seite standen die eigentlichen Amtsträger, die unkündbar waren und keiner Kontrolle unterstanden. Die erste »Verwaltung« war ganz zentralistisch organisiert und fiel selten unter den Rang eines Intendanten ab. Die *subdiligués* in der Provinz waren Freiwillige, die vom Intendanten ernannt wurden; für eine kurze Zeit wurden ihre Posten in Ämter verwandelt, die jedoch später aufgehoben wurden. Aber das traf erst auf die zweite Hälfte des 17. und das gesamte 18. Jahrhundert zu. In dieser Hinsicht blieb das 16. Jahrhundert eher den Praktiken des ausgehenden Mittelalters verpflichtet. Gegenüber der Stadt- und Landbevölkerung repräsentierte die Verwaltung der Kommissare den zentralistischen Staat; die Welt der Amtsträger bildete die lokale Verwaltung. Aber auf dem Höhepunkt ihrer Entwicklung hing erstere unmittelbar von den (privaten) Kassen der Amtsträger der Finanzverwaltung ab.

Wir haben ein extrem komplexes System vor uns, auf das der Staat nur wenig direkten Einfluß hatte und auf das er in den meisten Fällen nur mittelbaren Druck ausüben konnte. Das System hatte seine Vorteile, die Montesquieu in seinem *»L'Esprit des Lois«* hervorzuheben versuchte. Der

Hauptvorteil lag im kostenlosen Funktionieren der Maschinerie; beim Verkauf der Ämter flossen manchmal sogar große Summen in die Staatskasse. Der Staat profitierte lange davon, denn die Nominalzinsen standen weder im Verhältnis zu den Vergütungen, die ähnlichen Funktionen zukamen, noch zu dem investierten Kapital. Wer die großen Ämter ausüben wollte, mußte reich sein, um sie kaufen zu können, und noch reicher, um davon leben zu können. Besonders die kleinen und mittleren Amtsträger waren daher versucht, die Geringfügigkeit der Nominalzinsen auf anderem Wege aufzubessern, zum Beispiel durch die Ausübung der Staatsgewalt ein Maximum an Geld herauszuholen.

Was der Staat dabei gewann, ging dem Volk verloren. Viele große Ämter, besonders die Mitgliedschaft in den *Parlements,* verschafften sozialen Einfluß, was ein Hauptziel der Käufer war. Die Nachteile des Systems waren augenfällig. Montesquieu mag zwar behaupten, daß die Unabhängigkeit, die das System gewährte, der Garant für gerechte Urteile war, doch gab es zahlreiche Mißbräuche. Mehr noch, im Laufe der ersten Hälfte des XVII. Jahrhunderts verbreitete sich die Praxis, nach der die großen Ämter eine Erhebung in den Adelsstand mit sich brachten: Die Aufnahme in den Adel entzog sich zum größten Teil der Kontrolle der Krone, die nur noch Verdiensturkunden ausstellen konnte. Man kann nicht behaupten, daß Reichtum keine Kompetenz verleiht; in dieser Zeit ist das tatsächlich die Hauptbedingung einer jeden etwas höherzielenden Bildung. Es ist daher logisch, daß die beiden Aspekte sich überlagern, ohne sich jedoch zu vermengen. Es bleibt der Hauptnachteil; denn die Unabhängigkeit der Amtsträger erlaubte es ihnen, dem Staat zu trotzen, sein Handeln zu sabotieren, sobald ihre Interessen auf dem Spiel standen. Aber die Zerstückelung der Ämter schränkte solche Auswirkungen spürbar ein; die große Mehrheit der Amtsträger verfügte nur über sehr beschränkte Machtbefugnisse, obwohl die lokale Bevölkerung auch diese oft nur unwillig akzeptierte.

Unter diesen Umständen schwankte die Wirksamkeit der Ämter beträchtlich, sowohl bei der Verhinderung von Verbrechen wie noch mehr bei ihrer Bestrafung. Die französische Gerichtsbarkeit arbeitete so willkürlich wie die aller ähnlich entwickelten Staaten. Die Suche nach dem Gesetzesbrecher blieb das schwächste Glied in der Kette. Die volkstümliche Auffassung von Recht und Ordnung stimmte nur selten mit dem juristischen Begriff überein; die Straffälligen profitierten deshalb oft, besonders im fiskalischen Bereich, von der zumindest passiven Beihilfe der ganzen oder von Teilen der Bevölkerung. Die Familie oder der Klan leisteten handfesten Beistand, der in der Stadt allerdings geringer ausgeprägt war. Die Welt der Notabeln nahm viele Dinge wohl oder übel hin. Denn die Vorstellung dessen, was eine strafbare Handlung ist, war eine Funktion der traditionellen – ländlichen oder städtischen – Zivilisation; sie unterlag daher zahllosen Schwankungen. Es kam hinzu, daß die tatsächliche Einhaltung der königlichen Gesetze umgekehrt proportional zur Entfernung von der Hauptstadt war. Jedoch waren die Fortschritte in der Leistungsfähigkeit der Verwaltung nicht zu verneinen. Blieb die Fortbewegungsgeschwindigkeit des Menschen von Julius Caesar bis Ludwig XIV. praktisch gleich, so nahm sie im Laufe des 18. Jahrhunderts stark zu. Man ist zu sehr daran gewöhnt, das Schrumpfen der Entfernungen lediglich der Eisenbahn zuzuschreiben, die tatsächlich nur die laufende Entwicklung beschleunigt hat. Die Umformung des französischen Straßennetzes, des besten in Europa, halbierte die Reisezeiten auf den großen Verkehrsachsen. Demnach hatte die juristische Neuerung tiefere Auswirkungen auf den Süden, und die Unabhängigkeit der Amtsträger und Administratoren wurde eingeengt.

Natürlich handelten die Hofbeamten zum großen Teil dem Volk gegenüber ihren Interessen gemäß. Auch begriff sich die Gerichtsbarkeit, die nicht »erschöpfend« sein konnte, als exemplarisch und konnte es auch nicht anders sein, das heißt, die exemplarische Bestrafung wurde für sie von großer Bedeutung. Willkürlichkeit und Grausamkeit der Strafe waren auf ihre Art eine Frage der Wirksamkeit. Im politischen Bereich handelte die königliche Autorität nicht anders. Weil sie nicht jedesmal dort, wo es vonnöten gewesen wäre, zuschlagen konnte, kompensierte jede Autorität den quantitativen Mangel an Bestrafung durch die Härte des Urteils. Auf der Ebene der Amtsträger war jedoch alles eine Frage von Zeit und Ort. Da sie enger an die Region gebunden waren, hatten sie, trotz ihrer Macht, weder Neigung noch Mittel, auf die Einhaltung der Gesetze zu achten.

Schließlich stellte die Welt der Amtsträger eine latente Gefahr für die politische Macht dar. Die Mitglieder der *Parlements,* die im wahrsten Sinne des Wortes über Leben, Tod und Vermögen der Einwohner ihres Amtsbereichs verfügten, besaßen eine beträchtliche reale Macht. Noch gravierender in Rechtsangelegenheiten war, daß die großen Gerichtshöfe eine ganze Welt von Gerichtsdienern umgab: Kommis, Gerichtsvollzieher, Staatsanwälte, Advokaten. Letztere waren zugleich Verbündete und potentielle Rivalen; die Revolution sollte es noch zeigen.

Ein Dauerkompromiß war das Ergebnis. Der Sieg Ludwigs XIV. über die Fronde und die *Parlements* war weniger eindeutig, als man behauptet hat. Während der Fouquet-Affäre (Nicolas Fouquet, 1615–1680, erfolgreicher Oberintendant der Finanzen, der jedoch unter Ausnutzung seiner Position ein umfangreiches Vermögen anhäufte. Colbert denunzierte ihn wegen seiner Unterschlagungen bei Ludwig XIV., der ihn verhaften ließ. Er kam im Gefängnis um; d. Übers.) »streikte« die von Duquesne (1610–1688) befehligte Marine *de facto* ein halbes Jahr lang. Auch sah sich die politische Macht nach der Fronde gezwungen, sich mit dem *Parlement* von Paris zu arrangieren. Noch besorgniserregender wurde die Situation dann im 18. Jahrhundert.

KAPITEL IV

Das französische Volk

DIE ZENTRALE BEDEUTUNG DES HOLZES

Auch die Landbevölkerung verfügte über einen breiteren Handlungsspielraum, in erster Linie deshalb, weil sie nicht durchweg so arm war, wie man lange Zeit vermutet hat. In der Ile-de-France und auf den weiten Getreidehochebenen existierte eine soziale Gruppe von »Bauern«, Pächter oder Eigentümer, deren Macht unterschätzt worden ist. Es handelte sich nicht nur um einige reiche Bauern, sondern um eine stabile und mächtige Gruppierung, die man im Valois, in einigen Teilen der Brie und der Beauce oder im Soissonnais antreffen konnte. M. Moriceau hat sie dank ihrer Stammbäume bis auf den heutigen Tag verfolgen können. Im 18. Jahrhundert belief sich das durchschnittliche Vermögen dieser Gruppierung auf ungefähr 100000 Livres, in einigen Fällen sogar auf 300000 Livres. Sie erreichte damit ein Vermögensniveau, das dem der höheren Schicht des mittleren Pariser Bürgertums, das nahe an die großen Vermögen heranreichte, vergleichbar war. Die Mitglieder dieser Gruppierung, die eine gewisse Bildung besaßen und oft ein kleines Amt bekleideten, bildeten einen wirksamen sozialen Knotenpunkt.

Dieser Situation begegnete man in diesem Ausmaß sonst nirgendwo, aber es gab keine Region, in der man nicht einige Vertreter vom Typ »handeltreibender Bauer« mit beachtlichem Vermögen und einem gewissen Einfluß antraf, selbst in der Stadt. Es gab durchaus ein ländlich-bäuerliches Bürgertum, wenn auch nur sehr vereinzelt, außer in den reichen Viehzucht-Gegenden.

Darüber hinaus verfügte die bäuerliche Welt noch über einen anderen Trumpf, nämlich eine ziemlich unabhängige Verwaltung. Der Dorfverband besaß nämlich sein eigenes Steuerwesen, denn die königlichen Eingriffe beschränkten sich auf die Festsetzung des globalen Steuerbetrags. Diese Freiheit begünstigte den *sanior pars populi*, den gesündesten Teil der Bevölkerung, der nicht unbedingt der reichste war und sehr oft der mittleren Schicht des ländlichen Reichtums entsprach. Die Intendanten stellten jedoch diese Freiheit zunehmend in Frage. In dem legitimen Anliegen, die fortwährend heikle Finanzlage zu verbessern – das Land unterschied sich in diesem Punkt nicht von der Stadt –, griffen die Intendanten immer stärker in die dörflichen Angelegenheiten ein. In Gegenden mit bedeutendem Waldbestand fürchtete man jedoch noch mehr die Eingriffe des Wasser- und Forstamts. Theoretisch verfügten Gemeinden mit Gemeindewald zwar über Zahlungsmittel, praktisch aber wurden königliche Forste, Privatforste, grundherrschaftliche Wälder, gemeindeeigenes Land und innerhalb der Grundherrschaft liegendes Gemeindeland, für die Abgaben entrichtet wurden, im Bewußtsein des Volkes leichter Hand miteinander vermischt.

Der Grund dafür liegt darin, daß die französische Zivilisation der Neuzeit im wesentlichen eine auf das Holz gegründete Zivilisation war, selbst in der Stadt. Im 16. Jahrhundert war Eisen auf dem Land ein seltenes Produkt, mit dem man sparsam umging: Am Pflug war nur die Schar aus Eisen. Erst die folgenden zwei Jahrhunderte erlebten eine Verbreitung des Eisens, selbst wenn sein Gebrauch auf dem Land noch beschränkt blieb. Holz diente daher zu allem: zum Heizen und Kochen, für Dachstuhl und Fachwerk am Haus und für Werkzeuge, die an langen Winterabenden hergestellt wurden. Da sich die Städte in der Neuzeit vom 16. bis zum 18. Jahrhundert ausdehnten und der materielle Bedarf der Stadtbewohner noch zunahm, konkurrierte die Holznachfrage der Städte immer mehr mit dem Holzbedarf der ländlichen Gegenden und trug das marktwirtschaftliche System in die entlegensten Gebiete, sofern sie sich in der Nähe flößbarer Flüsse befanden. Im 16. Jahrhundert erlaubte es die Technik, Flöße bis nach Paris fahren zu lassen; das war ein neues Transportsystem von großer Bedeutung, da es sich sämtliche Flüsse zunutze machte. Hinzu kam der steigende Holzbedarf der Schmieden und Glashütten, des Schiffbaus und des Bauhandwerks in den Städten, in denen die Fachwerkbauweise weit überwog. Rouen war im 16. ebenso wie im 18. Jahrhundert eine Agglomeration aus Holz. In Paris waren die beiden Seine-Ufer, von Bercy bis zur Ile de la Cité, mit Holzstapeln überfüllt, von denen gelegentlich einer in einer gewaltigen Feuersbrunst niederbrannte. In Nevers signalisierten Späher auch in der Nacht das ankommende Hochwasser der Loire, das die Flöße aus Baumstämmen nach Nantes trug, wo sie zerschnitten wurden. Es gab kaum eine Stromschnelle, die nicht auf Betreiben Colberts, so gut es ging, für die Flößerei ausgebaut wurde.

Diese Situation entfachte einen der heftigsten und hartnäckigsten Konflikte zwischen den Bauern der burgundischen Hochebenen, der Alpen- und Pyrenäenregion, des Berglandes im Osten und des Zentrums einerseits und der Wasser- und Forstverwaltung andererseits. Während der ganzen bisherigen Agrargeschichte, von der Vorgeschichte bis zum Ende des Mittelalters, hatte die Landbevölkerung den Wald genutzt und an ihm Raubbau getrieben. Wenn auch die französische Zivilisation auf die Nutzung des Holzes als Hauptrohstoff angewiesen war, so war der französische Bauer – aber auch der Franzose ganz allgemein – durchaus kein Freund des Waldes, im Gegensatz zum Mitteleuropäer. Wenn das natürliche Grasland nicht ausreichte, wich das Vieh auf die Waldweide aus, wodurch der Wald stark zurückgedrängt wurde. Der Wald war das wichtigste Element im Lebensunterhalt der Bauern. Seit dem 16. Jahrhundert versuchten Grundherren und Staat, den Wald zu schützen. Die Könige des 16. Jahrhunderts gaben Verordnungen in großer Zahl heraus, die aber wegen der schwierigen Zeit kaum eingehalten wurden. Colbert prahlte ein wenig voreilig damit, das Wasser- und Forstamt erfunden zu haben. Wie in vielen anderen Bereichen hat er nur die bisherigen Bestimmungen im berühmten Wasser-und-Forst-Codex systematisiert und kodifiziert. Dieser gibt uns ein interessantes Mittel an die Hand, die Wirksamkeit der Amtsträger und des bäuerlichen Widerstands zu ermessen. Andrée Corvol zufolge änderten sich die Verhältnisse während der Herrschaftszeit Ludwigs XIV. nur wenig, aber um 1700 begann eine große Kampagne zur Bekämpfung der Waldfrevel. Die Landbevölkerung brauchte mehr als ein halbes Jahrhundert, um zu begreifen, daß der Wald kein unerschöpfliches Kapital darstellt und daß man ihn für zukünftige Generationen erhalten muß. Wie konnte man das den Bauern, die so stark auf den Wald angewiesen waren, bewußt machen, zumal die Händler, die mit den Amtsträgern der Wasser- und Forstverwaltung an einem Strang zogen, Holz in die Stadt exportierten?

Mit dem Beginn der Regentschaft Philipps von Orléans (1715), der in vielen Bereichen versuchte, eine »rationale« Organisation einzuführen, brach eine Welle von Verfahren über die ländliche Welt herein. Sie wehrte sich heftig dagegen, was sich in einer beschleunigten Zerstörung des Waldes niederschlug. Zwischen 1740 und 1770 stellte sich zunächst ein gewisses Gleichgewicht ein, und es scheint, daß die von der königlichen Verwaltung erlassenen Grundsätze besser verstanden wurden. Schließlich nahmen die Bauern von 1770 bis 1789 ihren Kampf wieder auf. Sie versuchten, die Dinge selbst in die Hand zu nehmen, und verdammten die Vertreter des Wasser- und Forstamts dabei oft zur Hilflosigkeit. Die Auflösung des Wasser- und Forstamts während der Revolution führte unmittelbar zu einem gigantischen Raubbau, bevor im 19. Jahrhundert die Ordnung wiederhergestellt wurde.

Die Aktivität des Wasser- und Forstamts hatte demnach ihren wohltätigen Nutzen: durch die Strafverfolgungen wurden die Bauern, wenn auch widerwillig, dazu gebracht, die Berechtigung der königlichen Schutzpolitik einzusehen. Trotzdem schlug diese Aktion, forsttechnisch gesehen, oft genug fehl. Die bodentechnischen und biologischen Kenntnisse waren zu mangelhaft, als daß sie zu einem ökologisch richtigen Verhalten geführt hätten. Im 19. Jahrhundert sah man sich deshalb gezwungen, dem Beispiel der deutschen Förster zu folgen, weil man die oft sinnvollen Ratschläge der Händler ignoriert hatte. Im Seine-Becken führten die gestiegenen Holzpreise, die durch den erhöhten Verbrauch von Paris verursacht waren, zur vorrangigen Ausbeutung von Brennholz. Der Schiffbau gewann dieser Region nicht mehr viel ab. So bezog er sein Bauholz zum Teil aus der Franche-Comté und der Dauphiné; ein anderer Teil bestand aus pyrenäischen Nadelhölzern, deren Qualität allerdings schlechter war als die der nordeuropäischen Tannen; da sich ihr Harz rascher verflüchtigte, wurden die Maste innerhalb eines Jahres rasch brüchig. Die technischen Fehler, die mangelnde Einsicht, daß man die Hegereiser nicht zu hoch wachsen lassen durfte, der von der Verwaltung vorgeschriebene Kahlschlag, die übertriebene Ausbeutung über Jahrhunderte hinweg – diese Dinge erklären die französische Abhängigkeit von dem aus dem Norden (Preußen, Schweden, Norwegen, selbst Rußland) gelieferten Holz. Sie war ein großes Hindernis im internationalen Wettbewerb. Das typische französische Kriegsschiff besaß nur 74 Kanonen, weil der französische Wald kein geeignetes Holz zur Ausrüstung von Kriegsschiffen mit höherer Tonnage lieferte. Dieses Beispiel verdeutlicht, daß einer auf Ämtern beruhenden Verwaltung zwar Grenzen gesetzt sind, daß man aber auch ihre Wirksamkeit nicht unterschätzen darf. Auf jeden Fall erklären die Verordnungen der Wasser- und Forstverwaltung zum Teil das Unbehagen der Bauern im 18. Jahrhundert. Hier hatte man es also mit einer rational überlegten Verwaltungstätigkeit zu tun, die im Grunde zwar gerechtfertigt, aber in ihren Methoden verfehlt war und deshalb von der betroffenen Landbevölkerung nur unzureichend verstanden wurde. Diese sah nämlich in den Maßnahmen zur Beschränkung des Weidens, die zur Erhaltung des Waldes unentbehrlich waren, nur eine widerrechtliche Besitzaneignung.

DAS LÄNDLICHE FRANKREICH

Das gleiche Problem trat im Kommunikationsbereich auf. Die von Colbert eingeleitete Verbesserung der Verkehrswege und der Kommunikationsmittel wurde von der *École des Ponts et Chaussées* fortgesetzt und im 18. Jahrhundert im ganzen Land durchgeführt. Der englische Wirtschafts- und Agrarexperte Arthur Young (1741–1820), der Frankreich am Vorabend der Revolution besuchte, war voller Bewunderung für die königlichen Straßen in Frankreich, die besten in ganz Europa, aber er hegte doch einigen Zweifel an ihrer Notwendigkeit, da einige der Wegstrecken mäßig benutzt wurden.

Die allgemeine Verbesserung der Straßen wurde durch den von dem Generalkontrolleur Orry (1689–1747) eingeführten Frondienst beim Straßenbau begünstigt. Bei diesem vom König verfügten Frondienst handelte es sich um eine Naturalsteuer in Form von Arbeitstagen für Tiere und Menschen, die ausschließlich den ländlichen Gemeinden auferlegt wurde. Sie war sehr unbeliebt. Da er oft während der sommerlichen Erntezeit gefordert wurde, bedeutete der Frondienst, trotz einer geringen Vergütung, eine schwere Belastung. Noch gravierender war – die *Cahiers de doléance* (Beschwerdehefte) spiegeln das oft wider –, daß die Verkehrswege fast ausschließlich für die Bewohner der Städte bestimmt waren. Generalkontrolleur Turgot (1727–1781) ersetzte schließlich den Frondienst durch eine Steuer. Dieses massive Eindringen in die ländlichen Gegenden war das Werk von wirklichen Beamten, nicht von Kommissaren. Es gab davon noch sehr wenige; sie wurden in der ersten jener großen

Schulen ausgebildet, die für Frankreich so typisch wurden. Die Ausbildung stand auf hohem Niveau und diente später als Vorbild für die Erziehung und Ausbildung der großen Staatsbeamten.

Die ländliche Welt trat im Laufe der Neuzeit aus ihrer Abgeschiedenheit heraus, wobei diese mit sehr wenigen Ausnahmen doch nie so groß war, wie oft angenommen wurde. Die dörfliche Welt beschränkte sich nicht auf die Linie am Horizont und die benachbarten Kirchtürme. Zweifellos wählte man die Ehefrau aus seinem engeren Umkreis, aber das tägliche Leben war auch immer von außen abhängig. Man darf diese Öffnung weder über- noch unterschätzen; sie ist während der ganzen Neuzeit im Wachsen begriffen, und im 18. Jahrhundert wurde sie mit der Öffnung zum Meer hin sogar noch größer; davon profitierten nicht nur das Hinterland der großen Häfen am Atlantik, sondern selbst die ans Mittelmeer angrenzenden Gebiete.

Was ist also die Formel vom »starren Dorfleben« wert? Ein schöner Begriff, der jedoch zu differenzieren ist, ein Slogan, wahr und falsch zugleich und der je nach Region unendlich variiert. Das flache Land war so stark von Verkehrsadern durchzogen, daß ihm ständig neue Impulse zugeführt wurden. Die reichsten Regionen profitierten am meisten davon. Sie waren reich, weil beispielsweise ihre spezialisierte Produktion für die Märkte der großen Städte bestimmt war: Das Morvan, das Charolais und die Normandie versorgten die großen Märkte von Sceaux und Poissy mit Vieh. Sie waren reine Mastgegenden, die ihrerseits wiederum ihre Rinder aus den zahlreichen Zuchtgegenden kommen ließen: aus der westlichen Bretagne (die auch ein Pferdemarkt war), aus dem Loiretal, der Vendée und den Hochebenen des Zentralmassivs. Es handelte sich um ein altes Handelsnetz, das bis auf das Mittelalter zurückging, als die Pariser Fleischer, in stark bewaffneten Karawanen zusammengefaßt, wahre Kleinarmeen bildeten, stets bereit, an irgendeiner Revolte teilzunehmen.

In den christlichen Gegenden – Frankreich war jedoch zu Beginn des 16. Jahrhunderts von einer vollständigen Christianisierung noch weit entfernt – nahm man aus Tradition an sehr weiten Pilgerfahrten teil. Im 18. Jahrhundert war dann der »aufgeklärte« Klerus häufig beschäftigt, diese Pilgerfahrten zu bekämpfen, gaben sie den jungen Männern und Frauen doch vielfach Gelegenheit, sich weidlich kennenzulernen. Der Bauer selbst reiste wenig, denn er konnte sich nicht von dringender Arbeit freimachen; die jungen ländlichen Handwerker dagegen, die einen nicht zu vernachlässigenden Teil ausmachten, begaben sich oft, selbst aus kleinen Dörfern, für einige Monate auf Wanderschaft, um die Feinheiten ihres Handwerks in den berühmtesten Zentren zu erlernen. Bisweilen sind einige wertvolle Reiseberichte davon erhalten – sofern der Handwerker schreiben konnte.

Die Neuzeit ist auch die Zeit der großen Fortschritte in der Alphabetisierung und der Erlernung der Grundrechenarten. Es ist kein Zufall, daß Pascal für seinen Vater die Rechenmaschine erfand. Um ihren Sinn zu verstehen, genügt es, den »Prospectus« zu lesen, der ihr beigelegt war. Da die vier Grundrechenarten schwierig waren – selbst für einen hohen Finanzbeamten – und nicht ohne Fehler durchgeführt wurden, sollte die Maschine alles vereinfachen. Kommerziell war sie ein Reinfall, denn die Serienherstellung erwies sich für die Handwerker jener Zeit als zu langwierig und tüftelig. Für uns ist sie ein beeindruckendes Zeugnis für die schwache Verbreitung des Grundrechnens. Aber am Ende des 17. Jahrhunderts sah die Situation anders aus: Die vier Rechenarten waren zum Grundwissen für Millionen von Menschen geworden. Dieses Wissen war noch im 16. Jahrhundert der Schatz der Gelehrten gewesen, das heißt von knapp einigen hundert Männern, die die intellektuelle Elite Europas ausmachten. Am Vorabend der Revolution war das Grundrechnen in allen Dörfern verwurzelt, wenigstens bei einer großen Minderheit.

Der Fortschritt im Lesen hingegen stellte sich schlagartig ein. Zu Beginn des 16. Jahrhunderts war die Schreibkunst das Privileg von gefürchteten Berufsschreibern. Daraus schöpfte der Notar, der Beherrscher der Schrift und Vermittler zwischen Eigentümer und Pächter, sein Ansehen. Zum Glück für den Historiker gruppierte sich die bäuerliche Welt um ihn herum. Doch schon 1789 hat die Alphabetisierung erstaunliche Fortschritte gemacht, oft ohne die Schule, denn es gab auch andere, weniger bekannte Wege zum Lesen. Das alphabetisierte Frankreich lag nordöstlich der Linie Caen–Lyon; von dort kamen die Zuwanderer nach Paris: Mehr als die Hälfte der Männer und ein Drittel der Frauen konnten schreiben. Es gibt für dieses Phänomen, trotz aller Forschungsarbeit, noch keine richtige Erklärung, denn die geographische Verteilung der Alphabetisierung kann nur in europäischem Maßstab kartographisch dargestellt werden. Der Nordosten Frankreichs war Teil des Stranges, der von der Schweiz bis zum Londoner Becken verlief; man muß Schottland hinzurechnen und bald auch schon Schweden und Norwegen sowie den westlichen Teil Deutschlands, das Rheintal entlang. Das Phänomen ist bekannt, denn das Buch verbreitete sich zuerst zwischen Basel und Rotterdam. Die Niederlande und das Rheintal erreichten einen Alphabetisierungsgrad, der den Nordfrankreichs noch überragte.

Man hat dafür verschiedene Erklärungen vorgelegt, so etwa die, daß in diesem Berührungsgebiet zwischen protestantischer und katholischer Welt das Ringen zwischen den beiden Konfessionen zur Alphabetisierung der Jugend führte: die einen sollten die Bibel, die anderen den Katechismus lesen lernen. Es ist dabei für die kulturelle Entwicklung durchaus nicht ohne Belang, als Grundlage für das Lesen das Buch der Bücher zu haben – Gegenstand übrigens vorzüglicher Übersetzungen ins Deutsche und Englische – oder auch einen Katechismus, ja selbst ein Buch über die Lebenskunst, wobei man letzteren Buchtyp nicht leichtfertig herabsetzen sollte, da auch er seine Verdienste hat; doch fehlte es diesem Genre anfänglich noch an Weitblick und Offenheit des Geistes, und sei es auch nur aus Mangel an Poesie. Doch diese Erklärung genügt zweifellos nur teilweise; eine wirklich stichhaltige Theorie muß noch auf einer qualitativ anderen Ebene gesucht werden.

Auf diese Berührung zwischen den beiden Konfessionen hat man auch noch andere Phänomene zurückgeführt, vor allem die epidemische Ausbreitung der Hexenprozesse, die in die blutige erste Hälfte des 17. Jahrhunderts, in Lothringen und in den Niederlanden, fallen. Wie die erste Erklärung greift auch diese Erklärung zu kurz. Beide Phänomene sind nur in einem europäischen Maßstab zu fassen; denn bei dieser Region handelte es sich zugleich um ein reges, traditionsreiches Handelsgebiet, um die alte Marktroute der Champagne im 18. Jahrhundert, die während des Dreißigjährigen Krieges von der Alpenroute und Rheintalstrecke abgelöst wurde. Noch mehr war es ein Gebiet großer urbaner Dichte und vor allem »großer« Städte, die nahe genug beieinander lagen, um einen tiefgreifenden Einfluß auf das Land auszuüben und so eine soziale Nachfrage nach dem Lesenlernen zu schaffen.

Am auffallendsten an der Linie Caen – Lyon ist, daß die Nachfrage nach Schulen im Nordosten aus der Bevölkerung selbst oder wenigstens von ihren Eliten kam. Sie traf auf ein aus der Gesellschaftsspitze kommendes Angebot. Die gemeinschaftliche Siedlungsweise wirkte sich darüber hinaus günstig aus, wenigstens im Winter, der einzigen Jahreszeit, in der die Kinder Zeit zum Lernen hatten. Im Osten und Süden stellte die verstreute Siedlungsweise dagegen ein Problem dar. Der Rückstand der Mittelmeergegenden war jedoch verwunderlich; es existierten dort wichtige alte Handelsströme und eine gemeinschaftliche Siedlungsweise; außerdem gab es zahlreiche intellektuelle Zentren. Sicher bietet sich die religiöse Erklärung an: Da der Protestantismus eine Religion war, die sich ausdrücklich auf die Bibel berief, waren die protestantischen Minderheiten – einschließlich der Kamisarden – stark alphabetisiert. Andernorts aber scheint die soziale Nachfrage nach Schulbildung sehr ungleich gewesen zu sein.

Das brauchte nicht so zu sein. In Aquitanien hatte sich im 16. Jahrhundert ein dichtes Schulsystem herausgebildet, das, soweit man es beurteilen kann, durchaus solide war. Es wurde größtenteils in den Religionskriegen hinweggefegt, die eine Zeitlang den Südwesten verwüsteten.

Die Entwicklungskraft der ländlichen Gegenden hing stark von der Entwicklungskraft der sie dominierenden Städte ab. Auch hier liegen die Dinge nicht einfach. Viele Historiker schreiben der Rivalität zwischen Stadt und Land eine große Bedeutung zu. Diese Erklärung wird oft gegeben, um zum Beispiel den Aufstand in der Vendée während der Revolution begreiflich zu machen. Gewiß herrschte ein starker Antagonismus vor; die Geringschätzung des Städters für das Land ist durch Beispiele belegt – und für die Bauern war die Stadt der Ort, an dem sich der Reichtum häufte und die Grundbesitzer lebten, an die man Pachtgeld, Seigneurialrenten und Gefälle zu entrichten hatte. Kein Zweifel, daß sie sich bei entsprechender Gelegenheit eine Freude daraus gemacht hätten, diese erlauchten Stadtbewohner auszuplündern. Darüber hinaus waren die Städte steuerlich begünstigt; mit den Steuererhebungen im 16. und 17. Jahrhundert vergrößerte sich die Kluft sogar noch. Zwischen Stadt und Land gab es also zahlreiche Anlässe zum Konflikt. Je mehr die Stadt an der »fortgeschrittenen« Zivilisation Anteil hatte, desto mehr prallte sie mit der bäuerlichen Mentalität zusammen.

STADT UND LAND

Es wäre jedoch gefährlich, diesen Antagonismus zu verallgemeinern. Viele Landstriche waren wirtschaftlich stark entwickelt. Diese Entwicklung ging bis ins Mittelalter zurück, verstärkte sich aber in der Neuzeit. Besonders im Textilbereich praktizierten die städtischen »Fabrikanten« das, was man in der Fachsprache das »Verlagssystem« nennt, bei dem der städtische Fabrikant den Rohstoff – Seide in Lyon, anderenorts Wolle und Baumwolle – lieferte, den der Bauer-Handwerker verarbeitete; aber es kam auch vor, daß dieser den Rohstoff selbst lieferte.

Im Westen, in der Bretagne, im Poitou, in den bretonischen Randzonen, das heißt in den feuchten Gegenden, baute man Flachs und Hanf an, die der Bauer für seinen eigenen Bedarf verarbeitete, vor allem aber, um den Fabrikanten-Händler zu beliefern. Da Flachs und Hanf in regenreichen Jahren gut wuchsen, wurde dadurch oft eine mittelmäßige Getreideernte ausgeglichen. Der ländliche Handwerker verarbeitete den Rohstoff zu Tuch; der Fabrikant bezahlte es und kümmerte sich dann um den Vertrieb, wobei er oft das Ausland im Auge hatte. So stapelte sich in Saint-Malo und Nantes das Tuch, das für die amerikanischen Kolonien und vor allem für die Iberische Halbinsel bestimmt war, von wo aus es nach Spanisch-Amerika weitergeleitet wurde. Das war einer der Hauptposten der französisch-spanischen Zahlungsbilanz. Die großen Händler gelangten dabei zu Vermögen wie in Saint-Malo der Vater des Schriftstellers Lamennais. Diese Spezialisierung Westfrankreichs erreichte zwischen dem Beginn des 16. Jahrhunderts und der Mitte des 17. Jahrhunderts einen Höhepunkt; der Westen versorgte zu dieser Zeit ganz Europa einschließlich Englands und Hollands. Durch die Kriege am Ende der Herrschaftszeit Ludwigs XIV. begünstigt, entwickelte sich die irische und sizilianische Konkurrenz, die den französischen Flachsabsatz nach Amerika und Spanien einschränkte und Westfrankreich von der Ankunft der spanischen Schiffe mit ihren Silberladungen aus Mexiko und Peru abhängig machte.

In der Nähe von Lyon, an den östlichen Abhängen des Zentralmassivs, entwickelte sich ein anderes halbländliches Textilgebiet. Die hier gewonnene Seide hatte wesentlichen Anteil am Prestige der französischen Erzeugnisse. Die Krone unternahm große Anstrengungen, Maulbeerbaum- und Seidenraupenkulturen zu gründen, erlebte dabei aber zahlreiche Fehlschläge. Wieder einmal spielte der Mangel an technischen Kenntnissen eine große Rolle, denn nur langsam setzte sich eine gewisse Rationalisierung durch; der Führung fehlte es oft, trotz des unbestreibar guten Willens, an Wirklichkeitssinn.

Das gleiche Phänomen war bei Wolle und Baumwolle im Languedoc und in ganz Nordfrankreich zu beobachten (Baumwolle wurde seit dem Mittelalter für Barchent benutzt). Immer häufiger verließen diese Industrien die Städte, denn das Land bot niedrigere Löhne und einen freien, institutionell ungebundenen Rahmen, in dem keine Zunft die Innovationen abbremste. Vor allen Dingen fand sich der Bauer-Handwerker dank seiner Doppelrolle vor Absatzflauten relativ geschützt. Natürlich wehrten sich Stadtgilden und Zünfte heftig gegen diesen Wegzug der Händler, doch ohne großen Erfolg.

Die Stadt verfügte nur über einen einzigen Trumpf, der sich allerdings sehen lassen konnte, nämlich die höhere Technisierung. So war die Herstellung der großen Luxusartikel, abgesehen von einigen Ausnahmen, den Seidenwebern in Lyon oder ihren Konkurrenten vorbehalten; die Spitzenklöpplerinnen waren, wenigstens im 18. Jahrhundert, in Le Puy und in Valenciennes angesiedelt; in Le Puy wurden sie schlecht, in Valenciennes gut bezahlt. Die unternehmenslustigen Kaufleute von Valenciennes, die auf Europa ausgerichtet waren, verstanden es rechtzeitig, den Handel mit dem Hof, der mit der Thronbesteigung Ludwigs XVI. zum Erliegen kam, durch den Handel mit Deutschland zu ersetzen. Ein schönes Beispiel erzählt von der Koexistenz zwischen Stadt und Land: Als man um die Mitte des 18. Jahrhunderts die Notabeln von Laval um eine Beschreibung ihrer Stadt bat, schlossen sie in ihre Antwort die siebzehn Nachbardörfer ein, in denen Tuche hergestellt wurden.

Der Landbewohner kannte also die Stadt von zahlreichen Seiten her. Der Handwerker lieferte dort einmal oder mehrmals im Monat die Früchte seiner Arbeit ab; die Gärtner und Viehzüchter aus der näheren Umgebung zum Beispiel von Paris brachten jeden Morgen Milch und Gemüse, wovon die ganze Stadt lebte; die Bäuerinnen der weiter entfernten Dörfer trugen ihre mageren Ernteüberschüsse auf den Markt. Diese Aktivitäten legten um jede Stadt ein dichtes Netz von Beziehungen. Arthur Young betrachtete staunend dieses unaufhörliche Kommen und Gehen, das er für äußerst unwirtschaftlich hielt und sehr verschieden von dem, was ihm von den Britischen Inseln her bekannt war. Denn Bauer und Bäuerin kamen auch, um zu schauen, zu kaufen und zu plaudern. Außerhalb der Ernte- und Saatzeiten hatten sie, dank der Bevölkerungsdichte auf dem Land und trotz der mühevollen Arbeit, sehr viel freie Zeit, was die Beobachter aus Regierung und Bürgertum – wie auch die Intendanten – mit Young als verschwendete Zeit ansahen. Solche Gegenden wurden dann rasch als »nichtstuerisch« oder, im umgekehrten Fall, als »arbeitsam« eingestuft. Diese stereotype Sichtweise ist jüngeren Datums und stammt im wesentlichen aus dem 17. Jahrhundert. Sie entbehrt nicht einer gewissen Pikanterie und verträgt sich schlecht mit den früheren Urteilen, die die Bewohner der Provinzen nach klassischer Manier einander gegenüberstellen.

Die Bande zwischen Stadt und Land wurden durch die Abwanderung in die Städte noch verstärkt. Dieses alte Phänomen nahm in der Neuzeit durch zwei Faktoren immer größere Ausmaße an, erstens durch das starke Wachstum der Städte und zweitens durch die Unmöglichkeit, die demographische Struktur in den Städten stabil zu halten. Die Bevölkerungen der französischen Städte vermehrten sich in einem innerhalb des neuzeitlichen Europa relativ ungewöhnlichen Maß. Um nur einige Beispiele anzuführen: Saint-Malo vermehrte sich von 5000 Einwohnern im 16. Jahrhundert auf 22000 um das Jahr 1720; Rennes von 15000 auf 35000; Nantes von weniger als 20000 auf 80000. Von Sonderfällen abgesehen, beschleunigt sich dieses Wachstum noch, wobei hier neue oder fast neue Städte wie Brest, Le Havre, Lorient, Versailles, Charleville oder Rochefort gar nicht berücksichtigt werden sollen. Einige Städte stagnierten oder schrumpften dann wieder: Nach 1720 ging Saint-Malo auf 18000 Einwohner zurück, Vitré von 20000 im 17. Jahrhundert auf 15000 bis 13000 im 18. Jahrhundert. Rouen war der gravierendste Fall: Mit 80000 Einwohnern war es zu Beginn des 17. Jahrhunderts die zweitgrößte Stadt des Königreichs, fiel dann auf 60000 ab und stieg am Vorabend der Revolution wieder auf 80000 Einwohner an. Aber es war die einzige große Stadt, die von solchen Schwankungen betroffen war.

Die französische Situation war einzigartig. Im Vergleich zur langen Stagnation der deutschen und der Stabilität der großen italienischen Städte, die jedoch auf einem hohen Bevölkerungsniveau blieben, selbst im Vergleich zu England oder Dänemark – ganz zu schweigen vom übrigen Skandinavien –, war das Wachstum der großen und mittleren französischen Städte erstaunlich: Wenn um 1500 eine Stadt mit 20000 Einwohnern als »groß« bezeichnet werden kann, so bedarf es dafür um 1600 bereits mindestens an die 30000 Einwohner; gegen 1790 ist die Schwelle von 50000 zum Maßstab dafür geworden. Wir werden auf diese Feststellung später noch zurückkommen; im Vergleich zu dem, was sich im restlichen Europa abspielte, widerspricht sie vielen unserer Denkgewohnheiten.

Zahlreiche mittlere und kleine Städte entwickelten sich im gleichen Rhythmus. Aber dieses Wachstum ist nur möglich geworden durch den Zuzug vom Lande. Allerdings hatte eine Stadt von 20000 bis 40000 Einwohnern nur ein enges Einzugsgebiet. Für Nantes deckte es sich bis ungefähr 1720 mit der Grafschaft Nantes. Das war bereits ein extremer Fall, da das Wachstum von Nantes allein schon das Wachstum aller anderen Städte in einem Umkreis von hundert Kilometern verhinderte. Eigentlich verfügte nur Paris über ein weiterreichendes Einzugsgebiet; es umfaßte, abgesehen von den Hochebenen der Brie und der Beauce, vor allem Burgund und die Champagne, daneben, wenn auch in geringem Maße, die Normandie und das Cantal.

Durch das starke Anwachsen der Seestädte im 18. Jahrhundert vergrößerten sich auch deren Einzugsgebiete. Damals etablierten sich die heutigen regionalen Hauptstädte, die die ehemaligen Provinzhauptstädte ablösten. Auf die Gefahr einer allzu starken Schematisierung hin kann man sagen, daß es bis ins 17. Jahrhundert die Provinzen waren, die sich ihre Hauptstadt »schufen«; seit dem 18. Jahrhundert dagegen sind es bestimmte Städte, die sich ihre Region schaffen.

Die Zahl der Bauern, die in den Sog der Stadt gerieten, war größer, als es die einfache Arithmetik erfordert hätte. Zwar war die Stadt zunächst ein »Sterbehaus«, besonders im 16. Jahrhundert und während der ersten Hälfte des 17. Jahrhunderts, deutlich weniger dagegen in der Folgezeit, als sich die Zahl der Geburten gegenüber der Zahl der Sterbefälle oft leicht erhöhte. Zum anderen blieb, wer in die Stadt kam, nicht notwendigerweise dort. Die Bevölkerungshistoriker (J.-P. Poussou, J.-P. Bardet) haben kürzlich nachgewiesen, daß man, um einen Zuwanderer zu halten, eineinhalb anlocken mußte, oder anders ausgedrückt, daß von zwei Zuwanderern einer wieder fortging. Mehr als eine Endstation war die Stadt also ein Sieb, wobei die umherziehende Gruppe der Advokaten, der Schüler, der fliegenden Händler und der Saisonarbeiter nicht berücksichtigt ist.

Die festen Bindungen zwischen Stadt und Land hatten auch noch andere gute Seiten. Sehr häufig kam der Zuwanderer nur, weil er sich auf einen bereits bestehenden »Kontakt« verlassen konnte. In Marivaux' *»Le Paysan parvenu«* (1735) etwa ist der Weintransport aus der Champagne im Auftrag seines Herrn der Ausgangspunkt dafür, daß zunächst der ältere Bruder in die Stadt kommt; dort findet er eine Braut und beschließt zu heiraten, so daß nun auch der jüngere Bruder kommen muß. Adlige und Bürger ließen gerne Freunde und ihre Domestiken vom Land kommen. Und wer auf eigene Faust in die Stadt kam, dem boten sich zahlreiche städtische Versorgungsstellen und Gesellenverbindungen; außerdem konnte er dort an alte Handelsbeziehungen anknüpfen oder sich einem der spezialisierten Berufsstände anschließen. Schließlich gab es noch die Herbergen, ganz zu schweigen von den Märkten.

Der Gegensatz von Stadt und Land wurde auch durch die Doppelwohnsitze der Eliten gemildert. Die Wintersaison verbrachte man in der Stadt; das war die Zeit des Theaters, der Salons, der Begegnungen, der Feste und vor allem der beruflichen Tätigkeit. Im Sommer ging man aufs Land, um zu sparen, die Produkte seiner Ländereien zu konsumieren, Vorräte für den Winter anzuschaffen und am Johannestag und Michaelstag die Grundrenten einzuziehen.

Die komplexen und unterschiedlichen Beziehungen zwischen Stadt und Land ließen auch Mythen und Vorurteile entstehen. Die Stadt – und vor allem die Stadt par excellence, Paris – galt mehr und mehr als der Ort der Verderbnis. Diese Bewegung, die im 16. Jahrhundert noch wenig ausgeprägt war, nahm seit den sechziger Jahren des 17. Jahrhunderts zu. Zur Zeit der Fronde bot die Stadt noch Zuflucht vor den Erpressungen der Soldateska. Mit dem wiederhergestellten Frieden tauchen nun auch wieder die alten Redensarten aus der antiken Literatur auf, die vom Klerus begeistert aufgegriffen wurden. Es ist im übrigen reizvoll, das Umschwenken gewisser Verleumder zu beobachten. So findet der große Händler aus Nantes Descazaux du Hallay in seinem Bericht an den Handelsrat von 1700 kaum genügend harte Worte, um die Händler anzuklagen, die, nachdem sie ein Vermögen gemacht hatten, ihre Tätigkeit aufgaben, um sich in Paris niederzulassen, was für ihn der Gipfel der Schande war, da Paris nicht einmal wie London oder Amsterdam eine Hafenstadt war. Descazaux aber läßt sich im Jahre 1717 in Paris nieder, gibt den Seehandel auf, um sich in zweiter Ehe mit einer Tochter des Hochadels zu vermählen und eines der schönsten Patrizierhäuser von

Paris zu beziehen! Als er 1730 starb, belief sich sein Vermögen auf drei Millionen Livres. Die Philosophen stimmten ihrerseits mit Jean-Jacques Rousseau überein, der in *»La Nouvelle Héloïse«* (1761) anmerkt, daß »dieMoral sich in einer Stadt von mehr als 200000 Einwohnern ändert«, eine Beobachtung, die Restif de la Bretonne in *»Le Paysan perverti ou les dangers de la ville«* (1775) auf seine Weise veranschaulicht.

WOHLSTAND UND ARMUT

Ein Teil der Bauernschaft lebte jedoch im Elend und war einem ungewissen Schicksal ausgesetzt. Es gab arme Gegenden, deren Armut auch durch die technischen Möglichkeiten der Epoche nicht beseitigt werden konnte. Der Generalkontrolleur Philibert Orry versuchte 1745, eine Karte dieser Gegenden zu erstellen *(»Les Facultés des peuples«).* Sie gibt zu denken: Die »Gegenden, die leben oder wohlhabend sind«, befinden sich alle – mit Ausnahme des Béarn, des Baskenlandes und des Roussillon – in Nordfrankreich. Wie durch Zufall liegen die wohlhabenden Gegenden nordöstlich einer Linie Avranches – Lyon, mit Ausnahme der Limagne und der Charente. Im Nordosten dagegen ist der Wohlstand nicht so einheitlich verteilt, da die Champagne als arme Gegend betrachtet wird. Franche-Comté (Hochburgund) und Beauce werden als Gegenden eingestuft, »wo die einen leben und die anderen arm sind«; die Perche gilt als notleidende Gegend. Als arm werden der Süden und Aquitanien eingestuft, als notleidend das ganze westliche Zentralmassiv und die Dauphiné wie auch der zentrale Teil der Pyrenäen. Wir stoßen hier wieder auf den Gegensatz zwischen Norden (die Loire-Gegenden, einschließlich des Berry, zählen dazu) und Süden, der unentrinnbar in einem offenbaren Zustand der Unterentwicklung verharrt. An diesem Dokument wäre vieles auszusetzen, aber es ist bis jetzt noch immer das einzige in seiner Art.

Mit *»facultés«* meint Orry die finanziellen Möglichkeiten; unser Dokument beschreibt die Steueraufkommen. Man kann das tägliche Leben eines Franzosen von damals nicht einschätzen, ohne auf die fiskalischen Quellen des Landes einzugehen. Es ist festzuhalten, daß Orrys Karte im wesentlichen mit der Karte der Ämterverteilung von 1664 übereinstimmt. Vielleicht hätte eine vergleichbare Karte für das 16. Jahrhundert in einigen

Punkten ganz anders ausgesehen: Die Loire-Gegenden wären darauf wohlhabender erschienen. Aber im wesentlichen ist Orrys Karte eine gute Momentaufnahme der bäuerlichen Verhältnisse.

Orry teilt die Franzosen in vier Klassen ein: in die Wohlhabenden, die Durchschnittlichen, die Armen und die Notleidenden. Bei der Klassifizierung nach Provinzen führt er den Typ der Provinz mit starken inneren Gegensätzen ein, »wo die einen leben und die anderen arm sind«. Weniger als ein Drittel des Landes ist wohlhabend; ein vergleichbarer Teil hat ein erträgliches Lebensniveau. Die Hälfte des Landes liegt demnach unterhalb eines gesicherten Existenzminimums. Die schlicht notleidenden Gegenden stellen weniger als ein Fünftel dar: das sind die Berggegenden, obwohl auch von ihnen nicht alle im Elend leben. Aber Frankreich ist in den Augen Europas, England und Holland ausgenommen, ein reiches Land. Zweifellos war das ein stereotypes Bild. Es entsprach jedoch dem der französischen Beobachter.

Orrys Karte stammt aus einer Zeit, als die Krise der vierziger Jahre des 18. Jahrhunderts, die bei den Franzosen einen starken Eindruck hinterlassen hatte, abzuflauen begann. Diese Krise war zwei außergewöhnlichen Jahrzehnten gefolgt, die vielleicht die besten waren, die die französischen Bauern der Neuzeit erlebt hatten. Es gab tatsächlich einen bedeutenden chronologischen Einschnitt im Leben der Bevölkerung: die große Hungersnot der Jahre 1709/10, in deren Verlauf noch einige schwer bestrafte Fälle von Kannibalismus vorkamen. Sie hatte allerdings meist weniger ernste Auswirkungen als die Hungersnot von 1694 und war die letzte der französischen Geschichte. Nach dieser Zeit durchlebte das Land nur noch Nahrungsmittelengpässe; die Knappheit, die der Revolution voranging, war mit den Hungersnöten des 16. und 17. Jahrhunderts vergleichbar.

Wie kam es zu diesem entschiedenen Wandel? In erster Linie durch eine bessere Beherrschung des Wirtschaftsraumes: Küstenschiffahrt, Seehandel und Straßen erlaubten eine Umverteilung der Importe und der Überschüsse aus Regionen, in denen die Ernte weniger schlecht ausgefallen war. Der Einfluß des Königs hat wesentlich dazu beigetragen, besonders was die Versorgung der Städte anging. War das ausreichend? Die Geschichte der klimatischen Verhältnisse verzeichnete wenigstens bis 1760 eine Reihe von besseren Jahren; von 1760 bis 1790 herrschte dagegen ein mittelmäßiges Klima vor. Weist dies bereits auf eine allgemeine Verbesserung der Agrarproduktion hin? M. Morineau hat nicht ohne triftige Gründe »die Trugbilder der Agrarrevolution« heftig kritisiert. Es ist wahrscheinlich, daß die Agrarproduktion keinem großen Wandel unterlag, mit Ausnahme einiger sehr spezialisierter Sektoren (Weinbau, Gemüsekulturen, Mais aus dem Südwesten). Der französische Bauer verhielt sich gegenüber Neuerungen zurückhaltend. Deutschland, Holland und England übertrafen bei weitem die bescheidenen Verbesserungen, die in Frankreich verwirklicht wurden, und dies sehr oft erst auf Anregung von Agronomen, die in den damaligen Salons verkehrten.

Das allgemeine Klima und das tägliche Wetter bestimmten nicht nur das bäuerliche Leben, sondern auch den Rhythmus des wirtschaftlichen und sozialen Lebens im Königreich. Eine schlechte Getreideernte hatte dramatische Folgen. Der Unterschied zwischen einer guten und einer schlechten Ernte konnte leicht doppelt so groß sein wie in unserer Zeit. Es leuchtet ein, daß die sozialen und politischen Abgaben, die nur teilweise proportional zur Ernte erhoben wurden (die meiste Zeit wurden sie nach einem Mittelwert des Preises auf zehn Jahre berechnet), bei schlechten Ernteergebnissen in einem klimatisch schwierigen Jahr unendlich viel schwerer zu tragen waren. Wann die Schwelle zur Armut erreicht war, bestimmte sich also weniger durch einen Mittelwert, eine rein mathematische Sichtweise, als durch die tatsächliche Bedrohung des Lebensniveaus – des Lebens selbst – durch eine schlechte Ernte. Der reiche oder wohlhabende Bauer konnte überleben; er beschäftigte jedoch weniger Saisonarbeiter und griff weniger auf Hilfskräfte zurück, kurz, die ganze bäuerliche Hierarchie geriet ins Wanken mit Folgen für die gesamte soziale Pyramide. Die großen Grundbesitzer oder Zehntherren sahen ihre Einkünfte schwinden und schränkten demnach ihre Luxuseinkäufe ein. Angesichts der Erhöhung des Brotpreises sparten die Stadtbewohner zuerst am Entbehrlichsten, der Kleidung, was wiederum die Textilindustrie in Schwierigkeiten brachte. So machte sich eine schlechte Ernte im ganzen Sozialgefüge durch eine Folge von negativen und kumulativen Rückwirkungen bemerkbar.

Natürlich spielten auch die Kriege in dem komplexen Verarmungsprozeß eine Rolle, selbst wenn der französische Bauer kaum noch direkt davon betroffen war (von daher sein Murren angesichts der Aushebungen der Miliz). Selbst die Vorstellung eines Wehrdienstes wurde abgelehnt, was man anläßlich der Aushebung der 300 000 Mann während der Revolution gut sehen konnte, obwohl dabei noch andere, im wesentlichen lokalpolitische Gründe mitwirkten: Die Patrioten weigerten sich, potentielle Aufständische bei sich zurückzulassen, während sie eingezogen wurden, und die Einwohner der Vendée wollten ihre Familien nicht einer willkürlichen Autorität, die sie nicht anerkannten, als Beute überlassen. Doch es genügte schon das Anziehen der Steuerschraube, das jeden Krieg begleitet, um den Prozeß der Verarmung in Gang zu setzen.

Im Vergleich zu den Schwierigkeiten der beiden voraufgegangenen Jahrhunderte wirkte sich diese Art von Krise weniger stark aus. Abgesehen von wahrscheinlichen, aber deutlich begrenzten klimatischen Schwankungen – wenn man die schlechten neunziger Jahre des 16. Jahrhunderts einmal ausklammert, spielten sie hauptsächlich in den krisenanfälligen Regionen eine Rolle, das heißt in Berggegenden und Regionen mit schlecht anpassungsfähigen Pflanzenarten –, waren Bürgerkrieg und Krise auf erschreckende Weise miteinander verkoppelt. Die Ligakriege und die Fronde fielen weitgehend mit schlechten Erntejahren zusammen: Die Verbindung von Ursache und Wirkung scheint hier offensichtlich gegeben. Hinzu kamen aber auch die durch die Bürgerkriege verursachten Verwüstungen; die allgemeine Unordnung, der Durchmarsch der Truppen, die gewünschten oder unerwünschten Invasionen fremder Truppen trugen noch gewaltig zur Steigerung der Hungersnot bei. Auch die Mißbräuche der »Spekulanten«, der Zehntherren, Getreidehändler, Großbauern und der Großgrundbesitzer, gehörten dazu. Auch hier häuften sich die Phänomene. Die Epidemien breiteten sich leichter in der unterernährten Bevölkerung aus – war doch schon ihre gewöhnliche Kost, die allzu sehr auf Hülsenfrüchten beruhte, bei weitem nicht ausreichend – und verschlimmerten noch die Situation. Die Krise machte sich schon bald in den demographischen Kurven bemerkbar: Rückgang der Geburten, Anstieg der Sterbefälle (P. Goubert).

Das bäuerliche Leben bestand demnach, in Abhängigkeit von der Tyrannei des Klimas, aus unvorhersehbaren Höhen und Tiefen, wobei die Unterschiede im Lebensniveau je nach Lage der Dinge gewaltig waren. Daraus entsprang eine Haltung der Apathie, der Resignation, die hin und wieder unterbrochen wurde von Ausbrüchen gegen die »Verantwortlichen«, die man beim Namen nennen konnte, angefangen beim Steuereinnehmer. Das erklärt den wechselhaften Charakter der Menschen dieser Epoche, die ohne Übergang himmelhoch jauchzend und zu Tode betrübt waren. Der Bauer verschaffte sich Luft, und zwar zuerst in seiner Sprache, was entweder zur Entschärfung der Gewalt oder aber, im Gegenteil, zu einer diabolischen Verkettung der Ereignisse führen konnte. War aber eine gewisse Schwelle der Beleidigung überschritten – vor allem in sexueller Hinsicht, wenn man die Männlichkeit oder die Reinheit der Sitten in Frage stellte –, gab es kein Zurück mehr. Es wäre falsch, sich den Bauern mit gebeugtem Rücken vor seinem Grundherrn vorzustellen; die Sprache war oft lebhaft, die Beleidigung kam spontan, es gab häufig Trotzreaktionen. Kurz, »die Welt, die wir verloren haben«, war eine Welt instinktiver Reaktionen, die nach einem ungeschriebenen Zeremoniell abliefen, das uns in mehr als einer Hinsicht schwer verständlich ist. Auch dadurch geriet die ländliche Welt oft in Gegensatz zu der »gesitteteren« Welt der Stadt.

PARIS UND DIE STÄDTE

Wenn die Bauernschaft der 35 000 Gemeinden unter dem Ancien régime das Herz Frankreichs ausmachte, so waren die Städte der Motor, mit dessen Energie die gesamte Wirtschaft angetrieben wurde. Allerdings muß dies stets im Vergleich zu dem restlichen Europa gesehen werden, weil sonst die Perspektive verzerrt wird.

Frankreich wird bis auf den heutigen Tag von dem Ungetüm Paris beherrscht. Der Vorwurf der Zentralisation und der übertriebenen Konzentrierung auf Paris ist sehr verbreitet. Dennoch scheint das urbane Netz Frankreichs, im Vergleich zum Ausland, ausgeglichen gewesen zu sein. Gegen Mitte des 17. Jahrhunderts – von diesem Zeitpunkt an liegen Zahlen vor – zählte Paris ungefähr 550 000 Einwohner; gegen Ende des 18. Jahrhunderts waren es 650 000 Einwohner, wenn man logischerweise Versailles hinzuzählt, 700 000. Das machte 1650 ungefähr 2,5 Prozent der französischen Bevölkerung aus, und ungefähr ebensoviel im Jahre 1789. Je nach Epoche waren es also zwischen 2 und 2,5 Prozent der Gesamtbevölkerung. Aber schon 1650 übertraf London bei weitem diesen Prozentsatz: Im Vergleich zu England stellte der Londoner Ballungsraum 10 Prozent der Bevölkerung. Das gleiche galt, bei kleineren Zahlen, für Dänemark mit Kopenhagen (80 000 bei 800 000 Einwohner, genau 10

Prozent im Jahre 1769). Allerdings waren Frankreich, England und Dänemark die drei einzigen Länder, die im Vergleich zu ihren Bevölkerungen über gewaltige Metropolen verfügten, was zweifellos damit zusammenhing, daß die politische Macht in diesen drei Ländern weitgehend in den Hauptstädten konzentriert war. Deutschland, das in seiner Entwicklung vom Dreißigjährigen Krieg behindert worden war, verfügte am Anfang des 19. Jahrhunderts nur über drei Städte mit mehr als 100000 Einwohnern (Berlin, Wien, Hamburg).

Dieses Schema wird bestätigt, wenn man sich den wichtigen Städten außerhalb der Hauptstadt zuwendet. Neben London oder Kopenhagen gab es in England und Dänemark vom 15. bis zur Mitte des 18. Jahrhunderts nur kleinere Städte, die zu Anfang unserer Epoche kaum die Zahl von 20000 Einwohnern überschritten und um 1740 mühsam 30000 bis 50000 Einwohner erreichten. Als dann der gewaltige Aufschwung der Industriestädte einsetzte, wurde Deutschland nun das Reich der mittelgroßen Städte. Die einzige Ausnahme bildete Italien mit Venedig, Florenz, Neapel, Palermo, Rom und Genua, das seit dem Mittelalter über ein dichtes Netz von großen Städten verfügte.

In Frankreich gab es neben Paris dagegen eine Reihe von mächtigen Städten, die, wie wir gesehen haben, von 20 bis 40000 Einwohnern um 1500 auf 50 bis 150000 am Vorabend der Revolution anwuchsen. Dabei änderte sich ihre Rangstellung zum Teil; Lyon verdrängte Rouen von seinem zweiten Platz von 1515; es selbst wurde dicht gefolgt von Bordeaux und Marseille, die beide über 100000 Einwohner zählten, sowie von den Ballungsräumen mit Einwohnerzahlen zwischen 50 und 100000: Nantes, Toulouse, Straßburg, Rouen, Lille. England hatte dem nichts Gleichwertiges entgegenzustellen.

Unterhalb dieser beiden Ebenen gab es zahlreiche Städte mit mehr als 10000 Einwohnern, in denen teilweise auch bäuerliche Bevölkerung lebte. Das gesamte Königreich war also in eine Städtehierarchie eingebettet, die die Verbindung zwischen Krongewalt und flachem Land herstellte und den lokalen Verkehr bündelte. Diese Funktion als Transmissionsriemen verstärkte sich noch beträchtlich zwischen dem 16. und 18. Jahrhundert.

In vieler Hinsicht war die französische Stadt am Beginn der Renaissance oftmals eintönig, unlebendig und nur wenig nach außen gerichtet. Vor allem in kultureller und religiöser Hinsicht standen sie in keinem Vergleich zu der Blüte, die zur gleichen Zeit elsässische Kleinstädte wie

Sélestat (Schlettstadt) oder Haguenau (Hagenau) erlebten, die als Heimstätten des Druckereiwesens, als Nährböden für kulturelle Strömungen aller Art und Zentren des Humanismus mit berühmten Bibliotheken weithin ausstrahlten – und dies trotz ihrer 5000 Einwohner. Die kulturelle Aktivität war also nicht notwendigerweise eine Funktion der Größe. So konnte sich beispielsweise Rennes trotz eines gewissen intellektuellen Lebens und seiner 25 000 Einwohner (nach Noël du Fail und Bertrand d'Argentré) weder mit Sélestat noch mit Colmar messen.

Entscheidend war in diesem Bereich die Anbindung an die europäischen Handelsströme. Aus der Nähe betrachtet war die große Bedeutung von Paris vor allem durch die Anhäufung des Reichtums bedingt. Hier vereinigten sich der Hofadel – mit Einnahmen aus den großen Ländereien, die auf alle Provinzen verteilt waren – und die großen Mitglieder der *Parlements* als Besitzer gewaltiger Vermögen. Dazu kamen im Laufe der Jahrzehnte die großen Finanzbeamten und Geldspekulanten – Waffenhändler, Staatsfinanziers *(partisans)* – oder genauer die Erfolgreichen unter ihnen, denn die Fehlschläge waren beträchtlich (90 Prozent der Waffenhändler erlitten während des Spanischen Erbfolgekriegs Schiffbruch). Da Paris allein durch seine schiere Masse einen gewaltigen Markt darstellte, gab es in der Stadt eine Reihe von Händler-Krämern und Großhändler-Bankiers, die ein bis dahin noch wenig bekanntes Handelsbürgertum bildeten. Schließlich zog Paris noch mehr als London Künstler und Literaten an, die sich oft ein hübsches Vermögen erwarben. So verfügte zum Beispiel die Witwe eines zweitrangigen Bildhauers um 1760 über mehr als 600 000 Livres, und es war nicht selten zu beobachten, daß der intellektuelle »Wert« auf über 100 000 Livres stieg, wie dies zum Beispiel der Fall war bei dem »Kunstpapst« seiner Zeit, Boileau (1636–1711), dessen Vermögen sich auf 150 000 Livres bezifferte.

Ist erst einmal eine gewisse Schwelle überschritten, zieht jede Hauptstadt automatisch den Reichtum an. Paris vereinigte nicht weniger als ein Drittel des beweglichen Vermögens des Landes auf sich, ebenso London und Kopenhagen. Der Staat trug viel dazu bei, denn ein Teil dieses Reichtums rührte aus der Verwaltung der Staatsgelder her. Diese Situation ging mindestens bis auf das 13. Jahrhundert zurück: Von dem Zeitpunkt an, als Paris die Einwohnerzahl von 200 000 überschritten hatte, war es normal, daß die Dinge diesen Lauf nehmen würden. Frankreich ist ebenso das Produkt seiner Hauptstadt, wie es eine Schöpfung seiner Könige ist, geschaffen in einem engen Bündnis der beiden Seiten miteinander.

Dennoch hatte diese harmonische Pyramide der Städte einen grundlegenden Defekt: die Entfernung der Städte voneinander. Dieses beträchtliche Handikap ist besonders deutlich im Vergleich zu England und Holland. Die Zeitgenossen wetteiferten miteinander hervorzuheben, wie sehr die Stellung von Paris das Land und seine ganze Politik auf Landziele hin ausgerichtet und es damit vom Meer als der Hauptquelle des großen Handels und der Bildung großen Kapitals abgewendet habe. Die Entfernungen zwischen Paris und den Seestädten (mit Ausnahme von Rouen) hinderten diese an der Erschließung eines Hinterlandes, das als genügend großer Absatzmarkt für die Rohprodukte hätte dienen können. Das erklärt wenigstens zum Teil, daß Frankreich immer auf den Luxushandel ausgerichtet gewesen ist. Paris bot ihm nicht nur Absatzmöglichkeiten, sondern es stellte auch ein Handwerkszentrum dar, das eng mit diesem Luxushandel verbunden war. Die Häfen mußten sich deshalb auf den Handel mit Produkten konzentrieren, die die durch die Entfernung bedingten erhöhten Transportkosten rechtfertigten, das heißt auf Produkte, die ein geringes Volumen und einen hohen Wert hatten. Diese Entwicklung setzte sich bis ins 18. Jahrhundert fort, da sowohl Zucker als auch Kaffee diese Bedingungen erfüllten.

Seit dem Ende des Mittelalters erfuhren die Städte ein starkes Wachstum. Nur wenige Städte waren neuen Ursprungs; tatsächlich bildeten sich die wesentlichen Teile der urbanen Vernetzung Frankreichs – jedenfalls was die geographische Lage der Städte anlangt – während der gallorömischen, selbst der keltischen Zeit heraus. Das Mittelalter fügte dann seinen Teil an Neugründungen hinzu (die zahlreichen befestigten »Neustädte«), wogegen die Neuzeit in dieser Hinsicht nur wenig tat, doch schlicht, weil es nicht notwendig war.

Die Gründungen waren das Werk der Fürsten (oder der Großen des Königreichs). Einige dieser Gründungen waren Totgeburten, wie Richelieu oder Port-Louis. Die glänzendsten Erfolge entstanden in Verbindung zu einem Hof: Versailles und Nancy, insoweit man die Stadt von Stanislaus Leszczyński, die zwei frühere Siedlungsgemenge verband, als eine »neue« Stadt betrachten kann. Die Krone hat vor allem die Garnisonsstädte geschaffen, unter denen die Seestädte die dynamischsten waren, weil die Kriegsmarine, *die* technische Waffengattung par excellence, eine hohe Konzentration der Mittel erforderte. Le Havre, Brest, Lorient, Rochefort sind aus der Kriegsmarine hervorgegangen; Toulon und Marseille, die noch anderen Zwängen ausgesetzt waren, haben viel davon profitiert. Die Kronpolitik griff auf gleiche Weise beim Bau des Vaubanschen »Eisengürtels« ein, etwa bei der Schaffung von befestigten Städten wie Neu-Breisach, beim Ausbau alter Städte, deren Charakter dadurch völlig verwandelt wurde, wie Calais, Gravelines, Dünkirchen, Saint-Omer, Aire, Lille, Douai, Arras, Bouchain, Valenciennes, Le Quesnoy, Maubeuge, Avesnes, Landrecies, Guise, Rocroi, Mézières, Sedan, Stenay, Montmédy, Longwy, Thionville, Verdun, Metz, Saarlouis, Landau, Hagenau, Straßburg, Weißenburg, Schlettstadt, Colmar, Breisach, Belfort, um nur die Städte an der nordöstlichen Grenze zu nennen. Der Grad der Umwandlung fiel unterschiedlich aus; den beträchtlichen Bauarbeiten in Dünkirchen (das den Beschlüssen des Friedens von Utrecht entsprechend unter der Regentschaft zerstört und teilweise nach 1783 wiederaufgebaut wurde) und den noch umfangreicheren Arbeiten in Lille standen die bescheideneren Umwandlungen von Weißenburg und Schlettstadt gegenüber. Allerdings war Weißenburg nur ein Glied in der berühmten »Linie« entlang der Lauter, die im 18. Jahrhundert und während der Revolution eine wichtige Rolle spielte. Falls sie nicht schon zuvor eigene Bedeutung erlangt hatten, empfingen die Garnisonsstädte von der Armee nur beschränkt Beistand und Dynamik. Die befestigte Garnisonsstadt bot der Zivilbevölkerung nicht nur Vorteile. Während Lille sich soweit entwikkelte – im 18. Jahrhundert wurde es französisch –, daß es zu den zehn wichtigsten Städten Frankreichs zählte, blieb Neu-Breisach das, zu dem Vauban es gemacht hatte. Nur die Etappenstädte erlebten einen kleinen Aufschwung, dem zum Beispiel Belfort seine 6000 Einwohner verdankte.

In dem ziemlich gleichmäßig verteilten und den geographischen Verhältnissen angepaßten Netz von Städten, die ihren Ursprung im Altertum und Mittelalter hatten, resultierten die Umwandlungen weniger aus der Bildung neuer Städte als aus dem starken inneren Wachstumsdrang einiger Städte. Solange diese Städte weit genug auseinanderlagen, störten sie sich nicht gegenseitig, sondern konnten sich auf ihre zahlreichen Kämpfe um mehr Einfluß gegenüber den mit ihnen traditionell rivalisierenden Städten konzentrieren. In der Bretagne waren es die Rivalen Nantes und Rennes, in Aquitanien Bordeaux und Toulouse, in der Provence Marseille und Toulon, deren Rivalität bis in unsere Zeit fortdauert. Lagen sie zu nahe beieinander, konnten sie sich gegenseitig großen Schaden zufügen wie im Fall Paris, Rouen und Le Havre, die an der Seine liegen. Während Le Havre mühsam seine 22000 Einwohner erreichte (und dies bei einer enormen Handelsaktivität; es war seit den 1730er Jahren der viertgrößte Hafen Frankreichs) und Paris in leicht gedämpftem Tempo weiterwuchs, stagnierte Rouen. Le Havre und Paris waren die beiden königlichen Gründungen, die die stärkste Entwicklungsrate aufwiesen, gegenüber denen Rouen, das zwischen Le Havre und Paris eingeklemmt war, zweifellos den kürzeren zog. Die große Stadt zerstörte die Kleinstädte in einem Umkreis, der proportional zu ihrer Macht war. Die kleinen Ballungsräume konnten sich dagegen selten behaupten wie im Fall von Aix-en-Provence, der kleinen politischen Hauptstadt mit Intendant und *Parlement,* gegenüber Marseille.

In demselben Maße, in dem das Netz der Städte sich gleichmäßig ausdehnte, verbreitete sich auch das Maschenwerk um die großen Städte, deren demographisches Einzugsgebiet sich dabei ebenfalls entwickelte. Dies hatte zur Folge, daß in Anbetracht der Tatsache, daß der Hauptzustrom der Menschen in die Städte auf einen Umkreis von etwa einhundert Kilometern beschränkt blieb, sich das Einzugsgebiet für den Nachstrom immer weiter ausbreitete.

STADT UND STAAT

Man kann leicht verstehen, welche Bedeutung die sogenannten »guten Städte« für die Monarchie hatten. Als Ausgangspunkt möglicher Rebellionen, als administrative, juristische und militärische Knotenpunkte, als Zentren der Akkulturation zogen die Städte die ganze Aufmerksamkeit der Regierung auf sich, dabei stets das eigene Interesse im Blick. Nirgendwo zeigte sich dieses Zweckbündnis deutlicher als in den landständischen Provinzen *(pays d'États),* in denen der Intendant bei den Provinzstädten *(États provinciaux),* zum Beispiel in der Bretagne oder im Languedoc, sich immer auf die Städte stützte. In Wahrheit entschied die Krongewalt direkt oder indirekt über die Wahl der »Stadtobrigkeiten«; der Intendant spielte dabei nicht unbedingt eine Hauptrolle. Vielleicht wählte auch der Militärstatthalter wie in Lyon oder einfach ein großer Grundherr – in Saint-

Brieuc war es der Herzog von Penthièvre – den »Bürgermeister« aus. Wichtig war nur, daß alle Städte fest in der Hand der königlichen Klientelen lagen.

Dies geschah vor allem mittels einer strengen staatlichen Kontrolle ihrer Finanzen. Einige Städte verfügten über umfangreiche Budgets: Das Budget von Straßburg stieg zwischen 1680 und 1789 von 600000 auf 1000000 Livres, dasjenige von Lyon erreichte während des Spanischen Erbfolgekriegs 5 Millionen Livres. Diese Summen stellten Ausnahmen dar. Sie setzten hohe Verschuldungen voraus, so daß sie von Jahr zu Jahr stark schwankten, besonders im Falle der Städte an der Grenze und im Hinterland, in denen zwischen Friedens- und Kriegszeiten starke Veränderungen auftraten. Die Budgets der kleinen Städte waren jedoch insgesamt niedrig – viel niedriger als im 19. Jahrhundert –, selbst wenn eine alte Schuld bestand. Deshalb konnten die Städte nur in bescheidenem Umfang ihre Pläne realisieren – aus Mangel an Mitteln, die auch die königliche Verwaltung nicht beschaffen konnte. Die »Belastungen« reduzierten oft das Realeinkommen auf die Hälfte des Nominaleinkommens.

Es ist oft wiederholt worden, daß diese Lage durch die schlechte Verwaltung der Stadtversammlungen verursacht worden sei. Das ist an sich nicht falsch; aber im Vergleich war diese mittelmäßige Verwaltung nicht schlechter als diejenige der Ständeversammlungen oder des Klerus, ganz zu schweigen von der Kronverwaltung. Es darf aber nicht übersehen werden, daß die Verschuldung der Städte zum größten Teil im 16. Jahrhundert auftrat oder sich verschlechterte, als die Städte von schrecklichen Pestepidemien und von Hungersnöten heimgesucht wurden. Das Bürgertum unternahm gewaltige Anstrengungen, um die Auswirkungen einzudämmen; es versuchte (oft vergeblich), die Landflüchtigen zu verjagen, vor allem die Bettler, und die städtische Versorgung durch Überwachung der Märkte, Feststellung der Preise (Marktberichte), insbesondere beim Getreidekauf, zu kontrollieren; gegen die Pest kämpften sie durch die Einrichtung spezialisierter Hospitäler, oft auf gut Glück. Die Liste der Maßnahmen war lang und manchmal kunterbunt. Sie zeugt von einer großen Anstrengung mit sehr ungleichen Resultaten; sie war nicht ganz selbstlos, denn es ging auch darum, Unruhen und Plünderungen zu verhindern. Dennoch läßt sich der Geist der Barmherzigkeit, ein Erbe des Mittelalters, daraus nicht abstreiten: Der Bettler, der Arme und der Wahnsinnige galten als Menschen, in denen Gott sich offenbarte.

Die hohen Ausgaben, die jeder Krieg erforderte, konnten nur durch Anleihen gedeckt werden, die die städtischen Budgets belasteten. Um sie wieder ins Lot zu bringen, erzwang die Krone Maßnahmen zur Rationalisierung, die sich allerdings auch von selbst aufgedrängt hätten. Die Ergebnisse waren jedoch enttäuschend, nicht nur für die Gemeinden, sondern auch für die Hospitäler und Wohlfahrtseinrichtungen.

Damit kam aber der Moment, wo sich die Frage nach den irdischen Erträgen dieser aus Barmherzigkeit getätigten Investitionen stellte. Mit den Seuchen veränderte sich das Bild von den Mitmenschen: Arme, Elende und Wahnsinnige erschienen nun mehr und mehr als Träger von Krankheit und Tod; umgekehrt wurde der Reiche angesichts des Todes zum Privilegierten par excellence. Nicht nur hatte er immer zu essen, sondern er war auch die meiste Zeit vor Ansteckung geschützt. Die soziale Isolierung verschärfte sich und ebenso vertiefte sich die Kluft zwischen arm und reich. Der Geist der Renaissance hatte diesen Einschnitt auf der intellektuellen Ebene akzeptiert. Vorbei war die Zeit, als die Religion eine gemeinsame Kultur geschaffen hatte, die jedem einzelnen wenigstens in den Altarbildern, den Kirchenfenstern, der religiösen Malerei zugänglich war. Jetzt wurde durch die »Wiederherstellung« der Antike – eine blasse, aber verführerische Kopie, weil sie die Zwänge der christlichen Moral sprengte – eine immer unüberbrückbarere Kluft zwischen Lesenden und Nichtlesenden gegraben, das heißt zwischen den Menschen, die das neue Wissen beherrschten, und denjenigen, die an einer volkstümlichen Kultur teilhatten, die bereits nach »Folklore« aussah.

Jenseits aller rührenden Versuche, in abstrusen Abhandlungen über das Wesen der Krankheit, mit fremdartigen Medikamenten, mit Weihrauch und Desinfizierung mit Essig der Plage Herr zu werden, machte sich nach und nach überall die Einsicht in die Notwendigkeit von mehr Sauberkeit breit. Davon zeugen die vielfach wiederholten, doch kaum befolgten Vorschriften der Städte. Man wußte nicht, ob es der Floh oder die Ratte war oder beide, die Tod und Unheil übertrugen; man wußte nur, daß die Epidemien auf irgendeine Weise mit der Sauberkeit der Straßen, der Gebäude, der Menschen zusammenhingen.

Vor allem fing man damit an, auf seine Kleidung zu achten: Die Pflege der äußeren Erscheinung – die Hauptbedingung des Lebens und des Daseins – wurde von einem Gefühl der »Reinlichkeit«, der Toilette begleitet. Nur schleppend kam die Vorstellung auf, daß man noch mehr tun mußte; das Übermaß an Unterkleidern, durch die Entwicklung der Leinenindustrie begünstigt, gehörte allmählich zum Erscheinungsbild, und Clouet läßt die Unterkleider Franz' I. durch die »Schlitze« in seiner Prunktracht zum Vorschein kommen. Aber Unterwäsche sollte lange Zeit ein Privileg der Reichen bleiben.

Auch die Gewohnheit, alleine in seinem Bett zu schlafen, ging damit einher. Auch das war ein Privileg der Reichen; die Armen schliefen immer im Gemeinschaftsbett, wenn sie eines hatten. Nicht ohne Grund verkünden die Handbücher über Anstandsformen wie das von Erasmus noch Regeln zur Kunst des gemeinsamen Schlafens: den bequemsten Platz dem Höchstrangigen in der sozialen Hierarchie einräumen, sich um Unterhaltung bemühen, aber nicht zu lange, allesamt Empfehlungen, die ein Jahrhundert später aus den Handbüchern verschwunden waren.

Arme oder Wahnsinnige waren nicht mehr Stellvertreter Gottes; sie galten als Menschen, die durch die Natur oder ihre eigene »Faulheit« dem Fluch der Zeit und der Mitmenschen ausgesetzt worden waren. Diese Aspekte schlugen sich in der Trennung nach Straßen oder Vierteln, in der Aufspaltung des Gottesvolks in solche Schichten nieder, die um ihr Wohlergehen und ihre Sicherheit besorgt waren.

Die Spitze dieser Entwicklungen führten das höfische Vorbild und das des Königs an, die nicht unbedingt deckungsgleich waren, denn der König war dem Volk verpflichtet gemäß der theatralischen Devise: »Wir schulden der Öffentlichkeit unsere Pflicht.« Das Leben am Hof war in ein Spektakel verwandelt. Der König hatte die Aufgabe, Frankreich und das Volk zu repräsentieren; der Hof seinerseits war es sich schuldig, zu glänzen und Moden zu kreieren, die im Laufe der Jahrzehnte langsam aber sicher in das Bewußtsein des Volkes eindrangen.

Das städtische Bürgertum erwartete – und das ist verständlich –, daß sein Geld nicht sinnlos vertan wurde, und es erhoffte sich daraus einen Ertrag. Mit der Kontrolle der Kostenrechnungen stellte sich deshalb zunehmend eine Art »geiziger« Barmherzigkeit ein, die ihren Höhepunkt in den »Regenten« der Niederlande erreichte, die von den großen Malern glorifiziert oder besser gesagt karikiert wurden. Die Neuzeit zeigte schließlich die Tendenz, die Barmherzigkeit soweit zu institutionalisieren, daß nur noch von »Philanthropie« und »Sorge um die Menschheit« die Rede war; die Formulierungen in den testamentarischen Verfügungen zeugen davon.

Die Säkularisierung der Wohlfahrt und ihre Verwandlung in einen Akt des guten Regiments verleiteten den Staat dazu, die Dinge nun auch seinerseits in die Hand zu nehmen, jedoch mit dem Ergebnis, daß er sich nur um seine eigenen Dienste sorgte; die Finanzen erlaubten es nicht, mehr zu tun. Wie sollte man eine Kriegsmarine in einem Land schaffen, das kaum genug Seeleute hatte und dessen tatsächliche Matrosenzahl nicht mehr als 60000 Mann umfaßte? Um ihnen das System der »Jahrgänge« (die heutige »Einberufung zur Marine«) schmackhaft zu machen, mußte man den Seeleuten Privilegien einräumen (wie zum Beispiel die Erlaubnis zum Fischfang), einen Sold und, dank der Invalidenkassen, einen »Halbsold« für die Veteranen und die Witwen. Im Jahre 1789 waren fast 25000 Mann davon betroffen. Beim Landheer dagegen kamen – abgesehen von der architektonisch grandiosen Einrichtung des Invalidendoms – weit weniger in den Genuß dieser Lösung. Seit Ludwig XIV. aber bis Ludwig XVI. entwickelte sich diese Gunst, die jedoch nur einer kleinen Zahl zuteil wurde, zu einer Art von Pensionsanspruch. Das waren Teillösungen, die durch Einrichtungen wie die Generalpacht ergänzt wurden.

Stadt und Krone folgten also wenn nicht identischen, so doch parallelen Wegen. Die »Preiskontrolle« durch die Regierung hatte man von städtischen Praktiken übernommen, die häufig zuerst aus Paris kamen, denn in der Hauptstadt mußte Ruhe herrschen. Auf jeden Fall war überall die gleiche Tendenz festzustellen: Man begann, das Leben nach dem Grundsatz der Vernünftigkeit und Berechenbarkeit zu organisieren, wenn auch erst nach vielen Versuchen und Fehlschlägen, indem man es in ein Korsett aus Zwängen und Verordnungen einschnürte. Aber ehe man weiß, was vernünftiges, sinnvolles Handeln ist, braucht man Daten und dementsprechende Untersuchungen, das heißt eine andere Art, der Gesellschaft einen Rahmen zu verpassen.

»Ein Glaube, ein Recht, ein König« – ein Wort, das vielleicht aus dem Mittelalter stammt. Kehren wir es jedoch um: »Ein König, ein Recht, ein Glaube«, so könnte dies eine der Formeln für die Neuzeit sein. Der Talar der Christenheit war mit der Reformation unwiderruflich zerrissen. Die Einheit des Rechts, die die Legisten und Juristen des Königlichen Rats durchsetzen wollten, zerschellte an den ausufernden Privilegien, die das Wesen einer ungleichen Gesellschaft sind, in der die Ungleichheit als Naturgesetz betrachtet wird. Jedes »adlige« Werk beginnt mit der heuchlerischen Behauptung: »Alle Menschen sind gleich geboren ... vor Gott«, und fährt fort mit einer Bemerkung wie: »Aber Geschichte und Natur haben dazu geführt, daß das Wesen menschlicher Gesellschaften in ihrer sozialen Ungleichheit besteht.« Unter diesen Bedingungen repräsentierte der König die unentbehrliche Einheit, unter der Voraussetzung natürlich, daß er die Privilegien der Provinzen und vor allen Dingen der Städte respektierte. Die ganze Historiographie des 19. Jahrhunderts lobte das mittelalterliche Bündnis zwischen den »Gemeinden« und der Krone, das erst durch die absolute Monarchie des 18. Jahrhunderts zerschlagen worden sei. Dieser Bruch habe dann zur Revolution geführt. Das ist bis zu einem gewissen Grad durchaus richtig, aber es muß daran erinnert werden, daß dieses Bündnis vom König akzeptiert wurde, um Frankreich, dieses heterogene Land, in das Korsett einer städtischen Struktur zu pressen, die im Dienste des Königs stand, um das flache Land und die städtischen »Massen« zu beherrschen. Während des »Aufstands gegen das Stempelpapier« konnte man 1675 in der Bretagne erleben, wie das Bürgertum in Rennes und Nantes, das ebenso wie das Bürgertum von Bordeaux einen Augenblick versucht war, Neutralität zu wahren, seine Milizen dem königlichen Befehl unterstellte, sobald die Plünderungen ein größeres Ausmaß annahmen. In den kleinen Städten der Basse-Bretagne trieb das Beispiel der Plünderung von Carhaix, einer Stadt ohne Mauern, die Bürger von Guingamp und anderer Städte selbst auf ihre Schutzmauern.

Die Schwäche der Städte – sie war Ausdruck ihrer bescheidenen Finanzlage – und die Bemühung der Stadtväter um Effizienz und vernünftige Investitionen erklärt diesen unausgesprochenen oder gar unbewußten »Konsensus«. Die Gemeindefeste waren eine Folge davon; Kundgebungen zu Ehren der Geburt des Dauphins, Danksagungsprozessionen für die Genesung des Königs, das *Te Deum* für den Sieg, Feuerwerke für königliche und fürstliche Hochzeiten spielten eine immer größere Rolle. Ihre hervorragende Organisation und ihr glanzvoller Ablauf überstrahlten oft traditionelle Volksfeste, selbst die religiösen Feste. Das Volk wurde vom Teilnehmer zum Zuschauer. Bei den königlichen Einzügen des 16. und der ersten Hälfte des 17. Jahrhunderts – mit Meisterwerken in Holz und Karton, an deren Gestaltung mitzuwirken nicht unter der Würde der größten Künstler war – floß Wein aus den Springbrunnen, in denen manchmal Renaissancenymphen badeten.

Der König verbrachte lange Monate auf Frankreichs Wegen; den jungen König vorzuzeigen war immer noch das wirksamste Mittel, zu regieren und das Volk einzulullen. Zwischen den Städten entbrannte schon bald ein wahrer Wetteifer um die Ehre des Einzugs, die zu diesem Zweck den bestgeeigneten Architekten oder Dekorateur suchten – und ihn manchmal auch entführten. Denn die Feste waren Symbol und Übermittler von Botschaften, deren Inhalt keineswegs gleichgültig war. In Deutschland wußte das Maximilian, als er sich an Dürer wandte. Nur die städtischen Steuerzahler kam dies zu allen Zeiten teuer zu stehen.

Gewiß war es ein Fehler, daß sich die Könige im 18. Jahrhundert von der Straße auf ihre Höfe zurückzogen, das heißt seßhaft wurden. Ihr Leben beschränkte sich von nun an auf Versailles und endete schließlich damit, daß Ludwig XVI. es fast nicht mehr verließ. Ein eindrucksvolles Ereignis war deshalb 1786 die kurze Reise Ludwigs XVI. durch die Normandie, um den Hafen von Cherbourg einzuweihen.

Paris verdankte seine künstlerische Vorherrschaft der von nun an ständigen Anwesenheit der Könige. Im 16. Jahrhundert hatten die Provinzen noch ihre Rolle in dem illustren Feuerwerk gespielt, in dem das Frankreich der Renaissance aufleuchtete. Die Schlösser reihten sich entlang des Loiretals – sie waren weniger zahlreich in der Nähe von Paris –, und überall spürte man den kunstvollen Zauber der Renaissance. Im 17. Jahrhundert gelang es einigen Provinzen noch, ihren Eigencharakter zu bewahren. Die Provence, die sich mehr als jede andere französische Region dem Barock verschrieben hatte; Lothringen, hinter seiner politischen Unabhängigkeit verschanzt, mit seinem Claude Gelée, genannt Le Lorrain (der Lothringer) – aber gehört er nicht eher zur italienischen Schule? – und vor allem seinem Georges de la Tour: Keine ähnelte der andern. Im 18. Jahrhundert gelang es schließlich der »Pariser Schule«, ihre Modelle auch im Ausland durchzusetzen. Das hatte natürlich viele Gründe: der auf Paris konzentrierte Reichtum; der Hof, der seine Modelle nicht mit Gewalt, sondern durch Nachahmung durchsetzte; die königlichen Agenten und Klientelen, Adlige oder Bürger, die die Protegierten oder Empfohlenen auswählten. Schließlich vielleicht der wichtigste Grund: Die Gestaltungsmöglichkeiten einer Architektur, die Sparsamkeit, Königsruhm und Nützlichkeit miteinander vereinte, waren sehr beschränkt. Diese dreifachen Zwänge hatten seit langem den Weg zu einem rationalen Urbanismus geebnet.

PLÄNE FÜR EINE NEUE STADT

Von der Renaissance bis einschließlich der Revolution hat die Neuzeit leidenschaftlich die ideale Stadt erdacht und erträumt. In keiner anderen Epoche hat es einen solchen Reichtum an Plänen gegeben. Viele Architekten erlagen den ungezügeltesten Utopien. Abgesehen von einigen seltenen Ausnahmen (Versailles, Rochefort, Richelieu und Brouage) hat es weder in Frankreich noch andernorts eine im eigentlichen Sinne »moderne« Stadt gegeben, außer St. Petersburg, das mehr italienisch und germanisch als russisch war. Einige Städte verweigerten sich, oft aus Mangel an Mitteln, energisch jeder Entwicklung. So blieb Rouen eine mittelalterliche Stadt aus Holz und Fachwerk, und es wurde in diesem Stil weitergebaut; man findet kaum einen Entwurf für ein modernes Viertel. Im 15. und 16. Jahrhundert wurde es als eine der schönsten Städte des Königreichs bewundert; im darauffolgenden Jahrhundert betrachtete man es bereits mit Herablassung; im 18. Jahrhundert wurde es wegen seines Schmutzes gemieden und im 19. Jahrhundert von neuem wegen seiner romantisch-malerischen Aspekte bewundert. So hat Rouen den ganzen Zyklus seines Imageverfalls durchlaufen, weil seine Eliten und seine Bevölkerung sich weigerten, die Wandlungen des Bildes einer »modernen« Stadt nachzuvollziehen. Andernorts fielen die aus Holz gebauten Städte dem Feuer zum Opfer, und es war ein ausgesprochenes Glück, wenn zufällig genug Geld zum Wiederaufbau vorhanden war. Das war nicht der Fall in Rennes, wo der Wiederaufbau langsam und behelfsmäßig vonstatten ging entsprechend den vorhandenen Mitteln, wo sich die Straßen »hippodynamisch« im rechten Winkel nach dem Entwurf des Militäringenieurs Robelin schneiden; hier und da ist das Ganze mit einigen Plätzen geschmückt, darunter zwei königliche Plätze, die von den beiden Architekten Gabriel, Vater und Sohn, entworfen wurden. Dieselbe Situation trifft man auch in Fougères, Sainte-Menehould und Vitry-le-François an.

In der Tat war man nun soweit, die ideale Stadt in den stark wachsenden Städten zu realisieren, was vor allem für die großen Hafenstädte galt. Brest und Lorient wurden unter »logischen« Gesichtspunkten nach einem Pariser Plan entworfen, wovon infolge der Zerstörungen während des Zweiten Weltkriegs nicht mehr viel zu sehen ist. Dagegen sind in Nantes und vor allem Bordeaux noch ganze Viertel erhalten geblieben.

Am liebsten hätten die Architekten die Viertel abgerissen und neugebaut. Die Könige und städtischen Oligarchien waren jedoch realistischer und wirtschaftlicher eingestellt. Ludwig XV., dem man den völligen Umbau des ganzen Louvre-Viertels vorschlug, lehnte wegen der überhöhten Abrißkosten und der Schwierigkeit der Umquartierung der daraus vertriebenen Bevölkerung ab. Die Place de la Concorde wurde auf Kosten der Krondomäne außerhalb der Stadt entworfen. Die Städtebauer des 17. und 18. Jahrhunderts waren daher gezwungen, die neuen Viertel so zu bauen, daß sie sich neben die alten einreihten. Das war eine vernünftige und durchaus politische Lösung, wie sie vor allem in Turin ins Auge fällt. Und in Nancy war es Stanislaus, der sie dort durchsetzte und durch drei nahtlos aneinandergegliederte Plätze eine besonders gelungene Verbindung zwischen den beiden Teilen der Altstadt schuf.

Dank der Initiative einzelner, besonders der großen Intendanten (Männern wie Tourny oder La Bourdonnaye), der großen Bürgermeister (wie Gérard Mellier und Gelée de Prémion in Nantes), der bedeutendsten Großhändler und vor allem der Grundstücksmakler, entstanden neben dem Kern der Handelsstädte, die – manchmal im 16. Jahrhundert erweitert – noch innerhalb der mittelalterlichen Stadtmauern zusammengepfercht waren, neue Viertel, die um eine Prachtstraße, eine Promenade, einen königlichen Platz herum angelegt waren. Die gewaltigen Bauarbeiten gingen wegen der Pläne, die manche Zwänge auferlegten und die Grundfläche der Städte vervier- oder verfünffachten, nur langsam voran. In Toulon und Marseille gab es so ehrgeizige Vergrößerungspläne, daß sie starke Bedenken beim König hervorriefen.

Stets griff der König oder die Krongewalt in die Vorhaben ein, obwohl sie sich oft vor vollendete Tatsachen gestellt sahen. Zur direkten Aktion des Königs kam seit dem Beginn des 18. Jahrhunderts die Arbeit der Straßen- und Brückenbaubehörde *(École des Ponts et Chaussées)* hinzu, die konkret das Problem der Brücken und Tore löste, da die Ballungsräume miteinander verbunden werden mußten.

Von dem Augenblick an, als die Astronomen Ludwigs XIV. die ersten genauen Karten vorlegten, planten die Ingenieure der Straßen- und Brükkenbaubehörde Kommunikationsachsen. Sie neigten aus vielen Gründen dazu, die Landverbindungen den Flüssen vorzuziehen. Die Flüsse wurden nur mäßig ausgebaut. Die Seine beispielsweise, deren Verlauf als ruhig und regelmäßig galt, war wegen des Hoch- und Niedrigwassers nur während eines knappen Drittels des Jahres schiffbar. Ein anderes Hindernis waren die Mautstellen, die trotz einer langen Kampagne zu ihrer Aufhebung, die unter der Regentschaft wiederbelebt wurde, dennoch in großer Zahl weiterbestanden. Auf den Flüssen mit starker Strömung wie der Rhône und der Loire ging die Fahrt flußaufwärts nur langsam voran, flußabwärts war sie dagegen bei der Unterquerung von Brücken immer mit Gefahren verbunden. So kann man aus den Briefen der Madame de Sévigné oder des Präsidenten De Brosses nachlesen, welchen Schrecken die berühmte Brücke von Avignon einflößte. Schließlich entsprachen die Flußläufe auch nicht den politischen Bedürfnissen. Paris lag nahe an der nordöstlichen Grenze, und es galt daher, auf dieser Seite das Netz der Militärstraßen enger zu ziehen.

Desgleichen mußte die Verbindung mit den Kriegshäfen Brest, Lorient, Rochefort sowie deren Versorgung gesichert werden, ohne dabei die großen Handelshäfen zu vergessen. Infolgedessen mußten die Wege verbessert werden, um wenigstens auf den Hauptstrecken den Durchzug der schweren Artillerie zu ermöglichen, der die Schutzmauern der Städte mit ihren engen Toren im Wege standen. Aber das war nicht das Hauptproblem; seitdem der Friede gewährleistet war, verfielen die nutzlos gewordenen Schutzmauern von selbst (außer entlang der Grenzen), an deren Stelle man nun Umgehungsstrecken und selbst Häuser baute.

Die Brücken dagegen galten im 17. und 18. Jahrhundert als lebenswichtige Knotenpunkte; sie garantierten die schnelle Bewegung von Kanonen und Waren. Die Brücken wurden den Händen der größten Architekten, wie den beiden Gabriel, anvertraut und riefen so starke Bewunderung hervor, daß man, wie zum Beispiel in der *»Encyclopédie«*, prachtvolle Stiche davon anfertigte und sie mit gelehrten Kommentaren über die Konstruktion unterirdischer Holzsockel versah, auf denen das Gewicht einer schweren Steinkonstruktion ruhte. Welch prächtiges, aber auch empfindliches Erbe der Vergangenheit: Wenn in unserer Zeit der Wasserpegel sinkt, verfaulen die Stützpfähle, wie auch die Pfähle verfault sind, auf denen das Straßburger Münster errichtet ist.

Die Brücken verschlangen riesige Summen. Unter diesen Bedingungen war es angebracht, sie so zu bauen, daß dadurch gleichzeitig die Konstruktion neuer Viertel ermöglicht wurde, die die Stadt entlasteten. Aber das geschah nur, wo militärische Gründe es nötig machten. Soweit wie möglich mußten die um die Brücken herum gebauten Viertel gewissen rationalen Vorgaben gehorchen. Das bedeutete breite, gerade Straßen, die sich im rechten Winkel schneiden, und Häuser, die um eines gepflegten äußeren Anscheins willen ähnliche Fassaden aufweisen. Die Architektur des 18. Jahrhunderts konzentrierte sich zunehmend auf Steinbauten – zum Beispiel um Brände zu verhindern –, aber viele Städte bauten weiterhin Holzhäuser. Die Häuserdichte war von Stadt zu Stadt sehr verschieden, was einem durchaus unterschiedlichen Bauwillen und abweichenden Wohnvorstellungen entsprang, weit davon entfernt, im Pariser Patrizierhaus das einzige Vorbild zu sehen.

Die Krone war immer auf irgendeine Weise, und sei es durch die königlichen Plätze, gegenwärtig. In der Umgebung des Königs, in der man lange den großen Städten gegenüber feindlich gesinnt war, wurde viel über das Thema Stadtplanung debattiert. Das Mißtrauen, aus den lateinischen Quellen genährt, beruhte auf einer kirchlichen Tradition, die von dem »Kleinen Konzil« der Jahre zwischen 1680 und 1700 belebt wurde, das um den Theologen und Historiker Jacques Bénigne Bossuet (1627–1704) einige der führenden Köpfe der französischen Kirche vereinte. Ihr in mehreren Schriften formuliertes Ziel, darunter in *»Les Caractères«* (»Die Charaktere oder die Sitten im Zeitalter Ludwigs XIV.«, 1688, von La Bruyère, 1645–1696. Die Schrift gilt als Höhepunkt der französischen Moralistik. Anm. d. Übers.), war es, das Wachstum der großen Städte, die als verdorben und als Orte der Gottlosigkeit galten, aufzuhalten. Man trifft in diesen Schriften alle Gemeinplätze über das idyllische Landleben wieder. Im *»Télémaque«* (»Die Abenteuer des Telemach«, 1695 geschrieben und 1699 veröffentlicht von Fénelon, 1651–1715, der darin seinem Schüler, dem Herzog von Burgund, ein Beispiel der Regierungskunst geben wollte. Anm. d. Übers.) liest man, daß der Untergang des Königreichs durch den Luxus bedingt ist, während La Bruyère den berühmten Satz prägt, wonach die Mahlzeit eines Reichen allein zum jährlichen Unterhalt mehrerer armer Familien ausreichen würde, was übrigens in Paris und Versailles mit dem Verkauf der »Nahrungsreste« der Fall war, worüber sich die Literatur im übrigen ausschweigt mit Ausnahme Sébastien Merciers, der sich darüber mokiert. Die Teilnehmer am »Kleinen Konzil« wußten jedoch nur allzu gut, daß das Wachstum der Städte nicht aufzuhalten war und daß das Königreich nicht auf sie verzichten konnte; sie fanden sich deshalb mit der Existenz von mittleren Ballungsräumen durchaus ab. Aber was verstand man darunter?

Für Bossuet stellten Familie, Stadt und Staat, und zwar in dieser Reihenfolge, die drei Schichten des organisierten Lebens dar. Die Stadt, ein notwendiges Übel, muß sich in eine moralische Ordnung einfügen, die sich in der Architektur widerspiegelt. Géraud de Cordemoy (1638–1684) betonte, daß Gebäude und Städte einem dreifachen Imperativ der Sauberkeit, der Ehrlichkeit und der Verzierung gehorchen müßten. Jacques-François Blondel (1705–1774) wiederholte dies in einer anderen Form in der *»Encyclopédie«;* die ideale Stadt, sagt er dort, müsse von Bettlern – »herrenlosem Gesindel« und »Faulenzern« – und vom Theater, nach Bossuet die beiden großen Plagen der französischen Städte, gereinigt werden. Dagegen muß den wirklich Armen geholfen werden, ohne sie jedoch in den großen Hospitälern zu sammeln; es sei besser, sie über das Land zu verteilen.

Das Ideal war also eine ziemlich kleine Stadt – nach dem Vorbild der Stadt Salerne im *»Télémaque«*, die eng mit dem Land verbunden ist. Kardinal Fleury (1653–1743) zog »kleine und nachbarliche Städte großen und weit auseinanderliegenden« vor, eine Vorstellung, die im radikalen Gegensatz zur Wirklichkeit der Zeit stand. Man ging sogar noch weiter: »Als Maßstab einer Stadt sollte die Zahl der Bürger gelten, die ausreichen, um mit eigener Hand das umliegende Land zu bestellen, und die *jeden Abend zum Schlafen in die Stadt zurückkehren.«* Was hier abgelehnt wird, ist die Form der kapitalistischen Konzentration, obgleich Fénelon deren Notwendigkeit begreift, sie aber einer strengen staatlichen Kontrolle unterworfen sehen will. Dem Ganzen fehlt es nicht an Widersprüchen. Das »Kleine Konzil« wollte die Dezentralisierung, die im Grunde gegen den Staat gerichtet war, mit Hilfe des Staates durchsetzen.

So gab es im 18. Jahrhundert neben den großen Utopien auch eine moralisierende Strömung. Beide blieben sie auf kurze Sicht wirkungslos; den königlichen und fürstlichen Erziehern gelang es nicht, Ludwig XV. oder Ludwig XVI. die Bereitschaft abzuringen, den Aufschwung der Städte aufzuhalten oder zu bremsen. Auf lange Sicht jedoch hat diese Strömung – ob in weltlichem Gewand oder nicht – die intellektuelle Welt tiefgreifend geprägt: Rousseaus Ideen waren nicht sehr weit von den Gedanken des »Kleinen Konzils« entfernt, so widersprüchlich diese auch sein mochten.

Einige fundamentale Prinzipien sind davon erhalten geblieben: die Notwendigkeit, nur gesunde Gebiete zu urbanisieren – die Erfahrung mit

Brouage und Rochefort, die auf gesundheitsschädlichen Sümpfen errichtet wurden, hat gefruchtet – und die Ausrichtung der Straßen nach den vorherrschenden Winden zu ihrer Durchlüftung und zur Bekämpfung von Bränden. Den Franzosen sind vor allem die königlichen Plätze erhalten geblieben. Sie sind eine der Haupterfindungen der Neuzeit, antiken Vorbildern nachempfunden, deren Mitte jeweils von einem Reiterstandbild geschmückt wurde. Maria von Medici gab bei Giovanni da Bologna (1529–1608) die erste große Pferdestatue, die Heinrich IV. zeigt, in Auftrag; sie wurde 1613 auf dem Pont-Neuf in Paris errichtet. Die Anlage von mit einem Reiterstandbild geschmückten königlichen Plätzen geht auf Ludwig XIII. zurück; unter Ludwig XIV. erreichten diese Anlagen ihre Vollendung, blieben allerdings auf die Städte Paris, Lyon, Rennes beschränkt. Die politische Absicht und die königliche Propaganda waren unverkennbar. Im 18. Jahrhundert entstanden dann neue Plätze, die schönsten davon in Nancy und Bordeaux. Ursprünglich als Instrumente der Glorifizierung des Königs entworfen und nach allen Seiten geschlossen (wie die Place des Victoires in Paris), öffneten sie sich mehr und mehr wie etwa in Bordeaux, wo der Platz am Fluß liegt, um zugleich den Aufgaben des Verkehrs gerecht zu werden und dabei den örtlichen Eliten Gelegenheit zu bieten, sich in ihrer Rolle angemessenen, prächtigen Wohnbauten zu präsentieren.

Abschließend läßt sich sagen, daß die Resultate dieses ganzen Prozesses – man könnte ihn wohl als eine Politik der bewußten Neugliederung des Wohnraums bezeichnen – zwar wichtig, aber dennoch ungleich waren. Der spektakulärste Wandel trat im Reiseverkehr auf. Die Strecke Paris – Rouen erforderte um die Mitte des 17. Jahrhunderts drei Tage; 1789 brauchte man eineinhalb Tage. Für die Strecke Paris – Bordeaux waren 1650 zehn Tage nötig, 1789 fünf bis sechs Tage. Auf den großen königlichen Achsen vollzog sich die gleiche Beschleunigung auch beim Güterverkehr: Auf der Strecke Paris – Lyon verringerte sich die Transportzeit von zwanzig Tagen (1715) auf dreizehn bis sechzehn Tage (1787).

Als Konsequenz verringerten sich auch die Kosten. Je nach Transportgut sanken die Transportkosten für Waren zwischen 13 Prozent und 33 Prozent, da die großen Verkehrsachsen sternförmig um Paris angelegt waren; hingegen gab es auf den Querverbindungen keine spürbare Verbesserung, weder hinsichtlich der Geschwindigkeit noch hinsichtlich der

Kosten – mit Ausnahme des Nordostens, doch dort aus einleuchtenden militärischen Gründen.

Allem Anschein zum Trotz behielt der Seetransport gegenüber dem Straßentransport die Oberhand. Die Frachtkosten fielen hier im 18. Jahrhundert um 50 Prozent; außerdem sank die Höhe der Versicherungsprämien, was zum größten Teil den Anstrengungen der großen englischen und holländischen Versicherungsgesellschaften zuzuschreiben ist, die den Markt der Seeversicherung beherrschten. Selbstverständlich erhöhten sich diese Kosten im Winter und vor allem in Kriegszeiten. Daneben bestand aber noch ein krasses Mißverhältnis zwischen dem Norden und Süden. Die sternförmig angelegten Verkehrswege um Paris hatten nichts ihresgleichen im Süden Frankreichs, wo es nur zwei große Querverbindungen gab, die natürliche Achse Bordeaux – Narbonne – Marseille – Nizza und die Achse durch das Zentralmassiv Limoges – Lyon – Grenoble. Im Norden bestand ein ziemlich dichtes Straßennetz, das die Städte miteinander verband, selbst in der Bretagne seit der drohenden Landung der Engländer, aber die maximale Dichte war nördlich einer Linie Caen – Dijon erreicht.

Durch diese Entwicklungen »schrumpften« die Dimensionen des Landes und die Entfernungen zwischen den Städten. Die Konzentration der französischen Kraftanstrengungen auf den Nordosten hatte auch zur Folge, daß der Grenzverlauf durch die Linie der befestigten Städte noch deutlicher sichtbar gemacht wurde. Seit dem Niederländischen Krieg war die französische Politik in Wirklichkeit defensiv; sie verfolgte mehr und mehr das Ziel, klare Grenzen zu schaffen, und zwar unter Einschluß, das heißt Auflösung aller bisherigen Enklaven und Exklaven. Gewiß träumten Ludwig XIV. und seine Zeitgenossen davon, das spanische Reich durch die Reunion der spanischen beziehungsweise österreichischen Niederlande an Frankreich anzugliedern. Letztendlich aber hatte die Reunionspolitik nur ein defensives Ziel, nämlich die Grenzlinie soweit wie möglich hinauszuschieben. Auch die skandalöse Zerstörung der Pfalz ist auf diesem Hintergrund zu sehen; sie war Ausfluß einer realistisch empfundenen, wenn auch allzu rationalen Überlegungen folgenden Politik, die die nationalen Reaktionen des Volkes nicht in Rechnung stellte.

Hinsichtlich der Städte ließen die Könige trotz aller Interventionen den Stadt- und Handelseliten einen großen Handlungsspielraum. Es waren deshalb auch nicht die Großhändler, die zur Revolution drängten. In

Nantes beispielsweise sympathisierten 1789 kaum zehn Prozent der großen Kaufleute – darunter auch die geschäftlich am wenigsten erfolgreichen – mit den politischen Neuerungen. Weitere zehn Prozent waren ebenso entschieden jeder Veränderung abgeneigt; die meisten aber übten sich in vorsichtigem Abwarten, was sie teuer zu stehen kam: Ebenso wie das »Aristokratentum« wurde 1793 auch das »Großhändlertum« als Verbrechen erklärt. Zwischen der Revolution und dem »Kleinen Konzil« gab es also hier durchaus gewisse Übereinstimmungen.

KAPITEL V

Die Wechselspiele der Neuzeit

VOM AUSWÄRTIGEN KRIEG ZUM BÜRGERKRIEG

Die neuere französische Historikerschule hat ihr Augenmerk bisher vor allem auf die Tiefenstruktur der Geschichte gerichtet, auf die großen, langsamen Strömungen, die mehr als das Alltagsleben die Strukturen eines Volkes beeinflussen. Die voraufgegangenen Seiten folgten dieser Orientierung, um den Eigencharakter der Neuzeit soweit wie möglich hervortreten zu lassen.

Aber das Alltagsleben ist ein unentbehrlicher Teil dessen, was man mit einem unpassenden Begriff die »Ereignisgeschichte« *(l'événementiel)* genannt hat. Denn die Auswirkungen von Krieg und Frieden sind sowohl im täglichen Wechselspiel der Kräfte wie in den langsamen Strömungen spürbar.

Nach einer stereotypen europäischen Sichtweise der Neuzeit gilt der Franzose als Unruhestifter, der es liebt, Krieg zu führen. Die Holländer prägten den Satz, daß es gut sei, sein Freund zu sein, aber nicht sein Nachbar. Dieser Aphorismus sprach zu jener Zeit allen europäischen Nachbarn aus dem Herzen. Er folgte einer uralten Vorstellung, die aus einem eindrucksvollen Arsenal von Klischees in der antiken Literatur schöpfen konnte, deren berühmtestes Bild wohl die Beschreibung des gallischen Wankelmuts durch Caesar darstellt. Aber auch ein solches zum Topos gewordenes Bild, selbst wenn es aus der Antike stammt, kann sich bewahrheiten. Der Rückgriff auf die Alten ist dann nur eine gelehrtere Form der Aussage über die Volksmentalität. Richelieu sagte in seinem Testament nichts anderes, und auch Ludwig XIV. deutete es an, ebenso wie Machiavelli in seinen Berichten. Die beliebten deutschen Stiche des

18. Jahrhunderts zeigen den Franzosen als eitel, leichtfertig, zänkisch und immer zum Losschlagen bereit; wenn er sich in den Kampf stürzt, kennt er keine Skrupel, beim ersten Ansturm ist er mutiger als alle anderen, aber ebenso schnell auch mutlos und bereit, bei der ersten Schwierigkeit aufzugeben. Er taugt nicht für lange Belagerungen und lange Unternehmungen; der Widerstand des Gegners muß sofort gebrochen werden. Richelieu sah deshalb im Franzosen keinen guten Krieger. Die derben, stoischen Schweizer taugen sehr viel mehr zum Kampf, sofern man sie dafür bezahlt; auch den deutschen Landsknechten macht niemand etwas vor in Sachen Mut, wie Turenne sagte, derselbe Turenne übrigens, der sich – ein einzigartiger Zug bei ihm – in schöner Regelmäßigkeit an auswärtigen Kriegen und Bürgerkriegen beteiligte. Doch warum auch nicht, da die Geschichte des neuzeitlichen Frankreich häufig eine Abfolge auswärtiger Gemetzel und inländischer Massaker war; letztere waren manchmal am schlimmsten, wobei beide oft unentwirrbar miteinander zusammenhingen.

Wir haben oben auf die enge Verbindung dieses Volkes mit seinem Königtum hingewiesen, auf das es gegenüber dem Ausland zutiefst stolz war, und das sich dennoch darin gefiel, abwechselnd Gründe zu finden, sich gegenseitig umzubringen. Unsere ganze Erzählung könnte sich darauf beschränken, eine endlose Liste gewonnener und verlorener Schlachten aufzuzählen, einschließlich natürlich der Liste der Eroberungen und wiedervereinten Provinzen, was die bürgerlichen Historiker des 19. Jahrhunderts, besonders Lavisse, »die Politik der rechteckigen Wiese« nannten. Wiedervereinte Provinzen, aber auch verpaßte Gelegenheiten, wie Fénelon Franz I. durch den Mund Ludwigs XII. vorwarf: »Welches sind Ihre Eroberungen? Haben Sie das Königreich Neapel eingenommen? Haben Sie sich Mailand erhalten?« (*»Dialogues des morts«*, XXIV) Betrachtet man die französische Geschichte unter diesem Blickwinkel, so gab es zwei große Fehlschläge: Italien und die spanischen Niederlande. Die Ausdehnung des neuzeitlichen Frankreich vollzog sich chronologisch und geographisch in der Zeit dazwischen, das heißt von 1648 bis 1688. Die Italienkriege dauerten ein halbes Jahrhundert, die Niederländischen Kriege mehr als eineinhalb Jahrhunderte. Diese gewaltige Anstrengung wirft die Frage nach den tieferliegenden Gründen auf.

Nun verhielt es sich so, daß jedesmal, wenn außerhalb ein Brand gelöscht war, der Konflikt im Innern von neuem aufflammte. Es war, als sei das Land praktisch unfähig gewesen, sich in einem Zustand des

Friedens zu halten. Den Italienkriegen folgten die Hugenottenkriege (1562–1598), und die kurze Waffenruhe zur Zeit Heinrichs IV. (1589–1610) war nur die Stille vor dem großen Sturm des Dreißigjährigen Krieges, und selbst davor war es zu einigen neuen kleinen Bürgerkriegen gekommen. In der Mitte des 17. Jahrhunderts leistete man sich den Luxus eines Bürgerkriegs, kombiniert mit einem Krieg zur Rettung der Nation, und das Ganze vor dem Hintergrund unentwegter Bauernaufstände. Danach änderte sich der Rhythmus. Von 1661 bis 1789 gab es keinen Krieg, keine wechselvolle Regentschaft, keine ernsthaften Bauernunruhen und keine fremden Invasionen mehr.

Daraus läßt sich folgende Chronologie ableiten: Von 1515 bis 1661 gab es langandauernde und tiefgreifende soziale Unruhen (städtische und ländliche Revolten) zusammen mit Bürgerkrieg und auswärtigem Krieg. Von 1661 bis 1789 war die Situation dagegen klarer: Im Inland ereignete sich nichts Dramatisches, so daß die Historiker nur mit viel gutem Willen einige kleine Aufstände ausfindig machen konnten wie den »Mehlkrieg« unter Ludwig XVI., der im 16. Jahrhundert fast unbemerkt geblieben wäre. 1789 entbrannte erneut ein Bürgerkrieg, und diesem folgte dann im schrecklichen Rhythmus einer alle zwanzig oder dreißig Jahre aufflammenden Regimekrise die große Zeit der Unbeständigkeit im 19. und 20. Jahrhundert.

Damit löst sich das schöne Bild von der französischen Einheit während der Neuzeit in nichts auf. Es hat zwei neuzeitliche Epochen gegeben: die Zeit der permanenten Unordnung, die nur selten von Phasen unterbrochen war, in denen der gesunde Menschenverstand vorläufig zu seinem Recht kam; dann die Zeit, in der die Unordnung ohne großen Aufwand bewältigt wurde, also der Augenblick, als der moderne Staat sich etablierte.

Zuerst entwickelte sich Frankreich mit den Königen und durch die Könige, die die »absolute« Monarchie begründeten oder vielmehr verkörperten; denn seit Franz I. arbeiteten alle Könige in derselben Richtung. Danach entwickelte es sich mehr und mehr, zwar nicht ohne den König (Ludwig XV. und Ludwig XVI. kannten ihre Akten), aber doch zugunsten des Generalkontrolleurs, der eine Art von Premierminister mit erweiterten Befugnissen war. Noch in den ersten Jahrzehnten, in der Zeit von Ludwig XIV. bis 1748, blieben die Generalkontrolleure lange im Amt; erst in der Folgezeit lösten sie sich in einem schnelleren Rhythmus ab.

Angesichts dieses chronologischen Schemas stellen sich viele Fragen. Stand hinter dieser Entwicklung eine klare Außenpolitik oder war sie eine zufällige Folge politischer Absichten? Welche Rolle spielten politischer Zwang oder politische Willkür in den italienischen Angelegenheiten? Warum kam es zu dieser Verzahnung von Bürgerkrieg und auswärtigem Krieg? Welche Rolle spielte der Zufall? Wie kam es vom Beginn der Selbstherrschaft Ludwigs XIV. bis zur Revolution zu dieser langen Phase eines halbwegs stabilen inneren Friedens? Und warum schließlich – die alte Frage – kam es zur Revolution?

Es soll versucht werden, die letzte Frage wenigstens teilweise zuerst zu beantworten, bevor wir mit einer zusammenhängenden Schilderung der drei Jahrhunderte beginnen, die trotz allem große Jahrhunderte genannt zu werden verdienen: das Jahrhundert der Renaissance, das Jahrhundert Ludwigs XIV. und das Jahrhundert der Aufklärung.

Im Zeitalter des Nationalismus sahen die Historiker der Dritten Republik im Wirken der französischen Könige, angefangen von den ersten Kapetingern bis zu Ludwig XIV., eine fortlaufende Politik der stetigen Erweiterung des Territoriums, bis sich das heutige Sechseck herausbildete. Die deutschen Historiker des Pangermanismus, die mehr oder weniger revanchehungrigen Historiker der Weimarer Republik und vor allem die Historiker des Dritten Reiches schrieben den französischen Königen die Politik der sogenannten »natürlichen Grenzen« zu, die unter anderem von der Absicht begleitet gewesen sein soll, das Heilige Römische Reich Deutscher Nation zu zerstören.

Nach der letzten Welle des Patriotismus, die mit dem Zweiten Weltkrieg zusammenhing, ist die Nationalidee mehr oder weniger aufgegeben worden, und keine dieser beiden Thesen hat noch Gültigkeit. In der Tat hat es auch nicht an Widerlegungen gefehlt, insbesondere von seiten des Historikers Gaston Zeller, der in seiner Studie über den Anschluß von Metz an Frankreich hieb- und stichfest den Gelegenheitscharakter dieses Ereignisses aufgezeigt hat. Darüber hinaus tragen diese Thesen nicht der Komplexität der Regierungsentscheidungen Rechnung. Die Könige, einschließlich Ludwigs XIV., umgaben sich oft mit Ratgebern, die widerstreitende Gedankenströmungen repräsentierten. Das war ein Mittel unter anderen, ihre Macht zu stärken und zu sichern, und auch um auf mögliche politische Veränderungen gefaßt zu sein. Die Politik der Ratgeber wurde nicht immer befolgt; letzten Endes entschied allein der Herrscher.

Als Mitglied eines Herrscherhauses sah sich der König, wie alle Herrscher, einem dreifachen Zwang ausgesetzt. In erster Linie stand er unter dem Druck, sich vor der Geschichte rechtfertigen zu müssen. Der zweite Zwang bezog sich auf seine Nachkommenschaft: Seine vornehmste Pflicht bestand in der Sicherung seiner Erbfolge. Er brauchte eine ausreichende Zahl möglicher Thronfolger, ohne daß daraus jedoch eine Schwächung der Macht resultierte; er mußte Söhne und Töchter standesgemäß versorgen, wohl wissend, daß die Entferntesten oft die Unruhigsten und manchmal die Fähigsten waren. Schließlich gab es den Zwang, den »Ruhm« vor dem Tribunal der Geschichte zu verteidigen; dieser war nur in der Kontinuität der Familie gewährleistet. Das galt nicht nur für Frankreich; Kinderzahl und Heiratspolitik gehörten auch zu den Determinanten der habsburgischen Größe: »Bella gerant alii – tu, felix Austria, nube.« (»Die Kriege führen andere – aber du, glückliches Österreich, heirate.«)

Zwischen den großen Herrscherfamilien herrschte ein ständiger Streit um Vorrang und Vormacht. Es gehörte eine Zeitlang zum guten Ton bei Historikern, sich darüber lustig zu machen, aber sie vergaßen darüber, daß diese Familien die Verkörperung, das Symbol der Nationen waren: Es war zwar ein vages, aber doch starkes Gefühl. Im Laufe der langen Konfrontationen bildeten sich Traditionen heraus, die den französischen Haß auf diese Familie oder jenes Land konzentrierten. Richelieu führte gegen die Habsburger Krieg und griff damit eine Tradition auf, die auf Franz I. – hauptsächlich zu Beginn der Italienkriege – und selbst noch auf seine Vorgänger zurückging. Das war zwischen 1515 und 1755 das überwiegende Gefühl aller, deren Wort in Frankreich zählte. Ab 1688 gab es einen zweiten Feind: England, Land der Ketzer und Widersacher auf dem Meer, der mit allem verbündet war, was sich Frankreich in den Weg stellte. Der spanische Feind, das waren wieder die Habsburger, und sie begegneten ihnen auch wieder in Gestalt ihres holländischen Feindes wie auch im Protestantismus und in der wirtschaftlichen Konkurrenz. Es gab jedoch nichts, was ein antideutsches Gefühl nährte, auch wenn es seit langem verborgen schwelte.

Diese Haltungen wurden so mächtig, daß sie die Möglichkeiten der Veränderung und Neuorientierung der französischen Außenpolitik beschränkten. Im 18. Jahrhundert war Frankreich so lange Zeit schon mit Brandenburg verbündet, daß die Preisgabe der Richelieuschen Politik und die Umkehrung der Fronten, wie sie das Bündnis Preußens mit Österreich bewirkte, als eine Art von Verrat empfunden wurden. Das kam in den revolutionären Haltungen zum Ausdruck, denn abgesehen vom persönlichen Verhalten Marie Antoinettes – der es an Fingerspitzengefühl und Einfühlungsvermögen fehlte – steht es außer Zweifel, daß sie als »Österreicherin« schon früh alle Sympathie verlor. Diese eingefleischte Abneigung wurde zu einer politischen Tatsache, die man in Rechnung zu stellen hatte.

Dennoch waren die fremdenfeindlichen Haltungen bisweilen zweideutig. Das Jahr 1636, als die Spanier durch die Einnahme von Corbie beinahe Paris bedrohten, so daß Richelieu selbst eine Belagerung ins Auge faßte – was zur ersten globalen Statistik über den Jahresverbrauch von Paris führte –, war auch das Jahr des *»Cid«*. Corneille hatte sein Publikum gut verstanden. Gewiß war der Spanier der Feind, aber ein Feind, der in gewisser Hinsicht »interessant« war.

So war die internationale Politik für den Herrscher sowohl eine Familien- als auch eine Staatsangelegenheit; für die Eliten, und in gewisser Weise für das Volk, war sie weitgehend eine Sache des Gefühls. Familienangelegenheit war sie für den Herrscher in einem doppelten Sinn, da den Sieg zu sichern hieß, die »dritte Rasse« (nach den Merowingern und Karolingern) zu stärken, ein Ausdruck, der oft in den Memoranden der internationalen Politik vorkommt. Aber es hieß auch, eine Erbfrage zu regeln; das war ein Konflikt, der niemals verjährte. Zwischen den Habsburgern von Wien und Madrid und der französischen Königsfamilie gab es unzählige Bande. Von seinen Vorfahren hatte Ludwig XIV. nur wenig französisches Blut geerbt, und der König war, *stricto sensu*, sowohl Habsburger als auch Bourbone.

Die beste Art, die »Familienangelegenheiten« zu regeln, bestand in der Verlängerung des Friedens: Wenn möglich vermählte man sich mit den heiratsfähigen Töchtern des Feindes. Diese Gattinnen – halb Geiseln, halb Bürgen – waren in erster Linie ein Mittel, später einen Teil des Erbes zu beanspruchen. Die ausländischen Königinnen konnten aber auch gefährlich werden: Anna Maria, Anna von Österreich genannt, nahm an den Verschwörungen gegen Richelieu teil und wurde nach dem Tod von Ludwig XIII. die entschlossene Hüterin des Erbes ihres Sohnes. Andere genossen eine Zeitlang große Macht: Nachdem sie zugunsten von Diane de Poitiers, der angebeteten Geliebten Heinrichs II., verdrängt worden war, betrieb Katharina von Medici nach 1559 eine gefährliche Politik, mit der es ihr jedoch mehr oder weniger gelang, die Religionskriege zu meistern. Maria von Medici, die kein Gespür für Politik besaß, stellte das Erbe Heinrichs IV., an dessen Ermordung sie vielleicht mitschuldig gewesen war, in Frage. Viele Gattinnen waren unbedeutend oder zur Bedeutungslosigkeit verdammt, wie Maria Theresia, die Gemahlin Ludwigs XIV., deren ganzes Leben nur eine verliebte Anbetung ihres schrecklichen Gatten war.

EUROPÄISCHE ERBFOLGEN

Der Knoten der französischen Politik lag, wie für alle anderen europäischen Länder, in der Frage der Erbfolge. Die Zweiteilung der christlichen Welt schränkte die Heiratsmöglichkeiten ein. Zweifellos war es möglich, eine protestantische Braut zu finden, die man mit Hilfe interessierter Eltern zur Konversion zwang. Der jüngste Sohn Ludwigs XIII., Philipp von Orléans, wurde so in zweiter Ehe mit Liselotte von der Pfalz vermählt, die etwas Besseres verdient gehabt hätte. Doch auch das war eine Frage der Erbfolge, denn das Erbe der Pfalz konnte von Frankreich beansprucht werden – und wurde auch beansprucht. Allerdings konnte von einem Bündnis mit den protestantischen Mächten »auf höchster Ebene« lange nicht die Rede sein, selbst wenn es Ausnahmen gab wie die Ehe Henriettes von Frankreich mit dem König von England, die kein Erfolg war. Die Einengung der Heiratsmöglichkeiten verschaffte in einzigartiger Weise einer Kompromißlosigkeit Auftrieb. Selbst die so eingeschränkte Erbfolgefrage beherrschte nun die Politik, denn die Italienkriege waren aus Erbfolgerechten hervorgegangen, und es war undenkbar, diese Rechte nicht zu beanspruchen.

Die spanische Erbfolge war die beherrschende Frage der drei Jahrhunderte der Neuzeit. Schon mit dem Tod Philipps IV. 1665 stellte die Erbfolge ein Problem dar. Der degenerierte Karl II., der, wie ganz Europa wußte, keine Kinder haben konnte, lebte jedoch länger als vorhergesehen (von 1665 bis 1700). Die Spekulationen, Verhandlungen und Geheimverträge während seiner Herrschaft nahmen kein Ende. Philipp IV. war in erster Ehe mit Elisabeth von Frankreich, der Tochter Heinrichs IV. (die bereits 1644 starb) verheiratet gewesen und hatte danach das politische Gleichgewicht durch seine Wiederverheiratung mit Anna von Österreich, die übrigens seine Nichte war, wiederhergestellt. Aus der ersten Ehe stammte Maria Theresia (1639–1683), die spätere Gemahlin Ludwigs XIV. Lassen wir die gesundheitlichen Gefahren der Blutsverwandtschaft, die bei den Habsburgern und Bourbonen soviel Schaden anrichtete, beiseite, so ist doch einleuchtend, daß Ludwig XIV., selbst wenn er kein naher Verwandter der spanischen Dynastie gewesen wäre, die spanische Erbfolge nicht hätte ignorieren können. Die Eröffnung der Thronfolgefrage nach dem Tod Karls II., die fast vierzig Jahre auf sich hatte warten lassen, veranlaßte also Ludwig XIV. dazu, Bürgschaften auf Kosten derjenigen »spanischen« Regionen aufzunehmen, die gefährlich nahe an Paris lagen, vom Norden bis zur Franche-Comté. Auch das ist ein Beispiel für die Vergrößerung der »rechteckigen Wiese«, die einzig durch die Aussicht auf eine mögliche Erbfolge unternommen wurde.

Auch in Frankreich hätte es beinahe Erbfolgeprobleme gegeben. Der Tod Heinrichs III., der ohne Thronfolger verstarb, warf die Frage nach den Rechten eines Ketzers auf, Heinrichs von Navarra. Wie man weiß, löste dieser das Problem durch Bekehrung. Dies wäre sehr viel gravierender bei Ludwig XIII. und Anna von Österreich gewesen, die sich über nicht sehr viele Dinge einig waren, angefangen bei der Politik. Europa aber wartete auf einen Nachfolger. Was wäre aus Europa und Frankreich geworden, wenn Ludwig XIV. nicht geboren worden wäre? Frankreich wartete auf ihn, die Prophetinnen kündigten ihn leidenschaftlich an, und man gab ihm den Namen Dieudonné (Gottgegebener). Tommaso Campanella, den Richelieu durch Unterbringung in der Rue Saint-Honoré (in Paris) aus seinem Verfolgtendasein befreite, stellte das Horoskop des kleinen Erdenbürgers auf und sagte ihm Macht und Ruhm in einem Europa voraus, das zum Sonnenstaat werde, eine Weissagung, die teilweise Wirklichkeit wurde.

Eine Sorge des Sonnenkönigs war seine Erbfolge. Aus seiner Verbindung mit Maria Theresia gingen zwar Kinder hervor, aber nur wenige überlebten. Die Zukunft war erst durch den Großen Dauphin (1661–1711) gesichert, über den man höchstens sagen kann, daß er nicht gerade durch seine Qualitäten glänzte, glich er doch mehr seiner Mutter als seinem Vater.

Die Zukunft schien erst 1682 endgültig gesichert, als dem Großen Dauphin ein Sohn geboren wurde, Ludwig, Herzog von Burgund, dem der Herzog von Anjou (der spätere Philipp V. von Spanien) und der Herzog von Berry (1683 und 1686) folgten. Man hätte sich fragen können, ob der König bei der Schar seiner rechtmäßigen oder gelegentlichen Mätressen nicht den sehr bewußten Wunsch hegte, notfalls auch eine illegitime Nachfolge zu sichern. Als der Große Dauphin (1711), dann der Herzog von Burgund (1712), die Hoffnung des »Kleinen Konzils«, und schließlich der Herzog von Berry (1714) einer Epidemie erlagen, erschien die Zukunft erneut auf dramatische Weise bedroht. Spanien bot dieser Umstand Gelegenheit zur Rache, denn nun konnte sich Philipp V. auf legitimste Weise des französischen Thrones bemächtigen, unter der Voraussetzung freilich, daß England stillhielt und daß der 1710 geborene Sohn des Herzogs von Burgund sterben würde. Dieses schwächliche Kind stellte wie Karl II. von Spanien ein Problem dar, da es jederzeit sterben konnte. So zeichnete sich für den Herzog von Orléans – den künftigen Regenten – die Möglichkeit ab, König zu werden. Die Jahre 1711–1722 waren Jahre des Zweifels. Ganz Europa mischte sich ein. Der Zufall wollte es jedoch, daß der künftige Ludwig XV. überlebte.

Die Erbfolgeangelegenheiten bildeten daher den Hauptaspekt der ganzen französischen Politik. Sie werfen jedoch noch eine ganz andere Frage auf, die Frage nach dem Streben der Bourbonen nach der europäischen Hegemonie, vielleicht der Welthegemonie. So realistisch die Bourbonen waren, hatten sie doch ihre Träume, und sie trafen selbst die Vorkehrungen dazu, sie zu verwirklichen. Ihr ältester Traum war die Krone des Heiligen Römischen Reiches Deutscher Nation, deren Träger den Titel des ersten Herrschers Europas beanspruchen konnte. Demgegenüber stritten die Könige von Frankreich, innerlich bestärkt durch die Salbung, die ihnen übernatürliche Kräfte verleihen sollte, von alters her diesen Vorrang ab. Der Titel des »Allerchristlichsten« und die entsprechende Bezeichnung Frankreichs als »älteste Tochter der Kirche« sollten sie dafür ein wenig entschädigen.

Was uns zu Unrecht als Eitelkeit erscheint, warf in Wirklichkeit die Frage nach der Bedeutung des Reiches auf. Es war nicht die heruntergekommene Macht, die wir uns nach Voltaire vorzustellen haben, der sich über »dieses Reich, das gar nicht heilig ist, das auch kein Reich ist, das nicht einmal deutsch und nicht einmal römisch ist«, nur verächtlich zeigte und darin gewiß übertrieb. Denn sicherlich war das Reich alles das in verschiedenem Ausmaß, aber dennoch hatte der Titel ein außerordentliches Prestige behalten. Er verlieh mehr Handlungsmöglichkeiten, als man glaubte. Wäre er nur eine leere Hülse gewesen, hätte man nicht so teuer dafür bezahlt. Die französischen Könige Franz I. und Ludwig XIV. versuchten, ihn zu erwerben, doch beide erlitten einen Fehlschlag. Franz I. scheiterte an dem Geld des großen süddeutschen Kapitalmarktes, der im 16. Jahrhundert mächtiger war als die Finanzen Frankreichs; Ludwig XIV. scheiterte an dem Widerstand und dem politischen Willen der sieben deutschen Kurfürsten, die wenig Lust hatten, sich von einem so mächtigen König ein Gesetz diktieren zu lassen, das stärker war als das der Habsburger.

HEGEMONIETRÄUME

Der französische Traum von der europäischen Hegemonie zeigte bei verschiedenen Gelegenheiten sein Gesicht. Die Italienkriege zeugten ebenso davon wie die Kriege anläßlich der spanischen Erbfolge. Der Besitz von Mailand mit jenem Teil Norditaliens, der im 17. Jahrhundert das wichtigste künstlerische und intellektuelle Zentrum Europas war, bedeutete nicht nur, die Einkreisung Frankreichs durch die habsburgischen Besitzungen an ihrer empfindlichsten Stelle zu durchbrechen, sondern auch, wichtige Ressourcen zu sichern und das Mittelmeer zu beherrschen. Es wurde behauptet, daß der Nationalismus sich einem monströsen Gebilde wie das aus der Vereinigung von Frankreich und Italien auf Dauer widersetzt hätte. Aber war Frankreich nicht selbst in gewisser Weise ein monströser Staat, in dem der Norden und Süden, die so wenig gemeinsam hatten, nebeneinander bestanden? Zudem führten die königlichen Ratgeber des 16. Jahrhunderts, die aus der Geschichte lebten, den Präzedenzfall der Plantagenet an, die gleichzeitig in Frankreich und auf den Britischen Inseln herrschten. Überdies stand auf italienischem Boden die Hauptstadt des Christentums, Rom, mit all seinen Erinnerungen an die Antike, und wie auch immer der Widerstand aussah, das antike Rom gab die Mittel an die Hand, um auf das katholische Rom einzuwirken.

Und waren die italienischen Träume einmal verflogen, so wurden gleich neue Träume gegen die Habsburger geschmiedet. Sich zum Herrn über das Reich zu machen, in dem »die Sonne niemals untergeht«, hieß zunächst, sich beträchtlich in Europa auszudehnen und besonders die nordöstliche Grenze, die so nahe an Paris lag, hinauszuschieben; es hieß vor allem auch, sich die »fabelhaften« amerikanischen Schätze anzueignen, die die Größe der spanischen Politik ausgemacht hatten.

Dieser Traum war mehr politischer und vor allem wirtschaftlicher Natur als die italienische Fata Morgana. Es war bekannt, daß Spanien seine Kriege geführt hatte, ohne seinen europäischen Besitzungen allzuviel Geld abzuverlangen; es hatte ihm genügt, den gewaltigen Reichtum an Menschen und Bergwerken der lateinamerikanischen Länder auszubeuten.

Welche Bedeutung hatten diese Träume bei Ludwig XIV.? Das erfährt man nicht, denn die Dokumente schweigen sich über diesen wesentlichen Punkt aus. Sicher war Ludwig XIV. ein Realist, aber sein Realismus ist nicht mit dem heutigen vergleichbar. Nach seinem Verhalten zu urteilen, setzte er sich unmittelbare, minimale Ziele, die er nach Bedarf ausdehnen konnte. Mehr als einmal dachte er an die Annexion der spanischen Niederlande, ein Ziel, das er zwischen 1700 und 1710 verwirklichte; faktisch annektierte er auch Lothringen. Aber während der ersten Hälfte seiner Herrschaft betrieb er eine Politik der kleinen, »vorsichtigen« Schritte, die – zumindest in seinen Augen – dazu bestimmt war, die Grenzen zu schließen. In der Geschichte seiner Herrschaft, wie sie die Medaillen erzählen, die er anfertigen ließ, sticht eine Formel hervor, *»Gallia clausa«:* Gallien den Eindringlingen verschlossen (Medaille aus Anlaß der Einnahme von Straßburg). Selbst seine »Reunionspolitik« war, wie gesagt, im Gegensatz zu gängigen Vorstellungen durchgehend defensiv und bestand darin, die nordöstliche Grenze so weit wie möglich hinauszuschieben.

In den Augen des Feindes offenbarten die Träume der französischen Könige deren wirkliche Absichten. Das restliche Europa nahm die Möglichkeiten, die die französischen Könige hatten, ihre Träume zu verwirklichen, für Gewißheiten. Darin liegt der Ursprung der Koalitionen. So war auch der habsburgische Staat auf seine Weise eine von Ehe zu Ehe neu hergestellte Koalition. Der Kampf, in dem sich die Könige Frankreichs und das Haus der Habsburger gegenüberstanden, war der Kampf einer Nation: ein durch und für den Herrscher vereinigtes Frankreich gegen eine Vielvölkergemeinschaft höchst unterschiedlicher Zusammensetzung.

In dieser Ansammlung verschiedener sich bildender Staaten, die über das ganze abendländische Europa verstreut lagen, entwickelte sich sehr rasch eine neue Situation. Anfangs, zur Zeit des jungen Franz I., befand sich der Schwerpunkt des Habsburgerreichs in Flandern und den Niederlanden, die noch nicht durch Glaubensfragen getrennt waren und dem damals ebenfalls jungen Karl V. den Hauptteil seiner Einkünfte sicherten. Karl V. war Flame oder genauer gesagt der Erbe des burgundisch-flämischen Reichs, das Ludwig XI. so viele Probleme bereitet hatte. Lange Zeit beanspruchten die Habsburger gegenüber Frankreich das burgundische Erbe, von dem ihnen bis zum Niederländischen Krieg ein wesentlicher Teil blieb, nämlich die Franche-Comté. Als dem Kaiser aber im Laufe seiner Herrschaft zunehmend klar wurde, daß der Hauptteil seiner Einkünfte vor allem aus Spanien und seinen Kolonien kam, verlegte er sein Machtzentrum nach Spanien. Sein Sohn Philipp II. hingegen war Spanier und König von Spanien. So wurde der Kampf um Italien, der auch ein Kampf zwischen den Häusern Frankreichs und Österreichs war, gleichzeitig ein Krieg zwischen einem homogenen Staat einerseits, der durch seine Bevölkerung und seine Kommunikationswege begünstigt war – sie erlaubten ihm, schneller in den Randgebieten einzugreifen –, und einem zerstückelten Agglomerat von Ländern, die sicher bedeutend, aber schlecht miteinander verbunden waren. Die wichtigste Verbindung zwischen ihnen war das Meer, dessen Beherrschung freilich voller Gefahren war.

Als es deutlich wurde, daß das Habsburgerreich nicht den Widerstand Frankreichs brechen und daß Frankreich auch ohne Gold- und Silberminen standhalten konnte, kam in Europa Unruhe auf. Die Seemächte – Holland und später England – erkannten dies zunächst nicht; sie waren zufrieden, daß Frankreich, das zwischen auswärtigem Krieg, Bauernunruhen und Bürgerkriegen hin und her gerüttelt war, nicht an der Aufteilung der Welt teilnahm. Tatsächlich wandten sich Frankreichs Könige erst sehr spät dem Meer zu.

Die Lage wurde erst mit der Schaffung einer großen französischen Kriegsflotte ernst; sie war das Werk Colberts, während die Reorganisierung der Armee das Werk von Kriegsminister Louvois war. Von 1661 bis 1708 verfügte Frankreich gleichzeitig über die mächtigste Armee und die mächtigste Marine Europas. Nach Colberts Tod, zwischen 1688 und 1692, entwarfen Ludwig XIV. und Louvois eine defensive Strategie für das Land und eine entschieden offensive für das Meer, so als ob sie von letzterer die Entscheidung erhofften. Der Zusammenschluß der englischen und holländischen Marine wurde daher für die Seemächte zur absoluten Notwendigkeit, auch wenn diese Strategie rasch wieder fallengelassen wurde. Erst mit Ludwig XVI. kehrte der Traum vom Meer wieder zurück.

Die großen Projekte wurden nach 1715 gekürzt. Im Sekretariat für Auswärtige Angelegenheiten hatte man von diesem Zeitpunkt an nur eine Hauptsorge: eine geradlinig verlaufende Territorialgrenze herzustellen, die sich mühelos auf der Karte einzeichnen und leicht überwachen ließ. An die Stelle des Begriffs einer Grenzzone, in der Städte, Dörfer und verschiedene Rechtsverhältnisse unentwirrbar ineinander verschachtelt waren, wie dies noch zu Beginn der Herrschaft Ludwigs XIV. überwiegend der Fall war, trat die uns heute noch vertraute Vorstellung. Die Verwaltung, die sich jetzt gegenüber dem Willen des Herrschers durchgesetzt hatte, verhandelte über den Austausch von Enklaven gegen Exklaven. Es handelte sich um eine viel Akribie erfordernde und deshalb langwierige Arbeit, die wenig Aufmerksamkeit auf sich zog. Das einzig bedeutende Ergebnis war die offizielle Reunion mit Lothringen, die am Ende des Polnischen Erbfolgekriegs zu mehr als der Hälfte verwirklicht war. Eine Ausnahme zu dieser Politik bildete die Erwerbung von Korsika im Jahre 1767, ein einzigartiger Vorgang, in dem die Historiker die Frucht langer Vorüberlegungen sehen wollen, obwohl es wahrscheinlicher ist, daß man nur eine Gelegenheit beim Schopfe ergriff. Diese Haltung paßte gut in das Denken Ludwigs XV., der den Krieg aus Humanitätsgründen verachtete und dem alle Annexionen widerstrebten. Beim Frieden von Aachen (1748) wollte er »einen Königsfrieden und keinen Händlerfrieden« abschließen. Die Rechnung ging nicht auf – sofern überhaupt eine aufgemacht wurde –, denn die öffentliche Meinung, besonders in Paris, wollte nicht einsehen, daß all die Opfer, die Siege (in den Niederlanden) und die erworbenen Pfänder umsonst gewesen sein sollten, ja, daß sie zu einem Frieden führten, durch den nur Preußen durch die Annexion Schlesiens profitierte. Dabei schien die Gelegenheit günstig, wenigstens einen Teil der Niederlande zu erwerben. Doch handelte der König hier wohl nicht im Alleingang; die Staatssekretäre und die ständigen Ausschüsse hatten mehr oder weniger die gleiche Einstellung. Der Rückzug auf das Sechseck war bereits spürbar. Es blieb dann der Revolution vorbehalten, offen die cäsarische Auffassung zu verkünden und eine

Zeitlang auch zu verwirklichen, daß der Rhein, die Alpen und die Pyrenäen Galliens natürliche Grenzen sind.

Die Gesamtbilanz der Kronpolitik zeigt also den oben angesprochenen Pragmatismus: Die Erwerbungen waren einerseits auf die Niederlande beschränkt, denn weder Holland noch England sahen gerne eine französische Annäherung an Antwerpen, »diese auf das Herz des perfiden Albion zielende Pistole«; andererseits kam es zu umfangreichen Erwerbungen im Osten, wo der politische Widerstand – wenn nicht der militärische – geringfügiger war.

Die koloniale Ausdehnung stand dagegen auf einem anderen Blatt; sie war eine reine Handelsangelegenheit. Auch in diesem Bereich war Ludwig XV. skeptisch und scheint nie an die Möglichkeiten der französischen Flotte geglaubt zu haben. Er ließ dennoch Staatssekretär Choiseul walten, selbst wenn er ihn bremsen mußte, sobald Kriegsgefahr aufzog. Nur Ludwig XVI. glaubte wenn schon nicht an die Möglichkeit einer tatsächlichen französischen Seeherrschaft, so doch wenigstens an ein relatives Gleichgewicht, wie es sich zwischen 1783 und 1789 einstellte.

VOLKSAUFSTÄNDE

Nach den Träumen von der europäischen Hegemonie wurden die Volksaufstände, die eng mit den Bürgerkriegen verbunden waren, zum zweiten großen Problem der Epoche und zum Gegenstand einer der heftigsten historischen Kontroversen, in denen sich insbesondere der sowjetische Historiker Porschnew und der Franzose Roland Mousnier gegenüberstanden. Während sie für die erste Hälfte des 17. Jahrhunderts gründlich erforscht sind, werden die nachfolgenden Aufstände derzeit genauer untersucht. Sie waren jedoch eher bescheidener Art, wenn man von der »Stempelpapier-Affäre« in der Bretagne (1674–1675), die mitten in den Niederländischen Krieg fiel, absieht. Dagegen sind die Volksaufstände im 16. Jahrhundert noch wenig bekannt, weil sie zum Teil mit den Religionskriegen verwoben waren.

In gewisser Weise waren sie eine fast unvermeidliche Konsequenz des auswärtigen Kriegs. Das französische Volk wollte zwar einen glorreichen und siegreichen König, aber sein Ruhm sollte nicht viel kosten. In der

Neuzeit erfuhren die Kriegskosten jedoch eine gewaltige Steigerung. Mit der Konfrontation zwischen Habsburg und Frankreich in der ersten Hälfte des 16. Jahrhunderts setzte ein Wettlauf um die stärkste Armee ein. Während vor 1515 selten mehr als 20000 bis 30000 Soldaten an den Feldzügen beteiligt waren, vermochten die beiden Gegner zum Zeitpunkt der Abdankung Karls V. (1556), wenn auch nur für eine kurze Dauer, fast 100000 Mann aufzubieten.

Spanien war zunächst dazu imstande, weil es über das Silber aus Peru und Flandern verfügte, auch wenn es später trotz der Silberschätze Bankrott machte. Frankreich konnte nur durch das starke Anziehen der Steuerschraube und den Verkauf von Ämtern mithalten. Mit dem Steuervolumen hatte es sich für seine enorm hohen Anleihen verbürgt. Dadurch aber, daß die Kronverwaltung getreu ihren Versprechungen so lange wie möglich an den bestehenden Steuersystemen in den verschiedenen Provinzen festhielt, kam es zu großen Verzerrungen, die erklären, warum man im 16. Jahrhundert und in der ersten Hälfte des 17. Jahrhunderts keineswegs von einem unterschiedslosen Steuerdruck in Frankreich sprechen kann. Während einige Provinzen wie die Normandie beträchtliche Abgaben hinnehmen mußten und der Bevölkerung dadurch Anlaß zur Revolte gaben, genügte in den Regionen mit einem geringer entwickelten Steuerwesen, in denen man versuchte, die Steuerlast zu erhöhen, allein schon die bloße Andeutung eines solchen Plans, um öffentlichen Widerstand hervorzurufen.

Natürlich waren skandalöse Mißbräuche Legion. Die Steuer wurde selten direkt vom Staat erhoben; wie überall in Europa wurde sie dem Meistbietenden verpachtet, der dabei auf seine Rechnung kam, zumal das Gewerbe des Steuereinnehmers riskant war und er schnell sein Vermögen verdienen mußte. Es gab viele Gründe, sich an diesem oder jenem Steuerpächter oder an seinen Agenten zu vergreifen. Es reichte aus, daß die Steuererhebungen mit mäßigen Ernten zusammenfielen, damit es zur Revolte kam. Die Bauern dienten oft – wenigstens zu Beginn der Unruhen – als Vorhut. Die »Privilegierten«, das heißt die Grundherren und andere, betrachteten diese neuen Abgaben, die mit den traditionellen Gefällen (Pachtgeld usw.) konkurrierten, mit mißtrauischen Augen und feindeten oft die Steuerpächter an. Für sie waren das arrogante Neureiche, die es darauf abgesehen hatten, Eingang in den Adel zu finden.

Die religiösen Gründe verliehen den Bürgerkriegen, die die Volksaufstände des 16. Jahrhunderts überdeckten oder kanalisierten, einen besonderen Charakter. Der Vertrag von Cateau-Cambrésis, der 1559 zwischen Spanien und Frankreich abgeschlossen wurde und die erste Phase des Kampfes zwischen den Habsburgern und den Valois beendete, war in Wirklichkeit ein Waffenstillstand, der es jeder der feindlichen Parteien erlaubte, sich um seine eigenen religiösen Angelegenheiten zu kümmern: Philipp II., um mit den flämischen, niederländischen, deutschen und selbst englischen Protestanten fertig zu werden, und Heinrich II., um die Calvinisten auszuschalten.

Um die Mitte des 16. Jahrhunderts waren die Bevölkerungen Deutschlands und Skandinaviens, zumindest in ihrer Mehrheit, protestantisch geworden. Hier waren es vor allem die Kleinstaaten, die sich der neuen Lehre öffneten. Anhand der schwankenden englischen Verhältnisse läßt sich zeigen, wie stark die Dinge dort von der Haltung der einzelnen Herrscher abhingen. In Frankreich hingegen war Heinrich II. dem Protestantismus eindeutig feindlich gesinnt. Je mehr dort Protestanten und Katholiken in der Gewalt das wirksamste Mittel zur Bekehrung erblickten, desto sicherer heizten die religiösen Verfolgungen die Unruhe an. Da der französische Protestantismus seine ersten Anhänger unter den Eliten, vor allem beim Adel, fand, stand sich dieser nun auf zwei Seiten, auf protestantischer und katholischer, in den Religionskriegen gegenüber und verschärfte dadurch die Krise, indem er die auswärtigen Schlachtfelder mit den Schlachtfeldern des Bürgerkriegs vertauschte.

Ein ähnliches Schema wiederholte sich in den Krisen während der Minderjährigkeit Ludwigs XIII. und der Fronde. Die religiösen Faktoren blieben auch in der Zeit der ersten Krisen wirksam, da der Calvinismus mehr und mehr eine politische und militärische Form annahm, selbst wenn er jede Hoffnung auf einen Sieg verloren hatte. Immerhin überstand er die Verfolgungen, und die 1598 im Edikt von Nantes zugestandenen Sicherheitsklauseln gaben den Calvinisten bedeutende politische und militärische Mittel an die Hand. Ihr tiefes Mißtrauen gegenüber der prokatholischen Politik der Maria von Medici veranlaßte sie, mehrere Male zu den Waffen zu greifen. Zur Zeit der Fronde hielten sie sich abseits, um so mehr, als Mazarin sich einsichtig zeigte. Im übrigen waren seit der Einnahme von La Rochelle durch Richelieu die militärischen Handlungsmöglichkeiten des Protestantismus erschöpft.

Dagegen blieb der Adel als Ganzes ein Störfaktor, da er niemals wirklich den Aufstieg der absoluten Monarchie akzeptierte. In den Gebirgsgegenden führte er noch kleine Privatkriege. Da er seine Aufgabe vor allem im Kriegshandwerk sah, gelang es dem Adel in Friedenszeiten nur schwer, seinen Platz einzunehmen. Sobald die königliche Autorität sich abschwächte, nahm er deshalb seine im Hundertjährigen Krieg angenommene Gewohnheit zu plündern wieder auf. So war die Religion während der Ligakriege für die Adligen im Südosten des Landes nur ein Vorwand zu einem »frischen und fröhlichen Krieg«, der mit der äußersten Grausamkeit geführt wurde. In abgeschwächter Form lebten diese Haltungen während der Wirren um die Mitte des 17. Jahrhunderts wieder auf.

Somit erklären sich die Volksaufstände vor allem durch zwei Tatsachen: durch die Mißbräuche bei der Steuererhebung und durch das Elend, das die Bürgerkriege verursachten. Insgesamt gesehen waren bis zur Zeit Ludwigs XIV. die besten militärischen Perioden für die Bauern diejenigen, die den inneren Frieden durch einen auswärtigen Krieg, der die Kräfte des Adels im Ausland band, gewährleisteten.

Zu dieser ständigen Undiszipliniertheit gesellten sich noch die territorialen und politischen Ambitionen des Hochadels. Trotz des Glanzes am Hof der Valois – aber vielleicht auch gerade deshalb – unterhielt ein Großteil der Hochadligen enge Beziehungen zu der Gegend, aus der sie stammten oder in der sie begütert waren. Einige Vertreter des Hochadels führten sich während der Krisen wie große mittelalterliche Lehnsherren auf und trachteten danach, eigene Fürstentümer zu errichten wie zum Beispiel der Herzog von Mercœur in der Bretagne während der Zeit der Religionskriege.

Diese Bedrohung schwächte sich in der Mitte des 17. Jahrhunderts zur Zeit der Fronde ab. Die politischen Ambitionen der großen Adligen betrafen den innerstaatlichen Rahmen, stellten aber kaum mehr als eine Episode im Kampf um die Macht dar. Sie waren aber auch gegen die Monarchie gerichtet. Nachfolgendes Beispiel zeigt, daß dabei auch finanzielle Gründe eine Rolle spielten. Nachdem im Krieg zwischen Frankreich und Spanien sich beide Seiten zunächst das Gleichgewicht hielten, drohte der Bürgerkrieg die Gewichte zu verlagern und einen spanischen Sieg in greifbare Nähe zu rücken. In dieser Situation lief der große französische Feldherr Condé (1621–1686) ins Lager der Spanier über, und es bedurfte während der Verhandlungen um den Pyrenäenfrieden 1659 des ganzen persönlichen Einsatzes seitens des spanischen Königs, um

Ludwig XIV. gegen Condé wieder gnädig zu stimmen. Es ist möglich, daß Condés Abfall teilweise durch die Ungeschicklichkeit Mazarins ausgelöst worden war. Wie andere Frondeure hatte Condé großzügig Anleihen gezeichnet, die von Richelieu und Mazarin ausgegeben worden waren. Die Verminderung hin bis zur völligen Aufhebung der Rente – 1648 war ein Jahr des Staatsbankrotts – hatte durchaus Anteil am Aufstand des Adels und der Fürsten.

ADEL UND KRONE

Während Richelieu einerseits die Stellung des Adels stärken wollte, war es ihm andererseits darum zu tun, die Gefahr, die vom Hochadel ausging, zu entschärfen. Die Entscheidung, die Schlösser, die für die Verteidigung des Landes entbehrlich waren, dem Erdboden gleichzumachen oder genauer unbewohnbar zu machen, hatte die Widerstandsmöglichkeiten des Adels stark vermindert. Mit Ludwig XIV. wurde der Hof zu einem außergewöhnlichen politischen Instrument, einem »goldenen Käfig«, in dem der Adel angehalten war zu »glänzen« und an Festen und Glücksspielen teilzunehmen, und sich dabei ruinierte oder zumindest nur dank der Hilfe und der Gunst des Königs seine Stellung behaupten konnte. Die königliche Freigebigkeit, auf die man infolge der hohen Geldausgabeverpflichtungen angewiesen war – ein durchaus machiavellistischer Zug –, bildete eines der Hauptelemente des inneren Friedens. Den Hochadel zum Verbündeten zu machen war darüber hinaus ein Mittel, bis zu einem gewissen Grad über seine Klientelen zu verfügen. Wollte man in der Gesellschaft zählen, so mußte man der »Mann eines Mächtigen« sein, so wie Colbert nach eigenem Eingeständnis zuerst Le Tellier »angehörte«, der ihn an Mazarin »abtrat«, welcher ihn dann seinerseits dem König »überließ«. Schließlich waren die Großen seit Richelieu einer ständigen Bewachung und Bespitzelung unterworfen, selbst in ihren Familien.

Nicht daß die Krone dem Adel feindlich gesinnt war. Der König betrachtete sich als der erste Edelmann, und der Adel hatte in seiner Politik seinen Platz. Um die Selbstvernichtung des Adels zu verhindern und der Armee ihre Kader zu erhalten, ergriffen Richelieu und seine Nachfolger drakonische Maßnahmen gegen das Duell, das um 1640 alljährlich so viele Verluste forderte wie in manchen Schlachten. Auf ihre Art war auch die Kirche ein Mittel, den Adel zu »halten«, indem sie den jüngsten Söhnen – und Töchtern – ein ausreichendes Einkommen sicherte und sie anhielt, die königliche Politik zu unterstützen, gemäß dem Grundsatz, daß Treue die Bedingung für die Gunst des Oberherrn ist. Während jedoch ganze Randgruppen des Adels verarmten, erfand die Monarchie noch weitere Verfahren zu seiner Anbindung. So kam der Gedanke auf, nur dem etablierten Adel die Privilegien zu reservieren, und man blies zur Jagd auf die falschen Adligen. Da sich der Adel in seinem Versuch, den Zugang zu seinen Rängen zu beschränken, wie ein »Syndikat der Privilegierten« verhielt, kam auch die Krone dabei auf ihre Rechnung, denn der Zugang zum Adel galt als der beste Weg zur Steuerumgehung. Somit erlaubte es die Limitierung des Adels, sowohl den »alten« Adel mit wenig Aufwand zufriedenzustellen als auch die Staatseinnahmen zu erhöhen, indem man sie voll den Steuerpflichtigen des Dritten Standes auflastete.

Die Abschottung des Adels im Sinne einer Erneuerung dieses »Ordens« im Laufe des 16. Jahrhunderts war durchaus gerechtfertigt, nachdem die Zahl der neuen Adligen massiv zugenommen hatte. Der Hundertjährige Krieg und die nachfolgenden Ereignisse hatten einen großen Teil der alten, mittelalterlichen Aristokratie entweder durch Tod oder Verarmung ausgelöscht. Von da an genügte noch um 1570, um geadelt zu werden, der Erhalt oder Kauf von Adelsbriefen, die bloße Wiedereinsetzung im Falle eines Adelsverlustes und die Erwerbung von adligem Land. Es reichte auch, Armeeoffizier zu sein und vor allem »adlig zu leben« und von seinen Standesgenossen und der öffentlichen Meinung als adlig anerkannt zu werden. Danach war man dann von nicht adligen Steuern befreit. Nach zwei oder drei Generationen erhielt man die offizielle Aufnahme in den Adel, indem man sich einen »unvordenklichen« Adelsrang aneignete, dessen Ursprünge sich im »Dunkel der Zeiten« verloren, was nach den institutionellen Praktiken nicht länger als vierzig Jahre zurücklag.

Die Könige der zweiten Hälfte des 16. Jahrhunderts verkündeten eine Reihe von Erlässen und Verordnungen, die den Zugang zum Adel durch solche traditionellen Mittel untersagten. Es blieb der Rückgriff auf die mit dem Erwerb eines Adelstitels verbundenen Ämter, deren Rechtslage lange Zeit vage blieb. Sie wurde letztlich erst mit der »Reform« festgelegt, die zu Beginn der Herrschaft Ludwigs XIV. von Colbert durchgeführt wurde. Er betrachtete sie als eine seiner großen Leistungen. Diese Reform blieb unvollständig, führte jedoch zu vielen Ausschließungen aus dem Adel, vor allem auf Kosten der »adligen Plebs« in einigen Provinzen. Sie besiegelte dagegen die Ansprüche der Inhaber der großen Parlamentsämter und legalisierte so die Aufnahme des parlamentarischen Adels in den juristischen Rahmen des Adels.

Ab 1670 hatte man es also mit einem wesentlich erneuerten Adel zu tun. Der Umfang dieser Erneuerung bleibt jedoch umstritten. Selbst wenn es möglich sein sollte, die Zahl der Geadelten genau zu errechnen, so besteht bis heute aber noch keine Übereinstimmung über die wirkliche Stärke des Adels im streng juristischen Sinne des Begriffs.

Die Richter und Amtspersonen, diese geadelten Bürger, bliesen dem französischen Adel einen neuen Geist ein, der in mehr als einer Hinsicht »bürgerlich« war. Viele erwiesen sich als ausgezeichnete Verwalter ihres Vermögens; bisweilen forderten sie aber ihren »Vasallen« weit mehr ab als die alten Grundherren. Für die großen, alten Familien gehörte es zum guten Ton, sich über diese »Emporkömmlinge« lustig zu machen: »Der König kann einen Adligen machen, aber keinen Edelmann«, besagte ein Sprichwort. Vielen gelang es dennoch, sich einzugliedern und ihren Nachkommen die volle Anerkennung als Adlige zu sichern. Die Kinder und Enkel aus Familien wie den Colberts oder Pontchartrains verschmolzen mit dem Hochadel. Dagegen wurde der Amtsadel oft nicht akzeptiert; Saint-Simon betrachtete ihn nicht als wahren Adel und zählte ihn zum Dritten Stand. 1789 tauchte diese Haltung in der Gesetzgebung über die Ernennung der Vertreter für die Generalstände wieder auf. Dem fielen als erste die Mitglieder der *Parlements* zum Opfer, die auf den Rang des Dritten Standes herabgesetzt wurden, was ebenso wie der Ausschluß vieler Verdienstadliger eine große Ungeschicklichkeit war.

Wie dem auch sei, der neue Adel, der auf sein Geld achten mußte, erwies sich als treuerer Untertan des Königs als der alte Adel, da das Königtum seine einzige Stütze bildete. Wenn sich diese Adligen den militärischen Geist zu eigen machten, so geschah dies im Dienst des Königs und nicht mehr, um zu plündern und privaten Rachegelüsten nachzugehen. In dem Maße, wie man von einer »Verbürgerlichung« des Adels sprechen konnte, war sie hier am deutlichsten zu spüren.

Von diesem Zeitpunkt an war es verboten, vor seinem Landsitz Gräben zu ziehen, es sei denn mit ausdrücklicher Genehmigung der königlichen Verwaltung. Der Adelsnachweis erforderte die Einrichtung von

Archiven und die Beischaffung administrativer Nachweise, kurz einen adligen Zivilstand. Eine Zeitlang hielten die niederen Adligen – zumindest in den Berggegenden (Limousin, Auvergne etc.), wo man sie zahlreicher antraf – noch an den Gewohnheiten von kleinen Lokaltyrannen fest. Die als *Grands Jours* bezeichneten Gerichtstage – wie zum Beispiel 1665 in der Auvergne –, die in ihren Prinzipien fahrenden Sondergerichten verwandt waren und die Aufgabe hatten, lokale Verschwörungen zu vereiteln, erreichten ihr Ziel nicht ganz, doch zumindest ging die allgemeine Unordnung zurück, soweit die Sitten und die weiter oben beschriebene Lage der rechtlichen Schlichtung es erlaubten.

Wie schon gesagt, bediente sich die Krone zur Unterwerfung des Adels aller verfügbaren Waffen, selbst der Literatur. Ein Teil des Werkes von Molière und Boileau fügte sich in das politische Programm des Königs ein *(»Dom Juan«, »Satire sur la noblesse«)* und nahm zeitweise sogar vorrevolutionäre Formen an. Dieselbe Absicht verfolgten am Ende der Herrschaft Ludwigs XIV. auch die neuen Steuern (Kopfsteuer und Zehnt), die, wenigstens im Prinzip, auf der Gleichheit der Untertanen vor der Steuer beruhten. So gewann die ganze Politik des 18. Jahrhunderts zunehmend die Form einer Rache am Adel.

DIE BEFRIEDUNG DES KÖNIGREICHS

Eines der Hauptziele der Kronpolitik war bereits in den Jahren 1660–1670 erreicht: Dem Hochadel in der Provinz war durch die Bindung an den Hof (Hofsystem) seine Gefährlichkeit genommen worden; der einfache Landadel war im Dienst des Königs zum Land- und Seekrieg aufgerufen und wurde zum Werkzeug des königlichen Willens in der französischen Provinz. Auch er war also nicht mehr imstande, sich aufzulehnen.

Frankreich gewann dadurch einen bis dahin nie erreichten Grad an innerem Frieden und Sicherheit. Selbst die religiösen Verfolgungen, die der Aufhebung des Edikts von Nantes (1685) vorausgingen und später nachfolgten, erreichten selten das Ausmaß einer »inneren Front«. Eine Ausnahme bildete der Cevennenkrieg (1701–1704). Ein Hauptgrund für die Niederlage der Kamisarden lag damals in dem prophetischen und spontanen Charakter der Aufstände, die sich an der Angst und der Trägheit der protestantischen Eliten entzündeten, die sich der Welle der Bekehrungen vor 1685 widersetzt hatten.

In den voraufgegangenen Epochen war die königliche Macht bei vielen Gelegenheiten noch gezwungen gewesen, Paris einzunehmen. Das gelang ihr nur durch die Blockaden der Wasserwege oder durch Verhandlungen. Heinrich IV. kapitulierte teilweise vor dem Pariser Willen; selbst wenn seine Bekehrung aufrichtig war, so war sie doch politisch unverzichtbar. Auch Mazarin war noch gezwungen, Paris zurückzuerobern. In den Jahren von 1661 und bis 1790 war dies aber kein Thema mehr, und es bedeutet viel, wenn in der Führung von Polizei und Militär nicht einmal mehr die Möglichkeit erwogen wurde, Paris zurückerobern zu müssen. Dies schien bis dahin undenkbar. Aber das Fehlen von Befestigungen bewirkte auch die Auflösung der sozialen Verteidigungsstrukturen; durch die Schwächung des Hochadels verlor die Pariser Bevölkerung einen wichtigen Ordnungsrahmen und ihre nach Stadtvierteln, *Quartiers*, gegliederte Klientelstruktur. Die Treue der Stadtbevölkerung zum König war seit den 1690er Jahren so groß, daß die Stadtherren die wenigen Unruhen stadtfremden Elementen zuschrieb und eine Zuwandererkartei anlegte.

Es gab nicht einmal einen Verteidigungsplan für das Königtum. Man glaubte, daß die Verlagerung des Hofes nach Versailles und der Abstand zu Paris an sich schon einen ausreichenden Schutz gewährleisteten. In Wirklichkeit aber waren die früheren Unruhen lange Zeit an einem fehlenden Programm und mangelnder Organisation gescheitert. Diese beiden für das Gelingen eines Aufstands unverzichtbaren Elemente entstanden aber nur langsam und bildeten sich erst im Laufe der letzten zwei Jahrzehnte vor der Revolution heraus. Doch auch noch die neuen Machthaber befanden sich für einige Jahre in der gleichen Situation, indem sie sich bis 1794 dem Druck durch das »Volk« von Paris beugen mußten. Erst den Thermidorianern gelang es, einen Aufstand zu ersticken, und der junge Bonaparte erntete seine ersten Lorbeeren, als er die revoltierenden Nationalgarden von den Stufen der Kirche Saint-Roch herab angriff und vernichtete. Da aber die Unterdrückung stets noch ihren Ausgang von Paris nahm und sich dies für die Politik als schwierig erwies, dachte man ab 1830 daran, Paris verlassen, um es dadurch von außen besser zurückzuerobern. Adolphe Thiers trägt die schreckliche Verantwortung dafür, diese

Strategie wieder hervorgeholt zu haben. Er faßte sie bereits 1848 ins Auge und erzielte 1871 damit einen blutigen Erfolg. Weder Ludwig XVI. noch Karl X., noch Louis-Philippe hatten es gewagt, diese Strategie einzusetzen oder selbst daran zu denken. Doch nicht alle nachmonarchistischen Regierungen zeigten später diese Skrupel.

Die Befriedung Frankreichs, das heißt seine teilweise Entwaffnung, war der große Erfolg der absoluten Monarchie. Man ziehe zum Vergleich die 30 bis 50000 Mann der preußischen Garnison von Berlin oder von Potsdam heran, einer Stadt von kaum 10000 Einwohnern. Die kleine Residenzstadt Koblenz zählte kaum 6000 Einwohner und besaß eine Garnison von 2000 Mann sowie eine bedeutende Festung. Selbst in London gab es mehr Truppen und Polizei als in Paris. Ein Teil der englischen Seestreitkräfte war mit ihrer furchterregenden Artillerie in der Nähe stationiert und konnte von der Themse aus jeden bewaffneten Aufstand unterdrücken; die englische Revolution war nur zu einem Augenblick denkbar, als die *Navy* noch sehr schwach war.

Die Befriedung Frankreichs hatte auch Folgen für das soziale Leben. Die Einquartierung von Truppen wurde nur noch ausnahmsweise als Disziplinierungsmaßnahme durchgeführt. Das zeigte zum Beispiel die Bestrafung, die Rennes für den mangelnden Widerstand beim Aufstand von 1675 auferlegt wurde. Im 18. Jahrhundert löste sich der Soldat aus der Gesellschaft, beziehungsweise er wurde herausgelöst und in Kasernen untergebracht, deren Zahl zwar wuchs, ohne daß aber diese Kasernierung, aus finanziellen Gründen, vollständig gelang.

Das Gefühl der Sicherheit stellte sich innerhalb einer Generation ein; um 1680 war es bereits deutlich vorhanden. Sicherheit erschien jetzt als etwas, auf das man glaubte, Anspruch zu haben. Dadurch änderten sich die Einstellungen. Noch während der Fronde war der Bauer der Beauce und der Brie nur allzu froh, auf dem Grund des nächsten Schlosses Zuflucht finden zu können und Wach- oder Schutzgeld zu zahlen. Bis 1661 erwies das Schloß in Zeiten des Bürgerkriegs oder der Landplünderung seine Nützlichkeit. Man wurde sich bald bewußt, daß die Grundherrschaft mit dem Frieden einen ihrer Existenzgründe verlor, und die grundherrschaftlichen Rechte erschienen nur noch als ein der »feudalen Barbarei« entsprungenes Unrecht, um so mehr, als man ja in jeglicher Weise Abgaben an den König zahlte, damit dieser die Sicherheit gewährleistete.

So entstand zwischen den staatlichen Abgaben und den alten grundherrschaftlichen »Renten« – und selbst der Grundrente – allmählich eine Konkurrenzsituation, die sowohl die Grundbesitzer, die gezwungen waren, die Pachterhöhungen zu beschränken und bis zu einem gewissen Grad die Zahlungen des Pächters an den König in Rechnung zu stellen, als auch die Pächter, die das Grundherrschaftsrecht als ungerecht und unberechtigt betrachteten, zu spüren bekamen. Daß diese Gefälle am Ende des 18. Jahrhunderts insgesamt viel eingeschränkter waren, als man lange Zeit angenommen hat – unabhängig davon, wie schwer sie im einzelnen wogen –, ist in diesem Zusammenhang nicht von Bedeutung.

AKTIV- UND PASSIVSEITE

Diese Situation hatte Auswirkungen auf das ganze politische Leben. Die strenge Anbindung des Adels an den Hof hatte zwar nicht nur Vorteile für die königliche Macht, aber sie war auch sicher nicht so nutzlos, wie es viele Historiker in ihren düsteren Darstellungen glauben machen wollen. Der Hof war ein Tummelplatz für militärische und diplomatische Talente, ähnlich dem *cursus honorum* im antiken Rom. An der Spitze des Staatsgebäudes gab es keine strenge Trennung zwischen Militär und Zivilist, und Generäle wurden oft hervorragende Botschafter. Der Hof war der Ort, von dem aus die Kunst ihre Verbreitung fand und wo man die Errungenschaften der französischen Wirtschaft ausgestellt sah. Man war sich dieser Dinge völlig bewußt. Soweit die Aktivseite.

Die Passivseite schlug jedoch immer stärker zu Buche. Der Hof isolierte den König. So sehr die »Distanzierung« auch von Ludwig XIV. gewollt war, um sich Geltung zu verschaffen und seine Vorrangstellung zu demonstrieren, so sehr führte sie auch dazu, ihn dem Volk zu entrücken. Um in Versailles Einlaß zu finden, hatte es lange Zeit genügt, am Schloßtor anständige Kleidung oder ein Schwert zu leihen. Es mag erstaunen, daß der König, der so wenig persönlichen Schutz genoß, kaum die Zielscheibe von Attentaten wurde. Allerdings gingen die Monarchen kaum noch auf Reisen; der unmittelbare Kontakt zum Volk war abgebrochen. Ebenso hob in politischer Hinsicht die neugewonnene Sicherheit einen der Hauptgründe für das bisherige Bündnis zwischen dem Volk – den

Städten – und dem König gegen die großen Lehnsherren auf. Die Spezialisierung des politischen Personals ging in die gleiche Richtung.

Die krankhafte und ererbte Publikumsscheu Ludwigs XV. und Ludwigs XVI. verschlimmerte noch die Lage, denn ein König ist eine Persönlichkeit, die der Öffentlichkeit gehört. So hatte Ludwig XIV. nie ein richtiges Privatleben. Die Entbindung der Königinnen vollzog sich aus Tradition vor aller Augen aus Furcht, daß die Kinder vertauscht werden könnten. Ludwig XIV. kümmerte sich noch persönlich um die Entbindung der Liselotte von der Pfalz. Das gehörte zum Leben eines Königs im 17. Jahrhundert, wurde jedoch in der Folgezeit unvorstellbar. Ludwig XIV. besuchte seine Armeen zu Pferde, und wenn das nicht mehr ging, in einer kleinen Reisekutsche. Ludwig XV. stellte noch seinen Mut 1745 in der Schlacht von Fontenoy (während des Österreichischen Erbfolgekriegs) unter Beweis. Wenn Ludwig XVI. dagegen einmal Versailles verließ, reiste er in einer Karosse. Seine Reise nach Cherbourg hatte viel mehr Ähnlichkeit mit der Studienreise eines zeitgenössischen Technokraten als mit einer königlichen Visite. In einem vorläufigen Bericht, den Calonne 1787 über diese Reise anfertigte, fehlt nichts, weder die Erklärung des Unterschieds zwischen Hecken- und Feldlandschaft noch die Projekte für die Wasserabzugsbecken für die Hafenanlagen außerhalb von Honfleur und auch nicht eine Beschreibung der Hospitäler und Manufakturen.

Diese Entwicklung war an sich gut und zukunftsweisend. Aber wie Marc Bloch bemerkte, war der König entweder gezwungen, der breiten Bevölkerung seine Handlungen ausführlich zu erklären, oder er mußte über eine große persönliche Ausstrahlungskraft verfügen. Ludwig XIV. besaß das Charisma, das Ludwig XV. abging und mehr noch Ludwig XVI., den die Vorstellung, in der Öffentlichkeit aufzutreten, lähmte. Zwar war auch der Regent schüchtern gewesen, aber durch sein Nachtleben lernte er einen Teil von Paris kennen und wurde eines Tages sogar während eines Streits verprügelt. Wie das *»Journal«* des Glasers Mettra zeigt, hatte das Volk von Paris stets ein Lächeln für die Sünden des Fleisches, auch wenn nicht mit den anerkannten Mätressen gesündigt wurde.

In dem Maße, wie der Wert des Schlosses gesunken war, sank auch das Ansehen des Hofs. Waren die Feste von Ludwig XIV. noch prachtvoll gewesen, blieb davon im darauffolgenden Jahrhundert nur wenig übrig. Ein Blick in die Archive der »Menus-Plaisirs« zerstört einen Mythos, denn im 18. Jahrhundert waren die Feste von einem bemerkenswerten

Sparsinn beherrscht, ihre Kosten sanken kontinuierlich. Das stets wechselnde Dekor wurde durch ein Dauerdekor ersetzt, das zwar eine hohe Anfangsinvestition erforderte, dafür aber in der Folgezeit half, Kosten zu sparen, ein Umstand, dem die Oper Ludwigs XV. ihre Entstehung verdankt. Auch das königliche Mäzenatentum wurde eingeschränkt. Was kann sich in der Architektur mit Versailles oder dem *Grand Trianon* vergleichen? Nun war die Zeit der kleinen Schlösser wie des *Petit Trianon* oder der *Bagatelle* gekommen. Es gab jedoch einige Ausnahmen. Der Pferdebestand in den königlichen Ställen überschritt im 18. Jahrhundert jedes vernünftige Maß. Während Ludwig XIV. nur 500 Pferde gebraucht hatte, war man um 1760 bei mehr als 2000 angelangt, die vom König, aber vor allem von den Mitgliedern des Hofes benutzt wurden.

Der Mythos der Verschwendungssucht erklärt sich zum großen Teil aus den Pensionen, die an die Großen gezahlt wurden; die Favoriten und Favoritinnen Marie Antoinettes fügten der Krone viel Schaden zu, während ein Jahrhundert zuvor die Sache keinerlei Aufsehen erregt hätte. Die Frage stellt sich deshalb, wie es kommt, daß sich innerhalb eines Jahrhunderts die Geister so gewandelt hatten.

Gravierender noch ist, daß der Hof eine Brutstätte von Intrigen geworden war. In einem gewissen Sinne waren diese Intrigen ein Teil des allgemeinen politischen Spiels. Die *»Memoiren«* von Saint-Simon sind nichts anderes als die minuziöse Beschreibung von »Kabalen«, das heißt jenes Personenkreises, der fähig ist, politisch Einfluß zu nehmen, was es zu allen Zeiten gab und gibt. Aber der Hof setzte sich damit der politischen Kritik aus. Die Kabalen trugen schnell dazu bei, daß die besten Minister ihren Ruf verloren, und waren also teilweise für das Scheitern und den raschen Wechsel der Generalkontrolleure seit 1750 verantwortlich. Keiner von ihnen hatte die Zeit, sich zu beweisen.

Der Hochadel verzichtete auf Revolten und äußerte seinen Widerspruch in der Sprache der Politik. Am Vorabend der Revolution trat er in offene Opposition gegen die Krongewalt. Im 19. Jahrhundert schrieb man die Revolution einem vom Herzog von Orléans angeregten Komplott zu; diese These ist zwar seitdem widerlegt worden, aber die Anschuldigung entbehrt nicht ganz jeder Begründung. Zwischen der älteren Linie und der Linie der Orléans bestand ein Mißklang, der nicht ohne gefährliche Untertöne war. Die Orléans waren reicher als die königliche Familie. Sie förderten kräftig den Mythos vom guten König Heinrich und strickten eifrig an der politischen Legende vom Regenten. Nicht weniger harmlos waren die Pamphlete, deren Absender meist am Hof saßen. Zu erinnern ist hier auch an die gehässige und lügenhafte Kampagne – obwohl sie auf einigen Halbwahrheiten beruhte –, die die erotisch-politische Literatur im 18. Jahrhundert gegen die Person und Familie des Königs entfesselte. Das literarische »Gesindel«, wie Voltaire es nannte, wurde zum Teil von gewissen Hofkreisen inspiriert und geschützt. Darüber hinaus wurde vom Gefolge des Königs auch Geld in die Kampagnen gesteckt, und es ließ vor der Nase der machtlosen Zensur die Pamphlete verkaufen, die dazu beitrugen, den König bei einem Teil der Bevölkerung zu diskreditieren. Wenn Ludwig XV. den Anschuldigungen, die auf gewissen Vorkommnissen im Lustschloß *Parc aux Cerfs* beruhten, noch wirksam entgegentrat, so machte man dagegen die Impotenz Ludwigs XVI. lächerlich. Seine eheliche Treue wurde ebenso verspottet wie die weiblichen Eroberungen Ludwigs XV.; Marie Antoinette, die Gemahlin Ludwigs XVI., durfte mit ebensowenig Nachsicht rechnen wie die Mätressen Ludwigs XV., Madame de Pompadour und Madame Du Barry.

Der Hof wurde also Gegenstand einer häufig gerechtfertigt erscheinenden Kritik. Der Hof wurde zur Bühne und starb dennoch an Langeweile. Weder Ludwig XV. und noch weniger Ludwig XVI. verstanden es, mit dem Instrument der Etikette umzugehen, das der virtuose Ludwig XIV. geschaffen hatte: diese kunstvolle Einrichtung, zwischen Menschen und Verdiensten zu unterscheiden, wurde zu einer absurden Fessel, die jedem angelegt wurde. Nobert Elias hat als Beispiel Marie Antoinette angeführt, die nackt auf ihr Nachthemd wartete, das die knicksenden Hofdamen weiterreichten, bis es zu derjenigen kam, die es ihr überreichen durfte. Ludwig XIV. hätte dieser Praxis unmittelbar Einhalt geboten; Ludwig XVI. unternahm nichts dagegen. Er hatte den Sinn für die Etikette verloren; diese erschien nur noch als ein hohl gewordener, unerfreulicher Zwang, dem man entfloh: Der Hof befand sich jetzt häufiger in Paris als in Versailles, wo nur noch die königliche Familie, einige ständige Ausschüsse und die Räte zurückblieben.

VON DEN TROJANERN BIS VOLTAIRE: FRANKREICH

Aus der allmählichen Konfrontation zwischen den Völkern des Königreichs und der Monarchie schälte sich innerhalb dreier Jahrhunderte das Bild eines eigenständigen, individuell geprägten Frankreich heraus. Es fand 1572 seine Stimme mit Ronsard, der ihm eine *»Franciade«* widmete, worin er die Verbindung zwischen Franken und Trojanern zog, wie schon Vergils *»Aeneis«* die Gründung Roms auf Aeneas zurückgehen ließ. Aber das Wort »Frankreich« wurde wenig verwendet. Zehn Jahre zuvor hatte der Dichter in seinem *»Discours sur les malheurs du temps«* (»Abhandlung über das Unglück der Zeit«) noch den herzzerreißenden Schrei ausgestoßen: »So schreitet Frankreich mit geteilten Waffen, seitdem die Vernunft nicht mehr erlaubt ist.«

In *»La Grande Monarchie de France«* wies Claude de Seyssel auf die beiden Pole hin, um die herum sich das Königreich ordnete: auf der einen Seite der König als »leibliche« Vertretung, und auf der anderen Seite »Frankreich«, nicht aber das Königreich und das Volk, »denn nichts ist nach Gott so groß wie ein König von Frankreich«. Andere Werke mit so vielsagenden Titeln wie *»Le Manifeste de la France aux Parisiens et à tout le peuple des Français«* (»Frankreichs Manifest an die Pariser und an das ganze Volk der Franzosen«) oder *»Recherches sur la France«* (»Nachforschungen über Frankreich«) bezeugten bereits mit Beginn des 16. Jahrhunderts diese Personifizierung des Landes. Sämtliche die staatliche Ordnung betreffenden Maßnahmen von Politik und Verwaltung trugen den Stempel eines schwieriger gewordenen Wechselverhältnisses zwischen König – Frankreich – Staat – Königreich – Volk. Frankreich berief sich auf das Erbe Athens und der drei Rom: auf das antike des römischen Reichs, auf das christliche und schließlich auf das Rom der Künstler. Du Bellay erklärte Frankreich zur »Mutter der Künste, der Waffen und des Rechts« und gestand ihm allein das ausschließliche Privileg zu, der europäischen Welt die Botschaft von Schönheit, Stärke und der wahren Gesellschaftsordnung zu verkünden. Doch auch davon blieb das Volk ausgeschlossen. In den beiden darauffolgenden Jahrhunderten erweiterte sich das Bild und machte schließlich dem Herrscher selbst Konkurrenz: Frankreich war nun »gleichzeitig Person, Kultur, Geschichte, Scholle und gewählte Herrschaft«, »höchste Instanz der Anrufung«. Es stand nun an erster Stelle, über den Herrschern und Völkern, über dem Land und seinen Bewohnern.

In den schlimmsten Augenblicken der Liga kamen all die Begriffe auf, deren man sich in den künftigen Jahrhunderten bedienen sollte: Vaterland, Nation, Frankreich, Französisch. Zu diesem Zeitpunkt tauchte auch der Appell auf an »alle, die ihr Vaterland lieben«, ein Thema, das später Fénelon in seinem Dialog zwischen dem Connétable von Bourbon und Bayard, der für seinen Zögling, den Herzog von Burgund, bestimmt war, wieder aufgreift: »Für mich«, sagt Bayard, »sind Sie der große Connétable, der Fürst mit dem adligsten Blut der Welt, der daran arbeitet, mit seinen eigenen Händen sein Vaterland und das Königreich seiner Vorfahren zu zerreißen ... Ich verlasse das Leben ohne Makel; ich habe das meinige meiner Pflicht geopfert: ich sterbe für mein Land, für meinen König, ich, der von allen Feinden Frankreichs geschätzt und von allen guten Franzosen bedauert wird ... Es ist besser, im Kampf für das Vaterland unterzugehen ... Welch furchtbarer Ruhm, sein eigenes Land zu zerstören.«

Ein pathetischer Dialog, in dem die Mentalität des Adels und die neue Mentalität aufeinanderprallen. Nachdem der Connétable geltend gemacht hat, daß »sein Vaterland nach so vielen erwiesenen Diensten undankbar« gewesen sei, daß er alle Ungerechtigkeiten erlitten habe, daß er verfolgt worden und gezwungen gewesen sei zu fliehen und daß er sich rächen müsse, fährt er fort: »Verdiente der König es, der so ungerecht und durch seine Mutter verblendet war, daß ich so große Rücksicht auf ihn genommen hätte?« und muß von Bayard die Antwort hören: »Wenn der König es nicht verdiente, so verdiente es doch ganz Frankreich. Die Würde der Krone, zu deren Erben Sie gehören, verdiente es. Sie sollten es sich schuldig sein, Frankreich zu verschonen.« Eine aufschlußreiche Stelle, in der von Frankreich wie von der Krone als einer »Person«, unabhängig vom König, gesprochen wird. Sind wir hier wirklich noch weit entfernt von der Vaterlandsreligion, wie sie die Revolution sich später zu eigen machte?

Nach Fénelon zum Schluß noch ein Zitat von Voltaire: »Unser Heinrich IV. hatte kaum Zeit, die Risse Frankreichs zu heilen und das Blut, das es in fast vierzig Jahren Bürgerkriegen und Fanatismus vergossen hatte, zu stillen. Erinnern wir uns noch einmal der Zeit, die dem schrecklichen Verbrechen seines Todes folgte, bis zu dem Augenblick, als Ludwig XIV.

mit eigener Hand herrschte: Alles war hassenswert und unheilvoll, und diese Zeit umfaßt noch einmal vierzig Jahre. Achtzig Jahre also, in denen ich, wenn ich die zehn schönen Jahre des Helden von Frankreich ausnehme, nur Verwirrung, Uneinigkeit, Aufruhr, Bürgerkriege, entsetzlichen Fanatismus, Tyrannei aller Art, Armut und Ignoranz sehe. Ich glaube nicht, daß es seit Franz II. bis zur Ausrottung der Fronde in Frankreich einen einzigen Tag ohne Mord gegeben hat... Es sind also diese achtzig Jahre, die unheilvoll und verhängnisvoll sind, und nicht das Jahrhundert Ludwigs XIV., in dem unsere Nation, die heute in ganz Europa ob ihrer komischen Oper berühmt ist, von allen Nationen nachgeahmt wurde. Ich habe nicht so sehr die Geschichte Ludwigs XIV. geschrieben als die Geschichte der Franzosen.« Und etwas später fügt er hinzu: »Es sei mir erlaubt, für ein Jahrhundert das Wort zu ergreifen, dem wir alles verdanken, und für einen König, der gewiß seines Jahrhunderts nicht unwürdig war.«

Es gibt sie auch heute noch, diese Appelle – »Ich habe mir immer eine gewisse Vorstellung von Frankreich gemacht« – und diese Kontroversen, in denen Frankreichs Ruhm dem Wohl der Franzosen gegenübergestellt wird...

ZWEITER TEIL

Das Frankreich der Renaissance: Vom Ruhm zu den Massakern

KAPITEL I

Die Erschütterungen des 16. Jahrhunderts

Muß man auf der »Modernität« des 16. Jahrhunderts beharren oder im Gegenteil zeigen, wie sehr es noch im Mittelalter verwurzelt war? Genaugenommen war es eine nicht entwirrbare Vermischung beider Elemente. Die damaligen Eliten griffen bereits den Urteilen der späteren Historiker vor – angefangen bei Michelet –, die vor allem das Neuartige zur Geltung brachten. Aber Humanismus, Renaissance, Protestantismus und die Ausdehnung der Welt brachten so viele Erschütterungen und Herausforderungen mit sich, daß sie in unseren Augen bei weitem die mäßigen Resultate der langen Kriege Franz' I. übertreffen. Dieser hielt nur einfach das Königreich zusammen – aber zu welchem Preis! – und fügte 1559 beim Frieden von Cateau-Cambrésis Metz, Toul und Verdun dem Königreich hinzu. Die acht Religionskriege endeten erst 1596 mit dem Toleranzedikt von Nantes, und was die europäische Entwicklung anlangt, so hatte sie nur sehr beschränkte Auswirkungen auf Frankreich.

AMERIKA

Um ehrlich zu sein, das Wort »Erschütterung« hätte die Zeitgenossen erstaunt, wenigstens was Amerika angeht, das bei den Franzosen auf wenig Interesse stieß. Die kleinen Leute der Küstengegenden spürten die Wirkungen noch am ehesten. So machte die Provinz Cotentin lange vor dem Hof mit dem amerikanischen Truthahn Bekanntschaft. Schwarze Sklaven und selbst Indianer waren bekannte Gestalten auf den Kais von Rouen, wo auch das »brasilianische Holz« gehandelt wurde. Trotz Dieppe und Rouen blieben diese Erscheinungen im Vergleich zu den Abenteuern der spanischen Konquistadoren in ihrer Bedeutung gering.

Die intellektuelle Welt Frankreichs nahm die Bedeutung der Entdekkung Amerikas nur wenig zur Kenntnis. Die Geographie der französischen Humanisten blieb auf die Alte Welt ausgerichtet. Und als man sich schließlich dessen bewußt und Frankreich von dem Wunder der sagenhaften Metallschätze und unglaublichen Königreiche ergriffen wurde, in denen alles zu haben war – Gold, Silber, Edelsteine, Perlen, Frauen, Sklaven –, war es zu spät. Die besten Plätze waren besetzt. In Kanada, Florida und Brasilien erfuhr Frankreichs Traum von der Neuen Welt eine herbe Ernüchterung. Das geflügelte Wort »falsch wie die Diamanten Kanadas« diskreditierte für lange Zeit die Heldentat Jacques Cartiers, des Entdeckers Neufundlands (1534) und des Sankt-Lorenz-Stroms (1535). In Brasilien und Florida setzten die unberechenbare Natur, vor allem aber die Portugiesen und Spanier den französischen Einmischungsversuchen in ihren Gebieten ein schnelles Ende.

Da Frankreich von seinen kontinentalen und internen Kriegen gefesselt war, hatte es weder das Geld noch auch die wirkliche Absicht, sich in Amerika niederzulassen. Die Städte an der Atlantikküste und am Ärmelkanal – Dieppe, Rouen, die bretonischen Häfen, Saint-Malo, La Rochelle, das heißt die Zahl der wie auf einer Kette aufgereihten kleinen, halbrepublikanischen Städte, die über Korsaren, Erfahrung, Schiffe und einiges Kapital verfügten – konnten zwar den spanischen Riesen stören und etwas Beute machen, aber auf diese Weise war keine Seemacht zu begründen. Die einzige Ausnahme bildete der kapitalistisch betriebene Kabeljaufang auf den Bänken Neufundlands, bei dem die Normannen, Bretonen und die Basken mit den Engländern, Spaniern und Portugiesen konkurrierten. Die Besatzungen der Kabeljauboote, die jährlich »auf die Bänke fuhren«, waren zehnmal umfangreicher als alle europäischen Siedler, die sich im 16. Jahrhundert in der Welt niederließen. Auf Frankreich bezogen sollte dieses Verhältnis für die ganze Neuzeit gelten.

Die Suche nach Edelmetallen war von einem schillernden Kranz von Legenden umwoben und wurde nur als ein individuelles Abenteuer wahrgenommen oder galt als Privileg kleiner Gruppen. Die Zeitgenossen brauchten Zeit, um sich der Bedeutung des amerikanischen Reichtums bewußt zu werden. Für das »informierte« Publikum wurde sie durch die Kontroverse zwischen Malestroit und Jean Bodin (der in seinem Werk *»Réponse aux paradoxes de Malestroit«* die Preissteigerung des 16. Jahrhunderts im Verhältnis zum Zustrom von amerikanischen Edelmetallen analysierte; d. Übers.) verdeutlicht – oder zumindest so sehr vulgarisiert, daß sie wahrscheinlich überschätzt wurde.

Kanada nimmt im französischen Bewußtsein einen besonderen Platz ein, zweifellos weil es in der französischen Geschichte die einzige richtige Besiedlungskolonie war. Ihr Verlust verstärkte noch dieses Gefühl und das trotz der Mäßigkeit der Besiedlung: 1763 zählt die Kolonie 80000 Einwohner, von denen 60000 dort blieben.

Die Beziehung zu Kanada wurde schon frühzeitig hergestellt. Ende des 15. Jahrhunderts gingen die Fischer aus dem französischen Baskenland, aus der Bretagne, der Normandie und selbst aus der Saintonge dazu über, den Kabeljau auf den Bänken und an den Ufern von Neufundland und der Mündung des Sankt-Lorenz-Stroms zu fangen. Diese zusätzliche Zufuhr an tierischen Proteinen gehörte in einigen Regionen zur Hauptnahrung der Bevölkerung, war aber auch ein wichtiges Ausfuhrprodukt. Während des ganzen Ancien régime gab Neufundland 12000 Fischern Arbeit, die den »harten Kern« der 50 bis 60000 französischen Matrosen ausmachten. Wenn der Fischfang auch keinen Besiedlungsfaktor darstellte, so war er doch sehr schnell mit der Suche nach Fellen verbunden, zunächst Seehundfelle, dann hauptsächlich Biberfelle. Bis zum Ende des Siebenjährigen Krieges sollte sich das Interesse an Kanada vor allem auf seine Felle beschränken, die in den Handelsplätzen Tadoussac, später Quebec (1608) und Montreal (1642) zusammengetragen wurden. Die offizielle Erforschung des Landes folgte erst später.

Die erste Unternehmung (1534–1541) war mit dem Namen Jacques Cartier (1491–1557) verbunden und endete mit einer Enttäuschung. Damals hatte man einen Weg nach China gesucht – und fand Kanada, wo man aufgrund der Jahreszeit gezwungen war zu überwintern. Mangelnde Ernährung und Skorbut bereiteten dieser Expedition ein schreckliches Ende. Auch die Suche nach Edelmetallen erwies sich als vergeblich.

Mit Samuel Champlain (1570–1635) nahmen die Dinge einen neuen Anfang. Der erbarmungslose Kampf zwischen den Inhabern des offiziellen Fellmonopols und den Händlern von Rouen, Saint-Malo und Rochefort führte endlich zu einer systematischen Erforschung und zur Besitzergreifung des Landes, die zunächst jedoch aufgrund der geringen Zahl der Einwohner auf schwachen Beinen stand. Champlains Genie verlieh der künftigen Kolonie auf Anhieb ihre Dimensionen: das Tal des Sankt-Lorenz-Stroms bis zu den großen Seen, besonders der Ontario-See. Aber es trug ihr auch – im Bündnis mit den Indianerstämmen – die Feindschaft mit den Irokesen ein.

Champlain zufolge führten die Kompanien ein kümmerliches Dasein und die französischen Niederlassungen einen ständigen Kampf ums Überleben. Darüber hinaus bewirkte die Verbindung mit Europa, hier wie anderenorts, einen »Bakterienschock« und rief neue Krankheiten hervor, deren erste Opfer die Verbündeten der Jesuitenmissionen waren wie etwa die Huronen. Dagegen genossen die »Rebellen«, an erster Stelle die Irokesen, lange Zeit eine relative Immunität, da ihre geographische Situation im Hudson-Tal sie begünstigte, die es ihnen erlaubte, von holländischer und englischer Unterstützung zu profitieren. Angesichts der katastrophalen Lage waren Ludwig XIV. und Colbert gezwungen, 1664 die Dinge selbst in die Hand zu nehmen und aus Kanada eine Kronkolonie zu machen. Nachdem die Gefahr durch die Irokesen gebannt war, folgte ein Jahrzehnt wirklicher Besiedlung; von 1665 bis 1675 zählte man bereits 10000 Einwanderer. Die Zukunft der Kolonie war gesichert.

Die Situation der Kolonie gestaltete sich paradox. Einerseits war sie stark urbanisiert; mehr als die Hälfte ihrer Bevölkerung war bis zum Ende des 17. Jahrhunderts städtisch und konzentrierte sich auf die drei Zentren Quebec, Montreal und Trois-Rivières. Gleichzeitig blieb Kanada das Land der tausend »Trapper«, deren Suche nach Fellen sie in immer entlegenere Gebiete führte: in Richtung Norden und die Hudsonbai, wo sie auf den Widerstand der englischen Hudson-Kompagnie stießen; in Richtung Südwesten, wo Jolliet und später Cavelier de La Salle den Mississippi und sogar den Golf von Mexiko erreichten; schließlich nach dem ausgedehnten Westen, wo man im 18. Jahrhundert die Rocky Mountains entdeckte. Die Landwirtschaft entwickelte sich nur langsam in den Grundherrschaften, die sich entlang den Flüssen ausdehnten, wohingegen die Viehzucht ein Ausmaß annahm, wie es bis dahin in Europa noch unbekannt war. Der Kolonie, in der naturgemäß das Militär eine große Rolle spielte, fehlte das Gleichgewicht.

Zur Zeit der Regentschaft wurde der »Mississippi« zu einem Mythos, der heute nur noch in New Orleans *(La Nouvelle-Orléans)* weiterlebt. So entstand auf der Achse Sankt-Lorenz-Strom/Große Seen – Ohio/Mississippi ein gewaltiges Landimperium, das vom Golf von Mexiko bis Neufundland reichte. Es wurde durch ein schmales Band von kleinen Forts gesichert, vor allem aber durch die Freundschaft der Indianer.

Während sich in Kanada also ein echter Besiedlungskern herausgebildet hatte, steckte die Besiedlung in Louisiana noch in den Anfängen. Die englischen Siedler der Dreizehn Kolonien, die in ihrem Vorstoß gegen Osten lange von den Appalachen aufgehalten worden waren, verfügten schon frühzeitig über ein zahlenmäßiges Übergewicht. Zur Zeit des Siebenjährigen Krieges betrug ihre Zahl eine halbe Million im Vergleich zu weniger als einhunderttausend Franzosen. Dennoch behielten die Kanadier infolge der Kriege und einer Reihe von Siegen am Ende der Herrschaft Ludwigs XIV. lange Zeit die Oberhand. Erst der Frieden von Utrecht (1713) beraubte Kanada eines Teils seiner Meereszugänge (Neufundland, Acadia). Nach 1715 wurden die Grenzbegegnungen immer häufiger und härter. Guerillataktik, Ausdauer und ihre militärischen Fähigkeiten erlaubten es den Franzosen bis zum Beginn des Siebenjährigen Krieges standzuhalten. Der Rückgriff auf europäische Taktiken, die Mittelmäßigkeit Montcalms, der den Oberbefehl führte, und die interne Zwietracht sollten jedoch den Widerstand der Kolonie brechen. Sie war gezwungen zu kapitulieren. Der Frieden zu Paris (1763) besiegelte einen Zustand, der in den Augen Choiseuls den Vorteil hatte, daß er der amerikanischen Unabhängigkeitsbewegung erlaubte, ihre volle Stoßkraft gegen die Engländer zu richten.

DER PROTESTANTISCHE SCHOCK

Der französische Protestantismus unterschied sich wesentlich von dem deutschen, der aus den von Luther (1483–1546) begonnenen Reformen während der Jahre 1519–1530 hervorging. Das Luthertum im eigentlichen Sinne faßte nur im Osten Frankreichs Fuß; das Elsaß war eine der großen Ausbreitungsstätten des lutherisch geprägten Protestantismus im allgemeinen und protestantischer Sekten im besonderen. Im Vergleich zum Luthertum war der französische Protestantismus »radikaler«; er schlug seine Wurzeln erst später. Er setzte sich vor allem von Genf aus durch, wo Calvin (1509–1564) sich niederließ und eine theokratische Republik errichtete, die er beherrschte.

Die Divergenz zwischen Luthertum und Calvinismus berührte gleichzeitig die Theologie – vornehmlich die Frage der realen oder symbolischen Gegenwart Christi in der Eucharistie – sowie die kirchliche Organisation, denn die deutschen Kirchen waren den protestantischen Fürsten unterworfen. Die französischen Calvinistengemeinden bedurften dagegen einer Organisation, die imstande war, dem politischen Druck sowie den Verfolgungen standzuhalten.

Die beiden Bewegungen, die unter dem Begriff »Reformation« zusammengefaßt sind, entsprangen einer komplexen Entwicklung. Lange Zeit hat man die Rolle der Mißbräuche in der traditionellen katholischen Kirche betont. Sicher gab es sie, aber man sollte ihre Bedeutung nicht übertreiben. Die Reformation entsprang vor allem dem Bedürfnis nach einer gereinigten Form der Religion und Glaubenspraxis. Dazu gehörte die Rückbesinnung auf die Quellen und vor allem die unmittelbare Lektüre der Bibel. Die *devotio moderna* am Ende des Mittelalters, Merkmal des flämischen Raumes, hatte großen Anteil an dieser Entwicklung, aber mehr noch die starken Persönlichkeiten Luthers und, vor allem in Frankreich, Calvins. Der direkte Rückgriff auf den biblischen Text und die Verweigerung der »Tradition«, die vom »Katholizismus« beschworen wurde, führten zur Ablehnung der meisten Sakramente. Die Messe wurde aufgehoben. Die Hauptgrundlage der Theologie lag in der Rechtfertigung durch den Glauben, nicht durch Werke.

Die Reformation fand ihre Hauptträger in erster Linie unter den Intellektuellen sowie bei einem Teil des Klerus, vor allem dem Bettelorden. In Frankreich bestand das Problem jedoch in der Einflußnahme auf den monarchischen Apparat. Während das Luthertum die tiefgreifende politische Teilung des Reiches für sich genutzt hatte, mußte der französische Calvinismus die Staatsmacht erobern. Trotz eines starken Einflusses des Calvinismus am Hof und in der königlichen Familie verweigerte sich das Königtum sehr bald schon dem Protestantismus. Der persönliche Glaube Franz' I., einige ungeschickte protestantische Provokationen und vor allem die Gewißheit, dank dem Konkordat von Bologna eine ständige Kontrolle über die Kirche Frankreichs zu besitzen, verhinderten die Wiederholung des englischen Phänomens, die religiöse Eroberung von oben.

Der französische Protestantismus war vor allem ein grundherrschaftliches Faktum – die Bekehrung eines Großen brachte zum Teil die Bekehrung seiner Untertanen mit sich – wie auch ein städtisches. Die Verfolgungen, die um die Jahrhundertmitte einsetzten, und die Religionskriege machten ihn vor allem zu einer auf den Süden konzentrierten Erscheinung. Die relativ späte Eroberung des östlichen Elsaß und die Bedingungen des Westfälischen Friedens (1648) führten dazu, daß das Luthertum in diesem Teil des Königreichs überleben konnte. So entging es der Aufhebung des Edikts von Nantes (1685), da es durch einen internationalen Vertrag geschützt war und mehr noch durch den Wunsch der französischen Monarchie, die angegliederten Bevölkerungsteile nicht zum Widerstand zu reizen. Immerhin gilt festzuhalten, daß Frankreich in den Augen der nördlichen Katholiken weniger gottgläubig war als Spanien, obwohl Ludwig XIV. durch seine spanische Mutter und Gattin in einem günstigen Licht erschien.

Der protestantische Schock breitete sich sehr viel schneller aus als der amerikanische Schock, obwohl der Rückstand der französischen Buchdruckerkunst auch in diesem Bereich mitwirkte und das Luthertum in Frankreich nur wenig Fuß faßte. Erst mit Calvin gewann die französische Form des Protestantismus seine spezifische Gestalt, allerdings mit gesteigerter Kraft. In beiden Fällen spiegelt sich das Problem des Staates wider, das Calvin mit der gewohnten Schärfe seines Blicks 1549 auf bewundernswerte Weise im Hinblick auf England definierte. Bis zur Mitte des 16. Jahrhunderts verbreitete sich der Protestantismus fast ausschließlich in den kleinen Fürstentümern oder in den Stadtstaaten; die Oktroyierung von oben erschien den Reformatoren als die adäquateste Lösung.

Zu ernsthaften Fragen kam es erst, als sich der Protestantismus, zumindest in einigen Regionen, auf eine bedeutende Minderheit stützen konnte. Die große Krise begann in den vierziger Jahren des 16. Jahrhunderts und erreichte zwischen 1550 und 1560 ihren Höhepunkt. Die Lage drohte umzukippen, und dies um so mehr, als die Einheit Frankreichs in Frage gestellt schien.

Betrachtet man die Karte der Religionskriege, so kann Frankreich, wenn auch sehr schematisch, in drei Zonen eingeteilt werden: Da waren erstens die katholischen oder vielmehr die mit der Liga verbundenen Provinzen, die im wesentlichen den Norden Frankreichs umfaßten, von der Bretagne bis Burgund, von Nantes bis Lyon, sowie eine Exklave am Mittelmeer mit dem maritimen Languedoc und der Provence; zweitens, von Osten nach Westen gesehen, die »protestantischen« Provinzen, von der Dauphiné bis zur Gascogne und dem Béarn, unter Einschluß der aquitanischen Bucht und des Périgord, mit einer besonders wichtigen

Insel im Poitou, im Aunis und in der Saintonge, und mit einem Teil von Maine; drittens die »unentschlossenen« Provinzen – manchmal von nichtfranzösischen Historikern als »neutral« bezeichnet –, Bourbonnais und Auvergne, Marche und Guyenne bei Bordeaux, Anjou und das Loiretal.

Sicher gäbe es im einzelnen noch viel zu sagen. So lebte in der Normandie eine bedeutende protestantische Minderheit. Die Haltung der führenden Kreise in den Provinzen spiegelte nicht notwendigerweise die mehrheitliche Haltung ihrer Bewohner. Aber das eigentlich revolutionäre Phänomen der Liga und die daraus resultierende politische Teilung hinderten die beiden vorhandenen Parteien daran, die Erhaltung eines *status quo* zu akzeptieren, der zur Aufteilung Frankreichs geführt hätte: wahrscheinlich ein protestantisches Südfrankreich, ohne Lyon und die Mittelmeerküste, und ein katholisches Nordfrankreich, vielleicht ohne die Normandie. Der beste Beweis für die Stärke der nationalen Idee liegt darin, daß keines der beiden Lager jemals die Möglichkeit einer solchen Entwicklung zuließ; das erklärt jenseits aller religiösen Gewißheiten den rasch unversöhnlich gewordenen Charakter des Kampfes, der ebenso ein Bürgerkrieg war wie ein Religionskrieg.

Immerhin bestand nach 1550 anderthalb Jahrzehnte lang noch die Möglichkeit, daß Frankreichs Waage sich auf die Seite des Protestantismus neigte. So behaupteten es jedenfalls einige Revolutionäre, und Napoleon bedauerte es sogar. Aber um 1565 war die Frage aus nicht näher zu erkennenden Gründen praktisch gelöst; Frankreich sollte katholisch bleiben. 1572, im Jahr der Bartholomäusnacht, waren die Würfel gefallen; selbst in politischer Hinsicht war das Massaker sinnlos, denn es stärkte die Protestanten nur in ihren Überzeugungen. Sie wußten bereits, daß sie das Land nicht würden beherrschen können. Es hätte dazu eines Wunders bedurft, das noch größer hätte sein müssen als jenes, das Heinrich IV. im klaren Bewußtsein der Interessen, die dabei auf dem Spiel standen, in den Augen einiger seiner Ratgeber vollbrachte.

»Töte, töte!« dieser schaurige Schrei in den Pariser Straßen am 27. August 1572, mit dem das Blutbad an überraschten Protestanten und verhaßten Feinden begann, das als »Pariser Bluthochzeit« oder »Bartholomäusnacht« in die Geschichte einging, bildet einen unauslöschlichen Schandfleck in der französischen Geschichte. Die Erinnerung daran hat andere Schrecken, die länger und »wirksamer« waren, überschattet. Das Gemetzel wurde kaltblütig von Katharina von Medici und ihrem Gefolge geplant. Sie war es, die ihrem Sohn Karl IX. den Befehl entriß, dessen Ausführung ihn danach sein ganzes kurzes Leben heimsuchen sollte.

Katharina von Medici behielt die reale Macht, aber nunmehr unter erschwerten Bedingungen, da sie ihre Rolle als Schlichterin zwischen verfeindeten Parteien nicht mehr wahrnehmen konnte. Vor allem aber war das Massaker von sinnloser Grausamkeit und führte dazu, daß der französische Protestantismus stagnierte. Seinen Höhepunkt hatte er in der Zeit von 1560 bis 1570 erreicht; die Sache war fortan entschieden, was hieß, Frankreich würde katholisch bleiben. Durch das Massaker aber sollten die künftigen Bürgerkriege noch grausamer werden, da es ihnen das doppelte Gift des Hasses und der Vergeltung einimpfte.

Es wird niemals genau zu eruieren sein, wie viele Protestanten Frankreich zur Zeit der stärksten Ausdehnung des Protestantismus zählte; vielleicht ein schwaches Drittel, wahrscheinlich zwischen einem Fünftel und einem Viertel der Bevölkerung. Unter diesen Bedingungen war die Haltung des Königs nur eine Determinante unter anderen. Franz I. war kein Fanatiker. Der Einfluß des Protestantismus auf sein Gefolge, seine Sympathie für die Humanisten und sein Bedürfnis nach einer Wiederbelebung der Kirche, das er wie alle aufgeklärten Geister empfand, veranlaßten ihn, nicht einzuschreiten, solange es keine Provokationen gab. Das Anschlagen von kirchenfeindlichen Parolen, selbst an der Schlafzimmertür des Königs, war im Oktober 1534 zugleich Auslöser und Vorwand für eine Verfolgung, die unter seiner Herrschaft alle Höhen und Tiefen durchlief. Soweit er konnte, nahm er einige Literaten wie Clément Marot unter seinen Schutz. Doch zweifellos verbargen sich hinter diesen Verfolgungen tiefergehende politische Realitäten und Interessen. Das 1516 in Bologna geschlossene Konkordat mit dem Papst bereitete dem König von Frankreich Genugtuung, da er damit das Investiturrecht für alle Bistümer wie für die wichtigsten Abteien Frankreichs zugestanden erhielt. So gewann er freie Hand über die Kirche und die Möglichkeit, seine zuverlässigsten Getreuen zu entlohnen, ohne den Geldbeutel zu zücken: Die Säkularisierung der kirchlichen Güter konnte also der Monarchie nichts einbringen, wie es in England und in Deutschland der Fall war. Der König Frankreichs zog mit dem Episkopat an einem Strang. Da letzterer nur am Rande vom Calvinismus berührt worden war, während der niedere Klerus stärker betroffen war, als man lange Zeit angenommen hat, hätte es eines Herrschers mit sehr festen Überzeugungen zugunsten der Reformation bedurft, um die Vorstellung einer intensiven Proselytenmacherei überhaupt in den Bereich des Denkbaren zu rücken. Heinrich II. war jedoch ein überzeugter Katholik. Nach den Jahren von 1550 bis 1570 waren die beiden christlichen Lager so stark verhärtet, daß eine Annäherung schwierig wurde.

Die partielle Niederlage der Protestanten in Frankreich hatte aber noch viele andere Gründe. Die schwache Verbreitung des Buchdrucks und die geringe Vitalität der Universitäten brachten Eliten hervor, die weniger über neue geistige Entwicklungen informiert waren als ihre Kollegen im rheinischen Europa. Darüber hinaus waren die Reichtümer der Kirche in Frankreich weit ungleicher verteilt als in Deutschland. Besonders im Süden verfügten die kleinen Bistümer nur über beschränkte Einkommensquellen; der Protestantismus verbreitete sich dort in den alten Brutstätten der waldensischen Ketzer und in einigen Bergwinkeln, die stark alphabetisiert waren.

Zwischen Nord- und Südeuropa war Frankreich also das einzige Land, in dem eine Konfession nicht deutlich über eine andere siegte. Die Protestanten waren zu schwach, um das Königreich zu erobern, und zu stark, um ausgelöscht zu werden. Aus dieser doppelten Unmöglichkeit entstand schließlich um den Preis eines vierundzwanzig Jahre dauernden Krieges und immer wiederkehrenden Verrats (in den Jahren 1562 bis 1598) ein *modus vivendi*, der einzig in Europa war. Wie durch ein Wunder sollte er im 17. Jahrhundert mehr oder weniger fast neunzig Jahre lang Bestand haben.

EIN »GROSSES«, »MITTELMÄSSIGES« ODER »SCHWIERIGES« 16. JAHRHUNDERT?

Es gab eine Zeit, in der es Mode war, die Jahrhunderte in gute oder schlechte einzuteilen. Das glänzende 16. Jahrhundert wurde dem dunklen 17. Jahrhundert gegenübergestellt. Die Aufzählung endete mit dem »großen Jahrhundert« Michelets, dem 18. Jahrhundert. Man muß darin die Übertreibung einer Wirtschaftsgeschichte sehen, die sich zu dieser Zeit im vollen Aufschwung befand. Natürlich liegt ein Stück Wahrheit darin, aber die Wirtschaft kann nicht der einzige Bewertungsgrund sein; die Renaissance mit den Loire-Schlössern und Fontainebleau, der Humanismus und die Literatur von Ronsard bis Montaigne gehörten ebenso zur Wirklichkeit dieser Jahrhunderte. Das »dunkle« 17. Jahrhundert der Klassiker war gegenüber den anderen keineswegs rückständig.

Die Gleichsetzung von Glanz und Wohlstand geht zum Teil auf die falsche Interpretation der großen Vorläufer der Wirtschaftsgeschichte zurück, in Frankreich Simiand und in den Vereinigten Staaten Hamilton. Nach ihnen soll die massive Einfuhr von Edelmetallen aus Amerika durch Spanien – das gezwungen war, in Westfrankreich Korn und Maultiere einzukaufen – die Preiserhöhungen ausgelöst haben, die ihrerseits den »Niedergang« des Adels bewirkt haben sollen, da sie die Produzenten begünstigte und die Landverpächter schädigte. Durch bloße Umkehrung des Schemas wird dann die »Krise« des 17. Jahrhunderts erklärbar. Diese schöne, fast scholastische Logik überzeugt heute nicht mehr ganz. Es bleibt die Preissteigerung, die jedoch nicht erst mit der Ankunft des Silbers aus Potosi um 1550–1560 begann. Und was den Adel angeht, so hatte dieser bereits nach dem Hundertjährigen Krieg eine grundlegende Erneuerung durchgemacht.

Zweifellos war Michelets romantisches Genie von dem jugendlichen Geist der »Renaissance« bezaubert, was die optische Täuschung erklärt, die eine in Wahrheit komplexe Wirklichkeit vereinfachte und verschönerte. Ökonomische und demographische Untersuchungen trugen später maßgeblich dazu bei, diese falsche Optik zu berichtigen. Danach wurde um 1515 zwar ein relatives, aber noch unsicheres Gleichgewicht zwischen der Einwohnerzahl und den Produktionskapazitäten erreicht, ein »Optimum«, das sich trotz der Sozial- und Staatsabgaben sowohl den Vorteil aus dem voraufgegangenen Bevölkerungsrückgang erhielt als auch den Überschuß des erneuten Bevölkerungswachstums ausglich. Im Durchschnitt war die Bevölkerung jünger als zu der Zeit, als die Bevölkerungszahlen noch stabil waren. Die Löhne waren noch nicht zu stark zurückgegangen, die Preise auch noch nicht zu sehr gestiegen, und es gab noch genügend Land zum Urbarmachen. Die Volksnahrung beruhte noch nicht so ausschließlich auf Getreide, sondern zum Teil auch auf Fleisch. So konnte ein wirklich mittelmäßiger König wie Ludwig XII., der allein durch die Macht des Zufalls zum richtigen Zeitpunkt herrschte, zum »Vater des Volkes« werden. So erklärt sich der fundamentale Optimismus zu Beginn eines Jahrhunderts, in dem die Humanisten im Lichte Italiens stolz die Entdeckung einer imaginären Antike priesen und das damals noch namenlose Mittelalter ins Reich des Dunkels verwiesen. Es genügt die Lektüre der Briefe von Gargantua an Pantagruel, um sich davon ein Bild zu machen.

Aber mit dem anhaltenden demographischen Aufschwung und der Ausdehnung der Landbevölkerung, was zu einer Verknappung der Anbauflächen und der Zerstückelung der Erbschaften führte, wendete sich die Situation zum Schlechten. Die durch den Zufluß an Edelmetallen und die Erhöhung der Abgaben hervorgerufene Inflation kam zu den alten Belastungen hinzu; und so fügte sich eines zum andern, um die Lage immer schwieriger zu gestalten. Eine Reihe von mäßigen Ernten genügte, um wieder das Gespenst von Engpässen und Hungersnöten an die Wand zu malen und den Appetit der Spekulanten (Getreidehändler, große Zehntherren) anzuheizen, um einen günstigen Boden für Epidemien zu schaffen und letztlich dadurch die einen ärmer und eine Minderheit reicher werden zu lassen, indem sie kurz-, mittel- und langfristig weitere Preissteigerungen bewirkten. Den Rest bewirkten die Kriege.

Unter dem Einfluß des Verhältnisses zwischen Preisentwicklung, Produktion und Produktionskapazitäten verschlechterte sich somit die allgemeine Situation im 16. Jahrhundert, und dies, obwohl in vielen Produktionsbereichen noch immer starker Auftrieb herrschte.

Nach Maßgabe der ökonomischen und sozialen Situation und vor allem der Ereignisse, die das Leben der Menschen beeinflußten, lebten Freuden und Ängste, Hoffnungen und Schrecken dicht beieinander. *Grosso modo* hatten die Zeitgenossen – und ihre Meinung alleine zählt – den Eindruck eines leichten Jahrhundertanfangs, vor allem durch den Sieg von Marignano (1515), doch bereits mit der Niederlage von Pavia (1525) und dem Schockerlebnis der Plünderung von Rom (1527) verlischt dieses Gefühl. Der *sacco di Roma* setzte der großen Renaissance ein Ende.

Weniger als zehn Jahre nach Luthers Auftritt wurde die europäische Öffentlichkeit ein zweitesmal erschüttert: Die Plünderung Roms von 1527 war ein doppelter Skandal, zum einen, weil Rom von den kaiserlichen Armeen, an deren Spitze Karl V. den »verräterischen« Connétable von Bourbon gesetzt hatte, gestürmt und geplündert wurde, wobei als erschwerender Umstand hinzukam, daß dabei im wesentlichen deutsche und protestantische Truppen mitwirkten. Neben diesem Skandal, daß nämlich der Kaiser das Papsttum angriff, bestand der zweite in der Zerstörung der Prachtbauten des zweiten Roms, der Hauptstadt des Christentums und der Mutter der Künste. Die Plünderung war schrecklich und entsprechend gewaltig die Beute. Es entstand ein irreparabler Schaden, der der großen römischen Renaissance ein Ende setzte; die Künstler zogen fort und kehrten niemals wieder zurück. Dies freilich erleichterte Franz I. die Anstellung italienischer Künstler und bereitete bis zu einem gewissen Grade die Übernahme der Avantgarde durch Frankreich vor, doch richtig erst unter Mazarin und auch nicht ohne einige italienische Hilfe.

Es folgte die schwierige, aber noch keineswegs dramatische Periode, in der Franz I., so gut es ging, den Zustand des Landes erhielt, selbst wenn er sich dabei als vollständig unfähig erwies, gewisse Ereignisse zu verstehen. Vereinfachend kann man das zweite Viertel des Jahrhunderts vielleicht als eine Zeit des Zauderns bezeichnen: Der Optimismus verflog, und erste Zweifel tauchten auf. Im Osten kündigte sich die türkische Bedrohung an; im Süden wuchs die Gefahr, die von den Flotten der »Ungläubigen«, angeführt von den Abtrünnigen, ausging. Dieser Gefahr entzog sich der König, indem er – zum großen Entsetzen eines Teils Europas – mit dem »Teufel« oder den protestantischen Fürsten paktierte, das heißt mit den »Irrgläubigen«, deren Glaubensgenossen in Frankreich ja bereits Schlag auf Schlag verfolgt wurden. Dies alles vollzog sich vor dem Hintergrund der italienischen Kriege (1494–1559), diesem ewig wogenden Hin und Her von fröhlichem Aufmarsch und jammervollem Rückzug, die seit 1515–1520 zu der Auseinandersetzung mit den Habsburgern ausarteten.

Der Kampf endete schließlich mit der beiderseitigen Erschöpfung der Kräfte. Gegen Mitte des Jahrhunderts kam es zum völligen Zusammenbruch der Finanzen, der eine andere Ära der Auseinandersetzungen eröffnete. Der langen Herrschaftszeit Franz' I. (1515–1547) und der kurzen Thronzeit Heinrichs II., der 1559 einem banalen Turnierunfall erlag, folgte die Ungewißheit der gescheiterten Herrschaften dreier Brüder: Franz II., König für knapp ein Jahr (1559–1560), Gatte von Maria Stuart, die dem Beil zum Opfer fiel; Karl IX., der zwar vierzehn Jahre lang König war (1560–1574), dessen Herrschaft jedoch von der Bartholomäusnacht überschattet ist; schließlich der stark umstrittene Heinrich III. im letzten Viertel des »Jahrhunderts der Renaissance«. Seine Thronbesteigung 1574 fiel mit der Bewußtwerdung der Spaltungen zusammen, die zum permanenten Erscheinungsbild zu werden drohten.

Das letzte Viertel des Jahrhunderts war jene Zeit der erbarmungslosen Kämpfe, in denen sich englische, deutsche und spanische Eingriffe miteinander vermengten. Frankreich war wieder zu dem geworden, was es während des Hundertjährigen Krieges war: ein Spielball, ein umgrenzter Raum, in dem die Ideologien aufeinanderprallten und sich die Interessenfäden kreuzten. Während es zu Beginn des Jahrhunderts noch mächtig gewesen war, mußte es jetzt Spanien das Feld räumen. In Spanien schlug mit seinem harten kastilischen Kern zunächst das Herz des Reiches von Karl V., das danach von diesem großen, aber verkannten und verunglimpften Herrscher, Philipp II., beherrscht wurde. Die Schwierigkeiten Frankreichs erreichten in der großen Krise des letzten Jahrzehnts ihren Höhepunkt. Mit den unversöhnlich geführten Bürgerkriegen, den brutalen Privatkämpfen eines entfesselten Adels kehrten die Verwüstungen zurück. Dazu kamen die Epidemien, die schwindelerregenden Preissteigerungen, der wirkliche und der mehr oder weniger künstlich erzeugte Mangel, die Hungersnöte, das ewige Geleit der Kriegsnöte, die durch die Wolfsplage noch verschlimmert wurden.

Wie soll man dieses Jahrhundert bezeichnen, in dem sich Idylle und Schrecken miteinander vermischten, das mit einem Choral auf den Ruhm des Menschen begann und dessen Kunst die Schönheit des menschlichen Körpers, aber auch die Häßlichkeit seines Verfalls bis in die Grabstätten der Könige in Saint-Denis enthüllte, und das schließlich in Endzeitängste und unversöhnlichen Haß mündete? Die Stunde Heinrichs IV. hatte geschlagen, der es durch Gewalt und Verführung, durch Korruption und Schmeichelei und selbst durch schiere Verachtung verstand, wenn nicht zu versöhnen, so doch wenigstens begreifbar zu machen, daß alles seine Zeit hat, vor allem der Frieden. Erst nach seiner dramatischen Ermordung (1610) begriffen die Franzosen, welche Verdienste er sich erworben hatte.

Frankreich überlebte alle diese Dramen und auch seinen zunehmenden Verfall. Allen Gefahren des Auseinanderfallens trotzend, so als gäbe es sie gar nicht, arbeitete die Verwaltungsmaschine – so dürftig sie auch war – unermüdlich weiter und vollendete schließlich eine gewaltige Aufgabe, die ihre Früchte im folgenden Jahrhundert tragen sollte. Und auch der König fand, ungeachtet der Wirren, das notwendige Geld, um seinen Vergnügungen nachzugehen. Es gehörte ja zur Funktion des Königs, die phantastischen Träume zu verkörpern, die kein ökonomisches System, keine Person außer ihm verwirklichen konnte. Man fand sogar das Geld für die traumhaften Schlösser der Loire und des Poitou und vor allem für das Juwel von Fontainebleau. Ein weiteres Wunder war, daß dem König nie das Geld für seine Kriege fehlte. Sie waren Kriege der Nation, weil sie Kriege zum Überleben der Nation waren. Auch wenn wir nur eine unzureichende Kenntnis der Finanzgeschichte des 16. Jahrhunderts besitzen, so wurde dennoch alles durch die Finanzen ermöglicht. Damals wurden die Grundlagen für das Steuersystem und die Kreditmechanismen geschaffen, auf denen das ganze Ancien régime beruhte.

Es war ein Jahrhundert der Gewinnsucht und des Lasters, des Ruhms und der Schmach, erwartungsfroher Hoffnungen und gewaltiger Verwirrungen. Ein Jahrhundert der Schatten und des Lichts, noch immer in einem Mittelalter verfangen, das zwar erbittert verleugnet wird, in Wirklichkeit noch weiter wirksam ist. Die einen sahen nur die Modernität dieses Jahrhunderts, die anderen nur seine Verwurzelung in der Vergangenheit. Mit einem Wort, ein Jahrhundert voll Lärm und Getöse, ein Jahrhundert der Kurtisanen und einer Marguerite de Navarre, und ein Jahrhundert der Schlösser. Aber es war auch ein Jahrhundert des beginnenden, wenn auch noch nicht sichtbaren Aufstiegs der großen Familien, die, wie die Pontchartrain, die führenden Köpfe der zwei folgenden Jahrhunderte stellen sollten. Schließlich war es ein Jahrhundert einer wiedererwachenden Blüte der Agrarlandschaften, ein Jahrhundert der Lebensfreude und Todessehnsucht, der Hoffnung und Verzweiflung, der des Stolzes eines Ronsard, der in den Zukunftsträumen der Menschen herumspuken sollte, und eines manchmal angeekelten Skeptizismus' Montaignes, der seine Enttäuschungen hinter dem falschen Glanz der Antike verbarg. Sicher war es ein leidenschaftliches Jahrhundert, voll von krassen Widersprüchen, das uns mal nah und vertraut, mal auch fern und fremd erscheint.

Ruhm und verfeinerte Sitten des Anfangs gingen in der mächtigen Welle von Gewalt der zweiten Hälfte des Jahrhunderts unter. Eine Gesellschaft mißt sich an ihren Durchschnittswerten und ihren Extremen, aber auch und vor allem an ihren Idealen. Die Geschichtsschreibung hebt mal die eine, mal die andere Seite hervor, und die Ideale einer Gesellschaft werden dabei oft in den gelehrten Bereich der Kunstgeschichte verwiesen. Heute hingegen befaßt sich der Historiker mit Hexerei, Dämonenlehren, das heißt mit Randerscheinungen. Das 16. Jahrhundert erlebte das Wiedererwachen oder vielmehr die Metamorphose der Hexe, die nun als

»Sündenbock« herhalten mußte. Die großen, jeglicher Vernunft entbehrenden Verfolgungen ereigneten sich jedoch in Lothringen und im Norden und weitgehend nicht in der Krondomäne, was kaum ein Zufall war.

Das 16. Jahrhundert, das bedeutet Fontainebleau, die Schlösser an der Loire, die unüberschaubare Zahl der Herrensitze; das sind die großen Schriftsteller, aber auch die bekannten und weniger bekannten Steinmetze. Das Mittelalter war mit der bewundernswerten *Pietà* von Avignon zu Ende gegangen. Das 16. Jahrhundert erlebte die Wiederauferstehung des nackten weiblichen Körpers im Werk von Maître de Flore und anderer, mehr oder weniger anonymer Meister, aber auch in der unvergleichlichen Galerie von Zeichnungen aus der Hand von Clouet und seinen Nachahmern. Und es schuf die Statuen von Troyes, in denen sich alte und neue »Stile« mischen. Das Frankreich des 16. Jahrhunderts war eine gelungene Synthese aus Überlieferung und Erneuerung.

KAPITEL II

Das Königtum als Meisterwerk der Lebenskunst

Als am Abend von Marignano die französische Armee, die adligen Reiter und gemeinen Infanteristen, die deutschen »Landsknechte« und die italienischen Hilfstruppen vereint in ihrem Hochgefühl dem Sieger zujubelten, hatten alle Beteiligten dabei das undeutliche Gefühl, eine neue Seite der Geschichte aufgeschlagen zu haben. Doch der Eindruck täuschte; Marignano war nur eine Schlacht unter anderen, und ein französisches Königreich in Italien sollte nicht zustande kommen.

Dennoch wird uns das Jahr 1515 unter den hundert Daten der französischen Geschichte für immer im Gedächtnis bleiben. Die Zeitgenossen wollten an den Anbruch einer neuen Zeit glauben. Das gewaltige Ausmaß an Hoffnungen läßt sich an der neuen Musik Clément Janequins (um 1485–um 1559) ablesen, und man erinnert sich an das, was ein früherer Chronist darüber bemerkte: »Es gab keinen Edelmann, der bei den Klängen dieser Musik sein Schwert nicht aus der Scheide zog.« Die Herren am Hofe hatten 1515 noch sehr empfindsame Regungen: Schmerz und Freude wurden als überwältigend empfunden, und Schicksalsschläge – ob individuelle oder kollektive – trafen die Menschen gnadenlos.

An jenem Abend aber hatten die Franzosen allen Grund zur Freude: Die Schweizer waren zum ersten Mal besiegt worden. Wir können heute kaum die Tragweite dieses Ereignisses ermessen. Man braucht dabei nur an Machiavelli zu denken: Was er für Italien befürchtete, war nicht so sehr die Macht Frankreichs – damit würde man sich arrangieren können – als die Raubzüge der Schweizer, die schlimmer waren als die französischen Plünderungen, und ihre endlosen Forderungen. Machiavelli fürchtete ihre Unberechenbarkeit, ihren Mangel an politischem Geist, das Bewußtsein ihrer Stärke und ihren fehlenden Edelmut. Die Venezianer hatten kaum eine bessere Meinung von den Schweizern, und sie waren gut informiert. Diese Furcht mag dem Historiker grundlos erscheinen; tatsächlich waren die Schweizer jedoch die bedeutendste Militärmacht. Sie galten gleichsam als unbesiegbar. Ihnen in Marignano eine deutliche Niederlage beigebracht zu haben begründete, im antiken Sinn des Wortes, den Ruhm des allerchristlichsten Königs – aber auch den Ruf seiner *fortune*.

Die Schweizer zogen es in der Folgezeit vor, auf Frankreichs Seite zu stehen – und sollten eines Tages sogar die letzten Verteidiger von Ludwig XVI. sein. Der internationale Widerhall des Ereignisses von 1515 fand 1643 seine Entsprechung, als bei Rocroi die gefürchteten Karrees der wallonischen und spanischen *tercios* – jene andere unbesiegbare Armee – zerschlagen wurden. Der junge Condé erwarb sich dabei seinen Ruhm, über den Bossuet, Voltaire und Victor Hugo später in ihren Werken schrieben. Die gleiche Wirkung wiederholte sich, diesmal allerdings gegen Frankreich gerichtet, als Napoleon in der »Völkerschlacht« bei Leipzig geschlagen wurde; zuvor waren es nur seine Leutnants, die besiegt wurden, denn er selbst hatte sich bis dahin in Rußland nur einem anonymen Sieger gebeugt, dem General Winter.

FRANZ I.

Wer war das, dieser Franz I.? Körperlich ein Riese von mehr als zwei Metern – seine Rüstung ist gigantisch –, dessen Statur um so mehr beeindruckte, als der Franzose des 16. Jahrhunderts viel kleiner gewachsen war als etwa der Franzose des 18. Jahrhunderts, dessen Körpergröße aus Berichten der Truppeninspektoren und Körpermessungen der napoleonischen Musterungsausschüsse bekannt ist. Dabei besaß er durchaus nicht das Aussehen eines Verführers. Sein unschönes Gesicht war von einer langen Narbe durchzogen, und das Alter trug wenig dazu bei, sein Erscheinungsbild zu verbessern. Aber seine Augen beeindruckten durch ihre wache Flinkheit und schossen förmlich blitzende *pistoledades* ab. Die Form seines Kinns bewies Eigenwille, aber die Backen waren ein wenig weich. Sie erschlafften mit zunehmendem Alter. Seine Gesichtszüge waren also recht gewöhnlich und ohne besondere eigene Ausprägung. Alles in allem war er, mit Ausnahme des Körpermaßes, ein Durchschnittsfranzose. Allerdings besaß er einen Sinn für guten Geschmack.

Franz I. betrieb den Kult des Schönen, den er zuerst an sich selbst pflegte. Die großen Porträts dienten sicherlich der prunkhaften Darstellung und hatten politische Bedeutung, zeugen dabei jedoch von einem sehr sinnlichen Geschmack für schöne Stoffe und Farbenharmonie. Dies könnte dazu verführen, diesen Geschmack als feminin zu bezeichnen, aber man darf nicht vergessen, daß sich bis zum Beginn der persönlichen Herrschaft Ludwigs XIV. Männer mindestens ebensoviel schmückten wie Frauen. Vielleicht wollte Franz I. damit seine Größe vergessen lassen, ähnlich wie Ludwig XIV., der umgekehrt versuchte, sich um einige Zentimeter größer zu machen. Gold, Silber, Schleifen, Moiré, Samt, Damast und Edelsteine machten den König zu einem geschmückten Idol, und dieser gefiel sich in seiner Rolle. Die eigenartige Kopfbedeckung, forsch auf dem etwas großen Kopf sitzend, vervollständigt sein Porträt.

Lächelnd, liebenswürdig, galant zu Damen, im übrigen sehr sinnlich, wie es sich für diese lange Reihe ewiger Liebhaber, wie es die Valois waren, gehörte, verzieh er sich gerne die Sünde des Fleisches. Er war ein großer Esser – eine Gewohnheit, die zur Familientradition wurde –, ein Mann der freien Luft und langer Jagden, immer bereit, seinen Mann zu stehen, mutig und sogar kühn. Als Ritter von heiterem Gemüt liebte er die großen Schwerthiebe und gefährliche Situationen. Dieser Charakterzug läßt sich bei vielen Königen Frankreichs finden; sie besaßen den Mut, den man vom ersten Edelmann Frankreichs erwartete. Franz I. war ein Edelmann und Adliger bis in die Fingerspitzen. Er war sich vollauf bewußt, daß er der König war; die Frauen seines Gefolges bestätigten es ihm.

Bei der Frage nach seiner Moral und seiner Intelligenz dagegen zögert der Historiker. Unbestreitbar besaß er eine impulsive und rachsüchtige Seite; häufig genug ließ er es an der elementarsten politischen Vorsicht fehlen, wobei man fragen kann, ob dies ein persönlicher Charakterzug oder zeit- und milieubedingt war. Man hielt ihn für wenig intelligent, aber das hat nichts zu sagen. Er besaß einen Hang zu Neuerungen und war offen und auf alles neugierig. Zu Beginn der Reformation mußten sich erst eine Reihe von Mißgriffen, um nicht zu sagen Provokationen, ereignen, bevor er sich zur Verfolgung der Protestanten entschließen konnte; sein Gefolge verstand es, sich in dieser Hinsicht seine Madrider Gefangenschaft zunutze zu machen.

Der König war durch seine Leidenschaft für die Kunst auch ganz ein Mensch der Renaissance. Das war damals Mode, aber er gewann in besonderer Weise Geschmack daran, vor allem an der Musik. Dem Genuß am Hören, Sehen und an gelehrten Dingen, an gepflegten Gesprächen über schwierige Themen, der Gewohnheit und dem Wunsch, sich mit schönen, gelehrten und intelligenten Menschen zu umgeben, galt sein vordringlichstes Interesse. Fragen der Moral zählten, ganz nach italienischer Art, dabei weniger. Außerdem liebte es Franz, der Prunksüchtige, im Überfluß zu geben. Seine Günstlinge und Favoritinnen empfingen von ihm zahlreiche Geschenke und strebten danach, dem Vorbild des königlichen Hofes folgend, um sich herum ebensolche Zentren in der Provinz zu schaffen. Von diesen Zentren aus verbreiteten sich neue Ideen und Formen, eine Wirkung, die der König mit seiner Spendierfreude durchaus beabsichtigte.

Was nun seine Rolle in der Politik anlangt, beanspruchte er auf seinen Porträts zwar gerne die Pose des Gebieters für sich, doch ist hier Zurückhaltung geboten; denn eine Herrschaft wird nicht allein von der Persönlichkeit des Königs bestimmt. Auch sein Gefolge und der Einfluß seines Milieus, das zwar stark von der Wahl des Königs abhängt, reden ein gewichtiges Wort dabei mit. Dennoch gehörte Franz I. zu jenen Königen, die sich ihre Autorität nur wenig einschränken ließen. Soweit es die Dinge und die Menschen erlaubten, war er ein »absoluter« König. Er besaß die Gewißheit, Frankreich zu verkörpern. Er war sich seiner selbst und der Macht des Königreichs so sicher, daß er sich nicht scheute, sie zu mißbrauchen. Gewalt war für ihn ein natürliches und selbstverständliches Instrument, solange kein anderes verfügbar war.

Franz I., Heinrich IV. und Ludwig XIV. besaßen zwar unterschiedliche Anlagen, aber im Kern den gleichen unbeugsamen Willen, die gleichen Gewißheiten, die auch Richelieu und Colbert teilten. In dieser Hinsicht kann Franz I. als Modell dienen. Aus dem König von Frankreich den mächtigsten Herrscher Europas – das heißt des Universums – zu machen, war ein Programm, das sich kaum ändern sollte. Aber das war keine Eigenart der europäischen Monarchen, die diesen Traum realisieren konnten, noch eine der türkischen Herrscher; es war ein der Epoche gemeinsamer Zug.

POLITISCHE PLÄNE

Im Zentrum seines Programms stand die Kunst, oder um mit Pierre Francastel zu sprechen: »Er wollte aus Frankreich das Gegenstück zum antiken Rom und zum modernen Florenz machen, eine Synthese verwirklichen zwischen der Antike und dem, was man später die Renaissance nennen sollte. Es ist der Versuch ..., das humanistische und weltliche Zentrum Italiens nach Frankreich zu verlagern.« Man hat Franz I. oft vorgeworfen, nur mit seinem Kunstverstand seiner Zeit angehört zu haben, in der Politik aber mittelalterlich geblieben zu sein. Italien war für ihn jedoch das große Modell nicht nur im künstlerischen, sondern auch im politischen Sinne, denn gute Politik zu machen zählt zu den größten Künsten.

Die Fortführung der italienischen Kriege, die sich schnell zu einer unheilvollen, allgemeinen europäischen Auseinandersetzung entwickelten, war ein klares politisches Programm. Man darf sie nicht nach den Begriffen der »natürlichen Grenze« oder der »Abrundung der Grenzen« und noch weniger nach dem Begriff der »Nationalitätenpolitik« beurteilen. Paradoxerweise mündete diese Politik aber in einer klaren Vorstellung von einem französischen Staat. Hier war Franz I. »moderner« als Karl der Kühne oder Karl V., »die dem Begriff der Föderation verpflichtet waren« (P. Francastel). Ist die Staatsauffassung, die die Menschen des 16. Jahrhunderts hatten, tatsächlich mit der unsrigen identisch?

Als man Heinrich IV. eines Tages bat, seine Politik zu erläutern, antwortete er: »Ich führe Kriege, ich liebe die Frauen und ich baue Schlösser«, eine Antwort, die an die Worte Ludwigs XIV. auf seinem Sterbebett erinnern: »Ich habe zu sehr Kriege und Bauwerke geliebt!« Von einem historischen Wort dieser Art fehlt bei Franz I. jede Spur. Vielleicht steckt in diesen Aussprüchen doch ein Kern von Wahrheit. Betrachten wir die Ausgaben der Krone, so war zwischen 1515 und 1789 mehr als die Hälfte aller Ausgaben fast ständig für den Krieg bestimmt. Ein weiterer Teil diente vor allem der Rückzahlung der Anleihen und Schulden, die hauptsächlich mit dem Krieg zusammenhingen. Der Rest wurde für Bauten und den »Hofstaat« verwendet, das heißt für den Hof und was man die Verwaltung nennen kann. Diese Proportion herrschte in ganz Europa vor, wenigstens bei den großen Fürsten. Für Handel, Industrie, Landwirtschaft war kein Geld vorhanden. Diese Verhältnisse änderten sich erst im 19. Jahrhundert.

Konnte der König von Frankreich überhaupt darauf verzichten, Krieg zu führen? Es genügte jedoch bereits als Rechtfertigung, daß Ludwig der Heilige Krieg geführt hatte, und die Italienkriege hatte Franz I. in gewisser Weise ja von seinem Vorgänger geerbt. Übrigens ein merkwürdiges Phänomen, dieser Drang des Heiligen Römischen Reiches und Frankreichs nach Süden, der für das ganze Mittelalter zu beobachten ist. Was die Kunst betrifft, so war sie kein Sonderrecht der Eliten, sondern ein lebenswichtiges Bedürfnis, das zum Teil mit der Bedeutung der Religion zusammenhing. Nach Karl V. übernahmen die Fürsten aus der königlichen Familie – zum Beispiel der Herzog von Berry – die Aufgabe des Mäzenatentums. In der königlichen Tradition Frankreichs stand die Architektur im Mittelpunkt der Künste, um die sich alle anderen Künste – teilweise sogar die Politik – drehten. Dabei kam auch die geographische Ansiedlung dieser Baupolitik zu ihrer Bedeutung, denn unter Karl VII. – bei ihm geschah es aus Notwendigkeit – und unter Ludwig XI. und seinen Nachfolgern – damals schon aus Gewohnheit – hatte sich das »kreative Leben« der ersten französischen Renaissance an die Ufer der Loire zurückgezogen, selbst in die Provence. Maler wie Jean Fouquet oder Enguerrand Quarton (in Avignon) zeugen davon. Paris hatte seine erste Rolle ausgespielt.

Franz I. hingegen traf eine doppelte Wahl: Er rehabilitierte Paris und setzte die Loire-Tradition fort, der er jedoch durch die Schaffung von Chambord eine andere Richtung verlieh. Chambord war das erste architektonische Bauwerk, das der königlichen Funktion angepaßt war. Das war im Abendland eine Neuerung, und zwar sowohl in künstlerischer wie auch in politischer Hinsicht.

Frankreich konnte ebensowenig wie die Krone auf Paris verzichten. Dafür gab es viele Belege, darunter den Ausruf Ronsards: »O du, die du so groß an Gütern bist, an Wissen und an allem, ich grüße dich!« Am Ende des Jahrhunderts folgte ihm Montaigne mit den Worten: »Ich bin Franzose nur durch diese große Stadt, durch sie, die Frankreichs Ruhm ist und eine der vornehmsten Zierden der Welt.« Etwas zynischer soll Heinrich IV. den berühmten Satz ausgesprochen haben: »Paris ist eine Messe wert.« Daraus läßt sich ablesen, daß das alte Sprichwort zur Zeit Karls VII., »Dort, wo der König ist, ist Frankreich«, keine Geltung mehr besaß, denn Heinrich IV. wurde durch die ausdrückliche Absicht von

Paris, katholisch zu bleiben, gezwungen, sich zu unterwerfen. So wie 1871 die Republik auf den Gewehren der Kommunarden errichtet wurde, so hatte Paris den französischen Katholizismus mit den Hakenbüchsen der Religionskriege unterstützt. Franz I. fühlte, daß Paris »das Frankreich Frankreichs« (*»la France de la France«*) war, wie es ein Rechtsgelehrter des 17. Jahrhunderts ausgedrückt hatte. Das 16. Jahrhundert zierte Paris mit Bauwerken wie Saint-Etienne-du-Mont, Hôtel de Ville, Tuilerien, (ein Teil des) Louvre, Saint-Eustache. In dieser Hinsicht vollstreckte Heinrich IV. eher den Willen des voraufgegangenen Jahrhunderts, als daß er ein neues verkündete: Er nahm die Arbeiten in Fontainebleau wieder auf, erweckte die »zweite Schule von Fontainebleau« zu neuem Leben und nahm die umfangreichen Bauarbeiten in Paris wieder auf.

Die endgültige Niederlassung des Hofes in Paris bedeutete, daß zu dem umfangreichen Handel mit Gebrauchsgütern nun auch der bedeutende Handel mit Luxusgütern für den Hof kam. Die Stadt erweckte wegen ihres Überflusses an Lebensmitteln und Produkten aller Art bei den Fremden ein neidvolles Erstaunen; nur Konstantinopel konnte einem Vergleich standhalten. Der Hof war also einer der wirtschaftlichen Motoren von Paris. Die Zeitgenossen beschrieben nuancenreich die Faszination, die Anziehungskraft und den leidenschaftlichen, bisweilen auch kindlichen Taumel, den »Paris, diese große Stadt«, auslöste. Zwar war der Adel im 16. Jahrhundert noch nicht an Paris gebunden, doch drängte es ihn zunehmend in die Hauptstadt, allen voran die jüngeren Söhne der Gascogner Adelsgeschlechter. Franz I. hatte diese Bewegung genau erfaßt und versuchte, ihr gegenzusteuern, um zu erreichen, daß sich die neue Lebensart auch in der »Provinz« verbreiten konnte. Tatsächlich begann unter Franz I. der Begriff »Provinz« eine etwas abschätzige Färbung anzunehmen, indessen Paris als der »Spiegel der Welt«, der »Pol aller Nationen«, die »Mutter der Künste« gefeiert wurde, ohne dabei die Aufzählung der »Blumen des Bösen« vergessen zu wollen, die die »dichtestversammelte Menge der Welt« von Predigern, Mönchen und Priestern jeglicher Couleur von ihren Kanzeln herab anprangerten.

War das eine bewußt getroffene oder einfach eine von Franz I. akzeptierte Entscheidung? Man weiß es nicht genau. Wahrscheinlich spielten die Pariser Institutionen dabei ebenso eine Rolle wie die Vergnügungen und Spiele einer buntgemischten Gesellschaft, die mehr denn je auf die aus der Fremde eingeführten »Neuheiten« begierig war. Davon zeugt die

Entwicklung der Hofkleidung: Die Herrenmode kam aus Deutschland und Italien, die Frauenmode aus Spanien und Italien.

Paris hatte lange Zeit auf burgundischer Seite gestanden und hatte die Jungfrau von Orléans zurückgewiesen. Die Versöhnung mit der Krone wurde nun unter der Ägide von Franz I. vollendet. Wenn er auch nicht ihr Initiator war, so war er sich doch sehr dessen bewußt, was politische, administrative und steuerliche Notwendigkeit erforderlich machte, denn ohne zentralisiertes Steuersystem kann eine Nation nicht leben. Aber ebensosehr – und dies war das Verdienst Franz' I. – diente Paris dem Ruhm Frankreichs. Der König entriß Italien das Zepter als erste Nation der Welt und Schöpferin der »Renaissance« – der Begriff kam erst später auf –, um es Frankreich zu übertragen.

Franz I. erprobte zwei politische Ideen. Die erste entsprach der Renommiersucht des jungen Frankreich. Es galt also, zu welchem Preis auch immer, die größten Künstler – Leonardo da Vinci, Andrea del Sarto und einige andere – anzulocken, um die Blüte der französischen Kunst zu begünstigen. Aber diese Künstler setzten einfach ihre Arbeit fort. Das Pfropfreis ging nicht auf, vor allem nicht in der Architektur. Die Italiener paßten sich schlecht an, und die Franzosen reagierten.

Nach 1530 fuhr Franz I. in seinen Bemühungen um die Anwerbung italienischer Künstler fort. Die Kunst hatte sich weiterentwickelt, Italien war in die Ära der *maniera*, der Suche nach einem eigenen Stil, eingetreten, was wir als »Manierismus« bezeichnen. Damit begann das Wirken von Rosso Fiorentino (1494–1540) und Francesco Primaticcio (1504–1570), also von Künstlern, die noch jung waren, manche sogar sehr jung, und deshalb noch formbar und lernfähig; einige wurden sogar nach Brüssel gesandt, um dort die Kunst der Tapisserie zu erlernen. Wie das Beispiel der Loireschlösser zeigt, gelang diesmal die Integration. So entstand mit der geschmackvollen Synthese des Italianismus und der erneuerten französischen Tradition der »Gotik« eine eigene französische Renaissance.

Schaut man nicht nur auf die heute noch bestehenden Baudenkmäler, kann man den Eindruck gewinnen, daß die Integration noch besser gelang, als es der heutige Anschein vermuten läßt. Das archäologische Wiederaufleben von Schloß Bonnivet – Fragmente finden sich in den Museen von Poitiers und Cluny – bezeugen den glanzvollen Erfolg dieser Symbiose; denn inzwischen weiß man, daß es bereits vor der Spindeltreppe von Chambord, die Leonardo da Vinci zugeschrieben wird, eine solche in Bonnivet gegeben hat. So kündigten zwischen den Schlachten von Marignano und Pavia die Schlösser Bonnivet, Chambord und Fontainebleau einschließlich Oiron und vielen anderen das neue Programm der Architektur- und Malerschulen des neuzeitlichen Frankreichs sowie eines Teils Europas an.

Diese künstlerische Blütezeit erlebte eine große Breitenwirkung. Der Hof und die kleineren Fürstenhöfe in der Provinz propagierten die neuen Moden, in denen man sich kleidete, wohnte, einrichtete und baute. Die großen und kleinen Ateliers stellten jetzt die Luxusprodukte her, die zuvor Italien geliefert hatte. Während aber die Architektur zu einem vollständigen Siegeszug antrat, fiel der Erfolg in anderen Bereichen weniger überzeugend aus.

Dieser Umschwung wurde durch die Verlagerung der Handelszentren begünstigt. Zu Beginn des Jahrhunderts war Lyon zu einem großen internationalen Handelsplatz aufgestiegen, zum Teil dank dem massiven Zustrom von Geschäftsleuten und italienischem Kapital. Eine Zeitlang konnte Lyon sogar mit Genf, dem anderen Geldzentrum, konkurrieren. Im Norden verlor Brügge, dessen Hafen fortschreitend verschlammte, sein Handelsmonopol zugunsten von Antwerpen. Ein weiterer Faktor, der diese Entwicklung begünstigte und wesentlich zu dem wachsenden Reichtum Frankreichs beitrug, von den Historikern aber oft vernachlässigt wird, war die große Beute, die die königlichen Heere aus Italien mitbrachten. Außerdem strömten im Gefolge der Künstler, die freiwillig oder gezwungenermaßen kamen, auch die »Arbeiter« aus den Luxushandwerken, ja selbst sogar Schneider, ins Land. Die Idee des venezianischen Modells nahm dabei – ohne sich jedoch ganz durchzusetzen – einen wichtigen Platz ein. In Tours, Lyon und Paris versuchte man mit unterschiedlichem Erfolg »neue« Industrien anzusiedeln. Unterdessen kam die Nachahmung der königlichen Moden voll zum Tragen. Zwischen 1540 und 1550 hatten die Beinkleider der Männer »Schlitze« und »Einschnitte«, die den Blick auf die kostbare Körperwäsche und vor allem auf die wertvollen »neuen« Stoffe freigeben sollten; sie enthielten auch Taschen für die eiförmigen Uhren aus Nürnberg. Diese Uhren waren zwar noch ziemlich voluminös und ungenau, zeigten aber doch, daß die oberen Gesellschaftsschichten das »Ungefähre« bereit waren aufzugeben, ohne sich jedoch wirklich ganz auf das damit einhergehende Zeitalter der

Meßbarkeit des Möglichen und der präzisen Berechnung einzulassen. Sicher ist, daß sich der Hof schließlich als einziges Modell durchsetzte, und zwar zum Nachteil der lokalen Modelle, wie sie noch am Ende des Mittelalters von den »Provinz«-Höfen angeboten wurden.

Diese Entwicklung war keineswegs neu. Die Idee des »Merkantilismus« – wonach so wenig wie möglich importiert und so viel wie möglich exportiert, also selbst hergestellt werden soll – war bereits mehr als ein Jahrhundert zuvor von dem so vielbeneideten Italien übernommen worden und tritt in mehreren Edikten Karls VII. und vor allem Ludwigs XI. deutlich zutage. Schon damals begann sich, mehr oder weniger unausgesprochen, die Vorstellung von einer Zahlungsbilanz – oder besser einer Art von »Handels«-Bilanz – herauszubilden.

DAS ERBE DER ITALIENISCHEN KRIEGE

Von den Italienern lernen, das hätte der Wahlspruch ganz Europas sein können. Und die beste Art zu lernen war es, nach Italien zu gehen, um so mehr als die Könige von Frankreich in den Augen der Zeitgenossen in Italien wohlbegründete Erbrechte besaßen.

Rufen wir einige Daten in Erinnerung. Von 1483 an beanspruchte Karl VIII., gegen das Haus Aragon, das Erbe des Hauses Anjou auf Sizilien und Neapel. Im Vertrag von Senlis (1493) gestand er den Habsburgern den Großteil des Erbes von Maria von Burgund, der Tochter Karls des Kühnen und Mutter Philipps des Schönen, zu, das heißt die Franche-Comté und das Artois. In der Annahme, sich damit in Italien Bewegungsfreiheit verschafft zu haben, nahm er 1495 Neapel ein, was ein breites Bündnis der Italiener gegen Frankreich hervorrief. Die französischen Truppen traten daraufhin den Rückzug an. Von 1498 an erhob Ludwig XII. in seiner Eigenschaft als Erbe der Visconti Anspruch auf Mailand, das er 1500 besetzte. Die darauffolgende wechselvolle Zeit mündete 1511 in die Bildung der »Heiligen Liga zur Befreiung Italiens«, *de facto* eine europäische Koalition. In ihr schlossen sich England, Spanien – trotz der Tatsache, daß der Vertrag von Blois 1505 Neapel Spanien zuerkannte – und fast ganz Italien gegen Ludwig XII. zusammen. 1513 folgten die französischen Niederlagen von Novara in Italien und von Guinegatte im Artois sowie die Räumung Mailands. Franz I. erbte daher die »Notwendigkeit«, diese Niederlagen rückgängig zu machen. Der glänzende Sieg von Marignano schaltete die gefürchteten Schweizer aus und erlaubte die Wiedereroberung von Mailand.

Dieser Sieg wurde durch einen anderen vervollständigt, den man gewöhnlich nicht in seinen internationalen Kontext einordnet: 1516 erwirkte Franz I. vom *Parlement* die Unterzeichnung des Konkordats von Bologna, das dadurch, daß es dem König von Frankreich praktisch das Recht einräumte, die Bischöfe und Äbte der großen Klöster zu bestimmen, in gewisser Weise die Existenz einer gallikanischen Kirche anerkannte, die streng vom allerchristlichsten König kontrolliert wurde. Das war ein bedeutender politischer Trumpf. Im selben Jahr wurde durch die Annexion Mailands durch Frankreich (Vertrag von Noyon) die französische Position gestärkt. Der neue König von Spanien, Karl V., hatte Anlaß zur Sorge.

Damals begann der große Wettstreit zwischen Franz I. und Karl V. um die Kaiserkrone. Er endete mit dem teuer bezahlten Sieg Karls V., der 1519 gewählt wurde, das heißt gerade zu dem Zeitpunkt, als die Auseinandersetzung mit Luther ihren Anfang nahm. Die Lähmung des Kaisers, der durch die lange Wahlkampagne in Anspruch genommen und durch seine Wahlversprechen gebunden war, sowie die türkische Bedrohung und die Rivalität mit Frankreich waren ausschlaggebende Faktoren für die schnelle Verbreitung des Luthertums im deutschen Raum. Das italienische Abenteuer war von diesem Zeitpunkt an nur einer von mehreren Faktoren in einer Auseinandersetzung, die sich über mehrere Jahrhunderte ausdehnen sollte.

Worum ging es genau? Dem französischen Staat, der homogen in seinem territorialen Bestand und fest um seinen König vereint war, stand ein Reich gegenüber, das zwar reich an Menschen und Steuerquellen war, sich jedoch über ganz Europa verteilte: Spanien mit zehn Millionen Einwohnern; die gesamten Niederlande mit zwei Millionen Einwohnern – es war nach den großen Stadtstaaten Norditaliens in steuerlicher Hinsicht bei weitem das reichste und einträglichste Land – und ganz Süditalien mit Sardinien und Sizilien sowie der gewaltige österreichische Raum mit den Resten des königlichen Ungarns und der burgundischen Domäne, einschließlich der Franche-Comté. Darüber hinaus beanspruchte Karl V. das Erbe Mailands. Seine strategische Bedeutung war bekannt; es war eine

Drehscheibe für Geld und Soldaten in Richtung Niederlande. Auch auf das Erbe Karls des Kühnen, Burgund, hatte der Kaiser seinen Blick gerichtet. Die Rivalität zwischen Frankreich und Habsburg war also vor allem eine alte Familienangelegenheit, die in den Augen der beiden Parteien schlecht geregelt war. Diese Auffassung vom Staat als »Familieneigentum«, die wir heute belächeln mögen, barg tiefgehende Realitäten.

An erster Stelle stand die Angst der Habsburger vor der französischen Macht. In der Geschichte der Denkhaltungen ist mit dem Begriff der Angst stets Mißbrauch getrieben worden. Wenn der Begriff jedoch jemals einen Sinn hatte, dann ganz gewiß im politischen Bereich. Die Angst spricht aus der Korrespondenz der ganzen intellektuellen Elite Europas. Man spürt sie selbst bei denen, die Frankreich nahe standen. Karl V. erhielt als vermeintlicher Burgunder eine im wesentlichen französische Bildung; seine Muttersprache war französisch, und zu Beginn seiner Herrschaft stand niemand seinen spanischen Untertanen ferner als er selbst. Selbst die protestantischen Fürsten suchten hauptsächlich das französische Bündnis, weil sie keine andere Lösung fanden. Im Grunde hatte Europa vor zwei Mächten Angst: vor den Türken – vor allem seit der Niederlage der Ungarn bei Mohacs (1526) – und vor den Franzosen.

Abgesehen von der Angst hatte die Rivalität noch andere Gründe: Franz I. und Karl V. konnten sich gegenseitig partout nicht ausstehen, und schließlich folgten beide sehr unterschiedlichen Idealen, die allerdings nicht immer sehr deutlich und selten klar formuliert waren.

Karl V. verfolgte das alte »mittelalterliche« Ideal eines Universalreiches. Gleichzeitig leitete ihn auch eine tiefe religiöse Motivation: Von einem der größten Humanisten erzogen, dem späteren Papst Hadrian VIII., war Karl ein überzeugter Christ. Ebenso wie Isabella die Katholische während der Eroberung Granadas oder im Augenblick der Entscheidung, Christoph Kolumbus reisen zu lassen, glaubte auch er die »Hand Gottes« zu spüren. Die »wunderbare« Vereinigung der Erbschaften, die Wahl zum Kaiser als einer Wahl im religiösen Sinne des Worts (von Gott auserwählt), die Schutzmission gegen den Islam – eine spanische Tradition – und die mühelose Eroberung der westindischen Reiche mit ihren sagenhaften Schätzen, das alles fügte sich in den Augen Karls V. und seinem Gefolge zu einem Strang und bestimmte ihn für eine göttliche Sendung: die Erneuerung der Kirche und des Christenreiches.

Angesichts der türkischen Gefahr und des Aufstiegs des Protestantismus, dessen Forderungen er durchaus begriff, traf Karl V. auf Franz I., diesen leichtlebigen und eitlen Menschen, von dem ihn Welten trennten. Das strenge Urteil des Kaisers enthielt ein gutes Stück Wahrheit. Ausgenommen den künstlerischen Bereich konnte sich Franz I. nicht mit ihm vergleichen, weder auf der menschlichen, noch auf der politischen Ebene. Trotz seiner Schwächen war Karl V. ein faszinierender Mensch, hoch gebildet, beseelt von einem wahrhaften Ideal, ein Ritter und Edelmann, der fähig war, das Luther gegebene Wort einzuhalten, trotz allem, was sie trennte. Die Auseinandersetzung zwischen den beiden Herrschern war also ein menschliches Drama. Das Universalreich war der Traum der Humanisten. Sie waren aus Germanien und Gallien gebürtig und »nationalistisch« gesonnen. Sie nahmen romanisierte, »lateinische« Namen an und orientierten ihre Vorstellungen alle am römischen Reich, mit dem sie ihr ganzes Wissen verband. Karl V. war ihr Schüler, viel mehr als Franz I. Der Begriff des Universalreiches ist sicherlich mittelalterlichen Ursprungs, aber er ist auch humanistischer Natur, was bisweilen das Dilemma der französischen Humanisten erklärt.

Das Streben nach dem Universalreich hinderte Karl V. jedoch nicht daran – darin ein Mann seiner Zeit –, sich auf einen aus der Nationalidee geborenen Staat zu stützen, eben auf Spanien, das nach der Unterdrükkung des Aufstandes der *Communeros* (1520–1522) sowie mit seiner Steuer- und Militärmacht das Zentrum eines Universalreiches geworden war, »in dem die Sonne niemals untergeht«. Anfänglich übernahm einen wachsenden Anteil an der Finanzierung der militärischen Aktionen das Königreich Neapel, wo in dieser Hinsicht eine koloniale Situation bestand. Von 1540 an wurden die militärischen Operationen Karls V. dann durch die Vermittlung genuesischer, spanischer, flämischer und vor allem deutscher Kredite mittels der aus den beiden Amerika kommenden Reichtümer finanziert.

FRANKREICH UND DIE HABSBURGER

Der Kampf zwischen Franz und Karl V. begann 1521 mit einem fünfjährigen Krieg, der mit der französischen Katastrophe von Pavia (1525) endete – das Spiegelbild von Marignano. Auf der einen Seite stand der von der alten Universalidee beflügelte Kaiser, der es aber verstand, neue Fähigkeiten und Methoden einzusetzen; auf der anderen Seite der Vertreter der Zukunft, der Befürworter der Nationalstaaten, der aber impulsiv und häufig schlecht beraten war. So wurde er zum Beispiel von Bonnivet beeinflußt, der zwar ein großer Kenner der neuen Künste war, ein Ritter ohne Furcht, wenn nicht ohne Tadel, aber noch ganz durchdrungen von dem alten Geist des Draufgängers mit Schwert und Lanze.

Das Unvermeidliche trat ein. Die französische Artillerie hätte den Sieg an sich reißen können, aber der Adel überließ durch seine unbesonnenen Angriffe den Vorteil den Truppen Karls V. Bekannt ist das Wort des Königs von Frankreich an seine Mutter: »Alles ist verloren, nur die Ehre nicht«, eine Formel aus einer anderen Zeit, die von einer Auffassung von Ehre zeugt, die der Kaiser nicht teilte.

Frundsberg und Pescara, ihre deutschen Landsknechte und die spanischen *tercios* hatten gesiegt. Als Gefangener in Madrid versprach Franz I. in langen und erniedrigenden Verhandlungen alles, was man ihm abverlangte; trotz seiner Schwüre auf die Bibel war er entschlossen, so wenig wie möglich davon zu respektieren. Der Friede von Madrid (1526) gab Karl V. Mailand, Neapel, Genua und vor allem, was gravierender war, Burgund. In Frankreich taten die Regentinnen Luise von Savoyen und Königin Claudia ihr Bestes. Kaum war der König befreit, brach der zweite Krieg (1526–1529) aus. Durch gegenseitige Erschöpfung endete er im »Damenfrieden«, der zwischen Margarete von Österreich und Luise von Savoyen ausgehandelt und 1529 in Cambrai unterzeichnet wurde. Mailand war verloren, aber Frankreich hatte das Wichtigste behalten: Burgund.

Danach machten Karl andere Angelegenheiten zu schaffen: die Türken und die Protestanten. Mehr oder weniger vom König von Frankreich dazu gedrängt, bedrohte der berberische Chaireddīn, der Barbarossa genannt wurde, die italienischen und iberischen Küsten sowie die Seerouten des spanischen Reiches (1532). Trotz (oder wegen) der Einnahme von

Tunis durch Karl V. (1535) wurde im Jahre 1536 das Abkommen zwischen der »Hohen Pforte« und Frankreich abgeschlossen. Es kam zu einem dritten Krieg (1536–1538), der mit einem Waffenstillstand endete, bei dem Papst Paul III. 1538 in Nizza als Vermittler auftrat. Das kaiserliche Ansehen hatte durch die Plünderung von Rom (1527) sehr gelitten, bei der sich unter der plündernden Soldateska auch zahlreiche Protestanten befanden. Die Türken hatten 1529 einen Vorstoß nach Wien unternommen. Wenn auch die Belagerung gescheitert war, so hatte die Einnahme von Ofen 1541 den Besitz Ungarns durch die Türken konsolidiert. Im selben Jahr schlug die Strafexpedition nach Algier fehl, die vom Kaiser so sorgfältig vorbereitet war, und führte fast zu einer Katastrophe.

Der vierte Krieg zwischen Frankreich und Habsburg (1542–1544), der mit dem Frieden von Crépy (1544) endete, hatte die endgültige Preisgabe Neapels durch Franz I. zur Folge, für das Karl V. im Gegenzug Burgund aufgab. Daraufhin ließ der König von Frankreich seine Verbündeten fallen, indem er Karl V. seine Hilfe gegen die protestantischen Fürsten in Deutschland zusicherte. Somit hatte der Kaiser nun freie Hand und war nach seinem Sieg in Mühlberg über den Kurfürsten von Sachsen und die protestantischen Fürsten nahe dabei, in Deutschland die Oberhand zu gewinnen, ein Sieg, den Tizian in seinem Gemälde verherrlichte (1547).

Nun war es nicht mehr Frankreich, vor dem man sich in Europa fürchtete, sondern der Kaiser. Man hatte sich inzwischen an die Vorstellung eines »europäischen Gleichgewichts« gewöhnt, eine Formel, die sehr viel später eine große Bedeutung erlangen sollte. 1551 wandten sich fast alle deutschen Fürsten, die sich insgeheim untereinander versöhnt hatten, an Heinrich II., den Nachfolger des 1547 verstorbenen Franz I.

Die Dinge standen beim Tod des französischen Herrschers nicht zum besten. Karl V. galt 1547 als der große Sieger dieser endlosen Reihe von Kriegen. Heinrich II. aber war es vorbehalten, die Früchte der langen Geduld und der gewaltigen finanziellen Anstrengung Frankreichs zu ernten. Der Vertrag von Chambord, der 1552 zwischen den protestantischen deutschen Fürsten und dem König von Frankreich abgeschlossen wurde, überließ Heinrich II. gegen Subsidien das »Vikariat« über Metz, Toul und Verdun: die sogenannten »Drei Bistümer« (Trois-Evêchés).

Die Zeitgenossen verstanden kaum die Tragweite des Ereignisses. Später rief der Vertrag eine Flut von Veröffentlichungen hervor, besonders in der Zeit des deutsch-französischen Antagonismus' während des 19. und 20. Jahrhunderts. Zunächst muß aber dazu bemerkt werden, daß die endgültige und totale Abtretung an Frankreich erst im Westfälischen Frieden (1648) erfolgte. Das ist insofern von Bedeutung, als in den Augen vieler deutscher Unterhändler 1552 nur ein provisorisches Abkommen geschlossen wurde. Andererseits wäre es übertrieben, wenn nicht falsch, den Franzosen den ausdrücklichen Willen zu unterstellen, zum Rhein, der natürlichen Grenze, vorstoßen zu wollen. Nur sehr wenige königliche Berater blickten so weit voraus; für die meisten ging es darum, ein Pfand zu erhalten. Zwar mangelte es auch nicht an sprachlichen Gründen, aber das beste Argument lieferte Karl V. selbst. Zwischen 1552 bis 1556, als der fünfte Krieg tobte, erlitt der Kaiser, der mit England verbündet war, einen ernsten Rückschlag vor Metz, das Franz von Guise verteidigte. Verbittert und unverstanden dankte Karl V. 1556 ab, teilte sein Reich auf, um sich nach Spanien und in die Einsamkeit des Klosters Yuste zurückzuziehen, und starb dort zwei Jahre später.

Auf französischer Seite glaubte man, daß so mühevoll erworbene Territorien um jeden Preis erhalten werden sollten. Wo immer das Lilienbanner einmal geweht hatte, sollte es auch bleiben. Die Grenzen der Drei Bistümer waren kompliziert; sie bestanden aus zahlreichen isolierten Exklaven, die nahe beieinander lagen. Sie bildeten eine Reihe von Meilensteinen, die über die Zaberner Steige auf das Rheintal zuführten, wo das Zentrum einer fortgeschrittenen Zivilisation lag und eine wichtige Verbindungsstraße von Norden nach Süden führte. Darüber hinaus teilte der Besitz der drei Festungen das Herzogtum Lothringen in zwei Teile, schwächte seine militärische Position und zwang die Spanier, ihre Verbindungslinien in Richtung Elsaß zurückzuverlegen. Die Drei Bistümer blieben also französisch, obwohl das nur von wenigen Zeitgenossen vorgesehen oder ausdrücklich angestrebt worden war. Zweifellos überließ man schließlich diese Eroberungen deshalb Frankreich, weil es Europa weniger Angst mehr einflößte. Tatsächlich sollte es durch seine Bürgerkriege für lange Zeit weniger gefährlich erscheinen als das Spanien Philipps II. Es wurde zum Schlachtfeld für die deutschen Reiter, die spanischen *tercios* und die englischen Truppen.

DAS AUFKOMMEN DES PROTESTANTISMUS

Man kann sich fragen, welche religiösen Gefühle Franz I. bewegt hatten. Während das christliche Ideal Karls V. außer Frage steht, empfand Franz I. bestenfalls eine Art von sentimentaler Zuneigung für die Religion seiner Vorfahren. Obwohl sie ihm wesentlich erschienen, standen solche Fragen doch lange hinter den unmittelbar politischen Problemen zurück. Kann man sagen, daß er wie so viele dem Grundsatz der Toleranz huldigte? Es ist sicher, daß er von seinem weiblichen Gefolge in eine versöhnliche Haltung gedrängt wurde; aber wie bei vielen seiner Zeitgenossen spielte bei ihm die religiöse Frage keine vorrangige Rolle.

Ein vages Bedürfnis nach »Reformen« – ohne zu wissen, was man konkret damit meinte – war damals weit verbreitet. In den Augen des Königs war das Wesentliche bereits zu Beginn seiner Herrschaft erreicht: das Konkordat von Bologna (1516), das dem König den Zugriff auf die Kirche gewährleistete, also einen wirksamen politischen Hebel darstellte und dem französischen Adel ein beträchtliches Wirkungsfeld bot. Die Kirche stellte dem König sein bestes politisches Personal.

Kirchenfeindlichkeit hat es immer in Frankreich gegeben. Sie war eine alte mittelalterliche Tradition, zu der sich selbst Ludwig der Heilige, wenn auch nur kurzzeitig, hatte hinreißen lassen. Doch war sie auf keinen Fall vergleichbar mit dem heftigen Haß, der im Elsaß und in einigen Gegenden Deutschlands, in der »Pfaffengasse«, wie man damals das Rheintal nannte, in allen sozialen Schichten gegen die Institution der Kirche und ihre Vertreter aufflackerte.

Über den Zustand der Kirche in Frankreich sind die Meinungen geteilt. Einige zeichnen ein sehr schwarzes Bild, wonach der hohe Klerus politisiert, der niedere Klerus unwissend, ja sogar lasterhaft war und das Volk nur mäßig unterwiesen wurde. Es gibt zahlreiche Berichte, in denen beklagt wird, daß viele Gläubige nicht einmal auf die elementare Frage, wie viele Gottheiten es gibt, eine Antwort fanden. Dennoch gab es neben den dunklen auch helle Flecken. Die Gemeinden verpflichteten ihre Pfarrer zur Feier der Hochmesse, zu Prozessionen und zum Monstrieren des Heiligen Sakraments; Synoden predigten Reformen; und denkt man an die außerordentliche Blüte der polyphonen Musik – religiöser, aber auch weltlicher Art – in der sogenannten französisch-flämischen Schule, darf man auch die sakrale Kunst, die die Lebendigkeit des Glaubens zeigte, nicht unterschätzen: Josquin des Prez (1440–1521) war in ganz Europa berühmt.

In religiöser Hinsicht folgte Frankreich mehr oder weniger der von Deutschland in Gang gesetzten Bewegung. Dabei ist jedoch die Chronologie der Ereignisse zu beachten. Bis 1530 verbreitete sich das Luthertum auf einer nordsüdlichen Achse, die sich um zwei große Pole gliederte: von Friesland bis Mecklenburg über Schleswig und Braunschweig, und im mittleren Deutschland vom Rhein bis Sachsen; in anderen Gegenden blieb der Protestantismus auf einige kleine Städte beschränkt. Die Bollwerke des Katholizismus waren selbst im Norden noch zahlreich. Erst 1545, als die Protestanten die Teilnahme am Trienter Konzil verweigerten, trat eine Wende ein. Der deutsche Katholizismus geriet in die Minderheit und konnte sich nur noch auf zwei sichere Regionen, Lothringen und Bayern, stützen. Österreich und die Steiermark schienen verloren, Ungarn war protestantisch. Im Osten widerstanden nur noch Polen und ein Teil Schlesiens. Die Schweiz, die hauptsächlich protestantisch war, stand Burgund und der Franche-Comté gegenüber, die katholisch geblieben waren.

Karl V. war damals auf dem Höhepunkt seiner Macht. Wenn es ihm auch nicht gelang, Deutschland dem Katholizismus zurückzugewinnen, so hemmte er doch die Ausbreitung des Luthertums und leitete schließlich sogar seinen Rückzug ein. Diese Abfolge der Ereignisse blieb natürlich nicht ohne Einfluß auf Frankreich. 1530 war der deutsche Protestantismus für Franz I. ein interessanter Verbündeter gewesen. Der Übertritt Frankreichs zum Protestantismus konnte nur als eine ferne Gefahr erscheinen. Gegen 1545 bot sich dagegen ein ganz anderes Bild; die Chronologie der Kriege spricht für sich. Die Gefahr der Ansteckung wurde zu einem ernsthaften Risiko. Der König betrieb von nun an eine Schaukelpolitik, in der politische und religiöse Motive stärker miteinander verflochten waren, als es den Anschein hatte.

Jedes theologische Phänomen ist zuerst ein intellektuelles Faktum. Pfarrer und Humanisten entfalteten ihre Haltung im Verhältnis zu der Haltung, die das Machtzentrum einnahm, unabhängig davon, ob dieses aus Überzeugung oder aus politischen Gründen handelte. Das Volk folgte ihnen. Der Augsburger Religionsfrieden von 1555 zwischen den katholischen und lutheranischen Fürsten Deutschlands gab den Staatsoberhäuptern das »Recht zur Reform«, woraus das berühmte Wort stammt: *»Cuius* *regio, eius religio«* (wem die Herrschaft gehört, bestimmt die Religion). Wahrscheinlich gewann der französische Calvinismus zum gleichen Zeitpunkt, zwischen 1550 und 1565, die größte Zahl seiner Anhänger. Um die Frage der Ursprünge der protestantischen Bewegung aufzuhellen, ist es daher angebracht, drei Gruppen zu unterscheiden: die »Intellektuellen«, die Fürsten und das Volk.

Insgesamt gesehen war der französische Klerus zahlenmäßig sehr groß, wenn nicht sogar üppig. Die Gegenreform im 17. Jahrhundert strebte danach, die Zahl der Weltgeistlichen so zu beschränken, daß sie in einem vernünftigen Verhältnis zu den Einnahmequellen der Kirche stand und eine gute Bildung ermöglichte. Infolgedessen wurde von 1500 bis 1700 die Zahl der Weltgeistlichen in den meisten Gegenden Frankreichs auf die Hälfte reduziert. Der hohe Klerus war, wie gesagt, »in den Händen« des Königs. Frankreich besaß nicht wie Deutschland unabhängige Fürstbischöfe, die für Absonderungstendenzen empfänglich waren. Dagegen erreichte der französische König, daß die päpstlichen Erhebungen bescheiden ausfielen und weder die königlichen Finanzen noch die Stimmung des Klerus und der Bevölkerung gefährdeten. Die deutsche Losung »Los von Rom« rief in Frankreich, zeitlich gesehen, kaum ein Echo hervor. Folglich hatten weder der Adel noch der hohe Klerus, noch der König und das königliche Gefolge kollektive Gründe, den Protestantismus zu unterstützen. Darüber hinaus verfügte der König von Frankreich über ein besonderes Druckmittel: die Grafschaft Venaissin, die unter päpstlicher Herrschaft stand.

Einige Mißbräuche der Kirche fielen in Frankreich vergleichsweise geringfügiger aus als im Reich. Da sie keine weltlichen Fürsten waren, betrieben die Bischöfe, anders als die Päpste oder gewisse deutsche Kurfürsten, keine Hoheitspolitik, was aber nicht bedeutete, daß ein Bischof nicht eine politische Rolle spielen konnte. Das berühmte Gemälde von Holbein, das die französischen Botschafter in England zeigt (1533), erinnert ebenso daran wie die diplomatische Rolle, die Kardinal Jean du Bellay, der Vetter des Dichters, bei Papst Paul III. spielte. Aber diese Bischöfe handelten für den König von Frankreich, nicht für ihre eigene Dynastie. Die Sorbonne hielt ihr Bildungsmonopol fest in den Händen, wobei die Angriffe, der sie ausgesetzt war, stets ihre Treue zur Monarchie bezeugten. Das galt auch, obwohl in geringerem Maße, für die *Parlements.*

Weder die Mehrheit des Klerus – Kloster- oder Weltgeistliche – noch die politische Macht gingen in Frankreich zum Protestantismus über. Bekehrungen vollzogen sich entweder auf individueller Ebene oder in kleinen Gruppen. Die genaue geographische Verteilung ist noch unbekannt. Um die Grafschaft Venaissin herum zeigten sich wieder die alten Trennungslinien; so hatte ein Teil des südalpinen Protestantismus die früheren waldensischen Gruppen abgelöst (M. Vénard). Doch bleibt die Bildung anderer protestantischer Ansiedlungen noch ungeklärt. Die von H. Le Bras und E. Todd veröffentlichte Karte über die Verbreitung protestantischer Pastoren in Frankreich des Jahres 1876 deckt sich mit der Karte jener Plätze, die den Protestanten im Edikt von Nantes zugesichert wurden, sowie mit der Karte der Provinzen, auf die die Liga wenig Einfluß hatte. Ließe man die elsässischen Lutheraner außer acht, beschränkte sich der Protestantismus im wesentlichen auf ein im Süden beheimatetes Phänomen.

Diese Karte täuscht jedoch zum Teil. Sie verschweigt die protestantische Präsenz in den Städten. Die Historiker des 19. Jahrhunderts glaubten, daß der Vorrang des urbanen Protestantismus in Frankreich mit dem Fehlen einer volkstümlichen Version der Bibel zusammenhing, während die deutsche Bevölkerung über Luthers Übersetzung verfügte. »Von Brest bis Marseille und von Amiens bis Toulouse stellte die einfache Übertragung in die Volkssprache mehr Probleme dar, als sie löste, da die französische Sprache des 16. Jahrhunderts, ebenso wie das Latein, eine Sprache der Eliten war«, lautet eine zwar attraktive, aber unpassende Erklärung. Einerseits gehörten die Südalpen und die Cevennen am Ende des 16. Jahrhunderts zu den meistalphabetisierten Regionen des Landes. Andererseits dürfte die Vielfalt der Dialekte kein Hindernis dargestellt haben, da Französisch die Sprache der Eliten war und der Protestantismus vorrangig die Eliten berührte. Das heißt, daß der französische Protestantismus im Gegensatz zum deutschen nicht die Mehrheit der Eliten eroberte, die dann, wie in Deutschland, das Prinzip *»Cuius regio, eius religio«* durchgesetzt hätten.

Eine Karte, die den französischen Protestantismus als ein vorwiegend südliches Phänomen darstellen würde, wäre ebenfalls irreführend, da sie nur die Situation der zweiten Hälfte des 16. Jahrhunderts widerspiegeln würde. Der Protestantismus hatte bereits auch anderenorts Wurzeln geschlagen. Der Herr von Gouberville, ein Normanne, empfand seinem

»Journal« zufolge durchaus »evangelische« Anwandlungen; sobald er sich jedoch bedroht fühlte, trat er ins Glied zurück, und dies nicht nur aufgrund des sozialen Drucks. Calvin stammte aus der Picardie nördlich von Paris. War das ein Ausnahmefall? Man darf nicht vergessen, daß die nordsüdliche Durchquerung des Königreichs ebenso lange dauerte wie die Überquerung des Atlantiks oder eine Reise nach Riga. Die Schnelligkeit und Wirksamkeit der Unterdrückung durch die weltliche Macht stand in direktem Verhältnis zur Entfernung, die die reformierten Dörfer von Paris trennte. Die Reaktion der Krone machte sich also in den nördlichen Gegenden früher bemerkbar.

Man hat auch festgestellt, daß die religiösen Empfindungen sich nicht überall in der gleichen Weise durchsetzten. Die Gegenden, die am bereitwilligsten die Gegenreformation akzeptierten, waren zwischen dem 17. und 19. Jahrhundert auch am leichtesten für neue Entwicklungen zugänglich, besonders für die »Entchristianisierung«. Umgekehrt verweigerten die der Gegenreformation unzugänglichen Gegenden – nachdem sie auch der Reformation nicht beigetreten waren – eher die neuen Ideen und waren traditionsbewußter. Aber es kam auch vor, wie in der Bretagne, daß die Gegenreformation Praktiken der »Volksreligion« aufzunehmen wußte.

Diese Ergebnisse könnten auch auf die protestantische Welt angewendet werden – aber es ist Vorsicht geboten. Die Reformation trat nicht an beliebigen Stellen auf; sie setzte sich dort durch, wo das Volk, mehr oder weniger von den örtlichen Autoritäten (große Grundherren, zum Calvinismus übergegangener Klerus, vor allem Mönche) dazu bewogen, traditionellerweise den Willen und die Überzeugung hatte, das Volk Gottes zu sein. Diese Beobachtung gilt kaum für die Städte, wo der Individualismus stärker war. Auf jeden Fall wurde in Frankreich nur eine Minderheit bekehrt.

Man muß hinzufügen, daß der französische Calvinismus den Stempel seines Schöpfers trug. Man kann den pragmatischen Charakter Luthers, der immer darauf bedacht war, das Volk nicht zu schockieren, dem intellektuellen Hang Calvins gegenüberstellen. Es genügt in dieser Hinsicht, die Haltung der beiden Reformatoren gegenüber der Kirchenmusik zu vergleichen. Luther, bis in die Fingerspitzen ein Musiker, bewahrte einen großen Teil lateinischer Riten oder paßte sie seiner Liturgie an. Er wollte dem Volk Gottes eine Musik geben, die keine der musikalischen

Errungenschaften der Vergangenheit zurückwies. Aus dieser Absicht entstand der berühmte Choral. Durch seine Schriften wie durch die Wahl seiner Musik verlieh Luther Deutschland einige wesentliche Elemente seiner Zivilisation, die, wie schon im Mittelalter, zugleich volkstümlich und gelehrt blieb.

Das gilt nicht für die Calvinisten. Der Psalmgesang – eine Reihe von Übersetzungen gehen auf Marot zurück, und Goudimel brachte neben anderen beachtenswerte Adaptationen hervor – wurde zum Sammelruf der französischen Calvinisten. Bisweilen genügte allein der Gesang, um heftige Reaktionen hervorzurufen. Durch seine wörtliche Interpretation des ersten Timotheusbriefes von Paulus verwies Calvin praktisch jede Form von Musik aus der Kirche. Diese Weigerung, die Lust der Sinne zu befriedigen, diese Läuterungshaltung *(restitutio)* mit ihrem tiefverwurzelten bilderstürmerischen Aspekt, mochte zwar gewissen Empfindungen genügen, sie provozierte und verletzte aber auch das Volksempfinden gewisser Regionen.

Hier stößt man wieder auf die Unterschiede in der französischen Gesellschaft und auf die zahlreichen Meinungsverschiedenheiten unter den »Intellektuellen«, besonders hinsichtlich der Art, dem Volk den Glauben nahezubringen. Zum sozialen Aufstieg gehörte die Zurschaustellung und die Bitte um Vergebung: Gottes Ruhm sollte in einem ihm würdigen Rahmen gefeiert werden. Dagegen war das sich als lauter und rein verstehende Denken, das auf die bescheidenen Ursprünge des Christentums zurückgehen wollte, selten die Sache von Menschen, die dem Reichtum frönten; dieses Denken neigte eher zu einem Gottesdienst, der in Gott den im Stall geborenen Christus sah und die Opfergaben der Heiligen Drei Könige vergaß. Anders dagegen Lorenzo de Medici, der sich von Benozzo Gozzoli (1420–1497) seine Hauskapelle in Florenz mit dem Fresco »Zug der Heiligen Drei Könige« in prächtigem Renaissancestil hatte ausmalen lassen. Philippe de Champaigne, ein strenger Maler, sollte später das Wunder des Heiligen Dorns (7. Januar 1662) darstellen (bei dem die Klosterschwester Katharina aus Port Royal durch Berührung mit einer Dorne aus der Dornenkrone Christi geheilt wurde. Champaigne stellte das Wunder in seinem Bild »Ex voto« dar. Anm. d. Übers.). In Flandern zertrümmerten die Bilderstürmer 1556 selbst die Werke der größten Meister.

Das Volk reagierte sehr unterschiedlich, denn es gab nicht etwa eine

Volksreligion, sondern höchst verschiedene Empfindungen. Die katholischen Theologen des 17. Jahrhunderts, die Ratschläge für die Maler erließen, um die religiösen Themen für die einfachen und armen Leute anschaulich zu machen, stellten diese Vielfalt in Rechnung, ohne sie indes besonders zu würdigen.

Zum Schluß noch ein letztes Element. Am Beginn der hochdeutschen Literatur stand Luthers bewundernswerte Bibelübersetzung. Mit der James-Bibel sollte England über ein anderes Meisterwerk verfügen. Die angelsächsischen und germanischen Völker lernten daher das Lesen nicht anhand des ABC, sondern anhand dieser alten, poetischen, aus dem Orient kommenden Texte. Bis mitten ins 20. Jahrhundert erfolgte die Bildung anhand dieses Buchs der Bücher. Welchen Wert viele französische Übersetzungen auch haben mögen – humanistische wie die von Lefèvre d'Étaples, protestantische wie die von Theodor Beza oder katholische wie später die von Lemaistre de Sacy –, keine spielte in Frankreich die nationale Rolle der deutschen und englischen Versionen. Es ist sogar zu vermuten, daß keine französische Version auch nur entfernt an die beiden anderen heranreicht. Das französische Volk lernte das Lesen also bestenfalls aus einem gut gemachten Katechismus oder aus Anstandsfibeln, die später den Brüdern der christlichen Schulen so teuer waren. Bildung erreicht man nur durch Erziehung. Eine Anstandsfibel ist nicht das Wort Gottes. Die französischen Intellektuellen, auf beiden Seiten der konfessionellen Schranke, verstanden es nicht, den deutschen oder englischen Erfolg zu wiederholen.

KAPITEL III

Die Religionskriege

DER RISS IM CHRISTLICHEN GEWEBE

Das Problem des Ursprungs der Religionskriege bleibt mehr oder weniger ungeklärt. Tatsache ist, daß Calvin nach einem Aufenthalt in Straßburg (1538–1541) zwischen 1540 und 1550 in Genf weilte, also während der Zeit, als der französische Calvinismus sich kraftvoll entfaltete. Die *»Institutio christianae religionis«*, zuerst in Latein verfaßt (1536), aber bald ins Französische übersetzt und erweitert (1539 und 1559), legte die Basis für eine neue Version des Protestantismus. Am 20. November 1541 veröffentlichte Calvin seine *»Ordonnances ecclésiastiques«* und schuf eine solide, autonome Organisation, die angesichts der königlichen Macht unentbehrlich war. Gerade dieser Aspekt fehlte dem Luthertum.

Zwar hatte Calvin die *»Institutio«* dem König gewidmet, doch Franz I. war ein Skeptiker, der besonders in religiösen Streitfragen zurückhaltend blieb. Aber er brauchte die französische Kirche als politisches Instrument und als Einkommensquelle; er brauchte auch das *Parlement* von Paris, das den Reformen feindlich gesinnt war. Dagegen standen die religiösen Überzeugungen bei Heinrich II. außer Zweifel. Er gab seine italienischen Ansprüche auf, um sich besser dem Kampf im Innern des Reiches widmen zu können. Als der Krone nahestehende Familien – die Bourbonen und Châtillons, potentielle Erben des Throns – zum Protestantismus übertraten, wurde das Problem auf eine politische Ebene gehoben. 1559 wurde die erste protestantische Nationalsynode abgehalten. Angesichts der Feindschaft der Krone nahm sie die Gestalt und den Charakter einer politischen Gruppierung an.

Solange Heinrich II. lebte, blieb der Schaden dank seinem straffen Regiment beschränkt. Aber er hinterließ drei Söhne. Der älteste, Franz II., der früh starb, war im Alter von fünfzehn Jahren mit Maria Stuart vermählt worden, einer nahen Verwandten der Guisen, also des sehr katholischen Hauses von Lothringen. Die Verfolgung verschärfte sich, aber Franz II. starb 1560. Die Regentschaft ging auf die Mutter des Königs, Katharina von Medici, über, Sproß der großen florentinischen Familie von fürstlichen Bankiers.

Ihre Aufgabe hätte nicht schwieriger sein können. Der Geist der Zeit begünstigte kaum die Herrschaft einer Frau. Sie war darüber hinaus Italienerin und von einem stark italianisierten Hof umgeben. Die Italiener genossen keinen guten Ruf, und da überdies die italienischen Bankiers von Lyon eine wichtige Rolle in den finanziellen Angelegenheiten des Königreichs spielten, bereitete dies einem künftigen Fremdenhaß den Boden.

Die Porträts zeigen uns Katharina von Medici sehr streng gekleidet, ihr Haupt sorgfältig mit einer Witwenhaube bedeckt. So reagierte sie auf Diana von Poitiers, unter der sie zu Lebzeiten Heinrichs II. zu leiden hatte und deren Reize von vielen Malern dargestellt worden sind. Katharinas Korrespondenz zeigt eine Frau, die voller Mißtrauen war und nur wenig von ihren geheimsten Gedanken preisgab. In religiösen Fragen zeigte sie sich geschmeidig, und die Wahl der Mittel bedeutete ihr wenig: Sie glaubte an die italienische *virtù*, und ihre Ideen waren nicht sehr weit von den Lehren Machiavellis entfernt. Sucht man nach der Maxime ihres Handelns, so war es wohl ihre Liebe zur Macht um der Macht willen. Ihre Regentschaft war eine Revanche für die Zeit, in der Heinrich II. sie von den politischen Geschäften fernhielt. Die Macht der Umstände, das heißt der Tod ihrer beiden ältesten Söhne, bewirkte die Verlängerung ihrer Regentschaft unter Heinrich III.: Karl IX. starb mit knapp vierundzwanzig Jahren; Heinrich III. war bei seinem Tod dreiundzwanzig Jahre alt. Der Schmerz der Königsmutter war zwar groß, aber sie hatte Gefallen an der Macht gewonnen. Es ist sicher, daß sie ihre Kinder liebte und den Thron mit allen seinen Vorrechten unbeschadet an diejenigen weitergeben wollte, für die sie stellvertretend herrschte. Da aber die Situation schwierig war, spielte sie die einen gegen die anderen aus, stützte sich bald auf diese, bald auf jene.

Darin ist der Pragmatismus ihrer Herrschaft erkennbar, die ausschließlich den Forderungen des Tages folgte und auf die jeweiligen

Entwicklungen reagierte. Vielleicht war es für sie die einzig mögliche Politik. Es ist oft darüber diskutiert worden, ob Katharina eine intelligente Frau war. Auf jeden Fall war sie in die politischen Intrigen, die sich abspielten, eingeweiht. Sie bewegte sich leichtfüßig in den unentwirrbaren Imbroglios des Hofes, der ein Muster an Perfidität war.

Es ist einfach, heute darüber zu urteilen, aber wer hätte es besser gemacht? Das bedeutet nicht, daß Katharina keine Fehler machte; sie trug einen großen Teil an Verantwortung für das Massaker der Bartholomäusnacht, und auch wenn sie verhaßt war, kam man zwischen 1559 und 1575 doch nicht umhin, mit ihr zu rechnen.

Die Gefahren waren auf beiden Seiten immens. Bei den Katholiken führte der Aufstieg der Guisen, die aus ihren militärischen Erfolgen, der Unterstützung Lothringens und dem Gewicht der Kirche schöpften, zur Forderung nach Bildung der Liga, die ebenso eine politische Partei wie eine mächtige Interessengruppe war – ein einzigartiges Phänomen in der Geschichte des Ancien régime. Die Protestanten hatten die Bourbonen als Führer: Franz von Guise stand der Prinz von Condé, Ludwig von Bourbon, gegenüber. Der Adel spaltete sich. Für viele Adlige waren die religiösen »Parteien« nur zwei Adelsgruppen. Indem die Krone den auswärtigen Krieg beendete, um freie Hand zu haben, nahm sie aber das große Risiko auf sich, daß der Adel seinen Kriegseifer anderweitig befriedigen würde.

Bei der Betrachtung der Religionskriege ist es wichtig, sich einige wesentliche Punkte in Erinnerung zu rufen. So begünstigte Katharina, beunruhigt von der Macht der Guisen, die während der kurzen Herrschaft von Franz II. durch die Vermittlung Maria Stuarts dominierten, anfangs die Bourbonen und gewährte den Hugenotten (von »Eidgenossen«?) eine relative Toleranz, die durch das Edikt von Saint-Germain (1562) sanktioniert wurde. Erst das Massaker von Vassy (1562), das die Guisen aus noch wenig erhellten Gründen begingen, löste dann die Religionskriege im eigentlichen Sinne aus, die von 1562 bis 1598 dauerten, sechsunddreißig lange Jahre, in deren Verlauf das Königreich Frankreich fast unterging.

Man kann diese Epoche nicht von ihrem dramatischen ökonomischen Hintergrund trennen. In der zweiten Hälfte des 16. Jahrhunderts verschärfte sich die Abkühlung des Klimas, die um 1300 begonnen hatte. Graduell verstärkte sich die Abkühlung besonders im Jahrzehnt von 1590 bis 1600; sie hielt das ganze 17. Jahrhundert über hinweg an und erreichte in den Jahren 1690–1720 mit dem »kleinen Eiszeitalter« ihren Höhepunkt. Dazu kamen die Pestepidemien, deren Ausbreitung durch die Armeen sowie durch die Verwüstungen und Zerstörungen des Bürgerkriegs und des auswärtigen Kriegs noch begünstigt wurde. Die Bilanz war um so erschreckender, als die Armee, die sich selbst überlassen und vom drückenden Joch des Staates befreit war, wieder räuberische und barbarische Züge annahm.

Die Renaissance, jene zarte Blume der Kultur, die von einem unvergleichlichen Wissensdurst und Schöpfungsdrang getragen worden war, erlebte ihren Niedergang. Innerhalb des Adels, aber auch in der Bourgeoisie und im Volk wurde Gewalt zur Gewohnheit. Bis Ludwig XIV. sollte ein Mord, trotz Richelieu, »Zweikampf« genannt werden, sofern der Mörder einen hohen Rang innehatte. In allen Bereichen der Gesellschaft brach sich eine entfesselte Gewalt Bahn, und dies oft einzig aus der Notwendigkeit zur Selbstverteidigung. Die Zeit der Damen, der Diana von Poitiers, war vorüber. Nur die »strengen« Witwen wie Katharina von Medici oder die robusten Mannweiber verschafften sich noch Gehör. Das ist die Kehrseite des 16. Jahrhunderts, das nur in den Abenteuerromanen als schön verklärt erscheint.

IDEOLOGIEN

Aus Unordnung entspringen oft Ideologien; die Religionskriege bilden keine Ausnahme von dieser Regel. Durch die geschickte Verflechtung von Politik und Religion verlor die Person des Königs, die lange Zeit als unantastbar galt, ihren Glorienschein. Dies war die Stunde für die Theorien der *monarchomaques*. Die Legitimität des Tyrannenmordes wurde auf der protestantischen Seite, obwohl mit Abstufungen, von Theodor Beza und auf der katholischen Seite von dem Jesuiten Mariana vertreten. Heinrich III., der die Guise durch Mord beseitigt hatte, fiel selbst einem Fanatiker zum Opfer (1589). Und Heinrich IV. wurde 1610 das Opfer von Ravaillac. Von nun an war alles möglich, vor allem das, was bis dahin lange Zeit undenkbar schien. Aus den Exzessen löste sich eine gewisse Rationalität heraus. Schon von 1560 an regten sich die Anfänge einer dritten Partei der »Politiker«, die 1576 in Jean Bodin mit seinem Hauptwerk »*Six livres de la Republique«* einen Theoretiker fand, der Anhänger einer absoluten, parteiübergreifenden Monarchie war. Die *res publica*, die »öffentliche Sache«, hatte Vorrang vor den Interessen und Meinungen der Parteigänger.

Das waren für den Augenblick fromme Wünsche. Das Ideal sollte noch seine Märtyrer fordern. Die Toleranz existierte zu dieser Zeit nur im Polen der letzten großen Kriege, wo die *Pax dissentientium* 1573 ein Ausnahmefall in Europa darstellte. In Frankreich war man nach acht Jahren Chaos und Gemetzel des Krieges überdrüssig. Der Frieden von Saint Germain (1570), der während der Religionskriege nur eine Waffenruhe unter vielen war, gewährte den Protestanten eine eingeschränkte und unsichere Gewissensfreiheit sowie vier militärische Sicherheitsplätze. Das Gleichgewicht war hergestellt. Der Protestantismus hatte den Wind aus den Segeln verloren und war in Wirklichkeit auf dem Rückzug.

Einer der Führer der Protestantenpartei, Admiral Coligny, nutzte diese Ruhepause zu dem Versuch, die nationale Einheit wiederherzustellen. Soweit man seine Politik analysieren kann, schien er bewußt auf den Krieg gegen Spanien zu drängen, in der Hoffnung, daß sich die Parteiungen im gemeinsamen Kampf einigen würden. Zu den Mitteln dieser Politik gehörten auch die Kolonialexpeditionen nach Florida und Brasilien, die an zwei strategischen Stellen des iberischen Kolonialsystems lagen. Das rief die Reaktion der Spanier hervor, die die subversiv gesinnten Eindringlinge erbarmungslos liquidierten. Diese Ereignisse bewirkten im ganzen protestantischen Europa einen enormen Widerhall, der von einer geschickten Propaganda noch verstärkt wurde. Es entstand die berühmte »schwarze Legende« der spanischen Kolonisation, aus der ein guter Teil der philosophischen Argumentation des 18. Jahrhunderts hervorgehen sollte.

In Frankreich näherte sich Coligny dem jungen Karl IX., der sich von dieser beispielhaften Persönlichkeit angezogen fühlte und sich so seiner Mutter entziehen konnte, die sich nicht ins Abseits drängen lassen wollte. Allerdings ist diese Sichtweise neuerdings von J. L. Bourgeon in Frage gestellt worden. Es scheint, daß die führenden Kreise von einer Kollektivpanik ergriffen wurden, die zum Befehl am Massaker an protestantischen Adligen führte, die sich in Paris zur Hochzeit Heinrichs von Navarra, des künftigen Heinrich IV., mit Margarete, der Tochter Katharinas von Medici, versammelt hatten (24. August 1572). Es war eine Nacht der Abrechnungen, und dies nicht nur mit den Protestanten. Es gab etwa 3000 Tote in Paris, darunter Admiral Coligny, und ungefähr 6000 Tote im gesamten Land. Einige Bischöfe und Statthalter nahmen nicht an dem Gemetzel teil. Von nun an herrschten die Guise.

Die Lage wurde immer komplizierter. Karl IX. hatte eine schwache gesundheitliche Verfassung; er starb am 30. Mai 1574 ohne Erben. Ihm folgte sein Bruder Heinrich III. Da auch er allem Anschein nach ohne direkten Nachfolger bleiben sollte, wurde der König von Navarra, einer der protestantischen Führer, zum wahrscheinlichen Erben. Die Heilige Liga, die von den Guise angeführt wurde, wappnete sich gegen einen solchen Fall. So begann der »Krieg der drei Heinriche« (Heinrich von Navarra, Heinrich von Guise und Heinrich III.); er sollte von 1585 bis 1589 dauern.

Die Liga wollte die Thronbesteigung eines Hugenotten verhindern, damit Frankreich nicht protestantisch würde. Mehr noch als die mit Spießen und Hakenbüchsen bewaffnete Prozession der Pariser Mönche war die Liga die erste revolutionäre, ja sogar totalitäre »Partei«, die Frankreich gekannt hat; daß man sehr viel später diese Partei als »rechts« betrachtete, ändert nichts an der Sache. Das erstaunlichste ist, daß sie sich in gewisser Weise spontan bildete und sich weitgehend dem Zugriff ihrer Führer entzog.

Die protestantische Interessengruppe bestand meist aus städtischen Adligen oder Bürgern. Das zeigte sich besonders in Gegenden, wo sich der Protestantismus nicht entwickelte wie in der Bretagne: In den Grundherrschaften von Coligny d'Andelot, des Bruders von Admiral Coligny, wurden die ersten Predigten von Pastoren gehalten, die von auswärts kamen. Die bretonischen *parlementaires*, »Evangelisten« oder Protestanten, darunter Männer wie Montbourcher und Du Fail, waren zum Teil in den italienischen Universitäten ausgebildet worden, wo Königin Claudia von Frankreich sie schützen konnte. In Vitré gelang es dem protestantischen Bürgertum nicht, neue Anhänger zu gewinnen. Dagegen waren es in den Cevennen die Weber und Handwerker, die den Protestantismus verbreiteten, der hier eher volkstümlich als elitär war.

Bei der Liga traten ähnliche Erscheinungen zutage. Zwar läßt sich das nicht verallgemeinern, aber in ihrer Mehrheit hatte diese »Partei«, die im wesentlichen im Norden auftrat, ihre Basis im Volk. Dennoch weist diese Bewegung, deren mittlere Führungsschicht von den Brüdern der Bettlerorden gebildet wurde, erstaunlich moderne Aspekte auf. Zur Beherrschung der Massen diente eine ganze Palette parteiischer Rechtsentscheidungen und erzwungener Rekrutierungen, und in ihrem Gefolge kam es zu Bespitzelung, Denunziation, Haß, Trennung von Familien, Exekutionen, spontanen oder gelenkten Aufständen gegen mögliche Opponenten, Folterung, Spionage und Intoleranz. Unter der Maske der Religion wurde der Geist der Partei zum alles beherrschenden Element.

DIE KRIEGE

Die lange Periode von 36 Jahren, die sich von 1562 bis 1598 erstreckte, ist willkürlich in acht Religionskriege eingeteilt worden. In Wirklichkeit waren die Unruhen permanent. Nur während der Friedenszeiten, in denen eigentlich nur Waffenruhe herrschte, beruhigte sich die Lage etwas. Von 1562 bis 1576 folgten die sechs Kriege, die im klassischen Sinne »Religionskriege« waren und in der Regel nie länger als zwei Jahre dauerten. Dagegen waren die beiden Kriege zwischen 1576 und 1598 eher Kriege der Liga.

Nach dem vergeblichen Religionsgespräch von Poissy (1561) und vor allem dem Massaker von Vassy (1562 in Lothringen), für das die Guise verantwortlich waren, schien eine Verständigung unmöglich zu sein. Der Krieg war unumgänglich. Zu diesem Zeitpunkt dominierten die Protestanten im Gebiet zwischen La Rochelle und Blois. Sie verfügten über Le Havre und Rouen, wo sie englische Verstärkung erhalten konnten.

Die protestantische Armee Condés sammelte sich hinter der Loire und marschierte auf Orléans in dem Versuch, Paris zu erobern. Das Unternehmen scheiterte durch die Ankunft der aus Süden kommenden spanischen Truppen. Condé operierte daraufhin in der Normandie. Am 15. Dezember 1562 trug die königliche Armee in der Schlacht von Dreux den Sieg davon. Der erste Religionskrieg endete mit dem Frieden von Amboise (19. März 1563), der den Protestanten die freie Ausübung des Gottesdienstes in jeder Stadt einer *baillage* oder im Hauptort einer großen benachbarten Grundherrschaft garantierte. Die einzige Ausnahme bildete Paris, wo nur der katholische Gottesdienst erlaubt war. Calvin und die wichtigsten Führer des Protestantismus machten es dem Herzog von Bourbon, dem militärischen Führer der Protestanten, später zum Vorwurf, den Frieden geschlossen und unterschrieben zu haben.

Der zweite Religionskrieg brach 1567 aufgrund eines protestantischen »Komplotts« aus, das darauf abzielte, Meaux zu besetzen, das einen Teil der Versorgung von Paris kontrollierte (26. September 1567). Aber die Belagerung von Paris endete in der Schlacht von Saint-Denis (10. November 1567) mit einer Niederlage. Es galt damit als erwiesen, wenigstens für einen Zeitraum von zwanzig Jahren, daß die Protestanten nicht über ausreichende Kräfte verfügten, um in einer Schlacht auf freiem Feld zu siegen. Das Abkommen von Longjumeau erneuerte das Edikt von Amboise (23. März 1568).

Als der Kanzler Michel de l'Hospital am 30. September 1568 in Ungnade fiel (er wurde nach der Verschwörung von Amboise im April 1560 von Katharina von Medici zum Kanzler berufen, suchte dann nach einem Weg, den Konflikt zwischen Guise und Hugenotten politisch zu lösen, konnte aber sein Toleranzedikt vom Januar 1562, das den Hugenotten beschränkte Freiheit der Religionsausübung gewährte, nicht durchsetzen; Anm. d. Übers.), führte dies zur Schwächung der Anhänger des Bürgerfriedens. Der daraus resultierende dritte Religionskrieg war gekennzeichnet durch eine königliche Offensive im Westen, wo der protestantische Widerstand sich auf die Gegend um La Rochelle und Poitou verlagerte. Die französischen Calvinisten konzentrierten sich von nun an auf den Süden, das Zentralmassiv und Navarra. Der Herzog von Anjou – der spätere Heinrich III. – errang die Siege von Jarnac (13. März 1569) und Montcontour (3. Oktober 1569), während La Rochelle protestantisch blieb und Coligny in Burgund (Sancerre, Vézelay, La Charité-sur-Loire) eine Gegenoffensive unternahm. Das Edikt von Saint-Germain garantierte den Protestanten schließlich vier Sicherheitsplätze: La Rochelle, Cognac, Montauban und La Charité (8. August 1570). Obwohl die Krone einige Erfolge erzielte, blieb der politische Sieger zu diesem Zeitpunkt Coligny. Beunruhigt durch den Einfluß, den Coligny auf den König gewann, organisierten die Verschwörer, die sich um die Guise und die Königin scharten, ein Attentat auf den Admiral (22. August 1572), das jedoch fehlschlug. Da die Verschwörer infolge der polizeilichen Nachforschungen befürchten mußten, entdeckt zu werden, drängten sie Karl IX. zu dem Blutbad der Bartholomäusnacht (24. August 1572) – so lautet wenigstens die allgemein übliche Version.

Indessen erwies sich die Krone doch als zu schwach, um den Sieg zu erringen. Die Söldnerheere waren schwer zu handhaben, das Geld fehlte, und die königlichen Truppen konnten das gegnerische Gebiet nicht dauerhaft besetzen. Das erklärt auch die Nutzlosigkeit der späteren Kriege, vom vierten bis zum siebten. Die Belagerung von La Rochelle während des vierten Krieges erwies sich als Fehlschlag (Februar–März 1573). Von diesem Zeitpunkt an wurden die Kriege immer politischer. Das Abkommen von Millau (1574) war nur eine Waffenruhe, weil beide Seiten erschöpft waren. Der fünfte Religionskrieg erhielt durch die Ankunft der protestantischen »Reiter« aus Deutschland (Schlacht von Dormans im Oktober 1575) einen besonderen Charakter. Der Frieden von Beaulieu (6. Mai 1576) war für die Protestanten zweifellos der günstigste Friedensschluß, da die Krone darin nicht nur die Bartholomäusnacht verurteilte und die von den Hugenotten erworbenen Vorteile erhalten blieben, sondern für den Herzog von Alençon in La Charité-sur-Loire auch eine spezielle Apanage geschaffen wurde.

Die Katholiken reagierten unmittelbar darauf mit der Bildung der Heiligen Liga, auch Heilige Katholische Union genannt. Sie bedeutet den Bruch zwischen den Valois und den Guise, auch wenn Heinrich III. geschickt versuchte, den Schaden zu beschränken, indem er sich an die Spitze der Liga setzte. Der sechste Religionskrieg brachte eine katholische Offensive, durch die La Charité und Brouage gewonnen wurden. Der Friede von Bergerac (17. September 1577) konnte jedoch die wachsende Zwietracht innerhalb der königlichen Familie nicht verhindern. Katharina von Medici verlor die Kontrolle über ihre eigenen Truppen, der König überwarf sich mit seinem Bruder, dem Herzog von Anjou, und auch Protestanten und Gemäßigte – die »Politiker« – entzweiten sich. Infolgedessen kam es zum siebten Religionskrieg, ein Wirrwarr von Schlachten und Gemetzel. Das einzig nennenswerte Ereignis war die Einnahme von Cahors durch die königlichen Truppen im Mai 1580, was zum Frieden von Fleix führte (26. November 1580).

Mit dem achten und letzten Krieg, dem längsten (1585–1598), trat wiederum eine völlige Veränderung ein. Das Denken der Zeitgenossen wurde von Fragen der Thronfolge beherrscht, denn der Tod des Herzogs von Anjou am 10. Juni 1584 bedeutete, daß beim Tode Heinrichs III. der Boubonen-Vetter, Heinrich von Navarra, der künftige Heinrich IV., der einzige legitime Nachfolger sein würde. Dieser aber war Protestant.

Die erste Konsequenz war die unmittelbare Umbildung der Liga. Zwar sicherte der Sieg von Navarra am 20. Oktober 1587 bei Coutras den Reformierten eine militärische Überlegenheit auf freiem Feld, die bis zum Ende des Krieges anhalten sollte, verhinderte aber nicht die Siege der Guise bei Vimpry und Auneau Ende 1587. Vor allem schlossen sich die großen Städte – angefangen mit Paris – den Guise und der Liga an. Am 12. Mai 1587 wurde Heinrich III. gezwungen, aus Paris zu fliehen. Die Königinmutter blieb jedoch in Paris.

Die Generalstände, die sich am 9. Oktober 1588 in Blois versammelten, führten zu keinem Ergebnis. Heinrich III. suchte deshalb seine Rettung in der Ermordung der beiden Guise – der Herzog und sein Bruder, der Kardinal, starben am 23. und 24. Dezember 1588. Da die Katholiken ihrer Führer beraubt waren, suchte Heinrich III. zusammen mit den »Politikern« die Annäherung zu Heinrich von Navarra. Sie griffen wieder den alten Hugenottenplan auf, Paris zu erobern. Aber am 1. August 1589 wurde Heinrich III. seinerseits von einem fanatischen Mönch, Jacques Clément, ermordet.

Der König hatte zuvor noch Zeit gehabt, Heinrich von Navarra zu seinem Nachfolger zu bestimmen. Die Ermordung verursachte jedoch in der königlichen Armee eine solche Welle von Desertionen, daß Heinrich IV. gezwungen war, die Belagerung von Paris aufzuheben und sich in die Normandie zurückzuziehen, wo er auf englische Verstärkung wartete. Am 26. August 1589 nahm Heinrich IV. Dieppe ein; am 21. September erzielte er den glänzenden Sieg von Arques. Aber ein erneuter Versuch, Paris einzunehmen, schlug wiederum fehl, trotz eines weiteren Siegs bei Ivry (14. März 1590). Die Belagerung der Hauptstadt, die durch die Liga fanatisiert war, wurde im Mai aufgehoben, vor allem angesichts der Bedrohung, die die Ankunft der spanischen Verstärkung aus dem Norden darstellte.

Die Situation war festgefahren. Weder der König noch die Liga konnten einen militärischen Sieg erringen. Doch zweifellos behielt der König die Initiative in der Hand; am 19. April 1590 nahm er Chartres ein. Somit trat er also nicht als Besiegter auf, was ihm sein Abschwören erst erlaubte, das um so notwendiger geworden war, als sich im Februar 1591 auf Anruf der Liga eine spanische Garnison in Paris niederließ. Am 25. Juli 1593 schwor der König dem Protestantismus ab; am 22. März 1594 zog er endlich in Paris ein. Die spanische Garnison ergriff die Flucht. Am

17. September 1595 wurde die Versöhnung zwischen dem König und dem Papsttum besiegelt.

Die Dinge waren jedoch noch lange nicht entschieden. Die unnachgiebigsten Protestanten stellten 1594 erneut eine bewaffnete Partei zusammen. Der Krieg weitete sich durch die Einmischung Spaniens, dem Frankreich am 17. Januar 1595 den Krieg erklärte, zu einem internationalen Konflikt aus. Frankreich war in die Zange genommen: Im Norden begann die spanische Offensive mit einem Sieg der Spanier bei Doullens (24. Juli 1595), der ihre Niederlage von Fontaine-Française (17. Januar 1595) ein wenig ausglich. Der Einmarsch durch Burgund schlug jedoch fehl. Anfang 1596 wurde ein Kompromißfrieden möglich, als es Heinrich IV. gelang, sich mit seinem Hauptgegner, dem Herzog von Mayenne, zu versöhnen. Trotz der Einnahme von Calais durch die Spanier wurde der letzte interne Widerstand im Laufe des Jahres 1596 gebrochen. So gab der Herzog von Mercœur die Idee auf, in der Bretagne ein unabhängiges Fürstentum zu gründen. 1597 war noch einmal ein Jahr der Schlacht, diesmal an der Grenze zur Somme; Amiens, das die Spanier am 11. März 1597 erobert hatten, wurde im September mühsam zurückgewonnen. In der Zwischenzeit machte Spanien wieder einmal Bankrott.

Die gegenseitige Erschöpfung führte schließlich zum Frieden von Vervins und – im Innern – zum Edikt von Nantes. Der Frieden von Vervins (2. Mai 1598) beschränkte sich darauf, die Bedingungen des Friedens von Cateau-Cambrésis (1559) zu bestätigen. Durch die Gewährung einer bedeutenden Zahl von Sicherheitsplätzen, in denen die Reformierten Garnisonen unterhalten konnten, garantierte das Edikt von Nantes (13. April 1598) die freie Ausübung des protestantischen Gottesdienstes. Heinrich IV. war gezwungen, der protestantischen Partei ein strategisches Verteidigungssystem zuzugestehen, das sich über ganz Südfrankreich südlich der Loire, mit Ausnahme des Zentrums, erstreckte. Es verteilte sich auf zwei Plätze, Jargeau und Charité-sur-Loire, die dazu bestimmt waren, den protestantischen Truppen aus Deutschland gegebenenfalls einen Zugang zu sichern. Es waren jedoch sehr kleine Städte; die wirklich bedeutenden Städte waren La Rochelle, Saumur, Niort, Montauban, Castres und Montpellier. Alle großen Städte blieben dagegen katholisch. Abgesehen von den Sicherheitsplätzen verfügten ungefähr vierzig Städte außerdem über eine protestantische Verwaltung; das war der Fall in Nîmes, Villeneuve-lès-Avignon, Privas, Castres, Oloron, Montauban,

Jarnac und Sully. Die Sicherheitsplätze bildeten während der langen Religionskriege eine der Hauptbedingungen aller Friedensverträge.

Mit Beginn des Edikts von Boulogne (6. Juli 1573) gebrauchte man die Bezeichnung R. P. R. (*Religion prétendue réformée*, das heißt sogenannte reformierte Religion).

Einige Historiker zählen zu den acht Religionskriegen im 16. Jahrhundert einen neunten (1621–1622) und einen zehnten (1625–1629) unter Ludwig XIII. hinzu. Sie führten tatsächlich zur Aufhebung der Sicherheitsplätze. Der neunte Religionskrieg verzeichnete keine große Schlacht, denn die Überlegenheit der königlichen Armee war offensichtlich. Der Frieden von Montpellier (16. Oktober 1622) gab den Protestanten, auch wenn er die Artikel des Edikts von Nantes bestätigte, nur noch zwei Hauptplätze: La Rochelle und Montauban.

Der zehnte Krieg wurde von Richelieu geführt. Zwar garantierte er anfangs den Frieden von Montpellier (6. Februar 1626), aber die verdeckte Verfolgung hatte den protestantischen Widerstand hervorgerufen, der schließlich zur Belagerung von La Rochelle führte. Nach dem vergeblichen Landungsversuch der Engländer auf der Île de Ré kapitulierte La Rochelle am 28. Oktober 1628. Der Herzog von Rohan hingegen hatte sich zunächst im südlichen Frankreich gehalten, doch nach dem Massaker in der Garnison von Privas bat auch er um Frieden. Das Gnadenedikt von Alès (Juli 1629) bestätigte von neuem das Edikt von Nantes, hob aber alle Sicherheitsplätze auf. In diesem Sinne endeten die Religionskriege tatsächlich im Jahre 1629; ein offener Aufstand der Protestanten war fortan unmöglich. Der Weg für die Aufhebung des Edikts von Nantes im Jahre 1685 war damit geebnet.

DER SINN DES KONFLIKTS

Die detaillierte Analyse der Religionskriege erlaubt einige interessante Beobachtungen. Erstens waren die Siege der Protestanten selten. Dagegen waren die »Friedensschlüsse« und »Friedensregelungen« oft sehr viel günstiger für sie, als es der Ausgang der Schlachten nahelegte. Der spätere Heinrich IV. errang den ersten wahren protestantischen Sieg bei Coutras am 20. Oktober 1587; er erzielte auch alle Erfolge seiner Partei, wenn man einige Belagerungen ausnimmt, die die Katholiken aufheben mußten. Die protestantische Partei verfügte lange Zeit über keine militärischen Führer, die sich an den Guise messen konnten. Sie verdankte ihr Überleben der Tatsache, daß während der letzten Phase der Auseinandersetzung in der Person Heinrichs von Navarra ein militärischer und politischer Führer von großem Format auftrat.

Die zweite Beobachtung gilt der Tatsache, daß sich das Schlachtfeld mit jedem Bürgerkrieg weiter nach Süden verlagerte, auch wenn einige protestantische Gegenoffensiven im Norden stattfanden. Während des ersten Krieges waren die Normandie und die Gegend um Orléans die Hauptstützpunkte der Hugenotten. Mit Beginn des dritten Krieges 1569 verlagerten sich die Kämpfe ins westliche Zentrum: Poitou, Aunis und Saintonge bildeten mit La Rochelle das Rückzugsgebiet. Der siebte Religionskrieg (1580) spielte sich fast ausschließlich im Südwesten ab. Erst in der Endphase der Kriege kehrte man durch das Eingreifen Heinrichs IV. zu den Schlachtfeldern in der Normandie und im Zentrum des Pariser Beckens zurück; denn in Frankreich hing der Sieg immer von demjenigen ab, der sich Paris sicherte.

Daß die traditionelle Einteilung der Religionskriege in acht Phasen etwas Künstliches an sich hat, wurde schon gesagt, denn auch die »offiziellen« Kampfpausen waren voll von Blutvergießen. Auch außerhalb der erwähnten Gebiete, in denen die großen Schlachten stattfanden, kam es zu blutigen Auseinandersetzungen. Ihre Bestandsaufnahme ist nicht weniger bedeutsam: Nachdem sich die Protestanten in den sechziger Jahren des 16. Jahrhunderts im Zentrum des Königreichs festgesetzt hatten, konnten sie sich dort nicht mehr alleine halten. Ihre Stützpunkte verlagerten sich langsam nach Südfrankreich. Die Plazierung der Sicherheitsplätze, die den Protestanten im Edikt von Saint-Germain vom 8. August 1570 zugestanden wurden, spricht für sich; La Rochelle und La Charité-sur-Loire lagen am Knotenpunkt zwischen Nord- und Südfrankreich, während die beiden anderen, Cognac und Montauban, sich in Südfrankreich befanden. Das westliche Zentrum und Aquitanien wurden zu Zufluchtsorten des französischen Calvinismus. Eine Zeitlang schützten die Berge die Protestanten in den Cevennen und, in einem geringeren Maße, in den Alpen. Am Jahrhundertende zählte man zwischen 1,25 und 1,5 Millionen Hugenotten, die dank dem Edikt von Nantes über ungefähr achtzig feste Sicherheitsplätze verfügten.

Beide Parteien, vor allem aber die Protestanten, stützten sich auf das Ausland. Schon beim ersten Bürgerkrieg griffen die Engländer in Le Havre ein; danach landeten sie in der Bretagne. Aber der Rückzug ihrer Verbündeten nach Süden minderte die Wirksamkeit dieser Hilfe. Dagegen war die Hilfe der Deutschen wirkungsvoller und veranlaßte den Hof mehrmals dazu, Frieden zu schließen; die fünftausend »Reiter«, die d'Andelot in Deutschland rekrutiert hatte, spielten 1568 beim Friedensschluß von Longjumeau eine Rolle. Zu Beginn des dritten Krieges bereitete Johann Kasimir, Sohn des pfälzischen Kurfürsten Friedrich III. und ein großer *condottiere* des Protestantismus, der bis zu seinem Eingreifen unentschiedenen Schlacht von Dreux (1562) ein Ende, wobei er nicht der einzige blieb, denn während dieses dritten Krieges trat außer ihm auch noch Herzog Wolfgang von Pfalz-Zweibrücken in Erscheinung.

Die königliche Partei stand dabei nicht zurück. Beunruhigt durch den Einfluß, den Coligny über Karl IX. gewann, näherte sich Katharina von Medici Spanien. Selbst wenn Spanien offiziell erst 1591 auf Anruf der Liga in den Krieg eintrat, beeinflußte die Gegenwart spanischer Truppen in den südlichen Niederlanden doch den Ablauf der Ereignisse. Schließlich verwandelte sich die Rückeroberung des Königreichs ab 1591 in einen klassisch französisch-spanischen Krieg.

Das läßt erkennen, wie sehr das Politische Vorrang vor dem Religiösen gewann. Davon zeugte auch die Wahl der Führer. Der erste große protestantische Führer war Ludwig I. von Bourbon, Prinz von Condé. Als er am 19. März 1563 das Friedensedikt von Amboise unterzeichnete, lag darin ein ebenso religiöser wie politischer Akt. Die heftigen Reaktionen seitens Calvin und den Colignys verdeutlichen die gewaltige Enttäuschung der religiösen und politischen Führer über ein Abkommen, bei dem Condé seine Zugehörigkeit zur königlichen Familie durchaus nicht vergaß. Keine Partei konnte auf den Anschein von Legalität verzichten und die dynastische Erbfolgeordnung vernachlässigen; die Schwäche der Liga lag daher darin, daß sie nur über einen sehr entfernten Verwandten der königlichen Familie verfügte, der darüber hinaus auch noch ein Gefangener seines Gegners war.

Es steht außer Zweifel, daß das rasche Aufeinanderfolgen der drei Brüder auf dem Thron ohne Erben die Machtgelüste steigerte. Trotz allem hielten sich die Konkurrenten lange Zeit an gewisse Spielregeln. Immer wieder kam es zu Gefangennahmen bedeutender Anführer, die als Geiseln dienten, ohne daß man ihnen etwas zuleide tat. Diese Sitten änderten sich erst mit dem Auftritt der Guise und der Gründung der Liga. Es ging Heinrich III. nicht mehr darum, nur die Protestanten zu bekämpfen; seine Macht war ebenso durch seine angeblichen Verbündeten aus dem katholischen Lager bedroht. Er glaubte sich nur durch Mord an den Guise aus der Affäre ziehen zu können. Als Mitglieder einer fürstlichen Linie, die mit dem Hause Lothringen verwandt waren, und somit als »souveräne« Fürsten, hätten sie Anspruch auf den französischen Thron erheben können. Und zu einem gewissen Zeitpunkt waren sie auch *de facto* die entscheidenden Führer.

Verweilen wir einen Augenblick bei der Nachfolge Heinrichs III. und bei der Krise, die durch den Tod seines Bruders, des Herzogs von Anjou – lange Zeit Herzog von Alençon –, im Jahre 1584 ausgelöst wurde. Nach »natürlichem« Recht war Heinrich von Navarra aus dem Zweig der Bourbon-Vendôme, der auf Robert von Clermont, Sohn Ludwigs des Heiligen, zurückging, sein Erbe. Diese Abstammung war zwar recht entfernt, aber nichtsdestoweniger unbestreitbar: Der Zweig, der im Aussterben begriffen war, ging über die Valois-Angoulême auf Philipp III. den Kühnen zurück, den anderen Sohn Ludwigs des Heiligen. Die Liga stellte dem Navarreser seinen eigenen Onkel, den Kardinal Karl von Bourbon, gegenüber. Da er bejahrt und überdies Kleriker war (1584 stand er im dreiundsechzigsten Lebensjahr), konnte er keine Kinder haben; ihn zum König zu machen hätte den fälligen Thronwechsel nur um eine wahrscheinlich kurze Zeit hinausgeschoben.

Es blieben also zwei Möglichkeiten. Die erste stand im Widerspruch zum »salischen Gesetz«, da sie sich auf eine weibliche Thronanwärterin stützte, die darüber hinaus Ausländerin war: die Infantin Isabella, Tochter von Philipp II. und Elisabeth von Frankreich und Enkelin von Heinrich II. Diese Lösung war also aus zwei Gründen unannehmbar. Der Herzog von Lothringen, Karl III., schlug daher eine andere Lösung vor: sein Sohn, dessen Frau keine andere als Claudia von Frankreich war, die andere Tochter Heinrichs II., sollte König werden. Obwohl sie rechtlich ebenso unannehmbar war, hatte diese Kandidatur den Vorteil, einen Anschluß an Spanien abzuwenden. Und es war eine französische Lösung.

Um sie zu bekräftigen, kurbelte Karl III. eine große Such- und Propaganda-Aktion an, die mit allen scheinbaren Garantien und besonders unter Heranziehung von historischen Dokumenten geführt wurde, die nachweisen sollten, daß die Herzöge von Lothringen von Karl dem Großen abstammten. Ihre daraus folgende Zugehörigkeit zur »zweiten Rasse« hätte sie als noch legitimer erwiesen als selbst die Kapetinger. Trotz der Verwandtschaft kam diese Lösung den Guise nicht gelegen. Statt dessen sprachen sie sich für die ihnen am ungefährlichsten erscheinende Kandidatur Karls von Bourbon, des Kardinals und Onkels von Heinrich von Navarra, aus. Sie erlaubte es, abzuwarten und die Dinge auf sich zukommen zu lassen. Dieser vorgebliche »Karl X.« versammelte also nun um die wiederhergestellte Liga den Herzog von Lothringen und Philipp II. Auch sie sahen darin eine Möglichkeit des Abwartens. Um aber die Macht der Liga zu brechen oder wenigstens zu neutralisieren, setzte sich Heinrich III. an ihre Spitze – freilich, wie sich zeigen sollte, ein schwieriges Unterfangen und eine Art politischer Hochseilakt, der dann auch infolge des triumphalen Einzugs Heinrichs von Guise in Paris scheiterte. Der König flüchtete nach Blois, wo er die Generalstände einberief und die Guise ermorden ließ (23. und 24. Dezember 1588). Die »französische« Lösung der Guise, die allein für die Liga annehmbar war, schlug fehl. In deren Augen blieben jetzt nur noch die »ausländischen« Kandidaturen übrig.

Die Anerkennung eines spanischen oder lothringischen Königs stand auch innerhalb der Liga nicht wirklich auf der Tagesordnung. Darin waren sich das Pariser Bürgertum und die »guten Stände Frankreichs«, eine der sozialen Stützen der Liga, einig. Aber die große Frage war nunmehr, was in zeitlicher Hinsicht an erster Stelle kam: die katholische Sache oder die Frage der Legitimität, Symbol und Repräsentation der nationalen Unabhängigkeit.

DAS ANSEHEN DER KÖNIGE

Die Religionskriege, die ursprünglich einem religiösen Phänomen entsprangen, warfen mit neuer Schärfe die Frage nach den Beziehungen zwischen dem, was spirituell genannt werden kann, und der Innen- und Außenpolitik auf. Eine Folge davon war die Frage nach dem Ansehen der königlichen Macht gegenüber dem Ansehen der Könige selbst. Wenn Heinrich III. Kinder gehabt oder der Herzog von Anjou überlebt hätte,

hätte die Liga nicht dieses Ausmaß angenommen. Dieser aber ging es in erster Linie um die Verhinderung eines protestantischen Königs für Frankreich, durch den schließlich ganz Europa zur Reformation übergegangen wäre.

Die »nationale« Reaktion spielte deshalb in Frankreich eine wichtige Rolle, auch wenn dieser Begriff zweideutig ist, da es sich nicht um ein dem 19. Jahrhundert vergleichbares Nationalgefühl handelte. Zwischen den katholischen Ligisten und der bewaffneten Protestantenpartei entstand eine eigenständige »Dritte Partei«, die am Anfang mit dem Herzog von Anjou verbunden war und sich aus den »Unzufriedenen« herausentwikkelte. Im Dienste Heinrichs III. und anschließend Heinrichs von Navarra gelang es ihr, gleichzeitig Protestanten, die sich Verdienste erworben hatten, und Katholiken, die es wagten, in den Dienst eines protestantischen Thronanwärters einzutreten, zu vereinen. Es war eine vielgestaltige Partei, der zu Anfang der Religionskriege der Kanzler Michel de l'Hospital als Vorbild gedient hatte.

Die Haltung der Dritten Partei hatte ihre Grundlage weniger in der Toleranz als vor allem im Gefühl der Legitimität der königlichen Familie, die, sollte sie aussterben, nicht zu ersetzen war. Die Regeln der Thronfolge standen fest und hatten sich bewährt, worauf vor allem die Juristen großen Wert legten, die im königlichen Gefolge immer einen bedeutenden Einfluß ausübten, andererseits auch von den Bürgern und selbst vom Pariser Volk akzeptiert wurde. Zum andern führte das Nationalgefühl, vor allem negativ verstanden als Fremdenhaß, zu einer Ablehnung von Spaniern und Lothringern, die nicht französisch waren. Aus der Ferne regiert, lief das Land Gefahr, nur noch ein Teil des riesigen spanischen Reiches zu werden, was auch auf die Familie des Hauses Lothringen zutraf, die trotz der Beliebtheit der Guise im Grunde doch fremd blieb. Trotz wiederholter Bündnisse zeigte sich in der Folgezeit, daß der Gemahl von Maria Theresia von Österreich im 18. Jahrhundert ein verbissener Gegner Frankreichs sein würde, obwohl er ein direkter Nachkomme Philipps von Orléans war. Drittens dachten besonnene Leute seit langem über einen Mittelweg nach, der für alle akzeptabel war; denn durch die Kriege nahmen Chaos, Morde und Zerstörungen auf beiden Seiten derart zu, daß es weder der Liga noch einer rein protestantischen Regierung gelungen wäre, einen dauerhaften Frieden durchzusetzen.

Katholiken und Protestanten empfanden und interpretierten die Ereignisse als eine göttliche Strafe. Franz I. war ein »großer« König. Sein Prunk, seine Gutmütigkeit und seine Förderung von Kunst und Literatur machten ihn bei den Schriftstellern beliebt. Seine Gefangenschaft trug ihm die Liebe des Volkes ein. Glaubt man dem Volk oder den Schriftstellern, so gab es von Heinrich II. bis Heinrich III. eigentlich keinen König mehr; auf allen Seiten griff eine große Ernüchterung um sich. Durch sie erklärt sich zum Teil die Beliebtheit Heinrichs IV. und der Mythos Ludwigs XIV.

Heinrich II. stützte sich wie sein Vater gegen Spanien auf die protestantischen deutschen Fürsten, während er in Frankreich die Hugenotten grausam verfolgte. Karl IX. war der König der Bartholomäusnacht. Noch gravierender war, daß er im Vergleich zu seiner Mutter den Eindruck von Unstetigkeit und Schwäche erweckte. Katharina von Medici, die im Interesse ihrer Machterhaltung und der ihrer Söhne außerordentlich geschickt zwischen den Parteien balancierte, hatte damit zwar eine Zeitlang Erfolg, aber sie galt als so trügerisch, daß man ihr nicht mehr traute. Man beschuldigte sie darüber hinaus, Heinrich III. ihre Prinzipien eingeflößt zu haben.

In den Augen seiner Zeitgenossen hatte Heinrich III. alle nur möglichen Schandtaten auf sich geladen. Dazu zählte sein Treuebruch: Er hatte sich mit dem Herzog von Guise versöhnt, »indem er mit ihm dieselbe Hostie brach«, einige Tage bevor er aus Paris floh. Die Ermordung der Guise, darunter der Mord an einem Kardinal – für die Katholiken jener Zeit eine Gotteslästerung – verschlimmerte seinen Fall. Er war auch wegen seiner Lebensweise angegriffen worden. Er heuchelte Frömmigkeit und ging am Aschermittwoch im Büßerkleid und mit einer großen Peitsche zur Prozession. Er trug Rosenkränze aus Totenköpfen bei sich, vermehrte die Zahl der Pilgerfahrten, umgab sich mit Mönchen aller Orden wie zum Beispiel den Hieronymiten, die er aus Spanien hatte kommen lassen, und sammelte religiöse Bilder. Aber das hinderte ihn weder daran, sich der Magie hinzugeben – was in dieser Zeit durchaus üblich war – und sich gleichzeitig über Katholizismus und Protestantismus lustig zu machen, noch seine Extravaganzen zu übertreiben, die kaum mit der Würde eines Königs von Frankreich vereinbar waren.

Vielleicht wäre seine Lebensweise ja noch akzeptabel gewesen, aber die königlichen Orgien waren stadtbekannt. Ganz Paris hatte zugesehen, wie er als Frau verkleidet »nach dem Ring lief« – ein mittelalterliches Spiel, das Ludwig XIV. ebenfalls mochte: Paris und ganz Europa spotteten darüber. Auch war bekannt, daß manche Mahlzeiten, die er mit seinen »Jünglingen« einnahm, von »nackten Frauen mit zerzausten Haaren« serviert wurden. Sein Gefolge von Jünglingen, die eine Art Leibwache bildeten, sorgte besonders für Skandale, die von der gegnerischen Propaganda weidlich ausgeschlachtet wurden, indem man den König »der schwärzesten Verbrechen« beschuldigte. Auch warf man ihm vor, sich mit Günstlingen zu umgeben, die immer »neue Vergnügungen erfanden, durch die Religion und Sittlichkeit verletzt würden«. So hatte Heinrich III. seine schwarze Legende. Er war sicher nicht der König, der das Volk und die Historiographen für sich einnehmen konnte.

Lange Zeit galt das gleiche auch für Heinrich IV. Seine Legende entstand zum größten Teil postum, nach seiner Ermordung im Jahre 1610, durch die sein Ruf wesentlich besser wurde, als er ihn in seiner Jugend hatte. Als »Freund der Frauen« – zum Beispiel vermochte er die Verfolgung eines geschlagenen Gegners zugunsten eines galanten Abenteuers aufzugeben – galt er als wenig seriös, wenig den »großen Geschäften« zugeneigt. Er hatte in allem seinen Anteil an den Liebschaften des Hofes gehabt. Katharina von Medici hatte ihn mit Gewalt zurückgehalten und ihre berühmte »fliegende Schwadron« gegen ihn und andere gehetzt. Bekehrt und von neuem konvertiert, galt er in den Augen der Extremisten beider Lager als Ketzer. Es war nicht die Zeit, in der man milde mit denen umging, die nolens volens gezwungen waren, sich den Situationen zu beugen. Deshalb war es eine regelrechte Offenbarung, in ihm einen guten General zu entdecken, der mühevolle Nachtmärsche überstand und Gegner durch seine Schnelligkeit zu überrumpeln vermochte. Kurz, man entdeckte in ihm »einen anderen Menschen, streng, wachsam, arbeitsam und pflichtbewußt«. In diesem Urteil von Fénelon steckt sehr viel Wahres: Wäre er auf dem Thron geboren, hätte er ein »weicher«, »zur Weichheit neigender« König werden können. Das Schicksal machte aus ihm einen furchterregenden König, einen König nach dem Herzen des Volkes, das heißt einen König, auf den dieses Volk später stolz sein würde.

Ludwig XIII. – um diese Bilderreihe, die, obzwar etwas schematisch, dennoch ein Stück Wahrheit enthält – enttäuschte, weil sich hinter diesem Ehrenmann nur schlecht die Tatsache verbarg, daß unter seiner Herrschaft Richelieu regierte. Es folgte ab 1643 die Regentschaft einer Spanierin, Anna von Österreich, der ein italienischer Premierminister, Mazarin, zur Seite stand. Dann kam die Zeit der Fronde und neues Unheil. Man wartete auf einen großen König. Diese Erwartung klingt in den Klageliedern der königlichen Historiographen durch. Von Guillaume Budé bis Voltaire zeichneten sie das Porträt eines idealen Königs, der den Franzosen Ruhm bringen, ihnen einen gerechten Frieden geben, Rechtsschutz gewähren und die Literaten entlohnen würde.

Die Zeitgenossen von Katharina von Medici oder Heinrich III., selbst die des jugendlichen Heinrich IV., hatten also kaum Gründe, sich für einen dieser Könige zu begeistern. Das war in mehr als einer Hinsicht ungerecht. Wie hätte die Situation ausgesehen, wäre Heinrich III. nicht in Saint-Cloud ermordet worden? Die Monarchie war wieder aufgerichtet, und die Liga befand sich, ohne besiegt zu sein, in einer schlechten Lage. Der Tod des Königs hob sie, ob man will oder nicht, wieder in den Sattel. Man darf vermuten, daß die Thronbesteigung Heinrichs IV. mit weniger Blut und Tränen abgelaufen wäre.

Diese gehäufte Anklage gegen die Monarchen verstellt auch den Blick auf die Fortschritte der Verwaltung. Waren sie schon in der ersten Hälfte des Jahrhunderts nicht wenig beachtlich, so waren sie es erst recht nach 1550. Ein guter Teil der großen legislativen Maßnahmen, die die gesamte Gesellschaft berührten, wurde gerade während dieser katastrophalen Herrschaftsperioden gegen allen Widerstand durchgesetzt. Die Zeitgenossen merkten zwar relativ wenig davon, denn die Machtausübung war schwierig und die Gesetze kamen zeitweise nur bedingt zur Anwendung. Daß aber die Steuern dennoch einkamen, war ein zusätzliches Zeichen für die Stabilität dieses in sich zerrissenen Königreichs mit seinen so angefochtenen und anfechtbaren Königen. Die Steuererhebung verlief wesentlich reibungsloser als die Eintreibung des Kirchenzehnts, die regelrecht zum Erliegen kam, was für ein protestantisches Land normal ist, nicht aber für ein katholisches. Allerdings trug dazu, daß es dem Staat nicht an Einnahmequellen fehlte, auch die Ämterkäuflichkeit bei.

KAPITEL IV

Das Alltagsleben

VON DEN MENSCHEN

So grausam die Kriege auch waren, das tägliche Leben ging doch weiter. Wenn das Königreich von Frankreich standhielt, dann dank der Stabilität der bäuerlichen Welt sowie der um den König vereinten »Verwaltungs«-Beamten, die das komplexe juristische und institutionelle Gebäude so gut es ging ausbauten. Die Bauern blieben zahlenmäßig in der Mehrheit, auch wenn das Wachstum der Städte während der gesamten neuzeitlichen Periode nicht nachließ. Frankreich war noch immer das reichste und daher mächtigste Land Europas. Humanismus und Renaissance versahen es mit prächtigen Federn, doch das Fundament wurde durch die schlichte Arbeit der Bauernschaft gelegt.

Das französische Volk blieb im Vergleich zu den Völkern anderer Länder des Kontinents sehr benachteiligt. Der Durchschnittsfranzose hatte eine sehr kurze Lebenserwartung, ungefähr 27 bis 28 Jahre. Dieser Mittelwert erhöhte sich nur wenig während dieser Zeit. Soweit bekannt ist, heiratete man im 16. Jahrhundert früher als im 17. und 18. Jahrhundert: Frauen im Alter von 22 bis 23 Jahren, Männer mit 24 bis 25 Jahren. Die Kindersterblichkeit war erschreckend hoch; die Hälfte der Kinder starb vor dem zwanzigsten Lebensjahr. Im Alter von 17 bis 18 Jahren verloren viele einen Elternteil und bald darauf dann beide (der wahrscheinliche Mittelwert lag bei 23 bis 24 Jahren). Unter diesen Umständen wurde die Erbschaft zur Notwendigkeit. Die Kinder profitierten schon im frühen Alter von den Familiengütern, oft vor der juristischen Volljährigkeit, die erst mit 25 Jahren erreicht war. Vor diesem Alter brauchte man in der Regel zum Heiraten die Einwilligung der Eltern, es sei denn, man wählte den Weg einer dreimaligen ehrerbietigen Aufforderung, eine Praxis, die jedoch sehr selten war. Die Dauer einer Ehe betrug im Durchschnitt kaum 15 bis 17 Jahre. Witwenschaft war häufig. Die Gebärfähigkeit der Frau dauerte nur kurz, und das Klimakterium trat im bäuerlichen Teil der Bevölkerung zumeist bereits im Alter von 36 bis 37 Jahren ein. Auch war die Geburtenrate nicht so hoch, wie man oft annimmt; sie lag um die Mitte des 16. Jahrhunderts bei vier oder fünf Kindern.

Im Gegensatz zu dem, was die aus Kreisen der oberen Gesellschaftsschicht stammenden Memoiren berichten, in denen Ehebrüche und lockere Sitten beschrieben werden, die zu einem italianisierten Hof paßten, waren uneheliche Geburten auf dem Land eher seltener. Bastarde, von denen Heinrich IV. schamlos eine ganz erkleckliche Zahl zeugte, galten noch nicht als Parias. Der Sire von Gouberville brachte seine unehelichen Kinder auf seinem Herrensitz im Cotentin unter und ließ sie im Schoße seiner eigenen Familie erziehen. Soweit bekannt ist, waren voreheliche Beziehungen im 16. Jahrhundert viel häufiger als im 17. Jahrhundert, aber die unehelichen Geburten übertrafen selten zwischen fünf und zehn Prozent der gesamten Geburtenzahl.

Im Grunde waren die Franzosen sehr sittsam, und die Reformation und die Gegenreformation trugen das Ihre dazu bei, sie noch sittsamer zu machen. Aber wie im Mittelalter ging man in der Ausdrucksweise sehr freizügig miteinander um; sexuelle Beleidigungen und schlüpfrige Anekdoten waren eine Gewohnheit, die Ausländern auffiel. Wie vorehelicher Umgang verbreitet war und gepflogen wurde, davon vermitteln die *»Baliverneries«* oder die *»Contes d'Eutrapel«* von Noël du Fail ein anschauliches Bild. Die Sterblichkeit, die während der Krisen, besonders der Seuchen, ein schwindelerregendes Ausmaß annahm, war fast so groß wie die Zahl der Geburten, doch blieb die Zahl der Eheschließungen außerhalb der Krisenperioden ziemlich stabil. Die Sorge um den Erhalt des Familienerbes bewirkte sowohl bei den Eliten wie in der bäuerlichen Bevölkerung einen hohen Grad an Ehelosigkeit, das heißt mindestens 10 Prozent.

Neben den Pestepidemien blieben die Hungersnöte das größte Problem. Nur einem einzigen Land in Europa gelang es schon seit dem 16. Jahrhundert, ihrer Herr zu werden, England, das trotz seiner Isolierung aus noch nicht näher beleuchteten Gründen die Hungersnöte überwunden zu haben schien. In Frankreich dagegen herrschte die alte Praxis der Fürbittenlitanei, mit denen Gott um reiche Ernten angefleht wurde: »*A peste, fame et bello, libera nos, Domine!*« (»Von Pest, Hunger und Krieg befreie uns, Herr!«) Eine furchtbare Trilogie des Schreckens: Der Krieg mit seinen Blutbädern verstärkte noch die Wirkung der beiden anderen Übel. Wie das letzte Jahrzehnt des 16. Jahrhunderts verdeutlicht, konnte der Hunger klimatische Ursachen haben. Er konnte aber auch die Folge der Zerstörung der Ernten durch das Kriegsvolk sein; und schließlich konnte er durch die Spekulation der Getreidebesitzer hervorgerufen oder verschlimmert werden.

DIE ERNÄHRUNG

Die Ernährungsweise änderte sich nur langsam in diesem wohlhabenden, aber sehr unterschiedlichen Frankreich. In der Landwirtschaft wurden neue Pflanzenarten eingeführt, eine Folge der Entdeckung Amerikas und der Innovationen, die aus anderen Ländern Europas kamen. Auch die Humanisten, die die Werke der Antike wiederentdeckten und sich für Pflanzen interessierten, trugen zu dieser Entwicklung bei. Rabelais soll den römischen Salat eingeführt haben. Der Astrologe Nostradamus ist ebenso für sein Kochbuch wie für seine obskuren Voraussagen bekannt. In der oberen Gesellschaft ging man über, mittels des importierten Rohrzuckers Früchte zu konservieren. Die Bohne, die durch Vermittlung des Papsttums aus Amerika kam und die später durch Katharina von Medici in Frankreich eingeführt wurde, fand als einzige Pflanze eine rasche Verbreitung. Der Grund dafür lag in der einheitlichen Anbauweise und der Zubereitung. Der Maisanbau kam erst im folgenden Jahrhundert in Frankreich auf, dagegen erfuhren andere Pflanzen eine raschere Entwicklung. In Westfrankreich zum Beispiel fand der Buchweizen eine zügige Verbreitung, während der Apfelbaum für die Cidreproduktion, die vom Baskenland und der Normandie ausging, dem Bauern eine Einnahmequelle sicherte, die vor allem seine Liquidität zur Bezahlung seiner Steuern erhöhte.

Der Obstanbau zog das Interesse des gesamten französischen Adels auf sich und entwickelte sich zu einer regelrechten Mode, die bis auf das Ende des Mittelalters zurückging. So verbreitete sich auch die Pfropfkunst und führte zu einem wachsenden Variantenreichtum an Apfel-, Birn- und selbst Kirschbäumen. Der Garten wurde um Spargel, Artischocken und Melonen bereichert, alles Pflanzen, die entweder aus Italien oder aus Südspanien kamen.

Auch der Weinbau entwickelte sich vom Elsaß bis Aquitanien, während man nördlich der Loire aufgrund der verbesserten Handelsbeziehungen eher darauf verzichtete, mit Ausnahme der Pariser Region, die in der Hauptstadt einen großen Markt fand. So war das Pariser Becken der größte Weinproduzent nach der Gegend um Bordeaux, deren Produktion vor allem nach England und in die Länder des Nordens floß. In guten Jahren erreichte der Export des *Claret* aus Bordeaux fast den gleichen Umfang wie heute. In der Gegend von Nantes tauchte der Muskatwein auf. So war Wein neben Salz eines der bedeutendsten Ausfuhrprodukte des Landes.

Die Bemühungen im Bereich der industriellen Pflanzenkulturen wie etwa bei der Anpflanzung von Maulbeerbäumen (zum Beispiel in den Tuilerien) ging auf eine Initiative der Krone, eine französische Seidenindustrie zu schaffen, zurück. Gegenden mit großer Viehzucht waren wohlhabend, wie das Poitou, das Maulesel nach Spanien exportierte, dessen zehn Millionen umfassende Mauleselherde sich nur dank dieser Einfuhren entwickelte. Die Normandie, das Charolais und Mamertin hingegen versorgten ihrerseits Paris mit Rindern.

So eindrucksvoll diese Aufzählung auch erscheinen mag, sie vermittelt dennoch nicht die ganze Wirklichkeit. Der königliche Merkantilismus richtete gegen Ende des Jahrhunderts sein Hauptaugenmerk auf die Entwicklung der Landwirtschaft, in der noch viele Fortschritte zu erzielen waren. So wurde in jeder Gemeinde Frankreichs wenigstens ein Exemplar des Hauptwerkes von Olivier de Serres, *»Théâtre de l'agriculture«* (1660), verteilt, ein Buch, in dem sich bereits die »Agrarrevolution« des 19. und 20. Jahrhunderts ankündigte, besonders was die Einführung der Wechselwirtschaft betrifft, das jedoch letztlich ohne große Wirkung blieb. Dagegen hatte das Werk *»La Maison Rustique«* der beiden Humanisten Estienne und Liébault mehr Erfolg; als Bibel aller fortschrittlichen Grundeigentümer bis zum Ende des 19. Jahrhunderts entsprach es dank seiner Vielfalt, seinen ausführlichen Beschreibungen des Landsitzes, aber auch aufgrund der darin aus der Antike und den bäuerlichen Gebräuchen übernommenen Vorurteile eher den Denkweisen der Zeit. Neben Hinweisen, wie man sich gegen die Wirkungen des Aprilmondes schützt, wie man den Zeitpunkt zum Pflücken der Heilkräuter gemäß den Heiligenfesten wählt, wie man Pflanzen gegen Insekten und den bösen Blick des Nachbarn durch Fingernägelschnippel, abgeschnittene Haare oder Menstruationsblut schützt, findet man Großmutterrezepte und auf langer Erfahrung beruhende praktische Empfehlungen.

Diese Handbücher bilden wie die Sammlungen über die Ehrenrechte der Grundherren, die Beschwerdehefte von 1789, die Berichte über bischöfliche Besuche in den Diözesen einen archivalischen Schatz, der uns bekannt macht mit den kleinen Sorgen, den Ritualen und den Vorurteilen der gegenüber Neuerungen mißtrauischen Bauern. Sie betrieben ihre Landwirtschaft weiter, wie es schon ihre Ahnen getan hatten, und dies nicht ohne ein gewisses Maß an Schläue oder passiven Widerstand, um – besonders während der Bürgerkriege – so weit wie möglich den Grundabgaben zu entgehen.

Die wichtigste Neuerung im Bereich der Ernährung war zweifellos der plötzlich entstehende Markt für gesalzene und getrocknete Fische, hauptsächlich für Kabeljau. Fisch war seit einigen Jahrhunderten Bestandteil der Ernährung der städtischen Bevölkerung gewesen. Die Ausdehnung des Fischfangs auf die Bänke Neufundlands – zuerst heimlich, dann vom Beginn des 16. Jahrhunderts an offen betrieben – war gleichzeitig Ursache und Konsequenz davon. Der Fischfang wurde zum Privileg der Basken, Normannen und Bretonen.

Ohne Wissen der Krone schufen die städtischen Märkte Nordfrankreichs sowie die ländlichen und städtischen Märkte Südfrankreichs in einigen Provinzen die Grundlage für eine langanhaltende Entwicklung der Fischereiwirtschaft. Dieses bedeutende Phänomen ist das beste Beispiel für die Schaffung einer Marktwirtschaft. Ein Nahrungsmittel, das zuerst den Privilegierten vorbehalten war, wurde als Folge eines raschen Preisverfalls, gefolgt von einer starken Erhöhung des Angebots, zu einer alltäglichen Ware.

Der Hochseefischfang in fernen Meeresgegenden erforderte bedeutende Kapitalien. Der Finanzmarkt paßte sich dieser Entwicklung mit der recht eigenartig anmutenden Form eines »Darlehens für große Abenteuer« an, das zum einen aus dem Institut der Seesicherung – im Falle eines Verlustes brauchte man es nicht zurückzuzahlen – wie aus dem der Zinsanleihe hervorging, die so einträglich war (bis zu 30–35 Prozent), daß sich Kreise am Hofe und in den Städten sowie die Notare aus ganz Frankreich dafür interessierten.

Ein schönes Beispiel für das Funktionieren des Marktes war auch seine Reaktion auf den infolge der raschen Ausdehnung von Getreideland auf Kosten von Brachfeldern und Weideland eingetretenen Rückgang des Fleischangebotes und dadurch entstandenen Proteinmangels, der nun durch Kabeljau gedeckt wurde. Alle diese Phänomene hingen ihrerseits wieder mit der Bevölkerungssteigerung zusammen.

E. Le Roy Ladurie hat diese Zyklen im Agrarsektor eindrucksvoll beschrieben. Wenn die Bevölkerung abnimmt, schrumpfen die angebauten Flächen und die Erträge verbessern sich, da zuerst die unfruchtbarsten Anbauflächen aufgegeben werden. Auf den unbebauten Parzellen kann sich dann die Viehzucht entwickeln. Das erneute Bevölkerungswachstum zieht eine Erhöhung des Kornverbrauchs nach sich, also eine Preissteigerung für Korn, und die Ausdehnung der anbaufähigen Flächen. Im selben Maße verringern sich dann die Weideflächen und die Fleischproduktion nimmt ab. Durch die gleichbleibende städtische Nachfrage nach Fleischprodukten wird schließlich der Fleischpreis in die Höhe getrieben, da nichts sich langsamer ändert als die Nahrungsgewohnheiten.

Vor dem Hundertjährigen Krieg waren die Kulturen zunächst zurückgegangen; danach hatte sich das bestellbare Land während einer langen und langsamen Phase der Erholung, die immer wieder von politischen Krisen bedroht war, erneut ausgedehnt. Die Wälder waren dagegen einem umgekehrten Rhythmus gefolgt: Sie weiteten sich in Krisenzeiten aus und gingen in Friedenszeiten zurück. Und jedesmal, wenn das brauchbare Ackerland seine größtmögliche Ausdehnung erreichte, begann ein neuer Zyklus.

So schematisch diese Beschreibung auch sein mag, so trifft sie doch auf eine Reihe von französischen Regionen zu. Rückgang und dann teilweise Wiedergewinnung der unter den Pflug genommenen Felder unter Heinrich IV.; erneuter Rückgang während der Unruhen in der Zeit der Minderjährigkeit Ludwigs XIII. und vor allem während der Fronde; spätere mehr oder weniger endgültige Wiedergewinnung bis zum Beginn des 20. Jahrhunderts. Im Unterschied jedoch zu der Landwiedergewinnung, die dem Hundertjährigen Krieg folgte, waren die nachfolgenden Flächenschwankungen sehr viel geringer.

DAS DORFLEBEN

Einen gewissen Einblick in das Dorfleben erlauben uns die Erzählungen von Noël du Fail (1520–1591). Aber wie das wertvollere Zeugnis des Sire von Gouberville ist seine mehr oder weniger idealisierte Sichtweise die eines dem *Parlement* angehörenden Edelmannes. Man darf auch nicht vergessen, daß die Regionen, die seine Erzählungen beschreiben, die Becken von Rennes und die Halbinsel Cotentin, relativ weltoffen und wohlhabend waren.

Die Nähe einer bedeutenden Stadt wie Rennes sorgte für Absatzmöglichkeiten, und im Cotentin mit seiner Öffnung zum Meer war die Bauernschaft eng mit dem großen Handel verbunden. Das galt auch von den anderen Küstengegenden. In der westlichen Bretagne wurden Bauern für eine Saison zu Seeleuten, und manchmal sogar zu Kapitänen, wenn sie Mitbesitzer eines Schiffes waren. Sie betrieben nahen oder fernen Fischfang oder widmeten sich dem Kleinhandel mit Portugal. Je nach Gelegenheit wurden einige sogar zu Piraten, wie der französische Botschafter in Lissabon, Jean Nicot, berichtet, oder sie besuchten die Freudenhäuser von Sevilla, wie Cervantes in seinen »Exemplarischen Novellen« (1613) schreibt. Doch handelte es sich dabei eher um Einzelfälle wie im Falle von du Fails Helden in den *»Baliverneries«* oder den *»Contes d'Eutrapel«*. Gouberville und du Fail führen uns also nur die Spitze einer wohlhabenden Bauernschaft aus reichen Gegenden vor Augen. Die von ihnen geschilderten Menschen sind nicht zu vergleichen mit den elsässischen oder burgundischen Winzern und noch weniger mit den großen Pachtbauern der Ile-de-France und der unmittelbaren Umgebung von Paris, die jeweils auf ihre Weise das Aristokratentum einer unendlich vielgesichtigen Bauernschaft darstellten. Man kann sie auch nicht mit den ausgebeuteten Kleinbauern vergleichen, die sich gegen 1525 in einem erbitterten Aufstand in den rheinischen Ebenen erhoben, oder mit jenen, die in der abgeschlossenen Welt der Bergmassive lebten und in mancher Hinsicht einer anderen Zivilisation angehörten.

In den Augen dieser beiden Zeugen beginnt die Stadt ihre Wirkung jenseits der Hörweite der Stadtglocken zu entfalten. Die Inneneinrichtung des Bauernhauses, das mit dörflicher oder familiärer Hilfe aus einheimischen Materialien erbaut war – vor allem in den *communautés »tai-*

sibles«, in denen der halbkollektive, »sippenhafte« oder »verwandtschaftliche« Landwirtschaftsbetrieb vorherrschte–, verlor etwas von ihrer strengen Einfachheit, ein Phänomen, das sich durch alle Schichten zog und das Lebensumfeld der Franzosen trotz Perioden der Verarmung zunehmend vielgestaltiger machte.

Parallel dazu fanden die städtischen Sitten, wenn man den Aussagen Noël du Fails folgt, Eingang in den Dörfern, oftmals in Verbindung mit einem Buch in der bescheidenen Form etwa eines *»Almanach du berger«* (»Almanach des Schäfers«). In diesem Buchtyp kam der Berechnung der beweglichen Festtage eine größere Bedeutung zu als jedes andere Thema. Der Bauer richtete seine Zeit nach dem Klang der Glocken, »die die Ungewitter beschwichtigen, die Geburten und Hochzeiten besingen und die Toten beweinen«; Jahr und Jahreszeiten bestimmten sich für ihn aus dem Flug der Vögel, aus den seit dem Neolithikum beobachteten Zeichen und aus dem Heiligenkalender.

Selbst in den eher fortschrittlichen Regionen folgte man dem natürlichen Lauf der Dinge. Während der »Bilderstürmer« im Norden stellten die Bauern einen Großteil der Truppen der beiden Lager. Die von Marc Vénard zitierten Verhöre der Inquisition beweisen, daß jeder Landmann den Unterschied zwischen Katholizismus und Protestantismus verstand, was aber nicht hieß, daß andererseits nicht auch eine in den Predigten sattsam beschworene Ignoranz existierte, die darin gipfelte, daß man zum Teil nicht einmal wußte, wie viele Gottheiten es gab. Alles das ist eine Frage der Zeit, des Ortes und der Menschen. Mehr als in anderen Ländern weist die bäuerliche Bevölkerung Frankreichs eine alle Typen umfassende ethnologische Vielfalt auf.

Die bäuerliche Welt hatte nichts Idyllisches an sich, es war eine Welt der Gewalt. Vor allem im Süden und im Nordosten waren die Landgemeinden Fremden gegenüber feindlich gesinnt; sie waren als solche schon verdächtig.

Erscheint uns das Seelenleben oft primitiv, so unterschieden sich die »Bauerntölpel« darin kaum von den »Eliten«. Während Richter und Advokaten auf eine gewisse Würde achten mußten, trugen die Bauern die ihrer Arbeit angemessene Kleidung. Bei heißem Wetter badete man nackt. Der flämische Kalender in der Nationalbibliothek von München stellt diese unbefangenen und harmlosen Sitten gut dar. Die ersten Schriften, die in Paris das Baden im Freien regeln, gehen auf Heinrich IV. zurück.

Der Aufbau der landwirtschaftlichen Betriebe, der mit der Neuordnung der Besitztümer nach der Flucht der Bauern während der Kriege zusammenhing, enthielt bereits Elemente einer Veränderung in den bäuerlichen Hierarchien. Über den bekanntesten Fall – die *Gâtine* genannte Gegend im Poitou – hat der Historiker Merle eine vorzügliche Untersuchung vorgelegt. Die Verödung der Landschaften im Westen hatte hier wie anderenorts dazu geführt, daß die Parzellen der mittelalterlichen Grundherrschaft, die durch die Zahlung von Anerkennungszins und Seigneurialgefälle gewissermaßen in den Besitz der Bauern übergegangen waren, zu Brachland verfielen. Der alte oder neue Adel nutzte diesen Heimfall aus, um die zerstreuten Parzellen im Inneren der Domäne – des Herrenguts – umzuverteilen und neue Betriebe zu schaffen, die weniger zahlreich, dafür aber größer waren. Die landwirtschaftlichen Betriebe im Westen umfaßten nun ungefähr 40 Hektar, was höhere Einnahmen erwarten ließ.

Die Herrenrente wurde hier teilweise durch das Pachtsystem abgelöst. Der Halbpächter verkörperte, weit vor den »Zinsleuten« oder den Hintersassen kleinerer Bauernstellen, die obere Schicht der Bauernschaft – insgesamt ein anschauliches Beispiel für die Ausnutzung einer ungünstigen Konjunktur, das die strengen und sehr abstrakten Behauptungen über die positiven Auswirkungen der Preiserhöhung in ihrer Tragweite doch etwas einschränkt.

Diese Preiserhöhung hätte sich einerseits in einem wachsenden Reichtum der wohlhabenden Bauernschaft, die ihre Nahrungsmittelprodukte verkaufte, und andererseits in der Verarmung der Rentiers mit fixen Einnahmen niederschlagen müssen; aber deren Einnahmen können nicht einmal für die Gesamtheit der Grundherrschaft als fix bezeichnet werden, denn alles, was von dem Herrengut abhing, stand unter einem Pachtsystem, das der Geldentwicklung folgte und auf die Schwankungen von Angebot und Nachfrage reagierte. Während sich bei den Halbpachten im Westen, denen man – wenn auch weniger stark – in der ganzen östlichen Bretagne und den armorikanischen Randgebieten begegnet, die Preiserhöhung ebenfalls zugunsten der Rentiers, die einen Teil oder die Gesamtheit der Zinsgüter umverteilt hatten, auswirkte, wurden die Angehörigen des Kleinbauerntums, des Adels oder des Bürgertums, die nicht die Umverteilung der Parzellen vorgenommen hatten, Opfer der monetären Entwicklung.

BEWIRTSCHAFTUNG UND GRUNDLASTEN

Die Grundverpächter kamen nicht nur aus dem Adel, sondern ebenso und mehr noch aus dem städtischen Bürgertum. Der Bürger wurde selbst zum Grundherrn, denn bis ungefähr 1570 gaben der Kauf und der Besitz einer Grundherrschaft die Möglichkeit zur Eingliederung in den Adel. Die große Mehrheit des französischen Bürgertums lebte seit langer Zeit von der Verpachtung des Bodens, da dies dank der demographischen Ausdehnung und dem Wachstum der Städte ein einträgliches Geschäft war. Ob adlig oder nicht, der Grundeigentümer wurde oft entweder vom Verwalter der Grundherrschaft, dem Generalprokurator-Syndikus, oder vom Generalpächter vertreten; der erste war ein lehnsherrlicher Beauftragter, der zweite ein Pächter, der unterverpachten konnte.

Das Bindeglied zwischen den Menschen in der Stadt und denen auf dem Land war der Notar, da dieser schreiben konnte und sich in Rechtsangelegenheiten auskannte und dadurch die Welt des Mündlichen und des Schriftlichen miteinander verband. Zwischen diesen beiden Welten schuf die Verbreitung von Druckwerken erst recht einen unüberbrückbaren Graben. Erst jetzt macht man sich daran, die geographische Verteilung der Notare zu untersuchen. Wir kennen die bäuerliche Welt größtenteils nur aus den notariellen Dokumenten und Gemeinderegistern, da diese selbst, abgesehen von einigen literarischen Zeugnissen, kaum andere Spuren hinterlassen hat, zumindest nicht im 16. Jahrhundert.

Infolge der außerordentlichen Verschiedenartigkeit der Quellen verbieten sich Verallgemeinerungen. Ausländische Reisende in Frankreich beschrieben eine ländliche Welt, die so wenig einladend war wie die Holzschnitte von Albrecht Dürer. Es gab nur Hütten mit Dächern aus Schilf oder Stroh – Schiefer und Dachziegel waren auf dem Land ein Zeichen für soziale Höherstellung – und mit nur wenigen Öffnungen, die im Winter entweder mit Holzläden verhängt oder im Sommer mit geöltem Papier verschlossen wurden. Fensterscheiben waren selbst in der Stadt eine Seltenheit. Englische Reisende – England war selbst Herstellerland, führte aber auch belgisches und vor allem lothringisches Glas ein – vermerkten am Ende des 17. Jahrhunderts, daß die Städte südlich von Lyon kein Glas kannten.

Zwischen Herrn und Pächter gab es häufige Kontakte, denn der

Doppelwohnsitz war eines der Merkmale des adligen Lebens. Unabhängig davon, ob er im Sommer anwesend war oder nicht, übte der Grundherr einen großen Einfluß aus; er selbst oder ein hoher Gerichtsherr bestimmten mehr oder weniger die Religion. Aber dieses Beispiel zeigt zugleich auch die Grenzen ihres Einflusses auf; denn überall in Frankreich zog der Grundherr nur einen Teil der bäuerlichen Bevölkerung mit sich, nur sehr selten die Mehrheit.

Die Grundherrschaft befand sich nicht auf einem gleichförmigen Rückzug. Viele Grundherren, die die Unzulänglichkeit der Verwaltung ausnutzten, vermehrten sogar noch ihre Übergriffe auf die Krondomäne. Diese Entwicklung erstreckte sich über die ganze erste Hälfte des 17. Jahrhunderts und erklärt die verzweifelten Bemühungen Colberts, die Grundherrenrechte durch eine Domänenreform zurückzugewinnen. Diese usurpatorischen Übergriffe hatten besonders im rechtlichen Bereich ernste Konsequenzen, denn die niedere Justiz erlaubte es dem Grundherrn vermittels seiner Beauftragten, zum eigenen Nutzen und dem seiner Intendanten und Beauftragten zugleich Richter und Partei zu sein. Tatsächlich aber strebte der Grundherr kaum nach Profit, denn die Ausübung der stark variierenden grundherrschaftlichen Gerichtsbarkeit war selten gewinnbringend. Ihn interessierten vielmehr die Druck- und Schlichtungsmittel, die die Justizrechte dem Grundherrn und Eigentümer verliehen.

Doch muß an dieser Stelle das Bild des unterdrückten und geschundenen Bauern nuanciert werden. Er fand immer Wege, sich zu wehren, und war in diesem Jahrhundert der Unsicherheit oft bewaffnet. Die Waffe, so dachte man, gehört zum Menschen, und so blieben in den Berggegenden Wölfe bis ins 19. Jahrhundert ebenso eine Gefahr wie ein Mythos. Für den Adligen und den Grundherrn wiederum war die Jagd ein unveräußerliches Recht, während der Bauer es als eine unbedingte Pflicht des Herrn betrachtete, das Land von wilden Tieren zu befreien. Heimliches Angeln und Wilderei gehörten zu den nationalen Sportarten, ja wurden sogar als Lebensnotwendigkeit angesehen, die jeder mit demselben Anspruch betrieb wie Forstdelikte, mit dem Gefühl nämlich, sich damit diejenigen Rechte zurückzuholen, deren man ungerechterweise beraubt worden war. Abgesehen von der Freude an verbotenen Früchten lieferte die Wilderei auch einen wertvollen Beitrag zur Ernährung, zur Versorgung mit tierischem Eiweiß.

Dieselbe Haltung nahmen die Bauern auch gegenüber den agrarischen Bewirtschaftungssystemen ein: Sie zeigten viel Geduld und unendliche List, wenn es darum ging, den Grundherrn bei einer Schwäche zu ertappen. Zu Beginn des 19. Jahrhunderts beschrieb Balzac eine Region, der es gelang, das Gewohnheitsrecht abzuschütteln und die Eindringlinge, die nicht aus der Gegend stammten, zu verjagen. Im 16. Jahrhundert sah es kaum anders aus, vielleicht sogar noch schlimmer, da die unruhigen Zeiten zahlreiche Gelegenheiten zu Winkelzügen boten. Die Unbill der Zeit wollte es, daß man von Zeit zu Zeit ausgeraubt wurde, wenn nicht gar noch Schlimmeres geschah, doch erinnern die Chroniken der Leute, die schreiben konnten, nur selten an die heimtückischen Hinterhalte der Bauern, die mit zahlreichen Räubern, ob adlig oder nicht, fertig wurden. Im Morbihan in der Gegend von Grandchamp hatten zum Beispiel die Krautjunker, die durch den Bürgerkrieg zu Plünderern geworden waren, Angst, ihre befestigten Häuser zu verlassen.

Ebenso verstand es der Bauer, die kirchlichen Gesetze zu umgehen. Die Statistiken über Steuererhebungen zeigen für ganz Frankreich einen beträchtlichen Rückgang in den Einnahmen des Kirchenzehnten. Es kam zu einem wahren Zehntstreik, der fast die Einnahmeverluste ausglich, die den Bauern durch klimatische Härten entstanden. Der Streik verfälschte sogar den Aussagewert der Zehntkurve, in der Theorie ein ideales Instrument, um die Schwankungen der Getreideproduktion zu messen. Speziell wurden die beiden letzten Jahrzehnte des Jahrhunderts davon betroffen, just also jene Zeit, die auch den Kampf zwischen der Liga und Heinrich von Navarra erlebte. Das Phänomen machte auch vor den Grenzen nicht halt und griff zum Beispiel auf Brabant über.

Die Zehntkurve ist ein wichtiges Hilfsmittel, das es erlaubt, einige allgemeine Aussagen über das Niveau der Agrarproduktion zu treffen. Hinsichtlich der Agrareinkünfte bedeutete das 16. Jahrhundert eine Periode des Wachstums, das parallel zum Bevölkerungswachstum verlief. Es übertraf jedoch nicht das Niveau, das am Ende des 13. und Anfang des 14. Jahrhunderts erzielt wurde, und es ist nicht einmal immer sicher, daß man überall dieses Niveau erreichte. Hingegen verringerte sich die Produktivität pro Kopf der Bevölkerung, was ein Hinweis für eine wahrscheinliche Verarmung der bäuerlichen Verhältnisse im Vergleich zum Beginn des Jahrhunderts ist.

Diese Verarmung äußerte sich durch zwei klassische Phänomene:

Zum einen fielen überall die realen Löhne der Landarbeiter; zum andern begann infolge der Bevölkerungsvermehrung die Gesamtfläche der einzelnen bäuerlichen Betriebe zu schrumpfen. Nun wurde jeder geeignete Boden bewirtschaftet, und ab Mitte des 16. Jahrhunderts sanken die Erträge. Dennoch blieb der Wald sehr wichtig, und sein Rückgang sollte sich kaum vor der zweiten Hälfte des 17. Jahrhunderts bemerkbar machen. Diese Entwicklung zog eine Preissteigerung für Agrarprodukte, insbesondere für Korn, nach sich. Zwar wurde diese Preissteigerung lange Zeit der »monetaristischen« Wirkung der amerikanischen Edelmetalle auf dem europäischen Markt zugeschrieben, doch hatte sie in Wirklichkeit mehrere Gründe, in erster Linie die unaufhörliche Steigerung der Produktionskosten – die Getreideböden, die neu zum Anbau kamen, waren sehr viel kostspieliger zu bewirtschaften – und zum andern das Wachstum der Bevölkerung zusammen, vor allem das Wachstum der Städte.

Die Auswirkung des Preisauftriebs kann nicht als Ganzes gesehen werden, denn Sonderfälle waren sehr zahlreich. Die Grundrente zog stark an, allerdings mit großen regionalen Schwankungen, im Süden deutlich weniger als im Norden. Zwischen den Pächtern kam es zu einer scharfen Konkurrenz, aus denen die wohlhabendsten den größten Vorteil zogen.

Im großen und ganzen verlangsamte sich ab 1500 die Entwicklung der traditionellen Agrikultur; das schnelle Wachstum der letzten vier Jahrzehnte des 15. Jahrhunderts setzte sich im 16. Jahrhundert nicht fort. Die Produktion stagnierte überall zwischen 1560 und 1570 und in privilegierten Regionen zwischen 1570 und 1600. Die favorisierten Gegenden aber, die am besten in die Marktwirtschaft integriert waren, waren jene, die über ein Netz von sich ausdehnenden Städten verfügten, das heißt im weitesten Sinne die Niederlande, die gesamte Pariser Region in einem Umkreis von einhundert Kilometern um die Hauptstadt und schließlich die Küstengegenden, die auf Ausfuhrüberschüsse zurückgreifen konnten. So hatte die Bretagne, vor allem das Vannetais, normalerweise bedeutende Getreidemengen, die auf den spanischen Markt exportiert wurden. Aber diese Daten, die im wesentlichen nur für die Getreideproduktion gelten, spiegeln nicht die ganze Realität wider, denn die französische Landwirtschaft hatte sich stark diversifiziert. Es wäre also gefährlich, ausgehend von der Getreideproduktion voreilig verallgemeinern zu wollen. Alles hing in erster Linie von der jeweiligen Region ab.

Die Einführung oder Ausdehnung der Industriepflanzen (Flachs, Hanf, Färberpflanzen wie um Toulouse), die Entwicklung der Viehzucht (die Vermehrung der Zahl kleiner Schafherden) und das Auftreten oder die Verbreitung von Gemüse- und Obstkulturen kam vor allem den Regionen mit starker Bevölkerungsdichte zugute: der Stadtbevölkerung, denn sie rief die Nachfrage hervor, und der Landbevölkerung, da die spezialisierten Kulturen zahlreiche Arbeitskräfte erforderten. Die Verbreiterung der Produktpalette war jedoch selten das Verdienst der großen Betriebe. Entgegen vielen etablierten Vorstellungen gilt zumindest für die neuzeitliche Periode, daß Innovationen von den mittleren und vor allem den kleinen Betrieben ausgingen. Das ist einer der Gründe, warum die Niederlande und das nordöstliche Frankreich gegenüber Südfrankreich und besonders dem Languedoc begünstigt waren.

Die ländliche Industrie erlebte im 16. Jahrhundert eine kräftige Weiterentwicklung. In vielen Regionen stellte das Handwerk eine Antwort auf die Stagnation der Getreideproduktion dar. In den Regionen, die von der Auffächerung der Agrarproduktion berührt waren, läßt sich auch eine Diversifikation der sozialen Struktur feststellen. Die ländliche Welt war nun nicht mehr einheitlich bäuerlich geprägt, Landwirt und Handwerker lebten immer häufiger Seite an Seite. Gewiß hatte es im Dorf immer Hufschmiede, Sattler und kleine Werkzeugmacher gegeben, aber im 16. Jahrhundert verzeichnete vor allem jenes Handwerk, das von der Stadt abhängig war und für sie arbeitete, eine beträchtliche Zunahme. Einerseits gab es die saisonbedingte Tätigkeit der Bauern, die ihre Abkömmlichkeit im Winter dazu nutzten, einer bezahlten Beschäftigung nachzugehen; andererseits gab es spezialisierte Handwerker (etwa im Tuchgewerbe), die daneben keinen Boden bestellten – abgesehen von einem kleinen Stück Garten, einigen Reben oder einer Parzelle Getreideland – und nur einige Schafe oder eine Kuh hielten, zumindest im Westen, wo Rinder zahlreicher waren als Schafe.

Die Beliebtheit eines Königs hing also von Bedingungen ab, auf die er kaum Einfluß hatte. Ludwig XII. war insgesamt gesehen ein mittelmäßiger König. Dennoch galt er als »Vater des Volkes«, denn seine Herrschaft fiel mit der letzten Phase der Erholung nach dem Hundertjährigen Krieg zusammen, in der die positiven Wirkungen noch die Nachteile überwogen. Dieselbe Frage ließe sich auch an die Gründe für die Popularität des »guten Königs Heinrich« stellen, dessen Herrschaft mit der berühmten

Formel vom »Huhn im Topf« charakterisiert wird, was soviel heißt, daß jeder Bauer wenigstens einmal in der Woche in der Lage sein sollte, über den Ertrag seines Hühnerhofs zu verfügen. Dieses Schlagwort stammte aus Kreisen der Regierung. In Wirklichkeit profitierte die Herrschaft Heinrichs IV. von vorteilhaften Umständen, da nach dem schwierigen Jahrzehnt von 1590 bis 1600 mit seinen langen und harten Wintern, seinen verregneten Sommern, seinen besonders heftigen Seuchenepidemien und dem Ausbruch des Bürgerkriegs die Jahre von 1600 bis 1610 sehr viel günstiger waren. Das Wetter normalisierte sich, die Winter wurden milder; die Epidemien, obwohl latent vorhanden, ließen nach. Vor allen Dingen erlaubte der Frieden den Menschen, wieder zu ihren alten Gewohnheiten zurückzukehren. Die Wiederherstellung der Ordnung, die Unterdrückung der Privatkriege, die Verminderung der Truppenstärke und vor allem der Rückgang der Truppendurchzüge waren, wie in allen vorindustriellen Gesellschaften, die Vorbedingung für eine Wiederbelebung der Agrarkultur.

Die Wiederherstellung des Friedens hatte jedoch nicht nur Vorteile; sie bedeutete auch das Wiederinkrafttreten der Steuererhebungen und vor allem die Wiedereinziehung des Kirchenzehnten. Die Statistiken über die Zehnteinnahmen zeigen nach 1600 wieder einen schnellen Anstieg, aber sie erreichten ihr vorheriges Niveau erst nach mehreren Jahrzehnten. Der Bauer entrichtete wieder, wenn auch nur mürrisch, seinen Zehnten.

DIE WELT DER STÄDTE

Die Dynamik des 14. Jahrhunderts war urbaner Natur. Es ist im übrigen aufschlußreich, daß die Menschen in dieser Zeit begannen, Pläne und Utopien von der idealen Stadt zu entwerfen, die zuerst in Italien, dann in Frankreich in großer Zahl Eingang fanden in Literatur und Malerei. An die Stelle des selbstregulierten Wachstums einer mittelalterlichen Stadt, die wie eine Pflanze wucherte, trat der neuzeitliche Traum einer Stadt, die in allen Belangen der Logik ebenso wie den täglichen Bedürfnissen genügte. Eine wirklich moderne Stadt gab es nicht. Die Welt war dafür zu alt, und alles war bereits erdacht worden. Das urbane Netz Frankreichs war so dicht geknüpft, daß sich kaum neue überlebensfähige Städte entwickeln konnten, es sei denn, sie hätten eine spezielle neue Funktion zu erfüllen gehabt.

Dieses urbane Netz wurde von Paris beherrscht. Man diskutiert noch immer über die Größe seiner Bevölkerung. Nach der am weitesten verbreiteten Meinung lag seine Einwohnerzahl im 16. Jahrhundert zwischen 200 und 250000, was nur knapp 1,5 Prozent der französischen Bevölkerung darstellte. Die Pariser Bevölkerung wuchs jedoch weiter an; gegen 1650 erreichte Paris die Zahl von 600000 Einwohnern und überschritt diese sogar noch, so daß es sich im Laufe eines Jahrhunderts mehr als verdoppelte, während die französische Bevölkerung insgesamt sich nur bescheiden vermehrte: Die Hauptstadt stellte damals 2 bis 2,5 Prozent der Gesamtbevölkerung.

Keine Stadt war mit Paris vergleichbar; so behauptete es schon Ronsard, Montaigne bestätigte es, und auch die ausländischen Besucher teilten diese Ansicht. Paris war die politische Hauptstadt, aber dieser Begriff besaß noch nicht die Bedeutung, die er unter Richelieu bekommen sollte. Die Krone blieb aus Notwendigkeit noch eine Krone »auf Reisen«. Eine Pause zwischen zwei Kriegen nutzend, setzte Katharina von Medici, mit dem politischen Spürsinn, der sie lange Zeit auszeichnete, auf die Präsenz des Königs in den Provinzen. Von 1564 bis 1566 unternahmen Karl IX., die Königin und der Hof eine eindrucksvolle Rundreise durch ganz Frankreich. Es war eine durch ihre Länge und die Dauer der Aufenthalte einzigartige Reise, die sehr aufschlußreich das Verhältnis der Macht gegenüber den Regionen aufzeigte. Die Reise führte von Paris entlang der Seine bis Troyes mit einem Abstecher durch die Grenzprovinz der Champagne. Anschließend ging es über Vitry und Bar-le-Duc die Saône- und Rhônetäler hinunter und durch die Provence nach Hyères. Marseille erreichte man entlang der Küste, umging anschließend die Camargue und schlug die große Südroute von Narbonne nach Bordeaux ein; über Bazas ging es bis Saint-Jean-de-Luz weiter; von Condom führte die Reise schließlich wieder nach Norden in Richtung Angoulême, Marennes und La Rochelle. Von dort führte der Weg dann ins Loiretal, zuerst nach Nantes und danach in kleinen Tagesreisen am rechten Loireufer entlang nach Châteaubriant, Angers, Langeais und Blois. Über Bourges ging die Reise durch die Limagne wieder südlich bis zu den Mont-Dore, bevor sie über Clermont und Riom, La Charité-sur-Loire, Auxerre und Meaux schließlich in Paris endete.

Die Berggegenden des Südens, das Zentralmassiv, die Alpen und die Pyrenäen, aber auch der ganze Nordwesten, die Bretagne, die Normandie und die nordöstliche Grenze wurden beiseite gelassen, was sich weitgehend durch die Schwierigkeiten der Unterbringung erklären läßt. Es war nicht einfach, diese laute und anspruchsvolle Hofgesellschaft zu beherbergen und Städte zu finden, die imstande waren, auch nur einen Teil der Festlichkeiten zu bezahlen. Doch unabhängig von diesen durchaus einsehbaren Fällen scheuten sich Katharina von Medici und Karl IX. nicht, alle jene politisch empfindlichen Regionen zu bereisen, in denen sich später die Religionskriege abspielen sollten. Diese Reise sollte alle jene Städte um die Person des Königs vereinen, die durch ihr gemeinsames Gewicht die Waage zugunsten der Krone ausschlagen lassen konnten. Die unbesucht gebliebenen Provinzen stellten ein Drittel der Bevölkerung des Königreichs dar; zweifellos schien die künftige königliche Partei dort bereits ziemlich fest verwurzelt gewesen zu sein.

Außer dieser nach Art und Umfang einzigartigen Reise kam es noch zu einer ganzen Reihe weiterer Aufenthalte des Hofes im Loiretal, die in der Regel außerhalb der Wintersaison stattfanden. Im 16. Jahrhundert weilte der Hof ungefähr 40 Prozent seiner Zeit außerhalb von Paris. Das Gewicht des Hofes, vor allem was seine Kaufkraft anlangte, kam also saisonbedingt, das heißt während des Winters, zum Tragen; Paris erlebte damals einen kommerziellen Rhythmus, der sehr verschieden war von dem regelmäßigen, über das ganze Jahr verteilten Rhythmus seit Ludwig XIII.

Auch war Paris, die Hauptstadt mit Unterbrechungen, nicht das einzige Handelszentrum, wenigstens nicht während der ersten Hälfte des 16. Jahrhunderts. Lyon bildete die Ausgangsbasis für die Italienunternehmungen, und dort wurden auch die militärischen Geschäfte abgewickelt. Außerdem bot Lyon seit langer Zeit einen Zufluchtsort für alle italienischen Exulanten. Fast alle großen italienischen Bankiersfamilien, besonders Florentiner, waren dort ansässig. Sie liehen den Königen von Frankreich viel Geld. Obwohl Franz I. wegen der Unterstützung, die Karl V. von dem großen Kapitalmarkt in Süddeutschland erhielt, bei seiner Bemühung um die Kaiserkrone scheiterte, empfing der König von Frankreich die Hilfe der in Lyon etablierten italienischen Finanziers, die ebensoviel daran verdienten wie die deutschen Banken. Zwischen 1556 und 1584 wurden ungefähr siebzig internationale, in Augsburg ansässige

Banken – darunter Herbrot, Haug-Langenauer, Herwart, Manlich und Paumgartner – im Kielwasser der Staaten in den finanziellen Ruin gezogen. Ein ähnliches Desaster ereignete sich in Lyon. Selbst wenn man einige der Augsburger Firmen unter Mazarin wiederfand, war die Situation in Lyon sehr viel ernster.

Das Ende der Italienkriege war für Lyon ein schlechtes Geschäft, denn die Halbinsel hörte auf, eines der vitalen Zentren der europäischen Welt zu sein. Nicht daß darin der »absolute« Untergang zu sehen ist, den man lange darin gesehen hat, aber der Aufstieg der atlantischen Welt geschah in einer Weise, daß das ökonomische Gravitationszentrum sich langsam vom Süden nach Norden und vom Osten zum Westen hin verschob. Weil Genf protestantisch war, konnte es unberührt davon seinem eigenen Aufschwung folgen und machte Lyon Konkurrenz. Die Nachteile der geographischen Lage Lyons liegen offen zutage: Als Grenzstadt in unmittelbarer Nähe zum spanischen Hochburgund war Lyon zwar eine königstreue Stadt, woran sich die führenden Kreise während der ganzen neuzeitlichen Epoche erinnern sollten, aber es verlor an Boden.

Einige Historiker glauben, daß Lyon mit dem Elan, den es noch zu Anfang des Jahrhunderts hatte, fast hätte Hauptstadt werden und somit die Rolle wiederfinden können, die es im römischen Gallien hatte, und in der Tat spricht auch vieles dafür, falls das Mittelmeer seine Bedeutung behalten hätte, das es am Ende des Mittelalters hatte. Aber gegen 1650 verlagerte sich die Dynamik nach dem Ozean hin. Die Lyoner Eliten verstanden es nicht, sich anzupassen. Außerdem bewirkte die Käuflichkeit der Ämter, daß die Waage sich auf die Seite des bevölkertesten und reichsten Teil des Königreichs, das heißt Nordfrankreichs neigte. Nicht daß die italienische Welt für Frankreich nicht mehr gezählt hätte – die genuesische Aristokratie lieh dem französischen Staat weiterhin Geld, bis zum Vorabend der Revolution – aber diese Geschäfte wurden fortan über einige Pariser Notare abgewickelt. Das Seßhaftwerden des Hofes, das zum Teil mit den Religionskriegen zusammenhing, wies in die gleiche Richtung. Außerdem befanden sich die beiden größten Städte Frankreichs in Grenznähe des spanischen Machtbereichs, wobei jedoch Lyon zu nahe an der Grenze lag, während die Position von Paris es trotz allem erlaubte, die Gefahr einer Invasion abzuschwächen. Schließlich kam auch noch der demographische Vorsprung von Paris zum Tragen: Die Bevölkerung von Lyon, die im Laufe der ersten Hälfte des 16. Jahrhunderts vielleicht

100000 Einwohner umfaßte, ging während der Bürgerkriege zurück, wohingegen Paris mindestens die doppelte Einwohnerzahl zählte. Das war für Lyon ein Handikap, das schwer aufzuholen war. So begann nach 1550–1560 der Niedergang Lyons, der Rouen, das heißt der Stadt, die dem Meer zugewandt war, zugute kommen sollte. Lyon kam erst im 18. Jahrhundert wieder auf seine alte Einwohnerzahl.

Rouen, dessen Bevölkerung zwischen 60 und 80000 schwankte, setzte ganz auf das Meer. Es war die Hauptstadt der Provinz, die vom 15. Jahrhundert bis in die achtziger Jahre des 17. Jahrhunderts die erste Meeresprovinz Frankreichs blieb, was mit der Versorgung von Paris zusammenhing. Dennoch sollte die Stadt auf ihre Weise – sie umgab sich mit enormen Stadtmauern – die Folgen der Religionskriege tragen. Dieses Korsett sollte sie während der ganzen vorindustriellen Periode einschnüren; die Vororte blieben relativ unbedeutend. Paris, Lyon, Rouen: das waren die drei größten Städte im Frankreich des 16. Jahrhunderts. Alle anderen, einschließlich Bordeaux und Toulouse, lagen weit unterhalb der Schwelle von 40000 Einwohnern.

Diese Zahlen stellen zwar nur Vergleichsgrößen dar, aber sie erlauben es, zwei große Tendenzen herauszuarbeiten. Einerseits erfuhren die Städte, die sehr klein anfingen, ab der Mitte des 15. Jahrhunderts einen starken Auftrieb, der bis um die Mitte des 16. Jahrhunderts andauerte. Andererseits stagnierten viele Städte als Folge der Seuchen, der Kriege, der Teuerungen und der religiösen Kämpfe und schrumpften teilweise sogar im Laufe der zweiten Hälfte des 16. Jahrhunderts. Wie Paris profitierten jedoch einige Städte aus der vom Krieg ausgelösten Landflucht. Nach einem goldenen Jahrhundert bis 1560 verharrte Toulouse bis zur Revolution auf einem Niveau von 40 bis 45 000 Einwohnern. Der bereits zitierte Fall von Lyon war vielleicht der spektakulärste. Zu Beginn des 16. Jahrhunderts hatten so bedeutende Städte wie Bordeaux, Marseille, Rouen und Toulouse zwischen 20 und 40000 Einwohner; am Ende des Jahrhunderts kam Marseille kaum über die Zahl von 45 000 hinaus, und auch Bordeaux, das mit 30000 Einwohnern begann, gewann letztlich viel weniger hinzu als andere Städte und zählte gegen 1660 nur 40000 Einwohner; sein blitzartiger Aufstieg fiel im wesentlichen erst in die zweite Hälfte des 18. Jahrhunderts. Außerhalb des Königreichs war es Lille, das sich nicht weiterentwickelte und die ganze Renaissance über bei etwa 40000 Einwohnern stehenblieb. Im Westen dagegen befanden sich die großen Städte in einem kontinuierlichen Aufschwung. Nantes wuchs von 15 000 Einwohnern unter Franz I. auf 25 000 unter Heinrich IV. und auf 40 000 am Ende der Herrschaftszeit von Ludwig XIV. Rennes folgte ungefähr dem gleichen Rhythmus. Angers zählte um 1570 25 000 Seelen und Le Mans zwischen 15 000 und 16 000; Tours bewegte sich in der gleichen Größenordnung.

Diese Aufzählung unterstreicht, wie klein die Städte waren, wobei manche Zahlen erstaunen. Zu Beginn des 17. Jahrhunderts zählten Beauvais, La Rochelle und Poitiers nur etwa 3000 Seelen; Saint-Malo – mit dem Vorort Saint-Servan – kam auf nicht mehr als 5000, Alençon und Laval auf 2000 Einwohner.

Frankreichs »Reichtum« an Städten war also selbst am Ende des 16. Jahrhunderts so großartig nicht, und es bestand bisweilen durchaus ein Gegensatz zwischen der Rolle, die einige Städte spielten, und der Größe ihrer Bevölkerung. Dieses Phänomen erinnert an die Antike oder an gewisse Epochen des Mittelalters.

Der ganze französische Schiffsbau konzentrierte sich auf Dieppe, Le Havre, Saint-Malo, La Rochelle und Bayonne. Le Havre, eine Gründung von Franz I., hatte nicht mehr als 5000 Einwohner, Dieppe kam auf ungefähr 4000 Einwohner, Bayonne hatte vielleicht 10 000 Einwohner. Natürlich waren es für gewöhnlich die ganz großen Städte, die die wirtschaftlichen Aktivitäten an sich zogen, obgleich es an der äußersten Südspitze Südeuropas sehr bevölkerungsreiche Städte gab, die nur geringe Aktivitäten aufwiesen. Daneben gab es aber auch eine ganze Zahl kleiner Städte, die eine außerordentliche Wirksamkeit und Innovativkraft an den Tag legten, während andere wiederum stillstanden.

Alle diese Städte waren Militärstädte. Bis zum Beginn der Selbstherrschaft Ludwigs XIV. war die Stadt durch militärische Funktionen bestimmt. Eine Ringmauer trennte sie vom flachen Land, und die Tore blieben jede Nacht verschlossen. Im Gegensatz zur Bevölkerung des flachen Landes, die nur in Ausnahmen über eigene Milizen verfügte, sorgte die Stadtbevölkerung für ihre eigene Verteidigung. Die Nachtwache, die Rembrandt so großartig als niederländisches Beispiel veranschaulichte, war ein wesentlicher Bestandteil der städtischen Aufgaben. Die königlichen, das heißt dem König direkt unterstehenden Städte – vor allem die Grenzstädte, in denen die ihrem Wesen nach hoheitliche Militärgewalt dem Herrscher zufiel – besaßen eine noch offenkundigere strategische Bedeutung. Doch gab es letztlich bis zur Mitte des 17. Jahrhunderts keine Stadt ohne eine militärische Funktion, selbst wenn man Stadtsiedlungen fand, die wie Carhaix in der Bretagne, die alte Hauptstadt Osismii, nicht durch eine Ringmauer geschützt waren.

Da der König keine Armee unterhalten konnte, um die Stadtmauern aller großen Ansiedlungen zu besetzen, übertrug er ihnen, oft gegen den Willen ihrer eigenen Seigneurs, seine Militärgewalt. Sie mußten also selbst ihre Befestigungen instandhalten und ein Waffenlager anlegen. So hatte jede wichtige Stadt ihre eigene Artillerie, und das Rheintal besaß keineswegs allein das Monopol auf jene Kanonen, die zum Beispiel den Stolz von Straßburg ausmachten. Die Landartillerie war bis zur Fronde im wesentlichen Eigentum der Städte, und dies sollte auch lange so bleiben, wie 1871 die Kanonen der Commune zeigen sollten.

Äußere und innere Sicherheit waren die beiden Seiten derselben Verpflichtung, die schwer auf den kommunalen Finanzen lastete, aber auch menschlichen Zwang bedeutete. Theoretisch waren alle Bürger, die das entsprechende Alter hatten und in der Lage waren, Waffen zu tragen, zum Dienst in den Milizen verpflichtet. Die Hierarchie war überall annähernd die gleiche. Die Milizen wurden nach Quartiers zu »Hundertschaften« und »Zehntschaften« zusammengestellt. Manchmal überschritt diese Organisation den militärischen, polizeilichen und Festtagsrahmen. Sofern es keinen vom König ernannten Statthalter gab, fiel die militärische Obergewalt dem Gemeinderat zu, der sie an den Bürgermeister delegierte.

Dies verlieh den Gemeinden unter anderem zwar eine gewisse Unabhängigkeit, nötigte sie aber aufgrund der rapiden Entwicklung der Technik auch zu einem Wettlauf mit dem Fortschritt. Die Ligakriege erzwangen eine permanente Verstärkung der Mauern, die der ständig steigenden Durchschlagskraft der Artillerie angepaßt werden mußten. So entstand die Form der niedrigen, in die Erde eingelassenen Befestigungen mit Kasematten, Schießscharten und zickzackförmigen Vorbauten, mit denen die Tore verstärkt wurden, und die sternförmige Anlage, die, aus Italien übernommen, das Flankenfeuer ermöglichte. Eigenartigerweise sollten diese modernen Befestigungen schneller verschwinden als die mittelalterlichen Festungsanlagen. Abgesehen von den recht untypischen Befestigungen von Rouen sind nur wenige erhalten geblieben. Diese Verteidigungsanlagen erforderten sehr viel mehr Platz als die mittelalterlichen Anlagen.

Zwischen 1560 und 1660 nahm die militärische Rolle der Städte an Bedeutung zu. Ihre Schwäche war jedoch, daß die Bürgermilizen nur ungern außerhalb der Stadtbegrenzungen eingesetzt wurden. In Frankreich gab es keine Städte, die wie die freien Reichsstädte im Heiligen Römischen Reich eigene kleine Armeen aufbieten konnten. Der Bürger blieb lieber in der Nähe seines Zuhauses und seiner Geschäfte. Feldzüge setzten eine flexible Organisation voraus, die auf soliden Finanzen beruhte, Bedingungen, die selten erfüllt waren. Auch war das Kontingent der Städte an waffenfähigen Männern je nach Größe rasch erschöpft, und eine schwere Niederlage bedeutete häufig die Eliminierung eines großen Teils der städtischen Bevölkerung.

Hingegen verschaffte die Milizgewalt den Städten im Innern gegenüber der königlichen Gewalt und der anderen Gewalten eine praktische Unabhängigkeit, die sehr weit gehen konnte. Dies erlaubte ihnen während der Religionskriege, der Unruhen in der Zeit der Minderjährigkeit Ludwigs XIII. und unter der Fronde eine gewisse politische Autonomie. Da die Krone das Bündnis mit den Städten suchte, verschloß sie vor vielen ihrer Umtriebe die Augen. Diese Unabhängigkeit trat vor allem bei den Hafenstädten offen zutage, die über eine kleine Flotte verfügten und in der Lage waren, den Landheeren zu trotzen. So schwankte etwa Saint-Malo während der Ligakämpfe zwischen den Parteien hin und her und blieb oft neutral. Auch mußte man, um eine Stadt zu erobern, sie bei Nacht überraschen oder einen Verrat nutzen, denn Belagerungen waren lang und kostspielig. Während das flache Land den Mächtigen schutzlos ausgeliefert war, bildeten die Städte Inseln relativer Sicherheit. Im 16. Jahrhundert und bis ins Jahr 1660 war der König deshalb häufig gezwungen, mit ihnen zu verhandeln.

Obwohl ein Faktor der Unabhängigkeit, stellte die militärische Rolle der Städte dennoch ein Handikap für sie dar, denn die rasch veraltenden Befestigungen ruinierten ihre Finanzkassen. Man versuchte deshalb die Kosten zu verringern, indem man die Bauern der Umgebung verpflichtete, sich in der einen oder anderen Weise an ihrer Errichtung und Instandhaltung zu beteiligen. Es gab auch einige, die dabei auf ihre Kosten kamen. So scheint die Familie Colbert einen Teil ihres ersten Aufstiegs ihrer Rolle als Unternehmer beim Bau der Befestigungen von Reims zu verdanken. Aber die Requisitionen auf dem flachen Land verschärften oft nur noch die latente Feindseligkeit des Landes gegenüber den Städten.

Das Korsett aus Stein und Erde, mit dem die Städte sich umgaben, war jedoch nur unter der Bedingung wirkungsvoll, daß ein ausreichendes Schußfeld frei gelassen wurde. Damit stellte sich jedesmal von neuem das Problem der Vororte, das insofern unlösbar erschien, als die urbane Ausdehnung im Widerspruch zur militärischen Sicherheit stand.

Eines der Hauptmerkmale des Übergangs zur Neuzeit bestand in der Tatsache, daß alle bedeutenden Revolten mehr oder weniger von den städtischen Milizen unterstützt wurden. Bis zur Mitte des 17. Jahrhunderts blieben die Städte noch verhältnismäßig Herr über ihr eigenes Schicksal und waren jederzeit imstande, die politische Autorität in Frage zu stellen. Die Religionskriege und die Fronde haben die Gefahr, die sich in diesem System verbarg, deutlich vor Augen geführt. Von 1661 bis 1789 ereignete sich dann eine fast vollständige Demontage des städtischen Militärsystems und eine sehr weitgehende Entmilitarisierung der Städte. Die Befestigungen, die seit 1661, außer an den Grenzen, nutzlos waren, zerfielen oder wurden dem Erdboden gleichgemacht. Entsprechend brach der Schutz der Bevölkerung fast völlig zusammen. Der Adel und die kommunalen Oligarchien verfügten über keine bewaffneten Einheiten mehr, es sei denn für Prunkzwecke und für die Polizei. Dies bedeutete einen entscheidenden Schritt in der Entwicklung der monarchischen Gewalt hin zu einer Zentralisation – eine Entwicklung, die schon vom 16. Jahrhundert an von legislativen Reformen begleitet war.

Im Zuge dieser Entwicklung verwandelten sich schon mit Beginn des 16. Jahrhunderts die königlichen Schlösser in Lustwohnsitze. Sie verloren in der Praxis jede militärische Funktion. Im Gegensatz zu den Städten, deren militärische Rolle im wesentlichen passiv war, wie schon der Name »Sicherheitsplätze« besagt, den man den protestantischen Zufluchtsstädten verlieh, verfügte die Krone über bewegliche Streitkräfte: Die statische Verteidigung hatte keine Daseinsberechtigung mehr.

Die Entwicklung der Technologie arbeitete gegen die Stadt; es genügte nicht nur, über Waffen zu verfügen, sie durften auch nicht veraltet sein. Im 16. Jahrhundert, als der Krieg aus handstreichartigen Aktionen bestand, die meistens mit beschränkten Kräften für begrenzte Ziele durchgeführt wurden und keine bedeutenden Mittel verlangten, konnten die städtischen Zentren noch unter der Bedingung standhalten, daß sie über solide Finanzen verfügten. Von diesem Gesichtspunkt her müßte man vielleicht eher von der Krise der Jahre 1560 bis 1660 sprechen als von der »Krise des

16. Jahrhunderts«. Die Schwäche der Krone bewirkte eine Rückkehr zu den Praktiken der Privatkriege des Adels und damit auch ein gewisses Wiederaufleben der Stadt als Zufluchtsort, deren Bewohner sich in diesen Situationen als solidarischer erwiesen, als dies in Friedenszeiten und Perioden der Hochkonjunktur der Fall war, und den vom Lande verjagten Bauern in ihren Mauern Schutz boten.

Die Perioden der Unsicherheit hatten starke Auswirkungen auf die Struktur des Städtenetzes. So dürfte in den sehr bevölkerten Regionen die enge Vernetzung der Städte der Dichte der ländlichen Bevölkerung entsprochen haben; ganz kleine Städte, die nahe beieinanderlagen, konnten gut als Zufluchtsstätten dienen. Das urbane Netz begann sich damals auszubalancieren. Was hingegen die kommerzielle Entwicklung anlangt, so wurden durch sie vor allem diejenigen Städte bevorteilt, die geostrategisch günstig zu den kommerziellen Hauptströmungen lagen und deren führende Kreise dynamisch waren.

Diese Entwicklung erklärt ebenso das rapide Wachstum in der ersten Hälfte des 16. Jahrhunderts wie die Stagnation der großen Städte von 1560 bis 1660. Da die Landflucht den Städten nur mehr Epidemien und Versorgungsschwierigkeiten bescherten, versuchten die städtischen Eliten den unerwünschten Zustrom so rasch wie möglich zu beschränken und später dann ganz zu unterbinden.

DIE ABSOLUTE MONARCHIE

Der königliche Absolutismus war nicht nur eine politische Theorie, sondern die Folge einer historischen Notwendigkeit. Das erhellt aus den umfangreichen Aufgaben, die die Herrscher des 16. Jahrhunderts zu bewältigen hatten, von denen einige genauer betrachtet werden sollen.

Parallel zu den Italienkriegen richtete sich die Hauptanstrengung Franz' I. und Heinrichs II. zunächst auf die interne Kontinuität des Königreichs; es ging um die Ausdehnung der Krondomäne auf fast das gesamte Königreich, das endgültig von den großen Apanagen und Fürstentümern befreit war. Danach folgte die Epoche der Religionskriege, die zum einen durch die Amtsträger und ihren Aufstieg zur Macht gekennzeichnet war – das Netz der Ämter war schon in den fünfziger Jahren des

16. Jahrhunderts geschaffen worden – und zum andern durch eine Anzahl großer Verordnungen des »Königs der Justizleute«, wie Heinrich II. auch genannt wurde. Seine Hauptsorge war es, dem Königreich Regeln für eine »allgemeine Ordnung« zu geben, doch blieb sein Werk infolge der Kriege unausgewogen. Wenn man jedoch den Zustand des Königreichs und seiner Verwaltung in den Jahren 1515 und 1598 vergleicht, ist eine Weiterentwicklung unverkennbar. Zwar schritt man nur langsam voran, doch wären die Erfolge Richelieus und Ludwigs XIV. ohne diese zögernde Verwirklichung der Pläne, die eher Resultat von Umständen als von einem rationalen Plan war, kaum möglich gewesen.

Das neue Selbstverständnis des Königs kommt auch in den Anredeformeln zum Ausdruck, die er für sich beanspruchte. So betonten die venezianischen Botschafter den Willen Franz' I., als »Seine Majestät« bezeichnet zu werden und nicht mehr durch die alte Formel »der König unser Gebieter«. Diese neue Bezeichnung war dem Heiligen Römischen Reich und Italien entliehen und war die einzige, die der »großen Monarchie von Frankreich« (Seyssel) angemessen war.

Der Übergang von der mittelalterlichen Monarchie zu einem Staat, in dem jedermann »Untertan« des Königs war, machte sich zuerst in der Ausschaltung der großen Lehnsmänner, die der Macht des Königs Widerstand leisten konnten, bemerkbar. Der »königlichen Sonne« – das Emblem der Valois, das Ludwig XIV. übernehmen sollte – mußte alles weichen. Man wollte innerhalb des Territoriums keine unabhängigen Fürsten dulden.

Weder Franz I. noch Heinrich II. hatten viele Skrupel. In seiner Auseinandersetzung mit dem Connétable von Bourbon ließ sich Franz – ob nun von seiner Mutter und seiner Frau dazu verleitet oder nicht – von Ressentiments leiten. Dem ging allerdings tiefer noch der ausdrückliche Wille voraus, das Königreich zu »säubern«. Karl, Herzog von Bourbon, Graf von Montpensier und La Marche, hatte 1505 Susanne von Beaujeu geheiratet, die Tochter von Anna von Beaujeu, der höchst bemerkenswerten Tochter Ludwigs XI. Dieser hatte viele Hebel in Bewegung gesetzt, um den Dorn, den die Bretagne für die Krondomäne bedeutete, zu beseitigen, und war – allerdings auf sehr unfreiwillige Weise – für die letzte große Vereinigung der halbunabhängigen Ländereien der Krone verantwortlich. 1521 eröffnete der Tod von Susanne eine bedeutende Erbfolge. Da ihre Kinder schon vorher gestorben waren, fielen ihre Apanagen (die Auvergne, Montpensier, Clermont-en-Beauvaisis) rechtlich an die Krone, während Luise von Savoyen, die Kusine der Verstorbenen, das Bourbonnais und die Grafschaft Châtellerault für sich und ihren Sohn, Franz I., beanspruchte.

Der Prozeß, der logischerweise vor dem *Parlement* von Paris verhandelt wurde, fiel zugunsten des Königs aus. Franz I. hätte sicherlich mit mehr Mäßigung handeln können, doch fühlte sich der Connétable, der seit 1519 mit Karl V. in Geheimverhandlungen stand, bedroht und verbündete sich 1523 mit dem Kaiser. Daraufhin floh er unter ungewöhnlichen Umständen und stellte seine großen militärischen Fähigkeiten, um die Franz ihn beneidete, in den Dienst der Habsburger. Natürlich wurden seine Güter beschlagnahmt; aber trotz des kaiserlichen Drucks und der Bedingungen des Friedens von Madrid, die dem Connétable günstig waren, gab Franz I. nicht nach, auch wenn das Recht in diesem Fall nicht unbedingt auf seiten des Königs stand. Dennoch verdient es das Jahr 1524 in die Geschichte des Landes einzugehen, denn von diesem Zeitpunkt an fiel die »Krondomäne« ungefähr mit dem Königreich zusammen.

Den Willen des Königs, im Innern die Oberhand zu gewinnen, unterstreicht auch ein weiterer, allerdings ganz anders gelagerter Prozeß, der mit der wachsenden Macht der großen Finanziers zusammenhing, auf deren Unterstützung die Krongewalt angewiesen war. Im Gegensatz zu der schwindenden Bedrohung durch die großen Apanagen und Domänen der Lehnsfürsten wurden diese zunehmend zu einer Gefahr. Aus diesem Grund hatte sich Karl VII. bereits Jacques Cœurs (1395–1456) entledigt, während Franz I. Jacques de Beaume de Semblançay (1445–1527), gewissermaßen den ersten Oberintendanten der Finanzen, beseitigen ließ. Er geriet 1521 in finanzielle Schwierigkeiten und wurde 1524 und 1527 zweimal vor Gericht gestellt. Während er im ersten Prozeß freigesprochen wurde, lautete das Urteil im zweiten Prozeß auf Hinrichtung. Man warf ihm vor, den königlichen Kredit von den großen Kaufleuten Lyons, vor allem italienischen, abhängig gemacht zu haben.

Andere Prozesse gegen Finanziers folgten. Die bedeutendsten waren die Prozesse gegen Raguenau (1530), gegen Admiral Chabot de Brion und gegen den Kanzler Poyet (1540–1542). Auch hier zeichneten sich hinter der Fassade der Vergeltung des Königs oder des Hofes jene mißbräuchlichen Herrschaftsmethoden ab, deren sich die Nachfolger Franz' I. bis zur Regentschaft Philipps von Orléans (1715–23) bedienen sollten. Der Vorgang spielte sich jedesmal nach gleichem Muster ab: Wenn ein Kreditgeber, der zu viele Anrechte auf die Dankbarkeit des Königs erworben hatte, nicht mehr in der Lage war, Geld zu leihen, wurde er kaltgestellt. Die zu Sündenböcken gemachten Finanziers zur Ader zu lassen galt außerdem immer als eine – einträgliche – Konzession an die Forderungen des Volkes. Gleichzeitig erlaubte die Streichung der Schulden bei dem in Ungnade gefallenen Gläubiger, den einen Finanzclan durch einen anderen zu ersetzen. So war der interessanteste Aspekt des Prozesses gegen Semblançay der Angriff gegen die großen Bankiers von Lyon. Diese quasi-kodifizierten Prozeduren wurden bei Beginn jeder Herrschaft schon zu einer normalen Übung, wobei der Prozeß gegen Fouquet nur der bekannteste ist. Aber mit Ludwig XIV. begann eine neue Entwicklung, indem er einen Generalkontrolleur, wenn sich dessen Kredit erschöpft hatte, einfach – und ohne Gerichtsverfahren – seines Amtes enthob.

Die Bourbonen-Affäre, die 1431 zu Ende ging, hing mit der Vereinigung der Bretagne mit der Krondomäne zusammen (1532). Doch eine Bedrohung blieb noch übrig; sie ging vom Haus Albret aus, das aufgrund verschiedener Zusammenführungen am Ende des 16. Jahrhunderts Béarn, das Herzogtum Albret, die Grafschaften Foix und Bigorre und den französischen Teil des Königreichs Navarra umfaßte. Das Problem wurde durch die natürliche Erbfolgeordnung des Königreichs gelöst: Nach dem Aussterben der Valois-Angoulême in der Person Heinrichs III. kam das Haus Bourbon-Vendôme mit Heinrich IV. auf den Thron. Dabei sollte ausgerechnet die weiße Schärpe, das Sammlungszeichen der calvinistischen Bourbonen, gewissermaßen zum Symbol der Krone im Ancien régime werden.

Im Jahre 1546 konnte der venezianische Botschafter berichten, daß »kein Land so vereint, so leicht zu handhaben ist, wie Frankreich ...«, und er fügte hinzu: »Seine Stärke ... ist Einheit und Gehorsam.« Auch wenn dieses Urteil etwas vorschnell geäußert war und es bis dahin noch viele Jahre dauerte, so sollte es sich doch durch die Bürgerkriege am Ende in gewisser Weise als richtig erweisen; denn der Staat widerstand der Erschütterung, und auch die Verwaltung büßte nichts an ihrer Funktionsfähigkeit ein. Allerdings ist der Begriff »Verwaltung« ein etwas hochgegriffenes Wort für jenes Nebeneinander von Institutionen, die entweder vom Mittelalter ererbt waren oder im Laufe des 16. Jahrhunderts geschaffen wurden.

Das fiskalische Frankreich war in drei Provinzgruppen eingeteilt: die Landständischen Provinzen (Bretagne, Languedoc, Provence und Burgund), die neuerworbenen Besteuerungsregionen des Nordostens (dazu wird man nach dem 17. Jahrhundert Lothringen, die Trois-Evêchés, Elsaß, Hochburgund und die Region von Trévoux sowie den Norden mit Lille und Valenciennes zählen) und die Steuergerichtsbezirke, das heißt der Rest des Landes von der spanischen Grenze bis zur Picardie und von der Region um Tours bis zur Dauphiné.

Das Steuergericht *(élection)* war ein Tribunal für finanzielle Rechtsstreitigkeiten, das sowohl hinsichtlich der *taille* als auch der Sondersteuern Verordnungen erließ. Da es mittelalterlichen Ursprungs und in Verruf geraten war, wurde dieses Tribunal von den Intendanten, die fortan die Aufgabe hatten, die Steuern auf die Gemeinden umzulegen sowie auch als Richter in finanziellen Rechtsstreitigkeiten aufzutreten, bis zur Bedeutungslosigkeit zurückgestutzt. Die Provinzen mit Provinzständen, das heißt die Landständischen Provinzen, wurden durch eine gewählte Versammlung der drei Stände repräsentiert. Die Provinzstände der Auvergne verschwanden 1651, die der Normandie im Jahre 1655. Diese Versammlungen waren weitgehend für die Umlegung und die Erhebung der Hauptsteuern verantwortlich. Von ihnen war erwartet worden, daß sie mit der Krone die Höhe der regionalen Steuern aushandelten und die Provinzen wirksam gegen den Steuerdruck schützten, doch sie taten dies in Form einer Umverteilung, die den Adel und den Klerus begünstigte.

Die Aufgaben der Lokalverwaltung wurden im Edikt von Crémieu (19. Juni 1536) präzisiert, wodurch zwar die wesentliche Rolle der *Bailliages* im Norden und der *Sénéchaussées* im Süden erhalten blieb, die Befugnisse ihrer Amtsträger jedoch modifiziert wurden. Die örtlichen Justizverwalter behielten ihre Zuständigkeit und stülpten sämtlichen untergeordneten Gerichtsbarkeiten – besonders den lehnsherrlichen – ihre traditionelle dreistufige Gliederung über: die hohe (für Verbrechen), mittlere und niedere Gerichtsbarkeit, wobei letztere vor allem für sogenannte »feudale«, also lehnsherrliche Angelegenheiten zuständig war. Die Amtmänner *(baillis)* und Seneschalle, die Amtsadlige waren, verloren einen Teil ihrer administrativen und finanziellen Zuständigkeiten; ihnen blieb immer mehr nur noch der Anschein von Macht, denn die Räte der *Bailliages* und der *Sénéchaussées* wirkten nun unmittelbar auf die Vögte *(prévôts)* ein (drei bis fünf pro Bezirk). Die Vögte, die im direkten Kontakt mit den Untertanen standen, wurden zu Schlüsselfiguren der »kleinen Verwaltung«, bevor sie selbst im 18. Jahrhundert ihre realen Zuständigkeiten an die Unterdelegierten der Intendanten abgeben mußten.

Die große Neuerung war im Januar 1552 die Schaffung der sechzig Präsidialgerichtshöfe (*Présidiaux*, Berufsgerichte), die Heinrich II. unterhalb der *Parlements* – sie betrachteten die Angelegenheit mit sehr viel Mißfallen – als zusätzliche juristische Instanz einrichtete. Kaum weniger bedeutend war die Kodifizierung des lokalen Gewohnheitsrechts nach den einzelnen Provinzen, die das ganze Jahrhundert hindurch andauerte und erst in den siebziger Jahren des 16. Jahrhunderts unter der Leitung des Präsidenten de Thou vollendet wurde. Sie sollten, ebenso wie der neue Justizapparat, während des ganzen Ancien régime in Kraft bleiben.

Die Franzosen lebten also unter zweierlei Gesetzen; dies waren zum einen das allgemeine Gesetz des Königreichs, das aus königlichen Edikten und Verordnungen bestand, die durch *lettres patentes* ergänzt wurden, und zum anderen die lokalen Gewohnheitsrechte. Das Gerichtswesen des Ancien régime zeichnete sich demnach durch eine große Vielfalt aus, was ihm Flexibilität gab, aber auch Komplikationen mit sich brachte. Dies hatte lange Zeit den Vorteil, daß den der jeweiligen Gerichtsbarkeit Unterworfenen in Erbfolgeangelegenheiten Genüge geleistet werden konnte, während das Gewohnheitsrecht in großem Maße den lokalen Realitäten Rechnung trug.

Die Reform des Gewohnheitsrechts wurde von bedeutenden Juristen ins Werk gesetzt, wie in der Bretagne Bertrand d'Argentré. Sie waren auf ihre Weise Erneuerer, und ihr Vokabular enthielt bereits Begriffe, die künftig große Bedeutung bekommen sollten: Vaterland, Land, Nation, Bürger. Schon mit dem Ende der Herrschaft Ludwigs XIV. klangen diese Begriffe wie Losungen. Die Reformen lehnten sich stark an das römische Reich an, dessen Kenntnis sich während der Renaissance tiefgreifend erneuerte. Die Juristen Nordfrankreichs achteten sorgfältig auf die Erhaltung des Erstgeburtsrechts im Adel oder paßten es doch zumindest der neuen Zeit – von der Bretagne über die Normandie und die Ile-de-France bis zur Champagne – in sehr unterschiedlicher Weise an. Die Reformen ließen jedoch ganze Bereiche der alten »Feudalität« unversehrt bestehen, indem die Institutionen der Grundherrschaft in einem für die Grundherren oft günstigen Sinne kodifiziert wurden.

So unveränderbar das Gewohnheitsrecht auch erscheinen mochte, erlebte es doch infolge einer oft sehr verschieden ausgedeuteten Rechtsprechung über drei Jahrhunderte hinweg eine Entwicklung. Während eine Reihe von Paragraphen schlicht und einfach aus dem Gebrauch kam, erfuhren andere bedeutende Umformulierungen. Diese Rechtsprechungen, die während des ganzen 18. Jahrhunderts zusammengetragen und diskutiert wurden, bildeten den Grundstock, aus dem die Revolutionäre und Bonaparte später den *Code Civil* schufen.

Ein Teil der Gewohnheitsrechte sollte auch durch die Verallgemeinerung gewisser königlicher Verordnungen im rechtlichen Bereich hinfällig werden. Eines der deutlichsten Beispiele des Eingriffs der Krone war die große Verordnung von Blois (Mai 1579), die alltägliche Probleme betraf, besonders in den Städten (Hospitäler, Unterricht, weltliche Güter der Kirche), und die im Laufe der Jahre durch eine Reihe von Verordnungen über Gesetzgebung und Marktordnung, über Meisterbriefe und Zünfte ergänzt wurde.

Schon eine flüchtige Lektüre der Verordnungen läßt deutlich ihre Schwäche erkennen, denn sie folgten einfach eine auf die andere, ohne die vorherigen Verordnungen groß in Rechnung zu stellen. Ein Vergleich liefert hier ziemlich erstaunliche Ergebnisse. Die Krone litt unter der Mangelhaftigkeit ihrer Archive und ihrer nur mäßigen Benutzung, was wiederum die bedeutende Rolle der *Parlements*, besonders des Pariser *Parlements*, erklärt, deren wichtigste Aufgabe unter anderem darin bestand, die Vereinbarkeit der Texte zu prüfen. Just darauf stützte sich das berühmte Remonstranzrecht beim König. Colbert erkannte zwar die große Gefahr, die dies für die Verwaltung darstellte; aber die Oberintendanten der Finanzen und die Generalkontrolleure befanden sich gegenüber dem *Parlement* von Paris solange in einer untergeordneten Stellung, bis schließlich Spezialbehörden eingerichtet wurden mit dem Auftrag, der Macht eben jene historischen und juristischen Argumente zu liefern, die sie besonders in den Landständischen Provinzen benötigte.

DIE REGIERUNGSORGANISATION

Die wichtigsten Umformungen vollzogen sich jedoch an der Spitze des Staates, wo sich der Übergang vom System der großen Hofbeamten – Connétable, Kanzler, Admiral, Truchseß des Königs und Großkämmerer – zu einem ministeriellen System vollzog. Einige große Hofämter verschwanden, wie das des Connétable, das seit der Bourbonen-Affäre als zu gefährlich betrachtet wurde. Andere Ämter verwandelten sich zu Sinekuren ohne politische Funktionen, aber mit umfangreichen Aufgaben am Hof. Andere wiederum behielten ihre Bedeutung wie der Admiral – ein sehr wichtiges Amt – und der Kanzler. Zu Beginn des 16. Jahrhunderts wurden die höfischen Aufgaben dieser Ämter mit ihren staatlichen Funktionen zusammengelegt. Das 17. Jahrhundert neigte dann zwar dazu, sie auseinanderzuhalten, doch Colbert und Louvois erfüllten noch private Funktionen – manchmal sehr private – im Dienst von Ludwig XIV. und seinem Gefolge, zusätzlich zu ihren offiziellen Zuständigkeiten.

Unterhalb der großen Hofbeamten lösten sich aus dem Heer der Notariatssekretäre des Königs vier Staatssekretäre heraus. Ihre Stellung wurde 1547 offiziell bestätigt; sie nahmen Aufgaben wahr, die später im eigentlichen Sinn ministerieller Natur werden. Ursprünglich verwaltete jeder Staatssekretär einen geographischen Teil des Königreichs, das ja nicht aus einem einheitlichen Gebiet bestand, sondern eine Zusammenfassung von verstreuten Provinzen war. Später schälte sich langsam eine Spezialisierung heraus: Staatssekretäre für Kriegsangelegenheiten, für die Marine, die Außenpolitik und schließlich für das Königshaus. Diese vier Beamten bildeten mit dem Kanzler und dem Verantwortlichen für die königlichen Finanzen zunehmend eine Art von Regierung, die dem königlichen Willen unterworfen war. Damit ging auch eine Spezialisierung des alten Rates, den der König »um Rat fragte«, einher. Im Jahre 1497 wurde der »Große Rat« ins Leben gerufen, der später in zwei Sektionen unterteilt wurde: der Rat für Finanzangelegenheiten und der Parteienrat *(Conseil des Parties)*, der sich vor allem um finanzielle Rechtsstreitigkeiten kümmerte. Der »Kleine Rat« – auch »Engerer Rat« oder *Conseil des Affaires* genannt –, der sich je nach Gutdünken des Königs informell versammelte und dessen Beratungen ohne schriftlichen Niederschlag blieben, bestand ebenfalls weiter fort.

Den anderen Zweig der mittelalterlichen *Curia regis* bildeten die *Parlements*, die je nach Ausdehnung der Krondomäne zum *Parlement* von Paris hinzukamen. Die Einrichtung der *Parlements* setzte sich in der Neuzeit fort; die wichtigste Neuschaffung war in den Jahren 1554–1556 das *Parlement* der Bretagne. Die *Parlements* erwarben im Laufe des Jahrhunderts das Recht, die Verordnungen und andere Texte des Königs zu registrieren und ihre Vereinbarkeit zu prüfen. Was am Anfang nur eine einfache Formalität war, erlaubte nunmehr den Mitgliedern der *Parlements*, in die Kronpolitik einzugreifen. So mußte zum Beispiel die Regentin während der Gefangenschaft Franz' I. in Madrid das *Parlement* von Paris unmittelbar an den Verhandlungen beteiligen. Eine unter Heinrich II. erfolgte heftige Reaktion von seiten der Krone schuf einen sehr wirkungsvollen Präzedenzfall, auf den sich im 18. Jahrhundert die Behörden von Versailles beriefen. Da die Zuständigkeiten schlecht oder gar nicht definiert waren, war die große Zahl der potentiellen Konflikte bereits vorprogrammiert.

Wesentlich für die Monarchie war jedoch die Kontrolle der Finanzen. Die Ausgaben der Krone waren unter Franz I. auf ein Niveau angestiegen, das erst wieder zwischen 1630 und 1640 erreicht wurde. Dieser Anstieg ging im wesentlichen auf die Militärausgaben zurück, also auf den irrsinnigen Wettlauf zwischen dem aus den amerikanischen Schätzen stammenden Reichtum der spanischen Monarchie und der Steuerkapazität der Franzosen. Im Gegensatz zu dem, was hartnäckige Legenden behaupten, entfielen auf Bauten und andere Prestigeausgaben, obwohl diese wichtig waren, nur ungefähr zehn Prozent der Gesamtausgaben. Das mittelalterliche Steuersystem reichte nicht mehr aus. Auch wenn die *taille* in die Höhe schnellte, brachte die direkte Steuer aufgrund der zahllosen Befreiungen kollektiver oder individueller Art nur wenig ein. Es bedeutete deshalb eine große Neuerung, die Einnahmeerwartungen auf die indirekten Steuern zu richten.

Die Herrschaft Franz' I. war in dieser Hinsicht von entscheidender Bedeutung. Die Verpachtung der Salzsteuer *(gabelle)* sowie die Verallgemeinerung des Zollsystems, das sich seit Ludwig XI. bewährt hatte – wozu auch die auf Flüssen und in offenen Buchten erhobenen Zölle gehörten – gingen auf ihn zurück. Schließlich nahmen die Sondersteuern in bedeutendem Umfang zu. Doch genügte dies alles nicht; man mußte auch noch auf außerordentliche Einnahmequellen unterschiedlichster Art zurückgreifen: Beschlagnahme und Verkauf eines Teils der Güter des Klerus (eine kaum bekannte Maßnahme, die teilweise von der Kirche durchgeführt wurde), Veräußerung oder Verpfändung eines Teils der Krondomäne, Verkauf von Adelsbriefen, Ablösung von Steuern gegen eine Pauschalsumme (viele Steuerbefreiungen beruhten bis Mitte des 17. Jahrhunderts auf ähnlichen Praktiken), vor allem Ämterkauf, ganz zu schweigen von den Anleihen. Es war eine für das Ancien régime sehr charakteristische Situation, denn in Kriegszeiten dienten die gewöhnlichen Steuergelder nur noch dazu, Zinszahlungen zu verbürgen; die für die Wehrkraft des Staates notwendigen Mittel flossen fast ausschließlich aus dieser Quelle. Die Prozesse gegen die Finanziers sind gerade auch in diesem Zusammenhang zu sehen.

Unter den Beamten der Hofkammer hielten die »acht Schatzmeister Frankreichs« das Staatssäckel in der Hand: vier für die gewöhnlichen Finanzen, vier für die außerordentlichen Finanzen. Mit ihren Kassen – die privat und keine Staatskassen waren – kamen sie für die Ausgaben auf. Das war eine gefährliche Situation, die unter Franz I. zur Wiedereinführung der Sparkammer führte, die von den Generalsteuereinnehmern unterhalten wurde und ein wenig wie eine Staatskasse funktionierte. Alle großen Finanzbeamten, siebzehn an der Zahl, wurden unter Heinrich II. einer Neuordnung unterworfen und mit der Bezeichnung »Generalschatzmeister« versehen. Von diesen Beamten wurde erwartet, daß sie die vorgesehenen Summen zum festen Zeitpunkt auszahlten. Sie waren, wie in einem geringeren Maße alle Finanzbeamten, die Geldleiher des Staates. So streckten die Kronbeamten dem Staat sein Einkommen vor, was übrigens auch dazu diente, ihre eigenen Kredite abzusichern. Da die Kreditwürdigkeit des Staates keineswegs gesichert war, nahm der Staat Geld über zwischengeschaltete Personen oder Gruppen auf. Der wesentliche Teil der Anleihen wurde jedoch über die berühmten Schatzbriefe des Pariser Rathauses abgewickelt; die Krone schöpfte so einen Großteil der kleinen und mittleren Ersparnisse von Paris ab.

Diese Anleihen warfen indes ein Gewissensproblem auf, da die Kirche das verzinsliche Darlehen nur in gewissen Grenzen tolerierte. Sie wurden daher in Form von Leibrenten gezeichnet. So entwickelte sich schnell das Bedürfnis nach einer Art von Papiergeld, das »constitutum« (ein Schuldschein in Form eines notariellen Vertrages, der den Schuldner zu einer jährlichen Zinszahlung verpflichtete, solange die Schuld nicht getilgt war, wobei der Gläubiger den Schuldschein auch veräußern konnte; das »constitutum« war somit eine Form von Rente. Anm. d. Übers.), das es vermittels einer notariellen Abtretung gestattete, zum Beispiel einen Kauf zu tätigen. Auf dieser Kreditform beruhte das ganze ökonomische und soziale Leben des alten Frankreich.

Für das lokale Finanzwesen blieb die mittelalterliche Organisation bestehen. Eine Anzahl von Gemeinden war zu einem Steuerbezirk zusammengefaßt, an dessen Spitze ein Richter stand, der für die Umlegung der direkten Steuern verantwortlich war. Diese Steuerbezirke waren ihrerseits wieder in Diözesen zusammengefaßt, wobei die kirchlichen Bezirke bis 1789 als Steuereinheiten dienten. Zuletzt wurden diese Diözesen in allgemeine Finanzbezirke zusammengefaßt, deren Zahl von sechzehn im Jahre 1542 (Edikt von Cognac) auf neunzehn im Jahre 1660 anstieg. Diese Organisation war noch relativ flexibel und in der Entwicklung begriffen. Man darf dem 16. Jahrhundert nicht den straffen und einengenden Rahmen des folgenden Jahrhunderts zuschreiben. Der – immerhin kapitale – Unterschied zwischen Landständischen Provinzen *(pays d'États)* und Steuergerichtsbezirken *(pays d'élection)* wurde selbst am Ende des Jahrhunderts noch nicht klar empfunden. Die Finanzkontrolle wurde immer *a posteriori* von Rechnungskammern ausgeübt, deren wichtigste die von Paris war.

Insgesamt gesehen bestand dieser Finanzapparat aus Stücken und Teilen, denen man im Notfall ein weiteres hinzufügte. Widersprüche, Kompetenzstreitigkeiten und vor allem gegensätzliche Interessen zwischen dem Staat und seinen Finanzbeamten waren an der Tagesordnung. Aber so ähnlich sah es überall in Europa aus. Auf jeden Fall funktionierte die Maschine, selbst wenn sie von Zeit zu Zeit Bankrott machte, was ein anderes Mittel war, bei den dringlichsten Problemen Abhilfe zu schaffen. Es genügte dann, die geschuldeten Renten um ein Fünftel zu senken oder schlicht und einfach einen Teil der Schulden zu streichen. Die Finanziers zur Ader zu lassen hieß letztlich nichts anderes, als einen auf eine Gruppe beschränkten Bankrott zu organisieren.

Unter dem Ancien régime erklärte sich alles durch den Krieg. Der Renaissancestaat war ein kriegführender Staat. Seine wesentlichen Ausgaben waren militärischer Art, seine Schulden hatten ihren Ursprung im Krieg, und seine neuen Institutionen entsprachen militärischen Bedürfnissen. So gab es bereits im 15. Jahrhundert Regierungen, und die Statthalter waren unter den Fürsten und fürstlichen Familien ausgewählt worden. Diese Einrichtung war zunächst in der Nähe der Grenze entstanden, aber indem sie sich von der königlichen Bevormundung befreite, hatte sie sich fortschreitend von ihrer anfänglichen Aufgabe entfernt. Man könnte dies den institutionellen »Ausrutscher« des Ancien régime nennen. Angesichts einer Institution, die immer schwieriger zu kontrollieren war, schuf die Krone parallel dazu eine neue Hierarchie und ließ daneben die alte weiterbestehen. Da die Militärgouverneure immer bedeutungsloser wurden, schuf Heinrich II. eine neue Körperschaft, die Kommissare, die dem Geleit einer Armee zugeteilt waren und die besser unter dem Begriff »Intendanten« bekannt sind. Wie die Gouverneure waren die Intendanten zunächst Repräsentanten des Königs bei den Armeen und mit logistischen Aufgaben betraut.

Diese Institution, die dazu bestimmt war, sehr konkrete Probleme zu lösen, vor allem das der Truppenversorgung, wurde nun in dem Maße, wie sie sich als nützlich und wirksam erwies, schrittweise ausgebaut. Während sie zuerst den im Einsatz befindlichen Armeen zugeteilt waren – im Inland wie im Ausland –, wurden die Intendanten nunmehr zu einer Art von *missi dominici*, die ihre Aufgaben nicht mehr nur in einem ganz bestimmten Gebiet wahrnahmen, sondern für ein genaues und zeitlich beschränktes Unternehmen oder eine Mission entsandt wurden. Ihre Funktion wurde zunächst auf die Grenzprovinzen ausgedehnt und dann auf das gesamte Territorium. Dies geschah entsprechend den jeweiligen Notwendigkeiten auf eine sehr empirische und flexible Weise und hatte nichts von der Durchführung eines systematischen Plans an sich. Die Notwendigkeit allein schuf die Funktion.

KAPITEL V

Frankreich – »Mutter der Schönen Künste«

HÖFISCHE KUNST UND VOLKSKUNST

Am Ende des Mittelalters begann im Gefolge der Kriege eine wichtige Entwicklung. Die Brüder Karls V. waren zu Kunstsammlern geworden – das war ihr begründeter und vielleicht einziger Anspruch auf Ruhm. Sie sammelten Kunstgegenstände aus der Vergangenheit, aber auch zeitgenössische Kunstwerke. Im 15. Jahrhundert hatte sich das künstlerische Leben oft sehr weit aus der alten Hauptstadt zurückgezogen: in die Provence und vor allem in das Loiretal. Trotz eines Malers wie Jean Fouquet blieb die Kunst um 1500 im wesentlichen gotische Kunst, wenn auch mit Elementen der Renaissance.

Unter Franz I. kam ein neuer Faktor hinzu: Der König, auf Ruhm bedacht, übte sich nun in einem ganz neuen Sinn in der Rolle des Mäzens. Nachdem er die künstlerische Blüte in Italien gesehen hatte, dehnte er die Idee der höfischen Kunst auf die ganze Nation aus. Vielleicht liegt darin die Größe des Begriffs der absoluten Monarchie. Angesichts so großer früherer Mäzene wie Philipp der Gute und selbst Karl V. beabsichtigte Franz I., das große säkularisierte Kunstzentrum Italiens nach Frankreich zu verlegen. Das Wort von der Verlegung ist buchstäblich zu nehmen, denn seine Politik bestand darin, die größten italienischen Künstler nach Frankreich kommen zu lassen. Die Idee war nicht neu. In den voraufgegangenen Jahrhunderten hatte man mehrere Versuche dieser Art unternommen. Die Leichtigkeit, mit der diese Politik in Frankreich akzeptiert wurde, ist kaum verwunderlich, hatte man sich doch seit langer Zeit schon an Ausländer gewöhnt. Vielleicht begünstigte auch die Beweglichkeit des Hofes im Loiretal und später in Fontainebleau diese Transplantation: Mehr oder weniger von Paris isoliert, waren die französischen Künstler ohnehin den italienischen Einflüssen bereits zugänglicher, als der König dies mit seinem Vorgehen beabsichtigte.

Dennoch bestand zwischen Franzosen und Italienern ein Abstand, der je nach Bereich sehr unterschiedlich ausfiel. Trotz ihres guten Willens blieben die Franzosen, aufgrund ihrer Techniken und ihres Geschmacks, an der voraufgegangenen Epoche orientiert, in der die Techniken der Franzosen in der Baukunst und die Techniken der Franko-Flamen in der Vokalmusik bereits einen hohen Reifegrad erreicht hatten. Der Zwiespalt äußerte sich darin, daß sich keiner der ganz großen Künstler in Frankreich niederließ. Weder Leonardo da Vinci – mit Ausnahme vielleicht seiner doppelten Wendeltreppe für Chambord – noch Andrea del Sarto gelang es, eine Schule zu begründen. Dies könnte erklären, daß man nach 1527–1530 auf jüngere und formbarere Italiener wie Rosso Fiorentino oder Primaticcio zurückgriff und daß man diese bisweilen sogar bat, wie im Fall Primaticcios, ihre Ausbildung auf französische oder franko-flämische Art zu vervollständigen. So wurde die Kunst zur Kunst der Gelehrten oder zumindest zur Kunst von Menschen, die eine Bildung im Sinne jener Schule genossen hatten, die wir »Renaissance« nennen.

Dies bedeutete zugleich eine Bereicherung wie eine Verarmung. Die Bereicherung entsprang dem doppelten Beitrag der Antike und Italiens, doch nicht des Italien der »Hochrenaissance«, die nach der Plünderung Roms 1527 zu Ende ging, sondern des Manierismus, während es sich bei dem Beitrag der Antike weniger um die des klassischen Griechenlands oder Roms, sondern eher um die hellenistische Antike handelte.

Die Verarmung hingegen lag in der Verkleinerung des Publikums, für das die Künstler arbeiteten. Die mittelalterliche Kunst war ihrem Wesen nach volkstümlich gewesen; sie wandte sich an das Volk Gottes. Gewiß lebte die Volkskunst noch fort, und selbst der recht eigentlich elitäre Manierismus erfuhr in der zweiten Hälfte des 17. Jahrhunderts eine merkwürdige Umkehrung hin zu einer Popularisierung infolge der zunehmenden Ausbreitung der Flügelaltäre, deren Form – mit dem Symbolismus in Gestalt der *portae caeli* – wenn schon nicht an die Kunst des ganzen Volkes, so doch an die seiner aufgeklärtesten Teile – Mitglieder von Kirchenvorständen und andere Auftraggeber – anknüpfte, allerdings mit zum Teil großem zeitlichem Rückstand (bis zu einem Jahrhundert). Dennoch erlebte die Kunst eine Zeit der Blüte, doch diese Kunst blieb eine Sache der Gelehrten. Zwischen volkstümlicher und gelehrter Kultur tat sich zunehmend ein Graben auf. Die Einheit des Gottesvolkes war zerbrochen. Privilegiert waren diejenigen, die in der Mythologie, der Literatur und den antiken Künsten bewandert waren.

Gelehrte Kunst war notwendigerweise höfische Kunst. So mochte Joachim du Bellay (1522–1560) zwar sein heimatliches Liré mit seinen Schieferdächern besingen, doch Karriere machte der Autor von *»Défense et illustration de la langue française«* (1549) zuerst im Gefolge seines Onkels, des Kardinals Jean du Bellay. Sie war aber nicht zuletzt auch eine Kunst, die den König und dessen Darstellung zum Thema hatte. An die Stelle einer durch die unheilbaren Hiebe irgendeines *condottiere* stets vom Untergang bedrohten fürstlichen Lebenskultur sollte nun die Kunst eines Königs von Frankreich treten, der für die Ewigkeit berufen war. All das kommt in Chambord und vor allem in Fontainebleau wunderbar zum Ausdruck. Es war nun nicht mehr nötig, einen Palast als Festung zu bauen – diese ursprüngliche Bestimmung verriet bisweilen, wie in Chambord, nur noch sein Grundriß –; die eigentlichen Festungen wurden nur noch an der Grenze errichtet.

Ob auf dem Land oder in der Stadt, der Palast war das Werk von Neuerern. Allerdings fällt es schwer, den Beitrag der Italiener (zum Beispiel von Serlio de Cortone, Primaticcio, Rosso Fiorentino und selbst Leonardo da Vinci) von dem der Franzosen zu unterscheiden, unter denen meist unbekannte Baumeister waren. Der Stil war jedenfalls homogen, wie es die sogenannte »französische Renaissance« zeigt, diese Verbindung aus französischen Strukturen in italienisch brillanter Umkleidung.

Der Symbolismus war in dieser Architektur überbetont. Von großen Innenhöfen strebten Spindeltreppen in die Höhe. Offene Arkaden führten zu Wendeltreppen im Freien. Wichtig war die Anlage der Auffahrt, Eingänge aus Stein, die an die königlichen Einfahrten in den Städten erinnerten. Die kunstvolle Anordnung des Raumes, theatralisch und funktionell zugleich, mündete in lange Galerien und Wandelgänge. Diese architektonische Thematik des Eingangs fand im Laufe der Neuzeit überall in Europa zahlreiche Nachahmer, die ihrerseits das Spiel der verschiedenartigen Kombinationen von Treppen, Empfangsräumen und Zimmerfluchten, die in einem Spiegelsaal endeten, wo alles sich spiegelte und mit den Spiegelungen der Wasserflächen verschmolz, variierten.

SCHLÖSSER UND FRAUEN

Über die rein künstlerische Darstellung dieses neuen Geschmacks hinaus, der auch in der barocken Dichtkunst der zweiten Hälfte des Jahrhunderts Einzug hielt, hatten die Schlösser auch einen politischen und bis zu einem gewissen Grade ökonomischen Zweck. Sie wurden nach dem italienischen Modell entworfen, aber von Franzosen gebaut. Der Hof war die Schule der Sitten und vor allem die Schule der Künstler- und Handwerksateliers. Es blieb jedoch nicht das einzige Modell, denn nach dem Willen des Königs sollten seine Schützlinge es nachahmen und ihre Residenzen in der Provinz ebenfalls in Palastschlösser umgestalten. Damit wurde die Architektur zur eigentlichen Kunstdomäne in Frankreich.

Die Ateliers in den Provinzen sind noch sehr wenig bekannt. In der Nachahmung des italienischen Vorbilds, die von ungeschickten Anleihen bis zu brillanten Erfindungen reichte, lebte die außerordentliche Qualität der Künstler der Gotik fort, die auf perfekte Weise mit Holz aus Frankreich, hellem Stein aus der Loiregegend oder weißem Stein aus Paris und reichen Stoffen umzugehen wußten. Parallel zur Kunst des Hofes und der kleinen Provinzhöfe behauptete sich die Spätgotik in den Dorfkirchen und den weniger reichen Abteien, neben den glanzvollen Schlössern an der Loire und im Poitou. Diese gemischte Architektur spiegelte die Ambivalenz einer adligen Welt wider, in der noch der Typ des rauhen Ritters eines bereits idealisierten Mittelalters Seite an Seite neben dem verweichlichten, auf italienische Art erzogenen »Laffen« lebte; letztere waren es, die sich denn auch darauf verstanden, einer Dame den Hof zu machen und nicht wie »Bauerntölpel zu riechen«, und sich als Kenner formaler und mehr noch körperlicher Schönheiten übten.

Auch die Dichter nahmen an diesem Leben teil; die höfische Minne verwandelte sich, schöpfte jedoch aus der sehr konkreten Wirklichkeit der *Blasons,* in denen der Lobpreis des weiblichen Körpers besungen wurde, nachdem ihn auch die antiken Dichter bereits gepriesen hatten. Hier tritt die gleiche Ambivalenz zutage, wenn auch offener, wie in den bildenden Künsten. Den Ritterromanen folgte *»Amadis de Gaule«*, in dem die Fee noch immer über magische Kräfte verfügte, die sie jedoch vor allem den Galanen lieh. Unter dieser dünnen Schale blieb ein rauher Kern erhalten. Zwar beschrieb der Italiener Castiglione in seinem »Höfling« (1528) die

Kunst, bei anderen zu gefallen, sich zu beherrschen und vornehm zu sein, und drängte auf »Verhaltensänderungen« am Hof, doch sah die tägliche Wirklichkeit, besonders gegenüber der Frau, anders aus, selbst bei den Fürsten. Beispiele dafür liefert Marguerite de Navarre, wenn sie ganz ohne einen Ton von Entrüstung zotige und abschreckende Geschichten erzählt, in denen meist von der Erniedrigung der Frau die Rede ist. Wenn dagegen Rabelais die Freuden der gelehrten und weltlichen Abteien von Thélème beschwört, definiert er damit ein Ideal, das wenig mit der Wirklichkeit zu tun hatte. Zwanzig Jahre später wurde Frankreich in die Religionskriege gestürzt, in denen Frauen und Kinder oft zuerst massakriert wurden.

Dennoch erlebte das Ansehen der Frau eine Steigerung, die zweifellos spürbarer war als zu jeder anderen Epoche. Die Zeit der Schriftstellerinnen war gekommen, und die sie im 15. Jahrhundert angekündigt hatte, war Christine de Pisan. Nunmehr hießen sie Marguerite de Navarre und Louise Labé. Von der platonischen zur käuflichen Liebe hat die französische Renaissance alles besungen; auch Ronsard bildete darin keine Ausnahme. So entwickelte sich zwischen 1500 und 1550, im sogenannten »heiteren« 16. Jahrhundert, eine wahre »Kunst der Liebe«. Selbst die eheliche Liebe wurde von den Dichtern besungen, aber diese Rehabilitierung der Ehe war strenger und überlegter, denn sie entsprang dem Wirken der religiösen Reformatoren und einer neuen Lesart der Bibel, besonders des Neuen Testaments.

Wenn das 18. Jahrhundert als das Jahrhundert der Frau gilt, dann trifft dies in noch größerem Maße für das 16. Jahrhundert zu, in dem die Malerei ganz ihrer Darstellung gewidmet war. Allerdings führte die französische Renaissance-Malerei zwischen dem glanzvollen Aufstieg der Staffelei-Malerei des 14. und 15. Jahrhunderts und der stürmischen Entwicklung im 17. Jahrhundert in gewisser Weise ein Schattendasein. Abgesehen von den Brüdern Clouet hat das 16. Jahrhundert keine bedeutenden Namen hervorgebracht. Wir besitzen nur eine solide Sammlung von Porträts, einige religiöse Bilder und Fresken in den königlichen Palästen wie in Fontainebleau, die von Italienern stammen. In beiden Schulen von Fontainebleau – in der Mitte des Jahrhunderts und unter Heinrich IV. – steht die Verherrlichung der Frau im Mittelpunkt. »Diana im Bade« oder die Allegorien von Antoine Caron sind Beispiele dafür.

Die Maler, die den weiblichen Körper verehrten, sind weitgehend anonym geblieben. Es gibt in diesem Punkt zwischen der Literatur und der Malerei eine außergewöhnliche Übereinstimmung, die natürlich mit der Entwicklung einer oberen Gesellschaftsschicht zusammenhing, in der die Frau eine gewisse Freiheit des Ausdrucks und der Sitten genoß.

Auch in geschäftlichen Dingen bewegte sie sich freier und selbständiger. So überwachten zum Beispiel die großen Damen ihre Vermögen selbst, und wenn etwa ein Vendôme versuchte, die Schmiedewerkstätten im Westen zu verkaufen, so machte weiblicher Einspruch das Geschäft rückgängig; denn jeder notarielle Akt erforderte die Gegenwart und Unterschrift – zumindest durch Vollmacht – der Ehefrau. Allerdings mußte die Frau der oberen Gesellschaftsschichten diese Freiheit teuer bezahlen: Die Wahl ihres Ehemanns entzog sich völlig ihrem Willen, während die ärmeren Schichten der Liebesheirat durchaus positiv gegenüberstanden.

Diese Ansätze zu einer Emanzipation der Frau finden sich in den Idealen einiger Humanisten wieder; so stand die Abtei von Thélème beiden Geschlechtern offen und galt das ehrgeizige Programm von Gargantua ebenso für den Mann wie für die Frau. In der Praxis beschränkte sich die Erziehung der Frauen auf einen Aufenthalt im Kloster, dem die Ehe folgte. Aber um die verheiratete Frau herum, in ihrem Salon, im Verlauf der abendlichen Plaudereien, die Marguerite de Navarre im *»Heptameron«* beschreibt, verfeinerten sich – anfangs nach italienischem Vorbild – Sitten, Sprache und Gewohnheiten. In der ersten Hälfte des Jahrhunderts kam die Zivilisation aus Italien; anschließend ging der Zivilisationsprozeß von der Königin und dem Hof von Frankreich aus und setzte sich unter Heinrich IV. und Mazarin fort. Es gab manche, die es sehr verdroß, daß die Könige im 16. Jahrhundert keine Anstrengungen unternahmen, die Königinnen von ihrem ursprünglich mitgebrachten Gefolge zu trennen. Dagegen schickte Ludwig XIV. von 1661 an immer das gesamte Gefolge der ausländischen Prinzessinnen nach Hause.

DICHTUNG UND GELEHRSAMKEIT

Die Renaissance war in erster Linie ein Zeitalter der Gelehrsamkeit und Genauigkeit des Forschens. Die Absicht der Gelehrten war, die Texte der antiken Literatur aus ihren erhalten gebliebenen Resten zu rekonstruieren und zu säubern, und bediente sich dabei, wie etwa beim Versuch der Bibelübersetzung, der kritischen Methode. Allerdings stand Frankreich in diesem Bereich hinter der deutschen oder italienischen Gelehrsamkeit zurück. Entgegen allem Anschein gab es nur wenige Humanisten in Frankreich. Die Kenntnis alter Sprachen (außer Latein) blieb das Privileg einiger Eliten.

Die in lateinischer Sprache verfaßte Literatur blieb bis zum Ende des 16. Jahrhunderts weit in der Überzahl. Zwar hält sie durchaus einem Vergleich mit der in der Volkssprache verfaßten Literatur stand; da sie aber aus dem intellektuellen und universitären Erbe verschwunden ist, bildet sie eine der gegenwärtigen Hauptwissenslücken. Die Eliten blieben grundsätzlich zweisprachig. Wenn man auf französisch schrieb, dachte man in Latein, allerdings nicht mehr im mittelalterlichen, sondern im klassischen Latein, denn man hatte Cicero wiederentdeckt, der bis ins 19. Jahrhundert der meistpublizierte antike Autor war. Die Suche nach Reinheit fand somit im Rückgang des alten scholastischen Lateins, des »Küchenlateins«, ihren Ausdruck, für das die Humanisten nur Spott übrig hatten. Damit setzte man allerdings erst recht den Wurm in den Apfel, da die Sprache aufhörte, sich zu entwickeln, und das Latein sich langsam aber sicher in eine tote Sprache verwandelte.

Andererseits machte die Entwicklung der königlichen Verwaltung angesichts der großen Vielfalt regionaler Sprachen und lokaler Dialekte den Gebrauch des Französischen als gemeingültige Sprache erforderlich. Die Verordnung von Villers-Cotterêts machte im August 1539 die Registrierung von Taufen und Sterbefällen zur Pflicht und ersetzte in allen notariellen und juristischen Akten das Latein durch Französisch. Damit schied Latein aus dem täglichen Leben aus.

Die Universitäten blieben von dieser Entwicklung ausgenommen. Sie spezialisierten sich auf Annotationen und Kommentare und zogen damit den Unmut ihrer Zeitgenossen auf sich, der sich bisweilen sehr heftig Luft verschaffte wie Rabelais in seinem *»Gargantua«*. Selten hat man in Frankreich je so deutlich empfunden, eine verachtete Epoche überwunden zu haben, und niemals ist die Vorstellung von dem, was der Begriff »Renaissance« in allen seinen Schattierungen bedeutet, später noch einmal so stark gewesen wie damals. Uns ist dafür nur noch der lächerliche Begriff des »finsteren Mittelalters« geblieben.

Besonders die Scholastik verdient eine, zumindest partielle Rehabilitierung. Sie stand mit ihrem genauen logischen Denken am Ursprung der modernen Wissenschaft. Aber ihre spezialisierte Sprache machte letztlich ihre Begriffe und gedanklichen Operationen nur schwer mitteilbar. So wurde es notwendig, diese Sprache und die Kommentare in Frage zu stellen und wieder auf den fundamentellen Bezugsrahmen zurückzugreifen: auf die antike Literatur und Wissenschaft und auf die Bibel. Obwohl Frankreich in dieser Hinsicht eher etwas im Rückstand war, erschienen damals bemerkenswerte Übersetzungen von antiken Texten wie zum Beispiel die Parallelbiographien von Plutarch oder »Daphnis und Chloë« von Longos in der Übersetzung von Jacques Amyot (1559).

Für eine gelungene Übersetzung eignete sich die Sprache des 16. Jahrhunderts besser als die klassische Sprache. Der französische Humanismus ist um so mehr anzuklagen, als es ihm nicht gelang, den Graben zwischen Gelehrten und Nicht-Gelehrten durch ein großes Buch zu überwinden, das das Aufleben einer Kultur hätte begünstigen können, die Armen und Reichen, Gebildeten und Ungebildeten gemeinsam gewesen wäre.

Entscheidend für die Entwicklung des französischen Humanismus war die Intervention des Königs. Auf den Rat Guillaume Budés hin, seines Geschichtsschreibers, schuf Franz I. das königliche Kolleg; die Stellung des späteren Collège de France war unabhängig von der Sorbonne und allen anderen Institutionen (1530–1539). Ursprünglich auf drei Lehrstühle antiker Sprachen beschränkt (Griechisch, Latein und Hebräisch zum Studium der Bibel), wurde es später um zwei Lehrstühle der Medizin und der Wissenschaften bereichert. Es war auch die königliche Druckerei, die den Druck und die Herausgabe der großen französischen und ausländischen Gelehrten besorgte: Postel (orientalische Sprachen), Latomus (Latein), Vatable (Hebräisch), Poblacion Toussain (Griechisch). Zur gleichen Zeit eröffnete Budé die Bibliothek des Königs.

Nicht alle Universitäten waren dem neuen Denken feindlich gesinnt, dem sie sich vom rechtlichen Standpunkt aus ohnehin nicht verschließen konnten. Der Humanismus hatte auch in den Provinzen seine Förderer:

ein gelehrter Bischof oder Poet, wie Lépinay in Rennes, oder Kreise von Gleichgesinnten, wie sie zum Beispiel in Fontenay-le-Comte von dem großen Juristen Tiraqueau ins Leben gerufen wurden, oder in Lyon um den Mediziner Symphorien Champier, mit Louise Labé und einigen anderen Reformatoren wie Dolet. Es gab noch andere, im strengeren Sinne religiöse Kreise, wie in Meaux der Kreis der »Evangelischen« um den Bischof Briçonnet und um Lefèvre d'Etaples. Einige Universitäten – Orléans, Toulouse, Bourges, Montpellier – verbreiteten auch die neuen Ideen. Ihr Verdienst war beachtlich, wenn man an die Dimensionen dieser Städte denkt. Im Rheintal trat das Phänomen viel stärker zutage, aber es ging an Frankreich vorbei.

Der französische Humanismus war keine Volksbewegung; er hatte nur wenige Hauptakteure. Er fand dennoch Eingang in die großen, inzwischen klassischen Werke, zum Beispiel in Rabelais' *»Gargantua«* und *»Pantagruel«* (1532–52), deren Rang in der französischen Literatur Nichtfranzosen nur schwer ermessen können. Am Ende des Jahrhunderts stellte Montaigne die skeptische Frage: »Was weiß ich?«, ein Eingeständnis menschlichen Unvermögens, fundamentale Gewißheiten zu begründen. Zu Beginn des Jahrhunderts stürzte sich der »Intellektuelle« mit Wonne auf den Reichtum des wiederentdeckten Wissensschatzes. Am Ende verbreitete sich die Skepsis und die Enttäuschung über den Menschen, wie sie exemplarisch in Montaignes *»Essais«* formuliert ist.

Die dritte Tendenz dieser Geistesbewegung könnte man in Marguerite de Navarre (1492–1549) verkörpert sehen. Als Schwester König Franz' I., Königin von Navarra im Jahre 1527 und Großmutter des späteren Heinrich IV. war sie über alles unterrichtet. Tritt sie im *»Miroir de l'âme pécheresse«* (1553) und im *»Dialogue en forme de vision nocturne«* als Mystikerin auf, so war sie auch eine große Dichterin, als welche sie die Werke *»Cantiques spirituels«*, *»Prisons de la reine de Navarre«* und *Marguerites de la Marguerite des princesses«* (1547) sowie die *»Comédies«* zeigen. Ihr Werk wird von einem der aufschlußreichsten – und ernüchterndsten – Texte des Jahrhunderts der Renaissance überragt: vom *»Heptameron«* (1559). Als Christin und Platonikerin, die bereits zu ihren Lebzeiten nicht richtig verstanden wurde – der Vergleich des *»Heptameron«* mit einer Zote beweist die Blindheit der Kommentatoren –, legt die Königin von Navarra darin Zeugnis ab von einer weiblichen Empfindsamkeit, die einzig war durch ihre Reinheit, Aufrichtigkeit und Verbundenheit zur göttlichen Liebe. Im Vergleich zu ihr macht ihr Nachahmer, Noël du Fail, das *Parlement*-Mitglied aus Rennes, eine blasse Figur; aber auch er ist repräsentativ für seine Zeit und, wie an anderer Stelle bereits zitiert, ein guter Augenzeuge. Dies gilt nicht für einen anderen, schon mehrfach erwähnten, privilegierten Zeugen, dem Sire von Gouberville, dessen wirres »Journal« erst noch der Durchforstung und der thematischen Analyse bedarf.

Der Humanismus des 16. Jahrhunderts war ein bunter, von der Pleiade erhellter Garten der Poesie und ein immenser Wissensschatz, der von moralischen Gedanken überwölbt wurde. Rabelais und Montaigne waren die ersten Moralisten in einer langen Reihe, die auf sie folgte. Alle variierten sie in ihren Werken das Sprichwort: »Wissen ohne Gewissen ist nur eine Ruine der Seele.« Dem Optimismus des Anfangs folgte jedoch am Ende des Jahrhunderts eine stoische Resignation. Das Jahrhundert endete mit einem der gelungensten politischen Pamphlete in der langen politischen Geschichte Frankreichs: der »menippischen Satire« (1594), eine gegen die Liga gerichtete Schmäh- und Spottschrift von Professoren und Juristen, das aber seine Inspiration aus dem Alltäglichen schöpfte und von der Erschöpfung der Franzosen angesichts der unaufhörlichen Bürgerkriege zeugt.

DIE SCHÖNHEIT

In welchen Bereichen auch immer und gleich, ob in »moderner« oder »gotischer« Stilart, das 16. Jahrhundert machte um die Schönheit einen Kult – vor allem um den menschlichen Körper – und suchte nach der Perfektion der Form. Dieser Ästhetizismus, der durch die Rückkehr zur Antike begünstigt wurde, entsprang einem fundamentalen Prozeß der Verweltlichung: Der Mensch war sich seiner Gebrechlichkeit bewußt. »Hübsches Mädchen, laß uns sehen, ob die Rose ...«, lautet denn auch die erste Zeile von Ronsards Ode an Cassandra.

Die Formel von Horaz, *carpe diem* (»Nutze den Tag«), war der Leitsatz aller Künste und besonders der Lebenskunst. Das erklärt den Geschmack an grünen Dekors und an sternenförmigen Blumen, die bereits im 15. Jahrhundert auf den Wandteppichen »Die Dame mit dem

Einhorn« auftauchen. Doch der Zauber der Volksmärchen, der durch die Schäferkalender und Almanache der Bauern verbreitet wurde, war eine Sache. Eine andere Sache war die Wirklichkeit, selbst wenn sie idealisiert, formalisiert und beschönigt wurde. Auch sie fand, mit Bildern zur Weinlese und Ernte, Eingang in die Tapisserie. Friedensidyllen, die zeigten, wie es sein könnte, aber noch nicht Wirklichkeit war.

Es gab auch noch Fanatiker, die den Ruhm der Kämpfe besangen, die jeder im Namen seines Gottes führte und dabei den nächsten mordete, ohne zwischen Freund und Feind zu unterscheiden. Pierre Boaystuau klagt in seinem Werk *»Complainte et Quérémonie des pauvres laboureurs«* über seine Zeit, nachdem er zunächst die seltsamen Begebenheiten und Monster beschreibt, die die Vorstellungen der Menschen heimsuchen, und besingt dann die harte Arbeit und das Elend auf dem Land. Auch Claude Gauchet lobt die Einfachheit des ländlichen Lebens und preist seine Gesundheit. Man begegnet wieder dem Thema vom »kleinen Liré«, dem Geburtsort des Dichters du Bellay, und vom »durchschnittlichen« Leben, das weit entfernt von den Verzweiflungen des städtischen Lebens ist. Der modische Ruf nach der Rückkehr auf die Felder – aber auf Felder, die nach städtischen Vorstellungen gestaltet waren – setzte hier seine lange Wanderung durch die französische Vorstellungswelt fort.

Doch auch das Elend des Krieges fand einige Kommentatoren wie den alten Ronsard in seinen *»Discours«* (1558–1564). Blaise de Montluc hingegen machte aus seiner Lebenserzählung eine skrupellose Lobrede und rühmte sich seiner Grausamkeit im Dienst seiner Sache. Im protestantischen Lager beschwor Agrippa d'Aubigné auf ebenso barbarische Weise, aber mit mehr Poesie, die Kämpfe in seinen *»Tragiques«*, die gleichzeitig Satire und Epos sind und als eines der seltenen wahren Epen gelten, die die französische Literatur besitzt. Nicht zu vergessen auch Calvin mit seinem Werk über die »Christliche Institution«, in dem er sich als wahrer Meister der Sprache erweist.

Die Musik setzte ihren Weg fort. Die Entwicklung der vokalen Polyphonie, die 1420 begann, entwickelte sich bis etwa 1600 um das große franko-flämische Zentrum weiter, aus dem Musiker kamen, die das ganze fürstliche Europa begehrte, die königlichen und päpstlichen Kapellen ebenso wie die Fürstenhäuser und Hauptstädte. Durch sie wurden die Motetten, Messen und Gesänge nach französischer Art in ganz Europa bekannt. Den zwei großen Generationen des 15. Jahrhunderts – die erste von 1420 bis 1460 mit Dunstable, Dufay und Binchois, die zweite von 1460 bis 1490 mit Ockeghem und Busnois, während auch Dufay noch wirkte – folgten drei Schulen im 16. Jahrhundert. Die dritte Generation (1490–1520) war durch Obrecht, Isaak, Mouton und vor allem den großen Josquin des Prez vertreten. Die vierte Generation (1520–1560) mit Gombert, Janequin (der die Frauen von Paris und »Die Schlacht von Marignano« feierte), Willaert und Clemens non Papa, war die Generation des triumphierenden 16. Jahrhunderts, aber sie verstand sich in so direkter Weise als Erbe des 15. Jahrhunderts, daß das Wort »Renaissance« hier kaum einen Sinn ergibt.

Diese Aufzählung veranschaulicht gut den Kosmopolitismus einer alle anderen Künste überragenden Musik, die ihrerseits immer »nationaler« wurden, manchmal selbst »nationalistisch« im extremen Sinne des Wortes. Dem Gezeter eines Kämpen für das Reich wie des Humanisten Jakob Wimpfeling aus Schlettstadt entsprechen die Maßlosigkeiten der *»Franciade«* von Ronsard, der, dem Vorbild anderer folgend, die Franken auf die Trojaner zurückgehen läßt, sowie der von dem Lothringer Jean le Bon 1568 ausgegebene Slogan: »Erst wenn Paris aus dem Rhein trinkt, wird Gallien vollständig sein.« Die Musik hingegen ging von Hof zu Hof. Sie schuf einen gewaltigen Satz von Messen, Motetten, Tänzen und Kontertänzen, die 1527 in Paris ein Domherr aus Langres, Pierre Attaignant, wie auch einige andere Musikverleger – Petrucci in Venedig, Schöffer in Mainz, Oeglin in Augsburg und Susato in Antwerpen – veröffentlichten.

Die Musik blieb im wesentlichen Gesang; die Instrumentalisierung war beschränkt. Gegen 1570 umfaßte das Orchester von München, das Orlando di Lasso dirigierte, eine Viola da gamba, eine Viola da braccio, drei Flöten, eine Viola und eine Trompete. Ganz zu Anfang des 16. Jahrhunderts tauchte in Italien erstmals die Geige auf; Brescia und vor allem Cremona setzten sich bald mit ihrer Produktion durch. Florenz erfand die Oper, und das Theater – als Gebäude – fand in Italien seine endgültige Form. Angesichts des Aufstiegs der nationalen Schulen in Deutschland, Frankreich, England und Spanien schien Italien in der Musik einen Ausgleich für seinen politischen Niedergang gefunden zu haben.

Unser Blick auf das geistige Leben ist in vielerlei Hinsicht unvollständig, denn die »bildenden« Künste übertrafen oft, in Quantität und Qualität, die Literatur. Wie viele Bewunderer von Kirchen und Gemälden oder

Hörer von Musik gab es im Vergleich zur Zahl der Leser? Lese- und Schriftkultur waren im 16. Jahrhundert ein Privileg. Im großen und ganzen waren 95 Prozent der Franzosen zu dieser Zeit Analphabeten; sie konnten weder lesen noch schreiben und vermochten bestenfalls bis zwei- oder dreihundert zu zählen. Das 16. Jahrhundert hielt noch weitgehend an einer mündlichen Kultur fest, deren Sehweise auf die Sprache der Symbole beschränkt war. Man rief Mutter Natur an, aber ihre Blöße blieb durch die Art, die Dinge zu sehen, verschleiert. Die Darstellungen der Städte waren keine Wiedergabe des Wirklichen. Der große Kupferstecher Merian (1593–1650), der die Städte Europas darstellte, sah nur, was ihm zusagte, aber niemals die Vororte. Und wie in der chinesischen Zivilisation fürchtete man die Berge; sie wurden zu einer Schreckensvision vergrößert, die erst im 18. Jahrhundert unter dem Einfluß von Rousseau und Goethe verblaßte.

Die Literatur befand sich in einer ähnlichen Situation. Eine Seite aus Montaigne und eine aus Corneille trennt ein halbes Jahrhundert. Die Lektüre Montaignes fällt dem heutigen Menschen schwer, während uns die Sprache Corneilles sehr nahe ist. Lucien Febvre hat diese rapide Entwicklung beschrieben, die man in Deutschland in der Verbreitung von Luthers Sprache sowie in unterschiedlichem Maße auch in den anderen Ländern wiederfindet.

Das 16. Jahrhundert lebte noch – um einen Ausdruck Baudelaires zu parodieren – in einem Wald von Symbolen; die Lilie erinnerte zuerst an Reinheit, bevor man sie als Blume sah; der bildliche Realismus beschränkte sich darauf, jede Pflanze im Kontext sämtlicher jahreszeitlicher Blumen als eine Vision des himmlischen (oder irdischen) Paradieses darzustellen. Dieser Wald der Symbole ist voller Anspielungen; denn so reich die Sprache an Möglichkeiten der Beschreibung ist, so beschränkt ist ihre Fähigkeit zu Abstraktionen. So entsprechen dem schwachen Abstraktionsgrad des Bildes die Schwierigkeiten der Sprache, abstrakte Begriffe hervorzubringen.

Daraus entsprang eine Empfindungsweise, die sehr verschieden von unserer heutigen ist. Die Haltung der gesamten Gesellschaft gegenüber der Kunst zeigte sich zuerst in einer außerordentlichen Empfindsamkeit für Musik. Es gab keinen Edelmann, der bei den Klängen von *»La Bataille de Marignan«* (Gesang für vier Stimmen von Janequin) nicht sein Schwert zog. Nichts dergleichen ließ sich über die Wirkung des Lesens sagen. Das

Mittelalter – und das ist eine wesentliche Errungenschaft, ohne die die Druckkunst nicht hätte existieren können – hat das Lesen verinnerlicht und lautlos gemacht; zudem wurde diese Tätigkeit immer mehr sitzend und nicht mehr stehend ausgeübt. Man wird vergeblich fragen, ob das 16. Jahrhundert eher »modern« oder eher »konservativ« war. Die Renaissance gab den sinnlichen Genüssen einen anderen Stellenwert, als wir dies heute tun, was es uns deshalb auch sehr schwer macht, zu ihrem innersten Verständnis vorzudringen.

Dennoch haben die Humanisten etwas Fundamentales geschaffen: die allgemeine Kultur, und zwar eine, die von der Schule vermittelt wurde. Sie sichteten aus dem gewaltigen Korpus der antiken Literatur alles, was ein »ehrlicher Mann« wissen sollte, und stellten so eine Art von Wissenskanon zusammen, dem sie als Kriterium ein ideales Latein und eine nicht weniger ideale Philosophie zugrunde legten. Diese Reinheitsidee hatte zweifellos einen religiösen Hintergrund. Protestantismus und Katholizismus standen dem gleichen Problem gegenüber: der Beziehung der antiken Wissenschaften und Sitten zum Christentum. Da zur gleichen Zeit der Sinn für die Sittsamkeit durch das *Savoir vivre* an Boden gewann, verzweifachten sich die Kriterien für die Auswahl des Wissensstoffes: einerseits wählte man nach der Schönheit der Form – der Reinheit der Sprache und der Syntax, die auf »klassischem« Latein aufbauten – und andererseits nach der moralischen Perfektion. Man schnitt also die antiken Texte so zurecht, daß nur solche Passagen übrigblieben, die mit der christlichen Moral vereinbar waren. Der Typus der »ausgewählten Texte« wurde zwar im Mittelalter erfunden, aber das 16. Jahrhundert erhöhte sie zu einer Institution. Bossuet verfuhr nicht anders, als er die Texte *ad usum Delphini* säuberte, also zum »Gebrauch des Dauphins« und somit zum Gebrauch aller Kinder Frankreichs.

Diese Entwicklung verlief jedoch ganz ohne Plan, denn wie sollte man den lateinischen und griechischen *Thesaurus* in weniger als einem ganzen Leben meistern! *Ars longa, vita brevis,* sagte man: »Die Kunst ist lang, das Leben kurz.« Rabelais konnte sich seine Aneignung nur in dem undurchführbaren Programm eines Gargantua vorstellen: Man lernt und betet ohne Unterlaß, selbst während der Mahlzeiten, auf dem Nachtstuhl, und dies auch nur in der Abtei von Thélème, deren eigentliches Ziel dies ja war und in der Alte und Junge, Erwachsene und Jugendliche einträchtig Seite an Seite lebten.

Fürwahr ein utopisches Programm; in Wirklichkeit konnte nur die Schule das Problem lösen. Im Frankreich des 16. Jahrhunderts verbreitete sich daher, wie im ganzen entwickelten Europa, ein dichtes Netz von städtischen Schulen, die auf Initiative der Gemeinderäte eingerichtet wurden. Die Bürgerkriege zerstörten zwar rasch einen großen Teil der Schulen – im Südwesten fast gänzlich –, aber wieder einmal sprang der Staat in die Bresche. Und wenn er sich wenig um die Schulen selbst kümmerte, so sorgte er doch für eine potentielle Klientel; denn die Ämter erforderten nicht nur finanzielle Mittel, sondern auch ein Minimum an Bildung in Redekunst (Rhetorik), Umgang mit allgemeinen Ideen (Geisteswissenschaften), theoretischer Philosophie.

Auch die Kirchen profitierten davon. In England veranlaßten die politischen Kämpfe, die in den Jahren 1548–1549 ausbrachen, als die Katholikin Maria Tudor Heinrich VIII. auf dem Thron folgte, die Reformatoren dazu, die Kinder der führenden Schichten sehr früh in ihren Überzeugungen zu stärken. Luther dachte ebenso, und Calvin maß daran die Wirksamkeit der Bildungsanstalt von Johannes Sturm in Straßburg. Die Katholiken ahmten die Reformation nach; die Jesuiten stahlen ungeniert die Ideen der Protestanten aus ihrer *Ratio Studiorum,* der Studienregel.

DIE ENTDECKUNG DER KINDHEIT

Zu Beginn richteten sich diese Schulen an das ganze Publikum. Der Begriff der Klasse existierte nicht; Seite an Seite lernten Erwachsene und Junge dasselbe Programm. Ganz allmählich erst wurden Klassen für gleichaltrige Schüler mit vergleichbarem Niveau eingerichtet. Diese Entwicklung war logisch und unausweichlich, weil sie rationalen Gründen folgte.

Philippe Ariès hat aufgezeigt, daß es die neuzeitliche Epoche war, die die Kindheit entdeckte sowie den »Wert einer Vorbereitungszeit, in der man kein Handwerk, sondern das Erwachsensein erlernte«. Die mittelalterliche Bildungsanstalt bot sich dafür als Rahmen an, den die Humanisten ausfüllten. Man begann, nach dem Beispiel der »heiligen Kindheit« Christi die Besonderheit eines schutzbedürftigen Alters zu betonen. Man bot ihm in der Schule Schutz und Zuflucht vor der pervertierten Welt der Erwachsenen.

Die Schulen nahmen zuerst ein sozial gemischtes Publikum auf; man hat den Anteil der Landarbeiterkinder in den Jesuitenkollegs der Champagne auf mehr als 20 Prozent geschätzt. Doch mehr und mehr wurde die Schule zu einem im doppelten Sinne aussondernden Filter, denn nun wurden auch Mädchen davon ferngehalten. Der Begeisterung über die Abtei von Thélème folgte die schlichte Preisgabe der weiblichen Bildung. In seinem *»Traité de l'éducation des filles«* (1687) wagte Fénelon als erster dagegen zu protestieren: »Nichts wird mehr vernachlässigt als die Bildung der Mädchen. Die Bildung der Knaben wird als für das Gemeinwohl wichtig anerkannt, die Mädchen aber sollen nicht im Wissen unterrichtet werden; die Neugierde könnte sie ja eitel und eingebildet machen. Es genügt, daß sie eines Tages ihren Haushalt führen und ihren Ehemännern, ohne zu vernünfteln, gehorchen.« Das 16. Jahrhundert, das Jahrhundert der Frau, war also auch das Jahrhundert, in dem die Frau von der großen Innovation dieser Zeit ferngehalten wurde. Verglichen mit der weit langsameren Eliminierung der einfachen Volksschichten aus dem Kreis der Unterrichtsempfänger wurde die Frau sehr rasch davon ausgeschlossen.

Tatsächlich geht die Entdeckung der Kindheit bereits auf das 13. Jahrhundert und auf das Interesse an der Geburt Christi zurück; man braucht nur an den zentralen Platz von Weihnachten in der Liturgie zu denken, an die Zahl der Krippen seit dem heiligen Franz von Assisi, an die Themen in der Malerei, an die Heiligen Drei Könige und an die Darbringung Jesu im Tempel. Das 16. Jahrhundert kannte mehrere Kinder-Könige, auf die man seine Hoffnungen richtete: mit den drei Söhnen von Katharina von Medici zeigte man sehr viel politisches Mitgefühl, was auch mit ihrem Alter zu tun hatte. Auch spielte der Einfluß der Antike, wenigstens der hellinistischen Antike, die die Kindheit thematisierte, eine Rolle. Vor allem aber drängte die Notwendigkeit, die Jugend durch eine spezielle Ausbildung in die Welt der Schriftkultur einzuführen, die Erwachsenen dazu, über das Wesen des Kindes nachzudenken. Die Zeit, als man die Kinder in sehr jungen Jahren als Pagen im Dienst eines Großen unterbrachte, damit sie das Leben im Kontakt mit Erwachsenen kennenlernten, war vorüber. In der oberen adligen und vor allem bürgerlichen Gesellschaft erwarb man die Grundlagen entweder zu Hause bei einem privaten Hauslehrer oder durch »Einsperrung« in eine Bildungsanstalt, was manchmal durch die

Gegenwart eines Hauslehrers gemildet wurde. So ging der Weg von der ländlichen Pflegemutter zum Hauslehrer oder ins Kollegium. Das System wurde durch die Spezialisierung der Bildungsanstalten noch verfeinert und reichte vom »vollen«, alle Disziplinen umfassenden Unterricht in den großen Städten über die »Geisteswissenschaften« (ohne Philosophie) in den mittleren Städten bis hinab zum »einfachen« Unterricht in den kleinen Siedlungsgebieten, wo man nur das Grundwissen erlernte. Diese Innovationen begannen ihre Verbreitung in der zweiten Hälfte des 16. Jahrhunderts. Der große Ausbau der Bildungsanstalten ereignete sich aber erst später im 17. Jahrhundert. Somit trug auch diese Erziehung, die immer teurer wurde, auf ihre Weise zur Aufwertung des Kindes bei.

Die Entdeckung der Kindheit zeigt sich auch in der Malerei. Kinder fehlten niemals auf den Altartafeln des Mittelalters; sie traten stets im Geleit ihres Stifters auf, und auch die Kinder des Königs wurden porträtiert. So schufen die beiden Maler Holbein einen über das ganze germanische und angelsächsische Europa sich erstreckenden Markt für Kinderporträts – das Museum in Reims vermittelt davon einen guten Eindruck –, was die Vielfalt und Verschiedenartigkeit der Beobachtung förderte.

Wie im Falle des Buchwesens folgte das urbane Frankreich – vor allem im Norden – bei der Ausbreitung und Entwicklung des Erziehungswesens dem Rheintal. Es war ein reiches Tal, Ort heftigen Aufeinanderprallens der Religionen, Tal der Buchdrucker und der frühen Alphabetisierung, der großen Malerei, ein Tal der humanistisch geprägten Städte und der kommunalen Artillerien. Frankreich knüpfte hier zahllose Verbindungen, die zur Stärkung der jeweiligen Verbannten auf beiden Seiten beitrugen. Anfangs hatte Frankreich infolge der Italienkriege sein Augenmerk noch auf die italienische Halbinsel konzentriert. Danach zog es sich auf sich selbst und seine inneren Konflikte zurück. All dies verhinderte jedoch nicht, daß unterhalb dieser Wellen von Massakern und Zerstörungen in aller Stille ein mächtiger Strom aus Europa nach Frankreich strömte, der es völlig unmöglich macht, die Geschichte Frankreichs von der des übrigen Europa zu trennen.

EINE NEUE LEBENSKUNST

Europa bildete in der Tat eine neue Lebenskunst heraus, eine neue Art des Verhaltens, die bis in die bescheidensten Gesten des alltäglichen Lebens reichte. Das 16. Jahrhundert vergrößerte so den Graben zwischen dem Volk und den oberen Schichten. Der Fortschritt schuf in der ersten Zeit auf fundamentale Weise Ungleichheit; niemals wurde ein tieferer Graben ausgehoben als in dem Augenblick, als die Schrift in die Welt trat. Darin liegt letztlich vielleicht das größte aller französischen Dramen begründet. Sie sonderte alle diejenigen aus, die nicht, gleich in welcher Form, an der Schriftkultur teilnahmen.

Dieser Graben zeigte sich schon in den bescheidensten Dingen des Alltags. Zum Beispiel wurde die bäuerliche Küche nur um einige Produkte, wie die Bohne, bereichert. Die Ernährung der Stadtbevölkerung war bereits vielfältiger. Nach Berichten von Ausländern, die angesichts der Fülle der Pariser Märkte in Begeisterung verfielen, nahm Fleisch einen größeren Platz in der Ernährung ein, als man es sich oft vorstellt: 100 Kilogramm Fleisch pro Einwohner und pro Jahr am Anfang des 17. Jahrhunderts. Alles scheint darauf hinzuweisen, daß es sich im 16. Jahrhundert ähnlich verhielt. Es ist schlecht möglich, daß die Reichen diese Menge alleine verzehrten. Das Volk einschließlich der Kinder konsumierte wenigstens 40 bis 60 Kilogramm. 1557 schrieb Girolamo Lippomano, daß Schweinefleisch »den wirklich Armen vorbehalten ist«.

Der regelmäßige Gebrauch von Hopfen erlaubte eine bessere Konservierung des Bieres, das das aus Flandern kommende Gerstenbier ersetzte. Cidre eroberte den Nordwesten. In allen Gegenden verbreitete sich Alkohol. Die Italiener führten um 1550 Sorbets ein. Eiscremes kamen erst ein Jahrhundert später, ebenfalls aus Italien. Die Gastronomie blieb jedoch noch sehr mittelalterlich. Fleisch wurde in Gewürzen getränkt. Die großen Wandlungen des Geschmacks waren eine Erscheinung des 17. Jahrhunderts.

Währenddessen wandelte sich die Kunst des Anrichtens und Essens. Bei festlichen Mahlzeiten versammelte man sich nicht mehr in der Küche, sondern im Eßzimmer. Die Tischbereitung wurde im eigentlichen Sinne des Wortes zu einer Kunst. Infolge der Leinenindustrie kam der Gebrauch von Tischwäsche auf. Messer und Löffel lagen neben Tellern aus Silber und Fayence, während Getränke in feinen Gläsern (italienischer oder lothringischer Herkunft), die hinter und nicht auf dem Tisch standen, angeboten wurden. Diener achteten auf die Wünsche der Tafelgäste. Nach seiner Rückkehr aus Polen und Venedig soll Heinrich III. die Gabel eingeführt haben, die anfangs auf wenig Gegenliebe stieß; weder Montaigne noch Ludwig XIV. fanden Geschmack an der Gabel. Sie verbreitete sich erst wirklich im 18. Jahrhundert. Diese Verfeinerungen spiegelten sich auch im Vokabular wider. Man verachtete triviale Wörter wie zum Beispiel Fleisch, weil es zu zweideutig war. Ebenso verschmähte man auch Brühen (mit Brot) und Breie, die zu der Volksküche gehörten wie der Knoblauch, der einen schlechten Atem machte. Man bevorzugte Weißbrot, besonders dasjenige, das die Bäcker in dem Pariser Vorort Gonesse für die Pariser backten. Auf gute Tische kamen nur noch Suppen, Obst und Gemüse, das die Bäuerinnen der Umgebung jeden Morgen nach der Milch unter den Fenstern des Adels und des gutsituierten Bürgertums »ausriefen«. Auch die Haltung bei Tisch und das Verhalten im Bett änderte sich. Die Form der Bestecke bestimmte die Art des Umgangs mit ihnen, selbst wenn es zum Zeitpunkt ihres Auftretens eine zeitliche Verschiebung zwischen ihrem eigentlichen gedachten Gebrauchszweck und dessen tatsächlicher praktischer Anwendung gab. Diese Verschiebung war auch in der Landwirtschaft zu beobachten: Luzerne und Klee gehörten seit langer Zeit zur Gartenkultur, und die »Agrarrevolution« wäre schon im 16. Jahrhundert möglich gewesen, wenn man sie vom Garten auf das Feld übertragen hätte. Dennoch schritt die Einführung neuer Geräte ziemlich schnell voran, vor allem in Gegenden, die in der Nähe großer Städte lagen.

Um die Verhaltensweisen zu ändern, mußte ein starkes und einheitliches Modell geschaffen werden. Aber der Hof des letzten Valois, so wie die Gemälde ihn darstellen, zeigte in dieser Hinsicht mehrere Schwächen. Die Moden waren noch nicht so deutlich festgelegt. Den Königen fehlte es an Prestige. Heinrich III. ist kein Ludwig XIV., und so wurden mit den Kriegen am Ende seiner Herrschaft Heinrichs III. die Sitten am Hofe immer barbarischer. Ein Teil des französischen Adels erschien nach 1580 nur noch selten in Paris oder in Fontainebleau und hielt sich, ob protestantisch oder katholisch, auf dem Lande auf, wo sich die Sitten nicht verfeinerten. Zuletzt wurden die Hofmanieren italienischer Einflüsse verdächtigt – mit allem, was das an Unruhen mit sich brachte – und teilten damit den zweifelhaften Ruf, den die Ligistenpriester den Hofjünglingen bereiteten, obgleich sie ihn nicht immer verdienten. Erst ein Jahrhundert später wurden die Sitten am Hof der Valois dank dem psychologischen Roman »Die Prinzessin von Cleve« (1678) von Marie-Madelaine de La Fayette (1634–1693) teilweise rehabilitiert. Bei den Protestanten waren die Vorstellungen über den Hof nicht besser: Eine ganze Denkströmung verglich die Verfeinerung mit einem unverdienten, ungerechten und korrupten Luxus. Wie hätten sich die Sitten des Hofs auch durchsetzen sollen, wenn die Person des Königs selbst nicht unangreifbar war?

In dieser Atmosphäre brachen wieder die panischen Ängste hervor, über Italien kam die Astrologie in Mode. Die Angst vor dem Teufel verbündete sich mit der Grausamkeit der Menschen, um monströse Hexenprozesse zu inszenieren. Während das Ideal eines neuen Menschen geschaffen wurde, loderten allenthalben die Scheiterhaufen auf. Die Kirchen trugen ihren Anteil an der Verantwortung. Doch lag der Kern des Problems vielleicht weniger im religiösen Bereich als in dem allgemeinen geistigen Klima.

In einer mündlichen Zivilisation wird der Schatz der empirischen Kenntnisse und des Könnens über die Alten weitergereicht. Man lernt durch Zuschauen und vor allem durch Nachahmung. Natürlich schleppt die mündliche Zivilisation neben dem Guten auch das Schlechte mit. Die Medikamente, die Aderlässe und Darmentleerungen, die zu jeder passenden und vor allem unpassenden Gelegenheit verabreicht wurden, waren fürchterliche Todesbringer.

Aber die geringen Möglichkeiten derjenigen, die es wirklich wußten, bewirkten letztlich nur eine noch größere Beunruhigung, die durch die Ignoranz einiger Heilpraktiker oder Hexen verschärft wurde. Ihr Treiben war okkult; sie tradierten aufgeweichte und vage Glaubensvorstellungen vermischt mit orientalischen und heidnischen Einflüssen. Das Eindringen der Schrift entwertete dieses Wissen und seine Besitzer in einer Welt, die weiß, daß sie auf zerbrechlichen Gewißheiten beruht; und sie hatte diese Wirkung auch bei denjenigen, die zwar empfänglich für das Schriftwesen waren und Angst vor dieser Volkskultur hatten, aber zugleich auch ihrer bedurften. Im übrigen war das Dorf keineswegs eine Idylle; die Menschen auf dem Land waren so boshaft wie die Städter. In der oberen Gesellschaft diente die Magie der Zerstreuung und Unterhaltung. Im Volk hingegen mündete die Überbewertung des althergebrachten Wissens – als Reaktion auf seine Geringschätzung – in der Hoffnung auf eine andere Form der Zerstreuung; diese manifestierte sich in einer Umkehrung der gesellschaftlichen Rollen anläßlich von Volksfesten, wo sie eine immer bedeutendere Aufgabe erfüllte. Was aber, wenn man, um sich für ein armseliges Leben zu rächen, Zuflucht suchte beim Gegenteil schlechthin, beim Satan? Das Wissen der mündlichen Zivilisationen enthielt durchaus auch die Möglichkeit, Böses zu tun.

Das war nicht neu, denn es gab bereits im Mittelalter geradezu Epidemien von Hexenverbrennungen. Man kann daraus eine Geographie der Hexerei erstellen, ja sogar die Spezialisierung gewisser Dörfer und – im 15. und besonders im 16. und 17. Jahrhundert – ganzer Provinzen und Regionen darin festhalten. Aber wenn die Hexerei auch eine Dauererscheinung war, so war ihre Verfolgung ein unvermittelt einsetzendes Phänomen; das Problem war nicht so sehr die Hexerei an sich, sondern lag in ihrer Bekämpfung. Sicher war zum Teil Habgier dabei im Spiel; das Vermögen der Zauberer und Hexen wurde beschlagnahmt und verteilt; aber das ist nur eine partielle Erklärung. Die typische Hexe war oft Witwe, auf jeden Fall war sie isoliert und lebte bereits etwas abseits vom Dorf. Meistens war sie arm, sogar bettelarm. Ein lothringisches Dorf bezahlte Richter, um Hexen loszuwerden, aber man erlebte auch, daß Zauberer Geld anboten, damit die Strafverfolgung ausgesetzt wurde. Das Werk »*La Démonolâtrie*« des Generalprokurators von Lothringen, Nicolas Remy, zeigt, wie man unter der Folter jedes Bekenntnis erzwingen konnte. Selbst ein so großer Geist wie Jean Bodin mischte sich dabei ein; fünf Jahre nach seiner »*République*« (1576), eines der großen Werke der politischen Reflexion, veröffentlichte er 1581 seine »*Démonomanie des sorciers*«. Ihm zufolge gab es in Europa fast zwei Millionen Zauberer und Hexen, und Bodin hätte es am liebsten gesehen, wenn sie nur einen Kopf gehabt hätten, um sie auf einen Schlag vernichten zu können. Michelet hat die Faszination beschrieben, die von diesen Frauen ausging. Der elsässische Maler Hans Baldung Grien stellte sie als jung und schön dar, jedoch von alten gebrechlichen Hexen begleitet. Das 16. Jahrhundert liebte diesen Kontrast: junge Frauen, die lüsternen Alten sich darbieten oder dargeboten werden; junge Mädchen vor einem vom Anhauch des Todes getrübten Spiegel; Hexen jeden Alters, die sich auf den Hexensabbat vorbereiteten.

Auch dieser sinnlose und schreckliche Tod auf den Scheiterhaufen gehörte zum 16. Jahrhundert. Nach dem Edikt von Nantes trat kurzfristig eine Zeit der Mäßigung ein, die mit der Herrschaftszeit Heinrichs IV. zusammenfiel. Die erste Hälfte des 17. Jahrhunderts setzte die harte Praxis in der zweiten Hälfte des 16. Jahrhunderts fort, als sich die Volksaufstände mit den Bürgerkriegen und der ständigen Auseinandersetzung mit dem Hause Habsburg überlagerten. Die königlichen Geschichtsschreiber erwarteten zu jener Zeit den großen König, der dem Land Ruhm, Ruhe und Frieden geben sollte. Es gab zwei Quasi-Könige, zwei Premierminister, die zwar Ruhm, aber keine Ruhe und keinen Frieden brachten. Es war die dramatische Schicksalsprüfung einer Zeit, in der Callot »Les Misères de la guerre« in Kupfer stach, und dies in einem Lothringen, in dem mehr als je zuvor die Scheiterhaufen brannten. Das Jahrhundert der Schönheit verblaßte, um einem Jahrhundert Platz zu machen, aus dem der hervorgehen sollte, den die Nachwelt einst aufgrund seiner Stärken wie seiner Schwächen als den »Großen« rühmen wird: Ludwig der von Gott Geschenkte, König von Frankreich.

DRITTER TEIL

Das 17. Jahrhundert

In einem Universitätshandbuch der Zwischenkriegszeit definierte ein englischer Historiker das 17. Jahrhundert als »das Jahrhundert der Revolutionen«. Er wollte das nicht nur im Hinblick auf England so verstanden wissen, sondern auf den ganzen europäischen Kontinent. Es war in der Tat ein unruhiges Jahrhundert *par excellence*, das man zu sehr unter dem Marmor von Versailles und dem Glanz der klassischen Literatur begraben und als ein vollendetes Modell gefeiert hatte. Voltaire machte mit seinem Werk *»Le Siècle de Louis XIV«* zwar die Tatsache vergessen, daß dieser König erst von 1661 an die Regierungsgeschäfte übernahm; dennoch bildete seine Herrschaft den zweiten Höhepunkt der französischen Geschichte: Ob man ihn liebt oder nicht, der Monarch des Absolutismus prägte das Land sowohl in seiner Form wie in seinem Geist. Seine Aufgabe wurde ihm dabei wesentlich durch »den großen Kardinal Richelieu« (Colbert) sowie durch den wendig einschmeichelnden Kardinal Mazarin erleichtert.

Das zeigte sich besonders in politischer und künstlerischer Hinsicht. Das eigentliche Große des Jahrhunderts offenbarte sich jedoch in einem anderen Bereich. Im Jahre 1715 konnte ein Drittel der Menschen lesen und die meisten von ihnen schreiben, was ein gewaltiger Fortschritt war, wenn man bedenkt, daß im Reich weniger als 10 Prozent der Bevölkerung an der geschriebenen Kultur Anteil hatte. Schon von 1630 an war die sprachliche Revolution vollendet; man war fast ohne Übergang von einem approximativen Französisch in eine genaue Sprache gewechselt. Desgleichen hatten im Jahre 1600 nur wenige Menschen die vier Grundrechenarten beherrscht, während sie im Jahre 1700 in den gehobeneren sozialen Schichten gang und gäbe waren.

Auch die Monetarisierung der Wirtschaft, die im 16. Jahrhundert begonnen wurde, setzte sich fort. Einige Wissenschaften wie die Astronomie erlebten eine geradezu explosionsartige Entwicklung, und die Mathematik, die ihr voraufging und sie ermöglichte, machte in weniger als einem Jahrhundert mehr Fortschritte als in der ganzen vorherigen Geschichte. Die Technik verbesserte sich; obwohl sie noch stark handwerklicher Natur war, erklomm sie bis dahin unerreichte Höhen. Mitten im Dreißigjährigen Krieg erfand man in Holland und Italien Fernrohr und Mikroskop. Damit erschloß sich der Blick auf die ungeahnte Weite des Universums wie auch auf die Welt des unendlich Kleinen, des Mikrokosmos. Durch sie wurden die Vorstellungen vom Universum und Leben in weniger als zwanzig Jahren umgestürzt.

Die gleiche Zeit brachte aber auch ein Ereignis hervor, das von rationalistischen Historikern vielfach in seiner Bedeutung unterschätzt wurde: die katholische Gegenreformation. Eine gewaltige Welle von Mystikern und Reformatoren überzog das Land, die sich auch in einer erstaunlichen, noch weitgehend unbekannten Literatur artikulierte.

Als Antwort auf die doppelte Herausforderung – der Zusammenbruch der mittelalterlichen aristotelischen und christlichen Vision der Welt und die Welle der Mystik – versuchten die Freidenker sich nicht nur von der kirchlichen Institution freizumachen, sondern auch vom Christentum selbst, indem sie zum erstenmal im Abendland öffentlich ihren Unglauben bekundeten. Für sie war die Befreiung der Sitten ein Zeichen für die Befreiung des Geistes.

Mit der im Aufschwung begriffenen Wissenschaft und der Herausforderung der Freidenker konfrontiert, wandte die Kirche die Beschlüsse des Trienter Konzils an und wachte nun verstärkt über die Ausbildung des Klerus. Am Ende des Jahrhunderts schließlich wurde der Mystizismus durch die Forderung nach einer aufgeklärten Religion verdrängt, für das der schmerzhafte Kampf zwischen Bossuet und Fénelon sinnfällig Zeugnis ablegt. Im Jahre 1700 erreichte Frankreich einen Höhepunkt in der Christianisierung, und auch der Klerus war noch nie so qualifiziert gewesen. Und dennoch hatte die Kirche bereits jetzt schon die große Schlacht des folgenden Jahrhunderts verloren. Zwei große Tendenzen standen sich gegenüber: Die Pessimisten stellten die furchtbare Frage nach der Gnade, die alle Debatten des Jahrhunderts beherrschte; die Optimisten hingegen antworteten ihnen mit ihrem Glauben an den Menschen. Zwischen Freidenkern und Gläubigen, strengen Protestanten und jansenistischen Katholiken, aufgeklärten Protestanten und Molinisten stand die Frage nach dem Schicksal des Menschen, stießen die Ansichten über das Leben extrem aufeinander.

Die Poesie, die im 16. Jahrhundert eine führende Rolle spielte, behielt ihre Bedeutung. Die barocke Dichtkunst der ersten Hälfte des Jahrhunderts, die weitgehend religiöser Natur war, stand auf einem hohen Niveau. Dieser Poesie der Wasserspiele und der Illusion stand das auf festem

Boden wurzelnde klassische Drama gegenüber. Die Tragödie – das Hauptgenre neben der Komödie – wurde von den beiden Moralisten Corneille und Racine beherrscht. War Frankreich im wesentlichen klassisch? Und in welchem Maße war es »barock«? Zweifellos war es beides zugleich, es war klassisch und barock. Bei den schillernden Festen zu Beginn der Herrschaft Ludwigs XIV. waren die Kostüme, die uns die Stichesammlungen des Louvre zeigen, ganz im Stil des Barock, während das Dekor durch und durch klassisch war. Alles in diesem 17. Jahrhundert, dessen unendliche Vielfalt wir noch lange nicht ausgeschöpft haben, war widersprüchlich.

In geographischer Hinsicht hatte das Königreich im Jahre 1715 fast seine endgültige Gestalt erreicht. Das Fünfeck wurde zum Sechseck. Die Ausdehnung war durch folgende Daten gekennzeichnet: 1648 (Westfälischer Frieden nach dem Dreißigjährigen Krieg), 1659 (Pyrenäenfrieden nach dem Krieg mit Spanien), 1668 (Frieden zu Aachen nach dem Devolutionskrieg), 1678 (Frieden zu Nijmwegen nach dem Niederländischen Krieg) und schließlich 1697 (Frieden zu Rijswijk nach dem Krieg gegen die Augsburger Allianz, dem Pfälzischen Krieg). Es wurde ein Kolonialreich errichtet, das zwar für Frankreich noch wenig gewinnbringend war, aber noch eine große Ausdehnung erfahren sollte. Das Nationalgefühl ging erstarkt aus den Prüfungen der ersten Hälfte des Jahrhunderts hervor. Die Wende kam schließlich nach 1661. Der Beginn der Selbstherrschaft – eine der großen Sehnsüchte des voraufgegangenen Jahrhunderts – machte sich durch eine Rückkehr zum Bürgerfrieden, durch die Entmilitarisierung und die Entwaffnung innerhalb der Grenzen bemerkbar. Die Städte, die ihre Mauern abgerissen hatten, vergrößerten sich und erlebten einen neuen Aufschwung.

Das Schlüsselwort des Jahrhunderts könnte Rationalisierung lauten. Staat, Wissenschaft und Sprache wurden rationalisiert. Der Staat suchte nach einem eigenen Selbstverständnis, machte sich selbst zum Gegenstand der Untersuchung. Man versuchte die Gestaltung einer kohärenten Politik, die sich auf ein fortschrittliches Wissen um Menschen und Dinge stützte. Nach den großen Eroberungen zu Beginn der Herrschaft Ludwigs XIV. spielte sich alles so ab, als ob die Führung fortan das Bedürfnis verspürte, das Land auf das Maß des Vernünftigen, Bemeßbaren zu beschränken. Der Festungsbaumeister und Marschall Vauban (1633–1707) sprach als erster von der »rechteckigen Wiese«. Im Frieden zu Utrecht

(1713, Ende des Spanischen Erbfolgekriegs) mußte Ludwig XIV., *nolens volens,* der Formel beipflichten: Alles, was zu »dem Wasser gehört, das von den Alpen herab auf die Piemonter Seite fließt«, fällt dem Hause von Savoyen zu. Dennoch träumte der König von der Krone des Heiligen Reichs, und Mazarin ließ in den Klauseln des Pyrenäenfriedens präzisieren, daß diese Bergkette zu den alten Grenzen Galliens gehöre.

KAPITEL I

Kriegs- und Friedenszeiten 1598–1659

AUF DEM WEG ZUM TOTALEN KRIEG

»Was sehe ich während dieser Zeit? Welche Unruhe? Welches grauenhafte Spektakel bietet sich meinen Augen dar? Die Monarchie bis in die Grundfesten erschüttert, der Bürgerkrieg, der auswärtige Krieg, Feuer im Inneren und Äußeren; die Abhilfen von allen Seiten gefährlicher als die Übel... Was soll ich sagen? Handelte es sich um eines dieser Gewitter, durch die der Himmel sich manchmal entladen muß; und mußten der tiefen Ruhe unserer Zeit solche Stürme vorausgehen? Oder handelte es sich um die letzten Zuckungen einer unruhigen Freiheit, die den Platz einer legitimen Autorität räumen sollte? Oder war es wie die Wehen Frankreichs, das sich anschickte, die wunderbare Herrschaft Ludwigs XIV. zu gebären?«

So sprach Bossuet am 9. August 1685 in seiner Trauerrede auf Anna Gonzaga von Kleve, Prinzessin von der Pfalz. Im Gegensatz zu der Lobhudelei, die unsere Zeitgenossen manchmal darin sehen wollen, handelte es sich um eine beachtenswerte Analyse. Sie stellte die Meinung derjenigen dar, die oft mit ihrer Person und ihrem Besitz für die Vorstellung litten, die sie sich von Frankreich machten. Es läßt sich sogar fragen, ob die gewaltige und einstimmige Erleichterung, mit der die Machtübernahme Ludwigs XIV. begrüßt wurde, nicht die willfährige Feigheit der Prediger und Beichtväter angesichts der Liebesabenteuer des Königs erklärt. Der Gegensatz zwischen der Situation des Königreichs zu Beginn des Jahrhunderts und der Lage um 1685 läßt sich nur schwer ermessen.

Die Friedensphase, die von 1598 bis 1610 dauerte, ist für uns erkennbarer, als sie es für die Zeitgenossen war, auch wenn es in dieser Zeit zu einem kurzen Krieg gegen Savoyen kam und im Hintergrund vor allem die Affäre um das Herzogtum Kleve, in der es um das Erbe des letzten Herzogs aus dem Hause Kleve ging, und das Unwetter standen, das sich über Zentraleuropa zusammenzog und das Heinrich IV. um 1610 stark beschäftigte. Dennoch war es eine Phase der Beruhigung und des Wiederaufbaus, ein Jahrzehnt, das ein unvergängliches Andenken hinterlassen sollte.

Neben Heinrich IV. gehörte sein Ratgeber und Minister Sully zu den großen, in der Dritten Republik mythologisierten Gestalten. Wir kennen ihn als bärtigen und sympathischen Großvater, der den berühmten Satz aussprach: »Ackerbau und Weidegang sind die beiden Euter Frankreichs.« Wie alle Mythologien enthält diese einen Wahrheitskern. Sully war für die Finanzen verantwortlich, er achtete auf den Haushaltsausgleich, er vermochte es, einen bedeutenden Kriegsschatz anzusparen und die zerrütteten Finanzen nach den schrecklichen Bürgerkriegen zu sanieren. Er war darüber hinaus der Parteigänger eines engstirnigen Merkantilismus, allerdings darum bemüht, einer hart getroffenen Landwirtschaft und Agrarbevölkerung wieder auf die Beine zu helfen. Er war der Mann des Wiederaufbaus und der Haushaltsüberschüsse. Doch stößt man rasch auf seine Grenzen. Wie bei Colbert war Unparteilichkeit nicht seine Stärke. Und noch weniger als Colbert verstand er die Bedeutung des großen Seehandels und der Industrie. Doch vertraute Heinrich IV. glücklicherweise auch anderen, die es wie Laffemas verstanden, die neuen Techniken anzuwenden und zu erproben, zum Beispiel in der Seidenindustrie.

Sully war der Mann einer Partei seiner Zeit, ein strenger und nüchterner Protestant, der genug Weitblick besaß, um die politischen Notwendigkeiten des Augenblicks zu erfassen. So klug, wie er war, sich nicht gegen den Übertritt Heinrichs IV. zum Katholizismus zu stemmen, so sehr verstand er es andererseits, seinen Glaubensbrüdern solide Garantien zuzusichern, einschließlich der Sicherheitsplätze im Edikt von Nantes. Als ein Mann der Arbeit sicherte er die Kontinuität des Staates in den alltäglichen Bereichen, und dies angesichts eines gewiß klugen, aber ebenso verwirrten und aufgrund seiner Vorliebe für Frauen und seiner illegitimen Nachkommenschaft zeitweise gefährlichen Königs.

Das Hauptverdienst Sullys war es, innerhalb eines Kollegiums, das aus sehr ungleichen Köpfen bestand, für Mäßigung, Überlegung und Praxisnähe zu sorgen. Sein Herr überging ihn sehr häufig. Dabei vestand es Sully, ihn wenigstens zeitweise zu bremsen und ihn zum Nachdenken zu zwingen. Da er ihn überlebte, konnte er die Anfänge der Regentschaft von Maria von Medici sichern. Frankreichs Kriegsschatz erlaubte es dem Land, einige Jahre durchzuhalten und durch Bestechungen die Meinungen zu seinen Gunsten zu beeinflussen. Seine Nachfolger konnten ihm bis Richelieu nicht das Wasser reichen, und vergessen wir auch nicht, daß er in seiner Jugend und seinen reifen Jahren ein Kriegsmann war, ein Treuer unter den Getreuen seines Herrn und seines Gottes.

Durch die Ermordung Heinrichs IV. wurde 1610 alles in Frage gestellt. Es bedeutete einen Rückschlag, da die Königin Maria von Medici die schlechteste aller möglichen Regentinnen war. Von 1610 bis 1625/26 blieb die Situation also infolge der fürstlichen und protestantischen Revolten und kleinen Feldzüge unbeständig. Das war die Zeit des neunten und zehnten Religionskriegs, bei dem diesmal jedoch enttäuschte Ambitionen im Spiel waren. Es bedeutete auch einen Rückfall in Gewalt und Anarchie, deren Kosten das Volk trug, sowie die Rückkehr der Großen. Nichts veranschaulichte deutlicher diese Wiederkunft der Gewalt als die Bühnentragödien, die von Blut und Morden strotzten. Auf der Bühne wurde getötet, wie man es von den »Zweikämpfen« in Paris her kannte, in denen man sich bei Tag und vor allem bei Nacht tötete, und man zeigte dem Publikum das zuckende, der Brust entrissene Herz. Vergewaltigung auf der Bühne wurde als eine normale Angelegenheit empfunden, und Alexandre Hardy scheute sich nicht, gleich zwei innerhalb eines Stücks auf der Bühne zu zeigen. Was, wenn nicht solche Erscheinungen, könnte den Tod der Renaissance besser versinnbildlichen.

In der dritten Phase (1625–1642) stellte Richelieu durch hartes Durchgreifen die Ordnung wieder her. Die Einnahme von La Rochelle (1629) bedeutete die Beendigung der Religionskriege und setzte vorerst der Opposition gegen die absolute Monarchie ein Ende. Aber mit Beginn des Dreißigjährigen Krieges ersetzte der auswärtige den inneren Krieg, zuerst indirekt durch die finanzielle Unterstützung, die Dänemark und Schweden gegen den Kaiser zuerkannt wurde (im Einklang mit England und Holland). Doch dann, nach dem Tod Gustav Adolfs auf dem Schlachtfeld von Lützen (1632), als die Schweden nur noch mühsam ihre Stellungen hielten, mußte Richelieu ab 1635 selbst in den Krieg eingreifen.

Der direkte und indirekte Krieg und der durch Volksaufstände gestörte Frieden machten sich durch eine brutale Erhöhung der Steuern bemerkbar, die sich zwischen 1630 und 1640 vervierfachten. Es war die größte Steuererhöhung in der französischen Geschichte vor 1914. Die Zäsur der Jahre 1630–1640 ließ tiefe Spuren in Frankreich zurück. Sie mündete in den berühmten Tag der Geprellten (*Journée des Dupes,* 11. November 1630, bezeichnet eine politische Intrige, durch die Maria von Medici und Anna von Österreich von Ludwig XIII. die Entlassung Richelieus erreichen wollten. Der Kardinal behauptete sich, und Maria von Medici mußte sich nach Moulins zurückziehen. Anm. d. Übers.).

Halten wir an dieser Stelle einen Augenblick inne. Es stellte sich die Alternative: entweder eine Politik des totalen Friedens zu führen, die durch die willentliche Aufopferung der auswärtigen Position die Durchführung der im Inneren notwendigen Reformen erlaubt hätte; oder – das war Richelieus Wahl – zuerst Krieg zu führen, die damit verbundenen finanziellen Probleme in Kauf zu nehmen, aber die vom Marillac-Klan (Michel, 1563–1632, und Louis de Marillac, 1573–1632, waren am Komplott gegen Richelieu beteiligt. Der erste starb im Gefängnis, der zweite wurde enthauptet. Anm. d. Übers.) und den religiösen Reformatoren gewünschten Reformen zu verhindern.

Eine zweite, eng damit verbundene Frage war die Nachfolge Ludwigs XIII. Ludwig XIV. wurde erst 1638 geboren. Die Gesundheit des Königs war nicht die beste; um Richelieu stand es nicht viel besser. Die Astrologen aus ganz Europa wurden nicht müde, den bevorstehenden Tod des Souverains vorauszusagen, angefangen bei Fabroni, dem Astrologen Marias von Medici, der mehr oder weniger mit den Klosterbrüdern von Chanteloube und Saint-Germain de Mourgues übereinstimmte – ein eigenartiges Bündnis, an dem Richelieu lange Zeit beteiligt war. Der Kardinal befreite Tommaso Campanella aus dem vatikanischen Gefängnis. Dieser »versprach ihm, daß der Herzog von Orléans niemals herrschen werde und daß der König einen Sohn haben werde, der seine Nachfolge antrete«. Campanella stand mit seiner Voraussage nicht alleine; Anna von Österreich suchte nach dem Gürtel der heiligen Jungfrau, dem man fruchtbarmachende Eigenschaften nachsagte, und zog »Heilige« zu Rate wie Marie Rousseau, eine »volkstümliche« Mystikerin, die mit der französischen Gegenreformation, besonders Bérulle, in Verbindung stand.

Die ehelichen Beziehungen zwischen König und Königin waren auf dem Nullpunkt, zum Teil, weil sie unvereinbare Persönlichkeiten waren, denn der König war prüde und in seinem Verhalten Frauen gegenüber ziemlich eigenartig. Vor allem aber war der Zwiespalt politischer Natur, denn Anna von Österreich war selbstverständlich für eine Annäherung an die Habsburger. Aber ohne Nachfolge gab es kein Überleben der französischen Monarchie. Das Problem stellte sich ähnlich wie zur Zeit Heinrichs III., aber es gab keine Ersatzlösung mehr wie Heinrich von Navarra. Der wahrscheinlichste Erbe war jetzt Gaston von Orléans. Die Protestanten hatten guten Grund, beunruhigt zu sein, und die Befürworter einer außenpolitischen Passivität konnten glauben, daß es in diesem Fall besser wäre, sich nicht auf einen Kampf mit den Habsburgern einzulassen. Zwar sprach niemand in Frankreich davon, doch wurde dieser Hintergedanke von den ausländischen Botschaftern angesprochen. Das Risiko, das Richelieu mit einem auswärtigen Krieg einging, beruhte allein auf einem Glaubensakt; denn nur die Geburt eines königlichen Nachfolgers konnte diese kostspielige Politik rechtfertigen.

Der Kampf sollte sehr lange dauern. Die Historiker wissen, daß die Befürchtungen grundlos waren und Spaniens Macht sich im Niedergang befand. Doch schon die Dauer des Krieges gegen Spanien, der sich nach dem Westfälischen Frieden (1648) bis 1659 hinzog, zeigte, daß die spanische Macht nicht unterschätzt werden durfte. Zwischen zwei gleichwertig durch den Krieg erschöpften Mächten dauerte es lange, bis eine Seite den Sieg davontrug.

Richelieu wußte, daß der Krieg teuer sein würde. Er konnte nicht voraussehen, daß die Kosten höher und innenpolitischen Konsequenzen negativer als geplant ausfallen würden. Abgesehen von den Verwüstungen und demographischen Verlusten führte der Rückgriff auf »außerordentliche« Finanzen dazu, daß anstelle einer politischen Reform nur »Flickarbeit« im wahrsten Sinne des Wortes dabei herauskam, die den Staat von der Bereitwilligkeit der Armeelieferanten, der Steuerpächter und der Staatsfinanziers *(partisans)*, also von Geschäftsleuten abhängig machte. Das Ancien régime verbündete sich also mit einer echten Interessengruppe, die glücklicherweise in konkurrierende Klientele aufgespalten war. Die ganze Regierungspolitik bestand darin, die eine gegen die andere Gruppe aufzuwiegeln, wobei dieses Spiel weitgehend vom König und seinen Ministern betrieben wurde. Die ganze Epoche wurde von den

Konflikten und Abmachungen von ungefähr fünfzehn wichtigen Klientelen beherrscht, die schließlich das unsichtbare Gerippe des Staates bildeten.

Dieses System machte damit jedoch keineswegs jede Reform unmöglich, ganz im Gegenteil. Die bemerkenswerteste Reform bestand zwischen 1630 und 1640 in der raschen Ausdehnung einer Institution, die unter Heinrich II. eingerichtet worden war, der Intendanten, die mit der Ausübung der Justiz, der Aufrechterhaltung der »Ordnung« und vor allem der wirkungsvollen Steuererhebung beauftragt waren. Da sie das traditionelle Netz enger knüpften, zogen sie den Haß aller derjenigen auf sich, die sich benachteiligt fühlten. Das war besonders gut im Jahre 1648 sichtbar. Die Intendanten, die mit der Eintreibung der Steuern beauftragt waren – die einzige Bürgschaft für Anleihen und verkaufte Ämter –, waren das Instrument der kriegführenden absoluten Monarchie, was Roland Mousnier auf den treffenden Begriff einer »(Kardinals)diktatur des Kriegs« brachte.

Nach Einschätzung einiger Historiker bedeutete Krieg die Unmöglichkeit einer »finanziellen Revolution« nach englischer Art und folgerichtig die Verschlimmerung des Absolutismus. Da das Ancien régime nicht reformierbar war, wurde die Revolution unumgänglich. Blickten die Marillac-Brüder so weit? Sie dachten von der Außen- und der Innenpolitik in religiösen Begriffen. Das ganze 17. Jahrhundert hindurch existierte eine Gruppe von Ratgebern – das »Kleine Konzil« um Bossuet war nur eine ihrer Manifestationen –, die ein christliches, gerechtes und ausgeglichenes Staatswesen anstrebte, das so wenig wie möglich städtisch geprägt sein sollte: ein reformiertes Königreich, wie es im *»Télémaque«* beschrieben ist, in dem die Steuern, aufgrund der maßvollen Bedürfnisse des Staates, niedrig sein sollten. Nach außen hin wünschten sie, daß der Katholizismus in einem religiös wiedervereinten Europa die Oberhand gewinne, und lehnten es also ab, daß Spanien an der Verwirklichung dieser Einheit gehindert wurde. Diese ins Extrem gesteigerten Ideen hätten dazu geführt, daß Frankreich der gewaltigen Macht der austro-spanischen Dynastie gegenübergestanden hätte, wenn das Reich erst einmal vom Hause Österreich beherrscht geworden wäre.

In seinen *»Dialogues des morts«* zwischen Richelieu und Oxenstierna – dem großen Kanzler, der nach dem Tod seines Herrn, Gustav Adolf, am 16. November 1632 in der Schlacht bei Lützen Schweden rettet – bringt

Fénelon das Dilemma sehr treffend auf einen für die Gegner Richelieus allerdings günstigen Begriff. Darin bekennt Oxenstierna: »Ich habe, meiner Religion folgend, gegen die katholischen Kaiserlichen gehandelt, die ... ganz Deutschland tyrannisierten: Sie waren ein schlechter Priester, als Sie durch uns die Protestanten emporgehoben und die Katholiken in Deutschland niedergeworfen haben ...« Und Richelieu antwortet ihm: »Ich konnte diesen Nachteil nicht verhindern, ohne ganz Europa in der Zange des Hauses Österreich zu lassen, das die Universalmonarchie anstrebte.« Gegenüber Mazarin jedoch, in einem weiteren Dialog, läßt Fénelon Richelieu in einem günstigeren Licht erscheinen, auch wenn er die Kardinalstyrannei nicht verschweigt: »Richelieu: Es ist keineswegs grausam, nur die Schuldigen zu bestrafen, deren schlechtes Beispiel nur weitere nach sich ziehen würde. Da die Straflosigkeit stets nur zu Bürgerkriegen führte, hätte ihre Anwendung die Autorität des Königs untergraben und das Blut von ich weiß nicht wie vielen Tausenden von Menschen gekostet, anstatt, wie ich es wollte, den Frieden und die königliche Autorität durch das Opfer einer kleinen Zahl von schuldigen Köpfen wiederherzustellen.«

Was wäre geschehen, falls die beiden Königinnen, die Mutter und die Gattin, Maria von Medici und Anna von Österreich, die Oberhand gewonnen hätten? Wieder einmal stand im Hintergrund der Debatte das Warten auf die Geburt des Nachfolgers. Die Umstände hatten gezeigt, daß der König für das Volk der einzige Schutzwall war. Da die beiden Kardinäle die Klagen und Vorwürfe auf sich gezogen hatten, konnte die Monarchie von diesem Gesichtspunkt aus als die einzig mögliche Lösung erscheinen. Die Historiographen des Königs hatten seit Guillaume Budé nichts anderes gesagt.

DIE ARMEE DES KÖNIGS

Alles verlief gut bis zum Tod von Richelieu und Ludwig XIII., die 1642/43 im Abstand von einigen Monaten starben. Diese beiden Todesfälle eröffneten die vierte Phase. Mit dem kleinen Ludwig Dieudonné, dem Gottgebenen, dem der Herzog von Orléans als Regent folgte, war das Erbfolgeproblem in Frankreich gelöst. Dafür aber begann es sich in Spanien abzuzeichnen. Die Regentschaft wurde von Anna von Österreich, zusammen mit Mazarin, sichergestellt. Der »Kriegsdiktatur«, die alles mit dem »großen roten Mantel« des Kardinals bedeckte, folgte der Versuch einer Diktatur durch Überredung. Mit der Fortdauer des Krieges, den sich verschärfenden Volksaufständen und der Auftürmung des finanziellen Defizits kam es 1648 wieder einmal zum Bankrott. Glücklicherweise flachten die Kriegsaktivitäten ab und reduzierten sich die Probleme auf Spanien und Frankreich.

So fielen die auswärtigen Kriege, die sich wegen der Schwäche der beiden Seiten hinzogen, mit dem letzten Bürgerkrieg, das heißt der Fronde zusammen. Diese brach zwar 1653 zusammen, hinterließ jedoch tiefe Spuren und wäre beinahe in den folgenden Jahren wieder aufgeflakkert. Als 1659 der Pyrenäenfriede mit Spanien unterzeichnet wurde, war Frankreich ausgeblutet. Den Tod von Mazarin und die Selbstherrschaft des jungen Königs vernahm es mit der großen Hoffnung, endlich verwirklicht zu sehen, was man seit einem Jahrhundert wünschte: eine friedliche Herrschaft in Glanz und Wohlstand.

Wenn es in der Tat auch sonst an Ruhm nicht fehlte, so mußten die Kriege doch bald wieder aufgenommen werden. Es blieb gerade Zeit, die Finanzen einigermaßen in Ordnung zu bringen. Aber ein innerer Krieg kam nicht mehr in Frage. Für mehr als ein Jahrhundert entstand Unordnung nur durch religiöse Klans und parlamentarische Streitereien. Dies waren jedoch zweitrangige Erscheinungen im Vergleich zu der ausgeprägten Ruhephase, die Frankreich praktisch als einziges Land in ganz Europa zu diesem Zeitpunkt erlebte. 1661 endete die Periode, die mit dem Frieden von Cateau-Cambrésis (1559) und den ersten Religionskriegen begonnen hatte. Selbst die Aufhebung des Edikts von Nantes (1685) konnte die innere Sicherheit nicht mehr in Frage stellen.

Wer von Krieg spricht, muß auch von der Armee sprechen. Die Militärgeschichte Frankreichs ist zu lange vernachlässigt worden. Abgesehen von der Schlachtengeschichte, die unentbehrlich bleibt, weil Schlachten Frankreich »gemacht« haben, spielt die Geschichte der Armeen und der Heeresverfassung eine ausschlaggebende Rolle. Der ständige Wechsel zwischen Bürgerkriegen und auswärtigen Kriegen bewirkte einen beträchtlichen Wandel in der Waffentechnik. Allerdings war Frankreich in dieser Entwicklung keineswegs führend. In der Zeit des Bürgerkriegs konnten keine neuen Waffenarten erprobt werden, und die französische Armee, die von den großen kontinentalen Kriegen zwischen 1600 und 1635 ferngehalten wurde, war der technischen Entwicklung nicht gefolgt. Sie befand sich deutlich im Rückstand. Das zeigte sich im Jahre 1636, als die Spanier durch einen Überraschungsangriff Corbie einnahmen, nachdem sie die Sperre des Sommetals durchbrochen hatten und bis in die Nähe von Paris gelangten. Doch wieder einmal fehlte ihnen im entscheidenden Augenblick das Geld. Immerhin hatte diese brenzlige Situation die französische Armee aufgerüttelt. Nun brauchte es Zeit, um die Situation wieder in den Griff zu bekommen. Das war das Werk von Michel Le Tellier (1603–85), dem Vater von Louvois.

Die Schweden hatten die modernste Armee. Sie war zwar eine Nationalarmee, die aber durch ein tiefgreifendes religiöses Gefühl zusammengehalten wurde. Sie war technisch auf einem sehr hohen Stand und übernahm Ideen aus dem Hause Oranien-Nassau, die in der Mitte des 16. Jahrhunderts in Holland umgingen und dem Bereich der stoischen Philosophie entstammten. Die Feuerkraft der Schweden war stark und beweglich, weil ihre Musketen und Kanonen, von denen einige tragbar waren, immer leichter wurden. Da sie sich für ihren König und das Luthertum schlug, bildete die schwedische Armee ein von anderen Armeen unerreichtes Modell. Sie verfiel jedoch bald und verlor ihre Eigentümlichkeit.

Ein anderes Modell bildete die spanische Armee mit ihren gefürchteten *tercios*. Diese Einheiten, die sich aus Wallonen und verarmten kleinen spanischen Adligen zusammensetzten, waren ihren Anführern verschrieben; sie waren stolz auf ihre Unbesiegbarkeit, ihren furchterregenden Ruf und vor allem auf ihren katholischen Glauben. Durch Aufrichten ihrer langen Spieße (fast sechs Meter lang) bildeten sie »Karrees«, hinter denen die Musketiere in Ruhe ihre Waffen neu laden konnten. Erst durch den Sieg von Condé bei Rocroi 1643 wurde der Mythos ihrer Unbesiegbarkeit gebrochen.

Alle Armeen hatten Söldnertruppen, ein Erbe des 16. Jahrhunderts. Die berühmtesten Söldner waren die Schweizer, die der Fahne, aber mehr noch ihrem Sold treu waren, von dem sie ihre Einsatzbereitschaft abhängig machten. Alle armen europäischen Regionen hatten ihre Zuflucht im Söldnertum gesucht: die Bergländer (Schweiz, Ligurien, Baskenland) und die überbevölkerten Gegenden wie Schwaben mit seinen Landsknechten, aber auch spezielle, dem Waffenhandwerk gewidmete Sozialgruppen wie die berühmten »Reiter«, die aus dem Adel Nordwestdeutschlands rekrutiert wurden. Aber der Dreißigjährige Krieg stellte das Söldnertum wieder in Frage; denn wie konnte ein verwüsteter Staat auf Dauer seine Armee auf diesem System aufbauen? Die Aushebung verlangsamte sich; das Söldnertum, das im 16. Jahrhundert, trotz der menschlichen Verluste, für die armen Länder rentabel gewesen war, verlor im 17. Jahrhundert an Attraktivität. Gegen 1700 verringerte sich der Unterschied zwischen den lokalen Löhnen und dem Sold und verschwand schließlich im 18. Jahrhundert ganz.

Es gab aber noch ein drittes »Modell«: die Armee Wallensteins, die, den Geldmangel der Staaten ausnutzend, ihre Dienste anbot. Es war eine nichtkonfessionelle Armee mit strenger Disziplin, in der die Todesstrafe angewendet wurde. Sie besoldete sich selbst; der Krieg nährte den Krieg. Der Sold wurde zu Wallensteins Lebzeiten in regelmäßigen Abständen ausgezahlt, aber auf Kosten der befreundeten oder befeindeten Länder, durch die die Armee zog. Dieses System hatte verheerende Konsequenzen.

Richelieus Armee hingegen war eine Dauerimprovisation, ein Kompromiß zwischen allen Modellen. Sie war keine wirkliche Nationalarmee, obwohl sie danach strebte; sie war kein Heer von Söldnern, obwohl diese zwischen einem Viertel und einem Drittel der Truppenstärke ausmachten; und sie war, obwohl weitgehend katholisch, keine konfessionelle Armee, denn die Offiziere standen dem Glauben, wenn nicht ablehnend, so doch häufig gleichgültig gegenüber.

Wie alle Armeen in dieser Zeit war die französische Armee darauf angewiesen, vom Land zu leben, doch in einem weitaus geringeren Maß als andere, da sie strengen Anweisungen unterlag. Die Opfer hatten die Möglichkeit, sich beim Königlichen Rat zu beschweren; die Kriegsarchive zeigen, daß das Volk durchaus von dieser Möglichkeit Gebrauch machte und daß man in Paris versuchte, ihm Gehör zu schenken. Das Verfahren hatte für den heutigen Historiker den großen Vorteil, daß er aufgrund der Aktenlage die Karte der Zerstörungen nachzeichnen kann. So betrachtete man etwa im Elsaß die französischen Truppen als das geringere Übel; wenn man sich unter ihren Schutz stellte, so keineswegs aus Freude, sondern schlicht aus Notwendigkeit und Resignation.

Der technische Rückstand konnte nur langsam aufgeholt werden. Langsam, aber sicher wurde die französische Artillerie wieder zu einer der besten, wenn nicht der besten in Europa. Unter Ludwig XIV. übertraf sie in den siebziger Jahren des 17. Jahrhunderts alle anderen Armeen. Die Truppenstärke erhöhte sich von 15 000 bis 20 000 stehenden Soldaten unter Heinrich IV. auf 150 000 unter Richelieu, wobei diese Zahlen schwankten, denn Fahnenflucht war eine Dauererscheinung dieser Zeit. Der wesentliche Vorzug der französischen Armee lag in ihren Intendanten, die die Armeen begleiteten und in Verbindung mit den Kriegskommissaren – einem der gewinnträchtigsten Ämter, dem Colbert später sein Vermögen verdankte – die Versorgung und den Sold der Soldaten sicherten.

Als ein zunehmend wirkungsvolleres Instrument begann die französische Armee um 1640 dem übrigen Europa einen immer größeren Respekt einzuflößen, selbst wenn Richelieu die »militärischen Fähigkeiten« der Franzosen bezweifelte.

DIE POSITIVEN RESULTATE

Das erste Resultat waren die Annexionen. Die Entwicklung begann unter Heinrich IV. im Savoyischen Krieg (1600–1601). Der Einmarsch in dieses Herzogtum mündete in den Friedensvertrag von Lyon (17. Februar 1601), durch den Frankreich im Austausch gegen die Festung von Saluzzo, eine der berühmten »Pforten« nach Italien, die Provinzen Bresse und Bugey sowie die Gegend von Gex und Valromey erhielt und durch den die Grenze »nach dem Lauf des Rheins« festgelegt wurde. Auf diese Weise war Lyon, die zweite Stadt Frankreichs, besser geschützt. Dieser Vorstoß schnitt vor allem eine der Routen ab, über die Menschen und Geld von Spanien über den Golf von Lion, Genua, Norditalien, die Alpenpässe und die Franche-Comté in die Niederlande flossen. Doch war dies nur ein Teilergebnis, da eines der Hauptziele der Strategie Heinrichs IV., auch die über das Elsaß und die Schweizer Pässe verlaufende Route den Spaniern zu verschließen, nicht erreicht wurde. Dies hatte den Vertrag vom 29. Januar 1602 mit den Schweizer Kantonen zur Folge. Die Schweizer verpflichteten sich, die spanischen Truppen nicht passieren zu lassen, und verbanden sich eng mit dem König von Frankreich. Sie sicherten ihm außerdem die Rekrutierung von Söldnern zu, was zwar einen gewissen Vorteil bedeutete, der in seiner Wirkung jedoch recht beschränkt blieb.

Erst mit dem Westfälischen Frieden (1648) gewann der französische Drang nach Osten deutlichere Konturen. Lassen wir die Bedingungen, die das Reich betrafen, einmal beiseite, so hatte der Westfälische Frieden außer der Bestätigung des Friedens von Cateau-Cambrésis – also der bereits alten Annexion der drei Bistümer Metz, Toul und Verdun mit ihren Exklaven – vor allem das Elsaß zum Inhalt. Die beiden Parteien akzeptierten absichtlich zweideutig formulierte Bedingungen, die im wesentlichen darin bestanden, die »Rechte des Hauses Österreich« im Elsaß an Frankreich abzutreten, das heißt das südliche Elsaß (der Sundgau) und, sehr viel vager, den Schutz der »Dekapolis« (die zehn wichtigsten Städte des Elsaß, ohne Mülhausen und Straßburg). Der Text war so gehalten, daß nur das spätere Kräfteverhältnis die Folge der Ereignisse bestimmen konnte. Man ließ die Tür offen für eine Wiedereinnahme dieser Stellungen durch die Habsburger oder für eine Eroberung des gesamten Elsaß durch Frankreich. Selbst wenn Frankreich ein gewisses Kontrollrecht zuerkannt wurde, hatte es doch gleichzeitig wenig und viel erreicht. Wenig, denn die Fläche der tatsächlich erworbenen Territorien war klein; viel, weil die französische Armee jetzt faktisch am Rhein stand und als Pfand die beiden Festungen von Breisach im Süden und von Philippsburg (in der Nähe von Speyer) im Norden in der Hand hielt, abgesehen von einem Korridor durch Lothringen, das de facto bereits besetzt war. Insgesamt handelte es sich dabei um eine Reihe von Stützpunkten und Inseln französischer Souveränität, die über ganz Lothringen und das Elsaß verstreut waren, weit ab von der französischen Grenze, die entlang der Picardie, der Champagne, dem Barrois und dem Burgund verlief.

Diese Erwerbungen wurden 1659 durch den Pyrenäenfrieden vervollständigt, der dem endlos langen französisch-spanischen Krieg doch noch ein Ende setzte. Im Süden wurde das Roussillon an Frankreich angegliedert, das heißt die östliche Pforte Spaniens, die nach Katalonien führte, das die beiden Kardinäle mit aller Kraft zum Aufstand gedrängt hatten. Das war eine »Politik der Ablenkung«, sogar der Subversion, die bei den führenden Kreisen des 17. Jahrhunderts beliebt war. Im Norden schützte die Annexion des Artois die Somme-Linie und befreite die Festung Boulogne aus ihrer Isolierung. Schließlich fiel eine ganze Reihe von Festungen (Maubeuge, Givet, Thionville) entlang der Grenze zu den spanischen Niederlanden an Frankreich. Auch dieses Mal erschienen die Resultate gegenüber dem Ausmaß des französischen Siegs geringfügig. Mazarin sah in den Erwerbungen vor allem ein Pfand für seinen Plan, eine der Infantinnen, Tochter des spanischen Königs, mit dem jungen Ludwig XIV. zu vermählen, der dadurch Anrechte auf die spanische Thronfolge erhalten würde. Obwohl die Spanier ihre Vorkehrungen getroffen hatten, hatte Mazarin durchgesetzt, daß die Mitgift nicht zu früh gezahlt zu werden brauchte.

In den beiden Verträgen lassen sich zwei Tendenzen unterscheiden. Einerseits wurden besonders im Pyrenäenfrieden die Berggrenzen und Wasserläufe als natürliche Grenzen bestätigt. Damit wurde eine lineare Grenze geschaffen, die auf der Karte verzeichnet, und wenn nötig, durch Grenzsteine markiert wurde. Andererseits hielt man im Nordosten die alten Praktiken breiter Grenzzonen bei, in denen sowohl ins fremde Gebiet vorgerückte französische Festungen wie auch fremde Enklaven auf französischem Gebiet nebeneinander existierten. In Friedenszeiten waren auf diesen Vorposten Garnisonen stationiert, die im Ernstfall Alarm schlagen und den ersten Ansturm des Feindes brechen sollten. Sie blieben jedoch provisorische Stützpunkte. Man behielt sich vor, sie nach Maßgabe der Umstände weiter nach vorne zu verlegen oder sie, etwas bescheidener, als Vorwand zu benutzen, um langsam die Zwischenräume auszufüllen.

Diese Option hatte jedoch folgenschwere Konsequenzen für die Zukunft. Der Vorstoß im Osten reichte weiter als im Nordosten, so als ob man dem Weg des geringsten Widerstands gefolgt wäre, um Holländer und Engländer nicht allzusehr zu beunruhigen. Vielleicht hatte man damit aber auch nur die naheliegende, einfache strategische Absicht verfolgt, die Kommunikationslinien der Spanier nach Norden hin zu unterbrechen. Da Breisach die Route auf dem rechten Rheinufer kontrollierte, waren die spanischen Niederlande isoliert. Bereits unter Mazarin war in den politischen Kreisen in Amsterdam das Wort umgegangen: »Die Franzosen sind Freunde, aber keine Nachbarn.« Von 1661 an wurde die französische Macht zu einem Angstfaktor. Bis zu diesem Zeitpunkt hatte man auf die inneren Unruhen Frankreichs zählen können. Aber jetzt?

DIE NEGATIVEN RESULTATE

Der Krieg hatte innerhalb und außerhalb der Grenzen schreckliche Verwüstungen hinterlassen. Das Königreich hatte zwar an Fläche, Militärstärke, an Ruhm und Ansehen hinzugewonnen, aber nur um den Preis von großen Zerstörungen, die der europäische Sturm angerichtet hatte.

Es lassen sich vier große Verwüstungszonen unterscheiden. Im neu eroberten Osten, in Lothringen und im Elsaß, hatte der Krieg ebenso katastrophale demographische Auswirkungen wie im Reich. Das Elsaß verlor 40 Prozent der Bevölkerung der Jahre um 1620. Ähnlich war die Lage in Lothringen. Es war fast vollständig zerstört. Kaum besser war die Lage entlang der Grenzen des alten Fünfecks. Die Verluste an Menschenleben waren zwar nur halb so groß, aber die Zerstörungen und Plünderungen waren nach den Klagen, die an das Kriegssekretariat gerichtet wurden, dafür besonders schwerwiegend. Man kann davon etwas in den Bauerndarstellungen der Brüder Le Nain erkennen, die das Laonnais während dieser Epoche zeigen. Dabei handelt es sich jedoch nicht um »realistische« Malerei, sondern um Gemälde, die sich an ein bestimmtes Pariser Publikum richtete und in denen sich die Wirklichkeit mit einer Idealvision des bäuerlichen Lebens vermischte. Dagegen sind die Radierungen von Jacques Callot (1593–1635) wirklichkeitsnahe Zeugnisse über das gemarterte Lothringen. Das Kriegsgebiet verlief von der Somme über die Picardie bis zur Seine, umfaßte das Soissonnais, das Valois, die Champagne und das Barrois, aber auch ganz Burgund, und reichte bis in die Umgebung Lyons. Im Süden kam das Roussillon hinzu. Die dritte große Verwüstungszone bestand aus dem Zentrum des Pariser Beckens mit den Landschaften der Ile-de-France, der Beauce und Brie, sowie aus dem Loiretal bis Angers. Hier war es der Bürgerkrieg, der die Verwüstungen verursacht hatte. Nach den Berichten von Mutter Angélique Arnauld, die in Port-Royal-des-Champs Hilfe und Schutz organisiert hatte, spielten sich schaurige Szenen dort ab: am Spieß geröstete Kinder, aufgeschlitzte Mütter, Vergewaltigungen. Der einzige, wenn auch beträchtliche Vorteil gegenüber der »roten« Zone bestand darin, daß der Krieg hier meist rasch vorüberzog; er dauerte höchstens einige Jahre. Oft genügten schon die Umgrenzungen der Schlösser der Brie und der Beauce – manchmal selbst einfache, hastig errichtete Palisaden –, um die Marodeure abzuhalten. Die

Gemeinden im Süden von Paris hatten ebenso darunter zu leiden. Nur der Südwesten, der bereits durch die Religionskriege geschunden war, kam wenigstens am Ende dieses Krieges einigermaßen glimpflich davon.

Doch ganz von Truppendurchmärschen verschont blieb keine Region Frankreichs. Dies lag an der geographischen Lage des Königreichs, die sich geradezu dazu anbot. Vom Limousin zum Languedoc und zur Provence litten alle Provinzen darunter. Zu den Truppendurchzügen kamen die Expeditionen zur Steuererhebung *manu militari* hinzu; denn angesichts der Häufigkeit der Steuerverweigerungen und Volksaufstände ließen sich die Steuereintreiber von Soldaten begleiten, die rücksichtslos durchgriffen. Durchzug und Unterbringung waren die Bestrafung für die Revolten und den Ungehorsam; die Dragonaden waren davon nur eine besondere Version.

Frankreich fiel in die Barbarei zurück. Sie wurde bereits am Hof Heinrichs IV. spürbar. Die Zeiten der eleganten Hofjünglinge der Valois, der italienischen Umgangsart, der verfeinernden Bildung von Herz und Körper während der Renaissance lagen weit zurück. Nun war die Zeit von Francion, dem Helden eines Romans von Charles Sorel (1602–1674), worin ein Student, für den nur das Geld zählt, in das Milieu von Gaunern und Zuhälterinnen gerät. Aber wie Corneille zeigt, verwandelte manchmal der auswärtige Krieg die rauhen und skrupellosen Sitten zumindest in ein verbales Heldentum. Wie immer, so erzeugte das Übermaß an Unordnung auch hier eine Gegenreaktion. In den Salons der Damen der oberen und mittleren Gesellschaft kehrte wieder die Courtoisie ein. Die »Preziösen«, die sich noch nicht der Lächerlichkeit preisgaben wie in Molières Komödie »Die lächerlichen Preziösen«, traten in Erscheinung. Sie unterwiesen die jungen Adligen, die sich im Winter von den Härten des Krieges erholten, in Möglichkeiten, sich auf feinsinnige Weise zu entspannen, etwa nach dem Beispiel von Cyrus und Clélie, den beiden Romanfiguren der Schriftstellerin Madeleine de Scudéry (1607–1701), die sich an Pastoralen und Schäferspielen erfreuten. Die Preziosität gehört zum Wesen des 17. Jahrhunderts.

Es ist nicht möglich, für die 22 bis 23 000 Gemeinden des Königreichs einheitlich den Rückgang der französischen Bevölkerung während der Krisen der Jahrhundertmitte zu ermitteln. Die Zahlen von 1640, die sich nach den heutigen Grenzen auf 22 Millionen Einwohner und für das damalige Königreich auf ungefähr 20 Millionen Einwohner beliefen –

Vauban schätzte sie sogar nur auf 18 beziehungsweise 13 Millionen Einwohner –, werden erst wieder in den Jahren 1710–1720 erreicht. Die Bevölkerungsdichte war sehr verschieden von der heutigen; an der Ärmelkanalküste, im Garonnetal, in der Gegend um Lyon und in der Auvergne kamen mehr als 60 Einwohner auf einen Quadratkilometer. Am Ende des Ancien régime hatten auch das Elsaß und das nördliche Lothringen ihre Verluste aus dem Dreißigjährigen Krieg aufgeholt und diese hohe Durchschnittszahl erreicht. Im Hauptteil der Champagne und des Nordens von Burgund, auf dem linken Ufer der Loire, im Süden des Zentralmassivs und der Alpen und in den Pyrenäen mit den Landes kamen weniger als 40 Einwohner auf einen Quadratkilometer. Die eroberten Regionen zählten hingegen zu den meistbevölkerten des Königreichs; das heutige Département Nord profitierte von der großen Bevölkerungsdichte und dem Wohlstand Flanderns.

Vergleichen wir diese Zahlen mit dem restlichen Europa: Im Jahre 1700 zählte das Reich etwa 15 Millionen Einwohner, Italien mehr als 13 Millionen, Spanien 10 Millionen, Portugal zwischen einer und zwei Millionen; die Britischen Inseln hatten fast 10 Millionen Einwohner. Rußland dürfte zu dieser Zeit die Zahl der französischen Bewölkerung erreicht oder leicht überschritten haben. Somit bestand der Haupttrumpf des Allerchristlichen Königs in der großen Bevölkerungsdichte, ein Vorteil, der durch die Eroberungen während der Jahrhundertmitte noch verstärkt wurde. Dagegen war in den Jahren 1650–1660, also nach der Fronde, die Einwohnerzahl in Frankreich auf 18 Millionen geschrumpft und hatte im Vergleich zu den Jahren 1630–1640, in denen das Reich 10 bis 12 Millionen Einwohner aufwies, 10 Prozent seiner Bevölkerung verloren. Als Louvois' Armee gegen 1670 ungefähr 150000 bis 160000 Mann zählte, kam auf ungefähr 120 Franzosen ein Soldat. Wenn man zu dieser Zahl noch die Zahl der Matrosen hinzurechnet, von denen Admiral Tourville (1642–1701) in Kriegszeiten mehr als 30000 zur Verfügung standen, kann man sich leicht vorstellen, wie sehr Frankreich das übrige Europa gerade durch sein demographisches Gewicht beeindruckt hatte, aber auch zum Teil durch seine Zerstörungen, die es in Mitteleuropa angerichtet hatte.

KAPITEL II

Absolute Monarchie, Ministerherrschaft und Angriff auf die Krongewalt

Jenes halbe Jahrhundert, in dem Maria von Medici, Richelieu, Mazarin und Prinz Condé an der Macht waren, unterschied sich von dem voraufgegangenen Jahrhundert vor allem durch seine Prinzipien. Zwar haben wir auf die Ähnlichkeit der Unruhen, auf die Pendelbewegung zwischen der Unordnung im Innern und dem Überlebenskampf im Äußern und auf die Konsequenzen einer permanenten Infragestellung der Macht hingewiesen. Dennoch hatte sich etwas grundlegend geändert.

Die Ligakriege hatten nicht nur das Prinzip der absoluten Monarchie in Frage gestellt, sondern auch das der Legitimität. Auf seiten der Liga – die in einigen Städten im Norden des Landes und in Paris geradezu wie eine totalitäre Partei auftrat – wie auf protestantischer Seite hatten sich Stimmen erhoben, die ein gegenüber dem Königtum höherrangiges Prinzip verkündeten, wonach die Absetzung des Königs durch Gewalt, selbst durch Ermordung, gerechtfertigt sei. Diese Theorie war sehr alt und wurde sehr deutlich im 13. Jahrhundert von Thomas von Aquin und zu Beginn des 15. Jahrhunderts von Johannes Parvus vertreten. Jede Tyrannei kann und muß von einem gewissen Grad an bekämpft werden. Da die Möglichkeiten der Thronfolge sich verringerten, gingen die Extremisten der beiden Lager so weit, das Grundprinzip der königlichen Legitimität durch Geburt zu verneinen.

Der Streit um den Primat der Krone war in der ersten Hälfte des 17. Jahrhunderts kein Thema mehr, selbst wenn die Zeitgenossen Zeit brauchten, um sich zu beruhigen, denn die Ermordung Heinrichs IV. 1610 war noch sehr in Erinnerung. Nach 1610 kam es bis zum Anschlag von Damiens auf Ludwig XV. im Jahre 1757 nicht mehr wirklich zu Angriffen gegen den König. In Paris und Versailles war der König nur wenig beschützt und leicht zugänglich. Trotz der Unruhen wurde er – für Katholiken und Protestanten – wieder zu einer heiligen Person. Von 1610 bis 1661 saßen für die Dauer einer jeweils fast halben Herrschaftsperiode zwei minderjährige Könige auf dem Thron; denn obwohl Ludwig XIV. 1651 volljährig wurde, übte er nicht die Macht aus. Als Kind war der König unantastbar. Ludwig XIV. wurde der von den Dichtern idealisierte König, der König, den die Geschichtsschreiber an der Macht zu sehen wünschten. Dieser König vereinigte in sich das Erbe aller vom Altertum und vom Mittelalter überkommenen Vorstellungen, und eine ganze Nation erkannte sich in ihm.

Die Ermordung Heinrichs IV. rief einen Skandal hervor und erregte eine tiefe Abscheu, was nach dem Mord an Heinrich III. so noch nicht der Fall gewesen war. 1583 hatte ein Teil Frankreichs darin eine göttliche Strafe für den vom König organisierten Mord am Herzog von Guise gesehen. 1610 dagegen wurden hinter der Ermordung Motive vermutet, die beunruhigend wirkten. Es erhob sich sogar die Frage, ob der Haß Ludwigs XIII. auf seine Mutter, wie bei Hamlet, nicht auf einer Mitschuld am Mord Heinrichs IV., die weder je bestätigt noch entkräftet worden ist, oder der Duldung von seiten Maria von Medicis beruhte.

PURPUR UND MACHT

Und dennoch erlebte dieses halbe Jahrhundert auch, wie der Handlungsspielraum der volljährigen Könige durch die Herrschaft der Ersten Minister (Ministeriat) beschränkt wurde. Es fehlt noch eine Gesamtstudie über dieses Phänomen, das auch in anderen Ländern bekannt war; die spanischen oder österreichischen Ersten Minister standen den französischen Kardinälen in nichts nach. Ludwig XIII. war so verschlossen, daß es nicht einfach ist, die genauen Verhältnisse zu durchschauen, aber es darf als gewiß angenommen werden, daß Saint-Simon in seiner »Parallèle des trois rois Bourbons« Ludwig XIII. ein Denkmal fast kindlicher Verehrung setzt und ihn für größer hält als Heinrich IV. und Ludwig XIV.

Ludwig XIII. war von allen vielleicht der christlichste und gläubigste König, der einzige, der nicht durch Männer- oder Frauengeschichten kompromittiert war. Aber was wäre aus seiner Herrschaft ohne Richelieu geworden? Der König war intelligent, aber ohne großen politischen Spürsinn. Er ließ sich von einem Mann beraten, der seinen Machtwillen respektierte, ihm aber dabei geschickt die Verhaltensregeln suggerierte, indem er ihm den Eindruck vermittelte, er könne selbst wählen. Dieses politische Paar setzte das mittelalterliche Treueband zwischen dem Herrscher und seinem ratgebenden Diener fort.

Ganz anders dagegen der junge Ludwig XIV., der vor Mazarin regelrecht verblaßte. Zwar hegte der Heranwachsende gegenüber dem Kardinal keineswegs immer nur positive Gefühle und hatte dieser manchmal durchaus Grund zur Sorge, da das königliche Gefolge immer wieder versuchte, den jungen König gegen seinen Vormund aufzubringen – Ludwig XIV. bezeichnete ihn einmal sogar infolge eines tiefsitzenden Ressentiments als »Großen Sultan« –, aber schließlich obsiegten doch Dankbarkeit und Bewunderung. Mehr als der Schüler Richelieus war der Große König der Schüler Mazarins.

Der Kardinalspurpur stand beiden sehr gut. Als Kirchenmänner umgab sie praktisch die Aura der Heiligkeit, die jeden Mordversuch in eine Gotteslästerung verwandelte. Richelieu war gläubiger Christ und Autor von Büchern über Spiritualität. Er verstand sich als Reformator in der Linie des Trienter Konzils. Daß er mit Ninon de Lenclos (1620–1705, eine Kurtisane, die wegen ihrer Schönheit und Bildung berühmt war und zahlreiche Verbindungen zu bedeutenden Persönlichkeiten wie Scarron, Molière und La Rochefoucauld unterhielt. Anm. d. Übers.) verkehrte, ist menschlich. Selbst Freidenker wie der Schriftsteller Tallemant des Réaux (1619–1692) waren darüber nicht entrüstet. Im Falle Mazarins hingegen lassen die unterschiedlichen Berichte über seinen Tod einige Zweifel an seiner Gläubigkeit aufkommen. Starb er einen christlichen Tod im klassischen Sinne des Begriffs oder den eines göttlichen Dingen gegenüber gleichgültigen Menschen, der nur bedauerte, die geduldig zusammengetragenen Sammlungen von irdischen Schätzen, die seine Liebe zu den nichtigen Herrlichkeiten dieser Welt zeigen, zurücklassen zu müssen?

Die Verbindung von geistlicher und weltlicher Macht – so legte zum Beispiel der gleichwohl reformerische Richelieu vor Rochelle eine Rüstung an, wie in Spanien Kardinal Ximenes – hatte etwas zutiefst Beunruhigendes an sich. Die Ministerherrschaft wurde in ganz Europa als eine ungehörige Machtübertragung empfunden, die auf Dauer nur schwer hinzunehmen war. Gewiß, eine direkte Ausübung der Regierungsgewalt durch den König war nur in einem Staat möglich, dessen Dimensionen überschaubar waren. Die den *Parlements* verliehene Justizgewalt endete denn auch in der Gegenwart des Königs, wenn dieser ein *lit de justice* (ein

»Bett der Justiz«, ein Bett mit Baldachin, auf dem der König während einer parlamentarischen Sitzung, das heißt einem großen Gerichtstag, Platz nahm. Anm. d. Übers.) abhielt, um das *Parlement* zu zwingen, ein Edikt zu registrieren. Und ebenso waren auch der Verkauf und mehr noch die Erblichkeit der Ämter Ausdruck einer noch beschränkten Übertragung von Macht. Dagegen schien dem Premierminister die Macht in vollem Umfang übertragen zu sein. Und eben darin lag der Skandal.

Die Ministerherrschaft, die schon in ihrem Grundsatz fragwürdig war, erschien vor allem in ihrer tatsächlichen Machtausübung als bedrohlich. Da sie an der absoluten Macht teilhatte, verlieh sie ihren Inhabern, den Ersten Ministern, eine ungeheure Machtfülle zu einer Zeit, als der Staat voll und ganz Herr seiner Entscheidungen war (zum Beispiel zwischen 1630 und 1646). Die Minister schienen sie zu ihrer eigenen Bereicherung und der ihrer Familien auszuüben. Richelieu und Mazarin häuften skandalös große Reichtümer an. Richelieu verfügte bei seinem Tod über ein Kapital von ungefähr dreißig Millionen Pfund (fast ein Drittel der theoretisch möglichen Staatseinnahmen) und Mazarin über ungefähr sechzig Millionen, also fast zwei Drittel des Staatseinkommens. Die Zeitgenossen kannten die genauen Zahlen zwar nicht, aber man zweifelte nicht daran, und die öffentliche Gerüchteküche bauschte sie noch auf. Dabei handelte es sich nur um die Privatvermögen. Noch mehr schockierte der Reichtum der ganzen Familie. Die beiden Kardinäle ließen ihr Manna so sehr über ihre Familien herabregnen, daß eine realistische Einschätzung ihres Vermögens die Güter der nahen und fernen Verwandtschaft einschließen müßte, was die Zahlen vielleicht noch verdoppeln würde.

Das Prinzip der Bereicherung wurde jedoch nur in Ausnahmefällen in Frage gestellt. Dieses System war eine politische Notwendigkeit, ohne die die Wiedereroberung der Macht durch Mazarin nach der Fronde sehr schwierig gewesen wäre. Aber die großen, der Macht nahestehenden Familien glaubten, daß die Bereicherung allen denjenigen zugute kommen müßte, die insbesondere aus familiären Gründen Anspruch darauf erheben konnten. Nun aber beraubte das System der Ministerherrschaft, des Ministeriats, die nahen Verwandten des Königs dieses Segens. In Spanien oder Österreich waren die gleichen Vorwürfe zu hören.

Warum setzte sich dieses System dann durch? Besondere Umstände, wie die Jugend Ludwigs XIV., waren einer der Gründe. Aber es war ein erwachsener und sehr bewußt handelnder Ludwig XIII., der seine Wahl für Richelieu traf. Genügen die Qualitäten dieser beiden Männer als Grund, um ihren Machtaufstieg zu erklären? Folgende Hypothese bietet sich an: Die lange innere Krise der Jahre 1550 bis 1660, die internationalen Kriege, die teilweise Lähmung der Verwaltungsapparate und die Unabhängigkeit der Amtsträger machten eine Parallelgewalt unumgänglich, um die mangelhaften Institutionen und den Egoismus der einzelnen Interessengruppen auszugleichen. Jeder Staat beruht auf einem System von diversen Klientelen, aber auf welche Klientel kann eine Regentin zählen – eine Frau, eine Italienerin, eine verhaßte und verachtete Spanierin – und auf welche Klientel ein Kind oder ein Heranwachsender? Die Macht muß auf dauerhafte und bewährte Treue zählen können. Kirchenmänner hatten für den König den unschätzbaren Vorteil, daß sie keine Nachkommen hatten.

Allerdings wußten die Familien und Klientelen, daß die Situation des Ministers prekär war, denn es genügte, daß der König ihm seine Gunst entzog, damit das Gebäude zusammenbrach, und das um so sicherer, je mehr die Gegner davon profitierten. Und der Tod trat zu dieser Zeit sehr schnell ein. Wie Ludwig XIII. war Richelieu ständig krank. Mazarin war Ausländer. Beide wußten wie ihre Anhänger, daß man sie haßte. Also mußte man die Situation so rasch und gut es ging ausnutzen, um sich eine feste Klientel zu erhalten. Und um sie bezahlen zu können, mußte man selbst mächtig sein.

Der König selbst agierte über zwischengeschaltete Klientelen, deren Zusammensetzung und Wirkungsweise noch der genaueren Untersuchung harrt. Unter Ludwig XIV. dienten Mätressen und Minister als gegnerische und doch komplementäre Glieder einer Kette. Minister mußten reich sein, und wehe dem, der keinen Kredit mehr besaß. Als Erster Minister mußte man nach dem König der reichste Mann sein, allerdings unter der Bedingung, daß zwischen den beiden ein großer Abstand bestand. Wenn das Privatvermögen des Königs mit dem Staatshaushalt zusammenfiel und der Verwaltungsapparat gut funktionierte, verlor dieses Problem an Bedeutung. Insofern kann das System des Ministeriats als eine Etappe begriffen werden, die den schwierigen Übergang von einer angefochtenen zu einer absoluten und selbstgewissen Monarchie sicherte.

Die Situation erscheint uns unmoralisch, doch die Zeitgenossen akzeptierten sie. Man bereicherte sich auf skandalös schnelle Weise und auf dunklen Wegen. Der Minister erhielt Zulagen, die zusammen mit den

Entlohnungen direkt aus dem königlichen Tresor gezahlt wurden. Gewaltige Summen waren im Spiel. Es gab auch Naturalleistungen; bedeutende Ämter wurden verschenkt oder zum Spottpreis verkauft, Abteien und Bistümer wurden den Verwandten des Ministers vorbehalten. Das war normal. Dubioser waren jedoch die geheimen Beteiligungen an Geschäften von Leuten, die das Geld des Königs verwalteten, zum Beispiel seine Anteile an der Forstwirtschaft, in der Colbert an der Seite von Mazarin seine Hände mit im Spiel hatte, oder an »außerregulären Geschäften« des Königs beteiligt waren, was den Aktiengesellschaften um so erwünschter war, als ihre Teilhaber näher an der Quelle der Ämterschöpfungen und der Ausgabe von Anleihen saßen.

STELLVERTRETER-ABSOLUTISMUS

Aus all dem geht hervor, daß der Begriff »absolute Monarchie« ein wenig täuscht. Die Zeitgenossen sprachen in der Regel von der »gemäßigten Monarchie«. Beide Begriffe hatten auf jeden Fall nichts mit Begriffen wie »Tyrannei« und »Despotismus« zu tun. Daß mit Richelieu und Mazarin die Herrschaft der Minister als ein Übergriff auf die monarchische Gewalt und als eine mögliche Tyrannei in Gegenwart und Zukunft erschien, darin offenbarte sich zweifellos eine der negativen Seiten dieses Systems.

Aufgrund ihrer sehr unterschiedlichen Persönlichkeiten übten die Minister die Macht in einer absoluten Weise aus und nahmen kaum auf Präzedenzfälle und vorhandene Situationen Rücksicht. In beiden Fällen handelte es sich um eine Regierungsform durch Kriegsdiktatur. Das war bei Richelieu besonders deutlich. Als Sproß einer großen, aber verarmten Adelsfamilie war er ein Mann von erhabener Statur, wie ihn die großen Porträts von Philippe de Champaigne zeigen. Er verstand es zuzuhören, zu beobachten, scharfsichtig und kritisch, dabei distanziert die Menschen zu erfassen und ihre Fehler wie ihre Qualitäten auszunutzen. Er weckte Hingabe und Haß, und er beharrte in seiner Haltung bis zu seinem Totenbett. Seine gefürchtete Leibwache verlieh ihm einen Ruf, den viele ihm vorhielten. Er konnte ebenso blitzartig zuschlagen wie einfach regieren.

Der »sanfte« Mazarin war aus anderem Stoff. Er besaß ein schlichtes

Aussehen – man gab ihm eine Zeitlang den Beinamen »das milde Klistier« –, war nachgiebig und einschmeichelnd, wie es nur ein Italiener des päpstlichen Hofs sein konnte, aber auch salbungsvoll und mitteilsam. Er versprach vielen vieles und hielt nichts. Er war ebenso falsch und scheinheilig, wie sein Vorgänger Richelieu beeindrucken konnte. Treue zeigte er nur gegenüber seiner Familie, der Königin und dem kleinen König. Er erneuerte die subtilen Intrigen des Hofs der Valois und versuchte, die einen gegen die anderen aufzuhetzen, selbst auf die Gefahr hin, sich im eigenen Netz zu verfangen. Er war das Gegenteil von Richelieu. Eigenartigerweise hatte Ludwig XIV. von beiden etwas. So geheimnisvoll, falsch und zurückhaltend in seinen Versprechen wie der eine, hielt er so viel wie der andere. Fast ist man manchmal geneigt zu fragen, ob er nicht Richelieu gekannt hat. Alle drei waren gleichermaßen mißtrauisch gegenüber den Menschen und schreckten nicht vor unlauteren Methoden zurück. Und nicht zuletzt wachten alle drei eifersüchtig über ihre Macht.

Man sieht, wie sehr diese Persönlichkeiten und ihre Methoden, wenn sie es mit militärischen und finanziellen Notwendigkeiten zu tun hatten, den Auffassungen von einer »gemäßigten Monarchie« widersprachen, obwohl die beiden Premierminister diesen Begriff nicht abgestritten hätten. In Frankreich blieb die Krone eine untergeordnete, ja sogar nur subsidiäre Macht, eine Schlichtungsgewalt zwischen den Regionen, Provinzen, Klans, Familien und Klientelen. Sie war auf das göttliche Recht und das Recht der Menschen – das sie über gewisse Grenzen hinaus nicht verändern durfte – verpflichtet, vor allem aber auf die Einhaltung der vertraglichen Privilegien, die im Krönungsschwur wiederholt wurden. In einem solchen Mosaik waren die Handlungsmöglichkeiten beschränkt. Aber die Ministerherrschaft und die Monarchie von Gottes Gnaden waren aufgrund des Krieges gezwungen, den Handlungsspielraum, den sie für ihre Schiedsrichterrolle benötigten, zu erweitern.

So ging man also dazu über, die Menschen zu gängeln. Die Institutionen wurden unbemerkt verändert. Gegebenenfalls wurden einige Subalterne geopfert. Es kam auch vor, daß man vorübergehend eine verhaßte Institution aufgab – wie die Intendanzen im Jahre 1648 –, um sie langsam und ohne darüber zu reden wieder einzuführen. Am negativsten vielleicht wirkte sich das Ministeriatssystem bei dem Umleitungsverfahren des Einspruchsrechts aus, zu dem es in der Praxis führte. Auf jeder Stufe gab es vielfache Einspruchsmöglichkeiten, die in aufsteigender Linie vom

Parlement von Paris über den Königlichen Rat und bis schließlich zum König selbst reichten, allerdings nur auf dem Weg über langwierige und komplizierte Prozeduren, über die die Untertanen, vor allem die Reichen und Mächtigen, schließlich ihr Recht einfordern konnten. Mit einem Kind oder Heranwachsenden als König, oder wenn der König die Macht mit einem Premierminister teilte, wurden jedoch die Spielregeln durch die Zwischenschaltung einer Person, eines Klans und einer Klientel zwischen Herrscher und Volk verfälscht. Dennoch war es dieses Ministeriatssystem, das es Frankreich erlaubte, eine schwierige Etappe zu bewältigen und die Last der Unbeliebtheit vom König auf andere abzulenken. Es erweckte auch die Hoffnung auf eine persönliche Regierung eines Idealkönigs. Der Ruhm und die Macht infolge der militärischen Siege verliehen Ludwig XIV., dem Gottgegebenen, zu Beginn seiner persönlichen Herrschaft einen Glanz und eine Legitimation, wie sie sich vor ihm nur wenige Könige in dieser Weise zunutze gemacht hatten.

DIE HAUPTSTADT

Im Laufe dieser bewegten Zeit errang Paris wieder voll seine Stellung als Hauptstadt Frankreichs. Zwar hatte der Hof noch nicht sein Wanderleben beendet, aber dies geschah nicht aus eigenem Antrieb. Es kam mit den Revolten und Barrikaden von selbst. In normalen Zeiten waren der König und sein Erster Minister jedoch nur noch im Krieg unterwegs. Ansonsten beschränkte sich der Umkreis der saisonbedingten Ortsveränderungen auf den Raum zwischen Fontainebleau und Saint-Germain-en-Laye mit dem Louvre und den Tuilerien als Zentrum. Die Krone war mit der Hauptstadt verschmolzen, und sie blieb es so lange, wie die Hauptstadt dies wollte. Die Niederlassung in Versailles um 1680–85 widersprach nicht dem Vorrang von Paris. Die Mehrzahl der Behörden behielt ihren Sitz in der Hauptstadt. Die Hofleute hatten einen doppelten Wohnsitz, in Paris und Versailles. Die Kriegsdiktatur und das Ministeriatssystem zeigten sich also in einer verschärften Zentralisierung und in einer vermehrten Standortfestsetzung in der Hauptstadt. Die Zeit der großen Wanderungen im Loiretal war vorüber. Die Schlösser versinken im Schlaf, den nur die seltenen Jagden und Theaterspiele störten.

Diese Entwicklung war nur folgerichtig, denn sie entsprach dem Wachstum und größeren Reichtum der Pariser Bevölkerung. Paris war Zentrum aller politischen Unruhen und seit der Liga die unumstrittene Heimstätte des königlichen Katholizismus, das lebendige Herz der katholischen Reform des 17. Jahrhunderts. Die große Stadt zog immer stärker die Aktivitäten an sich. Der von F. Spooner behandelte Fall der Geldprägung ist dafür ein schlagendes Beispiel. Die spanischen Edelmetalle, die aus den Minen der peruanischen und mexikanischen Eldorados kamen, gingen in den Jahren 1620 bis 1630 durch die Provinzateliers. Dank dem Hafen von Saint-Malo war Rennes zu dieser Zeit das führende Geldzentrum Frankreichs. Gegen 1630 änderte sich das; die Pariser Ateliers gewannen die Oberhand über die anderen, von denen einige im 18. Jahrhundert schließlich ganz verschwanden.

Ebenso lehrreich ist die Herkunft der Waffenlieferanten, der Armeelieferanten, der »Staatsfinanziers« *(partisans)* und der mit der Regierung verbundenen Geschäftsspekulanten gegen Mitte des 17. Jahrhunderts, von denen mehr als zwei Drittel aus dem Nordosten von Frankreich, aus der Pariser Gegend, der Champagne und aus Burgund kamen. Die Geographie der Ämterverteilung, wie man sie Colberts Untersuchung von 1664 entnehmen kann, vermittelt ein Bild, das zwar nicht als Ganzes übertragbar ist, aber doch zahlreiche Entsprechungen aufweist. Daraus geht hervor, daß die großen Ämter, die zwar teuer, aber auch am gewinnträchtigsten waren, in der Mehrzahl in Paris verkauft wurden. Paris und Nordfrankreich stellten mehr als zwei Drittel der Amtsträger. Zwischen der Armee und den Ämtern war die Verbindung nicht so ausgeprägt wie bei den Waffenlieferanten, aber dennoch bleibt die Zahl ziemlich aufschlußreich.

Diese Machtsteigerung wurde auf der anderen Seite durch einen Verlust des direkten politischen Einflusses kompensiert. Wenn der Ausdruck »Paris und der König« fortan für Frankreich als Ganzes stand, so blieb dies nicht ohne Folgen für die Autonomie der Stadt, die im Laufe der ersten Hälfte des 17. Jahrhunderts ständig abnahm und schließlich nach der Fronde vollständig verschwand. Ludwigs XIV. Ressentiment gegenüber Paris erklärt sich aus der Erinnerung an eine kalte Winternacht, als ihn die Hauptstadt zur Flucht zwang, wodurch er einige Wochen in Entbehrung leben mußte. Dieses Ressentiment darf jedoch nicht überschätzt werden, denn es fiel mit den politischen Interessen zusammen. Die königliche Regierung konnte sich nicht vom Pariser Finanzmarkt lösen, sie weigerte sich jedoch, ihm eine Institution zu überlassen, durch die politische Meinungen geäußert oder Druck ausgeübt werden konnte.

Paris war ein gewaltiger Kapitalmarkt, von dessen Geldern ein Teil im Dienst des Staates investiert wurde. Die absolute Monarchie konnte über Spanien und die Habsburger nur dank der Rentiers von Paris triumphieren. Das führte Colbert zu der Schlußfolgerung, daß der Staat die französische Ökonomie sterilisiert habe. Dieser Markt zog sehr schnell ausländische Kapitalien an: deutsche, genuesische, schweizerische (vor allem aus Genf) und holländische. Letztere wurden im 18. Jahrhundert in die französischen Seegeschäfte investiert. Andererseits dürfen die in die Ämter investierten Gelder weder unter- noch überschätzt werden. Die 45000 bis 50000 Ämter, die es in Frankreich gab, repräsentierten 1664 insgesamt ein Kapital von ungefähr 500 Millionen Pfund, was etwa einer Summe von viereinhalb Jahren Staatseinnahmen unter Colbert entsprach. Das war in gewisser Hinsicht eine gewaltige Summe, denn sie war so hoch, daß der Staat sie nicht zurückerstatten konnte, was den Amtsinhabern eine große Unabhängigkeit verlieh. Andererseits war es auch eine kleine Summe, weil es durch die geringen Nominalzinsen, die der Staat darauf zahlte, eine wenig einträgliche Investition war. Der Ertrag der Ämter lag bei 2 Prozent im Jahre 1664, obwohl es natürlich große Unterschiede zwischen den verschiedenen Ämterarten gab.

Diese Ämter waren nur rentabel dank des Sozialprestiges und vor allem dank der hoheitlichen Vollmachten, die sie ihren Inhabern verliehen. Ihre wahre Rentabilität lag also nicht in den vom Staat gezahlten Nominalzinsen. Die großen Finanzämter boten ihren Inhabern außergewöhnliche Möglichkeiten der Bereicherung, aber auch des Bankrotts. Die Zeitgenossen sahen aber nur die Erfolge. Es wäre einmal wichtig, nach Epochen und Amtsarten gegliedert das Verhältnis der großen Erfolge zu den Fehlschlägen zu ermitteln. Die einzig existierende Gesamtstudie über die Waffenlieferanten des Spanischen Erbfolgekriegs spricht von einer 90prozentigen Fehlschlagsrate. Die Steuerpächter und Staatsfinanziers, die von den Zeitgenossen und vielen Historikern in ein schiefes Licht gezogen wurden, waren nur die Spitze des Eisbergs. Der unsichtbare Teil bestand aus der gewaltigen Mehrheit derjenigen, die die Spekulation mit den »königlichen Geschäften« reizte und dabei einen Fehlschlag erlitten hatten. Das erklärt deren ständige Um- und Neubildungen, die Bündnisse zwischen den Klans und die Klientelen, und in der Folge deren Niederlassung in der Nähe des Entscheidungszentrums, das heißt Paris.

In der Hauptstadt konzentrierte sich also ein gewaltiges Kapitalpotential, wozu noch die Summen aus dem Sparvermögen der großen, mittleren und kleinen Pariser Bourgeoisie hinzukamen, die von den Notaren verwaltet wurden. Die Gegenwart des Hofs und der neuen Reichen schuf einen Luxusmarkt, der vom hochqualifizierten Pariser Handwerk profitierte; was hinzugewonnen wurde, oft zum Schaden der Armeen, kam letztlich dem Pariser Handwerk zugute. Alles, was im Bereich von Kunst, Musik, Literatur, Theater und Mode zählte, kam also aus Paris. Paris war die Blüte der klassischen Zivilisation.

Noch gab es in der ersten Hälfte des 17. Jahrhunderts einige Inseln in der Provinz mit einer gewissen Autonomie und einer gewissen kreativen Entfaltungskraft. Die lothringische Malerei erlebte mit Georges de La Tour einen Höhepunkt, den die damaligen Zeitgenossen selbst nicht voll erkannten; La Tour wurde zum Maler des Königs ernannt, und Ludwig XIII. kaufte seine Gemälde. Claude Gellée, nach seiner Heimat Lorrain (»der Lothringer«) genannt, ließ sich ebenso wie der Normanne Nicolas Poussin in Rom nieder, was ihn vielleicht eher zu der italienischen als zur französischen Malerei gehören läßt.

Hingegen kam die klassische Literatur der zweiten Hälfte des 17. Jahrhunderts ausschließlich aus Paris. Dies erklärt auch den Verlust ihres Kontaktes mit der Natur. Wenn das Thema einmal zufällig in der Natur spielte, dann in einer Inszenierung mit Operettenschäferinnen und mit Bändern geschmückten Schäfern. Bereits in den Jahren 1630 bis 1640 nahm die Bezeichnung *provincial* eine pejorative Nebenbedeutung an. Als Reaktion darauf klagte man auf dem Lande Paris als Stadt der Sittenverderbnis für die Jugend an. Die Hauptstadt erschien als Zentrum der katholischen Reform und als Ort der Ausschweifung.

Das Bild hatte jedoch auch eine Schattenseite, die die Entwicklung der allgemeinen Politik des Königreichs berührte. Als Stadt am Fluß war Paris eben kein Seehafen, und so fehlte hier das echte Interesse am Meer. Nicht daß der Hof und die Stadt deshalb zum Leidwesen des Merkantilismus gar keine maritimen Interessen verfolgt hätten, denn über die sogenannten »Abenteuerverträge« stellten der Hof und Paris Kapitalien für den Kabeljaufang von Rouen und vor allem Le Havre bereit. Aber das war unbedeutend. Gravierender war, daß die landwärtsblickende und grundbesitzende

Hauptstadt auf die unbeständige Grenze im Nordosten fixiert war, von wo jeden Augenblick (wie 1636) eine unerwartete Invasion über das Land hereinbrechen konnte. Paris machte seine Rechnung so ziemlich ohne das Meer, abgesehen von der Einfuhr frischen Fisches, obwohl auch davon die Hälfte in den Flüssen und Gewässern des Pariser Beckens gefangen wurde. Und es gab in Paris auch keine große Manufakturindustrie wie in Lyon.

Nachdem die Auswüchse der Fronde überstanden waren, besaß Paris im politischen Bereich keine Stimme mehr, was es jedoch nicht daran hinderte, einen indirekten Einfluß auf die großen Grundlinien der Politik auszuüben. Dafür war es nun das Zentrum der Zivilisation, das ab 1650 den künstlerischen Geschmack diktierte, die Moden festlegte, die »Kapazitäten« anzog und die führenden Köpfe aus der Provinz aufnahm. Es bot Möglichkeiten eines sozialen Aufstiegs, der anderenorts undenkbar war, besonders während der Bürgerkriege. Alle Fäden liefen in Paris zusammen. Im Land waren die einzigen Straßen, die instand gehalten wurden, diejenigen, die zu den Entscheidungszentren führten.

DER PROTESTANTISCHE WIDERSTAND

Nachdem sich die französischen Protestanten durch das Edikt von Nantes (1598) endlich gesichert fühlten, fiel ihnen die Wiederannäherung an Heinrich IV. nicht schwer. Nach der Ermordung Concinis 1617 – Auftraggeber war der junge Ludwig XIII., dem der Günstling seiner Mutter im Wege stand – weckte jedoch die katholische Erneuerung unter dem neuen Günstling Luynes – diesmal der Günstling des Königs – erneut ihre Besorgnis. Sowohl im Innern wie im Äußern schlug sich die Macht auf die Seite des Katholizismus und verhalf selbst dem Kaiser in der Schlacht am Weißen Berg 1620 zum Triumph über den König von Böhmen. In Frankreich folgte der sogenannte »achte Religionskrieg« gegen die unzufriedenen Protestanten des Südens. Luynes und der König wollten im Béarn und in Navarra den Katholizismus wieder etablieren und nutzten die Gelegenheit, um diese Provinzen mit der Krone zu vereinen (1620). Der König belagerte mit Erfolg Saint-Jean-d'Angély (2. Juni 1621), war aber gezwungen, die Belagerung von Montauban am 10. November aufzuheben. Sein Günstling jedoch starb im Dezember desselben Jahres an Purpurfieber.

Von nun an war für den jungen König alles keine Frage mehr von Verhandlungen oder Friedensschlüssen mit den aufständischen Untertanen, sondern nur noch eine Frage der Gnade. Darin kündigte er auch schon die spätere Politik Richelieus an. Doch angesichts des anhaltenden Widerstands der Protestanten genügte Gnade allein nicht, und so mußte man ihnen den Frieden von Montpellier (1622) zugestehen.

Zwei Jahre später, als Richelieu an die Macht gekommen war, nahmen die protestantischen Führer Heinrich von Rohan und sein Bruder Soubise die in Montpellier niedergelegten Waffen wieder auf und führten ihre Truppen in den neunten Religionskrieg. Dieser zog sich in die Länge. Durch Vermittlung der Engländer unterzeichnete Richelieu 1626 einen neuen Friedensvertrag in La Rochelle, da sich neben der protestantischen Bedrohung nun auch die Gefahr durch den spanischen Rivalen zu verschärfen begann. So entschied sich der Kardinal unter geschickter Ausnutzung der gegenseitigen Ängste, den Protestanten ein Ende zu bereiten, die, wie er in seinem *»Testament politique«* schrieb, für ihn dasjenige Ärgernis bildeten, von dem alle anderen ausgingen.

Seit dem Tode Heinrichs IV. hatten sich die Protestanten gründlich organisiert. Indem sie die Bedingungen des Edikts von Nantes überschritten, hatten sich die Hugenotten in wenigen Jahren nicht nur als eine Partei formiert (was während der zweiten Hälfte des 16. Jahrhunderts der Fall gewesen war), sondern auch als eine politische und militärische Organisation. Über den Provinzversammlungen stand eine Versammlung auf nationaler Ebene, über der ihrerseits die protestantischen Fürsten standen. Das ging über die Vereinbarungen von Nantes aus dem Jahre 1598 hinaus. Diese halbparlamentarische Form widersetzte sich jeder Entwicklung zur absoluten Monarchie. Parallel dazu wurde dieser politische Apparat mit einer militärischen Struktur versehen, die ihre Nützlichkeit zwischen 1620 und 1626 unter Beweis stellte. Das Land war in acht Militärbezirke unterteilt worden, die den allgemeinen Statthalterschaften des Königreichs nachgebildet waren, und die protestantische Armee hatte einen Oberbefehlshaber erhalten. Dadurch entstand ein Staat im Staat, was natürlich durch den Partikularismus der großen Lehnsherren noch verschärft wurde.

Angenommen, die Dinge hätten sich in dieser Weise weiterentwickelt, so wäre daraus ein föderalistisches Frankreich hervorgegangen mit einem katholischen und einem protestantischen Teilstaat, das an der Spitze von einer Personalunion zusammengehalten worden wäre. Weder der König noch der Kardinal, noch die »fromme« Partei – die Partei der katholischen Gegenreform – konnte aber einen solchen Dualismus hinnehmen.

Von den Engländern gedrängt, erhoben sich die Protestanten ein weiteres Mal. Das Zentrum der Revolte war La Rochelle; der Herzog von Buckingham entsandte englische Militärhilfe dorthin und bemächtigte sich der Ile de Ré. Die königliche Armee, mit dem König und dem Kardinal an der Spitze, beschlagnahmte daraufhin alle Boote entlang der Küste, eroberte die Insel zurück und belagerte die Stadt. Um die Ankunft englischer Verstärkung zu verhindern, wurde ein gewaltiger Damm gebaut. Nachdem die englische Hilfsflotte am 11. Mai 1628 zurückgeschlagen worden war, kapitulierte die Stadt, durch die Hungersnot in die Knie gezwungen, am 28. Oktober nach einem heroischen Widerstand.

Nachdem die Engländer sie im Stich gelassen hatten, standen die Protestanten allein da. Der Prinz von Rohan vollzog daraufhin eine beachtliche Wendung und verbündete sich mit Spanien. Aber es war zu spät. Die Protestanten mußten sich dem königlichen Willen beugen. Das Gnadenedikt von Alès am 28. Juni 1629 bedeutete das endgültige Ende ihrer Partei. Aus dem Edikt von Nantes wurden die militärischen Sicherheitsklauseln herausgestrichen. Die Befestigungen der rebellischen Städte wurden dem Erdboden gleichgemacht. Die politische Organisation der Hugenotten löste sich auf.

Damit war eine der Widerstandskräfte der monarchischen Macht erloschen. Seit 1560 war der Protestantismus, entgegen allem Anschein, immer schwächer geworden. Ein Teil des hohen und mittleren Adels war zum Katholizismus übergetreten; der Hofadel suchte vermehrt seinen Machtgewinn, der Adel des Südens hatte sich urbanisiert und eine Reihe von Ämtern gekauft, was ihn verwundbar machte. Die protestantischen Städte blieben isoliert. Sie bildeten echte Republiken, aber es gab zwischen ihnen keine Verständigung. Da die protestantische Führung dort häufig über eine kleine katholisch gebliebene Bevölkerung herrschte, verstärkten sich die sozialen Spannungen aufgrund der religiösen Unterschiede. Man fürchtete die protestantischen Fürsten, die nach dem Beispiel der Katholiken geschickt die Schwäche der Krone auszunutzen verstanden, um ihren eigenen Willen durchzusetzen. Durch den Krieg erhöhten sich die finanziellen Lasten zur Unterstützung der guten Sache und verursachten Volksaufstände. Begleitet wurden diese Schwierigkeiten von einem unbestreitbaren Verfall der Glaubensüberzeugungen. Dies war auch der Grund, daß sich die Protestanten 1628 nicht in breiter Masse erhoben und dadurch dem König einen relativ raschen Erfolg ermöglichten, der die voraufgegangenen Tendenzen unterstrich. Bis 1685 sollte eine breite Welle der Bekehrung, teils aus Überzeugung, teils aus bequemer Anpassung, durch den Hugenottenadel gehen. Dadurch wurde der Protestantismus zunehmend seiner führenden Kräfte beraubt.

Dieser Rückzug des Protestantismus barg nicht nur Vorteile für den König. Die Einnahme von La Rochelle bedeutete auch eine ökonomische Niederlage. Der Hafen, bis dahin eine blühende Handelsrepublik, erlitt eine dauerhafte Schwächung, und die Bevölkerung wurde dadurch auf einige tausend Einwohner reduziert. Um die Schwächung von La Rochelle wettzumachen und die Stadt zu überwachen, aber auch aus strategischen Gründen, wurden Brouage und Rochefort gegründet.

DIE FÜRSTEN UND DIE GROSSEN

Der Tod eines jungen Königs und eine weibliche Regentschaft, alles das bedeutete tödliche Gefahren für den Staat. Noch immer galt den persönlichen Treuebanden weitgehend Vorrang. Der Staat als abstraktes Gebilde war noch schwach in den Köpfen verwurzelt. Und eine Regentschaft bot zahlreiche Gelegenheiten, am Kampf um die Macht teilzunehmen. Darin waren sich Adlige und Bürgerliche aller Schichten, von ganz oben bis ganz unten, einig in ihrer Reaktion.

Die Versuchung, sich so unabhängig wie möglich zu machen und dabei die Staatseinnahmen einzubehalten, war bei den Großen sehr verbreitet, besonders bei den Provinzstatthaltern. Es genügte bereits, wenn einer diesen Weg einschlug, daß auch die anderen sich zur Nachahmung berechtigt fühlten oder sich doch wenigstens zu Vorsichtsmaßnahmen gezwungen sahen. Der Umfang der Klientelen erhöhte noch die Gefahr; denn da sich das Königreich auf sie stützte, ließ das Verschwinden der einzigen Macht, die in der Lage war, sie zu vereinen und mehr oder weniger in ihren Dienst zu stellen, allen Begehren freien Lauf. Natürlich waren dabei sehr unterschiedliche Motivationen im Spiel, von denen die religiösen diejenigen waren, die man noch am ehesten eingestehen konnte. Doch schließlich konnten die Beauftragten der Krone auch nicht mehr auf ihre bis dahin selbstverständliche Unterstützung zählen, wodurch ihre Aufgabe noch weiter verkompliziert wurde.

Nach dem Tod Heinrichs IV. im Jahre 1610 fiel der Provinzadel in seine alten Gewohnheiten zurück, die von einer großen Zahl von Anführern kleiner Banden nachgeahmt wurden. Plünderungszüge waren wieder an der Tagesordnung. Der Straßenraub nahm die Form kleiner Privatkriege an und mündete in eine allgemeine Unordnung. Der Aufruhr eines Großen zog seine ganze Klientel mit in seinen Sog. Wie die Geschichte zeigt, übertrafen die offenen Revolten der Großen die täglichen Stehlereien und Plünderungen bei weitem. Hinzu kamen noch die Aktionen der Spanier und Engländer – alles in allem nichts Spektakuläres, und die demographischen Kurven spiegeln auch nur schwach diese allgemeine Unordnung wider. Aber Unsicherheit und Bedrohung, denen Personen und Güter ständig ausgesetzt waren, machten das Leben zur Bürde.

Zu Beginn der Regentschaft Maria von Medicis verfügte man über den Kriegsschatz Heinrichs IV. Spielschulden und andere Schulden wurden zurückgezahlt, Patrizierhäuser verschenkt, Geldsummen verteilt, und die Großen wurden mit Festen beschäftigt. Es gab wahrscheinlich kein anderes Mittel; Erpressung gehörte zum Rüstzeug der Lehnsherren. Alle alten Ligisten waren daran beteiligt: Mayence, Condé, Nevers, Bouillon, Longueville, Guise.

Concini, auch wenn ihn die Geschichte diskreditiert hat, gab Maria von Medici den guten Rat, den jungen König überall herumzuführen, um die alte Treue wieder wachzurufen und dann 1614 die Generalstände zu versammeln. Dort kam es zu einem heftigen Zusammenstoß zwischen Adel und Amtsinhabern. Der Adel verlangte die Aufhebung der Käuflichkeit der Ämter, die Amtsinhaber protestierten gegen gewisse bestehende Privilegien. Auch der Klerus wurde angegriffen, weil der Papst das Recht hatte, einen König abzusetzen. Die Lähmung war total. Wahrscheinlich erhoffte man dieses Ergebnis. Die Regentin konnte also die Generalstände ohne Schwierigkeiten und ohne Ergebnisse wieder auflösen (1615).

Als schließlich die Reichtümer Heinrichs IV. alle vergeudet waren, versuchte die Regierung, die Pensionen der Adligen herabzusetzen und die Käuflichkeit der Ämter aufzuheben. Das führte zu einer allgemeinen

Auflehnung unter der Führung des *Parlement* von Paris. Die Spannung stieg. Einige sprachen davon, die Krone unter Kuratel zu stellen. Doch die Regierung machte einen Rückzieher, und allgemein kehrte wieder eine gewisse Ruhe ein. Concini, der Marschall von Ancre, entließ die »Graubärte« – die alten Minister Heinrichs IV. – und schuf 1617 durch eine vortreffliche Wahl von neuen Männern ein handlungsfähiges Ministerium. Richelieu, der Beichtvater der Königin, trat dem Rat bei. Die aufständischen Fürsten, darunter der Vetter des Königs, Heinrich von Condé, wurden festgenommen. Dabei hatten Concini und die Königin das Wichtigste nicht bedacht: den jungen König in ihr Spiel einzuweihen. Da Ludwig XIII. um seine Autorität fürchtete, schmiedete er ein Komplott. Am 24. April 1617 ließ er Concini verhaften und ermorden. Die Königsmutter wurde vom Hof verwiesen; es wurde ihr erstes Exil in einer langen Reihe von vielen. Für den Augenblick bedeutete das für die Krone eine Katastrophe, denn die Initiative des Königs rettete die Fürsten.

Der neue Favorit, Charles d'Albert de Luynes, bereicherte sich ebenso wie Concini. Uneigennützigkeit war nicht in Mode, und man brauchte Geld, um eine Partei zu bilden. 1620 erhoben sich die Fürsten von neuem, aber sie begingen den Fehler, sich hinter ihren jeweiligen Statthalterschaften zu verschanzen. Die kleine königliche Armee überwand ihren Widerstand und zerschmetterte sie bei Ponts-de-Clé, in der Nähe von Angers (7. August). Dieser Sieg machte den Rücken frei für den Angriff gegen die Protestanten, allerdings ohne großes Ergebnis, wie wir sahen. Durch den Tod von Luynes im Dezember 1621 wurde das ganze Problem von neuem akut; das Jahr 1622 wurde deshalb für den König sehr enttäuschend. Dank der Vermittlung von Richelieu versöhnte sich Ludwig XIII. schließlich mit seiner Mutter. Trotz des Mißtrauens, das der politische Hofkaplan, der 1622 Kardinal geworden war, ihm einflößte, berief er ihn am 29. April 1624 in den königlichen Rat. Seine geschickte Aussöhnungspolitik zwischen Katholiken und Protestanten trug dem Kardinal am 13. August desselben Jahres die Ernennung zum Vorsitzenden des Rates ein.

Als Herr des »in Europa am schwierigsten zu erobernden und zu behaltenden« Zepters gelang es Richelieu, sich langsam durchzusetzen. Nach und nach gewann seine Politik aus den Lektionen der wiederholten Fehlschläge der Jahre 1624 bis 1628 genauere Konturen. Der Sieg von La Rochelle bewahrte ihn jedoch nicht ganz vor Schwierigkeiten. Die katastrophale Ernte von 1629 und die zeitweise Wiederaufnahme des auswärtigen Kriegs veranlaßten ihn, von den Beamten eine finanzielle Anstrengung zu verlangen. Das führte sehr schnell zum offenen Aufruhr der kleinen Beamten und der *Parlements.* Jeden Tag brachen neue Bauernaufstände aus. Die Alternative war klar. Es galt, zwischen Krieg und Frieden zu wählen. Der Frieden hätte es erlaubt, die notwendigen Reformen etwa bei der Käuflichkeit der Ämter durchzuführen, warf andererseits aber die Frage nach Frankreichs Überleben in einem von Spanien dominierten Europa auf. Richelieu wählte den Krieg. Die *parti dévot,* die von Kanzler Michel de Marillac mit Unterstützung der Königsmutter und des größten Teils der religiösen Reformer angeführt wurde, stimmte dieser Wahl jedoch nicht zu.

Die Krise brach am 10. November 1630 aus. Die Königsmutter war seit langer Zeit mit Richelieu verfeindet, den sie als Verräter betrachtete, und versuchte, seine Entlassung herbeizuführen. Nach einem heftigen Wortwechsel mit Ludwig XIII. glaubte der Hof ihn bereits verloren, doch am nächsten Morgen wurde der Kardinal entgegen aller Erwartung vom König bestätigt. Maria kehrte ins Exil zurück; sie kam nicht mehr wieder. Man sprach vom »Tag der Geprellten« *(la journée des Dupes).*

Nun kam es zu einer erneuten Revolte der Fürsten. Der eigene Bruder des Königs, Gaston von Orléans, führte die Koalition zwischen dem Herzog von Lothringen, der mit den Habsburgern verbündet war, und Heinrich von Montmorency, dem Statthalter des Languedoc, an. Dieses erneute Aufflammen der Liga wurde von einem neuen Element begleitet, das die Fronde ankündigte: Das *Parlement* von Paris weigerte sich, die Deklaration des Königs zu registrieren, in der Gaston und die Aufständischen der Majestätsbeleidigung beschuldigt wurden. Ludwig XIII. schickte die Anführer ins Exil, versprach aber, die Käuflichkeit der Ämter zu erhalten, was deutlich macht, daß die absolute Monarchie auf einem stillschweigenden Kompromiß mit den fürstlichen Höfen, die ihre Privilegien zu erhalten suchten, beruhte. Schließlich wurde die Revolte nach dem Sieg von Castelnaudary (1632) niedergeschlagen.

Während der gemeinsamen Regierungszeit von Richelieu und Ludwig XIII. reduzierten sich die Umtriebe der Großen, die immer von Gaston, der 1634 nach Frankreich zurückgekehrt war, angeführt wurden, auf vereinzelte Komplotte. Der Kardinal-Minister, der nur vor dem König zurückwich, stand »vor den Fürsten«, einschließlich Condé, und vernichtete alles, was die argwöhnische Freundschaft, die der König ihm zögernd gewährte, gefährden konnte. Die heikelste Affäre, die später von dem Dichter Vigny (1797–1863) in seinem Roman *»Cinq-Mars«* verherrlicht wurde, entbrannte um den Marquis von Cinq-Mars. Die Ironie des Schicksals hatte es gewollt, daß Richelieu selbst Cinq-Mars dem König an die Seite gestellt hatte. Er wurde dessen Günstling. Cinq-Mars verbündete sich jedoch mit Bouillon und Gaston von Orléans und verhandelte mit Spanien. Der König und Richelieu wurden gewarnt und ließen den Unvorsichtigen verhaften und am 12. September 1642 enthaupten; Gaston hatte ihn im letzten Augenblick verraten. Der kurz aufeinanderfolgende Tod des Ministers am 4. Dezember 1642 und des Königs am 14. Mai 1643 ließ Frankreich in einer schwierigen Situation zurück.

Die Freundschaft – sofern man diese ungewöhnliche Beziehung so bezeichnen kann – zwischen Kardinal Mazarin und Königin Anna von Österreich schuf für den neuen Kardinal eine Situation, die günstiger war als die Richelieus gegenüber Ludwig XIII. Die Geburt des späteren Ludwig XIV. nach zwanzig Jahren Ehe am 15. September 1638 und seines Bruders Philipp von Orléans (1640–1701) hatte die bedrohliche Perspektive einer »offenen« Erbfolge unwahrscheinlich gemacht. Da jedoch gleiche Ursachen gleiche Wirkungen hervorbringen, versprach die Regentschaft, stürmisch zu werden. Alles, was sich unter die Knute des allwissenden Kardinals gebeugt hatte, richtete sich wieder auf, mit einziger Ausnahme der Protestanten.

Schon vom ersten Jahr an versuchte die *Cabale des Importants* (eine politische Gruppe, die im wesentlichen aus Richelieus Opfern bestand. Anm. d. Übers.) – die der Herzog von Beaufort, Enkel von Heinrich IV. und Gabrielle d'Estrées, anführte –, Mazarin zu ermorden, dem es jedoch wie Concini zu Beginn der Regentschaft Maria von Medicis gelang, den Kopf aus der Schlinge zu ziehen: Pensionen und Feste sorgten für eine mehr oder weniger beständige Treue, während der auswärtige Krieg die jungen Leute, die am gefährlichsten waren, vom Hof fernhielt. Diese Situation dauerte bis 1648 und war von einer permanenten Finanzkrise begleitet, die durch die Bedürfnisse des Krieges noch verschärft wurde. Als Mazarin trotz des Westfälischen Friedens, durch den die Steuereinnahmen vermehrt werden sollten, fast in den Bankrott getrieben war, brach ein neues Unheil herein. Aber diese Krise war von ganz anderer Art als die Krisen, der sich die Regentschaft von 1610 konfrontiert sah. Diesmal fand die schwankende Allianz zwischen den Großen und den

Parlements, die bereits während des Konflikts von 1630 sehr weit gegangen war, ihre Wurzeln in der Entwicklung einer finanziellen Lage, die bedrohliche Formen angenommen hatte.

DIE FRONDE

Um den steigenden Ausgabenbedarf des Staates zu decken, reichten die gewöhnlichen Steuern nicht mehr aus. Von 1515 bis 1600 waren die Ausgaben von ungefähr 100 Tonnen Feinsilber auf 200 Tonnen gestiegen; von 1600 bis 1650 von 200 Tonnen auf 1000 Tonnen. Die entsprechenden Einnahmen lagen bei 80 Tonnen im Jahre 1515 beziehungsweise 200 im Jahre 1600 und 600 Tonnen um 1650. Die Differenz war im wesentlichen durch den Verkauf von Ämtern und durch Anleihen gedeckt worden. Zwar ging der Umfang des Ämterverkaufs zurück, doch überwog diese Praxis bis 1648 noch die Anleihen, die ihrerseits ebenfalls umfangreicher wurden. In diesen Zahlen sind weder die Naturalien, die von den Armeen auf dem flachen Land, in Frankreich und im Ausland erhoben wurden, noch die Abzüge und Verwaltungskosten der Finanzbeamten und der Steuerpächter enthalten.

Der beträchtliche, aber sinkende Anteil des Ämterverkaufs an den Einnahmen erklärt sich dadurch, daß die Erblichkeit der Ämter den Markt zunehmend blockierte und es unmöglich war, die Zahl der Ämter derselben Art ins Unendliche zu steigern. Die finanzielle Gesundheit der Monarchie hing daher unmittelbar von den Amtsträgern, die von den *Parlements* vertreten wurden, von der Zahl der verfügbaren Ämter und von den Anleihezeichnern ab. Der Ämterverkauf hing auch von den damit verbundenen Gewinnen ab, wobei die Inflation berücksichtigt werden muß, die die Preise in der ersten Hälfte des 17. Jahrhunderts steil nach oben getrieben hatte. Da die Ämter erblich geworden waren und einen wichtigen Teil des beweglichen Kapitals ihrer Inhaber ausmachten, war jede Reform des Systems, so wünschenswert sie auch war, unmöglich. Außerdem waren die Amtsträger ja gleichzeitig auch Geldgeber. Noch gravierender war, daß der Adel am Hof und in der Provinz weitgehend selbst Staatsanleihen gezeichnet hatte. Die Zinsen nicht zu zahlen – die aufgrund des mangelnden Vertrauens zum Staat hoch waren – kam einer

Benachteiligung des Hochadels gleich, angefangen bei den Condés, die von einem Bruder von Antoine von Bourbon, dem Vater Heinrichs IV., abstammten. Die Führung stand also 1648 nicht nur einem Aufstand der Lehnsherren, sondern auch der wichtigsten Geldgeber gegenüber, was besonders gefährlich war.

Obwohl die Situation nicht ganz neu war, hatte sie Ausmaße angenommen, die nur wenige Zeitgenossen ahnten. Die *Parlements* schlugen in ihren Remonstranzen Abhilfen vor, die völlig illusorisch waren. Die Ausgaben des Hofs sollten verringert, die Spekulanten zur Ader gelassen werden. Der Krieg sollte als eine »Art von königlichem Sport« (R. Mousnier) verurteilt werden. Das hieß, die ganze französische Außenpolitik in Frage zu stellen und den Erfolg des laufenden Krieges zu gefährden, also Verrat zu üben. Es war aber auch Selbsttäuschung dabei, denn die vorgeschlagenen Maßnahmen hätten nicht ausgereicht. Wahrscheinlich verbarg sich hinter diesen Plänen schlicht Unwissenheit, vielleicht aber auch ein gewisses Maß an Hinterlist. Auf jeden Fall erhielten diese Vorschläge den Beifall der Massen. Dieses alte Rezept sollte sich während der ganzen neuzeitlichen Epoche bewähren.

In Wahrheit hatte der Krieg eine revolutionäre Situation geschaffen, die von niemandem mehr voll durchschaut wurde. Daß es zahlreiche Nutznießer gab, die nur auf ihren Profit bedacht waren, war nur natürlich, und sie hatten angesichts der Zahlungssäumigkeit des Staates und der großen Risiken, die die Gläubiger auf sich luden, auch durchaus ihre Berechtigung. Daneben gab es auch noch die Weigerung der Privilegierten, Steuern zu zahlen, wobei dies allerdings nicht die ganze Wirklichkeit beschreibt, denn immerhin stellten sie das Geld für die Ämter und Anleihen, was für sie verlorenes, weil nicht rückforderbares Geld war. Doch all das genügt nicht, um die Situation zu erklären; denn was an Steuern gezahlt worden wäre, wäre sicher nicht in Ämter und Anleihen investiert worden. Mazarin und seine Ratgeber machten sich auch falsche Vorstellungen über die Stärke der Krone, als sie die Amtsträger und Geldverleiher angriffen. Die eigentlichen Bremser saßen in den *Parlements,* mit denen die Krone ihre Rechte teilte und deren Interessen teilweise mit denen des Staates übereinstimmten.

Somit fand die Fronde auf dem Hintergrund permanenter Steuerrevolten ihre natürlichen Verbündeten in mittelmäßigen Ernten, die eine Folge des Klimas und der durch die Unruhen verursachten Plünderungen waren, im traditionellen Widerstand der Lehnsherren, die sich überdies durch die Regulierung ihrer Anleiheanteile und die moralische Verpflichtung zur Zeichnung von Anleihen bedroht fühlten, wie auch in der Feindseligkeit der Behörden, die um ihre eigensten Interessen fürchteten.

Dieser Bürgerkrieg, der fünf Jahre dauerte (1648–1653), hatte einen entfernten, aber bedeutenden Vorläufer: die bereits erwähnte *Cabale des Importants,* die im September 1643, kurze Zeit nach dem Tod Richelieus und Ludwigs XIII., ausbrach. Die Fronde im eigentlichen Sinne teilt sich in vier Hauptperioden: in die parlamentarische Fronde (August 1648–März 1649), die am 11. März 1649 durch den Frieden von Rueil beendet wurde; in die Fronde der Fürsten (Januar–Dezember 1650), die zur Niederlage der Fürsten in der Schlacht bei Rethel am 15. Dezember 1650 führte; in die Vereinigung der beiden Fronden (Dezember 1650–September 1651), die mit Condés Weggang von Paris und der Volljährigkeit des Königs endete; und schließlich in die sogenannte Condéische Fronde (September 1651–August 1653), die mit dem Sieg der Krone und Mazarins Besetzung von Bordeaux am 3. August 1653 ihr Ende fand.

Die parlamentarische Fronde brach am 30. April 1648 aus, als das *Parlement* von Paris sich der Sache der Gerichtshöfe annahm, die Mazarin zwingen wollte, auf vier Jahre Pfand zur Erneuerung der Amtsvererbungssteuer *(Paulette)* zu verzichten. Der Entscheidung über die Union der *Parlements* am 13. Mai folgte die Erklärung der Saint-Louis-Kammer (30. Juni–8. Juli 1648), in der die Intendanten abgeschafft, eine Abstimmung über Steuern gefordert, politische Verhaftungen und die Schaffung von Ämtern verboten wurden. Nach dem Sieg von Lens ließ Mazarin die aufmüpfigsten Berater verhaften, darunter den beliebten, aber unfähigen Broussel. Der »Tag der Barrikaden« zwang ihn zum Einlenken (27. August 1648). Nach einer ersten Flucht nach Rueil und der Rückkehr nach Paris flüchtete die Königsmutter erneut mit dem kleinen König in der Nacht vom 5. auf 6. Januar 1649 nach Saint-Germain-en-Laye. Die königliche Armee, die vom Sieger von Rocroi und Lens, dem Großen Condé, kommandiert wurde, legte eine Blockade um Paris, das von einigen Großen – Conti, Longueville, dem Herzog von Bouillon, Beaufort und Gondi – verteidigt wurde. Die Zwietracht zwischen den Frondeuren ermöglichte die Unterzeichnung des allerdings wenig dauerhaften Friedens von Rueil am 11. März 1649.

Aber Condé fühlte sich schlecht belohnt. Er wurde untragbar. Am 18. Januar 1650 wurde er verhaftet. Die Großen waren nun auf sich gestellt, denn das *Parlement* blieb neutral, und Mazarin wurde leicht mit dem Aufstand der Provinzen fertig. Trotz der Unterstützung der Spanier wurde der Rebell Turenne am 14. Dezember 1650 bei Rethel geschlagen.

Der königliche Sieg berunruhigte jedoch die *Parlements* so sehr, daß sie sich mit den früheren Häuptern des Adels verbündeten und eine Union zwischen den beiden Fronden bildeten. Mazarins allgemeine Unbeliebtheit zwang ihn zur Flucht, die ihn in das deutsche Brühl führte. Auf dem Weg dahin ließ er am 6. Februar 1651 Condé frei. Aber Condés Widerspenstigkeit führte zur Auflösung der Koalition. Der Weihbischof von Paris, Jean-François de Gondi, der einer der Führer des aufständischen Paris von 1649 gewesen war, wurde durch einen roten Hut neutralisiert: Er wurde Kardinal von Retz. Die Familie Turenne fand zur Loyalität zurück und blieb dem König treu. Condés Vorschlag, Generalstände einzuberufen, stieß auf keinen Widerhall. Er fand im September 1651 Zuflucht in der Guyenne. Anna von Österreich glaubte nun, das Ganze dadurch beenden zu können, indem sie ihren Sohn für volljährig erklärte, wodurch die Aufständischen sich des Verbrechens der Majestätsbeleidigung schuldig machten.

Sie begab sich nach Poitiers, um gegen Condé zu kämpfen, der in Bordeaux saß, wo er Unterstützung bei der populären Regierung der »*Ormée*« fand, einer lokalen Bewegung, die sich 1651 während der Fronde in Bordeaux gebildet und sich auf die Seite der Fürsten gegen Mazarin gestellt hatte. Condé stützte sich daneben auf Spanien. Die Rückkehr Mazarins nach Frankreich Ende Dezember 1651 mit einer Armee von 7000 Mann rief Haß hervor. Condé zog nach Norden und entging um Haaresbreite einer Niederlage im Faubourg Saint-Antoine, und zwar dank der Tochter von Gaston von Orléans, der berühmten »*Grande Mademoiselle*«, die die Kanonen der Bastille gegen die königlichen Truppen einsetzte (2. Juli 1652).

Nach seinem Einmarsch in Paris brachte Condé alle Welt gegen sich auf, einschließlich der Pariser Bourgeoisie, die er terrorisierte (Massaker vom 4. Juli am Pariser Rathaus). Der Zerfall der Koalition der Unzufriedenen wurde durch eine zweite »Flucht« Mazarins besiegelt, der von Pontoise aus, wo der Hof sich aufhielt, Zuflucht in Bouillon fand. Am 13. Oktober flüchtete Condé von Paris zu den Spaniern in den Niederlanden. Einige Tage später, am 21., betraten die Königin und der König Paris. Die Verbannung der am meisten Kompromittierten – einschließlich Gastons von Orléans, der nicht müde geworden war, ein ebenso lächerliches wie gefährliches Schaukelspiel zu betreiben – und die Verhaftung des Kardinals von Retz, der in Vincennes und dann in Nantes in Haft war, von wo er entkam und nach Rom ging, überwanden den letzten Pariser Widerstand. Am 3. Februar 1653 kehrte Mazarin nach Paris zurück. Die Provinz unterwarf sich. Schließlich kapitulierte auch die *»Ormée«* am 3. August 1653.

Mazarin hatte das ganze Schauspiel von Deutschland oder von der Armee aus gelenkt, und zwar mit einer erstaunlichen Mischung aus Gewißheit und rührender Ängstlichkeit. Dennoch waren es die auf ihren Plätzen verbliebenen Minister, die wirklich standgehalten hatten: Michel Le Tellier, Abel Servien und sein Neffe Hugues de Lionne. Sie sollten zusammen mit Colbert – dem Faktotum Mazarins – die politische Umgebung des jungen Ludwig XIV. bilden.

Die Fronde war ein »romantischer« Bürgerkrieg, in dem es nicht an glanzvollen Auftritten fehlte, ein Krieg der großen Damen – der Herzogin von Chevreuse, der Herzogin von Longueville, der *»Grande Mademoiselle«* –, die oft die entschiedensten Gegner von Mazarin waren. Vor allem aber war sie ein »feudaler« Aufstand, in dem alle Großen, selbst Turenne, der Reihe nach Verrat übten. Was die Amtsträger der *Parlements* betraf, so wagten diese es nicht, bis zum Letzten zu gehen. Da sie bereits durch die Zerstörung ihrer Besitztümer in den Pariser Vororten geschädigt waren, konnten sie nicht den Ast absägen, auf dem sie saßen, denn die Machtbefugnis, die von ihnen ausging, war ihnen vom König übertragen worden. Die Fronde war aber auch eine Revolte gegen die verhaßten Ausländer und gegen die Regentin. Für die französische Bevölkerung brachte sie vor allem die unheilvolle Erfahrung von Krieg und Verheerung durch die Soldateska beider Seiten. Nun richtete sich alle Sehnsucht auf Frieden.

Die allgemeine Ermüdung, die Furcht vor noch dramatischeren Ereignissen und die Entzweiung der Protagonisten, die kein konstruktives Programm zustandebrachten, befriedete schließlich die Gemüter. Man empfand auch Überdruß an den juristischen Diskussionen über die Natur des Staates und an den Vereinigungen des Adels. Pascal sagt es in den *Pensées*: »Die Kunst des Frondierens, der Erschütterung des Staates besteht in der Zerrüttung überkommener Bräuche, indem man sie bis auf ihren Ursprung verfolgt, um dadurch ihren Mangel an Berechtigung und Recht aufzudecken. Man müsse, so wird gesagt, auf die fundamentalen und ursprünglichen Gesetze des Staates zurückgreifen, die ein ungerechter Brauch abgeschafft habe. Das ist der sicherste Weg, um alles zu verlieren; nichts wird in dieser Waage gerecht sein. Das Volk indessen schenkt diesen Reden nur allzu leicht Gehör. Sie rütteln am Joch, sobald sie es erkennen; und die Großen sind die Nutznießer seines Verfalls und der vorwitzigen Kritiker der überkommenen Bräuche... Hier hat die Ungerechtigkeit der Fronde ihren Ursprung, die ihre vorgebliche Gerechtigkeit gegen die Macht erhebt.«

Die Fronde trug aber auch Merkmale einer gigantischen Propagandakampagne. Bis zur Revolution sollte man nie mehr eine solche Lawine von Liedern, von Schmähschriften, von Pamphleten und von Flugblättern erleben, die häufig jedoch nichts anderes als Manifestationen von Mittelmäßigkeit und Inkompetenz angesichts der wirklichen Probleme waren. Ein fanatischer Individualismus förderte auch neue Ideen zutage, die sich nach und nach unmerklich ausbreiten sollten, trotz der scheinbaren Festigkeit der absoluten Monarchie.

Am 21. Oktober 1652 kehrte Ludwig XIV. dank Turenne, bei dem er gerade seine militärische Lehre begonnen hatte, nach Paris zurück. Schon mit vierzehn Jahren hatte er auf eigene Faust die Kapitulation von mehreren spanischen Generalkapitänen ausgehandelt, manches Gewissen abgekauft und die Schandtaten der Menschen gesehen.

KAPITEL III

Ruhm und Macht
1660–1685

LUDWIG XIV.

Es ist schwierig, im Zusammenhang mit Ludwig XIV. unparteiisch zu bleiben! Der »Große König« rief zu seinen Lebzeiten und später glühende Bewunderung, aber auch restlose Ablehnung hervor. Für die einen war er ein Tyrann, für die anderen ein König par excellence. Viele hielten ihn nur für mittelmäßig begabt und seine geistige Bildung für recht heterogen, andere dagegen sahen in ihm einen durch die Ereignisse und Erfahrungen gereiften König. Doch wie auch immer man ihn betrachten mag, er läßt niemanden gleichgültig; weder die dunklen, noch die hellen Seiten fehlen in seinem Porträt. Als Mazarin im März 1661 in Vincennes starb – an dem Ort, den er so liebte –, kursierten hinter dem dunklen Flur, in dem Colbert die Trauergäste auswählte, bereits die ersten Spekulationen. Der feiste, pausbäckige Junge mit den zahlreichen Liebesabenteuern schien nicht dazu berufen, die führende Rolle zu spielen. Viele verließen sich darauf, und so zählt Madame de La Fayette in ihren *»Mémoires«* auch alle die schönen Damen auf – darunter bereits die künftige Madame de Montespan –, auf die ein jeder Klan seine heimliche Hoffnung setzte, daß sie den ungestümen Jüngling, der Mazarin so gehorsam gewesen war, von seinem Handwerk als König ablenken könnten. Indessen machte sich in Europa eine versteckte Unruhe breit. Schließlich war dieser Franzosenkönig der Sieger über Spanien, und er hatte praktisch das Gleichgewicht der Kräfte zerstört.

Mazarin hatte sich gewaltig bereichert und mit ihm auch sein Intendant Jean-Baptiste Colbert, während der Staat sich fortwährend in einer schwierigen Finanzlage befand. Auf virtuose Weise verstand es der Oberintendant Fouquet, den dringendsten Nöten Abhilfe zu schaffen und dabei den Bedürfnissen des Krieges, der Vergnügungslust im Frieden wie auch den Liebeslaunen des Königs gleichermaßen Genüge zu tun. Aber es waren harte Zeiten, und als die Selbstherrschaft Ludwigs begann, herrschte in ganz Europa eine Ernährungskatastrophe. Außerdem glaubte niemand so recht an die Ankündigung Ludwigs XIV., er werde von nun an mit eigener Hand regieren. Er wird ermüden, sagte man.

Tatsächlich aber wurde er keineswegs müde, die Macht auszuüben, und er tat dies wie ein Meister, der sein Handwerk liebte, und mit einem Arbeitspensum, dem jeder andere erlegen wäre. Er fand ebenso Zeit, Berge von Essen zu verschlingen – mit einem Heißhunger, der seine Zeitgenossen beeindruckte – wie seine Pferde und Jagdbegleiter auf Trab zu halten, Hofdamen zu besuchen, zu beobachten und zu horchen, zu Pferde und im Feld zu kommandieren und alles allein zu entscheiden. Er war sich selbst und anderen gegenüber hart, dabei mutig, distanziert, souverän, und beeindruckte jedermann. Er überlebte alle und alles, selbst die Ärzte seiner Epoche: Er war eine Naturgewalt. Seine Verschwiegenheit ging bis zur Verstellung, die er bei Mazarin lernte. Als besonnener Mann suchte er lange Rat, bevor er Befehle erteilte. Er liebte es zu teilen, um besser zu herrschen und die verschiedenen Klane so weit gegeneinander auszuspielen, daß sie ihm nützlich blieben. Er heiratete die Frauen aus seiner Umgebung. Er wollte alles erfahren, sogar die größten Geheimnisse der Familien. Er war vom Ruhm besessen – eine Leidenschaft, die, wie er zugab, bei ihm die Liebe zu Frauen übertraf –, aber von einem Ruhm nach römischer Art, mit allem, was das Wort für jemanden bedeutete, der die Fronde und ihre Erniedrigungen erlebt hatte. Er war nachtragend und besaß bis zum Schluß ein ausgezeichnetes Gedächtnis. Er war ein Arbeitspferd und handelte in allem klarsichtig und organisiert, ja geradezu pedantisch. Und er war stets genau mit den Problemen vertraut, weil er sich im Laufe der Jahrzehnte eine unvergleichliche Kenntnis der Akten erworben hatte.

Aber war er auch intelligent? Hatte er ein bestimmtes Programm? Auf jeden Fall verstand er es, seinen Ruhm zu inszenieren, indem er Künstler um sich scharte und allen seinen persönlichen Geschmack aufprägte. Er verkörperte das Klassische. Er war ein begabter Musiker, obgleich er unfähig war, eine Partitur zu lesen, doch Hand und Körper verrieten eine große Geschicklichkeit. Schützend hielt er seine Hand über Molière, und so sollte jener Höfling, der dem Künstler eines Tages, um sich zu rächen, mit seinem diamantbestickten Ärmel das Gesicht aufkratzte, seine Tat ein Leben lang bereuen. Er war Herr über die Künste wie selten ein Staatsmann vor ihm: Die Kunst des Louis-quatorze bedeutet Staatskunst, Instrument einer Propaganda, wie sie nicht besser organisiert werden kann und wie die Geschichte kaum Vergleichbares aufzuweisen hat.

Der Unterricht, den er genoß, währte nur kurz. Danach beherrschte er ein wenig Latein, genug, um einigermaßen Cäsars *»De bello gallico«* übersetzen zu können; kein Italienisch, aber ein wenig Spanisch für seine Gemahlin; einige Brocken Geschichte, Vertrautheit mit den Genealogien. Das war wenig. Dagegen erhielt er seine militärische Ausbildung vor Ort, im Zelt des größten Meisters seiner Zeit, Turenne, mit seinen Spionen und Geheimschrift-Entzifferern. Seine Lehre, die er in der Politik erhielt, war weniger ausgereift, doch dafür realitätsnah: tägliche Kontakte, Beobachtung des Rats hinter einem Vorhang; später der Monolog Mazarins, der ihm in einigen Sätzen den Sinn einer Entscheidung erläuterte. Aber seine vorstehenden Augen verrieten so wenig, daß Mazarin anfing, ihm zu mißtrauen. Der Kardinal dachte daran, Papst zu werden, wenn der König einmal nichts mehr von ihm wissen wollte.

Er verstand sich auf die Einschätzung von Menschen, solange er es mit dem Gefolge seiner Jugend zu tun hatte. Nach seinem vierzigsten Lebensjahr täuschte er sich jedoch häufig über die Fähigkeiten der Menschen. In diesem Alter änderte er sich und wurde mit einem Schlag eigensinnig und manchmal impulsiv, während man ihn über dreißig Jahre hinweg eher für zu vorsichtig gehalten hatte. Seine Zeitgenossen waren sich darin einig, daß er kein Genie war, und er selbst behauptete es auch nicht von sich. In Fragen des Glaubens vertraute er sich seinen Bischöfen an, die er noch auf seinem Sterbebett – und dies nicht ohne Grund – für seine Religionspolitik verantwortlich machte.

Er war in vieler Hinsicht von eher mittelmäßigem Format, verstand es aber, das, was ihm fehlte, durch großen Fleiß wettzumachen. Er empfand gegenüber Begabteren wie dem künftigen Regenten einen gewissen Neid. Da er selbst viele Fehler hatte, konnte er sich, wenn er seine Maske fallen ließ, als sehr menschlich erweisen und für diejenigen Mitleid empfinden, die die Staatsräson verdammte. Vor allen Dingen zog er fast alle, die sich ihm näherten, ob Frauen oder Männer, gegen ihren Willen in seinen Bann.

Das gilt selbst für Saint-Simon, der dies leugnete und ihn zuweilen haßte. Welche Erleichterung und welche Dankbarkeit bei jenen, denen der König vergab: »Majestät, in Ihrer Nähe macht der Regen nicht naß.« So lächerlich uns diese Worte eines alten, in die Gunst zurückgekehrten Höflings auch erscheinen mögen, sie drücken die glühende Dankbarkeit von Männern aus, denen Ludwig XIV. auch die noch so geringste Gunst zu erweisen wußte. Er war zu jedem höflich und hatte sich immer im Griff. So kam es vor, daß er seinen Spazierstock auf den Boden warf, um nicht jemanden damit zu schlagen, über den er sich geärgert hatte. Er zog vor jeder Dame, selbst Kammerfrauen, seinen Hut. Die Höhe des Rangs, den eine Dame einnahm, fand jedoch ihren Ausdruck in der Weite des Schwungs, mit dem er den Hut abnahm und die durch den Federbusch noch betont wurde.

Er legte so großen Wert darauf, über alles unterrichtet zu werden, daß Colbert seinem Sohn Seignelay riet: »Ein schlechter Bericht ist noch besser als eine gute Entscheidung, das wichtigste ist, gut zu informieren.« Der informierte König, der sich verantwortlich fühlte, ließ sich viel über seine Minister, einschließlich Colbert oder Louvois, mündlich und schriftlich berichten und konnte selten getäuscht werden. Er verstand seine Verantwortung als so umfassend, daß er auch die Fehler seiner Untergebenen bei Gelegenheiten deckte, in denen er nicht persönlich beteiligt gewesen war.

Dennoch unterliefen ihm gewaltige Fehler. Jedenfalls sehen wir das heute so. Nicht ohne Grund schrieben Saint-Simon und Fénelon ihre anonymen Briefe – so konnten sie sicher sein, daß der König sie lesen würde, und zitterten zugleich davor, daß er ihren Stil erkennen würde –, und wenn einige ihrer Urteile auch umstritten sind, so waren doch viele ihrer Kritikpunkte begründet. Aber die Handlungen eines Königs, so groß er auch ist, werden nicht alleine an der Elle seines Charakters bemessen. Trotz der Nöte galt dem König eine anhaltende Verehrung. Erst als Ludwig alt geworden war und seine Zeitgenossen überlebt hatte, als ihn am Ende nur noch Männer umgaben, die nicht die Fronde erlebt hatten, sah man während der schwierigen Jahrzehnte von 1690 bis 1720 Enttäuschung und manchmal Sarkasmus aufkommen: »Vater unser, der Du bist in Versailles, Dein Name sei nicht mehr geheiligt ...« Besser als in allen politischen Kommentaren drücken sich in diesen Worten die Unzufriedenheit und Ernüchterung der Zeitgenossen aus.

GROSSE UND KLEINE MASSNAHMEN

Aber damit hat man diese Zeit noch nicht voll erfaßt. Das 17. Jahrhundert war auch das Jahrhundert Descartes', in der Politik wie in anderen Bereichen. Nach den Tastversuchen seiner Vorgänger spürte Ludwig XIV., daß Politik ein Handeln nach rationalen Regeln sein kann und muß, deren Entscheidungen nach gründlicher Unterrichtung gefällt werden. Die »politische Mathematik« verbreitete sich auf pragmatische Weise in England, auf theoretische Weise an einigen deutschen Universitäten und in Frankreich bei den Mitarbeitern des Königs. Bevor man zur Tat schritt, mußte man zunächst wissen, wie viele Einwohner das Land hatte, wie viele Soldaten man ausheben konnte, wo man die Adligen fand, die die Soldaten führen konnten, wie teuer die Bewaffnung eines Geschwaders war, von wo man die Rohmaterialien bezog und wie teuer sie waren, wie viele Ämter es gab und wo sie sich befanden, wie zahlreich die Handelsschiffe waren und aus welchen Häfen sie kamen. Zwar waren diese Fragen selbst nicht neu, neu aber waren die Systematisierung der Untersuchungen und die Art, wie man diese Fragen im Rahmen einer allgemeinen Politik stellte. Auch wenn in vieler Hinsicht offensichtliche Fortschritte zu verzeichnen waren, so klafften doch in bestimmten Bereichen noch lange Zeit große Lücken. So waren die Untersuchungen über die Ämter und die Handelsmarine zwar erfolgreich, aber sie wurden nicht rasch genug wiederholt. Hingegen schlug die Untersuchung über die Bevölkerungszahl fehl; erst im Laufe des 18. Jahrhunderts sollte man wirklich über verläßliche Zahlen verfügen. Insgesamt gesehen sollte man die Politik Ludwigs XIV. deshalb nicht nur in bezug zu seinen Zielen und einer objektiv gegebenen Situation, sondern vom Wert der verfügbaren Informationen und vom geistigen Stand der Bevölkerung aus beurteilen. Angesichts eines Staates, der nach Selbsterkenntnis strebte, war es von erstrangiger Bedeutung zu erfahren, wie die Franzosen den Staat sahen.

Abgesehen von Heinrich IV., dessen Bild sich rasch in einen Mythos verwandelte, der mit dem Ludwigs XIV. konkurrierte, hatten nur wenige Könige eine Antwort auf die widersprüchlichen Forderungen des Volkes zu geben versucht. Es wollte zugleich einen sparsamen und glorreichen König, einen Friedensstifter im Inneren und einen Sieger in den auswärtigen Kriegen. Die wesentliche Forderung aber bestand in der inneren

Befriedung, und so war es der große Erfolg des Sonnenkönigs, daß seine Herrschaft schon in den ersten Jahren unangefochten war. Daß die Siege über die Habsburger die Möglichkeit einer Invasion zumindest verringerten, auch wenn sie sie nicht ganz ausschlossen, weckte das erste große Erstaunen seiner Herrschaft. Sogleich verkündete man die Aufstellung eines kriegsbereiten Landheers in Friedenszeiten. Ab 1670 wurde der Großteil der Soldaten auch nach Eintritt des Friedens nicht mehr demobilisiert. Die französische Armee zählte selbst in Friedenszeiten zwischen 130 und 200000 Mann, wodurch sie in Europa zur stärksten Armee wurde. Diese Entscheidung bedeutete den Unterhalt einer rasch einsatzbereiten Armee. Bis zu diesem Zeitpunkt brauchte man oft sechs Monate und mehr, um die Truppen in Kriegsbereitschaft zu versetzen. Dies bedeutete an und für sich noch keine wesentliche Erhöhung des Machtpotentials, denn im Falle eines langandauernden Krieges wurde dieser Vorteil wieder aufgehoben. Aber die französische Politik erzielte dadurch im Laufe der folgenden zwanzig Jahre eine wesentliche Beschleunigung der Entscheidungsprozesse. Parallel dazu baute Colbert eine französische Kriegsmarine auf, die erste in Europa; das verlangte sehr viel mehr Zeit und war erst gegen 1670 vollzogen.

Um diese Pläne zu verwirklichen, bedurfte es sowohl im Bereich der Sicherheit wie der Finanzen einer Rückkehr zur Ordnung. Zwar ist die Diskussion darüber noch nicht abgeschlossen, doch kann man soviel sagen, daß die Herrschaft Ludwigs XIV. eine Zivilgewalt mit militärischem Charakter war. Es wurde ein großes Programm zur allgemeinen Entwaffnung im Inneren Frankreichs in Angriff genommen, das sich bereits bei Richelieu durch die Zerstörung aller jener Schlösser abzeichnete, die nicht zur Verteidigung der Grenzen dienten. Während einer Begegnung mit dem Herzog von Rohan, dem er die Hälfte seiner Türme niederreißen ließ, hatte der Kardinal sich nicht die Bemerkung verkneifen können, daß er »eine treffsichere Kugel in seiner Kegelpartie geworfen habe«. Den Sieg der Frondeure ausnutzend, hatte Mazarin die Kapitulation der Städte von der Auslieferung ihrer Artillerie abhängig gemacht; aber nur Fronde-Städte wie Bordeaux waren anvisiert. Der Niederländische Krieg diente anschließend als Vorwand, die Städte zu zwingen, entsprechend dem Bedarf der Armee ihre Kanonen auszuliefern. Treue Städte wie Lyon durften ein symbolisches Geschütz mit dem Stadtemblem behalten. Die technologische Entwicklung bestärkte den königlichen Willen. Ab etwa 1670 waren alle bestehenden Artillerien überaltert. Nichtsdestoweniger beharrte die königliche Macht auf ihrem Verfügungsanspruch über jedwedes Eisen und Bronze. Viele Gemeinden leisteten Widerstand. Anstatt dem König das auszuliefern, was vom Symbol der Macht der Städte übriggeblieben war, wurden die Geschütze lieber zerstört und die Stücke manchmal vergraben oder versteckt. Solange zumindest die Artillerien verschwanden, die die Stärke der Fronde ausgemacht hatten, hatte die Krone nichts dagegen.

Die Städte, deren Steuern erhöht und deren Ausgaben kontrolliert wurden, hatten, zumal sie den wachsenden Zwängen der Ökonomie unterworfen waren, weder den Wunsch noch die Möglichkeit, Mauern instand zu halten, die in Paris schon seit 1670 zerfielen, oder wieder eine Artillerie aufzustellen, und noch weniger, eine Garnison zu unterhalten. So gab es nur noch königliche Garnisonen.

Nachdem die Städte entwaffnet waren, blieb nur noch der Adel übrig. Gegen den Adel ging die Krone subtiler und weniger offen vor. Dabei konnte es nicht darum gehen, den Adel aus seiner militärischen Rolle zu drängen, denn darin bestand seine Rechtfertigung; er sollte sich vielmehr darauf beschränken, die Führungskräfte für die Armee zu stellen: Je nachdem benötigte man zwischen 7000 und 12000 Offiziere, außerdem 500 bis 1000 Seeoffiziere. Richelieus Kampf gegen das Duell entsprang deshalb auch nicht nur der Sorge dieses religiösen Reformers, eine Form von Kriminalität zu beenden, sondern ebenso dem Willen, dem König seine adligen Offiziere zu erhalten. Aber diese Offiziere mußten fortan dem König gehorchen.

Le Tellier und Louvois führten eine »Royalisierung« der Armee durch, was sich dort als weitaus schwieriger erwies als im Fall der Marine, deren Truppenzahlen kleiner waren. Diese Royalisierung war einer der großen Erfolge Ludwigs XIV. Die Armee wurde von nun an zum Werkzeug des Königs, der somit vorzog, auf »fähige« Fürsten wie den künftigen Regenten zu verzichten, um nicht ihrer Popularität Vorschub zu leisten. Dieser Politik begegnete man zur gleichen Zeit in ganz Europa, wo sie allerdings etwas beweglicher gehandhabt wurde. Das erklärt auch die Weigerung, spezielle Generalstäbe einzuführen. Die Feldzugspläne wurden von den Staatssekretären mit dem König in Versailles besprochen, manchmal nach Rücksprache mit den Kriegschefs. Diese zivile Kontrolle der militärischen Entscheidungen hatte große Nachteile; so bedeutete das

Fehlen einer der englischen Admiralität vergleichbaren Institution während des ganzen Ancien régime für die französische Marine ein entscheidendes Hemmnis. Ludwig XIV. und seine Nachfolger sollten jedoch auch künftig in diesem Punkt nicht nachgeben.

Um sich den Adel gefügig zu machen, genügte es jedoch nicht, ihn in eine strengere militärische Disziplin einzubinden, da nur ein Teil des Adels in der Armee diente. Mehr als die Hälfte des Adels war mit dieser Maßnahme nicht zu erreichen. Deshalb war der Hof ein anderes Mittel der Domestikation. Das System der Klientelen hatte den Vorteil, durch scharfe Überwachung ihrer führenden Häupter jede Möglichkeit einer gefährlichen Revolte auszuschalten. Fürchtete Colbert, daß eine Sitzung der Stände der Bretagne ausuferte, genügte es, der Herzogin von Rohan zu raten, der Sitzung fernzubleiben, damit sich auch die Schar ihrer Klienten fernhielt. Der Minister verbarg dabei keineswegs den Grund für seinen Rat.

Kein Großer konnte es sich leisten, vom Hof fernzubleiben. Die Bemerkung »Ich sehe ihn nicht« kam einer Verurteilung von seiten des Königs gleich. Auf ihren Ländereien blieben nur diejenigen, die ein königlicher Befehl dorthin verbannt hatte. Pension, Beförderung und Berufung auf interessante Posten kamen nur in Frage, wenn man unter dem Blick des Herrn stand. Erscheinen, Sichsehenlassen wurden die einzigen Mittel des Erfolgs. In der Nähe des Königs wurden die großen Raubtiere zahm. Aber man durfte sie nicht der Gefahr aussetzen, sich zu langweilen, denn man kann nicht einfach vom Waffengang zum Müßiggang übergehen. Der Hof kehrte deshalb zu den Bräuchen der Valois zurück, und mehr noch: Er wurde zum außergewöhnlichsten Schauplatz des Vergnügens und der Zerstreuung – selbst im Pascalschen Sinn dieses Begriffs –, und das nicht nur im Königreich, sondern in ganz Europa. Der König erschien so als das Zentrum der adligen Welt. Denjenigen, die ihre Pflicht auf dem Schlachtfeld erfüllten und dabei aufs Wort gehorchten, was von wohldosierten Schmeicheleien begleitet wurde, vergab der König viel, selbst ein offen zur Schau getragenes gottloses Betragen. Darauf folgten die Gunsterweise, subtile Auszeichnungen, wie sie die Etikette ermöglichte – sie hatten den Vorteil, nichts zu kosten –, Kirchenämter für die Zweitgeborenen, Pensionen und Unterstützungen, Posten, wenn man ihrer würdig war, und vom König beschlossene oder gebilligte Eheschließungen. Der Krieg sorgte von Zeit zu Zeit bei der unruhigen Jugend für Ablenkung und vermittelte ihr neue Perspektiven. Diese klassischen Prozeduren waren ganz im Stil von Richelieu, dem sie sein Vertrauter, François-Joseph du Tremblay (1577–1638), auch Père Joseph genannt, schon seit langer Zeit empfohlen hatte.

Doch auch das reichte nicht aus, um jegliche Gefahr auszuschließen. Selbst wenn die Armee an den Grenzen stationiert wurde oder mit einigen großen Bauarbeiten beschäftigt war – Kanäle und Aquädukte, das Schloß von Versailles –, und selbst wenn diejenigen, die zwischen 1630 und 1652 die königliche Autorität erschüttert hatten, in Versailles versammelt waren, so waren damit noch keineswegs alle Gefahren beseitigt. Gewiß, in Versailles und Paris herrschte eine perfekte Sicherheit, aber Angst spielte immer noch eine Rolle. Deshalb perfektionierte der König auch hier die von den beiden Kardinälen übernommenen Gewohnheiten. Die »Spione« des Königs hatten den Ruf, überall ihre Ohren zu spitzen. Um sich den Herzögen von Chevreuse und Beauvilliers zu eröffnen, obwohl diese wie kaum jemand sonst mit dem König verbunden waren, verfiel Saint-Simon auf den Ausweg, sich im geheimsten Winkel eines abgelegenen Kabinetts einzuschließen. Ebenso traf der Herzog von Burgund, der Enkel Ludwigs XIV., seine Vorsichtsmaßnahmen. Das erinnert an eine dramatische Versammlung, die Campion, der Bruder eines der Verschwörer von 1642, beschreibt: Wenn sich die sieben Freunde aus adligen und militärischen Kreisen – darunter auch ein Bischof – auch vielleicht aufeinander verlassen konnten, so garantierte ihnen doch niemand, daß Richelieu am darauffolgenden Tag nicht über das Gesagte unterrichtet war. Die alte Redefreiheit, so typisch für den Hof Heinrichs IV. und die Regentschaft von Maria von Medici, war verschwunden. Die Verschwörung war in den Augen Campions durch eine unsägliche Tyrannei, eine erbarmungslose und konstante Überwachung gerechtfertigt. Sie wurde zu einer Zwangsvorstellung, die den ganzen Adel des 17. Jahrhunderts erfaßte. Die »Polizei« Ludwigs XIV. ersetzte die des Kardinals. Man sprach ihr einen Grad von Wirksamkeit zu, den sie wahrscheinlich gar nicht hatte und auch nicht brauchte.

Unterdrückung im eigentlichen Sinne des Begriffs gab es unter Ludwig XIV. im Vergleich zur Zeit Richelieus, der sich kaum mit Skrupeln aufhielt, in dem Maße nicht; sie bestand vielmehr in einem vorbeugenden moralischen Terror. Die großen und kleinen Damen, die nachts durch das Zimmer von Bontemps, dem Kammerdiener Ludwigs XIV., geschleust wurden, brachten dem König neben dem Vergnügen vor allem Neuigkeiten. In der Stadt setzten der Chef der Pariser Polizei, La Reynie, und seine zu diesem Zweck besonders ausgebildeten Helfer das Überwachungssystem des Hofes fort. Es ist kein Zufall, daß die Hof- und Stadtpolizei dem Sekretariat des Königshauses unterstand und daß La Reynie als fünfter Staatssekretär betrachtet wurde. Er wußte sehr viel, und so ist es schade, daß nur wenige seiner Aufzeichnungen erhalten geblieben sind.

Der König soll auch Glücksspiele befürwortet haben, bei denen mit hohen Einsätzen gespielt wurde. Wahrscheinlich verfolgte er damit die Absicht, die großen Familien zu ruinieren und von ihm abhängig zu machen. Seltsamerweise wurde in der Stadt die Überwachung der Spielhallen sehr ungleich praktiziert; in Spielerkreisen, die vom Hof kamen, wurde sie entweder gar nicht oder nur geheim ausgeübt. Das Spiel war eine wahre Leidenschaft. Saint-Simon und die Pfälzerin Liselotte führten darüber ständige Klage: »Das Spiel macht alle gleich«, hebt die »gesellschaftlichen Bedingungen« auf und stellt Adlige und Nichtadlige auf eine Stufe. Wie in jedem Regime war die Spielpolizei der Hauptstadt eine wichtige Informationsquelle – die Duldung der Spiele wurde von Spitzeln erkauft – wie auch die Pariser Prostitution. Bischöfe und Gemeindepfarrer, die selbst auch überwacht wurden, sollten Auskünfte erteilen; doch viele murrten dagegen und verschanzten sich hinter dem Beichtgeheimnis.

Selbst mit den beschränkten Polizeimitteln der Epoche besaß der König ein ungeheures Machtmittel. Auf jeden Fall wurde das Ziel voll und ganz erreicht. Der Hochadel, der besänftigt und an unsichtbare Bande gefesselt war, von all den Vergnügungen und Freuden geblendet, war nicht mehr in der Lage, dem König Widerstand zu leisten. Während der letzten Regentschaft, die stürmisch zu werden versprach, zeigte der Hochadel – zum großen Schaden des Herzogs von Maine, dem legitimen Bankert Ludwigs XIV. –, daß die Zeit der großen Manöver nach feudaler Art unwiderruflich vorüber war. Von der Heroenmoral Corneilles war man inzwischen bei Racines Moral angelangt. Die Liebe war das letzte und wichtigste der harmlosen Vergnügen. Das Volk war außer Gefahr, denn die Zeit des Privatkriegs war zu Ende.

Diese Entwicklung verlief langsam. Die Krone war nicht ihr einziger Motor. Paris stand ihr, ohne es zu wissen, zur Seite. Wenn es seit dem Mittelalter »an guten Gaumen nur Paris« (François Villon) gegeben hatte, so trug fortan jede Mode, jedes geistige Leben den Stempel von Paris.

DIE FINANZIELLEN GRUNDLAGEN

1650 beliefen sich die Ausgaben des Staates auf ungefähr 1000 Tonnen Feingold, 1715 auf 1500 Tonnen. Im selben Zeitraum wuchsen die Einnahmen von 600 (1650) auf 800 Tonnen (1700) und gingen 1715 auf 400 zurück. Colbert gelang vor dem Niederländischen Krieg für kurze Zeit wieder ein ausgeglichener Haushalt, der selbst einen leichten Überschuß aufwies, wodurch er sein späteres, wenn auch nicht ganz unbestrittenes Ansehen begründete. In der Tat ging der Beginn der Herrschaft mit einer Umorganisierung der hohen Verwaltung einher, die Michel Antoine als »Revolution von oben« bezeichnet hat und die im wesentlichen in der Ersetzung der Oberintendanz der Finanzen durch die Generalkontrolle bestand sowie in der definitiven Einrichtung des Systems der Intendanten. An der Spitze wie auf Provinzebene lief diese Transformation darauf hinaus, die traditionellen Organismen durch die Hinzufügung neuer Institutionen zu neutralisieren, die bis zur Revolution fortbestanden.

Die Reform war sicher zunächst eine Frage der Personen und hing mit dem Antagonismus zwischen Fouquet und Colbert zusammen. Nach der Verhaftung Fouquets 1661 war viel von einem Staatsstreich die Rede; in den Augen Frankreichs und Europas entpuppte sich darin die Doppelzüngigkeit und Verstellungskunst des Königs. Fouquet bekam keinen fairen Prozeß. Dabei war er vielleicht nicht unehrlicher als Colbert; beide machten ihr Vermögen mit ähnlichen Mitteln. Jedoch scheiterte Fouquet aus zwei Gründen. Erstens hatte er für den Fall seiner Verhaftung einen Verteidigungsplan organisiert – den Plan von Saint-Mandé –, der darin bestand, die Marine und die Küstengegenden aufzuwiegeln, ein Projekt, das zugleich kindisch war und zu sehr an die Praktiken der Fronde erinnerte. Zweitens strebte der Oberintendant eine Position an, die der eines Premierministers wie Mazarin gleichgestellt war, was weder der König noch das Volk wollte. Das Geschick Colberts bestand darin, den König davon zu überzeugen, daß er nicht dieselben Ambitionen verfolgte. Er war lediglich »Generalkontrolleur der Finanzen«, ein Posten, der bis 1789 das wichtigste politische Amt nach dem König blieb. Ludwig XIV. behielt seine Generalkontrolleure bis zur Ausschöpfung ihres Kredits, nicht um sie anschließend zu diskreditieren, wie es vorher der Fall gewesen war, sondern um sie durch einen Mann zu ersetzen, der noch Kredit hatte. Im 18. Jahrhundert – besonders nach 1748 – erlebten die Zeitgenossen dann den Reigen der Generalkontrolleure.

Die Reform der Jahre 1661–1663 hatte das Ziel, den Institutionen und allzu unabhängigen Beauftragten die Kontrolle über die Finanzen zu entziehen. Man mag noch so sehr behaupten, daß Colbert den König ebenso lenkte wie Fouquet, was keineswegs bewiesen ist, dennoch hing das Schicksal des Generalkontrolleurs allein vom König ab. Dagegen ist es nicht sicher, ob Mazarin sich Fouquets hätte entledigen können, wenn er gewollt hätte. Ebenso stellten die Befugnisse des Intendanten in den Generalitäten der *finance* die Macht der vorhandenen Autoritäten in den Schatten, allerdings nicht ohne Konflikte. Es handelte sich also um eine bedeutende Reform, die zum Teil gegen die Amtsträger der *finance* und *Parlements* gerichtet war.

Wenn dem so war, dann beruhte die Machtübernahme Ludwigs XIV. mehr, als man dies bisher so gesagt hat, auf einem Kompromiß. Die Fronde war zwar überwunden, aber sie hinterließ tiefe Spuren; Mazarin, Colbert und Fouquet hatten 1657 große Angst, daß sie wieder aufflackern könnte. Die *Parlements* wurden ab 1661 zur Ordnung gerufen und verloren unter Ludwig XIV. jede politische Bedeutung. Ludwig XIV. dachte jedoch nicht daran, die Käuflichkeit der Ämter aufzuheben. Wäre der Triumph der absoluten Monarchie so offensichtlich gewesen, hätte man das *Parlement* von Paris einfach durch eine andere Institution ersetzen können. Eingedenk der Gefahren, die Mazarin erlebt hatte, ging Ludwig XIV. nicht das Wagnis ein. So behielten die *Parlements* wenn auch nicht ihre politische, so doch ihre juristische Macht und fühlten sich darin auch zu keinem Zeitpunkt seiner Herrschaft bedroht. Die Beziehungen waren nicht immer herzlich, aber das System der Klientelen ermöglichte es, die Situation im Griff zu behalten, da jeder Staatssekretär über eine Klientel verfügte. Auf diese Weise kontrollierte Colbert das *Parlement* der Bretagne.

Das Grundproblem blieb der Krieg und seine Finanzierung. Kein Krieg – nicht einmal ein kurzer wie der Devolutionskrieg (1667–1668) – konnte über die gewöhnlichen Einnahmequellen finanziert werden. Colbert gelang es, die Zahl der Ämter im Laufe des ersten Jahrzehnts der Selbstherrschaft während des Niederländischen Krieges zu reduzieren. Angesichts ihrer abnehmenden Rendite boten sich als Geldquelle nur noch die Anleihen an, genauer gesagt vom »möglichen Umfang des zu zeichnenden Kapitals«. Da der Krieg die *ultima ratio* der Könige war, brachte jedes Finanzprogramm nur eine vorübergehende Gesundung. Colberts Programm bestand darin, das Niveau der bestehenden Steuern zu erhalten. Die direkten Steuern wurden vermindert – besonders die Taille, die schwer auf den Bauern lastete, wurde während einer Periode von fast zehn Jahren spürbar verringert – und durch indirekte Steuern, die an die Entwicklung des Handels geknüpft waren, ersetzt. Diese Zukunftslösung setzte das ökonomische Wachstum im Seehandel voraus, dem einzigen Bereich, in dem ein solches Wachstum absehbar war.

Der andere Aspekt der Reform bestand in der Kontrolle der Ausgaben, das heißt Verringerung der Ausgaben bei Stabilisierung der Einnahmen. Colbert wachte, auch um den Preis der Knausrigkeit, nicht ohne einen gewissen Erfolg über die Ausgaben, wobei er einige Steuerpächter-Gesellschaften erpreßte und andere, in denen offenbar seine eigenen Interessen im Spiel waren, schonte. Man darf die Ergebnisse seiner Politik weder unter- noch überschätzen. Der Prozeß gegen Fouquet erlaubte es, die Anfänge der Herrschaft zu sichern und ihren Glanz zu erhalten, denn dieser Prozeß versetzte viele Finanziers in Schrecken. Die Wiederherstellung der Ordnung ermöglichte vorübergehend, den Haushalt auszugleichen und den Kredit des Staates wiederherzustellen. Ein Teil der Schulden wurde gestrichen, der Rest nur teilweise zurückgezahlt. In mehr als einer Hinsicht haben wir es mit einem versteckten Bankrott zu tun, den die Geldgeber natürlich nicht gern sahen. Dennoch wäre ohne den Krieg Colberts Maßnahmen ein dauerhafter Erfolg beschieden gewesen, wenn nicht gerade aufgrund seiner Erfolge der Krieg wieder aufgenommen worden wäre.

DER »COLBERTISMUS«

Frankreich kannte unter dem Ancien régime drei Formen des ökonomischen Denkens: den Merkantilismus (von dem der Colbertismus nur eine Variante ist), den Physiokratismus (von 1750 bis 1770) und schließlich eine »liberale« Strömung am Ende des 18. Jahrhunderts. Im Unterschied zu den beiden letzten Strömungen hatte der Merkantilismus weder einen Gründungsvater wie den Physiokraten Quesnay noch eine »liberale«

Bibel wie *»The Wealth of Nations«* von Adam Smith (1776) oder die *»Principles of Political Economy and Taxation«* von Ricardo (1817). Die Ursprünge des Merkantilismus gehen sehr weit zurück; es handelt sich in Wirklichkeit um eine Summe gewachsener Regierungspraktiken, von denen einige auf Ludwig XI. zurückgehen, andere auf die italienischen Städte des 15. Jahrhunderts. Diese Gesamtheit von bereits bestehenden Interventionsprozeduren oder staatlichen Kontrollen über die Wirtschaft konnte sich in proportional unterschiedlicher Weise miteinander verbinden. Der Colbertismus war eine solche Modifikation. Die ausländischen Fachhistoriker unterscheiden einen »maritimen« Merkantilismus – mit englischen, französischen, holländischen und spanischen Varianten – und einen »kontinentalen« Merkantilismus, der erst nach dem »maritimen« aufkam (in der zweiten Hälfte des 17. Jahrhunderts). Dieser »kontinentale« Merkantilismus, der vermehrt aus Statistiken schöpfte, war vor allem in den Universitäten beheimatet; als »Kameralistik« wurde er an den Universitäten von Halle und Frankfurt an der Oder für die Bedürfnisse der preußischen Verwaltung gelehrt. Diese unterschiedlichen Tendenzen beeinflußten sich gegenseitig. Colbert erfand nichts hinzu, und die Frage ist deshalb erlaubt, ob der »Colbertismus« nicht eine Rekonstruktion war, die darin bestand, genaue staatliche Maßnahmen mit einem ideologischen Mantel zu überziehen, der eigentlich nicht dazu paßte.

Will man jedoch unbedingt in diesen diversen Formen des Merkantilismus gemeinsame Merkmale ausmachen, so findet man diese in einer starken populationistischen Tendenz, in einer verstärkten Betonung des Aktivsaldos der Zahlungsbilanz und der wirtschaftlichen Unabhängigkeit des Landes, in einer vorrangigen Rolle der Edelmetalle, in einer größeren Reglementierung und gesetzgeberischen Einbindung der Wirtschaft durch den Staat und schließlich in der vermehrten Unterstützung, die man auf die eine oder andere Weise dem Handel und vor allem der Entwicklung der Manufakturen zukommen ließ.

Der Merkantilismus entsprach einem der ideologischen Erfordernisse der absoluten Monarchie, nämlich dem »Volkswohl«. Innere Sicherheit und das Glück aller sollten durch die »Beschäftigung« von Bevölkerungsteilen erreicht werden, die Gefahr liefen, durch Müßiggang verdorben zu werden.

Die jeweilige Kombination dieser Elemente unterlag Schwankungen. Colberts Populationismus stand zwischen dem eher gemäßigten Populationismus der Seemächte und dem überzogenen Populationismus der Kameralisten. Für jeden Typ von Merkantilismus war die fundamentale, aber ungelöste Frage die, ob dieser Interventionismus die wirtschaftliche Entwicklung beschleunigt oder verlangsamt hatte. Es ist also sehr schwierig, den Colbertismus wirklich zu »beurteilen«, denn er war Teil einer allgemeinen Entwicklung. Die Versailler Behörden waren im Laufe der ersten Hälfte des 18. Jahrhunderts von »Colbertschen« Tendenzen durchdrungen; die zweite Hälfte des Jahrhunderts erlebte das Auftreten eines »Neo-Colbertismus«, über den man indes noch wenig weiß.

Heutzutage wird die Frage dadurch noch kompliziert, daß man dieses historische Vokabular für politische Begriffe verwendet. So gilt der Colbertismus als Gegenpol zum Liberalismus und wird für das Phänomen einer »Überverstaatlichung«, das heißt dirigistischer Eingriffe in das Wirtschaftsleben, verantwortlich gemacht. Darin liegt ein offenkundiger Anachronismus. Der staatliche Interventionismus des Colbertschen Typs beruhte weitgehend auf der Freiheit des Handels, während er im Bereich der Manufakturen sehr stark zu Buche schlug. Die dramatische Unzulänglichkeit der finanziellen Möglichkeiten des Staates machte aus dem Colbertismus, angesichts der Unzulänglichkeit der privaten Initiative, einen verzweifelten Notbehelf. Der Wirtschaftsdirigismus konnte diesen Mangel an Mitteln nicht ausgleichen.

In Wirklichkeit war der Colbertismus nur ökonomischer Ausdruck und Mittel einer Politik. In seinen *»Mémoires au roi«* von 1664 brachte Colbert dies mit aller Deutlichkeit zur Sprache: Nachdem es Ludwigs XIV. Absicht war, sowohl über das stärkste Landheer wie auch über die stärkste Flotte Europas zu verfügen, waren gewaltige finanzielle Mittel gefordert. Da es aber unmöglich war, erneut die Taille zu erhöhen – Colbert senkte sie um mehr als 50 Millionen auf 35 Millionen Livres in der Erwartung, daß der Niederländische Krieg einen guten Teil dieser Steuerentlastung ausgleichen würde –, mußten Handel und Manufakturen entwickelt werden. Dadurch konnte der Abfluß von Edelmetallen verhindert und der Volkswohlstand gesteigert werden, weil es mehr Arbeit gab. Zugleich erhöhte sich damit auch die Steuerkraft.

Unter diesen Bedingungen versteht man die große Bandbreite der Bewertungen, die man dieser Politik zumaß. Sie reichen vom schwärmerischen Loblied bis zur übertriebenen Kritik. Doch nichts von allem trifft zu: Der Colbertismus und die Finanzpolitik verdienen weder übermäßiges Lob noch allzu große Entrüstung. Zu diesem Thema hat Voltaire in seinem *»Siècle de Louis XIV«* einige nützliche Bemerkungen gemacht: Jede Politik ist die Kunst des Möglichen. Darüber hinaus muß zwischen Colbert und seinen Nachfolgern unterschieden werden, und man darf nicht einem die Erfolge oder Fehlschläge zuschreiben, die nach 1683 von den anderen gemacht und verzeichnet wurden. Die *»Mémoires au roi«* von Usson de Beaurepas gestatten einen genaueren Blick auf die wirklichen Ziele und Mittel, vorausgesetzt, daß man sie durch andere Dokumente ergänzt wie etwa das Korpus der Colbertschen Schriften, die am Ende des 18. Jahrhunderts von Pindensat de Mairobert zusammengestellt wurden.

Danach kann man vier spezifische Bereiche herausarbeiten. An erster Stelle kam die Kriegsindustrie, die Colbert auf breiter Basis entwickelte. Die Arsenale – man fragt sich, warum die Historiker sie nicht in den Prozeß der »Proto-Industrialisierung« mit einbeziehen – sind der spektakulärste und erfolgreichste Ausdruck innerhalb dieses Bereichs. Frankreich wurde mit einer großen Zahl abhängiger »Industrien« überzogen, jedoch mit unterschiedlichem Erfolg. Es handelte sich oft um Staatsindustrien, weil es an privaten Unternehmern mangelte. Die Frage des Selbstkostenpreises stand, wenn es überhaupt darauf ankam, hinter Erwägungen nationaler Unabhängigkeit zurück.

Daneben förderte Colbert systematisch die Entwicklung der Kolonien, und zwar im Rahmen des Merkantilismus. Sie mußten der Metropole die ihr fehlenden exotischen Produkte liefern, ohne aber mit ihr zu konkurrieren. Von daher rührt der »Kolonialpakt«, der diesen Handel der nationalen Marine vorbehielt. Die einzige Ausnahme war Kanada, bei dem Colbert seine strenge Verweigerung einer kolonialen Emigration einschränkte. Bis 1683 hielten sich die Resultate dieser Maßnahmen noch in Grenzen, aber die gemeinsame Anstrengung ermöglichte den Aufschwung der Jahre 1690–1720, der den maritimen Wohlstand Frankreichs im 18. Jahrhundert begründete.

Der dritte privilegierte Bereich betraf die Luxusprodukte. Colbert wollte den kostspieligen Einfuhren aus Italien ein Ende bereiten: Seidenstoffe, Luxustücher, Spiegel, venezianisches Spiegelglas und Glasgeschirr sowie Spitzen. Es kam daher zur Gründung privilegierter Manufakturen wie Saint-Gobain, Aubusson und Gobelin. Die Ergebnisse waren, auch zeitlich gesehen, sehr unterschiedlich. Trotz seiner starken Kaufkraft konnte der französische Hof mit seinen 5 bis 10000 Personen nicht mit dem gewaltigen Markt der 250 deutschen Höfe und ihren 75 bis 125000 potentiellen Kunden konkurrieren. Aber es gab unbestreitbare Erfolge wie im Bereich der Spitzenklöppelei oder der Spiegelherstellung für Spiegelsäle.

Der Handel schließlich war ein ganz besonderer Bereich. Colbert stellte fest, daß Frankreich der größte europäische Markt für Agrarprodukte war. Aber der Export lag in den Händen von holländischen Großhändlern. Die Übertragung dieser Tonnage auf französische Unternehmen hätte nach Colbert die Handelskapazität der holländischen Flotte nur um etwas mehr als ein Zehntel vermindert, während sie für Frankreich eine substantielle Bereicherung und die Schaffung von fünf Millionen Arbeitsplätzen bedeutet hätte! Doch um dieses Ziel zu erreichen, genügte es nach Colbert, die niedrigen holländischen Selbstkosten infolge der niedrigen Löhne durch eine Erhöhung der Tonnagegelder und Hafengebühren dem französischen Selbstkostenpreis anzugleichen.

Die Überschätzung der beabsichtigten Wirkungen (es gab nur knapp 60000 Matrosen) und die Unterschätzung der holländischen Reaktionen verleiteten dazu, durch Militärgewalt erreichen zu wollen, was durch ökonomische Überlegenheit nicht gelingen konnte. Insofern gehörte die Politik der territorialen Erweiterung ebenfalls zur merkantilistischen Ideologie, und so zählte Colbert – wie später Friedrich II. von Preußen – Eroberungsgewinne ebenfalls zu den wesentlichen Steuergewinnen.

Dies zeigt, daß man sich vor jeder Systematisierung hüten muß. Colbert betonte, daß eine privilegierte Manufaktur, die nach fünf Jahren keinen Gewinn erzielte, aufgegeben werden müßte. In den Staatsarsenalen wurden ganze Fabrikationsbereiche wie auch der Bau von Festungen öffentlich ausgeschrieben. Selbst die Einrichtung der großen Handelskompanien ist insgesamt gescheitert. In den Jahren 1700–1720 wurden sie zum Gegenstand heftiger Denunziationen von seiten des freien Handels. Die Vertreter des Handels gaben jedoch zu, daß die großen Kompanien wie die Ostindische Handelskompanie um 1660 der einzige Weg waren, die verfügbaren Kapitalien zu vereinen; ihre Aktien wurden offiziell vom Hof und von der Stadt gezeichnet. Die Fehlschläge waren indes offensichtlich und scheinen von einer durch die Generalkontrolle aufgezwungenen Verwaltung sowie einer chronischen Unzulänglichkeit der Mittel verursacht worden zu sein.

Dagegen verbuchte der private Seehandel ein steigendes Wachstum. 1688 erreichte die Tonnage der französischen Handelsflotte ungefähr 220000 Tonnen, während sie sich 1664 noch bei 125–150000 Tonnen bewegte. Das Vermögen der Großhändler blieb jedoch bescheiden, da der Niederländische Krieg viele Händler ruinierte. Der Aufschwung der Häfen an der Atlantikküste führte zwischen 1690 und 1730 zu umfangreichen Vermögen in einer Größenordnung von mehreren hunderttausend Pfund. Die Seekriege benachteiligten jedoch die Häfen am Ärmelkanal wie Rouen und Saint-Malo, und zwar trotz einer lange Zeit fruchtbaren Konkurrenz.

Insgesamt bildete der Colbertismus ein Moment der wirtschaftlichen Entwicklung Frankreichs. Colbert tendierte dazu, die Situation vor 1661 in allen Bereichen schwarzzumalen. Es fehlte nicht an klugen Köpfen, die glaubten, daß eine Kooperationspolitik mit Holland mehr Perspektiven eröffne als die Kampfpolitik Colberts, der im Gegenteil versuchte, die schweren Mißstände im französischen Handel zu beseitigen, der gegen Mitte des 17. Jahrhunderts einen sehr schlechten Ruf genoß. Die Ausländer warfen ihm die schlechte Qualität der Produkte vor, außerdem die Gewinnsucht und die Wortbrüchigkeit der Händler. Das erklärt Colberts minuziöse Gesetzgebung.

Colbert kümmerte sich weniger um die Zünfte, als vielfach angenommen worden ist. Seine Zunfterlasse, die vor allem die Pariser Zünfte betrafen, dienten einem unmittelbar finanziellen Zweck, doch ein großer Teil des Handwerks war und blieb vom Zunftzwang befreit. Man kann sich sogar fragen, ob Colbert nicht eine Etappe in einer sehr langen Tradition des punktuellen Interventionismus darstellte, die darin bestand, durch Monopole und Steuervorteile »exemplarische« Unternehmer, die moderne Techniken begünstigten oder einführten, zu privilegieren. Jedenfalls ist das die Interpretation der Ereignisse, die unter anderem die aus wirtschaftlichen Gründen ausgestellten Adelsbriefe des 18. Jahrhunderts nahelegen.

Die großen Handelskompanien sollten, mit Ausnahme der Ostindischen Handelskompanie, vollständig verschwinden. Nach dem Lousiana-Traum der Lawschen Ostindischen Kompanie, die Erbin aller anderen war, folgte eine kurze Periode großer Gewinne (1720–1740), die jedoch bald wieder durch die Kriege in der Mitte des 18. Jahrhunderts abgelöst wurde. Im Grunde änderten sich weder die Struktur der Pariser Zwangskapitaleinlagen noch die Struktur der administrativen Führung, für die der Bau einer Kriegsflotte als zusätzlicher militärischer Beitrag wichtiger war. Trotz der verzweifelten Anstrengung manch führender Köpfe, denen an einem unmittelbaren Profit ohne territoriale Eroberungen lag, war man von einer weitblickenden ökonomischen Sicht, wie sie die beiden großen rivalisierenden ostindischen Kompanien, die holländische und englische, auszeichnete, weit entfernt. Selbst an die Handelserfolge der schwedischen und dänischen Kompanien reichte man nicht heran. Was Frankreich immer gefehlt hat, so drückte es ein englischer Beobachter aus, ist eine Hauptstadt mit Hafen wie London.

Dennoch bleibt die Frage nach der tatsächlichen Effizienz des Colbertismus unverändert bestehen. Der beste Beweis dafür, daß diese Frage wirklich schwer zu entscheiden ist, ist, daß die größte Verbrauchsindustrie außerhalb des Baugewerbes, die Wollindustrie, unter Colbert zwischen 1690 und 1715 ein kontinuierliches Wachstum zwischen 0,5 Prozent und einem Prozent pro Jahr erlebte.

Diese Zuwachsraten erhalten erst ihren ganzen Sinn, wenn man sie zu der Stagnation der französischen Bevölkerungszahl bei 22 Millionen Einwohnern (in den heutigen Grenzen) in Beziehung setzt. Wahrscheinlich hatte der Colbertismus nur wenig Anteil daran, denn weniger als ein Prozent der Staatsausgaben floß direkt in die Wirtschaft. Es darf jedoch nicht vergessen werden, daß der Staat unter dem Ancien régime in erster Linie ein Militärstaat war, wenn auch nicht in dem Maße wie Preußen in den vierziger Jahren des 18. Jahrhunderts, als 80 Prozent der gewöhnlichen Geldmittel in die Armee flossen. Die Militärausgaben gaben der Wirtschaft eine Energiespritze und sorgten darüber hinaus für eine Umverteilung der Steuern des Pariser Beckens auf die Grenzprovinzen.

DIE SIEGREICHEN KRIEGE

Zu Beginn der Herrschaft Ludwigs XIV. kam es zu Vorfällen und Auftritten, die die europäischen Herrscher betroffen machten und verstimmten. Es waren mit viel Pomp und Getöse durchgeführte diplomatische Unternehmungen, die dem Prestige des Königs galten. Sie brachten die Hoffart des jugendlichen Königs von Frankreich zum Ausdruck, der auf Ehrerbietung versessen war und vor Überheblichkeit strotzte. Es gab Zwischenfälle, die man weder vergaß noch verzieh, wie zum Beispiel die römische Affäre um die korsischen Wachen der päpstlichen Garde. Der Papst mußte sich 1664 entschuldigen und sollte sich später noch an diese Demütigung erinnern. Nachdem er seinen Anspruch auf das Erbe des Herzogs von Lothringen geltend gemacht hatte, besetzte Ludwig XIV. bereits 1662 das Herzogtum: Die Verfahrensweise war fragwürdig, aber das Ziel war klar und letztlich defensiv.

Der erste bedeutende Krieg war der Devolutionskrieg. Man wartete noch immer auf die Lösung der Thronfolgefrage in Spanien. Als Nachfolger seines Sohnes Karl, der zu einem frühen Tode verurteilt schien, hatte Philipp IV. (1665 gestorben) die Kinder seiner Tochter Margarete Theresia, der Gattin Kaiser Leopolds I., bestimmt. Der König von Frankreich, der darin die Gefahr einer Wiederherstellung des Reichs von Karl V. sah, kam ihm zuvor und beanspruchte unter Berufung auf ein brabantisches Gewohnheitsrecht im voraus den Besitz eines Teils der Erbschaft seiner Frau Maria Theresia, die auch eine Tochter Philipps IV. war. Rechtlich gesehen war dieser Anspruch fragwürdig, aber das Recht des Stärkeren ist immer das größere. Im Mai 1667 fiel Ludwig XIV. ins spanische Flandern ein. Im darauffolgenden Jahr eroberte er die Franche-Comté. Leopold, der von der türkischen Macht in Ungarn festgehalten wurde, mußte sich mit Ludwig XIV. verständigen und in eine Teilung der spanischen Erbfolge einwilligen. Diese an sich vernünftige Lösung hatte nur den einen Fehler, daß sich das Problem nicht vor 1700 stellte. Dieser erste Teilungsvertrag sah vor, daß der König von Frankreich die spanischen Niederlande, die Franche-Comté, Neapel, Sizilien, Navarra und die Philippinen bekommen sollte.

Beunruhigt durch diese neue Nachbarschaft verhandelten die Vereinigten Niederlande mit Schweden und England. Es entstand die protestantische Tripelallianz von 1668, die eine große diplomatische Bedrohung für Frankreich darstellte. Man sah die Gefahr einer Koalition, der Spanien sich nur anzuschließen brauchte. Ludwig XIV. war vorsichtig. Er wich zurück und schloß am 2. Mai 1668 den Frieden von Aachen, durch den er Lille und eine Reihe von Befestigungen innerhalb der Niederlande erhielt, was zahlreiche Möglichkeiten für einen späteren Vormarsch bildete. Dagegen gab er die Franche-Comté auf. Diese Mäßigung überraschte selbst die Koalition. Während der Verhandlungen wurden weder Flüsse noch natürliche Grenzen angesprochen. Dem König ging es jedoch nur darum, sich eine Wartestellung zu schaffen. Ludwig beabsichtigte, den folgenden Krieg gegen Holland vorzubereiten, ohne sich von einem unzeitigen Bündnis überraschen zu lassen.

Der Niederländische Krieg hatte vielfältige Ursachen. Es wäre jedoch lächerlich, dazu auch die Empfindlichkeit des Königs gegenüber der Respektlosigkeit der holländischen Gazetten anzuführen, die seine zahlreichen Verhältnisse an die große Glocke hängten. Dagegen warf die Haltung Colberts gegenüber Holland einige Probleme auf. Das kleine, wohlhabende Land erregte Neugier und beunruhigte ganz Europa. Da man es als das neue Karthago betrachtete, das den Welthandel dominierte und die internationalen Devisen kontrollierte, erregte es Anstoß. In den fünfziger Jahren des 17. Jahrhunderts hatte England in einem harten, aber nicht ganz erfolgreichen Krieg versucht, ihm die Herrschaft über die Meere zu entreißen. Die *Navy*, die einzige aus speziellen Kriegsschiffen bestehende moderne Kriegsflotte, hatte trotz des Genies der holländischen Admirale die Oberhand behalten und mehr als tausend »Flüten«, große flachbauchige Schiffe, die nur die Holländer bauen konnten, gekapert. Dieses Ereignis markierte den Beginn des Aufschwungs der englischen Handelsflotte, die zu Beginn der sechziger Jahre des 17. Jahrhunderts der französischen Flotte, zumindest hinsichtlich der Tonnage, noch nicht sehr überlegen war.

Im Programm von 1664 hatte Colbert den Ausbau der holländischen Handelsflotte in Rechnung gestellt und eine Reihe von protektionistischen Maßnahmen ins Auge gefaßt, um die Unterlegenheit der französischen Schiffe an Besatzung und Geld wettzumachen. Die Frage nach einem eventuell von Holland geführten Präventivkrieg hatte er anfangs negativ beantwortet. Trotz des französisch-holländischen Bündnisses, das Ludwig XIV. während des englisch-holländischen Kriegs eher gleichgültig eingegangen war, hatten sich die Beziehungen schon lange vor dem Abschluß der Tripelallianz verschlechtert. Es schien offensichtlich, daß die Holländer für den Fall einer französischen Lösung der spanischen Erbfolgefrage Frankreich nicht erlauben würden, die Niederlande einzunehmen, und daß sie die Nachbarschaft der Spanier bevorzugen würden. Jeder Versuch in dieser Richtung würde also einen Konflikt provozieren, vor allem im Hinblick auf Antwerpen. Obwohl Colbert 1664 einem Krieg ablehnend gegenüberstand, schien er seine Meinung dann doch geändert zu haben. Gegen 1670 war die französische Kriegsflotte, wenigstens theoretisch, derjenigen der Vereinigten Niederlande überlegen, und Colbert war versucht, die Operation zu wiederholen, die den Engländern gelungen war, nämlich einen Teil der holländischen Handelsflotte zu erobern. Die französischen Diplomaten erhielten die Weisung, entsprechende Gerüchte zu dementieren, was beweist, daß man sehr wohl daran dachte. Colbert war sich seiner Marine noch nicht sehr sicher, aber das hinderte ihn nicht daran, ihr eine große Rolle zuzudenken.

Der Krieg wurde meisterhaft vorbereitet. Während Colbert gegen Holland einen erbitterten Zollkrieg vom Zaun brach, setzte Hugues de Lionne, Staatssekretär im Auswärtigen Amt, eine fast perfekte Einkreisung in Gang – sein letztes Meisterwerk. Frankreich verbündete sich mit Karl II. von England (Vertrag von Dover 1670), mit dem Kurfürsten von Köln und verschiedenen deutschen Fürsten, um einen Durchmarsch durch die spanischen Niederlande zu umgehen, und mit Schweden, das die deutschen Verbündeten Hollands neutralisieren sollte.

Im Juni 1672 überschritten Turenne und Condé den Rhein, fielen in Holland ein und besetzten Utrecht. Während aber die Franzosen sich mit Belagerungen aufhielten, hatten die Holländer Zeit, die Schleusen der Polder zu öffnen und einen großen Teil des Territoriums zu überfluten. Ruyter schlug die englisch-französische Flotte bei Sole Bay. Da sie dadurch ihre Versorgung gesichert hatten, machten die Holländer ein Friedensangebot. Sie schlugen vor, an Frankreich die Generalitätslande (den Süden von Holland) abzutreten und eine Entschädigung von zehn Millionen Pfund zu zahlen. Ludwig XIV., der seit dem Tode von Lionne von Louvois beraten wurde, lehnte ab. Das war zweifellos sein schwerwiegendster Fehler.

In Holland riß nun 1672 Wilhelm von Oranien die Macht an sich. Er war der große Gegenspieler Frankreichs. Die Furcht vor der Macht Ludwigs XIV. und die protestantische Solidarität erweckten die antifranzösische Koalition zu neuem Leben, obwohl Schweden treu blieb und seine Rolle durch die Lahmlegung Brandenburgs erfüllte. Als Karl II. sich aufgrund eines Parlamentsbeschlusses 1674 aus dem Konflikt zurückziehen mußte, warf sich ganz Europa auf die Beute. Die Wiedereroberung der Franche-Comté durch Condé, die Wiedereinnahme des Elsaß in einem blitzartigen Winterfeldzug, den Turenne 1675 kurz vor seinem Tode führte, und die Zerschlagung der holländisch-spanischen Flotte im

Mittelmeer zuerst bei den Liparischen Inseln, dann bei Agosta, Syrakus und Palermo – wo Ruyter fiel –, zeigten jedoch, daß Frankreich einer mächtigen Koalition standhalten konnte. Obwohl der Atlantische Ozean und der Ärmelkanal an die Holländer abgetreten wurden, die Engländer noch immer drohten und Holland unbesiegt blieb, endete die Partie unentschieden.

Nachdem der Krieg die Finanzen der beteiligten Mächte alle bis aufs äußerste strapaziert hatte, einigte man sich am 10. August 1678 auf den Frieden von Nimwegen. Spanien zog Bilanz. Während Frankreich die vorgerücktesten Festungen, die es im Frieden von Aachen erworben hatte, abtrat, erhielt es im Norden eine Reihe neuer Zitadellen. Im Text dieses Vertrags zeichnete sich bereits deutlich die Vorstellung einer linearen Grenze, also einer im wesentlichen defensiven Politik, ab. Der Erwerb der Franche-Comté, der Holland nicht beunruhigen konnte, stellte einen positiven Aspekt dar. Und mehr noch: Angesichts der Weigerung des Herzogs von Lothringen, Nancy und Longwy abzutreten und Truppendurchzüge zu erlauben, behielt Frankreich das gesamte Herzogtum. Was Schweden betraf, so durfte es trotz seiner Niederlage seine gesamten deutschen Besitzungen, die ihm aus dem Krieg geblieben waren, behalten; das war, entgegen allem Anschein, ein beträchtlicher Erfolg.

Holland zahlte teuer für seinen Halbsieg. Zwar siegte es bei den Zolltarifen – dies bedeutete eine Niederlage für Colbert – und blieb Herr über die Meere, aber sein Aufschwung war gebrochen. Der Krieg war es sehr teuer zu stehen gekommen; bis zum 19. Jahrhundert blieb es das am höchsten mit Steuern belegte Land Europas. Außerdem verlor es einen Teil seiner amerikanischen Kolonien zum Nutzen Englands. In Wirklichkeit war sein Niedergang bereits vorprogrammiert; denn wenn die industrielle Revolution hier nicht Fuß faßte, so deshalb, weil es schon sehr früh in endlose Kriege mit Frankreich verstrickt war, die es an der Entfaltung seiner Wachstumsmöglichkeiten hinderten. Nachdem Wilhelm von Oranien Holland bis an den Rand der Erschöpfung gebracht hatte, bestieg er 1688 den Thron des mächtigen England. Von diesem Augenblick an war Holland nur noch ein »Kahn im Schlepptau von England«, aber das merkte man erst zum Zeitpunkt der spanischen Erbfolge.

AUF DEM GIPFEL: SCHEIN UND WIRKLICHKEIT

Die französische Politik nahm zwischen dem Ende des Niederländischen Kriegs (1679) und der Bildung der antifranzösischen Augsburger Liga (9. Juli 1686) sehr eigenartige Formen an. Sie rief in ganz Europa eine wachsende Empörung hervor, denn alles sprach gegen sie, besonders nach der Aufhebung des Edikts von Nantes (1685), deren außenpolitische Konsequenzen sehr schwerwiegend waren.

Die Träume waren immer noch lebendig. Die Vorstellung einer Aufteilung Europas anläßlich der spanischen Erbfolge beschäftigte weiterhin die Gemüter. Man sprach darüber in Wien, Amsterdam und London. Die spanischen Niederlande blieben also weiterhin im Gespräch. Seitdem der Frieden von Nimwegen eine gradlinigere Grenze gezogen hatte, wollte Frankreich jede Invasion vermeiden. Auf Vaubans Anregung hin wurden genaue Pläne für Grenzbefestigungen entworfen. Zehn Prozent des Budgets waren in Friedenszeiten für Befestigungen vorgesehen. Man setzte die Markiersteine für den »eisernen Gürtel«, der in schwierigen Zeiten Frankreichs Schild sein sollte. Aber diese Politik intendierte die Suche nach einer immer gradlinigeren Grenze, was Vauban sehr genau wußte. Obwohl von ihrem Ansatz her defensiv gedacht, wurde diese Politik zunehmend offensiv, wenn nicht sogar provokativ, selbst gegenüber verbündeten Staaten.

Ludwig XIV. und seine Berater schienen von der europäischen Koalition sehr beeindruckt gewesen zu sein, denn sie wollten diese Festungslinie so weit wie möglich vorrücken, was ihnen gleichzeitig ein Pfand für die künftigen Aufteilungen in die Hand gab. Das nannte man die Politik der »Reunionen«. Der König und Louvois, die mit einer brutalen Unverfrorenheit alle Finessen des feudalen Rechts ausnutzten, annektierten mitten im Frieden und ohne Vorwarnung dank der Beweglichkeit der französischen Truppen ein Gebiet nach dem andern. Auf Anregung des *Parlement* von Metz und des Gerichtshofs von Ensisheim wurden praktisch vier Zonen annektiert: zuerst das gesamte Elsaß mit Straßburg (1681); dann mehr als die Hälfte des linken Rheinufers südlich der Mosel bis zur Festung Mont-Royal; als dritte Luxemburg in seinen einstigen Grenzen, das heißt die gesamten Ardennen; schließlich Flandern nördlich der Schelde, das im übrigen im Mittelalter zur französischen Lehnsfolge gehört hatte. Die Hauptdaten dieser Reunionen lagen zwischen 1681 (Erwerbung von Straßburg) und 1684 (Besetzung Luxemburgs). Diese Politik, die einige Vorläufer hatte (nicht durchweg nur französische), wurde von den Reunionskammern, die von Louvois ins Leben gerufen worden waren, recht wirkungsvoll durchgeführt. Sie wurde manchmal als ein »Marsch zum Rhein« und zu den »natürlichen Grenzen« verstanden. Aber das ist falsch.

Sie war von Erfolg gekrönt, denn sie fiel mit der letzten schrecklichen Invasion der Türken zusammen, die 1683 Wien belagerten. Diese Ablenkung kam Ludwig XIV. gut zupaß, aber die direkte Hilfe, die er den Belagerern durch Entsendung von Militäringenieuren gewährt haben soll, existierte nur in der Vorstellung der Massen. Einige Kurfürsten suchten bei Frankreich als letztes Mittel gegen die Türken ihr Heil, und noch einmal, ein letztes Mal, hörte man das Wort von der Kaiserkrone für den König von Frankreich. Doch der Sieg des polnischen Königs Johann Sobieski am Kahlenberg befreite Wien, verwandelte die türkische Offensive in eine vernichtende Niederlage und erlaubte es den Kaiserlichen, innerhalb von zwanzig Jahren das gesamte Ungarn zurückzuerobern. Diese Wiedereroberung sollte Österreich stärken und es, entgegen aller Voraussicht, zu einer Großmacht machen, wodurch das europäische Gleichgewicht gestört wurde. Zur gleichen Zeit befreite der Regensburger Stillstand von 1684, der Frankreich alle bis zum 1. August 1681 einverleibten Reunionen überließ, den Kaiser von der französischen Gefahr.

Das war der Höhepunkt in der Herrschaft Ludwigs XIV. Alles schien ihm nun gelungen zu sein. Doch sein Triumph war nur von kurzer Dauer. Die Aufhebung des Edikts von Nantes und die Bildung der Augsburger Liga, wodurch Frankreich seine ältesten und treuesten deutschen Verbündeten verlor, läuteten in der Zeit von 1685 bis 1686 eine neue Epoche von Schwierigkeiten ein.

VERSAILLES

Die Machtentfaltung Ludwigs XIV. erlebte ihren Höhepunkt auch in Versailles. Als neue, ursprünglich nicht zu dieser Rolle bestimmte Hauptstadt entstand mit Versailles ein Palast, der zum Vorbild aller Residenzen in Europa werden sollte. Wenn der König, wie Saint-Simon bemerkte, dabei »das erhabene Vergnügen, die Natur zu bezwingen« genoß, so folgte er dabei ganz dem Geist der französischen Klassik, die in der domestizierten Natur ihr Ideal erblickte. Gleichzeitig war es aber auch Ausdruck der modernen Stadt schlechthin mit seinen drei großen, auf den Ehrenhof zulaufenden Alleen, eine Synthese der städtebaulichen Konzeptionen des 17. Jahrhunderts. Die künstlerischen Vorstellungen des Königs bildeten sich hier zu einer nationalen Schule aus, die seitdem bis zur Französischen Revolution überall in Europa ihre Nachahmer fand.

Versailles, wie wir es kennen, war nur der Endpunkt einer Entwicklung, denn tatsächlich hat es zuvor schon mehrere kleine Versailles gegeben. Dem kleinen Jagdschloß, Treffpunkt von Heinrich IV. und Ludwig XIII. und teilweise Schauplatz der *»Journée des Dupes«*, folgte ein erster Palast, der vor allem auf André Le Nôtre (1613–1700) und seine berühmten Gartenschöpfungen zurückging und als märchenhafter Rahmen für Feste wie die »Plaisirs de l'île enchantée« von Molière und Lully diente. Es war das Versailles der ersten Mätressen, der zarten und errötenden Herzogin von La Vallière, der herrschsüchtigen und majestätischen Marquise de Montespan. Der vergrößerte Pavillon diente zunächst nur als fester Rahmen für Feste mit wechselndem Dekor, bei denen »hydraulische Orgeln« für Licht- und Wasserspiele eingesetzt wurden. Das dazu benötigte Wasser wurde mit Hilfe der Maschine von Marly (sie wurde 1682 gebaut, um über den Aquädukt von Marly das Wasser nach Versailles zu bringen. Anm. d. Übers.) von der Seine herangeführt. Das zweite Versailles war dann ein Palast mit Terrassen, der dem Hof verlängerte Aufenthalte erlaubte. Zum Zeitpunkt des Niederländischen Kriegs zeichnete sich das dritte Versailles ab – dasjenige mit dem Spiegelsaal –, das Lebrun und seine Schüler nach dem Krieg mit einer Sammlung von bewundernswerten Gemälden schmückten, ein wahrhaft politisches Programm, das vom König in eigener Person beaufsichtigt wurde.

Hier nun fand die Hauptstadt ihren neuen Sitz und Platz für etwa viertausend Höflinge, die sich dort mit den notwendigen Dienststellen und dem Kern der Zentralverwaltung – die öffentlichen Dienststellen blieben in Paris – niederließen. Der bauliche Rahmen sollte sich noch über die ganze Herrschaftszeit unentwegt erweitern und verwandeln; erst Groß-Trianon und danach das Schloß von Marly mit seinen vereinzelt liegenden Pavillons erlaubten dem Herrscher später, etwas Abstand vom Hof in einer intimeren Umgebung zu finden.

Die Gründe für die Wahl von Versailles waren sehr komplex. Der Wunsch, sich von Paris fernzuhalten, dem der König seit den dunklen Tagen der Fronde mißtraute, war zweifellos der Hauptgrund. Hinzu kam auch der Wille, sich von den Massen der Pariser Bürger zu distanzieren, die allsonntäglich respektlos durch die Tuilerien und den Louvre liefen und sich im Vorübergehen über die Mätressen und die Höflinge lustig machten. Viele Schlösser wie zum Beispiel Saint-Germain hätten weniger kostspielige und bequemere Lösungen geboten. Vor allem aber wollte der König einem Ort sein dauerhaftes Gepräge verleihen, den noch keiner seiner Vorgänger baulich gestaltet hatte. Versailles war ganz allein sein Werk. Er lief auf den Gerüsten herum, diskutierte die Breite der Fenster und verhandelte das kleinste Schmuckdetail. Versailles sollte im Gedächtnis der Menschen verankert werden. Und konnte nicht, wie Saint-Simon bemerkte, die Wahl eines verlassenen, sandigen und sumpfigen Orts, der dem menschlichen Willen die größten Hindernisse entgegenstellte, die Bewunderung nur noch steigern? Ludwig XIV. bewies durch eine solche Bezwingung der Natur, daß er zur Partei der »Modernen« gehörte. Doch leider ließ sich das Wasser, das Hauptelement jeder barocken und klassischen Poesie, nur mit Mühe über sein Niveau heben; die Maschine von Marly erwies sich als unzureichend. Die großen Wasserspiele erhoben sich nur während einiger Stunden. So wurde das grandiose Projekt ersonnen, den Fluß Eure umzuleiten. Noch heute kann man davon in Maintenon die Ruinen eines Aquädukts sehen, der von der französischen Armee hätte fertiggestellt werden können, wenn er nicht schon zu Anfang des Augsburger Ligakriegs aufgegeben worden wäre. Versailles gab auch Gelegenheit, dem staunenden Europa ein Schaufenster der Produkte des französischen Handwerks und der Industrie zu bieten, das alles überstieg, was man seit der Antike gesehen hatte. Das Vorbild des alten römischen Reichs und Italiens, bei dem Frankreich in die Schule ging, sollten durch eine fortdauernde Schöpfung übertroffen werden, von der das inzwischen zum Denkmal erstarrte Schloß Versailles keine Vorstellung mehr vermittelt. Mitten im Spanischen Erbfolgekrieg kam es vor, daß die Gärtner innerhalb einer Nacht alle Blumenbeete austauschten oder Aquarien mit allen möglichen exotischen Fischen einrichteten. Die Briefe der Liselotte von der Pfalz sind voll von Wundern dieser Art. Schließlich war Versailles ein Ort, wo der König über nahe Jagdreviere verfügte, in denen er so oft wie möglich seiner Jagdleidenschaft frönen konnte.

Der Palast hätte größere Sicherheit geboten, wenn er weiter von Paris entfernt gewesen wäre; die Revolutionstage wären anders verlaufen. Aber die kurze Entfernung erlaubte es dem Adel, in Paris zu übernachten, denn der Palast war überfüllt. Es kam hinzu, daß seine Lage eher mittelmäßig war und daß es schönere Aussichtspunkte auf das Seine-Tal gab. War Versailles also ein Kompromiß zwischen einander widersprechenden Anforderungen? Oder einfach die bauliche Erweiterung und Aufwertung eines Ortes, der gewählt wurde, weil es dort bereits etwas gab?

Versailles' Glanz hat viel mit »scheinen« zu tun. Es ging darum, mit relativ wenig Geld viel zu erreichen. Die Bauten und die Unterhaltung des Hofes – mit Ausnahme des Hofstaats, der viele Dinge verwaltete, unter anderem die Polizei – kosteten in den fetten Jahren kaum mehr als zehn Prozent der Staatsausgaben. Colbert war gegen Versailles und unternahm alles, um den König davon abzubringen. Als Bürger von Paris hätte er es vorgezogen, den Louvre fertigzustellen, dessen Säulenhalle gerade von Perrault vollendet worden war. Aber der Louvre blieb eine Baustelle, auf der die Maler, Bildhauer und Künstler des Königs wohnten.

Versailles wurde in großer Eile erbaut, wobei man das bestehende Mauerwerk mit einbezog. Den Zuschlag erhielten die, die am wenigsten forderten. Wenn man Louvois Glauben schenken darf, zogen einige wie Colbert ihren Nutzen daraus. Das erklärt die zahlreichen baulichen Schwachstellen und die undichte Terrasse, die alle dreißig Jahre eine Überprüfung des gesamten Gebäudes nötig machen. Versailles konkurrierte mit römischen Bauwerken, ohne deren solide Beschaffenheit zu besitzen. Voltaire hat recht, wenn er in seinem Werk *»Le Siècle de Louis XIV«* unterstreicht, daß man viel erreicht hatte und dies mit weniger Geld als in der ersten Hälfte des Jahrhunderts.

Die Techniken, besonders die Glastechnik, waren perfektioniert worden. Der Spiegelsaal war bereits durch die unerreichte Dimension der Spiegel ein Triumph, obwohl sie nur einen Quadratmeter maßen. Zwanzig Jahre später waren die Kosten für die doppelte Größe sogar noch um zwei Drittel gesunken.

»Die Nation hätte es gerne gesehen, wenn Ludwig XIV. seinen Louvre und seine Hauptstadt dem Palast von Versailles vorgezogen hätte, den der Herzog von Créqui einen Günstling ohne Verdienst nannte. Die Nachwelt bewundert dankbar, was man für das Publikum geleistet hat; aber zu der Bewunderung gesellt sich Kritik, wenn man sieht, was Ludwig XIV. an Pracht und Unvollkommenheit in seinem Landhaus zuwege gebracht hat.« (Voltaire, Le Siècle de Louis XIV). Die Kunst war unter Ludwig XIV. Staatskunst und systematisch organisierte königliche Propaganda. Der König wachte über alles und vor allem darüber, daß die Symbole seiner Herrschaft für alle verständlich waren. So schlug er ein Projekt von Lebrun für die Decke des Spiegelsaals aus, das den Ruhm der Herrschaft in der Gestalt von Herkules und anderen mythologischen Figuren preisen sollte: Darauf sollten Frankreich und sein König zusammen mit dem zerschmetterten Spanien und Österreich zu sehen sein.

Auch die Literatur kam den Wünschen des Königs nach, sowohl im Bereich der Unterhaltung wie in dem der Politik. Nach der »Literatur des Unwahrscheinlichen«, die die Jahre 1640–1660 kennzeichnete, ging es nun um den Lobpreis des Königs, aber auch darum, das Interesse der Gebildeten auf andere neue Dinge zu richten. Auf der Bühne wurden keine Probleme der hohen Politik mehr zur Sprache gebracht. Die Tugenden und Untugenden des Fürstenstandes oder der Republik waren, wie noch bei Corneille, kein Thema mehr. Wenn in Racines Tragödie *»Bérénice«* (1670) noch Politik vorkommt, dann erst nach der Liebe. Das Schauspiel hatte in erster Linie die Aufgabe, den Reichtum des Landes und seines königlichen Mäzens darzustellen. Die Hofballette, die die Oper noch überboten, beanspruchten eine schwerfällige Maschinerie und beschäftigten manchmal fünf- bis sechshundert Musiker und Darsteller. Auch die Höflinge übernahmen bei den Festen eigene Rollen wie zum Beispiel beim Reiterspiel von 1661, bei dem der König als Apollo erschien und sein Gefolge als Götter und Göttinen des Olymp. Der Hof blieb von Spott nicht verschont wie in Molières Farce »Der Bürger als Edelmann«, in der ein türkischer Gesandter, weit unter dem Botschafterrang, bei Hof mit einem außergewöhnlichen Prunk empfangen worden war. Im übrigen gehörte das Stück mit seiner Musik und seinen Balletteinlagen mehr zum »Varietétheater« als zur klassischen Komödie.

Die Tragödie suchte ihr Heil in der Tragik der Liebe. Was vielleicht nur die Widerspiegelung einer Gesellschaft von Emporkömmlingen hätte sein können – es gab sie auch im Hochadel am Hof –, geriet bei Racine dank seiner musikalischen Sprache und seiner Kenntnis des Griechischen zu einem der Höhepunkte im Nachdenken über den Menschen, wurde bei ihm zu einer Entzauberung der Welt und der Enttäuschungen, die das Schicksal den Menschen auferlegt; mittels einer mysteriösen Alchemie gelang es ihm, aus alltäglichen Vorgängen das Drama des Ewigen herauszudestillieren. Zwar mußte auch er gewisse Zugeständnisse an das »Spektakel« machen, aber er steht dennoch im Gegensatz zum Barockstil eines Philippe Quinault, auch wenn dieser keineswegs den Sarkasmus von seiten Boileaus verdiente: Seine Stücke entsprachen dem, was der durchschnittliche Zuschauer des Hofs und der Stadt von »guten« Autoren der Zeit erwartete. Das gilt auch für Thomas Corneille.

Wenn auf der einen Seite Racines Werk in das Unbewußte einzudringen versucht, so hält Molière auf der anderen Seite dem Zuschauer das Spiegelbild einer sich entwickelnden Gesellschaft vor, die er mit seiner Ironie bewußt treffen will. Die kleinen, mit Bändern und Rüschchen versehenen Herren Marquis, die Hypochonder, die ihre Thebais, ihre Einsiedelei, suchen, sind ein schönes Beispiel für die menschliche Komödie; aber auch die Ärzte, die Molière dem hartnäckigen Haß eines unheilbar Kranken aussetzt, die Scheinheiligen, die danach streben, die königliche Macht für irgendein schmutziges Geschäft auszunutzen – die Fronde lag nicht weit zurück –, und die großen Herren, die stattliche Vermögen anhäufen, gehören zu dieser Palette.

Innerhalb von zwanzig Jahren, von 1660 bis 1680, wurden dank der königlichen Protektion und trotz der Kirche und der Großen die wichtigsten Stücke Molières und der wesentliche Teil der Tragödien Racines aufgeführt und verfaßte der Satiriker Boileau sein Werk. Der Ruhm der voraufgegangenen Generationen wirkte zwar noch fort, war aber in Versailles kaum spürbar: Corneille mit seinen letzten Tragödien, La Fontaine, der lange Zeit seinem Freund Fouquet ergeben war und dessen Erzählungen und Fabeln entschieden jeden Anschein von Theater mieden. Nicht zu vergessen Madame de Sévigné, die Pariserin aus der Provinz, die in ihren über 1500 Briefen über die Ereignisse am Hof, im Theater und in der Gesellschaft schrieb.

Bei all dem prunkhaften Auf und Ab überlagerten sich zwei oft widersprüchliche Geschmacksrichtungen, der im Dauerstreit zwischen den *Anciens* und den *Modernes* seinen Ausdruck fand: zwischen den Befürwortern der antiken Literatur – der einzigen, von der man damals eine einigermaßen richtige Vorstellung hatte – und den Vertretern des gegenwärtigen Zeitgeschmacks, zwischen den Autoren der heroischen Generationen unter Ludwig XIII. und den literarischen Neulingen. Am Hof und in Paris zog das Publikum oft die *Anciens* den *Modernes* vor. Racines Tragödie *»Andromaque«* verdiente in Madame de Sévignés Augen zwar durchaus einige Tränen, wenn es von ihren bevorzugten Schauspielern und gut gespielt wurde; aber so richtig von Herzen weinte sie erst, wenn sie Corneille sah.

Ludwigs XIV. Herz schlug für das Neue, so zum Beispiel in der Musik, als er den Musiktyrannen Jean-Baptiste Lully – einen Italiener, der französische Musik schrieb – vorbehaltlos unterstützte. Der Geschmack des Königs widersprach in vieler Hinsicht dem des Italianismus Mazarins. Am Hof wurde zum Erstaunen der Ausländer gesungen, dabei wollte der König jedoch Melodien, die einfach zu erkennen und zu interpretieren waren, ohne Virtuosen, also genau das, was er selbst auf seiner Gitarre spielen konnte. Er lehnte Kompositionen ab, die pedantisch und schulmeisterlich klangen. Die Tirade aus den *»Femmes savantes«*, in der der Ehrenmann alles oder zumindest viel weiß, ohne es gelernt zu haben, zeugt von dieser Einstellung. Auch in *»Le Bourgeois gentilhomme«* taucht diese kritische Haltung wieder auf, daneben aber auch die ins Groteske gesteigerte Entlarvung der Finanziers, Steuerpächter und emporgekommenen Handwerker. Man wagte sie nicht direkt anzugreifen, weil zu viele Leute am Hof mit ihnen in Verbindung standen.

DIE AUSSTRAHLUNG VON VERSAILLES

Als Wesentliches bleibt, daß Versailles die französische Tradition der Architektur als Motor alles künstlerischen Lebens fortsetzte. Das Schloß fügte sich in einen zweifachen Komplex ein wie das Pariser Patrizierhaus mit seinem Hof und Garten. Die umliegende Stadt war auf den Palast, selbst auf das Schlafgemach des Königs ausgerichtet. Der Palast blickte auf der anderen Seite auf die domestizierte Natur, das heißt auf den Park.

Aber während zur Stadt hin eine unmittelbare Verbindung bestand, die auch später kaum durch den Bau der hufeisenförmig angelegten Großen und Kleinen Ställe gestört wurde, bestand der Übergang auf der anderen Seite aus einem Labyrinth von Geheimplätzen, Grotten mit Najaden und Tritonen, hochsprudelnden Wasserspielen und spiegelnden Wasserflächen, über die mythologische Figuren ragten.

Die Entscheidung zwischen Barock oder Klassik war keine Frage; Ludwig XIV. und seine Epoche ließen beide Kunstformen nebeneinander bestehen. Barock waren die zerzausten Kleider bei den Spielen, barock war das Gefühl der Unbeständigkeit, das die sonnigen Tropfen der Wasserspiele widerspiegelten; mittelalterlich waren dagegen die Turniere, die Ringspiele, die Reitübungen vor den Damen, das Geben und Nehmen bei den Pfänderspielen, bei denen der junge König glänzte; klassisch waren schließlich das Dekor und die Monumente zum Ruhme des Königs und war auch die charakterliche Tugend der Zurückhaltung und Selbstbeherrschung.

Alles war Kunst, vor allem Lebenskunst, oder besser noch: die Kunst des Scheinens. Das Leben in Versailles bestand aus Ritualen, Zeremonien, Attitüden, Paraden und repräsentativem Gehabe, bei denen alles Zeichen und Symbol war. Die Etikette erstarrte. Anhand eines Almanachs und einer Uhr konnte man bald in der letzten Provinz oder im entferntesten Land wissen, was sich zu dieser Stunde in Versailles abspielte. Bürgerliche Sitten gab es nur noch als höfische im etymologischen Sinne des Wortes Hof. In der Gastronomie waren die Zeiten, in denen man die Speisen ganz mit Gewürzen zudeckte, vorüber; zwischen 1650 und 1670 stabilisierten sich die europäischen Gewürzeinfuhren und gingen dann zurück. Die königliche Küche wurde durch Zutaten und neuen Gemüsen aus aller Herren Länder bereichert. Die Stadt – oder wenigstens die obersten Schichten – folgte dieser Entwicklung sehr rasch, manchmal im Abstand von einigen Monaten, was sich etwa am Beispiel der Verbreitung des »Roastbeefs« unter Ludwig XIV. zeigen läßt. Im 18. Jahrhundert wurde die Vielfalt der Speisekarte noch erweitert. Mit den Eßgewohnheiten änderten sich auch die Essenszeiten. Die Mahlzeit zwischen 9 und 11 Uhr galt jetzt als »vulgär«; sie wurde zwischen 14 und 16 Uhr eingenommen. Im 18. Jahrhundert wurde sie noch später eingenommen, und die Morgenmahlzeit wurde zum Frühstück.

Die Höflichkeit – das französische Wort *politesse* kommt aus dem

Italienischen – war das Kennzeichen des »Ehrenmanns«. Wie man die Frauen zu grüßen, ihnen den Vortritt zu lassen hatte, dafür war der König das Vorbild. Die gepuderte Perücke und die hohen Absätze, die den König größer erscheinen ließen, wurden zu unentbehrlichen Attributen. Zu Beginn der Herrschaft nahm man den Hut nur ab, um jemandem die Ehre zu erweisen. Nunmehr wurde es Mode, den Hut bereits beim Betreten eines Hauses abzunehmen. Die rasche Verbreitung all dieser kleinen Gesten zeigt, wie tiefgreifend der Einfluß des Hofes war.

War die klassische Kunst eine königliche, aristokratische oder bürgerliche Kunst? Die Meinungen darüber gehen auseinander, und vielleicht ist dieser Streit auch fruchtlos, denn diese Frage stellte sich damals nicht. Wenn Molière ein Stück aufführte, hing sein Erfolg vom König ab. Ein Schriftsteller lebte noch nicht von seinem Publikum. Die Widmungen waren das einzige ihm zur Verfügung stehende Mittel, bezahlt zu werden. So war Racine mit der Familie Colbert verbunden. Boileau und Racine konnten sich die Stelle eines königlichen Sekretärs kaufen; ihr Vermögen belief sich auf mehr als 100000 Livres. Molières Publikum waren der Hof und die Stadt, die kleinen Marquis und das Parkett. Die Stadt beschränkte sich in der Regel darauf, sich nach dem Urteil des Hofs zu richten. Der Hof selbst folgte wiederum dem Urteil des Königs. Daran änderten auch nichts die zahlreichen Kabalen.

Es war daher der persönliche Geschmack des Königs, der über den Erfolg entschied. Das änderte sich erst in der zweiten Hälfte seiner Herrschaft, als Ludwig XIV. aus verschiedenen Gründen diese künstlerische Rolle aufgab, wobei einschränkend hinzugefügt werden muß, daß sich diese Beobachtung im wesentlichen auf die Literatur bezieht. In anderen Bereichen war ein Auftrag immer ein Kompromiß zwischen den vorhandenen Mitteln und dem persönlichen Geschmack des Mäzens. Natürlich wollte der König wenn nicht der einzige, so doch der einflußreichste Mäzen des Königreichs sein, und er war es selbst dann, wenn finanzielle Schwierigkeiten, wie sie durch die Kriege am Ende der Herrschaft entstanden, zur Sparsamkeit zwangen. Während des Spanischen Erbfolgekriegs sanken die Ausgaben des Königs für die Kunst von zehn auf weniger als fünf Prozent. Dies war auch der Grund, daß nach 1690 andere Mäzene auftraten. Die kleinen Höfe verfügten über nicht zu verachtende Mittel. Der allgemeine Reichtum führte somit dazu, daß die Rolle des Königs an Bedeutung verlor.

Doch bis zu diesem Zeitpunkt setzte Ludwig XIV. seine Vorlieben und seinen Geschmack durch, und man muß dies wörtlich verstehen, denn Versailles wurde weder von seinen Nutznießern noch von den »Kennern« wirklich geschätzt. Der König setzte ebenso *seine* Musik und *seine* Musiker durch, wie er auch seine Hand schützend über einen Molière wie über einen Racine hielt. Hätte Molière wirklich *»Dom Juan«* und *»Tartuffe«* aufführen können, wenn er dafür nicht nur die königliche Unterstützung, sondern wahrscheinlich sogar die Anregung dazu von seiten der Macht bekommen hätte? Auf der anderen Seite beweist aber auch die Absetzung gewisser Stücke, daß die Macht des Königs nicht uneingeschränkt war und daß er mit Druck – unter anderem seitens der Kirche – zu rechnen hatte.

Außerhalb des Theaters war die Wirkung des Königs nur schwer zu ermessen, Feuerwerke und Tafelkunst waren aristokratische Künste. Bei der Architektur spielten der Hochadel und die große Pariser Bourgeoisie eine führende Rolle. Unter den mehr als fünfhundert großen Pariser Patrizierhäusern des 18. Jahrhunderts gehörten hundertfünfzig dem hohen Adel. Ähnliches gilt auch für den Bereich der Innenausstattung, wo die sozialen Unterschiede allein von den finanziellen Mitteln und dem Geschmack abhingen.

Das »große« Publikum bestand im wesentlichen aus den Amtsträgern. Sie hatten die Bildungsanstalten besucht, an denen der Staat nur wenig beteiligt war. Wie schon gezeigt wurde, wurden die Bildungsanstalten zwischen 1590 und 1650 von der Kirche und den Gemeinden eingerichtet. Diese Kollegien bildeten das intellektuelle Gerüst Frankreichs. In der zweiten Hälfte des 17. Jahrhunderts wurde dieses Netz von Bildungseinrichtungen nur unwesentlich erweitert. Alle Städte, die über ein Bistum, ein *Parlement,* eine Intendanz oder einen Präsidialgerichtshof verfügten, beherbergten mit einigen wenigen Ausnahmen eine Bildungsanstalt mit vollem Curriculum. Diese Schulen fanden großen Zulauf; ihr Höhepunkt fiel in die Jahre zwischen 1640 und 1660. Die großen Einrichtungen der Jesuiten erreichten die Zahl von drei- bis viertausend Schülern. Da diese Schüler oft für große Unruhe sorgten, störten sie ein wenig das städtische Leben. Nach der Jahrhundertmitte verloren die Bildungsanstalten viele ihrer Schüler, die nun zum Teil von ergänzenden Bildungseinrichtungen mit einfacherem Unterricht angeworben wurden. Die Schülerzahl, die der Stärke der heutigen Gymnasien entsprach, stagnierte und sank in der zweiten Hälfte des 18. Jahrhunderts sogar auf 50 bis 80000 Schüler ab. Diese Zahlen umfassen auch die Schüler, die nur lesen, schreiben oder rechnen lernten und daneben noch einige Dinge für das tägliche Leben.

Die Universitäten strahlten keinen besonderen Glanz aus und stagnierten, von einigen Ausnahmen abgesehen. Nur die Theologische Fakultät – die Sorbonne – bewahrte sich ihre Kraft. Forschung wurde an der Akademie der Wissenschaften oder an den Provinzakademien betrieben oder auf bestimmten Gebieten wie Geschichte auch in den religiösen Orden. So stellten etwa die Benediktiner der Brüderschaft von Saint-Maur unter der Schirmherrschaft Ludwigs XIV. eine Sammlung von Geschichtswerken über französische Provinzen zusammen, wobei durchaus manchmal auch politische Motive im Spiel waren.

Die Bildungsanstalten boten als Hauptfach Latein, Griechisch wurde kaum noch unterrichtet, es sei denn in Port-Royal, wo Racine es lernte. Daneben sah man aber auch eine lebendige, »moderne« französische Literatur sich entfalten, die schon bald zum klassischen Bestand gehören sollte, selbst wenn man sie damals noch wenig in den Klassen unterrichtete. Dennoch blieb das 17. Jahrhundert zutiefst lateinisch geprägt. Lateinische Werke wurden dank des großen Käuferpotentials des Klerus, der Gerichtsleute und der Wissenschaftler gut verkauft. Latein blieb die internationale Sprache, selbst wenn Französisch seit dem Westfälischen Frieden als die Sprache der Diplomatie zunehmend damit konkurrierte. Da im Unterricht ausschließlich die antike Geschichte gelehrt wurde, standen zwei Bildungsverständnisse nebeneinander: dasjenige der Bildungsanstalten, die auf eine totale mündliche und schriftliche Beherrschung des Lateins abzielten, deren Lehrinhalt sich aber nur auf die Antike erstreckte, und eine außerschulische Bildung, die im alltäglichen Leben erworben wurde. Daraus resultierte ein bipolares Denken, das auf einem faktischen Bilinguismus beruhte, dessen eines Element, das lateinisch strukturierte, die gedankliche Argumentation beeinflußte. So waren etwa Descartes' *»Discours de la Méthode«* im 17. Jahrhundert wie auch Calvins *»Institutiones«* im 16. Jahrhundert zuerst in Latein verfaßt. Das 17. Jahrhundert dachte ganz in den Begriffen und in der Sprache des klassischen Lateins, selbst wenn man französisch schrieb und sprach.

Daraus folgte eine Verschiebung zwischen höfischer Bildung und Kultur einerseits, auf die das 20. Jahrhundert diese Epoche so gerne reduziert, und der Bildung der Eliten, das heißt der Bourgeoisie andererseits. Die mittleren und niederen Amtsträger partizipierten am Fortschritt der Umgangssprache, indem sie den Farcen der Wanderbühnen wie etwa der Molières beiwohnten, und zwar zum großen Verdruß des Kunstpapstes seiner Zeit, Boileau (1636–1711), der über die Streiche eines Scapin und die theatralischen Wirkungen seines Stocks in *»Les fourberies de Scapin«* von Molière nur den Kopf schüttelte. Abgesehen von diesen volkstümlichen Unterhaltungen bewegten sich diese Kreise jedoch schon aufgrund ihres Berufes in einer lateinisch geprägten Welt. Daß das Latein indes noch weiter fortschritt, verdankt es insbesondere der Kirche, deren Bildung vor allem eine lateinische war, und den von Jean-Jacques Olier geschaffenen Seminaranstalten.

PORT-ROYAL

Der französische Jansenismus – vielleicht das Hauptereignis in diesem Jahrhundert der »Heiligen« und der Gegenreformation – wurde weitgehend durch das Kloster Port-Royal verkörpert. Ein gewaltiger Teil der klassischen französischen Literatur von Madame de Sévigné über Boileau und Pascal bis Racine hing davon ab. Später, im 19. Jahrhundert, glaubte Sainte-Beuve bei der Niederschrift seines *»Port-Royal«*, darin das Wesen des französischen Denkens des 17. Jahrhunderts zu erfassen. Jenseits dieses rein literarischen Aspekts war der Jansenismus vor allem ein religiöses Phänomen für Frankreich. Tatsächlich gab es mehrere aufeinanderfolgende Ausprägungen des Jansenismus, und die letzte, die fast ausschließlich politischer Natur war, sollte im 18. Jahrhundert alle politischen Oppositionen gegen die sogenannte absolute Monarchie Ludwigs XV. bündeln.

Der Jansenismus tauchte in Frankreich erstmals im Jahre 1643, kurze Zeit nach dem Tod des Bischofs von Ypres, Jansenius, auf, als die Abhandlung *»De la fréquente Communion«* aus der Feder von Antoine Arnauld erschien. Es ist die Vision eines fernen und strengen Gottes, eines obersten Richters, dem man sich nur in Ehrfurcht und im Zustand perfekter Reinheit nähern sollte; jede übereilte und schlecht vorbereitete Kommunion lief demnach Gefahr, Gotteslästerung zu sein. Diese Lehre fand bald danach in Paris im Nonnenkloster Port-Royal (und in seinem Haus im Chevreuse-Tal) ihren ersten Stützpunkt. Es wurde von der Äbtissin Angélique reformiert und von ihrer Familie, den Arnauld, einer der großen Familien des Pariser *Parlements*, beherrscht.

Im Jahre 1649 wurden fünf Lehrsätze aus dem Hauptwerk des Jansenius, *»Augustinus«*, an der Sorbonne verurteilt. Der Papst, dem die Angelegenheit vorgelegt wurde, sprach daraufhin am 31. Mai 1653 eine formelle Verurteilung der fünf Lehrsätze aus. Arnauld unterschied zu ihrer Verteidigung zwischen Recht und Faktum: Er akzeptierte die Verdammung der fünf Lehrsätze, verneinte aber in seinen *»Lettres à une personne de condition«* (1665), daß sie sich in *»Augustinus«* befänden. Da Arnauld von der Sorbonne Sanktionen unterworfen wurde, trugen die Jansenisten die Debatte in den *»Lettres écrites à un provincial par l'un de ses amis sur le sujet des disputes présentes de la Sorbonne«* (Januar 1656–März 1657) an die Öffentlichkeit. Diese achtzehn *»Provinciales«*, in denen Blaise Pascal die gelockerte Moral der Jesuiten attackiert, machten die Debatten über die göttliche Gnade populär. Der Papst verdammte 1656 dennoch die fünf Lehrsätze, worauf die »Versammlung des Klerus von Frankreich« die französischen Geistlichen zwang, ein »Breve« zu unterschreiben, worin sie anerkannten, daß sich die verurteilten Sätze tatsächlich bei Jansenius finden. Mazarin aber, der ein gespanntes Verhältnis zu Rom hatte, scheute sich davor, einen Jansenismus zu bekämpfen, in dem er wieder auf alte Frondeure traf.

Anders dagegen Ludwig XIV., der den Jansenismus auf Anhieb als Feind behandelte. Am 23. April 1661 wurde die Unterzeichnung des Breve befohlen, was am 8. Juni die Reaktion der großen Pariser Vikare hervorrief, die die Unterscheidung zwischen Recht und Faktum wieder aufnahmen. Die Nonnen von Port-Royal unterschrieben das Breve, fügten aber eine Erklärung hinzu, mit der sie in Wirklichkeit ihren Widerruf aufhoben. Die Situation blieb bis 1664 blockiert, als der Erzbischof von Paris, Hardouin de Péréfixe, sie aufforderte, bedingungslos zu unterschreiben. Angesichts ihrer Verweigerung wurden die Nonnen aus ihrem Kloster vertrieben und die Verweigerer zwangsweise in das Kloster Port-Royal-des-Champs verlegt. Die berühmten »kleinen Schulen« wurden geschlossen. Da vier Bischöfe nun ihrerseits die Unterschrift verweigerten, entschloß sich Ludwig XIV. zu einer Friedensregelung (23. Oktober 1668), die über dreißig Jahre, von 1668 bis 1701, die Dinge in diesem Zustand halten sollte, wenn man davon absieht, daß die Noviziatsabteilung von Port-Royal 1679 geschlossen wurde.

Als aber 1701 ein Priester an die Theologische Fakultät von Paris die Frage richtete, ob man einem Sterbenden die Absolution erteilen kann, der das Breve unterschrieben, aber bezüglich der Frage von Recht und Faktum ein »ehrerbietiges Schweigen« gewahrt habe, bejahte die Sorbonne diese Frage, während Bossuet und Fénelon dagegen Protest einlegten. Ludwig XIV. forderte daraufhin vom Papst, das »ehrerbietige Schweigen« zu verurteilen, was dieser mit der Bulle *»Vineam Domini«* (1705) auch tat. Am 29. Oktober 1709 wurden die letzten Nonnen vertrieben, nachdem sie die Unterschrift verweigert hatten, und danach das Kloster Port-Royal-des-Champs dem Erdboden gleichgemacht, trotz heftiger Proteste, denn die Jansenisten wurden von mehreren Bischöfen unterstützt, unter anderem vom Kardinal von Noailles, dem Erzbischof von Paris.

Am 8. September 1713 verdammte die Bulle *»Unigenitus«* 101 Sätze aus den *»Réflexions morales«* des Theologen Quesnel, der seit dem Tode des »Großen« Antoine Arnauld (1694) und des Moralisten Pierre Nicole (1695) Oberhaupt der »Partei« geworden war.

Der Jansenismus hatte innerhalb von dreißig Jahren sehr viel an Boden gewonnen. Im *Parlement* von Paris und anderswo verband er sich mit dem Gallikanismus, der den Eingriffen des Papstes in die Angelegenheiten Frankreichs entschieden abwehrend gegenüberstand. Die Bulle *»Unigenitus«* rief daher allgemeine Empörung hervor. Das Episkopat spaltete sich. Das *Parlement* weigerte sich, die Bulle zu registrieren. Ludwig XIV. verbannte die widerspenstigen Bischöfe per Haftbrief und erzwang vom *Parlement* die Registrierung. Aber die Situation war bereits festgefahren; einhundertzwölf Bischöfe nahmen die Bulle an, fünfzehn lehnten sie ab. Diese Affäre sollte auch die Herrschaft Ludwigs XV. überschatten.

VOLKSKUNST

Der Begriff Volkskunst ist zweideutig, denn er unterscheidet nur unzureichend zwischen städtischer und ländlicher Welt. Während das einfache Volk zunehmend in der Genremalerei erschien, fand es in der »großen« Literatur des 17. Jahrhunderts kaum einen Platz. Die französische Provinz revanchierte sich dafür jedoch in den neunziger Jahren des 17. Jahrhunderts auf höchst bemerkenswerte Weise mit den *»Contes de ma Mère*

L'Oye« (1697), in denen Charles Perrault zur Quelle der Volksmärchen zurückfindet. Durch die Wiederentdeckung dieser Tradition gelang es, die wesentlichen Inhalte dieser mündlichen Überlieferungen, die allen Völkern Europas gemeinsam waren, vor der Vergessenheit zu bewahren, obwohl sie dadurch zum Teil ihrer ursprünglichen Natur beraubt wurden. Innerhalb von sechzig Jahren wurde es bei den großen Damen am Hofe Mode, Zaubermärchen, *contes de fées,* zu sammeln oder zu erfinden, von denen einige durchaus für Meisterwerke gelten können wie zum Beispiel *»La Belle et la Bête«* (1757) von Madame Leprince de Beaumont. Diese Literatur wurde zu einer Domäne der Frau, gleichsam als ihre Antwort darauf, daß sie vom Unterrichtswesen ausgeschlossen war und sich ihre Bildung aus den verschiedensten Quellen selbst zusammenlesen mußte; bisweilen führte sie auch einen eigenen Salon. Diese Märchenliteratur war aber zugleich auch eine Reaktion auf eine Kindheit auf dem Lande unter der Obhut von einfachen Kinderfrauen, durch die der hohe Adel und das gehobene Bürgertum fern aller urbanen Kultur in tiefster Ländlichkeit gehalten wurde. Und sie war eine Reaktion auf die übertriebene Verfeinerung der Lebensart all jener, die vor den Schattenseiten des Stadtlebens aufs Land flüchteten, um dort die wahren oder auch nur eingebildeten Annehmlichkeiten des Landlebens wiederzuentdecken, dies aber in der Weise taten, daß sie dort ihre Lustschlösser und Landhäuser bauten, in denen sich aller Komfort und die Sitten des Stadtlebens wiederfanden. Diese Mode der *contes de fées* nahm bereits gegen Ende des 17. Jahrhunderts die Entwicklung hin zur Lust am Exotischen wie etwa an Taverniers Reiseberichten aus Persien (1681) oder mehr noch an den »Märchen aus tausendundeiner Nacht«, die einen Orient wieder aufleben ließen, der seit den Kreuzzügen längst in Vergessenheit geraten war.

Dank der großen Anstrengungen der Kirche wurde die Landbevölkerung mehr und mehr alphabetisiert und für die schriftliche Kultur geöffnet. Katechismen und Anstandsbücher bildeten dabei die beiden Pfeiler, durch die das gedruckte Wort Eingang in die bäuerliche Welt fand, die dadurch ein besonderes, eigenständiges geistiges Gepräge erhielt. So sollte der Unterricht in Form von Frage und Antwort das ganze 18. Jahrhundert beherrschen und die politische Erziehung der Französischen Revolution prägen, aber auch noch einem Teil des 19. Jahrhunderts zum Vorbild dienen. Die Vorstellung vom Hof als soziales Modell drang so auch mehr noch in die am weitesten entwickelten Teile der Landbewohner vor und bereitete durch die Übernahme höflicher Umgangsformen gewissermaßen den Boden für eine Charakterbildung, die immer wieder das Erstaunen von Ausländern hervorrief, ob in Valmy in der Champagne oder in Thionville in Lothringen (Goethe). Es zeigte sich dies in einer Gesittung und Vornehmheit jener Bauern, wie sie die Brüder Le Nain in ihren Genrebildern aus dem bäuerlichen Alltagsleben festhielten, so etwa in der vornehmen Haltung einer alten Frau, während sie ein Glas Wein trinkt, oder in der Geste der jungen Ehefrau, mit der sie ihren Mann bedient.

Die Welt der Bauern war von einer unendlichen Vielfalt geprägt. Sie reichte vom Typus des grobholzigen Bauerntölpels, wie ihn manche Zeugnisse überliefern, über eine Fülle von Zwischenstufen bis zu jenem feinen, gesitteten Menschenschlag, wie man ihm auf den Bildern der Brüder Le Nain begegnet. Im Laufe des 18. Jahrhunderts erwarben sich die Gegenden nördlich der Linie Saint-Malo – Lyon darin einen entscheidenden Vorsprung vor den übrigen Gegenden, den sie bis zum 19. Jahrhundert halten konnten, als auch der Osten und Südosten ihren Rückstand aufholten. Man kann sich fragen, ob dies auf eine bessere Assimilierung der katholischen Reformen in dieser Gegend, auf einen größeren Einfluß des Staates oder schlicht auf soziale, aus gewissen Bedürfnissen abgeleitete Forderungen zurückzuführen war, vielleicht auch auf den hohen Anteil von Männern aus dieser Region, die in der Armee dienten, oder auf die Nachbarschaft protestantisch geprägter Regionen, was allerdings nur für den Norden und Lothringen, nicht aber für die Champagne gelten würde. Oder lag die Tatsache dieses Vorsprungs letztlich nicht vielmehr in der bleibenden Führungsrolle des Rheintals und seiner angrenzenden Gebiete, von der Schweiz bis Holland, begründet, in einem Vorsprung, der auf dem Gebiet der Lesekultur bereits auf das 16. Jahrhundert, wenn nicht sogar bis auf das Ende des Mittelalters zurückgeht?

Wie auch immer man diese Frage entscheiden möchte, so läßt sich doch erkennen, daß sich auf dem Land und mehr noch in der Stadt ein zwischen der schriftlichen Gelehrsamkeit und mündlichen Bildungstradition vermittelnder Akkulturationsprozeß abzeichnete. Ein recht signifikantes Beispiel sind dafür die Weihnachtsfeste, die im 17. und 18. Jahrhundert einen Aufschwung erlebten, in dem sich die alte französische Tradition und die neue katholische Reformbewegung miteinander verbanden.

Den katholischen Reformen gelang es, in die tieferen Schichten des Volkes einzudringen, indem sie einige Züge der bäuerlichen Mentalität wie die der Heiligenverehrung noch verstärkte und dem Volk eine neue Vision vom Jenseits vermittelte. Die Weihnachtsfeste veranschaulichen dies deutlich in der neuerlichen Betonung der Menschwerdung Gottes, worin die mittelalterliche Sehweise fortgesetzt wurde. Dies zeigte sich auch im Bereich der Musik, wo in der zweiten Hälfte des 17. Jahrhunderts Marc-Antoine Charpentier mit seiner *»Messe de minuit«*, die ausschließlich Themen und Melodien aus volkstümlichen Weihnachtsliedern verarbeitete, ein treffendes Beispiel dafür lieferte.

Umgekehrt zeigte das Eindringen der Hofkultur und der städtischen Kultur unterschiedliche Wirkungen. Die Moden brauchten Zeit, um sich unter dem Volk auszubreiten. Die Wirkungen davon ließen sich erst im 18. Jahrhundert erkennen. Das rustikale Mobiliar der wohlhabenden Bauern und die Kleider, die noch zu Beginn des 20. Jahrhunderts getragen wurden, ahmten in vielen Provinzen oft die Hofmoden Ludwigs XIV. nach, sofern sie nicht auf noch ältere Vorbilder zurückgingen. So führten die Jesuitenpriester der königlichen Marine in der Umgebung von Brest eine italienische und Pariser Form der Bilderfabrikation für die Darstellung der heiligen Jungfrau ein, wobei die Madonnen unter den Händen der Handwerker Züge annahmen, in denen man lange Zeit einen volkstümlichen Ursprung gesehen hat. In der Diözese Mans fand die Mode der großen Retabel (in der Form von Himmelspforten) in der Nachahmung manieristischer Kirchenportale der Renaissance ihren Ausdruck; ebenso waren die Gemälde, die sie schmückten, bisweilen recht gelungene Kopien italienischer oder Pariser Meister.

Man kann in diesem Zusammenhang nicht genug die Rolle der Holzschnitte und Kupferstiche hervorheben. Da sie noch weiter verbreitet waren als die berühmte Bibliothèque bleue von Troyes, bildeten sie dank ihrer extrem niedrigen Preise quasi das Pendant zu unseren heutigen Massenmedien. Die quantitative Analyse dieser Produktion zeigt, daß alle möglichen Künstler, von den Großen und den Fürsten bis zum bescheidenen Pariser Handwerker, daran beteiligt waren. Zwei Themen tauchen darin bevorzugt auf: die königliche Familie, vor allem der König (ein Beweis für die volkstümliche Verwurzelung der Königsverehrung), und religiöse Themen. Diese Bilder wurden in Millionen von Exemplaren verteilt und trugen zum beachtlichen Vermögen von Grafikhändlern in der Rue Saint-Jacques in Paris bei. Erst jetzt beginnt man, diesen Aspekt der Volkskunst zu entdecken, an der auch Bänkelsänger, fliegende Händler und ein ganzes Heer von Kleinverdienern beteiligt waren, die auf dem Land oft politische oder satirische Themen verbreiteten. Diese fliegenden Händler, die mit ihren Waren einen enormen Umsatz machten, darf man sich nicht nur als kleine Verkäufer von Schmuckwaren, Modeartikeln, von Kurzwaren und Nippes vorstellen, denn es gab auch fliegende Händler, die teure Luxusartikel verkauften, wie auch Goldschmiede, die je nachdem, ob sie im Landsitz eines Großbürgers oder in einer Hütte vorsprachen, wertvollen oder billigen Schmuck anboten.

Diese Akkulturation, die sehr unterschiedliche Wege einschlug, führte in der alten ländlichen Kultur zu Zerfallserscheinungen. Während das lokale Handwerk einen hohen Grad an Perfektion erreichte, brach über das einfache Volk, besonders auf religiöser Ebene, eine wahrhaft zerstörerische Welle von ständigen Neuerungen herein. So spielte in der zweiten Hälfte des 17. Jahrhunderts der »aufgeklärte« Pfarrer in den Dörfern eine immer bedeutsamere Rolle. Er erzielte seine Wirkung durch seine Predigten, durch die er einen verbalen Terror ausübte, der im Gegensatz zu den paradiesischen Bildern der Retabel seine Macht aus der Furcht vor der Hölle bezog. Diese Botschaft, die auch von den Missionen verbreitet wurde, wie zum Beispiel in der Bretagne von Pater Maunoir, fand mehr oder weniger Gehör. Gewisse Praktiken wurden in manchen Gegenden überhaupt nicht angenommen, und es kam bisweilen zu heftigen Zusammenstößen. Die alte Dorfkultur sträubte sich gegen die Verdammung ihrer Sitten und Gebräuche, die als abergläubisch betrachtet und infolge ihrer Verachtung durch die Städter und Gelehrten der Vergessenheit anheimfielen. Was in der einen Region dank dem Fingerspitzengefühl und dem Verständnis der Kirchenoberen gelang, rief anderenorts dauerhafte und tiefe Brüche hervor.

In der Bretagne nahm die Mystikerschule der Jesuiten Huby und Rigoleuc, beide Schüler des großen Lallemand, die Tradition der alten wundertätigen Heilkundigen wieder auf. Sie vermehrte die Zahl der volkspädagogischen Bildermissionen und erreichte es in der zweiten Hälfte des Jahrhunderts, daß die Mystik im Volk tiefe Wurzeln faßte: Die Bäuerin Daniélou war darin das Ebenbild der Pariserin Marie Rousseau. In beiden Fällen trifft man auf die gleiche volkstümliche Form der Inspiration, die dann von den Angehörigen der *Parlements*, die ihre Visionen und Betrachtungen schriftlich festhielten, »orthodoxiert« wurde.

Dagegen gab es Gegenden, die jeder Art von Neuerung, zunächst religiöser, später dann areligiöser oder antireligiöser Art, widerstanden. So scheint der Süden des Pariser Beckens auf dem linken Ufer der Loire bereits seit dem Ende des 17. Jahrhunderts weitgehend entchristianisiert zu sein, wobei sich die Frage stellt, ob hier nicht ein Zusammenhang mit den großen Klosterniederlassungen und der von ihnen erhobenen Zehntlast bestand. Damit ein Same keimt, muß er auf fruchtbaren Boden fallen. In diesen Gegenden wurde der Boden für diesen Samen durch die Gegenreformation vorbereitet; ihre Form der christlichen Unterweisung erlaubte es den Menschen, ein Verständnis des Christentums zu erwerben, zugleich aber auch Zugang zu den entgegengesetzten Lehren zu finden. Der ambivalente Charakter der Akkulturation wurde hier offensichtlich. Die gewaltigen Bildungsbemühungen der Kirche richteten sich dadurch, zumindest in einigen Regionen, gegen sie selbst, auch wenn dieses Phänomen im 17. Jahrhundert, als sich noch viele junge Männer zu Priestern berufen fühlten, noch nicht jenes Ausmaß angenommen hatte wie in der Mitte des darauffolgenden Jahrhunderts, als diese Entwicklung ihren Tiefpunkt erreichte.

Die Kirche begab sich immer mehr auf den Weg einer rationalen Erklärung der Religion. In der ersten Hälfte des Jahrhunderts war die Religion noch ganz mystisch geprägt und stand den Wundern der Evangelien ebenso offen aufgeschlossen gegenüber wie denen der Heiligen und des gewöhnlichen Lebens. Danach aber vollzog sich eine moralische und intellektuelle Revolution, durch die die Kirche Frankreichs den Sinn für Mystik und Wunder verlor. Daß ein Handeln notwendig geworden war, stand außer Frage, denn gewisse mystische Texte waren zumindest doch recht eigenartig, und manche Wunder gehörten eher in den Bereich des Aberglaubens. Auch die Astrologie hatte bis ungefähr 1660 neben den katholischen Riten ihren Platz. Richelieu selbst konsultierte die Astrologen, die zu einem großen Teil für die Hexenaffäre von Loudun verantwortlich waren, wobei allerdings auch politische Interessen mit im Spiel waren. Das Aufkommen und die Verbreitung des Atheismus innerhalb der Intellektuellenkreise während der beiden letzten Jahrzehnte des 16. Jahrhunderts rührten zum Teil von dem Befremden und dem Entsetzen vor solchen Exzessen her; darüber hinaus tauchten in der Umgangssprache plötzlich so abstrakte Begriffe wie *unmöglich* auf, Begriffe, die, wie Lucien Febvre festgestellt hat, zeigen, daß Europa, und mit ihm Frankreich, in ein Zeitalter eingetreten waren, in dem man zwischen dem

Möglichen und dem Unmöglichen abwägte. Dies hatte natürlich auch Auswirkungen auf das Glaubensverständnis.

Es gereicht der französischen Krone zur Ehre, an der Beseitigung der Hexenprozesse mitgewirkt zu haben. Ludwig XIV., Colbert und sein Gefolge sowie das Pariser *Parlement* setzten nach und nach die Abschaffung der Prozesse durch, wenigstens im Zuständigkeitsbereich des Pariser *Parlements.* Einige *Parlements* in der Provinz folgten, wie das der Bretagne – zum Teil sicher unter dem Einfluß fremder Berater, das heißt der Klientel von Colbert –, andere blieben zurückhaltend. Die letzte Hexenverbrennung fand im Jahre 1718 statt.

Die Berichte über die bischöflichen Visitationen vermitteln eine gute Vorstellung vom Kampf gegen den »Aberglauben« oder was man im 19. Jahrhundert »Folklore« nannte. Die Kirche ging dazu über, »unanständige« Bilder, auf denen »Nacktheit«, und sei es auch die der Märtyrer, gezeigt wurde, sowie Darstellungen von lokalen nichtkanonisierten Heiligen zu beseitigen. Damit einher ging die Jagd auf falsche Reliquien, die gegebenenfalls auch vor der Beseitigung des heiligen Patrons einer Kirche nicht haltmachte. Mehr noch wurden auch abendliche Hauskreise, sogenannte »Spinnstuben«, die vor allem an Winterabenden stattfanden, wegen ihrer beidgeschlechtlichen Zusammensetzung unterdrückt, ebenso weite Pilgerfahrten, bei denen sich junge Leute beider Geschlechter trafen. Man ging rücksichtslos gegen das Konkubinat und gegen das Fernbleiben von der obligatorischen österlichen Kommunion vor. So führte die Kirche auf allen Gebieten eine breitangelegte und einschneidende Kampagne zur Durchsetzung ihrer Moralvorstellungen, was vielleicht auch dazu beitrug, daß die Zahl der unehelichen Geburten zumindest auf dem Lande zurückging. Aber auch bei dieser Kampagne war die Effizienz regional sehr unterschiedlich. Ihre genaue Struktur ist erst für das 18. Jahrhundert bekannt.

Dieser Überblick über eine aus verschiedenen, einander überlagernden Schichten bestehenden Kultur bleibt natürlich sehr oberflächlich. Man müßte hier noch genauer nuancieren, die regionalen Unterschiede noch deutlicher hervorheben. Es ging hier jedoch vor allem darum, deutlich zu machen, daß der König und der Hof trotz ihres beträchtlichen Einflusses keineswegs in jeder Hinsicht die französischen Sitten bestimmten. Die Kirche konnte ihre Position erheblich stärken und gewann starke Unterstützung im Volk, vor allem in den Städten und in Paris, dem

Zentrum der katholischen Reformation. Die religiöse Kultur schuf ein Bindeglied, das ein Gegengewicht zu der Destrukturierung darstellte, die durch die Verbreitung des Gelehrtenwissens und urbaner Lebensformen bewirkt wurde. Wie soll man anders die Vielzahl von Orgeln auf dem Land in Nordfrankreich erklären, die von geflüchteten englischen Orgelbauern nach der englischen Revolution gebaut wurden? Wie könnte man die Tausende von Retabeln übersehen, die sich über ganz Frankreich ausbreiteten? Es waren die Bauerntölpel, wie sie uns die »kultivierten« Städter so herablassend beschreiben, die der Orgelmusik lauschten und die Bilder betrachteten. Wie ein Theologe bemerkte, interpretierten sie das gelehrte Wissen auf ihre Weise, wobei man darauf achtete, daß diese Interpretation keine religiöse Abweichung mit sich brachte.

Trotz des Elends dieser Zeit nahm der Prozeß der Zivilisation im Frankreich des 17. Jahrhunderts einen starken Aufschwung. Sicher setzten Hungersnöte und Nahrungsmangel ihr zerstörerisches Werk fort, aber der innere Friede wurde als eine große Erleichterung empfunden, selbst wenn er mit hohen Steuern bezahlt wurde, die noch drückender wurden, als Europa sich gegen Frankreich zusammenschloß.

Die großartigen Gartenanlagen und kunstvollen Blumenbeete von Versailles, die Genre- und Porträtmalerei, die Retabeln, die Weihnachtslieder, die Musik und die Erzählungen zeigen, von Perrault bis Racine, die Vielfalt des 17. Jahrhunderts. Das Ende der Herrschaft Ludwigs XIV., von Kriegen und einer »kleinen Eiszeit« gekennzeichnet, hatte tiefgreifende Auswirkungen auf Städte und Provinzen. Die lange Herrschaft, die im Ruhm der bereits geernteten Lorbeeren begonnen hatte, endete mit einer halben Niederlage und der Gleichgültigkeit der Massen gegenüber einem König, der sich selbst überlebt hatte. Die positiven Ergebnisse seiner Politik waren vergessen, man machte ihn nur noch für die Steuerlasten und die Probleme der Zeit verantwortlich.

KAPITEL IV

Europa gegen Frankreich 1688–1715

DIE VERÄNDERUNGEN IN EUROPA

Im Jahre 1688 skizzierte der Botschafter des Kurfürsten von Brandenburg in Frankreich, der einer in Genf ansässigen Hugenottenfamilie angehörte, für seinen Herrn ein Bild Frankreichs, das aus den besten verfügbaren Quellen schöpfte. Er wollte den Koalierten damit nützliche strategische Informationen geben, um Frankreich militärisch zu besiegen. Ohne seine Sympathie für das Land und seinen König zu verbergen, empfahl er, einen Zermürbungskrieg zu führen, denn Frankreich könne es sich finanziell nicht leisten, gegen ganz Europa standzuhalten. Von 1688 bis 1713 hatte die französische Krone tatsächlich nicht nur gegen ihre traditionellen Feinde zu kämpfen, sondern zusätzlich auch gegen die beiden großen Seemächte England und Holland. Hätten sich diese Kriege vermeiden lassen? Die Antwort auf diese Frage bestimmt die Urteile, die man über Ludwig XIV. und das Frankreich des 17. Jahrhunderts fällt.

Lange Zeit glaubte man, daß der Krieg der Unvorsichtigkeit des Königs entsprang, und das stimmt zum Teil auch. Die Situation in Europa begann sich damals zu verändern. 1684 hatten sich Österreich, Polen, Venedig – und 1686 sogar Rußland – zu einer Heiligen Allianz gegen das Osmanische Reich vereint, die sich anschickte, Ungarn zurückzuerobern. Die österreichische Armee, die von Kaiser Leopold I., Maximilian Emanuel von Bayern und Ludwig Wilhelm von Baden befehligt wurde, sollte ihren Wert unter Beweis stellen. Der Reichstag zu Preßburg übertrug 1687 die erbliche Krone Ungarns auf die Habsburger; ein Jahr später hatte Österreich den größten Teil Ungarns erobert. Belgrad wurde im selben

Jahr genommen, ging aber wenig später verloren. Die Türkei stellte also keine ausreichende Ablenkung mehr dar, um die Möglichkeit einer Antwort auf die französischen Initiativen abzuwenden.

Schwerwiegender war die Änderung im Verhältnis der Flottenstärken. Als Handelsmarine stand die holländische Flotte mit ihren 500000 Tonnen auf dem ersten Platz; es folgte die englische Handelsflotte (250000 Tonnen) und die französischen Schiffe (200000 Tonnen im Jahre 1688). Dagegen stellte die französische Kriegsflotte, die aus 120 Linienschiffen mit mehr als 40 Kanonen pro Schiff an Bord bestand, die stärkste maritime Macht dar, gefolgt von der englischen (mehr als 100 Schiffe) und der holländischen Flotte mit mehr als 50 Schiffen. Wie Ludwig XIV. seit langem erkannt hatte, hing alles von der Haltung Englands ab. Bis dahin war es ihm gelungen, London wenigstens neutral zu halten. Nach der Thronbesteigung Jakobs II. im Jahre 1685 sah man in England die Gefahr einer katholischen Restauration heraufziehen, die allerdings auf entschlossenen Widerstand traf. Die Aufhebung des Edikts von Nantes im selben Jahr verstärkte noch das Unbehagen: Die protestantischen Staaten rückten zusammen. Holland, Brandenburg, England und die Schweiz boten französischen Hugenotten Schutz. Die Vereinigung der beiden protestantischen Seemächte lag folglich in der Luft. Nur die Dynastie der Stuarts, seit der Thronbesteigung des Katholiken Jakob II. in England an der Macht, vermochte sie zu verhindern. Die unerwartete Geburt Jakobs III. beunruhigte die Protestanten zusätzlich. Sie mußten nun fürchten, daß England lange Zeit von einer katholischen Familie regiert würde. Holland wollte sich vor allem an Frankreich rächen. Die deutschen Fürsten, der Kaiser und Spanien – wegen der von Ludwig XIV. durchgeführten Reunionen – schlossen sich rasch den Protestanten an.

Ludwig XIV. spürte die Gefahr und warnte Jakob II. vor den Maßnahmen, die *stathoulder* Wilhelm von Oranien ganz unverhohlen in Holland traf. Der König von England vertraute hingegen auf seine Marine, die eine holländische Landung abwehren würde, aber die ließ das kleine von Holland kommende Geschwader vielleicht aus Sympathie oder wegen einer Flaute passieren. England fiel kampflos in die Hände des gefährlichsten und hartnäckigsten Gegners Ludwigs XIV., Wilhelm von Oranien, des Schwiegersohns Jakobs II., der 1688 als Wilhelm III. den englischen Thron bestieg. Jakob II. fand in Frankreich Unterschlupf; die »glorreiche Revolution« hatte ihr Ziel erreicht.

An diesem Punkt müssen wir innehalten, um die Gründe zur Aufhebung des Edikts von Nantes und den Beginn des Pfälzischen Krieges (1688–1697) näher zu betrachten. Beide Entscheidungen Ludwigs XIV. sehen viele Historiker nämlich als seine größten politischen Fehler an. Dabei erwies sich der erste als ungleich folgenreicher und unverzeihlicher als der zweite, und bisher kennt trotz intensiver Forschungen niemand seine wahren Gründe. Nur soviel scheint im Gegensatz zur Meinung Saint-Simons sicher, daß Madame de Maintenon hier keine Schuld trifft; sie scheint die Verfolgung der Hugenotten eher gebremst zu haben. Man kann diese Entscheidung auch nicht mehr als Antwort auf den »Ruf nach einem besser informierten König« interpretieren. Einige Intendanten, wie Bâville, legten sich kräftig ins Zeug und übertrieben die Zahl der Glaubensübertritte, um den Eindruck zu erwecken, daß es praktisch keine Protestanten mehr gebe. Ludwig XIV. hingegen kannte die wahre Situation. Angesichts einiger hoher Adliger, die abschworen – darunter Turenne –, konnte er den Eindruck zahlreicher Bekehrungen gewinnen, und hier trog ihn seine Vermutung nicht einmal angesichts der großen Anstrengungen der Kirche und der Auflösung der sozialen Einrichtungen des Protestantismus. Seit Regierungsantritt Ludwigs XIV. war man nämlich zur wörtlichen Auslegung des Edikts von Nantes zurückgekehrt, das die Ausübung des protestantischen Gottesdienstes erheblich einschränkte. Die Diskriminierungen, die Teilverfolgungen und der Druck auf die Hugenotten hatten infolgedessen ein solches Ausmaß angenommen, daß es zwangsläufig zu Bekehrungen kam. Institutionen wie die *Caisse des Conversions* (Leiter der »Kasse« war Paul Pellison, der 1670 zum Katholizismus übergetreten war. Die Kasse diente dazu, die Reformierten zum Abschwören zu verleiten. Anm. d. Übers.) vervollständigten die offensichtlich wirkungsvollen Schikanen des Königs, während die Bischöfe die Situation dadurch noch verschärften, daß sie die Entweihung der Sakramente, die ohne Einwilligung erteilt wurden, zum Problem machten. Angehörige des Hochadels wie der alte Le Tellier und der junge Seignelay, der Sohn Colberts, drängten nunmehr auf die endgültige Vereinigung des Königreichs getreu dem Prinzip: »Ein König, ein Glaube, ein Recht.« Als Staatssekretär der Marine hatte Seignelay noch alles unternommen, um Zusammenstöße zwischen den beiden Konfessionen zu mildern. Der Grund der Entscheidung von 1685, die Aufhebung des Edikts von Nantes, schien also der innersten Überzeugung des Königs zu entspringen.

Die Bestimmungen des Revokationsedikts erwiesen sich als besonders hart und kamen, abgesehen von allen religiösen Überlegungen, politisch sehr ungelegen. Sie lösten eine massive Auswanderung der Hugenotten aus, die Vauban in gewohnter Übertreibung auf mehr als eine halbe Million Protestanten schätzte; heute beziffert man sie auf ungefähr 300000 Personen oder 1,5 bis 2 Prozent der Bevölkerung. Aber diese Auswanderung betraf im wesentlichen die gebildeten Kreise Frankreichs; nur sie konnten im Ausland überleben. Zwar schwächte sie auch die Zahl der Matrosen, doch weniger als vermutet wurde. Die Kapitalflucht nahm dagegen bedeutendere Dimensionen an, als die Zeitgenossen glaubten. Außerdem ging dem Land durch die Auswanderungen viel technisches Wissen verloren.

Die Unterdrückung und besonders die Verurteilung zum Galeerendienst für alle diejenigen, die bei der Flucht ergriffen wurden, verlieh der protestantischen Gemeinschaft die Gloriole des Märtyrertums. Dennoch fiel diese Menschen- und Kapitalflucht nicht so sehr ins Gewicht, denn die Immigration von englischen und vor allem irischen Katholiken nach Frankreich glich die Verluste weitgehend aus. Diese Einwanderung fiel geringer aus, verteilte sich auch über einen längeren Zeitraum und ersetzte den Verlust von Protestanten zwar nicht ganz, doch brachte sie Menschen und Kapital ins Land, die eine gewisse wirtschaftliche Blüte der französischen Häfen im 18. Jahrhundert ermöglichten. Die beunruhigendste Erscheinung aber war die schwindende Zuneigung der »bekehrten« Protestanten zum König und ihrem Vaterland. Das waren so viele, daß ausländische Mächte ab 1685 mühelos Nachrichtenposten in den Häfen einrichten konnten. Diese Agenten verbreiteten in ganz Frankreich eine wirksame antiroyalistische Propaganda. Auf der religiösen Ebene führte die sogenannte Bekehrung sehr oft zur Abneigung gegenüber dem Christentum überhaupt. Der Großhändler Jean Pellet aus Bordeaux etwa, ein Sproß des kleinen, »bekehrten« Bürgertums im Quercy, wandte sich fast vollständig ab. Die Protestanten, die in Frankreich blieben und auf ihren Beschützer am Hof, Ruvigny, verzichten mußten, waren gegenüber der Krone in einem emotionalen Zwiespalt, der später in der Revolution zum Vorschein kam.

Zweifellos wurde der Umfang der Unterdrückung übertrieben: Die zum Galeerendienst verurteilten Protestanten stellten bei weitem nicht die Mehrheit der Galeerensklaven dar, sondern allenfalls 10 bis 15 Prozent. Doch die im Ausland untergeschlüpften Protestanten entwickelten eine gut organisierte Propagandakampagne gegen Ludwig XIV. und trugen damit entscheidend zum Aufkommen der sogenannten »schwarzen Legende« bei. In Frankreich dagegen war die Zustimmung zu dieser Politik fast einhellig. Der Kanzler Le Tellier zitierte bei der Unterzeichnung des Edikts das *Nunc dimittis*, »Jetzt, Gott, kannst du mich abrufen«, Bossuet bekannte lautstark seine Begeisterung, während sich die skeptischen Stimmen Vaubans, Saint-Simons oder Fénelons erst später Gehör verschaffen sollten.

Das Ausland reagierte anders. Die zunächst fassungslose protestantische Welt kündigte harten Widerstand an. Frankreich trat für sie als Hauptgegner an die Stelle Spaniens. Die Spanier freuten sich darüber, aber man darf sich fragen, ob diese Freude nicht mehr der Isolierung Frankreichs galt. In Rom führte der Papst Gespräche mit Vertretern des europäischen Protestantismus, die Fortschritte erzielten. Die Frage ist legitim, ob die Aufhebung des Edikts von Nantes, die den Unterhändlern den Boden unter den Füßen entzog, nicht jede Annäherung verhinderte.

Der andere Fehler betraf die Thronfolge der Pfalz. Die französische Krone hatte durch die äußerst problematische Ehe von Monsieur, dem Bruder des Königs, mit der Prinzessin Elisabeth Charlotte von der Pfalz, der Tochter des Kurfürsten Karl Ludwig, Anrechte auf die Pfalz erworben und wollte sie einlösen. Es handelte sich um eine strategische Wahl; ab 1687 betrachteten der König und seine Berater den Krieg als unvermeidbar. Sie wählten eine defensive Strategie zu Lande, so daß die Hauptlast des Vorstoßes der Marine zufiel. Diese erhielt den Auftrag, den Anglo-Holländern, die zu diesem Zeitpunkt mit der Niederschlagung der Revolte in Irland beschäftigt waren, einen Schlag zu versetzen. Zu Lande ging es also nur darum, Positionen zu festigen und die französische Befestigungslinie zu verstärken. Alle Ratgeber Ludwigs XIV., einschließlich Vauban, teilten diese Meinung.

Die Vorbereitung des Krieges entwickelte sich an drei Fronten. Da der Heilige Stuhl, trotz – oder wegen – der Aufhebung des Edikts von Nantes, die Berufung eines profranzösischen Prälaten auf den Stuhl des kurfürstlichen Erzbischofs von Köln verweigert hatte, ließ der König zuerst die Grafschaft Venaissin besetzen – eine Vergeltungsmaßnahme ohne große Wirkung. In Deutschland wirkten die französischen Truppen in zwei Keilen; sie besetzten die von Köln abhängigen Territorien und die beiden

Rheinufer in der Pfalz. Als der Krieg ausbrach, wurde der Befehl zum »faire le gas« gegeben: Auf eine alte Tradition seit dem Dreißigjährigen Krieg zurückgreifend zerstörten die französischen Truppen die Städte der Pfalz – Heidelberg, Mannheim, Worms, Speyer–, um vor der französischen Grenze ein Glacis verbrannter Erde zu schaffen.

Dieser Plan beruhte auf falschen Voraussetzungen. Sicher konnte die französische Kriegsmarine Siege erzielen; aber jeder Erfolg, der nicht unmittelbar auf eine Landung hinauslief, hatte beschränkte Wirkungen. Die Idee eines einfachen Defensivkrieges war durch die beträchtlichen Kosten gerechtfertigt, die ein Kontinentalkonflikt und ein Seekrieg nach sich gezogen hätten. Aber der größte Irrtum war psychologischer Art: Man glaubte den Feind einzuschüchtern, reizte aber nur seinen Zorn. Statt Schrecken zu verbreiten, ließen die Schnelligkeit und Härte des Vorstoßes und die durch die Reunionspolitik geschürte Wut den Krieg unausweichlich werden. Die offensichtlich aggressiven Maßnahmen Ludwigs XIV., die in seinen Augen aber nur defensiven Charakter besaßen, lösten den Pfälzischen Krieg endgültig aus; er sollte ein Vierteljahrhundert dauern.

In diesem zweiten Hundertjährigen Krieg, der 1688 begann, 1815 endete und die Macht Englands bestätigte, fiel die anfängliche Verantwortung Ludwig XIV. zu. Der Krieg hätte jedoch wahrscheinlich auf jeden Fall stattgefunden. Angenommen, der Frieden wäre 1688 für einige Jahre erhalten geblieben, so hätte die Ausdehnung des französischen Seehandels mit den Zuckerinseln, der von einer mächtigen Kriegsflotte unterstützt wurde, früher oder später zur Auseinandersetzung geführt. Mußte Frankreich jedoch umgekehrt, als man jeden Augenblick den Tod Karls II. von Spanien erwartete, das gesamte Europa herausfordern? Die Seemächte konnten nicht zulassen, daß das gewaltige spanische Reich sich entweder auf die Seite Frankreichs oder auf die Seite Österreichs, das sich im Balkan ausdehnte, schlug. In beiden Fällen wäre Frankreich in den Krieg gezogen. Da er die Dinge überstürzte, beraubte sich der König seines Bewegungsspielraums. Das Übermaß an berechnendem Kalkül, verbunden mit der zu allem entschlossenen Schlagkraft eines Colbert und Louvois zog einen Zweifrontenkrieg nach sich, der zu Lande im wesentlichen Annexionsabsichten, zur See vor allem kommerzielle Interessen verfolgte.

DIE KRIEGE GEGEN DIE AUGSBURGER ALLIANZ (1688–1698)

Obwohl die großen Generäle zu Beginn der Herrschaft Ludwigs XIV. fehlten und trotz einiger Niederlagen endete der erste Konflikt siegreich. Der Sieg war größer, als die französische Geschichtsschreibung normalerweise zugibt, denn sie behandelte maritime Fragen stets als zweitrangiges Problem. Vereinfachend gesagt gab es drei Kriege; einen Seekrieg, einen Handels- und Kolonialkrieg sowie einen Landkrieg. Das Schicksal wollte es, daß die Kämpfe mit der schrecklichen Hungersnot von 1694 zusammenfielen. Sie hatte ganz Europa im Würgegriff und einschneidende Folgen für die Finanzen und die Bevölkerung Frankreichs.

Der Seekrieg verlief zuerst enttäuschend. Nachdem Irland durch die Unzulänglichkeit der französischen Hilfe, die Spaltung der Iren und die Unfähigkeit Jakobs II. (Schlacht am Boyne im Jahre 1690 und die Niederlage von Limerick im Jahre 1692) rasch außer Gefecht gesetzt worden war, endete der erste große Feldzug von Tourville mit dem Sieg von Beachy Head (1690); er versetzte London in Panik. Entgegen den Wünschen Ludwigs wagte es Tourville jedoch nicht, seinen Erfolg auszunutzen und in die Themsemündung einzudringen. 1692 verlor er die Schlacht von La Hougue, was sich taktisch zwar ausgleichen ließ, den König aber dazu veranlaßte, seine Strategie zu ändern und zu Lande wieder in die Offensive zu gehen. Der auf La Hougue folgende Kaperkrieg zeitigte indes bedeutende Auswirkungen: Jean Bart, Tourville (Aufbringen des Konvois von Smyrna nach Lagos) und Forbin erzielten so große Erfolge gegen den englischen Handel, daß sie den Aufbau der feindlichen Handelsflotte blockierten und sich in der englischen Öffentlichkeit Resignation zeigte.

Aus den beiden Amerika drang die Kunde von der Einnahme Cartagenas und seiner Schätze durch Pointis nach Frankreich: 20 Millionen Pfund Beute, ohne den Anteil der Freibeuter von Santo Domingo mitzuzählen. In Nordamerika besetzte die kleine kanadische Kolonie englische Niederlassungen an der Hudsonbai und in Neufundland. Der Großhändler Descazaux du Hallay aus Nantes behauptete 1720, daß die Beute mehr zur Entwicklung des französischen Handels beigetragen habe als alle vorangegangenen Maßnahmen. Der Krieg behinderte weder den Sklavenhandel noch den Zuckerexport der französischen Antillen.

Zu Lande folgten die französischen Siege in den spanischen Niederlanden und in Katalonien: Fleurus (1690), Neerwinden (1693) und Barcelona (1697) wurden eingenommen. Nirgendwo waren die französischen Grenzen bedroht.

Der Frieden von Rijswijk (1697) entsprach jedoch weder den gewaltigen Kriegsanstrengungen noch den Siegen Frankreichs. Ludwig XIV. gab den wesentlichen Teil der von den Reunionskammern annektierten Territorien in den Niederlanden, in Luxemburg und zwischen Rhein und Mosel zurück. Nur das Elsaß blieb vollständig französisch. Frankreich räumte auch Pinerolo in den Alpen und das gesamte Lothringen. Holland wurde durch eine Befestigungslinie vor französischen Aggressionen geschützt; die Festungen Furnes, Knokke, Ypern, Warneton, Menin, Tournai, Ath, Mons, Binche, Charleroi, Namur und Dendemonde zwischen Gent und Antwerpen, um die Verbindung mit den Niederlanden zu gewährleisten, wurden von holländischen Truppen besetzt. Dieser Vertrag spiegelte den Willen wider, die Grenzen entlang natürlicher Hindernisse zu ziehen, so daß Ludwig XIV. auf alle Befestigungen am rechten Rheinufer verzichten mußte.

Wie erklärt sich dieser Gegensatz zwischen der militärischen Situation und dem diplomatischen Rückschlag? Es steht außer Zweifel, daß der König nachgab. Während des Krieges gegen Frankreich setzte Österreich seine siegreichen Feldzüge gegen die Türken in Ungarn fort. Seit 1691 vermehrten sich seine Erfolge, wie der Sieg von Nisch und Slankamen, die Befreiung Siebenbürgens und der Aufstand der christlichen Bevölkerung im Balkan bewiesen.

1697 wurde der Großneffe Mazarins, Prinz Eugen von Savoyen, den Ludwig nicht wollte und der deshalb in österreichische Dienste trat, Feldmarschall der österreichischen Armee und gewann die Schlacht von Zenta. Danach eroberte er Sarajewo. Im Frieden von Karlowitz (1699) fiel das gesamte Ungarn an Österreich, während Venedig Morea erhielt. Im dritten österreichisch-türkischen Krieg (1716–1718) gelang Österreich der Vorstoß über die Donau und Belgrad hinaus. Durch diese Folge großer Siege stieg es endgültig in den Rang einer Großmacht auf, die nun nach Westen hin freie Hand gewann.

Auch die spanische Frage spielte bei der Unterzeichnung des Vertrages eine Rolle. Da vorauszusehen war, daß der König von Spanien sein Reich den Habsburgern vermachen würde, einigten sich Ludwig XIV. und Wilhelm von Oranien in einem geheimen Teilungsvertrag, der einen französisch-englischen Krieg verhindern sollte.

Der Krieg förderte aber auch noch weitere Konfliktfelder zutage. In Kanada gelang es Missionaren und französischen Forschern, die die bewaldeten Weiten der großen Ebenen von Mississippi, Missouri und Ohio (der »schöne Fluß« oder der »Colbert«-Fluß) erkundeten, die großen Seen mit dem Golf von Mexiko zu verbinden. Diese Routen dienten der Schiffahrt und dem Transport von Fellen. Die mit den Indianern auf vertrautem Fuß stehenden »Trapper« benutzten sie, um von Handelsposten zu Handelsposten zu ziehen. Wie in Sibirien, so vollzog sich auch hier die Besitzergreifung von gewaltigen Räumen durch eine Handvoll Abenteurer und Idealisten, die von einigen einfachen Militärposten beschützt wurden. An die englischen Kolonien der atlantischen Küste grenzend, erstreckte sich zwischen dem Meer und den Appalachen ein ausgedehntes Kontinentalreich, das sich zwar noch selbst verteidigen konnte, jedoch unter Menschenmangel litt. Im Jahre 1700 zählte das französische Kanada kaum mehr als zwanzigtausend Einwohner, und der Rest des noch leeren Raums wurde von weniger als zwei- bis dreitausend Menschen bewohnt. Angesichts des demographischen Drucks der 200000 Engländer der Ostküste ließen sich Zusammenstöße nicht vermeiden. Man war sich dessen noch nicht bewußt, aber die Leistungen der Kanadier hatten in London einige Intellektuelle beeindruckt.

1698 und 1700 wurden zwei geheime Teilungsverträge abgeschlossen, was sich allerdings als unnötige Vorsichtsmaßnahme erwies. Karl II. von Spanien, der den Inhalt der Abkommen kannte, vermachte nämlich in seinem Testament die Gesamtheit seines Reiches einem der Enkel Ludwigs XIV., dem Herzog von Anjou, und entsprach damit dem Willen des spanischen Volkes, das Reich intakt zu halten. Die französische Partei in Madrid hatte wirkungsvoll gearbeitet. Die Überraschung in Europa war groß und legte die Lunte an das Pulverfaß. In einer denkwürdigen Ratsversammlung entschloß sich Ludwig XIV. nämlich zur Annahme des Testaments. Das war eine konsequenzenreiche Entscheidung, die jedoch im Unterschied zu den Beschlüssen von 1685 und 1688 eine genauere Analyse verlangt: Sie stellt vielleicht eines der heikelsten Probleme der französischen Geschichte dar.

Sollte Ludwig das Testament annehmen oder nicht? Im positiven Fall verletzte er das Abkommen mit den Seemächten und lieferte sich einem Zweifrontenkrieg aus. Wenn er es ausschlug, drohte ein Konflikt mit Österreich und Spanien. Man hat Ludwig XIV. vorgeworfen, auf ein untergehendes Land und nicht auf die Mächte der Zukunft gesetzt, an die militärische Stärke Spaniens geglaubt und die der Anglo-Holländer unterschätzt zu haben.

Im Grunde handelte es sich aber um ein handelspolitisches Problem. Das Testament zu akzeptieren hieß, dem französischen Handel den direkten Zugang zu den spanischen Kolonien in Amerika zu verschaffen. Dieser riesige Markt machte den Reichtum der Großhändler von Saint-Malo, Nantes und Marseille zwischen 1700 und 1713 aus. Sie erzielten phantastische Gewinne und schenkten Frankreich die großen Unternehmerpersönlichkeiten, die Colbert sich gewünscht hatte. Hinter dem politischen Einsatz stand das Silber der peruanischen und vor allem der mexikanischen Minen.

Die Annahme des Testaments implizierte daher eine Umorientierung der französischen Politik in Richtung Meer und Großhandel. Das reichte aus, um mit dem brasilianischen Gold zu konkurrieren, das durch die Vermittlung Portugals die englische Wirtschaft belebte. Nachdem die Silberlieferungen Mitte des 17. Jahrhunderts zurückgegangen waren, woraus eine der Ursachen der politischen Fehlschläge Spaniens zwischen 1630 und 1660 resultierte, stiegen die amerikanischen Silberexporte nach Spanien schon seit 1680 wieder an und erreichten das Niveau des 16. Jahrhunderts. In Europa erlaubte die Wahl Spaniens, sich die spanischen Niederlande zu sichern. Gemäß dem späteren Wort Choiseuls sollte die französische Politik fortan durch den Seehandel bestimmt werden. So sehr diese Perspektiven die französischen Geschäftskreise lockten, so sehr beunruhigten sie natürlich diejenigen Englands und Hollands.

Als Militärmacht befand sich Spanien in der zweiten Hälfte des 17. Jahrhunderts im Niedergang. Die ohnehin ungenügenden Staatseinnahmen wurden darüber hinaus auch noch schlecht eingesetzt. Die Armee befand sich in einem mittelmäßigen Zustand, und die Marine wies einen deutlichen technologischen Rückstand gegenüber den Seestreitkräften

Nordeuropas auf. Doch niemand ahnte die Tiefe des spanischen Nationalgefühls und ebensowenig die relative militärische Schwäche des iberischen Königreichs.

Welche Konsequenzen hätte die Ablehnung des spanischen Erbes für Frankreich besessen? Zwischen Österreich und Spanien hätte sich der Zusammenschluß der Kräfte, den Frankreich seit Richelieu zu zerstören suchte, von neuem vollzogen. Erschwerend kam hinzu, daß sich Österreich zu einer furchterregenden Macht entwickelt hatte. Bei einer Teilung würde Lothringen wahrscheinlich an Frankreich fallen, aber nach Colbert de Torcy, dem Staatssekretär im Außenministerium, schien die Besetzung dieses Gebiets kein Problem. Frankreich durfte sich auch Hoffnungen auf Neapel und andere ferne italienische Besitzungen und auf das spanische Baskenland machen. Schien deshalb eine Entscheidung für Spanien auf lange Sicht nicht verlockender als die andere? Die Seemächte versuchten, Frankreich von den Niederlanden weg und zum Mittelmeer hinzuwenden. Angenommen, der Krieg gegen Österreich hätte sich siegreich entwickelt, was wäre dann aus den Niederlanden geworden? Und wie hätte sich der französische Handel entwickelt?

Es genügt, diese Fragen so zu stellen, um zu sehen, wie schwierig sich die Entscheidung gestaltete. Nachdem er gegen seine Gewohnheit jedem einzelnen Mitglied des Rats, der mehrheitlich für die Ablehnung des Testaments plädierte, das Wort erteilt hatte, entschloß sich der König doch zur Annahme. So berechtigt man die Aufhebung des Edikts von Nantes als unverantwortlich, die Unvorsichtigkeiten und die Provokation von 1688 als verfehlt und die Zerstörung der Pfalz als ungeheuerlich bezeichnen darf, so sehr leuchtet die Haltung Ludwigs XIV. zur spanischen Erbfolge im Jahre 1700 ein. Da er aber den Krieg für unvermeidbar hielt, ließ es der König wieder einmal an Vorsicht fehlen. Die Seemächte waren nach einem langen und kostspieligen Krieg erschöpft; Holland hatte keine andere Wahl, als England zu folgen. In Österreich hingegen war man sehr viel entschlossener.

Trotzdem lieferte Ludwig XIV. die Vorwände und Anlässe zum Krieg allein. Er hielt die Erbansprüche Philipps von Anjou, der König von Spanien geworden war, auf die französische Krone aufrecht, und ließ so eine eventuelle Personalunion der beiden Königreiche als möglich für den Fall erscheinen, daß der Herzog von Burgund als französischer Thronerbe starb. Auf der anderen Seite erkannte er Jakob III. von Stuart als König von England an und verletzte damit die Vertragsbedingungen von Rijswijk, obwohl ihn nichts dazu zwang. Er opferte so eine Karte, die ihm eines Tages erlaubt hätte, die Bande zwischen den beiden englischen Parteien zu lockern. Schließlich ließ er durch ein Überraschungsmanöver die spanischen Niederlande und die holländischen Sperrfestungen besetzen.

Diese Maßnahmen bestärkten die öffentliche Meinung Europas, daß mit dem König von Frankreich kein Auskommen sei. England, Holland und Österreich erklärten den Krieg. Ein Teil der Reichsfürsten folgte, und Frankreich verfügte noch immer nicht über die Mittel, um einen See- und Kontinentalkrieg gleichzeitig zu finanzieren; die Alliierten blieben dieses Mal zu Wasser siegreich. Die französische Niederlage in der Bucht von Vigo – die Engländer versenkten dort im Jahre 1707 Schiffe, die Edelmetalle aus Amerika transportierten – glich weitgehend den Wert des französischen Sieges von Velez-Malaga im Jahre 1704 aus. Dieser Sieg wurde verschenkt, denn entgegen der Meinung des Grafen von Toulouse verzichtete man auf eine Verfolgung des Feindes. Die Engländer konnten so Gibraltar, das sie gerade erworben hatten, behalten. Danach erzielte Frankreich nur noch im Kaperkrieg Erfolge, zum Beispiel in Dünkirchen unter dem Befehl von Jean Bart und vor allem 1711, als Duguay-Trouin Rio de Janeiro brandschatzte. Diese verwegene Tat brachte Frankreich mehr als zehn Millionen Pfund ein.

Paradoxerweise nutzte der Seekrieg beiden Seiten. Den Engländern erlaubte das Konvoisystem, das nach den Katastrophen von 1694 verbessert worden war, die Begrenzung der Schäden; ihre Verluste erwiesen sich als sehr viel weniger gravierend als im vorangegangenen Krieg. Der französische Kaperkrieg schlug in diesem Punkt also fehl. Als Folge des Beinahe-Bankrotts von 1708 sah sich der Staat nicht mehr in der Lage, die französische Marine zu unterhalten, mit dem Ergebnis, daß ihr Zerfall einsetzte. Andererseits war die englische *Navy* zu geschwächt, um die Häfen der südlichen Bretagne wirkungsvoll zu blockieren. Dagegen erlitten die französischen Häfen am Ärmelkanal schwere Wirtschaftsverluste. Mit aus diesen Gründen stagnierte die Entwicklung von Rouen und der Normandie, die damals ihren Platz als erste Seeprovinz des Landes verlor.

Saint-Malo übernahm diese Aufgabe jedoch glänzend und wurde zum Brückenkopf eines mehr oder weniger geheimen Handels mit der Südsee. Mehrere Schiffe aus Saint-Malo, die die Malwinen entdeckten und Kap

Horn umschifften, überquerten den Pazifik und erreichten China; andere umsegelten die Welt, während wieder andere Mokka aus Arabien importierten. Die Großhändler von Saint-Malo, die mit großen Finanziers wie Samuel Bernard zusammenarbeiteten, verzeichneten fabelhafte Gewinne. Die Großhändler aus Nantes und Marseille folgten ihrem Beispiel. Marseille, das dem Krieg seinen außergewöhnlichen Wohlstand verdankte, dehnte seinen Handel kräftig aus. Der Handel mit den Antillen wurde fortgesetzt und sogar erweitert, so daß die Zuckerproduktion der französischen Inseln 1715 fast die der englischen Inseln erreichte. In Nordamerika blieb die Situation unverändert; Kanada konnte sich trotz seiner geringen Bevölkerungszahl verteidigen und beunruhigte die angelsächsischen Kolonien, deren lokale Milizen dem Guerillakrieg, den die Kanadier nach indianischer Art führten, nicht gewachsen waren.

Der englische Handel war insgesamt nicht bedroht, denn die französische Kaperschiffahrt konzentrierte sich hauptsächlich auf den Südseehandel. England verfügte zwar über die militärische Vorherrschaft zu Wasser, aus materiellen Gründen beschränkte sie sich aber auf die nahen Meere. In der Ferne verließ sich London auf seine Konvois. Andererseits schützten sich die französischen Kolonien wie auch das spanische Reich aus eigener Kraft. Der französische Handel befand sich in vollem Aufschwung, verlagerte sein Schwergewicht nach Süden zugunsten der atlantischen Küste und auf Kosten der Häfen am Ärmelkanal. Es gab sehr finanzkräftige Händler, die ihr Vermögen in Friedenszeiten noch steigerten. Die Bilanz Frankreichs zur See wies also Unterschiede auf, war aber weniger katastrophal, als die Historiker lange Zeit annahmen.

Zu Lande sah die Situation sehr viel schlechter aus. Ludwig XIV. besaß nur mittelmäßige Generäle, denen in Prinz Eugen (Österreich) und dem Herzog von Marlborough bei den Engländern geniale Heerführer gegenüberstanden. Dennoch hielt Frankreich anfänglich die Niederlande besetzt und verfügte damit über eine günstige Position. Der König versuchte eine Entscheidung zu erzwingen, indem er den Unabhängigkeitskrieg der Ungarn von 1701 bis 1711 unter der Leitung des Fürsten Rákóczi ausnutzte und gegen Wien einen doppelten Vorstoß plante; der eine Keil sollte mit bayerischer Unterstützung durch Süddeutschland und der andere durch die Po-Ebene marschieren. Das Manöver scheiterte aber durch die Schuld der französischen Generäle kläglich in der Schlacht von Höchstädt (1704). Diese Niederlage besiegelte das Los der Ungarn, aber auch den Ausgang des Landkrieges. Der offensive Kampf verwandelte sich für die Franzosen in einen defensiven Konflikt und folglich in einen finanziellen Zermürbungskrieg. Die Kämpfe übertrugen sich auf Flandern, Norditalien und Spanien.

Erzherzog Karl, der österreichische Anwärter auf den spanischen Thron, landete 1705 in Katalonien, das sich gegen Madrid erhob. Als die Alliierten unter dem Sohn des ehemaligen Beschützers der Protestanten am Hof von Frankreich, Ruvigny, in Madrid einmarschierten, schien Spanien in die Hände der Alliierten zu fallen. Man rechnete nicht mit dem spanischen Patriotismus. Obwohl ein Teil des spanischen Adels wegen seiner Verwicklung in eine Art von Komplott, in dem der künftige Regent eine obskure Rolle spielte und dadurch in Ungnade fiel, geneigt war, in den Dienst Österreichs zu treten, blieb die Bevölkerung Philipp V., ihrem legitimen Herrscher, treu. Der Sieg von Villaviciosa (1710), einer der wenigen großen französisch-spanischen Erfolge, vertrieb Österreich von der Iberischen Halbinsel.

Anderenorts häuften sich die Niederlagen, zum größten Teil wegen der militärischen Unfähigkeit der Führer Villeroy, Marsin und Tallard. 1706 wurde die französische Armee bei Ramillies besiegt. In Italien schlug Prinz Eugen sie bei der Belagerung von Turin trotz zahlenmäßiger Unterlegenheit seiner Armee in die Flucht. Bei Ourdenaarde wurden die französischen Streitkräfte erneut geschlagen.

Während Österreich den ungarischen Aufstand meisterte, brach in den protestantischen Cevennen eine Volksbewegung aus: der Kamisardenaufstand. Dadurch wurde die Staatsgewalt gezwungen, die von Villars kommandierten Truppen dorthin zu entsenden. Die Aufhebung des Edikts von Nantes führte somit zu einem Bürgerkrieg. In dem Augenblick, als im Norden mit Lille eine der größten von Vauban erbauten Festungen 1709 fiel, schien der Süden ebenfalls zu wackeln, denn die Engländer nahmen 1710 Sète und Agde ein. Diese Rückschläge fielen mit dem schrecklichen Winter von 1708 und der nachfolgenden Hungersnot von 1709 zusammen. Die Unbilden der Witterung steigerten das Kriegselend und die Folgen des Bankrotts von 1708 – eine Konstellation, die nicht allein gläubige Gemüter erschreckte.

Ludwig XIV. hatte inzwischen Verhandlungen in die Wege geleitet und weitreichende Konzessionen angeboten: Abwendung Frankreichs von Philipp V. von Spanien sowie die Rückgabe der Städte Maubeuge, Lille und Straßburg, das heißt eines großen Teils der Eroberungen seiner Herrschaft. Von den rachsüchtigen Holländern gedrängt, die damit die gleiche Unvorsichtigkeit wie Ludwig XIV. und Louvois vor fast vierzig Jahren begingen, und von der antifranzösischen Bewegung beeinflußt, die sich in Deutschland nach der Zerstörung der Pfalz entfaltete, forderten die Alliierten, daß sich die französischen Armeen am letzten Sturm gegen den Enkel Ludwigs XIV. beteiligten. Der König weigerte sich: »Ich führe lieber Krieg gegen meine Feinde als gegen meine Kinder.« In allen Kirchen Frankreichs wurde ein langer Brief verlesen, der an die Einsicht und die Loyalität der Nation appellierte. Man schenkte dem König Gehör. Über Nacht brachte man alle verfügbaren Gelder zusammen und stellte eine Armee auf. Sie wurde zwar am 11. September 1709 bei Malplaquet geschlagen, aber Marlborough und Prinz Eugen erreichten nur einen Pyrrhussieg über Villars, denn sie verloren 22000 bis 24000 Mann gegenüber nur 10000 Gefallenen auf französischer Seite. Die besiegte französische Armee flüchtete keineswegs, sondern zwang den Feind zum Rückzug. Im folgenden Jahr drehte der Sieg von Villaviciosa die Situation in Spanien um.

Das Jahr 1711 erlebte mit dem Tod Kaiser Josephs I. den Wendepunkt des Krieges. Sein Bruder Karl VI., österreichischer Anwärter auf die spanische Krone, folgte ihm auf den habsburgischen Thron. Damit war die Situation entstanden, die alle Welt fürchtete: England an erster Stelle und die Renaissance des Reiches von Karl V. Darüber hinaus zwangen die englischen Wähler, die noch mehr Steuern zu zahlen hatten als die Franzosen, die aggressive Whig-Regierung zum Rücktritt und ersetzten sie 1710 durch ein von Lord Bolingbroke geführtes Tory-Kabinett. Die Verhandlungen zwischen Frankreich und England wurden wieder aufgenommen und endeten mit dem Waffenstillstand vom 17. Juli 1712. Die österreichischen Truppen Eugens von Savoyen blieben in Flandern, denn Österreich weigerte sich, dem Waffenstillstand beizutreten. Der Prinz marschierte auf Paris zu und belagerte Landrecies. Der exzellente Nachrichtendienst des Intendanten von Flandern, Le Blanc, verhalf Villars jedoch am 24. Juli 1712 bei Denain zum Sturm auf die österreichischen Waffenmagazine. Die Invasion war fehlgeschlagen.

Danach schloß man zwei separate Friedensverträge ab: den ersten in Utrecht am 11. April 1713 zwischen Frankreich und den Seemächten und den zweiten in Rastatt am 6. März 1714 zwischen Frankreich und Österreich. Im großen und ganzen blieb der Wunsch Karls II. von Spanien unerfüllt, denn das spanische Reich wurde geteilt. Philipp V. behielt lediglich die Krone Spaniens mit Amerika und den Philippinen. Damit hatten Ludwig XIV. und die Franzosen das wesentliche Kriegsziel erreicht. Karl VI. von Österreich erhielt den italienischen Teil der Erbschaft – Neapel, Mailand, Sardinien und die spanischen Festungen in der Toskana – sowie die spanischen Niederlande, die Frankreich zwischen 1700 und 1707 besetzt hatte.

Österreich erweiterte seine Besitzungen beträchtlich und stärkte seine Rolle als Großmacht, indem es mit Frankreich die Küste der Nordsee teilte. Das Prinzip des »Gleichgewichts der europäischen Mächte«, das Credo der englischen Diplomatie, setzte sich wieder einmal durch. Frankreich sah sich zwei Linien von »Sperrfestungen« gegenüber, denn in die Festungen in den österreichischen Niederlanden aus dem Vertrag von Rijswijk rückten holländische Truppen ein. Der zweite Festungsgürtel in der Schweiz zwischen Neuchâtel und Valengin wurde Preußen anvertraut. Sie sollten einen französischen Einfall verzögern und somit das Heranrücken der österreichischen und englischen Verstärkungen ermöglichen. Die Pfalz, Kurköln und das weniger verläßliche Piemont-Savoyen, das heißt die unabhängigen Staaten und Mitglieder der Koalition, erfüllten einen ähnlichen Zweck, so daß sich Frankreich durch die Pufferstaaten und zwischengeschalteten Alliierten unter die scharfe Bewachung der Engländer, Holländer und Österreicher gestellt sah. Nach dem Willen der englischen Unterhändler waren diese Alliierten aber zu schwach, um eine von England unabhängige Politik zu betreiben. Dieses System entbehrte nicht der Raffinesse und glich dem Netz, in dem man nach Waterloo Frankreich gefangenhielt, aber es litt doch unter der Anfälligkeit, daß es von der Haltung Österreichs und Spaniens abhing. Beide Länder fühlten sich vom Ausgang des Krieges wenig befriedigt – Österreich, weil es sich um seinen Lohn gebracht sah, und Spanien, aus Italien ausgeschlossen und gezwungen, Menorca und Gibraltar an England abzutreten, dachte nur an Vergeltung. Aus diesem Grund widmete es sich einem moralischen, ökonomischen, finanziellen und maritimen Wiederaufbau, der Europa beeindruckte und das Land trotz seiner Niederlagen in eine größere Macht als unter Karl II. verwandelte.

Europa »im Gleichgewicht«, das heißt geteilt, stellte in den Augen der Engländer jedoch nur ein Element ihrer Weltpolitik dar. Sie unterzeichneten so schnell, weil Ludwig XIV. bei zwei für sie wesentlichen Punkten nachgegeben hatte: der Marine und den Kolonien. Außerdem sollten die Festungen von Dünkirchen dem Erdboden gleichgemacht werden. Diese Bedingung beabsichtigte Ludwig XIV. durch den Bau von Mardyck rasch zu unterlaufen. In Nordamerika mußte Frankreich die Hudsonbai, Neufundland und, was schwieriger war, Akadien an England zurückgeben, das somit das Tor nach Kanada kontrollierte. Auf den Antillen trat es die St.-Christopher-Insel ab, und schließlich erkannte Ludwig XIV. das Haus Hannover, das nach dem Tod von Königin Anna 1714 den englischen Thron bestieg, als rechtmäßig an.

England verzeichnete also bedeutende Gewinne. Sie korrelierten jedoch nicht mit dem Ausmaß der französischen Niederlagen, worüber sich die öffentliche Meinung in England erheblich entrüstete. Ludwig XIV. rettete praktisch seine Eroberungen aus der Frühzeit seiner Herrschaft. In den Alpen einigte man sich auf den Grenzverlauf entlang der Wasserscheiden. Lothringen erhielt wieder eine gewisse Unabhängigkeit, die aber so unsicher blieb, daß das Land jederzeit mit einer französischen Annexion rechnen mußte.

In Wirklichkeit strebten die Engländer als wesentliche Ziele an, dem französischen Handel den direkten Zugang zum großen südamerikanischen Markt zu entziehen und seine Verbindungen mit der Südsee zu unterbrechen, im Endeffekt sogar, wenn möglich, Frankreich dort ganz zu ersetzen. Der erste Punkt gelang ihnen, denn unter der Herrschaft der Bourbonen zwang Spanien die französischen Händler, ihre Geschäfte über Cadiz abzuwickeln. Auch der französische Südseehandel brach langsam zusammen und verlor nach 1720 seine ökonomische Bedeutung. Dagegen wurde das zweite englische Ziel nicht erreicht. Der Frieden von Utrecht räumte ihnen das Recht auf »Permissionsschiffe« ein. (Ein Privileg, das Spanien England im März 1713 zuerkannte. Entsprechend diesem Privileg durfte England jährlich ein Schiff von 500 Tonnen, »Permissionsschiff« genannt, mit zollfreien Waren ins spanische Reich schicken. Anm. d. Übers.) Englische Reeder nutzten dieses Privileg geschickt für den Transport von Schmuggelware. Ihre Schiffe enthielten doppelte Böden und wurden nachts durch Kähne versorgt, die aufs offene Meer fuhren. Vor allem aber erhielt die englische Marine das *Asiento*-Recht, das heißt die Pacht am Sklavenhandel. Aber trotz des Einfallsreichtums von Reedern und Kapitänen hatten die Permissionsschiffe nur beschränkten Erfolg. Die spanischen Behörden verfolgten den Schmuggel mit exemplarischer Strenge. Der Sklavenhandel mit den spanischen Überseebesitzungen warf bis zum sehr zögerlichen Aufbau der großen Zuckerplantagen in Kuba nur mäßig Gewinne ab, denn der Bedarf an schwarzen Sklaven blieb gering. Neuere Studien zeigen darüber hinaus, daß sich die Klausel zur Erhaltung französischer Fischereirechte vor Neufundland zuungunsten der Engländer auswirkte. Die Franzosen verstanden es sehr gut, von den Unklarheiten des Utrechter Vertragstextes voll zu profitieren. Der Vertrag bot den Engländern weit weniger Vorteile, als man bisher oft meinte. Das eigentliche Ergebnis des Krieges lag in der von England erworbenen uneingeschränkten Beherrschung der Meere. Mit seinen 131 Linienschiffen (131631 Tonnen) und 113 kleineren Schiffen (35965 Tonnen), das heißt einer Armada von insgesamt 244 Kriegsschiffen, die 1715 zusammen ungefähr 167000 Tonnen erreichten, übertrumpfte es alle anderen Seenationen einschließlich Holland und Frankreich.

KONSEQUENZEN AUS EINEM VIERTELJAHRHUNDERT KRIEG

Ungefähr fünfundzwanzig Jahre Krieg, in denen der Handel eine beträchtliche Rolle spielte, hinterließen ihre tiefen Spuren im Land. Die Rechnung der Alliierten, Frankreich finanziell aufzureiben, stellte sich nur als halber Erfolg heraus. Frankreich hielt zwar stand, mußte sich aber für das gesamte folgende Jahrhundert verschulden. Diese Mehrbelastung erhöhte sich mit jedem Krieg noch zusätzlich. Das galt allerdings auch für England und noch mehr für Holland, der Unterschied bestand nur in der Tatsache, daß England seit der Restauration der Stuarts, vor allem aber seit den Jahren 1692–1700, einen Prozeß in Gang gesetzt hatte, den die englischen Historiker als »finanzielle Revolution« bezeichneten. Dieser Begriff besitzt mehr Berechtigung als der der »industriellen Revolution«. Frankreich hingegen gelang diese finanzielle Revolution nicht, sondern erlebte statt dessen, verkürzt ausgedrückt, die Große Revolution. Das also war das Hauptergebnis von fünfundzwanzig Jahren Krieg.

Ludwig XIV. und seine Generalkontrolleure hielten sich bei der Steuereintreibung an die klassischen, seit dem 16. Jahrhundert erprobten

Methoden. Die »außerordentlichen« Einnahmen aus den bekannten Steuern änderten sich nicht; zum Beispiel aus dem Verkauf von Adelsbriefen, aus dem Aufspüren falscher Adliger und aus der Schaffung neuer Ämter. Aber diese Maßnahmen griffen nicht mehr, und es wurde immer schwieriger, dafür Liebhaber zu finden. Das galt um so mehr, als die Landwirtschaft 1694 und 1709–1710 zusammenbrach. Man mußte deshalb auf Staatsanleihen zurückgreifen, dem wichtigsten der außergewöhnlichen Mittel. Der Staat geriet zunehmend in die Abhängigkeit von Geldverleihern. Nach drei oder vier Jahren Krieg wurde der Haushalt von Staatsschulden, dem Zinsendienst und der Rückzahlung der Anleihen fast aufgebraucht.

Daraus ergaben sich zwei Konsequenzen. Einerseits fielen die Kriegsanstrengungen, die sich im Laufe der ersten Jahre des Konflikts noch verstärkt hatten, unter ihr Vorkriegsniveau zurück. Andererseits rückte der Zeitpunkt näher, an dem die neuen Anleihen nur noch zur Tilgung der Zinsen für die alten Anleihen dienten. Dieses etwas summarische Schema verdeutlicht indes gut das Problem. Es wurden Rückzahlungsversprechen gemacht, die unweigerlich zu einer inflationären Situation führten, die wiederum die militärischen Ausgaben verteuerten. Wenn alle Mittel erschöpft waren, drohte der Bankrott. Der König pflegte dann den bisherigen Generalkontrolleur durch jemanden zu ersetzen, der noch über Kredit verfügte und bereit war, sich selbst in mehr oder weniger große finanzielle Schwierigkeiten zu stürzen. Dieser Austausch von Beamten und Steuerzahlern ging nicht ohne Einschüchterungsmaßnahmen gegenüber den Staatsgläubigern ab. In den letzten dreißig Jahren der Herrschaft Ludwigs XIV. handelten deshalb zahlreiche Theaterstücke, zum Beispiel *»La Rue Saint-Denis«* von Champmeslé, von betrügerischen Bankrotten, brachten Wucherer auf die Bühne, enthüllten »Bankgeheimnisse« oder griffen unmittelbar Steuerpächter an. Diese Stücke waren erlaubt und sogar vom Staat erwünscht, wie *»Les Agioteurs«* von Dancourt oder *»Turcaret«* von Lesage, ein Stück, das den Schutz des Dauphins genoß und den Bankrott beschrieb, den Ludwig XIV. 1708 erlitt.

Angesichts der Unzulänglichkeit der klassischen Steuerquellen sah sich der König gezwungen, neue Steuern zu erheben, 1694 die Kopfsteuer und 1710 den Zehnten. Beide Steuerformen sollten nur für die Zeit des Kriegs gelten. Die Kopfsteuer geriet jedoch sehr schnell zur ständigen Steuer. Sie wurde auf Haushalte entsprechend ihrer sozialen Situation erhoben und teilte die französische Gesellschaft vom Dauphin bis zum letzten Bauern in zweiundzwanzig Kategorien ein. Tatsächlich wurde die Kopfsteuer nach der Einschätzung des Vermögens festgelegt und um eine zusätzliche Quote für Bedienstete erweitert, so daß sie als egalitäre Steuer erschien. Die Dringlichkeit der Bedürfnisse führte die Provinzen dazu, sich durch die sofortige Zahlung einer großen Summe darauf »zu abonnieren«, das heißt, sich freizukaufen; die Kopfsteuer wurde dadurch inegalitär und begünstigte, vor allem in den Landständischen Provinzen, den Adel. Der Zehnte erstreckte sich auf den Zehnten der Grundeinnahmen und vor allem, in einem geringeren Ausmaß, auf die Einkünfte »aus Handel und Industrie«. Während der ersten Hälfte des 18. Jahrhunderts wurde er nur zu Kriegszeiten erhoben; nachdem man ihn 1748 in den Zwanzigsten umgewandelt hatte, wurde er zu einer Dauersteuer. Diese allgemeine Steuer wurde so ehrlich umgelegt, wie es in dieser Epoche möglich war. In der Tat beruhte der Zwanzigste auf Einkommensteuererklärungen mit Belegen, beispielsweise notariell beglaubigten Verträgen und Zahlungsbescheinigungen für Adelsrechte. Schon seit der Zeit des Zehnten erregte diese Steuer Mißfallen, denn es handelte sich um eine neue Abgabe. Es herrschte auch die Vorstellung vor, daß sie dem von der Bibel (Buch der Könige) ausgesprochenen Verbot von Volkszählungen zuwiderlief.

Trotz diesen neuen Steuern verringerten sich die Einnahmen des Staates fast um die Hälfte, im wesentlichen wegen den ausbleibenden Agrareinnahmen aufgrund klimatischer Katastrophen von 1693 und von 1709–1710. Der Staat sah sich gezwungen, auf Papiergeld zurückzugreifen, auf Zahlungsversprechungen, Umlegungen auf diverse Kassen und so weiter. Das Steuersystem wurde nie koordiniert. Vor allem fehlte noch immer eine Zentralbank, die diese Papiere rediskontiert hätte, wie die Bank von England seit 1694. Dafür gab es vielerlei Gründe: Der König selbst scheint nur widerwillig das Prinzip einer Staatsbank akzeptiert zu haben, die ihn den Wucherern ausgeliefert hätte. Die Finanzbeamten und Bankiers lehnten aus unterschiedlichen und manchmal gegensätzlichen Gründen die Zentralbank ebenfalls ab. Das erklärt die unaufhörliche Entwertung zahlreicher im Umlauf befindlicher Papiere, die wiederum zu einer ständigen Erhöhung des Zinssatzes, der insgesamt sehr viel höher lag als beim Privatkredit, bei den dem Staat bewilligten Darlehen führte.

Diese und andere Steuern riefen zahlreiche Unruhen hervor, mit teilweise sehr ernsten Auswirkungen; die Armee griff hauptsächlich zur Warnung und Abschreckung ein. In den Städten hingegen regte sich nichts, entweder aus Angst oder weil sie gewisse Privilegien genossen. Die Macht der Intendanten wuchs; sie waren die wichtigsten Steuereinnehmer.

Neben den Steuerdruck trat die Wehrpflicht. 1688 wurde die Miliz geschaffen, als Auftakt zur Wehrpflicht. Die Miliz im Dienst der Gemeinden ergänzte, wenn auch von ungleichem militärischem Wert, die reguläre Armee. Die Kommunen finanzierten die Ausrüstung der Männer und entledigten sich auf diese Art manchmal unerwünschter Personen. Die Miliz stand unter der Führung des örtlichen Adels. An den Küsten existierten Küstenwachen. Es ist bemerkenswert, daß diese Rekrutierung von mehr als 250000 Milizionären keine stärkeren Reaktionen hervorrief, während die Aushebung von 300000 Mann 1793 einen Aufstand in der Vendée auslöste. Der Grund dafür war, daß die Aushebung unter Ludwig XIV. jahrgangsweise erfolgte, die Dörfer politisch kaum gespalten waren und die Armee ihren Soldaten während der Hungersnöte eine Überlebenschance bot.

Insgesamt stellten die Kriege jedoch Krisenperioden dar, allerdings mehr aus klimatischen als aus politischen Gründen. Der Krieg verschärfte nur die natürlichen Ursachen, die die Regierung kaum beeinflussen konnte, und hatte seinerseits erhebliche Auswirkungen auf die Wirtschaft. Selbst außerhalb den direkt von Invasionen betroffenen Gebieten in Nordfrankreich litt die Wirtschaft unter den Auswirkungen des See- und Handelskriegs.

In der Textilbranche kam es zu zwei sehr gegensätzlichen Entwicklungen. Die Wollindustrie profitierte vom Krieg und setzte ihren seit 1661 ungebrochenen Aufschwung mit einem jährlichen Wachstum zwischen 1688 und 1715 von mehr als 1 Prozent fort. Diese Wachstumsrate hielt sich bis zur Revolution. Dagegen war die Leinenindustrie des Westens in vollem Ausmaß von den englisch-holländischen Vergeltungsmaßnahmen betroffen. Sie verlor die englischen und holländischen Märkte, die fortan von Irland und Schlesien beliefert wurden, und behielt nur die spanischen und kolonialen Märkte bei. Dieser Vorgang hätte sich auch in den Weingegenden wiederholen können. Seit dem Mittelalter hatte die Provinz um Bordeaux England und Holland mit »Klarett« beliefert. Als der Krieg die Weinorte abschnitt, wandten sich die Seemächte anderen Weingegenden zu. Sie importierten Portwein aus Portugal, Sherry und Weine der iberischen Atlantikinseln mit höherem Alkoholgehalt und daher längerer Lagerdauer. Die französischen Weine blieben in ihren Fässern, was zu erheblichen Schwierigkeiten in den Kellern führte.

Seit geraumer Zeit wurde nach geeigneten Konservierungsverfahren gesucht, und daraus entwickelten sich drei Techniken. Die erste bestand in der Destillierung und Lagerung des Destillats in Eichenfässern, um sein Altern zu begünstigen; einige Weingegenden, wie am Ufer der Charente, spezialisierten sich auf gewisse Alkoholsorten, etwa Billigprodukte, die man an die Indianer Nordamerikas verkaufte oder für afrikanische Sklaven tauschte, oder hochwertige Produkte wie Cognac. Das zweite Verfahren bestand darin, den Wein auf eine Weise reifen zu lassen, die in der Champagne von Dom Pérignon entwickelt wurde. Dieses Verfahren erforderte die industrielle Herstellung von dickem, haltbarem Glas und von Spezialkorken, deren Grundmaterial aus Portugal eingeführt wurde. Drittens wurde die Weinproduktion vor allem aus Gründen der Konservierungstechniken verbessert, was eine genaue Überwachung der Hygiene bei den Kellereiarbeiten voraussetzte. Die Schaffung eines Vertriebsnetzes aus Zwischenhändlern erlaubte den verbesserten Absatz der französischen Weinproduktion. Paradoxerweise wurde dieser Vertrieb von englischen und holländischen Großhändlern geboten. Sie machten die »Château«-Weine der Gegend um Bordeaux berühmt. Man kostete sie in der Taverne von Edward Lloyd, der später eine Gesellschaft für Seeversicherungen gründete.

Der französische Weinbau erlebte, zum Teil unter dem Druck der Ereignisse, eine entscheidende Wende. Man ging von kurzlebigem zu langlebigem Wein (Lagerwein) über. Die Umstellung fand in großen, gut organisierten privaten Kellereien statt, die mit lokalen Großhändlern, nordeuropäischen Verkäufern und einigen kirchlichen Organisationen in Verbindung standen. Der englische Philosoph John Locke stellte schon in den Jahren 1670–1680 fest, daß im Bordelais ein »Trennungsgraben zwischen zwei Grundbesitztümern (genügt), um den Preis eines Fasses beträchtlich in die Höhe zu treiben«. Nach ihrer Flaschenabfüllung in den Ankunftshäfen wurden diese Weine vor Ort gehandelt. Aufgrund der industriellen Kapazität dieser Zentren, solide Flaschen und Korken zu wettbewerbsfähigen Preisen zu liefern, besaßen diese Weine den Vorteil, großen Wert bei kleinem Volumen zu bieten. Man verkaufte sie an die wohlhabende Kundschaft der Mächtigen, und sie erreichten ihr Ziel ungeachtet kriegerischer Wirren. Dadurch erreichte der Weinbau um Bordeaux Exportzahlen, die mit den heutigen konkurrieren können. Der Wein verstärkte seine Position als Ausfuhrprodukt und übertraf im Gesamtwert den Export an Manufakturwaren.

Dennoch bleibt festzuhalten, daß Hunger und Tod der Landbevölkerung aufgrund der beiden klimatischen Krisen die bäuerliche Welt schwer in Mitleidenschaft gezogen hatten. Die französische Bevölkerung stagnierte zwischen 1690 und 1720 auf einem Niveau von ungefähr 20 bis 22 Millionen Einwohnern. Nichts führt an der Tatsache vorbei, daß die Krise das Wachstum drei Jahrzehnte lang blockierte, und das hat sich vor Augen zu halten, wer die ersten Anzeichen des französischen Malthusianismus im 18. Jahrhundert erklären will. Einige Gegenden waren besonders in Mitleidenschaft gezogen. Die Sterberate der Bevölkerung zusammen mit dem dramatischen Rückgang der Geburtenrate – nach Pierre Goubert das Symptom einer echten Bevölkerungskrise – nahm als Folge der letzten Hungersnöte schwindelerregende Ausmaße an. Die Tatsache des unglücklichen Zusammenfallens der langen Kriegszeit mit diesen beiden Krisen und der finanzielle Staatsnotstand waren schließlich der Grund dafür, daß Frankreich gegen Ende der Herrschaft Ludwigs XIV. gezwungen war, eine neue Atempause einzulegen.

KAPITEL V

Die »Revolutionen« des 17. Jahrhunderts

In seinem *»Avis nécessaire à ceux qui auront la curiosité de voir la machine arithmétique et de s'en servir«*, trifft Blaise Pascal mehrere Feststellungen über die Schwierigkeit des Rechnens, über die Beziehung zwischen Gelehrten und Handwerkern sowie über das Verhältnis von Theorie und Praxis. Sich an den Leser wendend schreibt er: »Du weißt, wie der Rechnende (besonders, wenn es ihm an Übung fehlt), zum Beispiel wenn er mit Jetons arbeitet, oft aus Angst vor Fehlern dazu gezwungen ist, die Jetons lange aufzureihen, und wie er dann abkürzen und die unnützen Jetons wegnehmen muß. Das kostet ihn nutzlose Mühen und zweimal soviel Zeit. Du weißt auch, daß man bei der Arbeit mit der Feder jeden Augenblick gezwungen ist, sich die notwendigen Zahlen zu merken und zu borgen, und wie viele Fehler in dieses Merken und Borgen einfließen, es sei denn, man besitzt eine große Übung und darüber hinaus eine große Aufmerksamkeit, was den Geist in kurzer Zeit ermüdet.«

Er empfiehlt, Handwerkern zu mißtrauen, die Maschinen aus eigener Erfindung herstellen, und fügt hinzu: »Je besser sie in ihrer Kunst sind, desto mehr steht zu fürchten, daß sie eitel werden durch die eilfertige Überzeugung, sie seien imstande, eigenhändig Neues in Angriff zu nehmen. Sie gehen tastend, das heißt ohne sicheres Maß und ohne durch Kunst geregelte Lehrsätze, vor. Für neue Erfindungen gilt, daß die Kunst die Regeln der Theorie so allgemeingültig gestaltet, daß sie schließlich zur bloßen Fertigkeit reduziert werden und daß die ständige Übung den Handwerkern die Gewohnheit gibt, die Regeln mit Sicherheit zu befolgen und zu praktizieren. Es ist einfachen Handwerkern unmöglich, so geschickt sie auch in ihrer Kunst sind, ein neues Gerät zu perfektionieren, das aus komplizierten Bewegungen besteht, ohne die Hilfe einer Person, die durch die Regeln der Theorie die Maße und Proportionen aller Bestandteile angibt, aus denen es zusammengesetzt sein muß.«

Pascals Maschine, die vier Grundrechenarten beherrschte, war auf technischer Ebene ein voller Erfolg. Sie wurde aber nur in kleiner Stückzahl gebaut und setzte sich auf dem Markt nicht durch. Dieser Mißerfolg beruhte einerseits auf dem Fehlen einer ausreichenden Kundschaft und andererseits auf der geringen Zahl von Handwerkern, die eine Maschine von großer Präzision bauen konnten. Vielleicht aber erschien 1652 nur das zu schwierig, was sich einige Jahre später bereits leicht lösen ließ.

Versuchen wir daher zusammenzufassen, was der Autor der *»Pensées«* – ein gegen seine freidenkerischen Freunde geschriebener Essay – über seine Zeit enthüllt. Schon der erste Textauszug läßt die Schwierigkeiten des Grundrechnens in den höchsten Sphären der Gesellschaft um die Mitte des 17. Jahrhunderts erkennen. Der Gelehrte, der seine Maschine entwarf, um seinem Vater bei den Steuerberechnungen in der Normandie zu helfen, zeigt deutlich die geistigen Hindernisse; die praktischen Schwierigkeiten mit den Rechenjetons und die mangelnde Beherrschung des Kopfrechnens führten zu beträchtlichen Fehlern. Doch bereits ein Jahrhundert später galt Saint-Simon als anachronistisch, nur weil er seine Unfähigkeit, diese vier Grundrechenarten zu meistern, eingestand.

Wir erblicken hier eines von vielen Beispielen, daß man die »Zeiten des Ungefähr« in allen Bereichen überwunden hatte und in die Ära der Präzision eingetreten war. Dieses Bemühen um Genauigkeit läßt sich auch im Wortschatz und in der Syntax jener Zeit beobachten – so im logischen Satzaufbau durch die Folge von Subjekt, Prädikat und Ergänzung. Es ist aufschlußreich, daß während der Zeit, als Descartes an dem *»Discours de la méthode«* schrieb, viele Werke zur Grammatik erschienen. Die Kunst der logischen Gedankenordnung verfeinerte sich zusehends, und es scheint deshalb, als ob mit der Ordnung der Sprache, die ja infolge der Schöpfung abstrakter Termini eng mit der Ordnung der Intelligenz zusammenhängt, ein erstes Mittel gefunden wurde, um der Gefahr eines Zerfalls sprachlicher Strukturen durch andere Einflüsse vorzubeugen.

Aus diesem Bemühen um gedankliche und sprachliche Präzisierung folgte die »Mathematisierung« der Welt: Waren es nicht gerade Pascal und seine Epigonen, die auf der absoluten Unfehlbarkeit der Geometrie als einzig perfekter Wissenschaft beharrten? Diese Mathematisierung verlief auf drei, einerseits getrennten, andererseits aber doch miteinander verbundenen Ebenen. Die höhere Mathematik entwickelte sich erst, nachdem die Grundrechenarten, obwohl im Prozeß des Erfindens unbedeutend, aber als Mittel des geistigen Trainings von großer Bedeutung, vollständig beherrscht wurden. Die Monetarisierung der Wirtschaft und die Häufung des Papiergelds kamen ohne die »volkstümliche« Mathematik nicht aus. Schließlich setzte die Mathematisierung aller Bereiche (Astronomie, Politik etc.) voraus, daß man die vier Rechenarten mühelos beherrschte.

Der zweite Text Pascals, der in mehr als einer Hinsicht fesselt, zeugt von der Vitalität des hochqualifizierten Handwerks, besonders des Uhrmacherhandwerks. Die Uhr stellte die andere Form der Mathematisierung des täglichen Lebens dar. Sobald irgendwo eine Idee auftauchte, ob in Rouen oder Paris, verbesserte man bekannte oder schuf man neue Maschinen, Automaten und Erfindungen aller Art. So erwarb Europa nach zahlreichen Gehversuchen seinen technischen Vorsprung. Die Kehrseite der Medaille bestand in der Häufigkeit der Fehlschläge, die Pascal durch die noch wenig ausgebildeten Beziehungen zwischen Technikern – Pascal nennt sie »Handwerker« –, Gelehrten und Theoretikern erklärte. Für den Handwerker ließ sich ohne den Leitfaden der Theorie nichts realisieren; die allerdings mußte so breit angelegt sein, daß sie die tägliche Realität erfaßte. Dieser Passus aus dem Werk Pascals läßt sich auch als ruhmvolle Seite aus dem Buch der Wissenschafts- und Technikgeschichte lesen, die ausgezeichnet darlegt, worin das Wesen der Erneuerung im 17. Jahrhundert bestand.

Diese Erneuerung entstand aus dem gemeinsamen Mühen von Schriftstellern und vor allem Gelehrten; sie resultierte aus der Bereicherung der intelligenten Hand durch das schöpfende und ordnende Gehirn. Die Errungenschaften revolutionierten die Astronomie (nach den Fortschritten des 16. Jahrhunderts) und die Physik, und sie zogen das komplexe Gebäude der christlichen und aristotelischen Vision der Welt in Zweifel. Aber der Durchbruch vollzog sich wegen des notwendigen gewaltigen Schritts selbst in Intellektuellenkreisen nur langsam. Frankreichs Beitrag zu dieser Entwicklung betraf die Erarbeitung einer neuen Logik: Descartes' *»Discours«* führte eine absolute Logik ein; sie lief auf eine abstrakte Physik hinaus, die sich jedoch nicht vor den tatsächlichen Bedürfnissen des Alltags bewähren mußte.

Statt dessen vermochte das Königreich Ludwigs XIV. dem qualifizierten Handwerk nur wenig zu bieten, das noch während des vorangegangenen Jahrhunderts im kapitalistischen Süddeutschland, namentlich in den großen Handelsmetropolen Augsburg und Nürnberg, und später im reichen Holland und dem wirtschaftlich aufstrebenden England große Förderung genoß. Der »wissenschaftliche« Handwerker mußte hochqualifizierte Produkte liefern, weil nur sie ihm die Fortentwicklung erlaubten, selbst wenn er später in staatliche Dienste trat.

Frankreich beteiligte sich am wissenschaftlichen Fortschritt weniger durch die Arbeiten großer Theoretiker – wen konnte es einem Newton oder Torricelli schon entgegensetzen? – als durch die theoretisierende und simplifizierende Umsetzung geistiger Spitzenprodukte, die auf eine Infragestellung der Welt und die Ablehnung des Christentums hinausliefen. Damit wurde die Philosophie des 18. Jahrhunderts – von Cyrano de Bergerac bis Mitton, dem Freund Pascals – durch das aufgeklärte Freidenkertum angekündigt und vorbereitet.

Die Gründe für die Erfolge und Fehlschläge Frankreichs in diesen Bereichen liegen noch im Dunkel. Warum wirkte sich die Entdeckung neuer Gesetze während der ersten Hälfte des 17. Jahrhunderts im Anschluß an die Arbeiten eines Tycho Brahe in Dänemark oder eines Johannes Kepler in Deutschland so wenig im Lande aus? Den Krieg als alleinige Entschuldigung anzugeben genügt nicht. Das leidvolle Leben des Astrologen und Astronomen Kepler räumt radikal mit dem Determinismus auf, demzufolge das Elend des Krieges der Wissenschaft schade. Colbert und Ludwig XIV., die sich über den französischen Rückstand keinen Illusionen hingaben, unternahmen gewaltige Anstrengungen, um den Anschluß zu finden. Sie übernahmen die Wissenschaft in den Dienst des Staates und stellten ihr weit mehr Mittel als andere Staaten zur Verfügung. So zeichnete das Pariser Observatorium mit Hilfe seiner astronomischen Instrumente eine präzise geographische Karte Frankreichs.

Möglicherweise schloß der Wille zur Rationalisierung, von einem gewissen Standpunkt aus gesehen, zu stark jenes Quantum an Phantasie und Einbildungskraft aus, die für das schöpferische Genie unentbehrlich sind. Vielleicht war auch der Graben zwischen dem geistigen Erfinder und dem hochqualifizierten Handwerker schon zu breit. Pascal jedenfalls bekannte, die Instrumente nicht handhaben zu können, »ohne die Hilfe eines Arbeiters, der perfekt die Praxis der Drehbank, der Feile und des Hammers beherrscht, um die Elemente der Maschine auf die Maße und Proportionen zu bringen, die ich durch die Regeln der Theorie vorgeschrieben habe«. Galilei, Newton und Huygens bauten wenigstens einen

Teil ihrer Maschinen selbst, und in Oxford arbeitete eine Werkstatt, die an die Forschung angeschlossen war. Schließlich hing diese relative wissenschaftliche Wirkungslosigkeit mit dem Mangel an individueller Vorstellungskraft zusammen: Ein guter Teil der fundamentalen Entdeckungen der Epoche – von Galilei bis zu Newton – ging oft von persönlicher Intuition und Hypothesen aus, in denen das Irrationale und vor allem das Religiöse eine große Rolle spielten.

In Frankreich verbreiteten Salons, vor allem die, in denen zu Beginn des 18. Jahrhunderts Voltaire verkehrte, popularisierte Versionen wissenschaftlicher Entdeckungen. In der gehobenen Gesellschaft entwickelten sich schon sehr früh deistische oder atheistische Lehren. Während der Atheismus im 16. Jahrhundert, zur Zeit von Rabelais, praktisch undenkbar war, trat er am Ende des 16. und vor allem im Laufe des 17. Jahrhunderts mehr und mehr in Erscheinung. Die *»Apologie pour la religion chrétienne«* – der ursprünglich vorgesehene Titel der *»Pensées«* – richtete sich Pascal zufolge an die Freigeister in der Grafschaft Poitou und noch mehr an den Kreis der Pariser Freidenker, der von Prinz Condé persönlich geleitet wurde. Die »Scharen um Condé« vereinten »alle Abkömmlinge von Théophile de Viau« unter dem Schutz von Madame Deshoulières, der Dioclea der Dichter (Dioclea war ein Beiname, der im intimen Kreis um den Prinzen Condé kursierte. Anm. d. Übers.).

Diese Freidenker waren tief im militärischen Hochadel, bei Bankiers und den Amtsträgern der *finance* verwurzelt, aber auch in der Welt der Literatur, besonders bei den »Emporkömmlingen des Geistes«, die das folgende Jahrhundert die »Kapazitäten« nennen sollte, die *gens de mérite*, das heißt Männer wie Voiture, Gourville und Mitton. Mitton, der aus bescheidenen Verhältnissen stammte, erwarb 1646 für die Summe von 141 000 Pfund ein Amt als Sonderschatzmeister für die Kriege der Picardie, des Artois, des Boulonnais und Calais. Er verkörperte den typischen Fall der Ämterwirtschaft im Bereich der Nord-Ost-Armee. Mitton verkehrte in den Kreisen des Hochadels mit freidenkerischen Sitten, bei Adligen wie Créqui, Clérambault, La Trémoïlle oder Roannez und Madame de Sablé, wo er seine Trink- und Liebeslieder vortrug und sich dem Geist dieser Kreise entsprechend ausgerechnet am Karfreitag der Ausschweifung hingab. Dennoch war Mitton ein Freund Pascals. Dieses Beispiel erscheint uns höchst bezeichnend für das Frankreich des 17. Jahrhunderts, wo sich die Wogen des religiösen Frühlings und die hochgehenden Wellen der Irreligiosität bei gewissen Kreisen des Hofs, der Stadt und der Armee vermischten und durchkreuzten.

Diese wenig bekannte Welt stand machtlos vor den Mikroskopen und Ferngläsern, deren Leistungen Pascal so überzeugend beschwor. »Der Mensch beschaue die gesamte Natur in ihrer erhabenen und vollen Herrlichkeit. Er betrachte dieses blendende Licht, das wie eine ewige Lampe das Universum erleuchtet; die Erde erscheint ihm wie ein Tupfer im Vergleich zu der Bahn, den dieser Stern beschreibt. Er staunt, daß diese Umlaufbahn nur ein Kreisel ist im Vergleich zu dem Weg, den die im Firmament wirbelnden Sterne zurücklegen. Aber wenn unser Blick dort endet, so geht die Einbildungskraft darüber hinaus; sie wird eher an dieser Vorstellung ermüden als die Natur an ihrer Schöpfungskraft. Die ganze sichtbare Welt ist nur ein unwahrnehmbarer Strich im ausgedehnten Schoß der Natur. Keine Vorstellung nähert sich ihr. Wir können unsere Anschauungen über vorstellbare Räume hinaus aufblähen, wir bringen nur Atome hervor im Vergleich zur Wirklichkeit der Dinge. Der Mensch, zu sich selbst zurückgekehrt, betrachte, was er ist, im Vergleich zu dem, was ist.« (Pensées, Art. II, § 72, Ed. Brunschvicg)

Wir finden hier die beängstigende, die schreckliche Frage angesichts des ewigen Schweigens der unendlichen Räume, die fortan noch stärker den mehr denn je verhüllten Gott verbergen: »Was ist ein Mensch im Unendlichen? Was ist der Mensch in der Natur? Ein Nichts im Hinblick auf das Unendliche, ein Alles im Hinblick auf das Nichts, ein Mittelding zwischen Nichts und Allem.« (Pensées, Art. II, § 199, Ed. Lafuma)

Diese bewundernswerten Sätze verdichten verschiedene Texte, die Pascal zum Teil gekannt haben muß, zu einer Vision, die zugleich poetisch und wissenschaftlich ist. Was immer auch seine Kritiker sagten – dieser Text faßt die Situation aller Denker zusammen, die in diesem turbulenten Jahrhundert über die Welt reflektierten. Es spielt keine Rolle, daß er in unseren Augen etwas von seinem ursprünglichen Reiz verloren hat: Er bringt die Entzauberung der Welt zum Ausdruck, die Entdeckung der blinden Natur, die großartige Enthüllung der Planetenbahnen, die keine himmlische Harmonie mehr besingen, sondern die Wirklichkeit mathematischer Strukturen offenlegen.

Die erste offene Freidenkerei im ersten Viertel des 17. Jahrhunderts traf bei der gelehrten Elite Europas auf die gleichzeitig sich schonungslos ausbreitende Vorstellung von einem zerborstenen Weltall, das heißt vom

Urknall des Universums. Noch blieb diese erste Manifestation der neuen »Häresie« mehr im Vagen, wie das Beispiel des noch mehr pantheistisch fühlenden als vom Glauben gänzlich abgefallenen Francesco Vanni bewies, der 1619 in Toulouse verbrannt wurde.

Dem »gelehrten Freidenkertum« folgte um die Mitte des Jahrhunderts der cartesianische Rationalismus, der auf die äußerste Spitze der Logik getrieben wurde und sich von den Glaubensüberzeugungen seines Autors befreit hatte. Gassendi rückte neben Cyrano de Bergerac, Saint-Evremond und Ninon de Lenclos. Schließlich kam es zur »Krise des europäischen Bewußtseins« (P. Hazard). Jeder Wert, jeder Glaube wurde in Frage gestellt und kritisiert. Aber hatte Pascal nicht bereits diese Fragen gestellt und den Ausgang dieser kritischen Haltung nicht schon prophezeit? »Der Brauch schöpft seine ganze Berechtigung aus seiner Anerkennung durch die Menschen; das ist der mystische Grund seiner Autorität. Wer ihn auf sein Prinzip zurückführt, vernichtet ihn.« (Pensées, Art. V, § 294, Ed. Brunschvicg oder § 60, Ed. Lafuma)

FREIDENKERTUM UND RELIGIÖSE »WOGEN«

Es ist unklar, ob sich die Großen und weniger Großen zur absoluten Ungläubigkeit bekannten; zumindest war es klug, seine religiösen Meinungen nicht allzu deutlich zu vertreten. Die Atheisten des 17. Jahrhunderts erwiesen sich eher als vage Deisten.

Ob schon im Gefolge von Gaston von Orléans oder erst bei seinem Großneffen Philipp von Orléans, dem künftigen Regenten, das Prahlen mit Überzeugungen war zweifellos ein Merkmal für soziale Unterscheidung; sie diente auch zur Unterstreichung der politischen und religiösen Opposition und als Mittel, um das individuelle Freidenkertum im engen Sinne des Wortes hervorzuheben.

Die Liste der kirchlichen Mißstände war lang: die Revokation des Edikts von Nantes, Zwangsbekehrungen von Protestanten zum Katholizismus, der soziale Druck der Kirche, der Streit der Lehrmeinungen zwischen Protestanten und Katholiken, die manchmal lächerlichen Ausuferungen des Mystizismus, die end- und ruhmlosen Auseinandersetzungen zwischen Jansenisten und Jesuiten, der schäbige Kampf um den

Quietismus zwischen Bossuet, der keine Tiefschläge scheute, und dem aalglatten Fénelon, die Skandale um gewisse Bischöfe, die niemals widerlegten Behauptungen wie zum Beispiel, daß Bossuet verheiratet sei – kurz: alles Klagen, von denen uns Tallemand des Réaux so munter in seinen *»Historiettes«* berichtet.

Es fällt dem Historiker nicht leicht, dieses Thema objektiv zu sehen. Denn der Streit um den Jansenismus vergiftete nicht nur die religiöse Atmosphäre, sondern mobilisierte neben Pascal und der Priesterschaft in Paris die ehrlichsten, talentiertesten und zutiefst religiösen Köpfe in Frankreich. Der Jansenismus wies allzu strenge, spröde und fast inhumane Seiten auf, um die Gläubigen und Nichtchristen zu gewinnen. Zwischen dem »süßen« Lächeln des heiligen Franz von Sales, der beim Spiel betrog, und der Überspanntheit des unbeugsamen Pascal, der angesichts des Todes noch unversöhnlicher wurde als der große Antoine Arnauld, klaffte ein Abgrund. In Wahrheit verkörperte der Jansenismus das Bürgertum und den Pariser Amtsadel, die, auf Ehrlichkeit bedacht, auf das Wort Gottes hörten, von einer listigen und subtilen Rechtstreue durchdrungen waren und starr an ihren Positionen festhielten. Dagegen erschien die unendlich schillernde Welt der Jesuiten – die in den genialen und böswilligen *»Provinciales«* so geschmäht wurden – als schwankend, verführerisch, pädagogisch, liebenswert, aber gleichwohl unbeugsam. Der Jansenismus, den seine Gegner allzusehr unterschätzten, kam Frankreich im 17. Jahrhundert teuer zu stehen, selbst wenn er ihm ein Stück seiner ureigensten Substanz verlieh. Aber er schädigte auch den Katholizismus, denn die Verdammung der chinesischen Riten der Jesuiten durch den Papst vereitelte wahrscheinlich die Möglichkeit einer Bekehrung der chinesischen Welt.

Diese Makel dürfen dennoch nicht die tiefgreifende Erneuerung der Kirche in Frankreich verdecken, die im Laufe des Jahrhunderts einen beispiellosen intellektuellen Höhepunkt erlebte. Die Predigten Bossuets, Fénelons, Fléchiers und vieler anderer Kanzelredner gingen in die Literatur ein. Vom heiligen Franz von Sales bis Kardinal de Bérulle, über Arnauld und Jansenisten wie Lemaistre de Sacy entfaltete sich das religiöse Schaffen in seiner ganzen Fülle. Es war oft von sehr hohem intellektuellem und künstlerischem Rang. Die religiöse Dichtung entfaltete sich in der ersten Hälfte des Jahrhunderts ebenfalls zu beispielloser Blüte, selbst wenn diese Literatur verkannt wurde, weil sie religiös und »barock« ist.

Diese bedeutende Seite der französischen Geistesgeschichte erfuhr zu Beginn des 20. Jahrhunderts eine entsprechende Würdigung in der großartigen »Literaturgeschichte der religiösen Gefühle« in Frankreich im 17. und 18. Jahrhundert aus der Feder des Kirchenhistorikers Brémond.

Die Mystik bildete den Ausgangspunkt für eine wichtige Geistesströmung, die ihren Ausdruck im Aufblühen meditativer Schriften fand. Ein Teil davon wurde veröffentlicht, aber eine große Fülle liegt nur in Manuskriptform vor. Diese Texte sind umgangssprachlich geschrieben. Dazu kam eine noch bedeutendere lateinische Literatur. Da die Masse der Leser unaufhörlich wuchs, gab es auch eine volkstümliche Erbauungsliteratur, die nicht selten literarische Qualität erreichte. Das 17. Jahrhundert erlebte hierin den Höhepunkt eines Schaffens, dessen Qualität im folgenden Jahrhundert allerdings wieder abnahm. Kompetenz, Bekanntheit und Qualität lagen damals auf seiten der Kirche, während sie sich im Jahrhundert der Aufklärung im gegnerischen Lager versammelten.

Diese literarische Blüte hinterließ tiefe Spuren in der Gesellschaft, und die Frauen spielten dabei eine sehr wichtige Rolle. Mit ihnen begann die Feminisierung des religiösen Lebens in den späteren Jahrhunderten.

Ein neuer Klerus vermittelte zwischen den geistigen Spitzen dieser Spiritualität und dem Volk. Die schreiendsten Mißbräuche waren beseitigt, selbst wenn das Pfründensystem weiterbestand und die Rekrutierung von Priestern, trotz der steigenden Zahl der kleinen Seminare, auf das städtische Bürgertum oder die wohlhabende Bauernschaft beschränkt war. Der Anteil des Hochadels und des Großbürgertums begann zu sinken. Die Priester, die in den großen Seminaren ausgebildet wurden (noch gab es wenig Einrichtungen, die dem Klerus eine durchgehende Ausbildung vor der Ordensweihe gewährten), besaßen ein höheres intellektuelles Niveau. Gemäß dem Wunsch der Gläubigen blieben sie fortan auch länger auf einer Stelle, hatten bestimmte Aufgaben zu erledigen und waren in einem Sonderstatus isoliert, der sie zu »Gottesmännern« erhob. Die »Wanderpriester« der vorangehenden Epochen wurden seltener; das Niveau der Priesterexamen stieg.

Dieser Klerus verfügte über beträchtlichen Einfluß auf das Volk – angefangen bei den Städten. Seine moralische Strenge war insgesamt sehr groß, und er widmete sexuellen Fragen große Aufmerksamkeit. Davon zeugen die Empfehlungen in den Katechismen der Diözesen. Die Trennung der Kinder nach Geschlecht und das Verbot jeder Vertraulichkeit –

wegschauen, wenn Frauen vorbeigehen – setzten sich langsam durch. Dieser Rigorismus verstärkte das Gefühl der Besonderheit der Kindheit. Die »heilige Kindheit« sollte von der verdorbenen Welt der Erwachsenen gesondert werden, um so lange wie möglich die bei der Taufe erworbene Reinheit zu erhalten. Die steigenden Kosten, die die Erziehung der Kinder in den oberen Sozialschichten mit sich brachte, und das religiöse Gefühl der absoluten Heterogenität der Kindheit deuteten in die gleiche Richtung. Die Nachfrage nach Bildung verstärkte ebenfalls diese Tendenz. Gleichzeitig erlaubte das Buch die Entwicklung einer mehr individuellen Frömmigkeit. Die *»Semaines Saintes«* aus dem 18. Jahrhundert bieten dafür ein gutes Beispiel.

Die sakrale Kunst glänzte vielleicht weniger. Sicher fehlte es nicht an religiösen Malern, und dieses Genre blickte auf ein gewaltiges Publikum. Aber selbst wenn La Tour und Champaigne sich darauf spezialisierten und Lebrun einige religiöse Gemälde von hoher Qualität vorlegte, so interessierten sich weder Poussin noch Claude le Lorrain wirklich für diese Themen. Trotz der Rehabilitierungsbemühungen durch eine Reihe bemerkenswerter Ausstellungen scheint der gegenwärtige Geschmack die gewaltigen religiösen Gemälde dieser Epoche nicht in ihrem vollen Umfang zu schätzen. Aber das Publikum von einst schätzte und kaufte sie. Außerhalb der Klosterorden, die die zuverlässigsten Stützen und oft die Initiatoren der Gegenreformation waren, kam vor allem in den Städten eine lebhafte Architekturtätigkeit in Gang. Sie schuf jedoch viel mehr Durchschnittliches als Großes.

Demgegenüber wurden die Kirchen außerordentlich reich ausgestattet; in vielen Gegenden wurden Innenrenovierungen in Angriff genommen. Die Veränderung der Liturgie – Kanzelrede und Predigt erforderten Kanzeln, von denen die Stimme vernehmbar war – und die neue Einbettung der Choräle im liturgischen Geschehen, die eine musikalische Begleitung erforderten, die Bedeutung der Orgel, die anerkannte Rolle des Unterrichts durch Bilder und Skulptur, das Beharren auf der Beichte – Notwendigkeit von Beichtstühlen – und die besondere Stellung des Priesters, dem die Sakristei als Raum zur notwendigen inneren Sammlung vor der Messe diente: Diese und viele andere Faktoren veränderten das Innere der Kirchen um den Preis großer Investitionen beträchtlich. Hunderttausende von Altarbildern ersetzten in den Gemeinden Frankreichs die alten Bilder, die als überholt betrachtet wurden. Für diese Anstrengung wurden alle Mittel und Möglichkeiten der Bevölkerung mobilisiert, was zu einer weiteren Ausdehnung des insgesamt so wichtigen Marktes künstlerischen Schaffens führte. Dadurch versuchte die Kirche ein Gegengewicht zu der Profanisierungstendenz zu schaffen, die sich mit dem Aufkommen des Buches verband, zu dem das Volk jahrhundertelang kaum Zugang hatte.

Auch in diesem Bereich verlief nicht alles positiv. Die religiösen Orden, die in der ersten Hälfte des 17. Jahrhunderts gegründet wurden, ließen sich vor allem in den Städten nieder und traten neben die bereits bestehenden Einrichtungen. Durch die testamentarischen Schenkungen, die in einigen Städten des Nordens recht umfangreich waren – vielleicht 5 Prozent des städtischen Immobilienkapitals und des ländlichen Kapitals, das davon abhing –, wurden bedeutende Teile des städtischen Bodens auf die Klosterorden übertragen. Dieser Grundbesitz stellte in vielen Städten jener Zeit mehr als ein Drittel der verfügbaren Grundflächen »inter muros« dar. Die großen Baustellen in Kirchen und Klöstern, die vor allem in kleinen und mittleren Städten eine wertvolle Hilfe für die lokale Wirtschaft bedeuteten, verstimmten die Bevölkerung und erregten ihren Neid. Die Krone fühlte sich betroffen: Ludwig XIV. und Colbert versuchten die weitere Ausdehnung des städtischen Kircheneigentums zu verhindern, das in ihren Augen bereits zu umfangreich war. Die Zusammenstöße zwischen Welt- und Ordensgeistlichen nahmen zu; zwischen den Orden herrschte oft eine scharfe Konkurrenz.

Trotz dieser Schattenseiten war das 17. Jahrhundert ein sehr großes religiöses Jahrhundert; das Studium der Testamente beweist die Tiefe des religiösen Gefühls in Paris. Davon zeugen auch die zahlreichen Frömmigkeitsobjekte aus den postumen Inventaren. Auch wenn es alarmierende Zeichen gab – Aufstieg des Freidenkertums am Hof, in den oberen Schichten des Pariser Bürgertums und in der Armee –, so hatte Frankreich doch insgesamt seinen Beinamen »älteste Tochter der Kirche« verdient. Durch seinen beispielhaften Gleichmut zeugte der im Sterben liegende Ludwig XIV., ganz im Gegensatz zu Mazarin, von dem »Köhlerglauben«, den man ihm zugeschrieben hat. Die meisten seiner Untertanen teilten diesen Glauben.

VIERTER TEIL

Das Jahrhundert der Aufklärung

Das 17. Jahrhundert wollte seinen Nachfahren das neue himmlische Jerusalem der Apokalypse vermachen, damit seine Bewohner Kinder der Aufklärung würden. Wir heute sind die Kinder des Jahrhunderts der Aufklärung sowohl in geistiger wie ideologischer Hinsicht, bisweilen auch sehr simplifizierend. In gewisser Weise war die »Aufklärung« die Gegenreligion zum christlichen Glauben des 17. Jahrhunderts. Die Begriffe »Jahrhundert der Aufklärung« oder auch »Jahrhundert Voltaires« weisen darauf hin, daß das Hauptereignis des 18. Jahrhunderts intellektueller Art war.

Nachdem es seine Grenzen ungefähr abgesteckt hatte, richtete sich Frankreich hinter seiner nordöstlichen Grenze ein und zeigte wenig Neigung, sie in aggressiver Absicht zu überschreiten. Im Vergleich zu den Katastrophen der Liga oder der Fronde kam den politischen Unruhen der *Parlements*, die unter dem Einfluß des Gallikanismus und eines stärker politisch ausgerichteten Jansenismus standen, der sich darin deutlich von dem des 17. Jahrhunderts unterschied, zumindest anscheinend nur geringe Bedeutung zu. Da sie die königlichen Reformen blockierten, hemmten sie eine normale Entwicklung. Die »Philosophie« warf der Krone vor, diese Entwicklung nicht in die Wege geleitet zu haben. Im Grunde lag hier aber ein Mißverständnis vor. »Es ist die Schuld von Voltaire, es ist die Schuld von Rousseau«: Zwar faßt das Lied Gavroches (Charakter in Victor Hugos Roman *»Les Misérables«*; Typ des heiteren städtischen Rotzjungen, der singend bei Pariser Straßenkämpfen 1832 umkommt. Anm. d. Übers.) gut die Vorstellungen der Monarchisten über die Ursprünge der Revolution zusammen, aber diese Vorstellung ist falsch. Voltaire stand der Macht sehr nahe, und Diderot hätte sich nichts sehnlicher gewünscht, als ihr ebenfalls nahe zu sein. Und dennoch hat dieses Erklärungsschema einen wahren Kern. Während die systematische Kritik aller Institutionen und die Suche nach dem Ursprung der »Mißbräuche« im 17. Jahrhundert reine Spekulation geblieben war – es war das Privileg gewisser Freidenker, von denen nicht einmal feststeht, ob sie letztlich als überzeugte Atheisten anzusprechen sind –, war die Sozialkritik, trotz ihrer zerstörerischen Seiten, ein fundamentales Merkmal des 18. Jahrhunderts. Die »Philosophie« stand im Zentrum aller Probleme.

Die meisten Philosophen würden sich heute weigern, dieses aus mehr oder weniger zutreffenden Intuitionen und Hypothesen bestehende Korpus aus Lehrmeinungen »Philosophie« zu nennen. Man kann es jedoch als »Wissenschaft« begreifen, weil es die neueren Erkenntnisse der Physik, der Biologie und Chemie einem rationalen Ganzen einverleibte. Es handelte sich um einen breiten Strom buntgemischter Vorstellungen, die sowohl den Damen wie auch drittrangigen Schreibern zugänglich waren. Voltaire selbst gab ein Beispiel dieser Popularisierung durch die Verbreitung und Durchsetzung der Entdeckungen Newtons, aber er beschnitt die religiösen Aspekte, die dieser Unitarier als wesentlich ansah. Das Christentum verfehlte damals eine große Gelegenheit, Wissenschaft und Religion zu verbinden; es vertiefte im Gegenteil den Graben. Auch dadurch kam es zum Teil zur Trennung Frankreichs in die sogenannte Rechte und die sogenannte Linke.

Die aus der Popularisierung wissenschaftlicher Grundlagenforschung resultierende Bedeutung der Philosophie läßt sich sicher ohne das Genie der drei großen Denker des Jahrhunderts nicht begreifen: Montesquieu, Voltaire und Rousseau – noch weniger jedoch ohne die Umformung des politisch-gesellschaftlichen Lebens in eine Republik der Literaten. Während sich die Buchauflagen im voraufgegangenen Jahrhundert auf etwa eintausend Exemplare pro Neuerscheinung beschränkten, erweiterten große Verlagshäuser jetzt den Buchmarkt. Das war eine logische und unvermeidliche Konsequenz der Fortschritte in der Alphabetisierung und des erweiterten Zugangs eines großen Teils des städtischen Bürgertums zum Buch.

Der Status des Schriftstellers änderte sich. Er wollte von der Feder leben können. Voltaire ist das Beispiel für die Zwischengeneration. Er absolvierte seine Studien am Kolleg von Clermont, zusammen mit vielen Vertretern der Großaristokratie, und gelangte in die Ränge der gehobenen Gesellschaft. Er nahm am politischen Leben teil, bot sich Kardinal Dubois als Spion an und brachte seine Schützlinge als Botschaftssekretäre unter. Er brachte es schnell zu beträchtlichem Reichtum. Diderot verkörpert die Generation der Jahrhundertmitte. Ihre Schriftsteller wurden arm geboren und traten in großer Zahl auf. Der Autor des *»Neveu de Rameau«* und seine Gefährten führten das Dasein von Schriftstellern ohne Publikum und hausten ärmlich, wie im *»Tableau de Paris«* von Sébastian Mercier beschrieben. (Mercier lebte von 1740 bis 1814 und tat sich als Lyriker,

Prosaschreiber und Dramatiker hervor. Seine kulturhistorischen Arbeiten vermitteln ein realistisches Bild der französischen Gesellschaft gegen Ende des 18. Jahrhunderts. Anm. d. Ü.) Diderot brachte es nur zu bescheidenem Reichtum. Rousseau schließlich blieb ein pathologischer Fall; das ehemals verhätschelte Kind hochgestellter Damen fiel später seiner Unbeständigkeit und seinem Verfolgungswahn zum Opfer. Er läßt sich nicht einordnen.

Was Diderot und sein Held erlebten, mußten Hunderte von Autoren auf tragischere Weise und täglich erdulden. Sie empfanden verständlicherweise Bitterkeit, die sie in die »Subversion« stürzte.

In der ersten Hälfte des Jahrhunderts blieb die Opposition schwach; in den Jahren 1740–1750 änderte sich die Situation jedoch. Die Zensur, die in den Zustandsbereich de Maurepas', Minister für die Angelegenheiten des königlichen Hauses, fiel, wurde beschuldigt, sich nach 1745 in eine Form von »Inquisition« verwandelt zu haben. Sie arbeitete zu dieser Zeit pedantischer und manchmal sogar »böswillig«, was aber nicht immer grundlos war: Maurepas beunruhigte die zunehmende Flut von politischen, selbst politisch-erotischen Pamphleten gegen den König. Allerdings brachte ihn nichts so leicht aus der Fassung – hatte er nicht selbst alle Freunde des Klatsches am Hof, einschließlich des Königs, und in der Stadt mit schlüpfrigen Anekdoten versorgt? Liest man seine Stellungnahmen, so empfindet man bei ihm wie bei seinen Untergebenen die plötzliche Unruhe über die Zunahme der Attacken und ihren Inhalt. In seinem *»Journal«* notierte der Pariser Advokat Barbier eine parallele Entwicklung. Bis jetzt, schreibt er, betrachtete das kleine Pariser Volk die Großen als Halbgötter, denen alles erlaubt ist; seit kurzer Zeit mißt es sie jedoch an der gängigen Moral.

Der feinfühlige Regent hatte die Entwicklung bereits kommen sehen und daraus Nutzen gezogen. So zum Beispiel nach dem Mord, den Graf von Horn, ein gefallener Adliger, der mit allen großen europäischen Familien verwandt war, zum Zeitpunkt der Law-Affäre aus Geldgründen beging. Trotz aller Einwände hängte man den Schuldigen, anstatt ihn zu köpfen, worauf er als Adliger Anrecht gehabt hätte. »Der Regent vergibt die ihm zugefügten Verletzungen«, hieß es im Volksmund, »aber gegenüber denjenigen, die uns antasten, ist er erbarmungslos.« Die »Generation des Lächelns« (1715 bis 1740) reagierte in einer Weise, die nichts mehr mit derjenigen der Schriftsteller der Vergangenheit zu tun hatte. Diese Haltung setzte sich ein oder zwei Jahrzehnte später auch in der Pariser Bevölkerung durch.

Daraus resultierte eine Änderung der literarischen Genres. Tragödien und Romane wie *»La Princesse de Clèves«* von Madame de la Fayette (1634–1693) boten kaum Möglichkeiten zu sozialen Analysen, wie sie am Ende der Herrschaft von Ludwig XIV. in Mode kamen, und wie so oft lieferte der Exotismus hier einen bequemen Schutz. Unter dem Vorwand »lokaler Färbung« schmückte sich der Roman mit den Federn des Hispanismus und des Orientalismus, der Fabel und der Erzählung. Der »gute Wilde« und kurz darauf der chinesische Weise tauchten in der Literatur wieder auf, allerdings hauptsächlich als Mittel der Auflagensteigerung. Der Briefroman, der im 18. Jahrhundert seinen Höhepunkt erlebte, von der *»Nouvelle Héloïse«* von Jean-Jacques Rousseau bis zu den *»Liaisons dangereuses«* von Choderlos de Laclos, erlaubte jegliche Dreistigkeit; die Sozialkritik durch die Feder eines Persers zum Ausdruck zu bringen schützte vor der Zensur; die Genies, die Feen und die Harems erlaubten alle möglichen Freiheiten, bis man sie nicht mehr brauchte und der politische Erotismus und Anti-Erotismus sich unverhüllt zeigen konnten.

Manche Autoren, wie Marivaux (1688–1763), wagten mehr: *»Le Paysan parvenu«* und *»La Vie de Marianne«* behandeln die Gründe der großen Abwanderungsbewegungen in die Städte. *»Gil Blas«* und *»Le Diable boiteux«* zeigen die Pariser Gesellschaft durch die Brille des bretonischen Neubürgers Alain René Lesage (1668–1747). *»Manon Lescaut«* beschreibt die Deportationen nach Louisiana, die den Abenteuern gleichen, die René Duguay-Trouin am Anfang seiner *»Mémoires«* behandelt.

Diese Beispiele ließen sich vermehren; es genügt hinzuzufügen, daß die Beschreibung des sozialen Gefüges, die sich zuvor nur mit dem Adel beschäftigt hatte, sich nun der städtischen Gesellschaft zuwandte. In der zweiten Hälfte des Jahrhunderts ließ Restif de la Bretonne in seinen Romanen sein ursprüngliches bäuerliches Milieu groß wiederaufleben. So steht dem Historiker eine reiche dokumentarische Ernte zur Verfügung, die er unter der Bedingung ausbeuten kann, daß sie in einen engeren und weniger individualistischen Rahmen eingefügt wird.

Das Theater folgte dieser Bewegung bis in seine mittelmäßigsten Produktionen. Wenn die französischen Theater Molière auf den Spielplan setzten, gingen die Einnahmen zurück. Dagegen hatten zeitgenössische Stücke Erfolg, die mit ihren Weinkrämpfen dem Geschmack des großen

Publikums entsprachen. Man wollte das tägliche Leben in einem möglichst realistischen Rahmen sehen. Auch wenn Diderot sich über sein Talent als Dramatiker Illusionen hingab, so täuschte er sich in diesem Punkt doch nicht. Am Ende dieser Entwicklung stand Beaumarchais, der das Treiben und die »combinazioni« so gut wie kein anderer kannte, denn er war deren Schöpfer, Regisseur und Geschäftsmann in einer Person. *»Le Barbier de Séville«* und *»Le Mariage de Figaro«* verkünden eine noch heftigere soziale Kritik und gleichzeitig das Ende einer Welt, die sich überlebt hatte.

DIE »NEUEN GRENZEN«

Dennoch blieb die französische Zivilisation des 18. Jahrhunderts das Zeitalter der schöngeistigen Rede, der Salons, der Clubs und der Begegnungen. Das Gespräch drehte sich um die schönen Künste, und dort dominierte die Frau. Als wichtigste Neuerungen seit 1690 sind das Aufkommen von Cafés und Clubs zu werten; letztere präsentierten sich als eine Art Gesprächskreise, als Orte privater Treffen, die die Regierung Ludwigs XIV. in ihrer Funktion als soziales Ventil zwar gewähren ließ, jedoch nicht ohne sie aus der Nähe zu überwachen. Sie bestanden während des gesamten 18. Jahrhunderts. Manche, wie der Club de l'Entresol, entfalteten beträchtlichen Einfluß. Sie genossen insgesamt stets große Freiheiten, selbst wenn von Zeit zu Zeit ein alarmierter Staatssekretär einen wegen seiner Wühlarbeit besonders auffälligen Club schließen ließ, um ein Exempel zu statuieren.

Die Cafés erlebten eine andere Entwicklung. Sie machten dank der Anziehungskraft, die der neue »Nektar« (das heißt der Kaffee) mit seinen scheinbaren Heilkräften versprach, und dank der geselligen Form eines öffentlichen Debattierortes rasch Furore. Hier blieben die Männer unter sich, das heißt der weiblichen Überwachung entzogen. Man erfuhr Neuigkeiten und sprach darüber. Daneben entwickelte sich die Gewohnheit, Zeitungen laut zu lesen; dadurch blieben auch Analphabeten auf dem laufenden. Das Café wurde so zu einer sozialen Einrichtung, die sich von Paris und Marseille aus rasch über ganz Frankreich ausdehnte. Dank niedriger Preise machte es das breite Publikum mit den Kolonialprodukten bekannt, die im 17. Jahrhundert noch wohlhabenden Bürgern vorbehalten waren: Kaffee, Schokolade, Tee und Zucker. Als berühmteste Cafés galten in den 1670er Jahren das »Pascal« und 1686 das »Procope«. Dort traf man sich insbesondere nach dem Theater. Gegen Ende des 18. und zu Beginn des 19. Jahrhunderts entwickelte sich das Café zu einer volkstümlichen Einrichtung, insbesondere unter Namen, die entsprechend der herrschenden Populärphilosophie »Hoffnung« ausdrückten, zum Beispiel »Café du Progrès«, »Café de l'Avenir«.

Produkte wie Kaffee, Tee und Baumwolle zeugen von dem zweiten Hauptereignis des Jahrhunderts, der Öffnung Frankreichs zur Welt. Die französische Politik baute unbewußt und vielleicht auch ohne die Möglichkeit, letzte Entscheidungen zu treffen, Brücken zwischen Kontinent und Meer, zwischen Europa, Amerika und, am Ende des Jahrhunderts, auch Asien.

Durch die Entwicklung der großen Plantagen auf den Antillen und der Sklaverei dominierte in erster Linie der kommerzielle Aspekt dieser Öffnung. Es entstand eine Gesellschaft bedeutender »békés«-Pflanzer, die aus Paris stammten. Parallel dazu entwickelte sich die Schicht der großen Händler in den Häfen von Nantes, Marseille, Le Havre und vor allem Bordeaux. Die Öffnung war aber auch wissenschaftlicher Art und zwar im strengsten Sinne des Wortes: Da Ludwig XIV. die Wissenschaft in den Dienst der Kartographie gestellt hatte, beteiligte sich die Krone unter Ludwig XV. und Ludwig XVI. rege an der Vermessung der Welt. Das begann mit der kartographischen Abbildung des Indischen Ozeans durch die Französische Indienkompanie. Der *Neptune* (ein Atlas von Seekarten) erwies sich als so hervorragend, daß französische Kapitäne das wissenschaftliche und kommerzielle Monopol der Holländer und Engländer im Indischen Ozean brachen. Danach wurde der Pazifik vermessen – ein Unternehmen, das sich bis in die Revolutionszeit fortsetzte.

Auch auf militärischem Gebiet öffnete sich Frankreich den Neuerungen der Zeit erst spät. Von 1715 bis 1740 verzichtete es, weil es ihm auf das Bündnis mit England ankam, praktisch auf den Aufbau einer großen Flotte. Außerdem mangelte es an Geld. Der Not gehorchend, suchte es nach 1740 trotz erkennbarer Schwächen, unter denen der Mangel an seemännischem Personal am schwersten wog, eine solche Flotte zu schaffen. In kleinen, nacheinander in Dienst gestellten Einheiten wurde sie dann jeweils sofort ins Gefecht geschickt. Die französische Marine blieb bis in die zweite Jahrhunderthälfte der spanischen Marine unterlegen, denn Spanien hatte ein großartiges Aufbauwerk vollbracht. Zwar versuchte Frankreich, diesen Rückstand durch überlegene technische Qualität und fortschreitende Standardisierung auszugleichen. Trotzdem wurde die französische Flotte, infolge Krankheitsepidemien in den eigenen Reihen und der Überlegenheit des Gegners sowohl im Österreichischen Erbfolgekrieg als auch im Siebenjährigen Krieg geschlagen, aber sie rächte sich im amerikanischen Unabhängigkeitskrieg.

Das technische Niveau der Kriegsführung hatte sich ungeheuer verbessert. Sie machte daher den unmittelbaren Zugang zu den großen europäischen Rohstoffmärkten, insbesondere der Ostsee, notwendig, was riesige Summen verschlang. Wie in England und Spanien, die sich auf ihren Ruf als Seemächte stützten, wurden die militärischen Subventionen in Frankreich hauptsächlich dem Landheer zugeteilt. Nur Spanien, das durch die Pyrenäen geschützt war, konnte sich eine Zeitlang erlauben, mehr für die Marine als für die Armee auszugeben. Schließlich dehnten sich die europäischen Kriege auf Amerika und Indien aus, das heißt auf die ganze Welt.

So war der Exotismus nicht nur eine Mode, sondern die intellektuelle Erwiderung auf die materiellen Versuchungen der höchst raffinierten Erzeugnisse Chinas (Porzellan, Tee) und Indiens (Seidenstoffe, Gewürze). In Europa versuchte man, die Produkte dieser alten und hochentwikkelten Zivilisation nachzuahmen. Aufgrund niedriger Arbeitslöhne konnten Waren billig bezogen werden. In der Unfähigkeit Europas, mit diesen Löhnen zu konkurrieren, lag eine der Ursachen für das entstehende Maschinenzeitalter.

Das Auftauchen neuer Horizonte regte nicht nur die Intelligenz an und erweiterte die geographische Ausdehnung Frankreichs, sondern betraf auch die innere Entwicklung des französischen Königreichs. Die Zeit der großen Hungersnöte war vorüber. Es kam nur noch zu Nahrungsengpässen. Infolgedessen bedurfte es keiner demographischen Erholungsphasen wie nach unvermeidbaren Katastrophen mehr, sondern von nun an trat ein rasches Bevölkerungswachstum ein, das gewaltige Ausmaße annahm. Im 18. Jahrhundert entwickelten sich die großen Städte Frankreichs und nicht nur Paris, das in absoluten wie in relativen Zahlen sogar weniger rasch als gewisse Provinzstädte wuchs. Eine neue Geographie zeichnete sich ab, wobei die künftigen regionalen Metropolen ein Netz von Abhängigkeiten um sich schufen, das sich häufig vom früheren Umland der Städte unterschied.

Die Entwicklung der Städte betraf aber auch die raschen Veränderungen außerhalb des ökonomischen Bereichs in den Sitten, in der Lebensweise, der Eß- und Wohnkultur und in der Mode. Der Einfluß der Städte drang schließlich auch in die ländlichen Gegenden vor. Es kam zu einem eindrucksvollen Ausbau der Verkehrsverbindungen. Damals entstand ein Straßennetz, das trotz seiner Lücken ein großes Werk der Monarchie war. Ganz Europa beneidete Frankreich darum.

Der Zugriff des Staates verstärkte sich zusehends. Humanitäre Erwägungen regten sich noch zaghaft, so zum Beispiel, wenn einige Herren anfingen, an ihr Dienstpersonal zu denken. Das System der Marine von Ruhe- und Invalidengeld wurde auf die Armee übertragen oder auf die Verwaltungsstellen der Generalpacht oder die Landständischen Provinzen ausgedehnt. Es handelte sich zwar um noch ungenügende, aber dennoch beachtenswerte Maßnahmen.

Der Staat kämpfte noch immer mit seinen kriegsbedingten Finanzproblemen. Unter der Leitung des Generalkontrolleurs Philibert Orry führte die lange Kriegspause von 1715 bis 1740 zu einer Gesundung nach Colbertschem Muster: Ausgleich des laufenden Haushalts, Einschränkung gewisser Ausgaben, Prüfung und Verminderung der Staatsschuld von zwei Milliarden Pfund, die man von Ludwig XIV. geerbt hatte. Der Wiederausbruch der Kriege nach 1740 hatte die gleichen Konsequenzen wie im 17. Jahrhundert: Da die normalen und künftig teilweise auch außerordentlichen Einnahmen zu wenig einbrachten, griff der Staat wieder verstärkt auf das Mittel höherer Anleihen zurück. Trotz offensichtlicher Verbesserungen gelang in Frankreich keine solche Finanzrevolution, wie sie England methodisch verfolgte. Während der zweiten Jahrhunderthälfte wurde der Hauptteil der normalen Staatsausgaben für den Schuldendienst aufgewendet. 1774 machten die Zinsen ein Drittel des Haushalts aus: ebensoviel wie die Kosten für die Armee, die Marine und alle Kolonien zusammen. Der Hof, das heißt der Hofstaat mitsamt Polizei, überstieg nicht die von Ludwig XIV. festgelegten zehn Prozent der Ausgaben. Die Pensionen, bei Staatsdienern noch gerechtfertigt, aber beim Hochadel fragwürdig, obwohl die innere Ruhe eben diesen Preis kostete, beliefen sich auf sechs Prozent.

Aufgrund der verhältnismäßig geringen Mittel verloren Frankreich und seine Armee im Vergleich zum Aufstieg der konkurrierenden Kontinentalmächte immer mehr an Gewicht. Das gewaltige russische Reich stützte sich auf seine enorme demographische Entwicklung; dazu kamen der eindrucksvolle Habsburgerstaat, Vormacht auf dem Balkan bis zur Donau, und schließlich Preußen. Die geizige, aber geniale Wirtschaftspolitik des Soldatenkönigs hob es über das Niveau zweitrangiger Nationen hinaus. Der theoretischen Stärke der französischen Armee (200000 Mann) standen drei Mächte gegenüber, die in Friedenszeiten mindestens ebenso viele Soldaten, wenn nicht mehr, unter der Fahne halten konnten.

Unter den Seemächten stand England an erster Stelle. Das Verhältnis bei Linienschiffen, das heißt Kriegsschiffen von mindestens fünfzig Geschützen, lag um 1750 bei 1 : 3, später bei 2 : 3 zuungunsten Frankreichs. Bei Fregatten sah das Verhältnis noch ungünstiger aus. Zwischen 1720 und 1755 besaß Spanien mehr große Schiffe als Frankreich, das den Rückstand in der Folge auf- und sogar leicht überholte. Holland dagegen war endgültig von seinem ersten Platz verdrängt; es fiel auf den vierten und dann nach den maritimen Fortschritten Rußlands auf den fünften Rang zurück. Am Ende des Jahrhunderts verdrängte das Zarenreich mit den Marinetruppen am Schwarzen Meer und an der Ostsee numerisch die französische Marine.

Soweit die reinen Zahlen; in Wirklichkeit gab es allerdings einige Nuancen. Weder Rußland noch Österreich waren in der Lage, den Stand der französischen Technik aufzuholen. Am Ende des Jahrhunderts hatte sie einen so deutlichen Vorsprung, daß die Revolution und das Empire noch davon profitieren sollten. Aber die preußische Armee, die im Gegensatz zu den französischen Streitkräften über eine ausgezeichnete Verwaltung verfügte, wies eine mindestens gleichwertige Stärke auf. Preußen hatte seine Wahl getroffen und alle maritimen Anwandlungen zugunsten der Landarmee aufgegeben. Die traditionellen Verbündeten Frankreichs waren geschwächt: Schweden, die Türkei und Polen zerfielen zu dieser Zeit.

Während sein politischer Einfluß wegen der finanziellen Probleme immer mehr schwand und Frankreich seinen Platz als wichtigster Subsidienzahler für die Kontinentalstaaten an England verlor, erreichte seine kulturelle Ausstrahlung ihren Höhepunkt. Weniger vielleicht im Sinne einer »französischen Aufklärung in Europa« oder solcher Abhandlungen wie Rivarols *»Discours sur l'universalité de la langue française«*, sondern vielmehr in den Zeugnissen jener Zeit, die auch ein heutiger Tourist noch sehen kann. Mehr als ihre (mittelmäßigen) Dichter oder die Philosophen gaben die französischen Künstler den Ton an; Paris zog ganze Schwärme von Ebenisten, Bronzekünstlern und anderen Kunsthandwerkern aus dem Ausland an.

Aber das Europa der Aufklärung war ebenso das Europa Ludwigs XIV. und des 18. Jahrhunderts. Seine beiden Vorbilder, die stark mit dem wachsenden Einfluß Shakespeares kontrastierten, hießen Molière und Racine. Das Versailles Ludwigs XIV. diente den Fürstensitzen Zentraleuropas als Beispiel und mehr noch als Inspiration. Die italienischen Künstler behielten gleichwohl eine große Kundschaft, vor allem in Süddeutschland und Rußland. Es entstanden auch neue Kunstformen, zu denen Frankreich nicht viel beitrug. Die französische Musik setzte zwar mit Männern wie Jean-Philippe Rameau ihre Tradition fort, aber die Musiker der großen österreichisch-deutschen Schule schlugen ihre Zuhörer zunehmend in Bann; italienische und englische Komponisten überflügelten die Franzosen sogar im Publikumsgeschmack. Das deutsche, österreichische oder spanische Barock oder Rokoko entwickelte seinen eigenen Geschmack, den die Franzosen zwar nicht immer würdigten, der aber nichtsdestoweniger autonome Ausdrucksformen herausbildete, die dem Volk oft näherstanden als die in vieler Hinsicht aristokratischen französischen Produktionen.

»Das Große Jahrhundert, will sagen das 18. Jahrhundert«, sagte Michelet. Wie alle Aussagen dieser Art erfuhr auch sie Zustimmung und Ablehnung. Ein »Großes Jahrhundert«, aber nach welchem Maßstab? Nach dem Maßstab Frankreichs, Europas oder der industriellen Revolution?

KAPITEL I

Der Frieden oder die Generation des Lächelns 1715–1740

POLITISCHE UND WIRTSCHAFTLICHE MARKSTEINE

So unterschiedliche Regierungen wie die Philipps von Orléans (1715–1722) und die auf sie folgende Übernahme der Regierungsgeschäfte durch den Herzog von Bourbon und Madame de Prie (1723–1726) sowie die Unterbrechung der Ministerherrschaft Kardinal Fleurys im Jahre 1740, die insgesamt von 1726 bis zu seinem Tode 1743 dauerte, verlangt nach einigen Erklärungen. Die Zäsur kam, als Friedrich II. von Preußen »der Große« 1740 die historische Szene betrat. Kurz vor seiner Thronbesteigung hatte er die »Betrachtungen über den gegenwärtigen Zustand Europas« veröffentlicht, in denen er dessen gegensätzliche politischen Kräfte beschrieb. Einige Monate später kam er an die Macht, um diesen Zustand zu zerstören. Er begann die lange Serie von Kriegen um die Jahrhundertmitte und setzte dem siebenundzwanzigjährigen Frieden ein Ende; wobei allerdings gesagt werden muß, daß sich England bereits mit Spanien im Krieg befand.

Dieser Frieden, den man bis 1713 herbeigesehnt hatte, war niemals vollständig gewesen; er wurde vom französisch-spanischen Krieg (1720–1721) und vom Polnischen Thronfolgekrieg (1733–1735) unterbrochen. Der Vorfrieden von Wien wurde im September 1735 und der endgültige Friedensschluß 1738 in Wien unterzeichnet. Dieser Frieden wirkte sich auf Frankreich unendlich segensreich aus. Als Friedrich II. die internationale Situation von 1713 und 1740 verglich, stellte er fest, daß man auf Frankreich wieder hörte, daß es seine Grenzen verbessert und einen großen Teil der Bedingungen von 1713 korrigiert habe und schließlich, wie zu den besten Zeiten des Sonnenkönigs, wieder der umworbene Schiedsrichter ganz Europas sei. Mehr noch, der Preußenkönig konnte sich sogar durchaus ein Vorrücken Frankreichs bis zum Rhein vorstellen, der damit zur Grenze geworden wäre. Eine etwas optimistische Voraussage, die weder die reale Macht der Länder in Rechnung stellte noch die Mentalität der Behörden von Versailles und Paris, wo man von dieser scheinbar natürlichen Grenze nur zu träumen wagte. Unabhängig von der uneinheitlichen Politik Philipps von Orléans, des Herzogs von Bourbon und Kardinal Fleurys während der Minderjährigkeit Ludwigs XV. herrschte große Übereinstimmung über die Grundzüge der Außenpolitik und ihre entsprechenden finanziellen Konsequenzen für den desolaten Zustand des Haushalts. Sie erlaubte eine relative, aber tatsächliche Rückkehr zur Ordnung nach der unglaublichen Unordnung, die die »außerordentlichen Mittel« gegen Ende der Epoche Ludwigs XIV. verursacht hatten.

Eigenartigerweise stehen diese drei Regierungen in schlechtem Ruf. Das Urteil über den Herzog von Bourbon ist berechtigt, denn er war weder ein Kriegsheld noch ein Politiker. Er überließ die Staatsführung den Gebrüdern Pâris, also Finanziers, die sich während des Spanischen Erbfolgekriegs bereichert hatten. Bei Philipp von Orléans hingegen überschatteten sein umstrittenes Image und der Fehlschlag des Experiments von Law das Werk seiner Verwaltungsreformen, die seine Regierungszeit in das Licht einer »großen Herrschaft« tauchten. Kardinal Fleury, der letzte der drei Kardinal-Premierminister der französischen Geschichte, litt sowohl unter dem globalen Vorurteil Saint-Simons wie auch unter dem nutzlosen österreichischen Erbfolgekrieg, in den sich der alte Mann hineinziehen ließ. Das bedeutete auch die zeitweilige Rückkehr zur geschmähten Praxis eines Ersten Ministers, dessen Amt zu allem Übel auch noch von einem sanften Starrkopf ausgeübt wurde, der Mazarin alle Ehre gemacht hätte. Dieses Mal aber lehnte Frankreich die Herrschaft der alten Männer ab, vor allem wenn sie im Namen eines jungen Königs regierten, von dem man sich wie bei allen Jünglingen königlichen Geblüts so viel versprach.

Und doch beruhte das Urteil Friedrichs II. auf einem Stück Wirklichkeit. Es war die Ironie der Geschichte, daß die Regierenden nach den drei Kardinälen zwar große Niederlagen erlitten, aber gleichzeitig erleben mußten, wie ihre Zeitgenossen oder die Historiker ihnen Denkmäler setzten, wie jüngst Richard Butler mit seiner groß angelegten Biographie von Choiseul.

Nach dem Ende der Law-Affäre im Jahre 1720 folgte bis 1740 eine der glücklichsten Zeiten des Ancien régime. Die Steuern wurden nicht nur nominal, sondern real gesenkt; die Ausgaben fielen auf einen Gegenwert von 800 Tonnen Feinsilber zurück, und einige Jahre lang konnte man den Haushalt ausgleichen. Heinrich IV., der die Steuern verdoppelte, wurde glorifiziert. Sully und Colbert fanden Eingang in die volkstümliche Metaphorik der Volksschule in der Dritten Republik. Aber wer kennt schon Philibert Orry und Kardinal Fleury? Von letzterem »weiß« man nur, daß er Ludwig XV. offenbar eine falsche Erziehung angedeihen ließ. Eine derartige Ignoranz gegenüber diesen Männern läßt sich zweifellos nur durch ihre großen Vorläufer und die heraufziehende Revolution erklären. Wenn man die Glorifizierung dieser Vorläufer rechtfertigen wollte, blieb nichts anderes übrig, als jene wirkliche Epoche des »Lebensgenusses« und der Männer aus der Erinnerung zu tilgen, die sie wenn nicht organisiert, so doch zumindest gefördert haben.

Die Grundlagen dieser Politik waren sehr einfach. Sie entsprachen dem Programm der »Frommen«, wonach die Erhaltung des Friedens um jeden Preis notwendig war, um die Finanzen wieder zu sanieren, dem Land zu erlauben, Atem zu holen, und die notwendigen Reformen und Anpassungen vorzunehmen. Mit anderen Worten: Es galt, die Einschränkungen selbst um den Preis drakonischer Maßnahmen zu lockern. Ein Teil der Armee wurde entlassen und ihre militärischen Einsätze beschränkt.

Die einschneidendsten Entscheidungen betrafen die Marine, die (wie die Kolonien) an Bedeutung verlor. Der Regent verzichtete auf die Vorstellung, daß die französische Marine England und Holland die Stirn bieten könne; er hoffte, den Seemächten eine größere Bewegungsfreiheit auf dem Kontinent abzutrotzen. Schon Ludwig XIV. zog diese Hypothese ins Kalkül, hatte aber schließlich die Zwischenlösung vorgezogen, die Allianzen umzukehren und sich mit Österreich zu verbünden. Danach sollten die beiden Linien der Bourbonen in Frankreich und Spanien zusammen mit den Habsburgern den Kontinent beherrschen und Frankreich im stillen den Wiederaufbau seiner Marine vorantreiben, wobei es, trotz der englischen Proteste, den Hafen von Dünkirchen mit dem von Mardyck vertauschte. Aber hätte diese Politik, wie sie nach 1755 betrieben wurde, bereits 1714 Chancen auf Erfolg gehabt? Nein, denn sie wäre so unbeliebt gewesen wie zur Zeit Ludwigs XV., doch vermutlich hätte sie Ludwig XIV. durchgesetzt. Aber hätte England dem tatenlos zugesehen oder Österreich diese Annäherung akzeptiert und zu welchem Preis?

Als Philipp von Orléans die Regentschaft für Ludwig XV. übernahm, entstand eine neue Lage. Philipps eigenes Interesse fiel – vor allem falls der schwache, kleine Ludwig XV. sterben sollte – mit dem des Hauses Hannover zusammen, das sich in England in einer ebenso unbequemen Lage befand. Nach anfänglichem Zögern – er dachte an eine Verständigung mit den in den Krieg eingetretenen Türken, um die österreichischen Kräfte in Ungarn zu binden und von Frankreich abzulenken – verbündete sich Philipp am Ende der Vermittlungsverhandlungen unter der Leitung des künftigen Kardinals Dubois mit England. In der Zwischenzeit hatte Prinz Eugen die Türken bei Peterwardein und Temesvar vernichtend geschlagen, 1717 Belgrad besetzt und den vorteilhaften Vertrag von Passarowitz (1718) geschlossen, der den Höhepunkt des militärischen Ruhms Österreichs sowie seine größte Ausdehnung auf dem Balkan bedeutete: Die kleine Walachei, Nordserbien und das ungarische Banat wurden österreichisch. Mäßigung stand daher in Wien nicht auf der Tagesordnung.

Die Allianz Frankreichs mit England und Holland bedeutete den Baustopp in Mardyk sowie aller Projekte zur Verstärkung der französischen Flotte. Man hätte auch die Galeerenflotte, ein reines Prestigeinstrument, auflösen und so Mittel für die Marine freisetzen können, aber die Zeit war dazu noch nicht reif. Paradoxerweise beendete das neue Bündnis die Seepolitik Frankreichs nicht. Bis zur Mitte des 18. Jahrhunderts beherrschte der Merkantilismus Colberts das Sinnen und Trachten der Generalkontrolleure und der Mitglieder der Regentschaftsräte. Was Law betraf, so verlieh er dieser Orientierung nur einen schärferen Akzent. Seit langer Zeit hatte man in Frankreich und England begriffen, daß die Steigerung der Staatseinnahmen nicht endlos durch die Erhöhung der direkten Steuern erzielt werden konnte. Überdies blieb nach den Zusagen Ludwigs XIV. nichts anderes übrig, als den Zehnten abzuschaffen; auch die Kopfsteuer stieß auf ernsthafte Bedenken.

Neben den »Reformen« der Krondomäne, die allerdings höchstens 10 Prozent der Staatseinnahmen erwirtschaftete, und den Einschnitten in den Ausgaben für die Armee und vor allem die Marine bestand der einzige Ausweg darin, die indirekten Steuern zu erhöhen. Die Engländer hatten diesen Weg seit langem demonstriert. Aber man konnte diese Steuern nur erhöhen, wenn der Handel insgesamt und besonders der Handel mit den Kolonien rasch anstieg. Nach dem Verzicht auf die Vorstellung, die Seemächte militärisch zu besiegen, griff der Gedanke Raum, mit ihnen als große See- und Handelsmacht zu konkurrieren. Diese Politik war vernünftig und zu diesem Zeitpunkt auch möglich. Ihr einziger Nachteil bestand darin, daß die handelspolitische Expansion Frankreichs eines Tages in England Beunruhigung hervorrufen und eine Rückkehr zur Machtpolitik erzwingen würde. Für den Augenblick aber hieß es, die kommerzielle Ausdehnung entweder durch ein staatliches Organ wie die Kompanie von Law zu lenken oder dem Handel totale Freiheit zu lassen.

Wir werden auf die Umstände der Law-Affäre zurückkommen. Nach dessen Ruin im Jahre 1720 verfiel man auf einen Kompromiß. Durch die Zahlung einer bescheidenen indirekten Steuer auf alle aus Amerika importierten Waren von ungefähr 2 Prozent *(Domaine d'Occident)* wurde dem Privathandel Handelsfreiheit auf den französischen Inseln und im Sklavenhandel erteilt. Die Ostindische Kompanie erhielt das Monopol für den Handel mit Indien und gegebenenfalls mit China. Dieser Handel eignete sich für Einzelhändler kaum; er erforderte bedeutende finanzielle Reserven, da eine Seereise mit Hin- und Rückfahrt über zwei Jahre dauerte.

Diese Politik barg mit der Zeit auch Risiken. Die feindselige Spitze des englisch-holländischen Bündnisses gegenüber Spanien erlaubte es letzterem, seine kommerzielle Unabhängigkeit zu erhalten. Darunter brach zunächst der Südseehandel zusammen – ein Schlag, von dem sich Saint-Malo nur schlecht erholte. Auf längere Sicht schwand die von Ludwig XIV. gehegte Hoffnung einer Kontrolle des iberischen Marktes durch französische Händler. Selbst als die französische Krone Spanien wieder zum Verbündeten gewonnen hatte, konnte sich der französische Handel auf der Halbinsel nicht mehr so frei bewegen wie in den Jahren 1702–1714, denn die spanischen Zwischenhändler in Cadix kontrollierten den gesamten französisch-spanischen Warenverkehr.

Dafür begann der »direkte« Handel mit den Karibischen Inseln. Während Louisiana hinter den phantastischen Erwartungen, die Laws Propaganda geweckt hatte, zurückblieb, erfüllten die Inseln diese Hoffnungen in vollem Umfang. Nach einer relativ langsamen Anfangsphase, die auch Rückschläge und Enttäuschungen kannte, schnellte der Handel mit tropischen Produkten im Laufe des Jahrzehnts von 1730 bis 1740 steil nach oben. Die großen Handelshäuser verdienten dabei noch viel mehr als durch die Kaperei und den Südseehandel zwischen 1690 und 1715. 1740 gab es eine mächtige Gruppe von Kaufleuten, deren Vermögen zwischen 200000 und 500000 Livres schwankte. Mehrere Dutzend brachten es selbst auf 1 Million Livres und konkurrierten mit den Besitzern großer Bar- und Immobilienvermögen. Unter den wichtigsten Kolonialhäfen tauchte neben Bordeaux, Nantes und Marseille Le Havre auf, wo bis 1730 wie in anderen Fischereihäfen nur Kabeljau angelandet und verarbeitet wurde. Le Havre verdankte seinen steilen Aufschwung insbesondere seiner Nähe zum Pariser Markt und dem Geld des Hofs; die unzureichende Tiefe der Bai und der Buchten behinderten diesen Höhenflug kaum. Frankreich wandte sich entschlossen dem Kapitalismus zu.

Diese Fortschritte beruhten auch auf dem Handel mit billigen Arbeitskräften, das heißt Sklaven, auf den sich Nantes spezialisierte. Die Sklavenhändler der Stadt organisierten ein Viertel der »Fracht« von zwei Millionen Sklaven über den Atlantik. Zwischen 1700 und 1792 wurden die meisten in die französischen Kolonien gebracht.

Die glänzende Entwicklung des französischen Handels verdankte sich zum Teil auch dem Weiterexport nach Kontinentaleuropa. Der deutschsprachige Raum kam in dieser Zeit zu spürbarem Wohlstand. Der Genuß von Kaffee und Zucker verbreitete sich dort sogar viel schneller als in Frankreich, wie es die Kantate bezeugt, die Johann Sebastian Bach 1738 zu Ehren des Kaffees komponierte. Die Kolonialprodukte, die über Hamburg und Holland wieder ausgeführt wurden, schlugen sich in einer aktiven französischen Handelsbilanz, damals als »Devisenausgleich« bezeichnet, nieder. Der französische Markt expandierte ebenfalls, aber weniger rasch. Da französischer Zucker und Kaffee aus verschiedenen Gründen deutlich weniger kosteten als englische Produkte, entwickelten sich zwischen Holland, einem wichtigen Lieferanten von Manufakturprodukten für den Tauschhandel gegen Sklaven, von Kapital und vor allem Krediten, und den hanseatischen Städten einerseits, sowie Frankreich andererseits enge kommerzielle Interessen, die nach und nach an die Stelle der englisch-holländischen Verbindungen traten.

Neben Kolonialwaren bildeten Textilien einen Schwerpunkt dieses Wohlstands. Zwar verlor die Leinenindustrie die Märkte Nordeuropas und vermochte die Verluste nicht auf dem iberisch-amerikanischen Markt auszugleichen, der zu schwankend und klein war. Aber die Wollindustrie setzte ihre positive Entwicklung während des ganzen 18. Jahrhunderts fort. In diesem Handelssektor war Frankreich nahezu autark. Der massive Import von Baumwolle hingegen hing mit der Vereinfachung der Kleidung zusammen. Da in diesem Bereich die Mechanisierung bereits eingesetzt hatte, blieb die französische Textilindustrie noch sehr von den ersten Verarbeitungsmaschinen englischer Herkunft abhängig.

Ein bedeutendes Phänomen war auch das »In Mode kommen« der Mode, wie eine eigenartige Episode vom Juli 1715 bezeugt. In Gegenwart des Königs rief die Herzogin von Berry die besten Schneiderinnen und die bekanntesten Pariser Schneider mit dem ausdrücklichen Ziel nach Versailles, »die Mode zu ändern«. Aber der kranke Ludwig XIV. beachtete das Treiben kaum. Modeberufe entwickelten sich zu dieser Zeit immer mehr zu Frauenberufen. Die Pariser Schneiderinnen brauchten bereits 1675 die Verordnungen der Zünfte nicht mehr zu beachten. Es bildete sich eine kommerzielle und handwerkliche Standesvereinigung heraus, die die auf Frauenmode spezialisierten Schneider, die Modehändler und Modehändlerinnen und die spezialisierten Schneiderinnen vereinigte und von der Gilde der Kurzwarenhändler trennte. Aber das brauchte Zeit. Zwar konnte nach 1750 der junge Goethe die aus Paris kommenden Modepuppen im Herbst in den großen Städten Europas bestaunen, aber die weithin bekannten Namen von Modeschneiderinnen tauchten erst kurz vor der Revolution auf.

Die »Indienne-Mode« bewirkte im 17. Jahrhundert einen Aufschwung aller europäischen Indienkompanien. Ihre Baumwollerzeugnisse wurden in Indien handbemalt, und zwar zu konkurrenzlos niedrigen Preisen. Die Vielfalt der Muster, die leichten Stoffe, ihre Eignung zur Möbelbespannung und als Kleidung für sommerliche Temperaturen lösten bald ein wahres Modefieber aus. Schon im 17. Jahrhundert entstand deswegen Streit in der öffentlichen Meinung. Die Gegner jeder Neuerung mit dem Klerus an der Spitze wetterten gegen Luxus und Verderbtheit, in ihren Augen verkörpert durch die »Indienne-Mode«. Sie behaupteten, daß die Importe den europäischen Edelmetallbestand aufzehrten und folglich Arbeitslosigkeit bewirkten – ein traditionell protektionistisches Argument. Andererseits betrachteten die Neuerer Verbote als nutzlos, denn die gegen den Luxus erlassenen Gesetze des 16. und 17. Jahrhunderts hatten die Wirkungslosigkeit von Verboten ja bewiesen. Sie schlugen deshalb vor, in Europa Manufakturen einzurichten, um indische Stoffe selbst zu weben und sie mit Mustern der Hindu-Künstler auf Baumwollprodukten und Leinentüchern oder mit eigenen neuen Mustern zu bedrucken, die dem Geschmack der weiblichen Kundschaft besser entsprachen. Der Mechanisierungsgrad der europäischen Textilindustrie würde, so rechneten sie vor, die im Vergleich zu einem Handarbeiter höheren Stückkosten mehr als ausgleichen.

Ob es sich um Originalindiennestoffe handelte, die bereits in der ersten Hälfte des 17. Jahrhunderts auf den Markt kamen, was der holländischen Ostindischen Handelsgesellschaft fabelhafte Gewinne eintrug, oder um Imitationen europäischer Art – die Mode dieser Tücher hielt sich. Die Generalpächter mochten die hoch und weniger hoch gestellten Damen zwar verhaften, um sie zu zwingen, ihre Indienne-Kleider abzulegen, was zwischen 1715 und 1735 zu einigen heiklen Szenen führte, aber diese Mode ließ sich trotzdem nicht aufhalten. Gesetze und Verordnungen wurden sehr schnell umgangen, ihre Durchsetzung blieb unvollständig.

Die »Indienne«-Betriebe begünstigten in Frankreich die Entfaltung der Baumwollindustrie. Da Deutschland und die Schweiz in diesem Bereich über einen deutlichen Vorsprung verfügten, strömten viele Textilarbeiter und selbst -unternehmer aus Zentraleuropa und dem Rheintal nach Frankreich. Als der Merkantilismus in den Ämtern der Generalkontrolle zur Mitte des 18. Jahrhunderts anderen ökonomischen Konzeptionen wich, verstärkte sich der Einwandererstrom noch; so errichtete der Deutsche Oberkampf in Jouy-en-Josas 1759 seine Tuchfabrik, deren Produkte sich vor allem kurz vor der Revolution großer Beliebtheit erfreuten.

Die Farben der Stoffe waren lange Zeit auf die Grundfarben beschränkt, denn die natürlichen Farben aus Übersee und Europa ließen keine Zwischentöne zu. Doch bald überschwemmte Indigo massiv und billig den europäischen Markt. Die Zerlegung des Lichts durch ein Prisma – 1669 von Newton entdeckt – zeigte, daß die Zwischenfarben aus der Mischung der reinen Farben herrührten. Von diesem Zeitpunkt an wurde es möglich, alle aus der Natur bekannten Farbtöne wiederzugeben und neue zu kreieren. Es war ein Fest der Farben. Maler wie Antoine Watteau, François Boucher oder Nicolas Lancret verewigten die »sandfarbigen« Mäntel, die »taubenblauen« Kleider, die »rotbraunen« Accessoires. Sie beschrieben sie in einem erstaunlich reichen Vokabular, das mühelos an die linguistischen Extravaganzen der »Preziösen« heranreichte.

WOHLSTAND UND VERBESSERUNG DER AUSSENPOLITISCHEN LAGE

Der wirtschaftliche Aufschwung stand in engem Zusammenhang mit dem Zufluß von Edelmetallen aus Amerika: Silber aus dem spanischen Reich oder Gold aus Brasilien, aber auch von der afrikanischen Goldküste. Europa teilte sich über das ganze Jahrhundert hinweg in einen englischen Bereich, in dem Gold überwog, und eine französisch-spanische Zone, in der Silber dominierte. Die Historiker, die Ludwigs XIV. Entscheidung zugunsten Spaniens bedauern, das kaum an der industriellen Revolution beteiligt war, vergessen, daß ohne Gold und Silber kein Fortschritt möglich war. Deshalb war der Zugang zu einem der Edelmetall-Ströme eine essentielle Bedingung des wirtschaftlichen Wohlstands, und dieser Zugang führte nur über Cádiz, denn Brasilien konnte kaum die englischen Edelmetallbedürfnisse befriedigen.

Das Schürfen nach Edelmetall nahm im 18. Jahrhundert ständig zu. Als die Goldgewinnung um 1730 in Brasilien zurückging, trat das mexikanische Silber, das zwei Drittel der iberisch-amerikanischen Edelmetalle ausmachte, an seine Stelle.

Das Weltwirtschaftssystem hing zu dieser Zeit vom jährlichen Edelmetallfluß ab. Alle Indischen Handelsgesellschaften liefen Cádiz an, um sich mit Piastern zu versorgen, bevor sie nach Ostindien aufbrachen; das spanische Metall deckte die Einfuhren aus dem Orient und dem Fernen Osten. Die Merkantilisten blieben gegenüber dem Indienhandel und den Indischen Handelsgesellschaften reserviert, was jedoch die französische Kompanie nicht an ihrer Entwicklung hinderte. Sie wäre durchaus lebensfähig gewesen, wenn der Generalkontrolleur der Finanzen nicht eine beträchtliche Kriegsanleihe von ihr gefordert hätte, um die Unzulänglichkeiten in der Marine auszugleichen. Von 1720 bis 1740 führte sie Tee und Porzellanwaren aus China sowie Seidenwaren, Indienne und Gewürze aus Indien ein und sie erforschte den Indischen Ozean. Nur der Kaffeehandel entging ihr; angesichts der Entwicklung der Plantagen auf den Antillen verlor man das Interesse an Reisen in den Jemen.

In seinen heutigen Grenzen wuchs Frankreichs Bevölkerung von 22 Millionen Einwohnern im Jahre 1715 auf 24 Millionen im Jahre 1740 und auf 28 Millionen im Jahre 1789. Dieses Wachstum fiel bescheidener aus als in den nord- und osteuropäischen Ländern; es war auch geringer als das Wachstum im germanischen Raum. Im allgemeinen vollzog sich das Wachstum noch langsam, zeigte aber bereits Anzeichen einer »Gesundung«.

Noch wütete die Pest manchmal in Zentraleuropa. Sie grassierte 1710 noch einmal in Ostpreußen und in Brandenburg. Frankreich war seit den sechziger Jahren des 17. Jahrhunderts von der Pest befreit. Man kann sich daher das Staunen und den Schrecken vorstellen, als sie 1720 in Marseille wieder auftauchte. Sie war aus Zentralasien von Teppichkarawanen, bei denen die Flöhe Zuflucht fanden, nach Smyrna getragen und von dort auf einem Schiff eingeschleppt worden. Die Geldgier der Reeder, des Kapitäns und der Mannschaft sollten in einem Zeitraum von zwei Jahren mehr als 100000 Tote fordern. Das war der Preis der Nachlässigkeit, der Nichtbeachtung von sanitären Präventivmaßnahmen, des Fehlens von Lazaretten und Quarantänestationen, durch die eine Epidemie hätte verhindert werden können.

Ganz Frankreich machte mobil. Die halbe Armee zog in den Kampf gegen die Pest und versperrte Straßen und Wege mit Hilfe von Barrieren, Palisaden und Wachposten. Da Paris sich bedroht fühlte, ergriff man selbst dort Vorsichtsmaßnahmen. Die Pest erschien vielen als Strafe des Himmels für den Luxus und die Law-Affäre. Einige spektakuläre Brände wie in Rennes verstärkten noch den Glauben an eine göttliche Züchtigung. Für das arme Bergvolk der französischen Meeralpen bot die Pest jedoch einen seltenen Glücksfall. Die Bergbewohner stiegen ins heimgesuchte Marseille mit der Gewißheit hinunter, eine Frau, einen Arbeitsplatz und ein Geschäft zu finden. Nach einigen Jahren verwischten sich jedoch alle Spuren der Pest; es war der letzte große Alarm gewesen.

Nach fast drei schlechten Jahrzehnten (1690 bis 1720) verzeichnete die Landwirtschaft zwischen 1720 und 1740 eine Reihe ausgezeichneter Ernten, die bedeutende Überschüsse für den Export freisetzten. Zum Aufschwung des Kolonialhandels kam die traditionelle Ausfuhr von Weizen, Mehl und Branntwein hinzu, die Frankreich seit jeher den Ruf, ein reiches Land zu sein, eingetragen hatte. Die städtische Entwicklung bot darüber hinaus entfernten Landstrichen, sofern sie an großen Flüssen lagen, interessante Absatzmärkte, da die Preiserhöhung nach den Preissprüngen der voraufgegangenen drei Jahrzehnte sehr mäßig ausfiel.

Die Sterblichkeitsrate ging um so mehr zurück, als die schwächsten

Bevölkerungsteile von den voraufgegangenen Katastrophen dahingerafft worden waren. Es scheint, daß die Kindersterblichkeit am stärksten zurückging und dadurch die durchschnittliche Sterblichkeitsrate senkte, wodurch ein regelmäßiges demographisches Wachstum ermöglicht wurde. Dagegen begannen die führenden Kreise – Adel und gehobenes Bürgertum – einen »Malthusianismus nach französischer Art« zu praktizieren. Während im 17. Jahrhundert das einzige Mittel der Geburtenbeschränkung in der Hinauszögerung des heiratsfähigen Alters bestanden hatte (26 Jahre für Männer, 24 Jahre für Frauen), verminderte sich die Zahl der Kinder pro Ehepaar im 18. Jahrhundert, weil nach der Geburt der ersten Kinder keine weiteren mehr in die Welt gesetzt wurden. Bei den Herzögen und Grafen, ebenso wie bei der Bürgerschaft von Genf und Rouen, blieb die Kinderzahl beschränkt.

Man kann dieses Phänomen auf unterschiedliche und komplementäre Art interpretieren. Auf der einen Seite wurde die Kindererziehung immer teurer. Das Kind gewann dadurch an Wertschätzung. Auf der anderen Seite führte die Unterbringung der Kinder bei einer Kinderfrau, was die mit dem Stillen verbundene Sterilität bei ihren Müttern beseitigte, im 17. Jahrhundert zu einem deutlichen Kinderreichtum in den höheren Schichten der Gesellschaft. Die kinderreiche Familie war nicht die Familie aus dem Volk, wo die Kindersterblichkeit noch sehr hoch lag, sondern die aristokratische und bürgerliche Familie. Diese Gruppen mögen den Geburtenüberschuß für unvereinbar mit der Erhaltung eines gewissen Lebensniveaus gehalten haben oder wenigstens mit dem finanziellen Opfer, das die Erziehung von Kindern erforderte. Wie dem auch sei, die Kenntnis und Anwendung kontrazeptiver Praktika und Mittel war nicht mehr allein der städtischen Oberschicht vorbehalten, sondern breitete sich in allen Schichten aus. Dadurch verlief die natürliche Bevölkerungsentwicklung mit der Zeit negativ, das heißt, die Sterbefälle überwogen die Zahl der Geburten.

Zur Erhaltung ihres Bevölkerungsniveaus brauchte eine Stadt den unaufhörlichen Zuzug aus der Umgegend, und zwar um so stärker, je mehr sie – wie zu dieser Zeit häufig der Fall – wuchs. Für eine Stadt von 70000 bis 80000 Einwohnern bedeutete das den Zuzug von ungefähr 500 bis 800 Personen pro Jahr, was angesichts des ländlichen Bevölkerungsüberschusses allerdings kein Problem darstellte. Insgesamt verlief die Zeit von 1715 bis 1740 vom demographischen Standpunkt aus weniger dramatisch als in den drei voraufgegangenen Jahrzehnten. Im ganzen gesehen erholte sich das wirtschaftliche Leben nach 1721 trotz der mittelmäßigen Ernte von 1725.

Dagegen fehlte es nicht an politischen Risiken. Nachdem sich Philipp von Orléans zwischen 1717/18 für das Bündnis mit England entschieden hatte, wollte er nichts mehr ohne englische Zustimmung unternehmen. Das aber hieß, sich Spanien zu widersetzen, dessen König seine Ansprüche auf die Krone Frankreichs aufrechterhielt. Die von Kardinal Alberoni, dem Premierminister Philipps V., gelenkten Verschwörungen führten zum Bruch zwischen beiden Ländern. Da die Tripelallianz von Den Haag (11. Januar 1717) Frankreich auf dem Meer den Rücken freihielt, erklärte es Spanien am 8. Januar 1719 den Krieg. In seinem Verlauf wurde die spanische Flotte, die erst kurz zuvor mit den seit 1715 aufgekauften russischen und holländischen Schiffen wiederaufgebaut worden war, von dem englischen Admiral Byng bei Kap Passaro, vor der Küste von Sizilien, vernichtet.

Der Krieg verlief kurz und mühelos. Die französischen Truppen drangen ins spanische Baskenland ein und zerstörten die neue Marinebasis von Passajes sowie die dort im Bau befindlichen Schiffe. 1720 wurde der Friedensvertrag unterzeichnet und Alberoni entlassen. Der Regent verzichtete so auf eine Annäherung an Rußland, wie es noch Ludwig XIV. empfohlen und Zar Peter der Große gewünscht hatten. Zur gleichen Zeit ließ Frankreich England freie Hand im baltischen Raum. Ob dies richtig war, ist bis heute noch nicht entschieden.

Die Außenpolitik des Herzogs von Bourbon, des Urenkels des großen Condé, beschränkte sich im wesentlichen auf die Verheiratung des Königs. Der Regent hatte 1721 den König mit der Infantin von Spanien verlobt, um die Versöhnung zwischen beiden Ländern voranzutreiben. Nach langer Suche entschied er sich jedoch für Maria Leszczynska, die Tochter des ehemaligen Königs von Polen, Stanislaus Leszczynski, der seit 1712 seines Landes verwiesen armselig in Weißenburg lebte. Die Wahl war unter allen Aspekten mittelmäßig; genau das aber hatte der Herzog gewollt, der auf die Dankbarkeit der künftigen Königin setzte. Sie war sechs Jahre älter als der König, fromm, ein guter Mensch, aber unbedeutend. Der 1725 kaum sechzehnjährige König blieb ihr sehr lange treu und hatte zehn Kinder mit ihr. Aber dann wurde er ihrer überdrüssig und verlegte sich auf wechselnde Beziehungen zu anderen Frauen.

Der Herzog von Bourbon wollte die Königin benutzen, um Kardinal Fleury zu Fall zu bringen. Der Einfluß des ehemaligen Bischofs von Fréjus als Hauslehrer des Königs beunruhigte ihn. Sein Plan aber zerschlug sich; zusammen mit den Gebrüdern Pâris wurde er am 11. Juni 1726 entlassen.

Fleury folgte ihm nach. Er war zwar noch rüstig, jedoch schon 73 Jahre alt. Er sollte neunzig Jahre alt werden (1743). Unauffällig und einnehmend wie Mazarin, verbarg er unter seinem liebenswerten, unscheinbaren Äußeren einen stählernen Willen. Er liebte die Macht um der Macht willen, aber er war ganz der Person des Königs und dem Staat ergeben. Als Parteigänger des Friedens setzte er die Diplomatie der Regentschaft fort, wodurch er in England ein Ministeramt für Walpole sicherte, dem nicht weniger als ihm am Frieden gelegen war. Da England und Spanien sich im Krieg befanden, schaltete Fleury sich ein und erreichte beim Kongreß von Soissons den Frieden zwischen den kriegführenden Parteien. Nebenbei regelte er die italienische Frage, an der sich 1717 die Auseinandersetzung zwischen Spanien und Österreich entzündet hatte. Dieser Kongreß dauerte drei Jahre. Der Kardinal drängte nicht auf Eile, denn er wollte Frankreich unbedingt aus einem Konflikt heraushalten, von dem es nicht unmittelbar betroffen war. Mit einigen Abänderungen kehrte man zu den Vertragsbedingungen von Utrecht zurück. Diese unparteiische Schlichtung befreite Frankreich gleichzeitig von den gegenüber England eingegangenen Verpflichtungen. Fleury unternahm sogar einen schüchternen Versuch zum Wiederaufbau der Kriegsmarine, der von Herzog Bourbon begonnen worden war. Er kannte die Politik Ludwigs XIV. genau und wollte zu ihr zurückkehren, das heißt, er versuchte, sich Österreich wieder anzunähern.

Seine Vermittlung von Soissons schien die französisch-österreichischen Verhandlungen voranzubringen, aber der Tod des Königs von Polen, August II. von Sachsen, durchkreuzte diese Pläne (1733). Es gab zwei Thronanwärter: den ehemaligen König Stanislaus Leszczynski, Vater der Königin von Frankreich, ein Nationalist, der sich vor allem um eine Reform des polnischen Adels bemühte, um die Unabhängigkeit seines Landes gegenüber Rußland und Österreich zu sichern, und den Kurfürst von Sachsen, August, Sohn des letzten Königs, der von Rußland und Österreich unterstützt wurde. Es war schwierig für Frankreich, nicht Partei für den Vater der Königin zu ergreifen, um so mehr, als es am Hof eine antiösterreichische Strömung gab, an deren Spitze Justizminister Chauvelin stand. Stanislaus wurde im September 1733 gewählt, aber die Wahl provozierte das bewaffnete Einschreiten Rußlands. Chauvelin überredete den König geschickt zum Eingreifen, und Fleury wagte es nicht, sich dem zu widersetzen, aber er sorgte dafür, daß der Krieg von kurzer Dauer war. Stanislaus, der in Danzig Zuflucht gefunden hatte, wurde von einer französischen Schwadron, deren Stärke nur symbolischen Wert besaß, gerettet. Die Stadt wurde nach seiner Flucht eingenommen. Das Ganze war wenig ruhmreich. Fleury zog es vor, nicht die österreichischen Niederlande anzugreifen, was die Engländer beunruhigt hätte. Er beschränkte sich auf einen typischen Faustpfandkrieg am Rhein und in Oberitalien. Lothringen wurde wieder einmal besetzt, die rechtsrheinischen Brückenköpfe Kehl und Philippsburg erneut erobert und das Gebiet von Mailand eingenommen.

Mit Spanien verhandelte Fleury über ein Bündnis und mit Karl-Emmanuel, dem König von Sardinien und Herzog von Savoyen, über einen Tausch Mailands gegen Savoyen. Da England sich weigerte, Österreich zu unterstützen, unterzeichnete er auch den Frieden zu Wien (1738). Österreich befand sich dabei in einer relativ schwierigen Lage, denn es führte einen neuen Krieg mit der Türkei (1737–1739) und mußte Niederlagen hinnehmen. Es sah sich sogar genötigt, seine Unterschrift unter den Vertrag von Belgrad (1739) zu setzen, der ihm Nordserbien und die kleine Walachei wieder raubte. Seine Beziehungen zu Rußland verschlechterten sich. Die lange Rivalität der beiden Balkanstaaten sollte erst mit dem Ersten Weltkrieg enden.

Der Frieden zu Wien vom 18. November 1738 glich für Frankreich die Nachteile des Friedens von Utrecht wieder aus. Stanislaus verzichtete auf Polen – der wichtigste Punkt in den Augen der Russen und Österreicher –, als Gegenleistung erhielt er das Herzogtum Lothringen als Leibrente, das allerdings unter französischer Verwaltung blieb. Der Herzog von Lothringen, Franz III., wurde mit der österreichischen Erbprinzessin Maria Theresia verheiratet und bekam als Entschädigung für Lothringen das Großherzogtum Toskana. Spanien erwies sich als der große Gewinner: Der Infant Don Carlos erhielt vom Kaiser Neapel und Sizilien, das man Spanien im Frieden von Utrecht aberkannt hatte. Der Herzog von Savoyen verzichtete auf Mailand und begnügte sich mit der Stadt Novara. Dadurch behielt er sein Herzogtum Savoyen und brauchte es nicht an

Frankreich abzutreten. Insbesondere aber garantierte Frankreich die Pragmatische Sanktion, durch die Kaiser Karl VI. die Thronfolge abänderte und seine Tochter Maria Theresia als Nachfolgerin zum Nachteil der Töchter seines Bruders und Vorgängers Joseph I. einsetzte. Diese grundsätzliche Entscheidung wurde gegen den Widerstand der antiösterreichischen Partei Chauvelins gefällt; er mußte gehen. Durch die Preisgabe seiner traditionellen Politik verzichtete Frankreich auf die Schädigung des Hauses Österreich und die Zerstückelung seiner Besitzungen.

Fleury hatte die französische Politik auf die Siegerstraße gebracht; sie triumphierte überall. Als Dank für die gewährte Hilfe erneuerte die Türkei die »Kapitulationen«, die Angehörigen christlicher Staaten in nichtchristlichen Ländern besondere Rechte, namentlich die Anerkennung der Exterritorialität und die Konsulargerichtsbarkeit, zugestanden. Sie begünstigten den französischen Handel. Das Bündnis mit Schweden wurde 1738 durch den Machtantritt einer profranzösischen Partei gestärkt. Walpole hatte den Dingen ihren Lauf gelassen. Er verlor die kontinentalen Vorteile, die England im Frieden von Utrecht erreicht hatte. Dieser Rückschlag war eine der Ursachen für seinen Sturz. Spanien wurde nun Frankreichs Verbündeter. Es verstärkte seine Positionen in Italien und im Mittelmeer, und seine Flotte war fortan mächtiger als die französische Marine.

INNERE AUSEINANDERSETZUNGEN

Trotz der Unbilden des Wetters begann in der französischen Wirtschaft eine Periode des Wachstums, aber die Innenpolitik wurde komplizierter.

Aus dem seit langem erwarteten Tod Ludwigs XIV. resultierte eine allgemeine Entspannung. Befreit von der von einem alten und frömmelnden König aufgezwungenen Einengung gab sich die gehobene Gesellschaft dem Vergnügen, sogar der Ausschweifung hin. Politisch dachten viele an Vergeltung: die Freidenker, die Protestanten, die Jansenisten, die Parlamentarier, die Großen und noch manch andere. Eine neue Fronde wurde befürchtet: Sämtliche Memoiren über diese Epoche, angefangen bei denen von Retz, erschienen zu dieser Zeit.

Die Thronfolge ruhte auf dem kleinen, nicht sehr robusten Ludwig XV. Man rechnete sogar mit seinem Tod. Den Regenten machte man sogar für eine Reihe von dynastischen Unglücksfällen in den Jahren 1711–1714 verantwortlich, das heißt für den Tod des Großen Dauphin und dessen Sohnes, des Herzogs von Burgund, sowie des ältesten Sohnes des Herzogs. Von den möglichen Nachfolgern lebten nur der künftige Ludwig XV., der Regent und der König von Spanien. Sollten die beiden ersteren sterben, würde die im Frieden von Utrecht noch einmal abgewendete und von England so gefürchtete Möglichkeit einer Personalunion Spaniens und Frankreichs wieder auftauchen. Das Haus Hannover, das in Großbritannien herrschte, besaß großes Interesse an der Stützung des Regenten sowie an den Möglichkeiten, die sich allen ehemaligen Widersachern Ludwigs XIV. boten. Wenn umgekehrt der Regent eine andere Politik betrieb, konnten die Anhänger des alten Hofs zu gefährlichem Einfluß gelangen. Von allen Regentschaften der französischen Geschichte verlief die Philipps von Orléans am wenigsten dramatisch. Zwar durchlebte sie schwere Zeiten, die Philipp jedoch meisterte. Dennoch resultierten aus seiner Politik auf lange Sicht ernsthafte Konsequenzen wie das politische Wiedererstarken der *Parlements.* Tatsächlich ist es schwierig, eine unparteiische Bilanz sowohl der Regentschaft als auch des Mannes, der sie verkörperte, zu ziehen.

Von allen Bourbonen erreichte Philipp, Herzog von Orléans, das höchste intellektuelle Niveau. Er war ein großer Mäzen, der sich in fast allen Künsten auskannte; er war Musiker und Komponist und führte nach 1690 die gelehrte italienische Musik wieder in Frankreich ein. Intellektuell neugierig, war er über alle umlaufenden wissenschaftlichen Ideen unterrichtet. Er betätigte sich als Experimentalchemiker, der sich leidenschaftlich für Philosophie interessierte und mit den Ideen von Leibniz und Malebranche bestens vertraut war. Er galt wie Ludwig XIV. als Vertreter der »Moderne«, war es aber auf andere Weise. Er besaß eine sprühende Intelligenz, und seine Kunst des »Schönredens« reflektierte beispielhaft die Perfektion, die der Hof darin erreicht hatte. Seine Schlagfertigkeit konnte verletzen. Seine Schwächen waren allgemein bekannt; er besaß die Sinnlichkeit der Bourbonen, und die Enttäuschung über seine Ehe mit einer unehelichen Tochter des Königs trieb ihn in ein ausschweifendes Leben, was ihn bereits gegen Ende der Herrschaftszeit Ludwigs XIV. in Ungnade gestürzt hatte.

Er blickte auf ein sehr buntes Gefolge. In seinem schillernden Harem fanden sich große Damen und Freudenmädchen, die aber keinerlei Einfluß auf ihn besaßen. Außerdem kam es zu einer Reihe von »Kabalen«. Dabei begegneten sich die Befürworter einer Adelsreaktion wie der ehrliche und treue Saint-Simon sowie Fénelon und seine frommen Freunde wie die Herzöge von Beauvilliers und Chevreuse. Es gab den Colbert-Klan und eine ganze Gruppe von »Projektmachern« aus allen Kreisen. Schließlich spielte auch der Hauslehrer, Freund und Komplize Philipps, der außergewöhnliche »Priester« und spätere Kardinal Guillaume Dubois (1656–1723) 1715 eine Rolle. Er war sein Erzieher und wurde von ihm zum Staatsrat ernannt. Seine Politik zielte auf die Schaffung eines Sicherheitssystems der Großmächte, die sogenannte Tripelallianz (1717) und die Quadrupelallianz (1718). Er wurde 1716 Außenminister und 1720 Kardinal. Ein Jahr später übernahm er das Amt des Ersten Staatsministers.

Philipp war so schüchtern wie später Ludwig XV. Er verachtete Zeremonien und war nur im engsten Kreis glücklich – ein schlechtes Omen für einen Inhaber politischer Macht. Noch gravierender war, daß man bei ihm ein gewisses Sichgehenlassen, eine Art, die Ereignisse auf sich zukommen zu lassen, und eine gewisse Unentschlossenheit feststellte. Er besaß die klassische Bildung des Höflings und war wie Ludwig XIV. zurückhaltend, ein Fachmann für Winkelzüge und geschickt im Teilen und Herrschen. Man fragte sich, ob er einen politischen Plan hatte.

Die Regentschaft war eine erstaunliche Epoche. Man kann sich den politischen Nährboden der Jahre 1700–1720 heute schlecht vorstellen. Angesichts der allgemeinen Schwierigkeiten favorisierte jeder nur sein »Projekt«. Die Generalkontrolle, von Chamillard bis Desmaretz, stand diesen Ideen offen gegenüber. Sobald sich abzeichnete, daß der Regent endlich »etwas« werden würde, schlugen sich sämtliche Projektmacher auf die Seite Philipps von Orléans. Einige dieser Projekte wurden sogar in London veröffentlicht. Darunter fand sich Erstaunliches: die Beschlagnahme der Kirchengüter, Unterdrückung der Jesuiten, »Wiedereinsetzung« des Protestantismus. Vom Bankrott bis zu den phantastischsten Steuerprojekten und sehr präzisen technischen Reformen war alles darunter zu finden. Auch die Veröffentlichungen von Vauban oder Boisguillebert gehören in diesen weitgesteckten Rahmen von Reformbemühungen, für die Ludwig XIV. zeitweise empfänglich war. Doch ein Name ragte besonders aus dieser Menge hervor: John Law.

JOHN LAW

Die Lebensgeschichte John Laws wurde schon so häufig beschrieben, daß sich eine ausführlichere Darstellung erübrigt. Nur soviel sei erwähnt: Law war wegen einer unklaren Liebesgeschichte und eines Duells aus England verbannt worden. Nachdem er entsprechend den Normen seiner Epoche auf »ehrliche« Weise in allen großen europäischen Städten ein Vermögen beim Spiel verdient hatte, wurde er dem Regenten und dem Generalkontrolleur Desmaretz, dem Neffen Colberts, vorgestellt. Er beeindruckte beide mit seinen Ideen und machte sich durch die Eröffnung einer Bank, die dem Staat und dem Regenten diente, einen Namen. Er war ein fähiger Wirtschaftsmanager, der in mehr als einer Hinsicht seiner Zeit vorauseilte. Aber es ging wie so oft: Wer zu früh recht hat, den ereilt das Unglück. Der Regent jedenfalls schenkte ihm sein Vertrauen bis an sein Lebensende, spielte sogar noch 1723 mit dem Gedanken, ihn zurückzuholen.

Law begriff, daß die Wirtschaft nach einer Phase der Deflation, das heißt der drakonischen Verringerung der Staatsausgaben und des halben Bankrotts, die unter Ludwig XIV. begonnen und bis in die Jahre 1715–1718 fortgedauert hatte, dringend einer Ankurbelung bedurfte. Er trat zum richtigen Zeitpunkt auf. Den Kredit des Staates wiederherzustellen, wie Colbert es getan hatte, erforderte angesichts des Umfangs der Staatsschulden (2 Millionen Livres) sehr viel Zeit. Es bestand die Gefahr, daß die Schulden insbesondere die ökonomische Erholung hemmen würden, die sich wegen des zusätzlichen Gold- und Silberimports aus Lateinamerika abzeichnete. Da die wirtschaftliche Aktivität im wesentlichen vom internationalen Marktgeschehen abhing und darin eingeordnet werden mußte, ersann Law eine Inflationspolitik, die durch den praktischen Charakter des Papiergelds attraktiv gemacht wurde, an das die Franzosen bereits indirekt durch die diversen Formen von Zahlungsversprechen, mit denen sich der Staat in Kriegszeiten für die Steuern verbürgte, gewöhnt waren. Dieses Papiergeld sollte einerseits über die in Laws Händen vereinten Steuern gedeckt werden, was ihm die Feindschaft der Generalpächter eintrug, andererseits durch die in Aussicht gestellte Entwicklung der Kolonien.

Dieses Programm bot nur dann Aussicht auf Erfolg, wenn es mit Vorsicht gehandhabt wurde. In England experimentierte man zur gleichen Zeit mit ähnlichen Versuchen. Zu seinem und anderer Leute Unglück betrieb Law eine schamlose Propaganda, hauptsächlich mit den phantastischen Reichtümern Louisianas, das er als zweites Mexiko, das heißt reich an Diamanten- und Goldminen darstellte. Aber Louisiana war bis ins 19. Jahrhundert nichts weiter als eine weite menschenleere Fläche mit einigen wenigen ungesunden Plantagen. Das einzige Stück Wirklichkeit bestand in der Gründung von New Orleans *(La Nouvelle-Orléans)*, benannt nach dem Regenten Philipp von Orléans.

Laws Notenbank druckte bedenkenlos Geld, was zum Teil auch in die Verantwortung des Regenten fiel, für den es kein bequemeres Mittel zur Lösung finanzieller Probleme gab, als Noten und Aktien der mit der Notenbank verbundenen Handelsgesellschaft zu drucken. So wurde der Krieg gegen Spanien finanziert.

Unter dem Eindruck des Anfangserfolgs verstummten die Einwände der Law-Gegner bald. Die Spekulation geriet außer Rand und Band. Die Landbevölkerung strömte nach Paris, wo die Einwohnerzahl so rasch anstieg, daß es kurzfristig zu einer Wohnungskrise kam. Das Zentrum dieser Spekulation, an der sich selbst Holländer und Engländer beteiligten, lag in der Rue Quincampoix, dem Hauptsitz der Indienkompanie. Alles eilte dorthin. Im Gedränge gab es Tote, Vermögen entstanden und zerrannen gleichsam über Nacht. Schulden mit den Noten zurückzuzahlen war verführerisch, und seine Ländereien teuer zu verkaufen war verlockend. Man sah Diener juwelenbehangen zur Oper gehen, um dort ihre alten Herren zu grüßen... Der Staat beglich große Teile seiner Schulden. Die Verschwendungssucht des Regenten war beträchtlich. Alle Welt wurde von ihm bestochen, und man kann sich unter diesen Umständen vorstellen, wie leicht politische Verschwörungen und Fußangeln überwunden wurden. Aber das Ganze war nicht von Dauer. Die Dividenden aus den Aktien der Handelsgesellschaft waren lächerlich gering, und zwar nicht nur im Hinblick auf die Versprechungen, die man naiven Landsleuten gemacht hatte, sondern auch hinsichtlich der eingesetzten Kapitalien. Das traditionelle französische Mißtrauen bestand indes weiter. Die Notariatsklausel, die festlegte, daß die Summen in »klingenden und vollwichtigen« Münzen, nicht in Noten, zu zahlen seien, wurde manchmal noch durch den Zusatz ergänzt: »und nicht in Banknoten, unerachtet aller gegenteiligen königlichen Edikte.«

John Law besaß nicht nur Freunde. Sein »System« stieß auf Zurückhaltung und Zukunftsängste und Groll bei denen, die benachteiligt worden waren. Dachte der Regent nicht daran, alle Ämter abzulösen und ihre Käuflichkeit aufzuheben? Die Generalpächter verbreiteten Mißtrauen, doch gerade Vertrauen war der Schlüssel zu Laws System. Die Attacke wurde von den Pâris-Brüdern geführt, die eng mit dem Herzog von Bourbon verbunden waren. Da sie rechtzeitig alarmiert wurden, machten einige Angehörige des Hochadels am Hof, die umfangreich spekuliert hatten, ihre Wertpapiere zu Geld. Sie ließen sich in Gold oder Silber auszahlen. Millionenbeträge wurden abgelöst. Das sprach sich herum, und der Ansturm brach los. Das ganze Spekulationsgebäude stürzte stückweise wie ein Kartenhaus zusammen. Obwohl man den Gold- und Silberumlauf verbot, die Zahlung in Noten vorschrieb und Laws Befugnisse verstärkte, indem ihn Philipp als Generalkontrolleur einsetzte, änderte sich nichts an der Sache. Die ökonomische Logik rächte sich, und ihr psychologischer Effekt verschlimmerte die direkten Konsequenzen nur noch.

Law flüchtete und schätzte sich glücklich, das nackte Leben zu retten. Er hätte als reicher Mann die Flucht ergreifen können, doch er setzte sich als fast armer Mann ins Ausland ab. Das Experiment endete in einer Katastrophe. Die Pâris-Brüder sorgten für die Prüfung der Rechte der Verlierer. Die meisten verloren nicht alles.

Es ist schwierig, eine absolut objektive Bilanz des Lawschen Experiments zu ziehen. Der Staatsbank und dem System des Papiergelds schadete das Abenteuer; bis Napoleon verfügte Frankreich über kein Gegenstück zur Bank von England oder zur Bank von Amsterdam: Es existierte keine große Zentralbank zur Rediskontierung von Wechseln, die dem Staat eine weitläufige und ausgeglichene Kreditpolitik erlaubt hätte. Auch besaß es keine echten, das heißt staatlich verbürgten Banknoten – ein beträchtliches Handikap, denn der Staat blieb auf die traditionellen Mittel verwiesen. Die Schwere dieser Nachteile darf jedoch nicht überschätzt werden; selbst in Großbritannien stellte die Bank von England nur ein Zahnrad unter vielen anderen dar. Trotz eines ähnlichen Zusammenbruchs der englischen Südsee-Handelsgesellschaft zur gleichen Zeit gelang es Walpole, die Zentralbank zu erhalten, denn die Anleihen waren durch neue, hauptsächlich indirekte Steuern gedeckt. In Frankreich schlugen sich die wirtschaftlichen Nachteile weniger nieder; trotz der täglichen Kleinkredite, die die Kaufleute ihren Kunden einräumten, waren die

Anleihen eine Angelegenheit des Notars. Die extreme Verzweigung des Notariatsnetzes erlaubte es, das Fehlen einer Bank auszugleichen. In den englischen Provinzen spielten die *landlords* eine ähnliche Rolle.

Neben den zeitlich bedingten, aber ganz sicher nicht zu verachtenden Vorteilen gelang dem französischen Staat durch die Law-Affäre eine spürbare Verringerung der von Ludwig XIV. ererbten Staatsschuld; außerdem konnte man die Steuern auf einem ziemlich niedrigen Niveau halten. Wenigstens brauchte man sie in Friedenszeiten nicht zu erhöhen. Die Verringerung der Staatsschuld, die Klugheit Fleurys und die Kompetenz des Generalkontrolleurs Orry ermöglichten schließlich einen wirtschaftlichen Wiederaufschwung nach dem Vorbild Colberts.

Die Beurteilung der sozialen Konsequenzen der Law-Affäre hängt von der politischen Einschätzung ab. Es gab spektakuläre Vermögensumschichtungen: Reiche wurden ärmer, Arme wurden reicher, aber in welchem Ausmaß sind die spektakulären Fälle repräsentativ? Man stimmte ein lautes Geschrei über die Verarmung des Staates oder des Adels an. Bei näherem Hinsehen entpuppte es sich offensichtlich als Übertreibung, die Voltaire mit Recht angriff, als er zehn Jahre später feststellte, daß das Königreich in Wirklichkeit sehr viel reicher war. Sein Zeugnis besitzt um so mehr Gewicht, als er sich als gescheiter Geschäftsmann vor Spekulationen hütete.

Die Law-Affäre wirkte sich besonders für den Kolonialhandel in den Hafenstädten segensreich aus. Die Ostindische Handelsgesellschaft überlebte die Katastrophe. Auf dem Land hatten viele Bauern ihre Schulden bezahlt, aber das Kleinbürgertum, vor allem in Paris, mußte die Rechnung des Skandals begleichen; noch ein halbes Jahrhundert später erinnerte man sich in Paris sehr lebhaft daran. Für die politische Welt enthielt die Affäre eine harte Lektion. Man warf Orry zu Unrecht vor, die zeitweilige Verbesserung der Situation nicht besser genutzt zu haben, um eine umfassende Reform der Finanzinstitutionen einzuleiten. Neben dem tiefen Mißtrauen gegenüber Papiergeld und Kreditwesen lehnten die Zeitgenossen jeden Versuch einer allgemeinen Staatsreform ab, und diese Abneigung legte sich erst in der folgenden Generation, in den Jahren 1750–1760.

Oft wird vergessen, daß die Law-Affäre nicht nur die Staatsfinanzen und den Haushalt berührte, sondern auch ein bedeutender Versuch der staatlichen Neuordnung war. Der Regent trauerte Law nach, weil dieser ihm im Falle eines Erfolgs erlaubt hätte, eine Politik zu betreiben, von der wir nur einige Elemente wirklich gut kennen: Beseitigung der Käuflichkeit der Ämter und die Zentralisierung der Einnahmen in einer Hand, die zugleich für die Ausgaben zuständig gewesen wäre. Laws Fehlschlag verdammte den Staat zu relativer Unbeweglichkeit.

NACHWIRKUNGEN

Die Regierungszeit des Herzogs von Bourbon (1723–1726) bedarf trotz ihrer kurzen Dauer ebenfalls einiger Bemerkungen. Auch die Politik der Pâris-Brüder verdient Beachtung, ebenso die Ehe des Königs. Vor dem Hintergrund eines zwar verbesserten, aber immer noch defizitären Haushalts schufen sie eine neue Steuer, den sogenannten Fünfzigsten; er besteuerte 2 Prozent vom Grundbesitz. Bei ihm handelte es sich um eine gleich doppelt »revolutionäre« Steuer, da sie hauptsächlich von Adel und Klerus aufzubringen war und in Naturalien gezahlt werden konnte. Allerdings bestanden unklare Vorstellungen, wie man sie einziehen und umlegen wollte. Das erklärte Ziel war es, die Märkte zu belasten, um die Preise zu drücken. Zum ersten Mal formierte sich daraufhin eine Koalition der Privilegierten, Adel, Bürger, Parlamentarier und Bauern, die den offensichtlich erfolgreichen Widerstand organisierten. Von den geschätzten mehr als 25 Millionen Livres pro Jahr flossen nur 5 Millionen in die Staatskasse – ein totaler Reinfall, der infolge des Fehlens einer die gesamte Bevölkerung umfassenden Steuerverwaltung allerdings vorhersehbar war. Der Abbau traditioneller Privilegien hatte sich als zu ehrgeiziges Ziel entpuppt. Man hätte, wie in England in anderen Bereichen, Schritt für Schritt vorgehen sollen.

Das harsche Vorgehen in dieser Reform machte andere realistischere Versuche unmöglich. Jede Entwicklung in Richtung eines rationalen Steuersystems war blockiert. Fleury rückte dann auch bald vom »Fünfzigsten« ebenso wieder ab wie von den Vorschriften einer geregelten Buchführung, die die Pâris-Brüder den Finanzbeamten und Steuerpächtern auferlegt hatten. Man kehrte wieder zu den »Bräuchen« zurück. Man mußte sich sogar dem kaudinischen Joch der Generalpächter unterwerfen, die 1726 den Staat durch die Carlier-Pacht, benannt nach dem Mann, der den Vertrag zwischen Generalpächtern und Staat zustande gebracht hatte, hinhielten. Der Generalkontrolleur Le Pelletier des Forts verursachte nach dem Vorbild Colberts einen versteckten Halb-Bankrott, indem er Löhne, Pensionen und vor allem die Renten beschnitt.

Abgesehen von einem wesentlichen Punkt erwies sich die Finanzrevolution als Fehlschlag: Le Pelletier des Forts stabilisierte den Louisdor auf 24 Livres und den Taler auf 6 Livres (15. Juni 1726). Diese Maßnahme, die alle sechs Monate erneuert und 1738 endgültig verabschiedet wurde, blieb bis zur Revolution in Kraft. Bonaparte knüpfte mit der Schaffung des »Franc Germinal« zu ungefähr dem gleichen Kurs wieder an sie an. Diese Goldwährung überdauerte das 19. Jahrhundert und galt bis zum Beginn des 20. Jahrhunderts. Frankreich trat damit unbewußt in eine Ära der Geldstabilität ein. Die Krone widerstand allen Versuchungen der »Manipulation« der Münzen, sowohl bezüglich ihres Feingehalts als auch des Verhältnisses zwischen der Verrechnungseinheit (dem Livre, das zur Berechnung diente) und der »vollwichtigen«, im Umlauf befindlichen Geldmenge (Silbertaler und Goldmünzen). Diese Reform besaß enorme wirtschaftliche Vorzüge: Sie erleichterte die finanziellen Transaktionen im Innen- und Außenhandel, beseitigte viele Tricks zum Betrug und zur Preistreiberei, und die Wirtschaft erhielt dadurch dauerhafte Anreize. Allerdings war die Reform nur wegen des konstanten Zustroms von Edelmetallen möglich.

Diesem positiven Ergebnis der Finanzrevolution standen jedoch klare Nachteile für den Staat und seine Bürger gegenüber. Ersterer verlor die Möglichkeit der billigen Kriegsfinanzierung, denn die frühere Verminderung des Feingehalts und des Manipulierens an dem Verhältnis zwischen Verrechnungseinheit und der umlaufenden Münzmenge hatten sich inflationär ausgewirkt und die Verwaltung von der Last eingegangener finanzieller Verpflichtungen spürbar befreit. In dem Maße, wie der Staat die Inflation anheizte, spekulierte er auf die Verringerung der in Festsätzen ausgeschriebenen Staatsschuld. Ein gleiches galt natürlich auch für die Privatschuldner. Mit der monetären Reform hörte die inflationäre Schuldenverringerung auf, so daß die Schulden während des gesamten 18. Jahrhunderts stark anstiegen. Die dauerhafte Stabilisierung der Münzen verpflichtete den Staat zur größeren Wahrheit; die Begebung staatlicher Anleihen und ihre Rückzahlungsmodalitäten hingen künftig allein von ihrer Deckung durch spezifische Maßnahmen ab.

Ein Zurückweichen auf diesem Gebiet kam im Gegensatz zu Preußen, Österreich und mehr noch zu Rußland für Frankreich und England nicht mehr in Frage. Diese Geldreform stellte sich als schweres Handikap der entwickelten Länder gegenüber Staaten heraus, die noch auf mittelbare Finanzierungsmittel zurückgreifen konnten, was allerdings bedeutete, daß sie falsches Geld in Umlauf brachten. Dieser Faktor sollte in den Kriegen zur Mitte und am Ende des Jahrhunderts eine Rolle spielen. Um in den Koalitionskriegen standzuhalten, mußte die Revolution auf Papiergeld zurückgreifen, ohne jedoch das Geld im eigentlichen Sinne anzutasten.

DIE OPPOSITION DER »PARLEMENTS« UND FANATISCHER JANSENISMUS

In ihren Hoffnungen enttäuscht, konnten die Opfer Ludwigs XIV. nur gegen seine Nachfolger vorgehen. Diese aber gaben dem Druck nicht nach. Zwei bedeutende Oppositionsgruppen bildeten sich heraus: der nach Revanche dürstende Adel sowie die Jansenisten und die Mitglieder der *Parlements.*

»Regierung der gemeinen Bourgeoisie«, so bezeichnete Saint-Simon das allgemeine Aufbegehren. Er hatte lange mit dem Herzog von Burgund und dem Regenten über Maßnahmen nachgedacht, um den Adel in seine ehemals glanzvolle Position wieder einzusetzen. Er schlug deshalb vor, die bürgerlichen Minister zu verjagen und durch Räte von Männern aus gutem Adel zu ersetzen. Man weiß nicht, was daraus geworden wäre, wenn der Herzog von Burgund am Leben geblieben wäre. Unter dem Regenten gerieten diese Pläne zu einem Experiment, der »Polysynodie«, das heißt einer Regierung, in der jeder Minister durch einen Rat ersetzt wurde. Aus der Nähe betrachtet, verdient dieses Experiment nicht die Kritik, die einige Historiker daran übten. Sowohl der Marinerat wie der Kriegsrat und in geringerem Maße der Auswärtige Rat leisteten vorzügliche Arbeit. Ihre Mitglieder waren nicht die unwissenden Adligen, als die man sie bisher gerne porträtierte.

Die Polysynodie bestand darin, die bürgerlichen Staatssekretäre mehrheitlich durch Räte aus dem Hofadel zu ersetzen, die ihrerseits durch bürgerliche Spezialisten unterstützt werden sollten. Dieser Versuch des Regenten entsprach den Vorstellungen eines Reformprogramms, den *Chaulnes-Tafeln,* so genannt, weil sie im Schloß des Herzogs von Beauvilliers unter der Schirmherrschaft des Herzogs von Burgund ausgearbeitet wurden, um die Herrschaft der Bourgeoisie zu brechen. In Wirklichkeit unterstützte der Regent diesen Plan wahrscheinlich nur, um auf wohlfeile Art die Forderungen seiner eigenen Anhänger zu befriedigen. In Wahrheit aber kümmerte ihn ihr Inhalt wenig. Er dachte nicht daran, wichtige Angelegenheiten vor den Regentschaftsrat zu bringen, sondern fällte seine Entscheidungen mit seinen gewohnten Ratgebern selbst.

Sobald er konnte, beseitigte Philipp von Orléans das schwerfällige, langsame und rasch unnütz gewordene Instrument. Damit war der Versuch einer Regierung durch den höfischen Hochadel fehlgeschlagen – weniger wegen der Unfähigkeit ihrer Mitglieder als vielmehr durch das Unvermögen, ihren Willen dem Regenten aufzuzwingen, der alleine regieren wollte. Am 24. September 1718, gleichzeitig mit dem Beginn des Law-Experiments, verschwanden die Räte; der Regent griff auf die bewährten Institutionen Ludwigs XIV. zurück.

Gleichzeitig beschnitt er die Rechte des *Parlement,* wohl auch deshalb, weil er seit dem ersten Tag seines Interims mit ihm zusammenarbeiten mußte, um das Testament Ludwigs XIV. außer Kraft zu setzen. Es teilte die Macht zwischen dem Herzog von Orléans, dem der Große König mißtraute, und dem Herzog von Maine, seinem Lieblingsbastard. Im Bewußtsein seiner Nützlichkeit für Philipp von Orléans übte das *Parlement* von Paris bei verschiedenen Anlässen sein Remonstrationsrecht aus – und fiel ihm dadurch schnell zur Last. Da es dem Lawschen Experiment seine Zustimmung verweigerte, beschränkte der Regent das Remonstrationsrecht auf die von der Regierung vorgelegten Erlasse und verpflichtete das *Parlement,* innerhalb von acht Tagen zu antworten. Damit war es einstweilen schachmatt.

Die doppelte Opposition aus Hochadel und Parlamentariern entwikkelte sich in unterschiedlichen Richtungen. Der Adel stellte für den Regenten keine Gefahr mehr dar. An die Stelle des politischen Protests trat stummes Unbehagen an der absoluten Monarchie; es manifestierte sich in Gerüchten, die sich von dem Augenblick an, als Ludwig XV. erwachsen war, gegen seine Person richteten. Die königlichen Mätressen dienten als erste Zielscheiben, vor allem als Ludwig XV. sie nicht mehr aus dem Adel, sondern aus dem »gemeinen Volk« auswählte. Danach richteten sich die Attacken gegen den König selbst und seine Politik. Zwischen 1750 und 1760 schrieb Quesnay, der Leibarzt des Königs, in Übereinstimmung mit einem Teil des höfischen Adels kaltblütig, daß er zugunsten des Dauphins abdanken sollte – und schlug gleichzeitig die Beseitigung des Adels vor. Der Hofadel unterstützte die Ideen der »Philosophie«-Partei und schützte deren Hauptvertreter. Es entstand ein bedeutender, »liberal« gesinnter Adelskreis. Diese Haltung der scheinbaren Unterstützung und der Mitwirkung zum Nutzen der Macht, verbunden mit stummem Widerstand und Verleumdungskampagnen, bargen letztlich für den König wahrscheinlich größere Gefahren als ein bewaffneter Aufstand.

Die *Parlements* legten die Waffen nicht mehr aus der Hand. Ludwig XIV. hatte 1709 einen folgenschweren Fehler begangen: Aus finanziellen Gründen hatte das *Parlement* von Paris das Weiterbestehen seiner Ämter erreicht, was es von der Zahlung der *Paulette,* der Ausgleichsteuer zur Erblichkeit der Ämter, befreite. Die Krone verlor so gegen ihre Amtsträger eine wirksame Waffe. Nicht ohne Demagogie rückte das *Parlement* wieder in seine Position aus den frühen Zeiten der Fronde ein, das heißt, es verweigerte seine Zustimmung zu egalitären Steuern oder zu staatlichen Steuer- und Finanzreformen unter dem Vorwand, das Volk nicht über seine Steuerkraft hinaus belasten zu wollen. Mit diesem Argument gewannen sämtliche *Parlements* zeitweise die Gunst des Publikums, obwohl sie in Wahrheit nur ihre eigenen Privilegien schützten. Mitten im Krieg grenzte diese Einstellung an Hochverrat. Ungeachtet aller positiven Würdigung des Regenten und seiner Regierung sollte die den *Parlements* für kurze Zeit wiedergegebene Freiheit die Monarchie teuer zu stehen kommen. Die *Parlements* fanden zahlreiche finanzielle und vor allem religiöse Vorwände, um gegen den König zu arbeiten. In diesem Sinn vereinten sich Gallikanismus und Jansenismus. Sie wagten sich immer weiter auf politisches Gebiet vor und warfen der Monarchie den Fehdehandschuh hin. Diese sogenannte »despotische« oder »absolute« Monarchie erwies sich – mit Ausnahme des Zeitraums zwischen 1770 und 1774 – als unfähig, die sterilste und wirksamste Form der Opposition zu überwinden. Bei den meisten Parlamentariern aus Paris und der Provinz handelte es sich um kultivierte, oft »aufgeklärte« Abgeordnete. Zwar gab es auch unter ihnen Feinde der Aufklärung und der politischen Realitäten; aber die Käuflichkeit und Erblichkeit der Ämter begünstigte den Einzug von sehr jungen Richtern ins *Parlement.* Anstatt sich für Justizangelegenheiten zu interessieren, zogen sie es vor, sogar in den Vollversammlungen gegen die königliche Politik zu wettern. Sie hofften, sich damit beim Publikum beliebt zu machen.

Das fragwürdigste Vermächtnis aus den letzten Tagen Ludwigs XIV. ist zweifellos die Affäre um die Bulle *»Unigenitus«*. Von seinem geistlichen Gefolge gedrängt, hatte der König den Papst aufgefordert, die Lehrsätze aus dem Werk *»Réflexions morales sur le Nouveau Testament«* von Quesnel, einem Jansenisten der jungen Generation, zu verdammen. Diesem Wunsch Ludwigs entsprach die päpstliche Bulle vom 8. September 1713. Aber die Versammlung des Klerus von Frankreich fügte dem päpstlichen Text eine *»Instruction pastorale«* hinzu, die den gallikanischen Geist der französischen Kirche offen zu erkennen gab und als Hinweis gemeint war, daß Anordnungen der schwachen Autorität von Rom der Bestätigung durch die Bischöfe als Nachfolger der Apostel bedurfte. Schon allein das war gravierend, aber der Erzbischof von Paris, Kardinal Noailles, und acht andere Bischöfe gingen noch weiter. Sie verweigerten der Bulle ihren Gehorsam. Das *Parlement* erklärte sie mit der Begründung für nichtig, daß sie unzulässig und »wertlos« sei. Außerdem rechnete man täglich mit dem Tod des Königs. Nach 1715 versuchte der Regent, ein Freund Noailles', Zeit zu gewinnen. Mit seinem üblichen Zynismus erwirkte Dubois einen höchst vagen Kompromiß, um damit seine intrigant eingefädelten Bemühungen um den Kardinalspurpur zu rechtfertigen, den er 1721 erhielt.

Die Aufregung schien sich zu legen, als der Bischof von Senez, Soanen, seit langem ein Gegner der Bulle, 1727 durch das Konzil von Embrun mit dem Interdikt belegt wurde. Die jansenistische Propaganda griff die Affäre auf und stilisierte den Bischof zum Märtyrer empor.

Aber Fleury war nicht sehr gallikanisch gesinnt und befürchtete, daß sich die Kirche von Frankreich von Rom trennen könnte. Darüber hinaus unterschieden sich der Jansenismus der Jahre um 1720 doch erheblich von dem des 17. Jahrhunderts. Er präsentierte sich zu Beginn des 18. Jahrhunderts als »Richerismus«, nach Edmond Richer, dem Syndikus der theologischen Fakultät von Paris und Autor der Abhandlung *»De ecclesistica et politica potestate«*. In diesem Traktat vertrat er Prinzipien, die im Widerspruch zur Lehrmeinung der Kirche standen. Darüber hinaus bestritt er die Macht der Bischöfe und rief zur presbyterianischen Führung der

Kirche auf. Aber die große Mehrheit der Bischöfe distanzierte sich vom Jansenismus. Er hatte sich zu einer Art politischer Partei entwickelt mit dem *Parlement* von Paris als Zentrum. Im Grunde handelte es sich um Ideen, die zu Beginn des 17. Jahrhunderts aufgetaucht waren – Richer hatte sein Buch 1611 veröffentlicht – und die hundert Jahre später vor einem sozialen Hintergrund wieder auftauchten! Wie zu Zeiten Pascals beschäftigte die Bewegung bevorzugt die Geistlichen von Paris, und man hat behauptet, daß es sich um die Opposition einer »demokratischen« gegen eine aristokratische Kirche handelte: Geistliche bürgerlichen Standes gegen adlige Bischöfe. Fleury gelang es schließlich, die Priester zu überzeugen. 1729 kam der greise Erzbischof von Paris, Noailles, zur Einsicht. Im folgenden Jahr, am 24. März 1730, befahl Fleury der gesamten Kirche von Frankreich, die Bulle *»Unigenitus«* anzunehmen. Die Reaktionen der Parlamentarier fielen sehr drastisch aus.

Es bedurfte erst einer königlichen Entscheidung *(Lit de Justice)*, um das *Parlement* zu zwingen, die Deklaration zu registrieren (3. April 1730). Das *Parlement* verlangte jedoch, den suspendierten Geistlichen zu erlauben, ihre Pfründe zu behalten. Es empfing »Klagen wegen Gewaltmißbrauchs« von Geistlichen, die sich von ihren Bischöfen bedroht fühlten. Fleury entzog daraufhin dem *Parlement* jede Zuständigkeit für den geistlichen Bereich und ließ die umtriebigsten Räte verhaften, nachdem die Richter in Streik getreten waren. Der König berief das *Parlement* erst wieder ein, um ihm seine Deklaration vom 15. August 1732 aufzuzwingen, wonach jedes während einer Sitzung mit ihm registrierte Edikt innerhalb desselben Tages zu vollstrecken war. Als das *Parlement* daraufhin jedoch den Text für nichtig erklärte, ließ Ludwig XV. im September 1732 einhundertneununddreißig Räte verhaften.

Die Affäre wäre für den König sehr schlecht verlaufen, wenn die Jansenisten im *Parlement* nicht durch den »Wunder«-Skandal des Diakons François de Pâris diskreditiert worden wären. Dieser wegen seines Widerstandes gegen die Bulle *»Unigenitus«* berühmte Jansenist war 1727 im »Geruche der Heiligkeit« gestorben, und sein Grab auf dem Pariser Friedhof Saint Médard wurde wegen angeblicher Wunderkräfte in allen sozialen Schichten verehrt. Aus dieser Verehrung zog die politische Führung ihren Nutzen, und es folgte eine Phase der Ruhe im Umgang mit dem *Parlement*. Den Schaden aus dieser Affäre hatte vor allem die Sache der Religion. Für einige Jansenisten bedeutete der Übergang zu den »Konvulsionären« eine Etappe zwischen Orthodoxie und Deismus oder Atheismus, so zum Beispiel für Julien de La Mettrie aus Saint-Malo, einen Arzt, der das Werk *»L'Homme Machine«* verfaßte und im Schloß eines Reeders in die sogenannten Konvulsionen eingeweiht worden war.

Nachdem die Pariser Parlamentarier ihre Unabhängigkeit wieder erlangt hatten, weil die Weiterexistenz ihrer Funktion bestätigt worden war, kamen sie wieder auf ihre Forderungen zurück. Zur Zeit der Fronde glaubten sie vom englischen Beispiel die Behauptung ableiten zu dürfen, daß die *Parlements* die natürlichen Vertreter des Volkes seien – ein beispielhafter Fall von Sprachverwirrung oder Unaufrichtigkeit. Sie kümmerten sich indes wenig um die offensichtlichen Unterschiede zwischen dem englischen Parlament, einer gewählten Kammer, die wenigstens einen Teil der Einwohner des Königreichs vertrat, und den französischen *Parlements,* die von der Krone berufen wurden und sich aus Amtsträgern zusammensetzten, die ihre Funktion gekauft hatten. Diese Volksvertretungstheorie wurde ab 1709 wieder aufgegriffen. Sie stellte nicht nur die Macht des Königs in Frage, sondern bestritt auch ihre Autorität, besonders während der vom König geleiteten Sitzungen. Aus der Nähe betrachtet wollte das *Parlement* von Paris mit dem König die legislative Gewalt teilen und die Finanzen kontrollieren. Es empfahl daher ein parlamentarisches System ohne Wahlen zum Nutzen einer eng begrenzten Kaste. Dieser Zusammenstoß mit der Krone mußte das Ancien régime untergraben, geradeso wie die Konvulsionsaffäre die kanonische Vorstellung von Wundern in Verruf brachte.

KAPITEL II

Das Wiederaufflammen des Krieges 1740–1763

FRANKREICH UND EUROPA UM 1740

Als sich die europäische Situation im Jahre 1740 erneut zuspitzte, stellte sich jeder auf einen langen und harten Krieg ein. Dennoch erkannten die Zeitgenossen zunächst nicht, daß es sich um einen Doppelkrieg von maritim-kolonialen und kontinentalen Dimensionen handelte. Im Unterschied zu Ludwig XIV. begriffen sie nicht, daß ein Zweifrontenkonflikt um jeden Preis vermieden werden mußte, aber die Wahl gestaltete sich schwierig. Logischerweise gab es nur eine Alternative: entweder auf die Kolonien und den Seehandel zu verzichten, um die Kriegsanstrengungen auf den Kontinent zu konzentrieren, oder den Kontinent zu stabilisieren und den Krieg zur See zu führen.

Englische Handelskreise wollten sowohl einen Krieg gegen Frankreich als auch gegen Spanien. Der Wiederaufbau der spanischen Kriegsflotte stellte in ihren Augen eine Gefahr dar, selbst wenn die Handelsmarine schwach blieb (etwa 100000 Tonnen). Aus den englischen Plänen folgte die Bedrohung Spaniens. Selbst wenn man es nicht erobern konnte, so blieb es durch die Einnahme von strategischen Punkten wenigstens kontrollierbar, wie zum Beispiel von Havanna, dem führenden spanischen Zentrum für den Bau von Kriegsschiffen, oder der Landenge von Panama aus, dem üblichen Handelsweg des Silbers aus Peru. Die große strategische Offensive, die 1740 fehlschlug, war entsprechend angelegt. Solange Spanien seine Flotte größtenteils mit amerikanischem Gold und Silber finanzieren konnte, ohne auf das Budget des Mutterlandes zurückzugreifen, vermochte es eine große Kriegsflotte zu unterhalten. Zwei Drittel des

Silbers kamen aus Mexiko, das durch die Weite des spanischen Reichs geschützt war. Außerdem erlaubten die tropischen Ebenen der mexikanischen Küsten keine umfangreichen militärischen Operationen.

Frankreich erschien in den Augen englischer Händler noch gefährlicher. Zwar fielen seine 40 Linienschiffe im Vergleich zu den 130 englischen Schiffen des gleichen Typs auch dann kaum ins Gewicht, wenn man die französische Marine als eine Flotte technisch hochentwickelter Prototypen ansah, die sie nach dem Urteil englischer Admirale zum Teil waren. Gefährlicher erschien dagegen für die Engländer die kommerzielle Konkurrenz Frankreichs. Bei gleicher Qualität erwiesen sich die französischen Tropenprodukte – mit Ausnahme des ausgezeichneten virginischen Tabaks, den die Generalpacht in Schottland einkaufte – als deutlich billiger als die englischen. Die französischen Luxuswaren brauchten keine Konkurrenz zu fürchten, obwohl auch England gesuchte Spezialitäten anzubieten hatte. Tuchwaren, Indienne oder Indienne-Imitationen, Seidenwaren, Wein, Getreide und Salz aus Frankreich behaupteten ihre traditionellen Märkte und eroberten im Baltikum, in Mitteleuropa und im Mittelmeerraum neue Märkte. Die französische Flotte vergrößerte ihre Transportkapazität auf dem Atlantik, und die Erweiterung der französischen Besitzungen in Nordamerika engte die englischen Kolonien immer mehr ein. Frankreich begann, in Indien vorzudringen. Es stellte daher die gefährlichste Konkurrenz für England dar. Eine mittelmäßige Militärmacht und eine beachtliche Handelsmacht – die Versuchung war groß, den Handel mit militärischen Mitteln zu beherrschen.

Spanien unterdrückte systematisch und durch hartes Vorgehen den englischen Schmuggel auf dem amerikanischen Kontinent. Als man dem englischen Parlament einen Handelskapitän vorführte, dem die Spanier nach seiner Verhaftung auf offenem Meer die Ohren abgeschnitten hatten, riefen maritime Kreise in Bristol und London erregt nach Krieg.

Der englisch-spanische Krieg berührte Frankreich zunächst nur indirekt. Man hatte Zeit und konnte vorsichtshalber aufrüsten. Das Unglück wollte es, daß 1740 der Kaiser von Österreich starb und mit Friedrich II. ein literarisch ambitionierter und von französischer Kultur geprägter Prinz den preußischen Königsthron bestieg. Kaum König geworden, verwandelte er sich unversehens in einen gefürchteten Eroberer. Er erkannte die »Pragmatische Sanktion«, die Maria Theresia als Kaiserin einsetzte, nicht an und eroberte im Dezember 1740 Schlesien. Im Gegensatz zu den sandigen Landstrichen und torfhaltigen Böden Brandenburgs und Pommerns besaß Schlesien reiche Lößvorkommen und eine blühende Leinenindustrie. Außerdem verfügte es in den Bergen an der Grenze zu Böhmen über Holz und Erze. Mit der Eroberung Schlesiens kamen neue Truppen hinzu, die in die bestehende Armee von 80000 Mann eingegliedert wurden, die Friedrich Wilhelm I. seinem Sohn Friedrich II. hinterlassen hatte. Diese schlagkräftige Armee mußte eines Tages zum Einsatz kommen. Die Gelegenheit war ideal, um an Österreich Rache zu üben. Es wurde von einer jungen, unerfahrenen Frau regiert, der ein zwar verliebter Ehemann, aber nur mittelmäßiger Soldat zur Seite stand.

Frankreich hatte an diesem Konflikt kein weiteres Interesse, als den Gang der Ereignisse zu überwachen. Zwischen Fleury und dem König bestand Einigkeit, Österreich unter keinen Umständen anzugreifen, denn schließlich hatten sie die Pragmatische Sanktion garantiert. Vor diesem Hintergrund begann sich das französische Drama des 18. Jahrhunderts zu entfalten. Fleury, der mit seinen neunzig Jahren immer noch am Leben hing, besaß zwar einen gutfunktionierenden Verstand, aber keine Willenskraft; er konnte dem Druck nicht widerstehen, und Ludwig XV. war lange Zeit unfähig, seine Entscheidungen durchzusetzen.

»Nach mir die Sintflut« – das zynische Wort, das ihm zugeschrieben wird, hat ihm viel geschadet. Schon in jungen Jahren war Ludwig XV. Opfer einer hinterlistigen Kampagne, deren Ursprung noch unbekannt ist. Man warf dem zarten, tierliebenden Kind Tierquälerei vor. Die hartnäckige Legende über seine Faulheit verstärkt den Klatsch über sein Privatleben. Noch immer ist die Vorstellung von dem König als einem trägen Menschen verbreitet, der sich im Rat langweilte. Wer aber war Ludwig XV. wirklich?

Das Studium der Archive zeigt einen König von fast demselben Fleiß wie Ludwig XIV., doch darüber hinaus intelligenter, scharfblickender und weitsichtiger als sein Vorgänger. Aber er schätzte den Wert der Menschen und der Regierenden skeptisch ein. Er war ein gutmütiger und schöner Mann, der mutig im Kampf war und sicher keinen schlechten General abgegeben hätte. Er wurde lange Zeit verehrt. Doch alle diese Qualitäten reichten nicht aus, um aus ihm einen König zu machen. Es fehlte ihm – wie später Ludwig XVI. – die Fähigkeit, sich den Wünschen und Einflüsterungen seines Gefolges zu widersetzen. Ergänzt wurde dieses Charakterbild durch einen sehr soliden religiösen Kern, eine tiefe Gläubigkeit, die im

Gegensatz zu seiner Sinnenfreude stand, die bei ihm so lebendig wie beim Regenten war. Ludwig XIV. wurden noch Dinge verziehen, die man Ludwig XV. nicht vergab und die er auch sich selbst nicht verzieh. Manchmal, wenn er auf Liebesabenteuer ausgegangen war, ließ er sich sogar geißeln. Dies weist auf die innere Zerrissenheit eines Mannes hin, der sich zwar der Religion seiner Vorfahren tief verbunden fühlte, sich gleichzeitig aber gegenüber der Welt und den wissenschaftlichen Innovationen aufgeschlossen zeigte. Dabei war er ein gebildeter Mann und wie Ludwig XIV. ein Freund der Künste. Sein wahres Gesicht zeigte er erst im kleinen Kreise. In Ratssitzungen fühlte er sich unbehaglich. Er besaß das Format eines bedeutenden Königs, bewies es jedoch erst zwischen 1770 und 1774, als er zwar nicht seine Politik, aber wenigstens seine Minister durchsetzte, die gute Arbeit leisteten.

»Wir brauchen nur auf Pagnotte zu bleiben« (eine Anhöhe im Wald von Chantilly, von wo aus man zusah, wie die Hunde den Beuteanteil an den dem König reservierten großen Hirschen bekamen), erklärte Ludwig XV. am Vorabend des österreichischen Erbfolgekriegs. Vielleicht war seine Erziehung mehr oder weniger verantwortlich für diese Schüchternheit, die Furcht, das Falsche zu tun. Man hatte den jungen Prinzen dem Marschall von Villeroy anvertraut. Er war ein empfindliches Kind, das um so mehr verhätschelt wurde, als man den Regenten verdächtigte, den letzten Nachkommen Ludwigs XIV. beseitigen lassen zu wollen. Er wurde im Gegensatz zu Heinrich IV., Ludwig XIII. und Ludwig XIV. wie in einem Kokon aufgezogen. Er erlebte weder das Leben im Militärlager noch das Leben im Freien. Er war ein Mann, der die Abkapselung liebte. Selbst nach dem Tod des Regenten im Jahre 1723 ließ er andere an seiner Stelle regieren, entsprechend seiner Gewohnheit, andere für sich machen zu lassen.

Die Königin besaß keinen politischen Verstand. So galt der König in der Öffentlichkeit so viel wie seine Mätressen, die ihn nacheinander beeinflußten. Madame de Mailly, danach ihre Schwester, die Marquise von Vintimille, die 1741 im Kindbett starb, und schließlich ihre zweite Schwester, die Herzogin von Châteauroux, versuchten einem Mann Willensstärke einzuflößen, der seinem Temperament nach eher entscheidungsschwach war. Als er 1744 in Metz erkrankte und in Todesgefahr schwebte, verjagte man Madame de Châteauroux; sie wurde durch Madame de Pompadour ersetzt.

Die drei Schwestern trugen ihren Teil an der Verantwortung für den Krieg, denn sie gehörten dem antiösterreichischen Klan des Marschalls Belle-Isle, eines Abkömmlings Fouquets, an.

DER ÖSTERREICHISCHE ERBFOLGEKRIEG (1742–1748)

Frankreich stellte sich also auf die Seite Preußens, verbündete sich mit Sachsen und beteiligte sich an der Wahl des Kurfürsten Karl Albrecht von Bayern zum Kaiser des Heiligen Römischen Reiches, was darauf hinauslief, das Territorium des Hauses Österreich zu teilen. Anstatt auf Wien zu marschieren, das einem preußisch-französischen Doppelangriff schutzlos ausgeliefert war, eroberte Belle-Isle lieber Böhmen und nahm im November 1742 Prag ein. Der Kriegseintritt Frankreichs kam England gelegen; Georg II. drang im Februar 1742 an der Spitze einer englisch-hannoveranischen Armee in Deutschland ein.

Preußen hatte sein Ziel erreicht. Es schloß mit Österreich Frieden, während Wien in England die notwendigen Gelder zur Fortsetzung des Krieges mit Frankreich fand. Das Haus Savoyen wandte sich wie gewöhnlich dem Meistbietenden zu, so daß sich die Koalition gegen Österreich in eine Verbindung gegen Frankreich verwandelte und London Österreich Elsaß und Lothringen versprach. Natürlich erstreckte sich der Krieg auch auf das Meer und die Kolonien. In einer Winternacht gelang es Belle-Isle überraschend, aus Prag zu fliehen, wo er belagert wurde. Er konnte die Reste seiner Armee, allerdings nur unter schweren Verlusten, ins Elsaß zurückführen. Danach wurde sie neu formiert. Der Herzog von Noailles führte sie bei Dettingen in der Nähe von Frankfurt am 27. Juni 1743 gegen die Alliierten in die Schlacht. Die französischen Kolonnen gingen in geschlossenen Reihen mit aufgepflanztem Bajonett zum Angriff über, erlitten dabei jedoch große Verluste. Mit der flandrischen Armee eroberte der König die ersten Festungen des österreichischen Sperriegels und marschierte danach in das bedrohte Elsaß. Es kam nicht zur Schlacht, weil Friedrich II., den die französischen Niederlagen erstaunten und der Maria Theresia mißtraute, Österreich angriff und so Frankreich eine Atempause erlaubte.

Die Situation war insofern seltsam, als England offiziell nicht mit

Frankreich Krieg führte, außer auf hannoveranischen Gebiet, und daß – eine weitere Eigenart – der Frieden auf dem Meer erhalten blieb. Aber das spanische Geschwader, das in Toulon Zuflucht gefunden hatte, hatte den Ort unter dem Schutz der französischen Flotte wieder verlassen; die darauffolgende Schlacht verlief eher günstig für die beiden Verbündeten. Von Zeit zu Zeit beschossen die Engländer die französischen Schiffe; sie gaben später vor, sie mit spanischen verwechselt zu haben. Auch hatte die Plünderung der französischen Handelsschiffe begonnen. Unter Berufung auf diese Lage erklärte Frankreich England am 15. Juni 1744 offiziell den Krieg. Dieser Krieg, der 1741 zu Lande und 1744 zur See begonnen hatte, wurde gleichzeitig auf vielen Schauplätzen in Europa, auf dem Meer, in Amerika und selbst in Indien ausgetragen; insgesamt spielte er sich an drei Fronten ab.

Zu Lande fand die französische Armee, die endlich den Umgang mit ihrem neuen Gewehr gelernt hatte, in Gegenwart des Königs ihren alten Kampfgeist wieder. Sie wurde in Flandern von dem hervorragenden Moritz von Sachsen geführt, einem der zahlreichen außerehelichen Söhne des Kurfürsten August von Sachsen, Königs von Polen. Nach einem Augenblick des Schwankens, in dem der König seinen Mut bewies, besiegte sie am 11. Mai 1745 bei Fontenoy die Anglo-Hannoveraner, die von holländischen und österreichischen Kontingenten unterstützt wurden. Brüssel fiel im darauffolgenden Jahr. Nach seinen Siegen von Raucoux und Laaffelt verhängte Moritz von Sachsen im April 1748 den Belagerungszustand über Maastricht. Die Stadt wurde eingenommen, und die Holländer bekamen Angst. Die gesamten österreichischen Niederlande wurden rasch erobert. In Italien fiel der Erfolg der französischen Truppen zwar insgesamt maßvoller aus, aber sie hatten mit Nizza und Savoyen solide Faustpfänder errungen.

In Indien verzeichneten die Franzosen ähnliche Erfolge, obwohl keine Vorkehrungen getroffen waren, um die Einrichtungen der französischen Handelskompanie zu schützen. Man hatte nicht damit gerechnet, daß sich der Krieg hinziehen würde, und hoffte, daß sich die Schiffe der Kompanie zur See selbst verteidigen könnten. Das war ein schwerer Fehler, denn die englischen Seestreitkräfte griffen überall an. Die Franzosen wehrten sich, so gut sie es eben vermochten. Zu ihrer Unterstützung lief ein ziemlich zusammengewürfeltes Geschwader unter dem Kommando des ausgezeichneten Marineoffiziers La Bourdonnais aus, der 1746 den englischen

Hauptstützpunkt Madras eroberte. Aber der französische Gouverneur Joseph-François Dupleix wollte Madras behalten, während La Bourdonnais plante, die Stadt gegen ein hohes Lösegeld herauszugeben. La Bourdonnais verließ Indien. Dupleix konnte sich zwar überall behaupten, verzichtete aber darauf, die anderen englischen Faktoreien einzunehmen.

In Nordamerika stellten die Engländer einigen Indianerstämmen Waffen zur Verfügung. Es kam zu zahlreichen Erhebungen gegen die Franzosen, doch brachten sie die französischen Forts nicht in ernsthafte Schwierigkeiten, außer daß die Verbindungen zwischen ihnen erheblich erschwert wurden. Da die Kanadier weiterhin die Engländer bedrängten, schickten diese von Boston aus umfangreiche Streitkräfte, die Louisbourg einnahmen. Der Hafen von Louisbourg, an der Meerenge zwischen Neufundland und dem Kontinent gelegen, war früher eisfrei als die Mündung des Sankt-Lorenz-Stromes. Geriet er in englische Hand, so wurde der französischen Kolonie die Lebensader abgeschnürt.

Die französische Kriegsflotte erwies sich im Vergleich zur englischen Marine als zu schwach. Sie konzentrierte sich auf die Unterstützung Kanadas und die Begleitung der Konvois zu den Antillen. Mehrmals gelang es einem Handelskonvoi zu entfliehen, doch jedesmal um den Preis des begleitenden Geschwaders. Mit jedem Gefecht verlor Frankreich Linienschiffe und Fregatten, die ersetzt werden mußten. Noch schwerwiegender waren die durch Krankheiten, insbesondere Skorbut und Typhus, und Kampfhandlungen verursachten Verluste. Zahlreiche Matrosen wurden getötet oder gefangengenommen.

1748 war die Marine am Ende ihrer Kräfte; es gab nicht mehr genügend Matrosen. Der Handel hatte trotz der Eskorten stark gelitten, und die Preise von Kolonialwaren hatten sich mehr als verdoppelt. Die Häfen an der französischen Atlantikküste forderten Frieden. Er konnte unter annehmbaren Bedingungen ausgehandelt werden, denn Frankreich hatte sich mehr als achtbar geschlagen.

Dennoch enttäuschten die Bedingungen des Friedens zu Aachen (Oktober 1748) so sehr, daß ihn die Fischweiber in den Pariser Hallen als Synonym für Dummheit benützten: »Du bist blöd wie der Frieden!«, »Für den König von Preußen arbeiten« geriet zur sprichwörtlichen Wendung. Tatsächlich zogen alle Beteiligten aus diesem Vertrag Nutzen, außer Frankreich. In Übersee gaben sich England und Frankreich ihre Eroberungen zurück, und dabei blieb es. Schlesien wurde Preußen zuerkannt, und ein Teil von Mailand fiel an Piemont. Der Infant Don Philipp erhielt Parma und Piacenza. Wie die anderen Mächte bestätigte Frankreich seine Anerkennung der Pragmatischen Sanktion. Maria Theresia erwies sich als überragende Monarchin.

Durch diesen enttäuschenden Friedensschluß sank der König in der Gunst der Massen. Die schweren finanziellen Opfer des Krieges fanden keine Gegenleistung; sie vergrößerten den Schuldenstand nur noch. Der Nationalstolz, der durch den Krieg geschürt worden war, fühlte sich durch den Frieden um seine Ehre geprellt.

Daß Ludwig XV. sich vorgenommen hatte, »einen Königsfrieden, keinen Händlerfrieden zu schließen«, war in dem Kreis blasierter und zynischer Staatsmänner in Europa ein psychologischer Fehler. Nachdem die Überraschung verflogen war, empfanden sie für ihn nur noch Verachtung und nutzten diese Lage aus. Wie am Königshof von Versailles üblich, hatte auch Ludwig XV. die kleinen gegen die großen Mächte ausgespielt und wie England versucht, ein »europäisches Gleichgewicht« herzustellen. Aber die kleinen Mächte waren zu schwach, und der Frieden bot eigentlich keine Lösung der Probleme. Da die Grenzfragen in Übersee nicht verhandelt wurden, schwelten die Ursachen des Konflikts fort. Die Hoffnung Londons, den kommerziellen Aufschwung Frankreichs gebrochen zu haben, erwies sich bald als Irrtum. Alles schien auf einen neuen Konflikt hinzudeuten.

Gab sich Ludwig XV. darüber Illusionen hin? Nach der Unterzeichnung des Friedensvertrags erhielt die Marine jedenfalls umfangreiche Mittel zugewiesen, aber diese Anstrengung ließ schon ab 1752 nach. Der Sieg der Gerechtigkeit, mit dem der König prahlte, blieb fragwürdig. Darüber hinaus implizierte der Friedensschluß nur einen Waffenstillstand. Die Nation nach einer derartigen Enttäuschung in einen weiteren kostspieligen Krieg zu verwickeln barg schwerwiegende Risiken. Ludwig XV. wünschte sich Frieden und hatte wenig Vertrauen zu seiner Marine. Aber England dachte nur an Vergeltung.

DER SIEBENJÄHRIGE KRIEG (1756–1763)

Der neue Konflikt auf dem Kontinent fand unter völlig anderen Kräfteverhältnissen statt, denn die Verbündeten waren sehr unzufrieden miteinander. Nach dem Verlust Schlesiens und wegen nur geringer Subsidien aus England war Österreich zur Annäherung an Frankreich bereit, aber Versailles stellte sich taub, und die Dinge zogen sich bis 1755 hin. Schließlich stieß Zarin Elisabeth das Spiel der neuen Bündnispolitik in Europa an, indem sie sich England annäherte und Österreich Angebote machte. Friedrich II. war beunruhigt und stärkte seine Finanzlage durch die Unterzeichnung der Konvention von Westminster (1756) mit England. Das offizielle Frankreich empfand dies als blanken Hohn. Die Marquise von Pompadour, deren Einfluß sich am Hof seit 1745 spürbar verstärkte, war einer Annäherung an Österreich, die sich im Mai 1756 durch den Vertrag von Versailles konkretisierte, nicht abgeneigt. Ein solches Bündnis schürte die Furcht in Europa, denn es brachte die drei großen Kontinentalmächte zusammen: Rußland, Österreich und Frankreich. In Moskau und Wien regierten Frauen. Friedrich II. brachte das auf die derbe Formel vom »Bündnis der drei H...« – eine Äußerung, die man ihm nie verzieh. Außer diesen drei gehörten auch Sachsen, Schweden und das Reich – ohne Hannover und einige Staaten Norddeutschlands – zu dieser Koalition.

Die französischen Häfen erlebten damals einen geradezu unglaublich steilen Aufschwung. Die Zeit zwischen 1749 und 1755 erwiesen sich als die glänzendsten Jahre. Die Geschäfte liefen, als ob der Krieg nicht stattgefunden hätte. Trotz zahlreicher Prisen durch die Engländer verfügten die französischen Händler über eine größere Handelsflotte als vor 1740. Viele waren in Holland oder in England versichert! Der Sklavenhandel hatte sich noch gesteigert, und die Zuckerproduktion war bis 1755 stark gewachsen.

Zwischen Frankreich und England hatte der Krieg niemals wirklich aufgehört. Er wurde auf verdeckte oder offene Weise in Amerika und Indien fortgesetzt, in Kanada übrigens häufig auf Initiative der Franzosen: Der provisorische Gouverneur Barrin de la Galissonnière unternahm nichts, um die Zusammenstöße in Akadien zu vermindern. Die rasch wachsende englische Bevölkerung dehnte sich in Richtung der Appalachen aus und strömte nach Westen. Im Süden Kanadas bildeten indianische Siedlungsgebiete noch einen Schutzschirm, aber am Ohio, den die Franzosen kontrollierten, standen die Feinde in direkter Berührung. Ab 1754 herrschte überall in den englisch-kanadischen Randgebieten die Guerilla.

In Indien stellte sich die Situation noch komplexer dar. Gouverneur Dupleix, der den neuen Frieden für sich nützte, erkannte wie alle »Vasallen« die Suzeränität des Großmoguls offiziell an, gründete aber in Wirklichkeit für sich einen eigenen Staat. Vermutlich war das die einzige Möglichkeit, die Rentabilität der Faktoreien zu sichern, aber sie erforderte einen militärischen, mithin finanziellen Kraftakt. Die Plünderungen und die nachfolgende Steuererhebung erlaubten der Handelskompanie, ihre Einnahmen zu erhöhen und sich gegen die Engländer zu behaupten. Nach dem Ende des österreichischen Erbfolgekriegs bis 1754 hatte Dupleix die Hochebene des Dekkan praktisch mit lächerlichen 2000 Mann, darunter 300 Franzosen, erobert. Einige machten ein phantastisches Vermögen, das sie oft ebenso schnell verloren, wie sie es gewonnen hatten. So erhielt René Madec, der mit achtzehn Jahren ausgezogen war und wenigstens einen Teil seines Vermögens gerettet hatte, Adelsbriefe und fand Eingang in die bretonische Aristokratie.

Mit ihrem Gouverneur Robert Clive verfügten die Engländer über einen Anführer, der seinem französischen Gegenüber Dupleix gewachsen war. Der Kampf wurde zuerst durch indische Fürsten und danach direkt geführt. Seit 1751 kam es zu schweren Kämpfen. Angesichts ihrer Heftigkeit und nach der Teilniederlage von Dupleix bei Trichinapali (1751) verloren die Direktoren der französischen Handelskompanie den Kopf und entsandten Godeheu, um mit den Engländern ein Abkommen zu unterzeichnen, das die Preisgabe des Systems des Quasi-Protektorats durch die beiden Kompanien festlegte (1754). Dabei wurden die von Dupleix eroberten Gebiete gegen ein sehr viel Geringeres eingetauscht, und er selbst wurde nach Frankreich zurückbeordert.

In den kanadischen Randgebieten verschlechterten sich die französisch-englischen Beziehungen noch weiter, als die englischen Pflanzer über die Pässe der Appalachen drängten und La Galissonnière die Routen befestigen ließ, die vom Erie-See zum Ohio führten. Im Jahre 1753 begannen die Engländer an der Stelle des heutigen Pittsburgh mit dem Bau eines Forts. Sie wurden von den Kanadiern verjagt, kehrten aber mit einheimischer Miliz wieder zurück und mußten feststellen, daß ihre Feinde das Fort inzwischen fertiggebaut und Fort-Duquesne getauft hatten. Die Miliz stand unter dem Befehl eines jungen Offiziers namens George Washington. Er ließ den Festungskommandanten Jumonville, der zu Verhandlungen gekommen war, ermorden und gegenüber Fort-Duquesne das Fort-Nécessité bauen. Nachdem er selbst belagert worden war, kapitulierte Washington und mußte sich zurückziehen. Im Sommer 1755 entsandten die Engländer eine neue Armee gegen Fort-Duquesne, aber auch sie wurde in die Flucht geschlagen. Dagegen griffen die Milizionäre aus Boston die Einwohner Akadiens überraschend an und erzwangen den Exodus von siebentausend Akadiern, die unter furchtbaren Bedingungen in Richtung Süden deportiert wurden. Das ereignete sich »mitten im Frieden«, so daß der offene Krieg zwischen England und Frankreich auch dann ausgebrochen wäre, wenn sich in Europa nichts ereignet hätte.

Frankreich hatte sich entschlossen, vorsorglich Verstärkung nach Kanada zu schicken, und zwar an Bord von Linienschiffen, die man zu Truppentransportern umgebaut hatte und von bewaffneten Linienschiffen begleitet wurden. Als das englische Geschwader unter Admiral Boscawen sie abfangen wollte, konnte es aber nur zwei kapern und entschädigte sich für diesen Fehlschlag durch eine gigantische Plünderung von französischen Handelsschiffen auf dem Nordatlantik. Offiziell herrschte noch immer Friede, aber bereits jetzt befanden sich 6000 französische Matrosen in Gefangenschaft. Daraufhin erklärte die französische Regierung 1755 England den Krieg.

Für Frankreich begannen die Kampfhandlungen günstig. Dank des Systems der Jahrgänge (Eintragung ins Seedienst-Register) konnte es seine Marine zwölf bis achtzehn Monate früher mobilisieren als England. Das Mittelmeergeschwader, das von dem ehemaligen Gouverneur in Kanada, Admiral Barrin de la Galissonnière, befehligt wurde, erreichte mit der Einnahme Menorcas nach einer unentschiedenen Schlacht im Juni 1756, an deren Ende der englische Admiral Byng abdrehen ließ, einen vollständigen Sieg. Trotz des Eintretens von Voltaire und der öffentlichen Meinung Europas wurde Byng standrechtlich erschossen – ein Hinweis, daß England fest entschlossen war zu siegen.

In Kanada erzielte der berühmte französische General Louis-Joseph Montcalm im Mai 1756 mit 9000 Mann regulärer Truppen einen ersten Erfolg bei der Einnahme von Oswego im Ohio-Tal. Im darauffolgenden Jahr nahm er das Fort William-Henry ein und sperrte die Route zum

Sankt-Georg-See. Das war sein letzter Sieg. Danach ließ ihn seine Regierung im Stich, und er fiel vor Quebec.

England hatte beträchtliche Anstrengungen beim Bau von Kriegsschiffen und bei der Aushebung von Matrosen unternommen; seine Marine erreichte dadurch ungeheure Schlagkraft. Es besaß eine erdrückende Überlegenheit an Linienschiffen und vor allem an Fregatten, während Franzosen und Spanier aus finanziellen Gründen vorrangig Linienschiffe gebaut hatten. Hinzu kam, daß die französische Marine aus dem kanadischen Louisbourg eine Typhus- und Ruhrepidemie einschleppte, die unter den Seeleuten und in der Bretagne bis 1770 grassierte. Dadurch fehlten den französischen Streitkräften wiederum 7000 bis 10000 Mann, wodurch sich das gesamte Defizit auf etwa ein Drittel der Gesamtstärke von 60000 Mann belief. Seeschlachten konnten daher nur mit unvollständigen Mannschaften geschlagen werden, oder man zog Soldaten des Landheers, Küstenwachen-Milizionäre oder Fährmänner von der Loire, der Garonne, der Dordogne oder der Rhône heran.

Den raschen Fall Kanadas erklärt man oft mit dem sich zunehmend verschiebenden Zahlenverhältnis zwischen der kanadischen Bevölkerung und der Bevölkerung der englischen Kolonien. Den 80000 Kanadiern standen zwischen 1750 und 1760 400000 bis 500000 Engländer gegenüber. Die europäischen Reisenden und die englischen Kolonisten sahen jedoch selbst klar voraus, daß der nördliche Teil der Kolonien unter den Angriffen der kanadischen Guerilla und ihrer indianischen Verbündeten fallen könnte. Aber General Montcalm bremste die Kriegsmaschine. Trotz seines Mutes kannte ihn vor seiner Ankunft in der Neuen Welt kaum jemand. Da er an seiner Auffassung einer geordneten Feldschlacht nach europäischem Muster festhielt, sah er nur die numerische Unterlegenheit seiner Truppen, und dies um so mehr, als die Franzosen mit der Guerillakampfweise nicht vertraut waren. Außerdem verstand er sich schlecht mit dem Intendanten. Dieser hatte unter dem Zwang des Provisoriums mit großen Mengen von Papiergeld bezahlt und auf diese Weise wahrscheinlich Unterschlagungen begünstigt.

Es geht hier nicht darum, Montcalm nachträglich zu belasten. Er konnte die numerische Überlegenheit seiner Feinde im Falle eines Umfassungsangriffs nicht ausgleichen, und genau das geschah 1758: Englische Truppen besetzten wieder einmal Louisbourg und schnitten damit den Weg nach Frankreich ab, während sie durch die Einnahme von Fort-

Duquesne und Frontenac den Zugang zum Mississippi sperrten. Montcalm gelang es jedoch, den Sturm auf Montreal zu stoppen, und so verlief der englische Landangriff von neuem im Sande. Als jedoch die englische Kriegsmarine den Sankt-Lorenz-Strom hinaufsegelte, vermochten die französischen Seestreitkräfte sie nicht daran zu hindern. Nachdem sie nachts die französischen Linien überraschend umgangen hatten, schlugen die Engländer unter dem Kommando von James Wolfe am 13. September 1759 General Montcalm vor Quebec in einer geordneten Feldschlacht; dabei fielen beide Oberbefehlshaber.

Der Rest war nur noch eine Frage der Zeit. Nach einem letzten Sieg wurde Chevalier de Lévis 1760 in Montreal eingeschlossen; er kapitulierte im September. Beim Kampf gegen die Guerilla kannten die Engländer keine übertriebenen Skrupel, sondern verbreiteten unter der Zivilbevölkerung Angst und Schrecken.

Derselbe Unverstand, den eine vollständige Unangepaßtheit und falscher Stolz verschlimmerten, kostete Frankreich auch seine indischen Besitzungen. Dort war 1758 die französische Flotte, die von Lally-Tollendal befehligt wurde, mit 3000 Mann gelandet – ein Kunststück, wenn man die englische Seeüberlegenheit in Rechnung stellt. Aber man hätte sehr viel mehr Truppen gebraucht, denn die Engländer verfügten über wenigstens 20000 Mann. Da der französische Oberbefehlshaber aber die Inder mit Schwarzen gleichsetzte, auch keinerlei diplomatisches Gespür besaß und die indische Zivilisation offen verachtete, durfte er nicht lange auf lokale Hilfe rechnen. Der gesamte Dekkan ging in die Hände der Engländer über. Lally-Tollendal, der in Pondichéry festsaß, wurde 1761 zur Kapitulation gezwungen. Auch hier mußte Frankreich seine Flagge einholen.

Die entscheidende Kriegshandlung im Siebenjährigen Krieg vollzog sich jedoch anderenorts. Choiseul, von seiner Wiener Botschaft zurückgerufen, hatte im Dezember 1758 die Stelle als Außenminister angetreten. Er unternahm eine letzte Anstrengung, indem er alte Pläne wieder hervorholte, von denen so viele französische und spanische Militärführer im Krieg gegen England geträumt hatten: den Plan einer Landung auf den Britischen Inseln nach einem Scheinangriff auf Irland. Deshalb wurden unter dem Befehl des Herzogs von Aiguillon in der Bucht von Quiberon Landungstruppen zusammengezogen. Ihm kam das Verdienst zu, einige Jahre zuvor eine Landung in Saint-Cast zurückgeschlagen und den Engländern schwere Verluste zugefügt zu haben. Das Geschwader von Brest sollte die Truppen abholen, doch Admiral Hawke überraschte es 1759 in der Seeschlacht bei den Cardinaux-Inseln vor Quiberon. Die französischen Schiffe, die entkommen konnten, fanden in der Vilaine-Mündung Zuflucht, nachdem sie zuvor ihre Artillerie über Bord geworfen hatten. Im Süden hatte das Geschwader von Toulon die Meerenge von Gibraltar passiert und nach seinem ersten Einsatz in der Bucht von Lagos in Portugal Zuflucht gesucht. Hier wurde es von den Engländern zerstört. Frankreich war von diesem Zeitpunkt an zu keiner großen Operation mehr fähig.

Die Verantwortung für die Niederlage schob man dem zuständigen Admiral und Madame Pompadour zu, die für die schlechte Wahl der Marineminister verantwortlich gemacht wurde. Man muß jedoch auch berücksichtigen, daß der Ausbildungsstand der Matrosen und der Zustand der Schiffe sehr zu wünschen übrigließen. Madame de Pompadour, die die Minister ernannte, besaß weder zu Lande noch zur See eine glückliche Hand. Doch die Katastrophe ließ sich auf einen viel einfacheren Grund zurückführen: Seit 1758 steckte die Marine tief in Schulden. Minister Berryer, der ehemalige Polizeipräsident von Paris, erwies sich als guter Buchhalter, der in den dringendsten Fällen Abhilfe schuf und sein Bestes tat. Doch für die berechtigten Wünsche der Marine hatte er nur wenig Verständnis. Aber selbst wenn er über mehr Geld verfügt und sich in Marineangelegenheiten gut ausgekannt hätte, hätte er die schwindende Matrosenzahl nicht auffangen können. Der Plan, in England zu landen, entbehrte deshalb jeglicher realistischer Grundlage.

Die Beherrschung des Meeres erlaubte es den Engländern von nun an, die Entsendung von wirksamen Verstärkungen in die französischen Kolonien zu verhindern, und Choiseul wandte sich deshalb an die Öffentlichkeit. Er forderte die Körperschaften von Staat und Provinzen auf, sich am Wiederaufbau der Flotte zu beteiligen. Damit provozierte er eine nationale Begeisterung: Die Marine erhielt achtzehn große Schiffe, die von den Städten, den Provinzen, den Generalpächtern oder dem Ritterorden des Heiligen Geistes gestiftet wurden. Doch der Friedensvertrag war bereits unterzeichnet, als die Schiffe schließlich fertig gebaut waren. Sie bildeten später den Kern der Flotte, die sich im amerikanischen Unabhängigkeitskrieg an England rächen sollte.

Auf dem Kontinent war es Friedrich II, der den Krieg auslöste. Da ihn die Pläne der Zarin Elisabeth von Rußland erschreckten, ging er zum Angriff über. Er überfiel Sachsen und gliederte die sächsische Armee im August 1756 in die Reihen seiner eigenen Armee ein. Weil aber die Tochter des Kurfürsten von Sachsen die Gemahlin des Dauphins war, sagte Ludwig XV. dem Feind Preußens, Österreich, eine Unterstützung von 140000 Mann und Subsidien zu.

Das aber hieß, sich in die Höhle des Löwen zu begeben, denn England konnte sich nichts Besseres wünschen. Außerdem waren Frankreich durch den Kontinentalkrieg, der für eine Landmacht notwendigerweise Vorrang besaß, die Hände gebunden. Es konnte nicht gleichzeitig in Europa, zur See und in den Kolonien kämpfen.

Aber auch hier ließ sich der Krieg für Frankreich günstig an: 1757 zwang Marschall Richelieu die hannoveranische Armee als Verbündete Englands bei Kloster Zeven zur Kapitulation. Aber die Niederlagen ließen nicht auf sich warten: Im November 1757 wurde Prinz Soubise bei Roßbach von Friedrich II. geschlagen; Hannover nahm die Feindseligkeiten wieder auf, und es gelang ihm im folgenden Jahr, Friedrich im Westen vor einem französischen Angriff zu schützen. Selbst wenn die Grenzen Frankreichs nicht bedroht waren, konnte die Armee Ludwigs XV. den Verlauf des Krieges nicht mehr entscheidend beeinflussen. Dies blieb Sache der Österreicher und Russen, die Friedrich II. mehrmals in die Enge trieben; schließlich wurde der preußische König nur durch den Tod der Zarin Elisabeth gerettet. Rußland zog sich unter ihrem Nachfolger aus dem Krieg zurück und entschied damit über den Frieden. Spanien war nach vielen Niederlagen angeschlagen. Die Engländer hatten Havanna eingenommen; das dort ankernde Geschwader und die Werften mit den im Bau befindlichen Schiffen wurden zerstört. Da die spanische Flotte ein Drittel ihrer Schiffe verloren hatte, stellte sie keine Gefahr mehr dar. England beherrschte die Lage.

DIE FOLGEN DES FRIEDENS VON PARIS

Dem Krieg kam sowohl innenpolitisch wie außenpolitisch entscheidende Bedeutung zu. Der Frieden von Paris am 10. Februar 1763 bezeichnete den Beginn der unumstrittenen Vormachtstellung Englands und gab

Frankreich der Lächerlichkeit preis. Choiseul blieb nichts übrig, als Englands Forderungen, die zwar schwer wogen, aber tragbar waren, nachzugeben. Frankreich verlor mit Kanada und Louisiana sein Kolonialreich in Nordamerika sowie einen Teil der Kleinen Antillen: Dominica, Tobago, St. Vincent, Grenada und die Grenadinen-Inseln. In Afrika behielt es nur die Insel Gorée vor der Küste des künftigen Hafens von Dakar. Das wichtigste in den Augen der Zeitgenossen war jedoch der Erhalt von Martinique, Guadeloupe, der Herrschaft über die Hälfte von Santo Domingo und in Indien der Erhalt der fünf Faktoreien der Indienkompanie.

Die Urteile über den Vertrag von Paris blieben bisher stets widersprüchlich. Choiseul und Voltaire begrüßten ihn: Was bedeuteten »einige Morgen kanadischen Schnees« (Voltaire) angesichts der Zuckerinseln? Choiseul frohlockte über »den gelungenen Streich, den man den Engländern gespielt hatte«. Ein Teil der öffentlichen Meinung Englands, angeführt von William Pitt, dachte ebenso, wenn auch aus anderen Gründen. Die englischen Händler hätten gerne die gesamten französischen Antillen annektiert, um ihre Konkurrenten endgültig aus dem Felde zu schlagen, und stimmten hier mit Voltaire überein. Wie viele Menschen seiner Zeit glaubte aber Choiseul, daß die Kolonien, besonders die englischen, mit der Zeit ihre Unabhängigkeit erlangen würden. Indem er die französischen Gebiete in Nordamerika an die Engländer abtrat, beseitigte er somit deren letzten Vorwand, die dreizehn Neuengland-Staaten im englischen Empire zu behalten. Choiseul glaubte also, eine Zeitbombe in das feindliche Gebiet gelegt und so seine Zerstörung eingeleitet zu haben. Seit 1740 teilten viele europäische Reisende diese Ansicht.

Es liegt nahe, daß die Demütigung der französischen Führung ihren Wunsch nach Vergeltung weckte. Sie traf neue Kriegsvorbereitungen. Indien lag weit entfernt. Die Kompanie hatte unter dem Druck ihrer Hilfeleistungen (mehr als 100 Millionen Livres) ihre Lebenskraft und vielleicht auch ihre Existenzmittel verloren. In Europa dagegen brauchte Frankreich auf keines seiner Gebiete zu verzichten; die Realisten hatten also allen Grund, über die insgesamt unerhofften Friedensbedingungen zu frohlocken. Darüber hinaus wurden die französischen Fischereirechte in Neufundland aufrechterhalten, und die Rückkehr der gefangenen Matrosen erlaubte die Verstärkung der Seestreitkräfte.

Der französische Kolonialhandel hatte diesmal etwas mehr Schwierigkeiten als nach dem voraufgegangenen Krieg, um wieder in Schwung zu kommen. Bald aber entwickelten sich seine Geschäfte so rege wie zuvor, obwohl die Profitrate geringer war. Das entsprach aber nur der allgemeinen Entwicklung des europäischen Handels.

Die wirklich beunruhigenden Konsequenzen lagen in Wahrheit woanders: Frankreichs Ruf hatte Schaden gelitten. Sein Einfluß ging in ganz Europa zurück; in Wien und Berlin sprach man sogar von Verfall. Der Friede von Paris zog die erste Teilung Polens nach sich (1772). Ebenso wie Österreich durch die Friedensverträge von Rijswijk und Utrecht in den Kreis der Großmächte getreten war, etablierte der Frieden von Paris Preußen nun als eine neue Großmacht. Dadurch wurde das europäische Gleichgewicht verändert. Frankreich hatte es nicht verstanden, die nunmehr verbissene Rivalität zwischen Österreich und Preußen für sich zu nutzen. In Wirklichkeit war Preußen am Ende seiner Kraft und wünschte nichts sehnlicher als den Frieden.

In Frankreich selbst entwickelten sich aus dieser moralischen Katastrophe schwerwiegendere Konsequenzen. Die Kriegsanstrengungen bedeuteten für seine Bevölkerung eine ungeheure Belastung, zumal dieser Konflikt seit 1740 von einem wahren Steuerkrieg begleitet wurde. 1762 sah sich Ludwig XV. finanziell außerstande, den Kampf fortzuführen. Frankreich zog als einziges Land keinen Gewinn aus dem Friedensschluß, und die Enttäuschung war deshalb noch größer als 1748. Wollte man den Frieden von Paris objektiv bewerten, durfte man deshalb nicht auf das Volk hören. Das Attentat von Damiens (1757) auf Ludwig XV., ein seit Heinrich IV. unvorstellbares Verbrechen der Majestätsbeleidigung, hatte zwar für kurze Zeit die volkstümliche Liebe für den König wieder geweckt und löste in gewissen Kreisen Schrecken aus; aber dieser Krieg hatte die Krone auf Dauer diskreditiert und das Regime selbst in Zweifel gezogen. Im Vergleich zu anderen Mächten war der französische Regierungsapparat wie gelähmt. Das Nationalgefühl verlor nach und nach an Boden, was sich um die Mitte des 18. Jahrhunderts in einer mehr oder weniger deutlichen Ablehnung der Armee und des Krieges ausdrückte. Voltaire und ein Teil der aufgeklärten öffentlichen Meinung rühmten bisweilen sogar die Siege Friedrichs II., und die deutschen Eliten empfanden sie als die ersten Vorläufer eines neuen Deutschlands. Nichtsdestoweniger reizte die Niederlage den Nationalstolz: Frankreich interessierte sich schon bald von neuem für militärische Dinge.

Die Niederlage hatte komplexe Gründe, wie am Beispiel der Marine gezeigt wurde. Die anderen Ursachen resultierten aus dem einmal eingeschlagenen politischen Weg oder hingen mit technischen Gründen zusammen. Da Frankreich große Heerführer fehlten und sich die Generalkontrolleure außerstande sahen, die Schwächen des Königs auszugleichen, existierte keinerlei geschlossenes politisches Konzept. Den oftmals ausgezeichneten Ministern gelang es mit Ausnahme von Choiseul nicht, sich durchzusetzen. Sie gewöhnten sich daran, viele Fragen im kleinen Kreis und in Abwesenheit des Königs zu entscheiden. Eine Zusammenarbeit zwischen den Ministerien fand nicht statt, und bei der Lösung von Problemen nahm man keine Rücksicht auf die allgemeine Lage der Dinge. Die Behörden wickelten ihre Geschäfte im gewohnten Trott ab, und waren einmal besonders schwere Mißerfolge oder Niederlagen zu verzeichnen, so opferte der König eben den Minister.

KAPITEL III

Die Krise der Jahrhundertmitte

IDEOLOGIE UND POLITIK

Die Geschichte des 18. Jahrhunderts bestand aus einer Kette von Problemen, die aus der Finanzierung der Kriege entstanden. Die Sanierungsbemühungen Orrys hatten es ohne allzu große Schwierigkeiten ermöglicht, den polnischen Erbfolgekrieg sowie die ersten Jahre des österreichischen Erbfolgekriegs zu finanzieren. Man nahm Geld auf und führte wie 1710 den Zehnten wieder ein. 1748 wurde jedoch eine erneute Sanierung notwendig. Machault d'Arnouville, ein bemerkenswerter Fachmann, schlug vor, den Zehnten durch den Zwanzigsten auf Liegenschaften zu ersetzen, eine Steuer, die alle Immobilien betraf. Das *Parlement* von Paris widersetzte sich unter dem Vorwand der »allgemeinen Misere«. Dem folgte 1749 eine Sitzung mit dem König, die neue Proteste provozierte, besonders von seiten der Provinzstände, die unter dem Druck der lokalen *Parlements* standen.

Der Amtsadel ging zur Opposition über. Weil man sich am königlichen Absolutismus rächen wollte, verlegte sich der Adel wieder auf eine regionalistische Politik. Die Sprache der Ligisten und der Theoriker des 16. Jahrhunderts erlebte eine neue Blüte. Diese Bestrebungen grenzten bisweilen an Verrat. Auch der Klerus hielt sich nun nicht mehr zurück, und die Nationalversammlung von 1750 verweigerte alle neuen Steuern.

Der Versuch des Regenten, das jansenistische Problem zu lösen, war fehlgeschlagen; vielmehr hatte sich der Jansenismus zum weltanschaulichen Ersatzmittel für die fehlende politische Opposition entwickelt. Der Regent wurde nun gezwungen, die mannigfachen Schmähschriften gegen die Bulle »*Unigenitus*« zu untersagen. Die Jansenisten fanden jedoch 1728 einen Weg, ihr eigenes Journal herauszugeben, die »*Nouvelles Jansénistes*«.

Mit der Ernennung von Monseigneur Vintimille, einem Gegner der Jansenisten, zum Erzbischof von Paris, flackerte der Konflikt 1729 unter Kardinal Fleury wieder auf. Die mit dem Interdikt belegten Priester wurden vom *Parlement* von Paris unterstützt, während sich gleichzeitig die Affäre um die Konvulsionäre entfaltete. Einer der Helfershelfer der jansenistischen Partei, der Diakon Pâris, war als ein von der Bevölkerung verehrter Heiliger gestorben. An seinem Grab auf dem Friedhof Saint-Médard geschahen Wunder. Einige Szenen arteten derart aus, daß Fleury sich veranlaßt sah, den Zugang zeitweise sperren zu lassen (Januar 1732). Derartige Szenen religiöser Ekstase spielten sich in der Pariser Öffentlichkeit ebenso wie im privaten Rahmen von Provinzparlamentariern ab. Um die Mitte des 18. Jahrhunderts kam auch die Affäre um die Beichtzettel an die Öffentlichkeit: Allen Personen, die keinen von einem nichtjansenistischen Priester unterschriebenen Beichtzettel vorweisen konnten, wurden die Sterbesakramente verweigert. Der Streit, der 1746 in Amiens begann, griff auf Paris über, wo die Jansenisten das *Parlement* um Hilfe gegen sakramentsverweigernde Priester anriefen. Die parlamentarische Agitation mündete 1753 in einen offenen Konflikt mit der Krone. Die Verbannung des *Parlement* nach Pontoise endete jedoch als provisorischer Kompromiß; das *Parlement* legte die Waffen nicht aus der Hand.

Von mehreren Seiten gedrängt, veröffentlichte Papst Benedikt XIV. 1756 eine Enzyklika, die die Jansenisten und die Beichtverweigerungen gleichermaßen verurteilte; aber erst 1757 kam es, dank des Eingreifens von Madame de Pompadour, zu einer gütlichen Regelung. Die Affäre hatte dem *Parlement* nur als Vorwand gedient. Der Jansenismus, in der Öffentlichkeit in Mißkredit geraten, hatte sich besonders in den *Parlements* zu einer politischen »Partei« entwickelt. Dort vermischten sich mehrere Strömungen, ein antirömischer Gallikanismus, der Jansenismus und der Wunsch vieler nach einer Kontrolle der Krone.

Seit 1709 stand Port-Royal nicht mehr zur Debatte. Dieses Kloster spielte in der französischen Geschichte unbestreitbar eine große intellektuelle und sogar künstlerische Rolle. Einige Künstler standen dem Jansenismus der ersten Stunde sehr nahe. Philippe de Champaigne hat eine ganze Reihe von Porträts und religiösen Szenen gemalt, die ausgezeichnet die jansenistische Strenge widerspiegeln. Es gab auch schon mehrere Versuche, Jansenisten und Protestanten in Verbindung zu bringen, aber diese Vorstellung geht von falschen Voraussetzungen aus, denn die Jansenisten fühlten extrem antiprotestantisch. Ihre strenge Moral zog die besten Köpfe an, und sie verfügten über enge Verbindungen zur katholischen Gegenreformation in Frankreich, die in vielen Schattierungen auftrat. Zwischen dem frommen, lächelnden Humanismus des Franz von Sales und der Strenge des ursprünglichen Jansenismus klafft ein tiefer Abgrund. Die Veränderung des Jansenismus gegen Ende des 17. Jahrhunderts mündete jedoch in die Bildung einer politischen Gruppe, die sich eng an das *Parlement* von Paris mit seiner gefürchteten Waffe, dem »Justizstreik«, anlehnte. Wie Ludwig XV. argwöhnte, endete dies in einer Blockierung der Institutionen. So gesehen stellt der parlamentarische Jansenismus eine der vielen Wurzeln der französischen Revolution dar.

In den Jahren 1750–1755 entwickelte sich ein radikaler Antiklerikalismus. In Paris kündigte sich unter dem Druck der »Volksstimmung« eine »Verfolgung« des Klerus, ja sogar der gesamten Religion an. Priester vermieden damals tunlichst, sich zu oft auf der Straße blicken zu lassen.

So ballten sich Kräfte zusammen, die auch ohne Hilfe der Philosophen gegen die königliche Autorität aufbegehrten. Das Episkopat und der Adel erwiesen sich als Kräfte der Aufklärung. Dabei wurde der Klerus immer »aufgeklärter«, während der zunehmend zurückhaltende Adel sich als unfähig erwies, den offenen Kampf aufzunehmen. Beide Parteien besaßen kein Programm. Indem sie offen den König anklagten, spielten die privilegierten Stände das Spiel der *Parlements.* Diese wurden von einer »ungestümen Jugend« dominiert, die sich ab 1750 zu Unrecht auf das Beispiel des englischen Parlaments berief. Nach dem Studium mittelalterlicher Texte hielten sich die Parlamentarier sogar für die einzigen Nachkommen der karolingischen »Curia Regis« und erfanden eine imaginäre »Staatsverfassung«. Unter dem Vorwand, daß kein einziges Gesetz ohne Registrierung durch das *Parlement* vollstreckbar sei, unterminierte man langsam die Basis der königlichen Macht. Das wiederum nutzte dem Adel, der sich in den Kulissen der Macht aufhielt und sich dort aller Mittel bediente. Man behauptete allen Ernstes, daß Machault d'Arnouville ein entschiedener Gegner der Religion sei. Die Kommentare der Töchter des Königs verstärkten das Echo dieser Verleumdung nur noch.

Ludwig XV. wußte jedoch, daß, wollte er sich durchsetzen, er die

Parlements und Provinzstände beseitigen mußte. Er wußte auch um die Notwendigkeit einer administrativen Vereinheitlichung des Königreichs und der Durchführung dringender Reformen, zum Beispiel der Gleichbehandlung der Provinzen vor der Steuer. Das hätte auch die individuelle Steuergerechtigkeit begünstigt. Die Behörden drängten darauf, doch der König zögerte und verschanzte sich pausenlos hinter Ausflüchten. Durch die klerikale Partei bedrängt, jedoch von der philosophischen inspiriert, wurde er schließlich von den Physiokraten, insbesondere in der Person François Quesnays, bedroht, der, obwohl königlicher Leibarzt, mit La Chalotais ein Komplott zur Beseitigung des Königs schmiedete. So handelte Ludwig XV. je nach Laune und Schwäche, verbannte heute das *Parlement* von Paris und rief es am folgenden Tag wieder zurück.

Die laufenden Geschäfte wurden dank der Kompetenz der *maîtres de requêtes* (Vortragenden Räte), der Staatsräte und der Intendanten erledigt, die jedoch zum größten Teil aus dem Pariser Parlementsadel stammten. Sie gelangten in jungen Jahren – etwa mit neunzehn – meistens durch den Kauf einer Funktion in den Großen Rat, den verachteten Rivalen des *Parlement*, und damit in staatliche Dienste; zwei Jahre später wurden sie Intendanten mit einem Posten in einer Generalität Westfrankreichs. Dort verbrachten sie vier bis fünf Jahre. Arbeiteten sie erfolgreich, so erhielten sie im Alter von sechs- bis neunundzwanzig Jahren einen zweiten Intendantenposten in den Zentralregionen zwischen der Normandie und dem Süden. Hatten sie auch dort Erfolg und eine gute Reputation, so kamen sie im Alter von dreißig bis vierzig Jahren in die begehrten grenznahen Intendanzen und militärischen Grenzkommandos, zu denen Lothringen, das Elsaß, Hainault, Flandern und, in einem geringeren Maß, das Roussillon zählten. Sie bildeten das Sprungbrett für einen Ministerposten oder sogar für die Pfründe eines Generalkontrolleurs.

Dieses in der Praxis ausgebildete Personal wirkte an der Entwicklung des Nepotismus mit. Die Verwaltung des Ancien régime war – mit Ausnahme der Spitze – von jüngerem Personal besetzt, das jedoch lange auf seiner Stelle blieb und den Zugang zu den Laufbahnen versperrte, ganz wie in der Armee und im diplomatischen Dienst.

Vergessen wir nicht die Rolle der Mätressen Ludwigs XV. Madame de Pompadour stammte aus dem einfachen Bürgertum. Sie war die Frau eines gewissen Le Normant d'Étioles, war mit einem Generalpächter verwandt und stand mit den Brüdern Pâris in Verbindung. Von 1745 an war sie die offizielle Mätresse Ludwigs XV. Über die »Philosophen« dachte sie wohlwollend und entpuppte sich als beachtliche Förderin der schönen Künste. Ihrem Einfluß war es zu verdanken, daß sich die führenden Aufklärer lange Zeit in der Nähe des königlichen Machtzentrums aufhielten, die den Mächtigen zu Recht den Vorwurf machten, nicht stärker auf ihre Autorität zu pochen. Mit ihren politischen Entscheidungen stiftete sie jedoch zumeist politisches Unheil. Zuerst betrieb sie die Entlassung Orrys unter dem Vorwand, er sei kein Freund der Brüder Pâris; danach fiel Machault d'Arnouville in Ungnade, der 1749/50 so leichtsinnig war, Steuerreformen vorzuschlagen. Bei der Berufung der Generäle verfuhr sie, wie die Ernennung von Soubise zeigte, ebenso unglücklich wie bei der Einsetzung von Ministern, besonders in der Marine.

Sie war die Zielscheibe, auf die sich der Hochadel am Hof einschoß. Wenn schon Mätressen, dann wenigstens solche mit blauem Blut! Von Versailles aus wurde eine heftige Kampagne gegen sie und den König entfacht. Dies reichte aus, um die Menge gegen sie aufzubringen. Sie wurde zum Sündenbock der öffentlichen Meinung; man klagte ihre Verschwendungssucht an und warf ihr ihre Schlösser Évreux, Champs, Bellevue, Crécy, La Celle-Saint-Cloud und ihr Stadthaus in Paris vor.

Sie lebte unbestritten luxuriös und verschwenderisch, doch gewiß bedeutend weniger als Ludwig XIV. in Versailles! Außerdem war diese Kritik durchaus nicht frei von Widersprüchen; denn auf der einen Seite verlangten die Philosophen die Unterstützung von Malern und Bildhauern, auf der anderen Seite verdammte man ihr Luxusbedürfnis. Auch erschien es für eine Mätresse geradezu paradox, daß Madame de Pompadour nicht sinnlich war; sie sorgte daher für junge Damen, die das Liebesbedürfnis des Königs befriedigen sollten. Das bot Anlaß zu Legenden um den »Parc aux Cerfs«, ein kleines Schloß im Park von Versailles, das der König für kurze Stelldicheins erworben hatte, deren »Heldinnen« oft von ihren Eltern dazu ermuntert wurden. Die Verleumdung blühte. Voltaire bemerkte dagegen, daß der König in einem freiheitlichen Zeitalter Recht auf ein Privatleben habe.

Trotz des Einflusses von Madame de Pompadour mochte der König keine Philosophen. Seine Frau und seine Kinder konnten sie noch weniger leiden. Wie unter Philipp von Orléans sträubte sich der »altmodische Hof« gegen alles Neue. Der König geriet in dem in sich gespaltenen Hof immer mehr in die Isolation. Der hohe Adel erhob wieder sein Haupt, kritisierte, ergriff Partei für die *Parlements*, inspirierte Pamphlete und schützte ihre Autoren. Die zuerst maßvolle Zensur wurde bald von einer beunruhigten und unfähigen Kirche gedrängt, Antworten auf die »Philosophie« zu finden, und zog deshalb die Zügel an. Aber die Probleme auf der Steuerebene waren noch viel komplizierter.

Soweit der Hof und die Regierung. Auf einer untergeordneten Ebene wurde das System der Subdelegierten im Laufe der ersten Hälfte des 18. Jahrhunderts verallgemeinert. Als unbezahlte Freiwillige, die unter den Kaufleuten der großen Städte oder den Amtsträgern der Finanzen in den Parlementsstädten und selbst unter den Seigneuralamtsträgern ausgewählt wurden, erfüllten sie eine Nachrichten- und Übermittlungsfunktion. Die Erfolgreichsten unter ihnen wurden mit Adelsbriefen und Gratifikationen belohnt. Zwischen sie und die Intendanten schob sich die Schicht der General-Subdelegierten; fast unabsetzbar, blieben sie sehr viel länger auf ihren Stellen als die Intendanten. Sie standen in direkter Verbindung mit den ersten Beamten der vier Minister und der Generalkontrolle. Sie regelten selbst die grundlegenden Fragen, was oftmals heftige Reaktionen auslöste.

Dieses administrative und politische Personal wechselte um die Jahrhundertmitte sein ideologisches Weltbild. An der Spitze der Hierarchie, das heißt bei den Intendanten und den obersten Staatsdienern, wurde der Merkantilismus in Frage gestellt und vom Physiokratismus abgelöst, ohne jedoch ganz zu verschwinden. Diese Wirtschafts- und Gesellschaftslehre ebnete Turgot den Weg zur Macht. Auf der politischen Ebene fühlten sich viele Intendanten ebenso sehr als Repräsentanten des Volkes, das sie verwalteten, wie der Zentralgewalt. In den Landständischen Provinzen resultierte aus der Schwächung des königlichen Machtwillens, den häufigen Rückzügen der Generalkontrolle vor den Ständen und den Einsprüchen, die auf den Wechsel in der Generalkontrolle folgten, daß die Intendanten in die Rolle von Unterhändlern und Verteilern von Informationen schlüpften. Diese Entwicklung ließ sich in den Pariser Behörden noch sehr viel deutlicher ablesen.

Der unnachgiebigen Verteidigung der königlichen Rechte während der ersten Hälfte des Jahrhunderts folgte ein sich immer deutlicher artikulierender Reformwille mit ausgeprägt antiadliger Spitze. Der Apparat reagierte auf das Zögern der Macht mit der Suche nach neuen politischen Programmen und, weil sich grundsätzliche Reformen nicht durchsetzen ließen, mit der Durchführung von Einzelreformen. Dafür bedurfte es einer gewaltigen intellektuellen Arbeit. Über den Turbulenzen der politischen Großwetterlage darf man indes die tägliche legislative Arbeit nicht vergessen, beispielsweise im Bereich der Jurisprudenz, wo sich langsam die Vereinheitlichung der Gesetze und der Rechtsprechung im gesamten Königreich durchsetzte. Ohne diese damit verbundene Forschungsarbeit wäre die Ausarbeitung des späteren *Code Civil* gescheitert.

Der Siebenjährige Krieg verstärkte diese Tendenzen; er fiel darüber hinaus mit der Ablösung der höchsten Amtsträger zusammen, die in den dreißiger Jahren des 18. Jahrhunderts eingesetzt worden waren. Der finanzielle Bedarf eines Zweifrontenkriegs verleitete die *Parlements* zu einem fast allgemeinen, aber ganz und gar ungerechtfertigten Widerstand. Dabei versteifte man sich vor allem auf den »Zwanzigsten«, den Machault d'Arnouville als allgemeine Steuer gedacht hatte. Ihr Urheber wurde zwar abgesetzt, aber die Steuer zwischen 1750 und 1756 trotzdem einigermaßen normal erhoben. Die wenigen Einkommensteuererklärungen, die uns erhalten geblieben sind, zeigen, daß sich die von einem bereits modernen System durchgeführte Kontrolle als wirksam erwies. Die Vornehmen zahlten zum ersten Mal eine ihrem Vermögen entsprechende Steuer. Der Adel betrachtete sie als bürgerliche Steuer, die seiner Stellung zuwiderlief. Der verarmte Adel rebellierte offen. Die *Parlements* folgten ihm und hofften auf ein Königreich, das sie allein kontrollierten. Das Volk applaudierte und erkannte lange Zeit nicht, daß es eigentlich betrogen wurde.

Es wäre interessant, die Remonstranzen der unterschiedlichen *Parlements* näher zu untersuchen. Es handelte sich dabei um eine wahre Manie. Insgesamt gesehen, stellten sie einen der unglaublichsten Schwindel im Verlauf der Geschichte dar. Eigentlich sind sie lediglich als Konvolut heterogener Texte aus unterschiedlichen Epochen zu betrachten, die auf geradezu abenteuerliche Weise zusammengestrichen und interpretiert wurden. Viele dieser Unglaublichkeiten erlebten später Konjunktur, selbst nachdem die *Parlements* ihrem Egoismus, ihrer Blindheit und ihrer exemplarischen Demagogie zum Opfer gefallen waren. Im Mantel des Liberalismus und im Licht einer militanten antijesuitischen Haltung, eines simplen Gallikanismus und eines parteigängerischen Jansenismus posierten die Parlamentarier als Väter des Volkes. Gleichzeitig faselten sie von einer schemenhaften »Urverfassung«, die von der Monarchie geschändet worden sei.

Eine Art von Komplott vereinigte etwa zwanzig Pariser Magistratspersonen in einem geheimen Rat, den ein gewisser Michaut de Montblin leitete: Ihm ging es darum, den Vorstellungen der *Parlements* Gehör zu verschaffen. Unter Berufung auf die Ideen des Grafen von Boulainvilliers, der die Abstammung des französischen Adels auf germanische Eroberer zurückführte, betrachteten sie den allgemeinen und vor allem den Amts- und Parlamentsadel als legitime Nachfolger der germanischen Thing-Versammlungen, und daraus folgerten sie ihre Berechtigung, die Steuern mitten im Siebenjährigen Krieg zu verweigern. Durch eine eigenartige Begriffsverwirrung erfreuten sich diese »Verräter«, die eine solche Einschätzung weit von sich wiesen, einer gewissen Beliebtheit.

DAS STEUERSYSTEM

Eigenartig, aber wahr: Wir kennen das damalige Steuersystem Frankreichs noch zu wenig. Die Einkünfte der Krone stammten im wesentlichen aus drei Quellen: aus der Krondomäne, die um 1759 11 Prozent der Staatseinkünfte stellte, sowie aus den direkten und indirekten Steuern. Die Unterscheidung zwischen direkten und indirekten Steuern war jedoch insofern willkürlich, als zum Beispiel die Verpflichtung in den Provinzen, in denen die »große Salzsteuer« erhoben wurde, ein vorgeschriebenes Minimum an Salz zu konsumieren, in Wirklichkeit einer direkten Steuer gleichkam.

Die Gesamtsteuerlast schwankte beträchtlich. Zwischen 1635 und 1660 und von 1688 bis 1715 lag die Belastung höher, zwischen 1715 und 1755 ließ sie nach und stieg im Laufe der zweiten Hälfte des 18. Jahrhunderts wieder an. Man hat den Steuern eine ausschlaggebende oder wenigstens mitauslösende Rolle beim Ausbruch der Revolution zugeschrieben. Aber Frankreich zahlte bei weitem nicht die meisten Steuern in Europa: Holland und in geringerem Maße England übertrafen es in der Höhe der Besteuerung. Es ist richtig, daß sich die Staatseinnahmen dort mehr als in Frankreich auf das indirekte Steuerwesen und vor allem auf die Zollgebühren stützten. Wie erklärt sich unter diesen Umständen die Ablehnung, die dem Steuersystem der Monarchie entgegenschlug?

Die Beschreibung dieses Systems deckt seine Schwächen auf. An der

Gesamtsumme von 400 bis 500 Millionen Livres im Jahre 1788 erreichten die indirekten Steuern einen Anteil von etwas mehr als 200 Millionen Livres, die im wesentlichen über die Taille, die Kopfsteuer und den Zwanzigsten erhoben wurden. Die Taille, durch die Ordonnanz von Orléans von 1439 neu organisiert, bildete das Hauptelement. Sie galt ursprünglich als Militärsteuer für alle, die nur aktiv dienende Soldaten nicht zu zahlen brauchten. Sie wurde in zwei Formen erhoben: als persönliche Taille in Nordfrankreich, wo sie sich nach der Qualifikation der Steuerzahler bemaß, und als reale Taille im Süden und in den Landständischen Provinzen, wo sie auf Grundbesitz erhoben wurde. Die reale Taille galt im Vergleich zur persönlichen als gerechter. Die Kopfsteuer zur Deckung der Militärausgaben im Pfälzischen Krieg wurde 1694 geschaffen, 1698 aufgehoben und dann 1701 von neuem eingeführt: in den Steuergerichtsbezirken bildete sie eine Art Ergänzung zur Taille. Der Zehnte, das heißt die Abgabe von 10 Prozent der Einkünfte, wurde 1710 eingeführt und bis 1717, von 1733 bis 1736 und schließlich von 1741 bis 1749 erhoben. 1756 legte er um 100 Prozent zu und verdreifachte sich in der Zeit von 1760 bis 1763 sowie von 1782 bis 1786. Kopfsteuer und Zehnter waren im Grunde »egalitäre«, das heißt alle betreffende Steuern, aber die Kopfsteuer wurde sehr schnell den Vermögensverhältnissen »angepaßt«, während der Zwanzigste, der auf den Erklärungen der Steuerzahler beruhte, stabil blieb. Der Vorteil der Landständischen Provinzen zeigte sich hier sehr deutlich: Im Jahre 1789 zahlten sie 13 Prozent der direkten Steuern, der Rest des Landes 87 Prozent.

Das System der indirekten Steuern (Salzsteuer, Verbrauchssteuer, Zölle und Staatsmonopole) gestaltete sich komplexer. Die Salzsteuer teilte das gesamte Land in sechs Regionen auf: die Provinzen der »Großen Salzsteuer« mit dem Pariser Becken und Poitou; die Enklave des Cotentin, den Geltungsbereich des *quart bouillon*, einer Spezialsteuer für die Salzgewinnungsanlagen in der Normandie, die 25 Prozent ihrer Produktion erfaßte, die Provinzen der Salzerzeugung in Ostfrankreich, Lothringen, Elsaß und Hochburgund; die »freien« Provinzen ohne Salzsteuer (Bretagne und Nordfrankreich), die »freigekauften« Provinzen zwischen Poitou und Pyrenäen, die sich unter Heinrich II. durch die einmalige Zahlung einer großen Summe von der Salzsteuer für immer befreit hatten, und schließlich die Provinzen der sogenannten Kleinen Salzsteuer (Provence, Dauphiné, Languedoc und die Gegend von Toulouse). Die oftmals großen

Unterschiede zwischen den Salzpreisen schufen innere Grenzen, die von den »Salzsteuerbeamten« überwacht wurden.

Die Zollbezirke teilten Frankreich in drei Regionen auf, nämlich in die »auswärtigen« Provinzen (Lothringen, Elsaß, Hochburgund), die an die Provinzen der »Großen Salzsteuer« angrenzten und die Gebühren an dieser und nicht an der Staatsgrenze des Königreichs erhoben. Als zweite Region die als »auswärtig« geltenden Provinzen (Bretagne, Nordfrankreich und Midi südlich einer Linie Rochefort–Lyon). Die dritte Region stellten schließlich die Provinzen der »fünf Pachten«, die den höchsten Steuersätzen unterworfen waren. Die an diesen Grenzen erhobenen Gebühren waren die Zölle. Die »Verbrauchssteuern« *(aides)* – der Begriff stammte aus dem Feudalrecht, bezeichnete aber die Steuern auf Verbrauchsgüter – erstreckten sich vor allem auf Getränke, auf Eisen, Gold und Silber, Spielkarten, Papier, Stärkemehl, Seife und Öle. Das Steuersystem stellte sich so extrem verschiedenartig dar, daß eine exakte Steuerkarte ein Ding der Unmöglichkeit ist, denn Steuersätze und besteuerte Güter schwankten von einem Bereich zum anderen. Natürlich waren die Steuern äußerst unbeliebt; vor allem die sogenannte »Zuviel-getrunken-oder-großes-Manko«-Steuer, die auf Wein- und Branntweinmengen erhoben wurde, die den Eigenbedarf der Winzer überstiegen. Kontrollen im Jahr 1760 zeigten, daß dieses »Zuviel getrunken« keineswegs als gravierend betrachtet wurde. Es handelte sich um eine Art volkstümlicher Übertreibung in diesem Bereich, die noch 1789 bestand. Es sei daran erinnert, daß die Getränkesteuern in England ebenfalls eine Hauptquelle der Staatseinnahmen darstellten.

Man kann gegen dieses Steuersystem dreierlei einwenden. Erstens: Die Steuererhebung warf große Probleme auf. Zweitens: Die extreme Steuervielfalt schuf ein fiskalisches Mosaik in Frankreich, das ein aktives Wirtschaftsleben ernsthaft behinderte, und drittens reflektierten diese Steuerarten soziale Ungleichheiten, die als zutiefst ungerecht empfunden wurden.

Die Umlegung der direkten Steuern nahmen die Intendanten von Dorf zu Dorf getrennt vor. Die von der Gemeinde ernannten Steuereinnehmer ließen dabei ihren Nächsten oft große Vorteile zugute kommen. Was die indirekten Steuern anlangt, so wurden diese nicht in staatlicher Regie erhoben, sondern gegen eine Pauschalsumme verpachtet, die mit jeder Pachterneuerung stieg. Die Neugliederung dieser Pachten führte 1680 mit der »Fauconnet-Pacht« zur Entstehung der Generalpacht, deren Abgaben an den Staat von 64 Millionen im Jahre 1680 später auf 144 Millionen im Jahre 1786 stiegen. Die Generalpacht provozierte aufgrund ihrer offensichtlichen Effizienz massive Widerstände. Diese Effizienz garantierte eine Armee von ungefähr 40000 Beschäftigten, die neben anderen Vorteilen auch in den Genuß eines Ruhegeldes kamen. Die Pächter wurden beschuldigt, auf Kosten der Steuerzahler satte Gewinne einzustreichen. Nicht zu Unrecht übrigens, denn die Gewinne waren in Friedenszeiten beträchtlich – während der Kriege fielen allerdings Verluste an –, aber die Überbesteuerung pendelte sich im 18. Jahrhundert auf 17 Prozent, das heißt einen mit den gegenwärtigen Steuern vergleichbaren Satz ein. Die Untersuchung der Generalkontrolle von 1759, die sich über ganz Europa erstreckte, warf die – nicht gelöste – Frage nach der Rentabilität der Regie auf.

Die Hauptschwäche des Steuersystems im Ancien régime lag in der außerordentlichen Vielfalt der unterschiedlichen Steuertypen und ihrer regionalen Varianten. Es erzwang und »rechtfertigte« oft die zur Aufrechterhaltung der Einnahmen unentbehrlichen Willkürmaßnahmen, selbst wenn es nur um bescheidene Summen ging. Die ökonomischen Nachteile lagen auf der Hand: Ohne Steuervereinheitlichung war ein nationaler Markt nicht möglich, und erst die Vereinheitlichungsbestrebungen zu Beginn der Französischen Revolution ermöglichten eine breite Akzeptanz der Beseitigung der regional unterschiedlichen Privilegien.

Was die Ungleichheit betraf, so wurde bereits an anderer Stelle auf die Privilegien der beiden ersten Stände hingewiesen: Der Klerus insgesamt brauchte keine Steuern zu zahlen, und der von der Taille sowie dem größten Teil der indirekten Steuern befreite Adel trug nur wenig zu den anderen Steuern bei. Diese Privilegien waren zahlreich und ließen sich in einem normal verwalteten Land nicht mehr rechtfertigen. Offensichtlich aber betrachtete man diese Vorteile als zweitrangig gegenüber den klerikalen und adligen Privilegien in bezug auf Grund und Boden; hinzu kamen Privilegien der Städte im Hinblick auf das sie umgebende »flache Land« sowie regionale und provinziale Privilegien. Finanzminister Necker machte Ludwig XVI. folgende Rechnung: Wenn ein Einwohner des Finanzbezirks Paris 60 Livres bezahlte, zahlte ein Bretone nur etwa zwölf. Wie üblich, schrien die am wenigsten Besteuerten besonders laut und entrüstet.

Schon zu Beginn des Siebenjährigen Krieges hatte die Generalkontrolle die Landständischen Provinzen »abonniert« und damit den Charakter des Zwanzigsten als allgemeiner Steuer jeglicher Glaubwürdigkeit beraubt; trotzdem wurde er erneut und 1759 ein drittes Mal erhoben. Die Generalkontrolleure standen unter dem unnachgiebigen Druck der Krone. Etienne de Silhouette schlug deshalb vor, den Zwanzigsten durch eine »allgemeine Subvention« zu ersetzen; der König aber winkte ab und entließ ihn, nachdem ihm dieser noch 1759 bei der Einleitung des Staatsbankrotts behilflich war, um die Fortführung des Siebenjährigen Krieges zu finanzieren. Als sein Nachfolger Bertin den Zwanzigsten zum dritten Mal erhoben und die Kopfsteuer verdoppelt hatte, rafften sich die *Parlements* zu einem geharnischten Protest auf und forderten das »historische« Recht, die Steuern alleine zu bewilligen. Sie überzeugten die Bevölkerung, daß sie mehr Steuern als andere Völker zahlten. Diese ungeheuerliche Behauptung erhielt sich bis in unsere Zeit als »historische Wahrheit«. Demgegenüber legte Bertin eine vergleichende Studie über die europäischen Steuern vor – eine der aufregendsten historischen Quellen, die wir heute besitzen. Sie zeigt, daß die Untertanen des Königs von Frankreich nur sehr mittelmäßig besteuert wurden, weniger Abgaben entrichteten als Holländer und Hamburger und deutlich weniger als die Untertanen der Krone von England, aber mehr Steuern zahlten als Preußen und Österreicher. In einigen Provinzen zahlte der französische Bauer erdrückende, in anderen dafür fast belanglose Steuern. Und doch hatte er noch die Möglichkeit, vom Zwanzigsten seine gesamten Seigneuriallasten abzuziehen. Dadurch erhält der Historiker die Möglichkeit, die Seigneurialgefälle, die im selben Dorf von Haus zu Haus außerordentlich schwankten, abzuschätzen.

1763 kündigte Bertin eine Überprüfung der Steuerprivilegien an und erntete damit lautes Geschrei; man ging lieber auf die Vorschläge von Machault d'Arnouville von 1749 zurück, was den Wünschen der Physiokraten entgegenkam. Die Revolte der Parlamentarier bewirkte, daß die neuen Steuern nicht erhoben werden konnten. Ludwig XV. kapitulierte wieder einmal und berief einen Freund der Parlamentarier, den Jansenisten Laverdy, zum Leiter der Generalkontrolle. Aber auch ihm war nicht mehr Erfolg beschieden als seinen Vorgängern. Es kam zu einer Flut von Generalversammlungen, Kommissionen, Debatten und Unterkommissionen. Nach ihrem Triumph konnten die Rhetoriker nur einige Monate lang ihre Inkompetenz kaschieren; Laverdy blies bald der Wind neuer Unruhen aus der Bretagne ins Gesicht.

Auf die Verantwortung der Militärs und Staatsmänner haben wir bereits hingewiesen; weder der König noch Madame de Pompadour, noch die Generale und Admirale oder die Amtsträger können sich ihr entziehen. Man müßte noch genauer auf den Haß und Neid eingehen, der zwischen den Generalen und Admiralen herrschte, und ebenso auf die gleichsam institutionalisierte Schlamperei, vor allem innerhalb der Marine. Das Ausland war natürlich im Bilde über alles, was sich in Frankreich tat und geschrieben wurde. Der Verrat, im wahrsten Sinne des Wortes, hatte sich an den ungewöhnlichsten Stellen eingenistet. Einer der hochrangigsten Männer im Außenministerium wurde während des Siebenjährigen Krieges von den Engländern bestochen, die manchmal bereits vor Ludwig XV. über wichtige Ereignisse informiert waren. Auch einige Parlamentarier unterhielten Verbindungen mit England. Es ist allerdings richtig, daß auch der französische Nachrichtendienst ganz gut funktionierte.

Die indirekten Konsequenzen dieser wissentlich gepflegten Unordnung wiegen jedoch schwerer als Fehler und Verrätereien. Zwar flossen die Steuern mehr oder weniger gut, aber sie hielten sich weit unter den Möglichkeiten des Landes und erreichten nicht die geschätzte Höhe. Die Parlamentarier wußten dies und profitierten davon. Die Kriegsanstrengung erschlaffte, aber bei jeder Niederlage protestierten die *Parlements*, während England seine Auseinandersetzungen zwischen Whigs und Tories überwand und sich geschlossen hinter William Pitt den Älteren stellte. Die ständigen Unruhen und die Zweifel an der französischen Stabilität wurden bereits von 1750 an in einigen Zeitungen des Auslands angesprochen, so daß die Aufnahme ausländischer Anleihen überhöhte Zinsen bedeutete, was die finanzielle Situation noch zusätzlich verschlimmerte. Auf der anderen Seite wandten zahlreiche Geldanleger aus Genua, Venedig und vor allem aus Genf und Holland einem Land den Rücken, dessen Regierung wenig Rückhalt besaß. Sie legten ihr Geld lieber in England an, so daß dessen Sieg zum Teil mit dem aus Frankreich abgeflossenen Kapital zusammenhing.

STREIT IN DER BRETAGNE UND DIE JESUITENFRAGE

Die Jesuiten wurden zu den Sündenböcken der Gesellschaft gestempelt und hatten die Folgen einer zeitweiligen Zustimmung der *Parlements* zu den Finanzedikten auszubaden. Die Parlamentarier, seit langer Zeit den Jesuiten feindlich gesinnt, profitierten von der sogenannten La-Valette-Affäre. Hier ging es um einen Angehörigen der Societas Jesu, der auf Martinique Handel betrieb und Plantagen unterhielt, um die Schulden seines Ordens auf der Insel zurückzahlen zu können. Der Krieg hatte ihn ruiniert. Seine Gläubiger richteten ihre Forderungen an die Societas Jesu, die ahnungslos genug war, das *Parlement* von Paris anzurufen, das wiederum die Gelegenheit nicht verstreichen ließ, um die Gegner der Jansenisten und Gallikaner endgültig niederzuringen, und die Jesuiten am 8. Mai 1761 zur Zahlung der Schulden verurteilte.

Obendrein nutzte das *Parlement* die Gelegenheit, den Status der Societas Jesu in Frankreich in Frage zu stellen. Räte wie Laverdy und die Geistlichen Terray und Chauvelin verständigten sich darauf, die jesuitischen Königsmordtheorie anzugreifen, und gingen dabei bis auf Heinrich IV. zurück. Am 6. August 1762 ließ das Parlament trotz des Widerstands Ludwigs XV. die Häuser und Kirchen der Jesuiten schließen und verbot die Gesellschaft. Dieser Beschluß verdient insofern Beachtung, als sich die Jesuiten in der Vergangenheit zwar ganz sicher nicht immer tadellos verhalten, aber ein Verbot ihres Ordens dennoch nicht verdient hatten; deshalb zeugten die Beweggründe des *Parlement* schlicht von Unaufrichtigkeit. Außerdem wurden sämtliche Ordensangehörige per Parlamentsbeschluß vom 9. März 1764 des Landes verwiesen. Zur Entschärfung dieser Maßnahme erlaubte der König durch ein Edikt vom November 1764 jedoch ihren weiteren Aufenthalt als Privatpersonen im Lande; die Aufhebung ihrer juristischen Gesellschaftsform zog er indes nicht zurück. Weder der weltliche noch der geistliche Klerus protestierten dagegen. In Wahrheit war der König nicht mehr in der Lage, Gehorsam zu erzwingen.

Mit der Ausschaltung der Jesuiten brach ein Teil des Bildungssystems zusammen. Die Philosophen klatschten dem äußerst geschickten Schachzug des *Parlement* Beifall. Die Jesuitenschulen wurden dem weltlichen

Klerus der Diözesen übergeben. Die Historiker kennen die Affäre vor allem wegen der gewaltigen intellektuellen Bewegung, die über die Welt der Intellektuellen und Reformer hereinbrach. Unter der Leitung des Generalprokurators des *Parlement* von Paris wurde eine Bildungsreform ausgearbeitet; sie enthielt Vorschläge, die später teilweise sogar realisiert wurden.

Soviel zur positiven Seite der Jesuitenvertreibung; es gab jedoch auch negative. Die plötzliche Überantwortung der Kinder an den weltlichen Klerus wirkte sich höchst unterschiedlich aus. Viele der ehemals jesuitischen Einrichtungen verfielen, weil die Schüler langsam ausblieben. Wie immer die Jesuiten sich auch dazu stellten – ihre Nachfolger erreichten ihr pädagogisches Niveau nicht im entferntesten. Da Priester als Lehrer fehlten, wurden sie durch Laien ersetzt, was die schon seit Beginn des Jahrhunderts zu verzeichnende Tendenz verstärkte. Darunter litt vor allem die religiöse Unterweisung der Schüler, denn ihre neuen Lehrer waren gewiß nicht alle Anhänger der kirchlichen Orthodoxie. Einige lehnten das Christentum sogar rundweg ab. Wenn man nach einem Wort Voltaires »die Infame« (Kirche) auslöschen wollte, so hatte man zweifellos Erfolg. Die bedeutete zu allem hin für die Krone eine schallende Ohrfeige.

Einige Kollegien wurden auf neuer Basis umorganisiert. Von verständnisvollen Bischöfen unterstützt, nutzten kluge Rektoren die Gelegenheit, um die Lehrpläne zu modernisieren, die Bedeutung des Latein zurückzudrängen und Fächer wie Mathematik, Geographie, Naturwissenschaft und auch die Geschichte Frankreichs stärker zu betonen. In Paris wurde das berühmte Gymnasium »Louis-le-Grand« in eine Art *École normale* mit dem Auftrag umgewandelt, die neuen Lehrer auszubilden. Insgesamt ging jedoch der Unterricht an den Kollegien stark zurück und beschleunigte damit die bereits quantitative und oft auch qualitative Entwicklung seit Beginn des Jahrhunderts. Am Beispiel des »Louis-le-Grand« wird verständlich, warum die Einrichtungen, die von Laien mit moderner intellektueller Bildung geschaffen wurden, erfolgreich waren. Bewußt oder unbewußt ermöglichte es die Kirche Frankreichs durch ihre Tatenlosigkeit, daß ein großer Teil der 1789 Zwanzigjährigen nicht in ihrem Geist heranwuchs.

Der zweite große Streit dieser Tage knüpfte in etwa an den öffentlichen Disput um die Jesuiten an. Genau genommen und namentlich, wenn man historisch weiter zurückgeht, erschien er als natürliche Folge des ersten. Dieser Streit hatte 1758 begonnen, als der Herzog von Aiguillon den Oberbefehl in der Bretagne führte. Hochadligen Geblüts, stammte er aus der Familie Richelieus, war eng mit dem Hof verbunden und darüber hinaus auch ein ausgezeichneter Verwalter. Für ein so aktives *Parlement* wie das von Rennes zeichnete sich der Konflikt bereits früh ab. Durch seine Fähigkeiten und Aktivitäten stellte der Herzog die Intendanten rasch in den Schatten und geriet in Konflikt mit den Ständen der Bretagne, beispielsweise durch die unnachsichtige Überwachung des Frondienstes an den Hauptstraßen. Daneben ließ er während des Siebenjährigen Krieges ein Netz von Querverbindungen errichten, die die rasche Heranführung von Truppen während der verschiedenen englischen Landungen erlaubten. Obwohl es den Engländern gelungen war, im Hafen von Saint-Malo eine Handelsflotte zu zerstören, ohne jedoch die Stadt einzunehmen, endete eine andere Landung in Saint-Cast mit einem französischen Sieg. Aiguillon war ein schwieriger Mann und pflegte kein gutes Verhältnis zum Generalprokurator des bretonischen *Parlement*, La Chalotais, dessen Stern in intellektuellen wie politischen Kreisen gerade im Aufstieg begriffen war. La Chalotais zeichnete sich in der Jesuiten-Affäre aus, gelangte dadurch zu großem Ansehen und ließ seine Anklagereden drukken. Im Gefolge von Rousseaus *»Émile«* (1762) veröffentlichte er 1763 einen sehr erfolgreichen *»Traité de l'éducation nationale«*.

Der Oberbefehlshaber verweigerte zu dieser Zeit jedoch die Verlängerung des Generalprokurats, das La Chalotais für seinen Sohn beanspruchte; nach allgemeiner Übereinstimmung war der Sohn, wenn nicht gerade zurückgeblieben, so doch von beschränkter Intelligenz. Der Generalprokurator gehörte zu den »Männern des Königs«, die bei den Ständen der Bretagne und anderenorts die königlichen Forderungen vorzulegen hatten, deshalb erschien die Zurückhaltung der Versailler Behörden durchaus verständlich. Aus Rache warf La Chalotais der Verwaltung des Herzogs von Aiguillon im Gegenzug »Despotismus« vor unter dem Vorwand, daß die Durchführung öffentlicher Bauarbeiten in die Zuständigkeit der Stände und nicht in die Kompetenz des Oberbefehlshabers falle. Der bretonische Adel geriet in helle Empörung.

Im Jahre 1764 kam es noch schlimmer. Unter dem Zwang der Umstände fügte Laverdy zu den verpachteten Abgaben in der Provinz weitere Gebühren hinzu. Laverdy kannte jedoch die Spielregeln der *Parlements*, denn er hatte sich dort seine ersten Sporen verdient. Im übrigen betraf diese Affäre die Stände nicht. Dennoch untersagten sie die Erhebung der neuen Abgaben. Bis zu diesem Zeitpunkt handelte es sich lediglich um eine politische Affäre wie viele andere, aber ihre Gleichsetzung mit dem Vertrag über die Vereinigung der Bretagne mit dem Königreich von 1532 kam doch recht nahe an eine Attacke gegen die Monarchie und ihre administrative Zentralisation heran.

Die Positionen verhärteten sich, als das Hofministerium anonyme Briefe erhielt, die auf schändliche Weise die Person des Königs verunglimpften. Man glaubte die Handschrift von La Chalotais zu erkennen, der die Beschuldigung jedoch zurückwies. Da er sich bedroht fühlte, griff er den Subdelegierten des Intendanten von Rennes, Audouard, an. Im Zusammenhang mit anderen Verhaftungen wurde Audouard verurteilt, und das brachte das Faß zum Überlaufen. La Chalotais wurde verhaftet, seine Häuser und Wohnungen durchsucht. Eine Untersuchungskommission wurde eingesetzt; zu ihr zählten der künftige Generalkontrolleur Calonne, der spätere Generalleutnant der Pariser Polizei, Lenoir, sowie Staatsräte und *maîtres de requêtes* (Vortragende Räte). Die Kommission erntete nur Hohn und Spott. La Chalotais stellte sich wider besseres Wissen als ein Opfer unfairer Attacken dar. Der König hatte die bretonischen Parlamentarier nach ihrem Streik von 1765 nach Rennes zurückgeschickt, noch bevor die Affäre um die anonymen Briefe ausbrach. Alle *Parlements* Frankreichs erklärten sich mit dem bretonischen *Parlement* und La Chalotais solidarisch.

Die Affäre zog sich hin und überlagerte andere, von Voltaire angeprangerte Skandale wie die Affären Calas, Sirven und La Barre, die zwischen 1761 und 1766 die *Parlements* von Toulouse und Paris in Verruf gebracht hatten. (Zur Geschichte dieser Affären: Der Toulouser Kaufmann Jean Calas, 1698–1762, wurde fälschlicherweise des Mordes an seinem Sohn angeklagt, um ihn daran zu hindern, dem Protestantismus abzuschwören. Das *Parlement* von Toulouse verurteilte ihn daraufhin 1762 zur Strafe des Räderns bei lebendigem Leibe. 1765 wurde er dank des Plädoyers von Voltaire posthum rehabilitiert. – Der Protestant Pierre Paul Sirven, 1709–1764, wurde ebenfalls vom *Parlement* von Toulouse 1764 zum Tode verurteilt, weil man ihn für schuldig befand, seine Tochter durch ihren Tod am Übertritt zum katholischen Glauben gehindert zu haben. Auch er wurde durch die Bemühungen Voltaires fünf Jahre später rehabilitiert. – Jean François La Barre, 1747–1766, war ein französischer Edelmann, der angeklagt war, ein Kreuz geschändet zu haben. Er wurde geköpft und sein Leichnam verbrannt, obwohl dieses Verfahren ungesetzlich war und sich die öffentliche Meinung darüber empörte. Voltaire kämpfte vergeblich um seine Rehabilitierung, die erst während der Revolution ausgesprochen wurde. Anm. d. Übers.)

Da sich der Zorn in der Bretagne nicht beruhigte, rief der resignierende König 1769 das *Parlement* aus Rennes zurück. La Chalotais beschuldigte den Herzog von Aiguillon administrativer Mißbräuche und der Zeugenbeeinflussung während seines Prozesses. Der König widerrief daraufhin alle Verfahren sowohl gegen La Chalotais als auch gegen den Herzog von Aiguillon. Doch daraus wurde nichts, denn die beiden Kontrahenten bestanden auf einem Prozeß. Diese Krise bewirkte eine große Gegenreaktion und zunehmende Standfestigkeit der Krone, durch die die Revolution vielleicht hätte vermieden werden können, wenn Ludwig XVI. besser beraten worden wäre.

Diese Episode bildete nur die Spitze des Eisbergs, wie sich sehr gut an den »*Mémoires*« des Generalleutnants der Polizei, Lenoir, erkennen läßt, deren Aussagen zum Teil durch die Archive eines Nachfahren von La Chalotais bestätigt werden. Letzterer entstammte einer in religiösen Fragen äußerst zerstrittenen Familie. Es ist nicht erwiesen, ob er selbst Jansenist war, doch hatte er Umgang mit diesem Milieu. Während einer Hausdurchsuchung entdeckte Calonne Briefe, die La Chalotais versucht hatte zu verbrennen. Calonne schickte sie ungeöffnet an den König. Das Paket enthielt die Korrespondenz Ludwigs XV. mit einer seiner Mätressen, Mademoiselle de Romans. Die Briefe waren von einem Diener des Königs entwendet worden, mit dem der Generalprokurator im Briefwechsel stand. Diese für den König kompromittierenden Briefe konnten als Erpressungsmittel mißbraucht werden. Lenoir fügt hinzu, daß La Chalotais mit Hilfe Quesnays Generalkontrolleur zu werden hoffte, indem er mit dieser Korrespondenz Druck auf den König auszuüben gedachte. Für diese Beschuldigung spricht, daß er als den Physiokraten nahestehend galt – er hatte einen sehr beachteten Artikel über den freien Weizenhandel veröffentlicht – und als fähig, ein Ministeramt zu bekleiden. Hatte er die anonymen Briefe geschrieben? Die Kommission war davon überzeugt.

PHYSIOKRATISMUS UND LIBERALISMUS

Der Physiokratismus war die zweite große Wirtschaftstheorie des frühneuzeitlichen Europas. Im Gegensatz zum Merkantilismus, der sich in ganz Europa ausdehnte, bildete der Physiokratismus ein spezifisch französisches Phänomen. Mit Ausnahme des Markgrafen Karl Friedrich von Baden reizte er die deutschen Fürsten wenig, die lieber auf kameralistische Methoden setzten. In England trieb die Entfaltung der industriellen Revolution, die sehr viel weiter ging, als es die traditionelle Verwendung des Begriffs andeutet, das Land in die Arme einer *Laissez-faire*-Philosophie.

Der Begründer des Physiokratismus, François Quesnay, gehörte als Leibarzt zur engsten Umgebung Ludwigs XV. Seine Grundthese entspringt einer systematischen Reflexion über die Grundlagen der Ökonomie. Gemäß den Physiokraten erwirtschaften nur der Boden und seine Nutzung Reichtum. Weder die industrielle oder die handwerkliche Produktion noch der Handel erzeugen Reichtum, da beide nur abgeleitete Werte hervorbringen, folglich hatte sich die Steuer am Grundbesitz des einzelnen zu orientieren. Da die Physiokraten als Aufklärer zur Gruppe der Enzyklopädisten gehörten, hatte man ihnen zufolge den Staat zu reformieren, alle bestehenden Steuern zu beseitigen und durch eine einzige Naturaliensteuer zu ersetzen, deren Wert auf dem Boden beruhte. Damit Grundbesitzer die Steuern zahlen können, müssen sie aus dem Verkauf ihrer Produkte, vor allem aus Weizen, ein Maximum an Profit ziehen; das aber läßt sich nur durch die Beseitigung aller Hemmnisse für den Weizenhandel erreichen; so – kurz gefaßt – lauteten die Folgerungen Quesnays. Sie betrafen Zölle wie auch administrative Kontrollen.

Diese Analyse enthält eine Reihe von richtigen Elementen: Der Hauptanteil des französischen Reichtums stammte noch aus der Landwirtschaft. Der Physiokratismus stellte daher eine normale Reaktion gegen die Exzesse des Merkantilismus dar. Die neue Wirtschaftsphilosophie umfaßte daneben eine Reihe von liberalen Elementen und schlug sich später deutlich in den politischen Programmen der Revolution nieder. Es fällt auf, daß diese Lehre zu einem Zeitpunkt entstand, als der Anteil der Landwirtschaft am Nationalprodukt in den wirtschaftlich weiter entwikkelten Staaten zu schrumpfen begann.

Der Physiokratismus besaß jedoch den Vorteil, bei den französischen

Führungseliten das Interesse an der Landwirtschaft zu erneuern. Es fiel mit dem spektakulären Neubeginn der Agrarexperimente zusammen, die unmittelbar mit einer raschen Zunahme der Agrargesellschaften und der ländlichen Anglomanie einhergingen. Der Staat sollte versuchen, den Anteil des brachliegenden Landes zu verringern, die Trockenlegung der Sümpfe zu fördern und die Belehnung von Nichtadligen mit Neuland voranzutreiben.

Diese Ideenvielfalt täuscht jedoch; denn die so hoch gepriesenen Experimente wie die des Herzogs von La Rochefoucault-Liancourt endeten in eklatanten Fehlschlägen. Obwohl dem Physiokratismus eine Reihe von Ertragssteigerungen gelang, so reichten diese doch nicht aus, um die Folgen der Klimaverschlechterungen in den Jahren 1770–1790 auszugleichen. Noch schwerwiegender aber war, daß der freie Weizenhandel in der Bevölkerung auf Widerstände traf. So stellte die Häufung der liberal-physiokratischen Experimente die Lebensmittelversorgung von Paris in Frage, die bis dahin keinen Anlaß zu Klagen geboten hatte. Da die inkonsequente Feindseligkeit der privilegierten Grundbesitzer gegenüber Turgot die Situation noch verschlimmerte, kam es schließlich 1775 zum »Mehlkrieg«, der in den Augen der Pariser Bevölkerung die Krone selbst kompromittierte, denn die Vorratskäufe der Verwaltung erschienen als bewußte Spekulation auf die Hungersnot der Bevölkerung.

Da diese Lehre übertrieb und ihr das Verhalten ihrer Anhänger sehr schnell das bezeichnende Attribut einer »Sekte« eintrug, kam es zu Entwicklungen, die die Skeptiker bestätigten. Der wichtigste Einwand wurde von seiten der »Ökonomisten«, und zwar von ihrem bedeutendsten, aber auch unglücklichen Vertreter Turgot vorgetragen. Aber Turgot war sehr viel mehr als ein einfacher Physiokrat; wie Du Pont de Nemours gilt er als einer der Begründer des französischen Liberalismus.

Der Physiokratismus beinhaltete deshalb widersprüchliche Aspekte. Einerseits handelte es sich um eine Wirtschaftstheorie, die durch die Aufwertung des Bodens und den Wunsch nach Verbesserung der Bedingungen in der Landwirtschaft im wesentlichen den großen Grundeigentümern, den Zehntherren und dem Hochadel zugute kam. Andererseits besteht kein Zweifel, daß Quesnay den Adel haßte. Er wünschte sich schlicht und einfach seine Beseitigung. Das aber wirft die Frage nach dem politischen Willen der physiokratischen Bewegung auf. Quesnay verhielt sich sehr feindselig gegenüber Ludwig XV., dessen Entsetzung durch den

Dauphin er immer wieder in seinen Briefen wünschte. Schenkt man den Anschuldigungen des Polizeigeneralleutnants Lenoir Glauben, so wünschte Quesnay den Machtantritt des Generalprokurators im bretonischen *Parlement*, La Chalotais, zumal dieser den Artikel über den Weizenhandel in der *»Encyclopédie«* verfaßt hatte. Die Unterstützung der gallikanischen und jansenistischen Partei sowie die Entdeckung der königlichen Korrespondenz mit Mademoiselle de Romans hätten gut in diesen Plan gepaßt. Aus dieser Konstellation erklärt sich die bretonische Affäre und, wie bereits gezeigt, die persönliche Wende des Königs im Streit mit den *Parlements* seines Reichs.

Der Physiokratismus erlebte unter den Generalkontrolleuren Silhouette (4. März 1759–23. November 1759) und Bertin (23. November 1759 bis 14. Dezember 1763) einerseits sowie unter Turgot andererseits (24. August 1774 bis 12. Mai 1776) zwei Höhepunkte. Jedesmal änderte die konkrete Ausübung der Macht spürbar die Verhaltensweisen der Beteiligten. Die gründliche Untersuchung der Finanzen in den europäischen Staaten 1759/60 beruhigte die Verantwortlichen. Turgot, der für seinen Herrn, Ludwig XVI., den Krieg fürchtete, hatte jedoch mit der fruchtlosen Opposition der *Parlements* zu kämpfen, die 1775 fatalerweise wieder eingesetzt wurden, sowie mit der generellen Verbohrtheit der sozialen Eliten.

Der Physiokratismus hemmte dagegen eine Reihe von Administratoren. In den Pariser und Versailler Behörden standen sich die ersten Staatsdiener und andere in einem heftigen, heimlichen Kampf für oder gegen den revidierten Merkantilismus Colberts, für oder gegen den Physiokratismus Quesnays gegenüber. Dadurch trug der Physiokratismus mit dazu bei, die königliche Macht zu destabilisieren. Als Wirtschaftstheorie verlor der Physiokratismus wegen seiner deutlich ideologisch gefärbten Logik und seiner Blindheit gegenüber den empirischen Fakten schon frühzeitig einen großen Teil seiner Glaubwürdigkeit und somit an intellektuellem Einfluß. Die überdauernden Elemente fanden Eingang in den breiten und verworrenen Strom des kleinbürgerlichen Liberalismus, den die Französische Revolution von 1789 an die Oberfläche spülte.

Die liberale Strömung existierte bereits vor ihrer Bezeichnung; auch nahm sie das große Werk Smiths *»On the Wealth of Nations«* (1776) bereits vorweg. Sie tauchte bereits in den Diskussionen um das Gedankengebäude Colberts während der Jahre nach 1660 auf. Eine gewisse

Anzahl von Händlern, vor allem aus den Provinzen Ostfrankreichs (Champagne, Lyonnais), hielten Colbert vergeblich typisch »liberale« Argumente entgegen, die sich aus ihren Handelsbeziehungen zu den Niederlanden erklärten. Ab 1680 kam die viel mächtigere Opposition der Händler in den Atlantikhäfen noch hinzu, die die königlichen Monopole und die großen Handelsgesellschaften ohnehin ablehnten. Die Kritik erreichte eine spürbare Milderung der Monopolmacht der Kompanien einschließlich der Indienkompanie. Der transatlantische Handel und der Sklavenhandel wurden weitgehend liberalisiert. Parallel dazu enthielt die Kritik an der absoluten Monarchie durch Vauban oder Boisguillebert ebenfalls »liberale« Bestandteile, bevor sie als solche bezeichnet wurden.

Die Ausdehnung des französischen Handels im 18. Jahrhundert sowohl im Innern wie im Äußeren machte die Abschottung im Steuer- und Zollbereich zum Hindernis. Von der öffentlichen Meinung unterstützt, liberalisierte Necker 1769–1770 den Handel mit Indien, während die Auflösung der Indienkompanie nur um den Preis ziemlich obskurer Machenschaften erreicht wurde. Wie sich später herausstellte, war der freie Handel im Indischen Ozean ebenso wenig erfolgreich wie der Handel der Indienkompanie.

In der Geschäftswelt stieß man also auf die gleiche Zweideutigkeit, die gleiche Unentschiedenheit wie im Staatsapparat. Letzterer sah sich paradoxerweise in dem Maße diskreditiert, wie er sich an neuartigen Methoden versuchte, beispielsweise dem ungehinderten Weizenhandel und darüber hinaus dem Abkommen über den freien Warenaustausch zwischen Frankreich und England von 1786. Schon die unmittelbaren Auswirkungen des Abkommens waren dramatisch, denn der Markt für französische Weinüberschüsse, den man erhofft hatte, blieb aus. Die psychologischen Wirkungen dieses Fehlschlags waren noch verheerender. In Wirklichkeit wünschte das Handels- und »Industrie«-Bürgertum gleichzeitig die Etablierung eines nationalen Marktes, der die inneren Schranken beseitigte und die unentbehrliche Vereinheitlichung von Gewichten und Maßen erlaubte, sowie die Aufrechterhaltung der Zollschranken nach außen. Der geteilten öffentlichen Meinung entsprach eine Verwaltung, die in entgegengesetzten Richtungen dachte und zersplittert und unfähig war, über irgend etwas Einigkeit zu erzielen, aber alles kritisierte. Das war bis ungefähr 1770 nicht weiter schlimm, denn die Produktion befand sich in vollem Aufschwung. Es wurde aber gefährlich, als nach 1770 die Beschleunigung des englischen Vordringens in gewissen Bereichen und die Auswirkungen der Konkurrenz neben die Konjunktureinbrüche traten, die eine Folge wiederholter und unvorhersehbarer Krisen in dem sich bereits seit 1770 verschlechternden Klima waren.

DIE REFORM MAUPEOUS UND DER WIDERSTAND DES KÖNIGS (1770–1774)

Trotz Intervention der Krone hatte man keine Lösung gefunden. Der Herzog von Aiguillon hatte sich unvorsichtigerweise an den Pairshof gewandt. Er untersuchte den gesamten Verwaltungsapparat der Bretagne, um zu prüfen, ob sich der Herzog konform zu den Entscheidungen Ludwigs XV. verhalten hatte. Er forderte die Übersendung aller königlichen Befehle, einschließlich der Geheimbefehle. Diese Forderung sollte den König und die Zentralverwaltung absichtlich in ein schiefes Licht rücken. Es galt, einen Präzedenzfall zu schaffen, der es später erlauben würde, diese Prozedur bei jedem beliebigen königlichen Beauftragten von neuem zu beginnen. Die praktische Konsequenz wäre gewesen, die Verwaltung unter die Kontrolle der *Parlements* zu stellen. Das *Parlement* zitierte das englische Beispiel, wonach die Verwaltung über die Vermittlung von Friedensgerichten ausgeübt wurde – ein trügerischer Vergleich, aber eine einfache historische Rechtfertigung.

Diese Ansprüche zu akzeptieren hieß, das Regime von Grund auf zu ändern. Eine Krise revolutionärer Art bahnte sich an. Zur gleichen Zeit unternahmen die Parlamente alles, um die finanzielle Situation zu verschlimmern, denn sie wollten ihren Ansprüchen Nachdruck verleihen und den König zur Kapitulation zwingen. Laverdy hatte vor ihrer krampfhaften Verweigerungspolitik weichen müssen. In der Kasse befand sich nicht einmal eine Million Livres. Sein Nachfolger Maynon d'Invault amtierte ein Jahr (1768) und tat sein Bestes, aber man mußte zu energischeren Maßnahmen greifen, und deshalb berief der König Terray.

Von allen Männern des Ancien régime besaßen Terray und Calonne den schlechtesten Ruf, aber Terray war ein außergewöhnlicher Mann, ein Onkel von Madame Lavoisier und mit der Generalpacht verbunden. Ende 1769 belief sich das Haushaltsdefizit auf 63 Millionen, dazu 110 Millionen rückständiger Zahlungen sowie zwei Jahre im voraus ausgegebene Einkünfte. Terray folgte dem Beispiel Colberts und Orrys und befürwortete eine Zwangssanierung. Er suspendierte die Zahlung von Pacht- und Schuldscheinen der Generalgeldeinnehmer, was die Empfänger von Rententiteln hart traf. Wieder einmal stand Frankreich vor dem Bankrott, aber niemand wagte, ihn beim Namen zu nennen. Das *Parlement* wehrte sich, sprach Verbote aus und zeterte. Die Lage schien aussichtslos. Der politischen Führung blieb nur übrig, zu kapitulieren oder einen Staatsstreich von oben zu riskieren. Nach dem vielen Zögern, den Rückzügen und den Ausflüchten organisierte der König durch einen Appell an Kanzler Maupeou seinen eigenen Staatsstreich.

Ende Juni 1770 untersagte der König in einer Sitzung des *Parlement* erneut jede Fortsetzung der gegen den Herzog von Aiguillon angestrengten Verfahren. Wie gewöhnlich erklärte das *Parlement* dieses Verbot für ungültig, erkannte dem Herzog die Pairswürde ab, ließ sich vom Volk applaudieren und vom Herzog von Orléans bestätigen. Die Fürsten von königlichem Geblüt schlossen sich ihrerseits der parlamentarischen Fronde an. Die Provinz folgte. Das *Parlement* erklärte am 10. Dezember 1774 seinen Streik.

Zur gleichen Zeit suchte Choiseul den Konflikt mit England. Er hielt den Augenblick der Rache für gekommen. Aber gleichzeitig gegen England und die *Parlements* zu kämpfen war ein Ding der Unmöglichkeit, und dem König lag an keiner neuen Auseinandersetzung zur See. Außerdem schien die Haltung Choiseuls gegenüber den *Parlements* nicht zuverlässig. Deshalb entzog ihm Ludwig XV. sein Vertrauen und verwies ihn auf sein Landgut Chanteloup in der Nähe von Tours. In der Nacht vom 19. zum 20. Januar 1771 wurden alle Pariser Parlamentarier verhaftet und in die tiefste Provinz verbannt, wo sie sich zumeist in sehr mäßigen Verhältnissen bescheiden mußten. Ein Staatsrat übernahm vorübergehend die Aufgaben des *Parlement.* Der Weg für innere Reformen war nun frei.

Ludwig XV. hatte aus Notwendigkeit eine Wahl getroffen, die ganz im Gegensatz zu der Ludwigs XIII. und Richelieus von 1630 stand: Er mußte den Frieden nach außen um jeden Preis bewahren, um die Monarchie und das Land vor dem Ruin zu retten. Als 1772 Preußen, Rußland und Österreich Polen zum ersten Mal teilten, ohne daß Frankreich sich dem widersetzte, stimmten die Fürsten, die Großen des Reiches und die *Parle-*

ments, die durch ihre Zänkereien das Land geschwächt hatten, zwar Zeter und Mordio an, aber man konnte nicht gleichzeitig Justiz und Finanzen neu organisieren und gegen die vereinigten Großmächte einen Krieg führen. Das wäre heller Wahnsinn gewesen.

Ende Februar 1771 schuf Maupeou im Bezirk des *Parlement* von Paris sechs Obere Ratskollegien, und zwar in Arras, Blois, Châlons-sur-Marne, Lyon, Clermont-Ferrand und Poitiers. Ihre Mitglieder waren besoldete Kommissare und keine Amtsträger mehr. Die Bezirke dieser Tribunale waren klug aufgeteilt. Das ehemalige *Parlement* von Paris mußte hinnehmen, daß sein Zuständigkeitsbereich beträchtlich zusammenschmolz. Sein Remonstranzrecht bestand zwar weiterhin, bedeutete aber nicht mehr als eine einfache Formalität.

Maupeou wollte noch weitergehen und alle Provinzparlements beseitigen. Der König wagte aber diesen Schritt nicht, denn das hätte ihm den Vorwurf des Despotismus eingetragen. Maupeou begnügte sich also damit, die parlamentarischen Ämter zu beseitigen und die *Parlements* mit weniger engagierten Männern zu besetzen. Die Reform ging noch weiter; die zu kleinen Amtsgerichtsbezirke und die unnützen Tribunale wie die Admiralität von Paris sowie eine gewisse Zahl von Steuerhöfen für die Erhebung von Verbrauchssteuern, von Finanzbehörden und Gerichtsbezirken des Wasser- und Forstamts wurden aufgehoben. Maupeou ging auch gegen die Käuflichkeit der Ämter vor. Das Edikt vom Februar 1771 behielt dem König, im Falle der Vakanz, die Wahl des Nachfolgers eines Amtsträgers vor.

Man kann sich den Umfang der Proteste gegen diese Entscheidungen ausmalen; die neuen Richter zogen sich oft verschreckt zurück. Die Staatsführung mußte anstellen, wen sie fand. Die Gerichtsschreiber traten beunruhigt in einen Streik. Alle Druckmittel der Provinzorgane – und sie waren weiß Gott zahlreich – wurden ins Werk gesetzt, um die Unglücklichen, die vorgaben, dem König zu dienen, zu isolieren, auszuschließen und zu diskreditieren. Eine Zeitlang kehrte die öffentliche Meinung den neuen Tribunalen den Rücken. Der gesamte Adel führte die Bewegung an.

Endlich einmal widersetzte sich der König. Nach und nach kehrten die Tribunale zurück, und die Staatsmaschinerie lief wieder an. Die Philosophen unterstützten den König. Voltaire befürchtete als erster eine Revolution und verachtete die Parlamentarier ebenso wie die Jesuiten.

Terray schaffte beim Dringlichsten Abhilfe. Nachdem er von der bösartigen Halsstarrigkeit der *Parlements* befreit war, begab er sich ans Werk. Um zu zeigen, daß sich der Wind gedreht hatte, wurde der Herzog von Aiguillon zum Außenminister ernannt. Damit entstand das Triumvirat Maupeou – Terray – d'Aiguillon, drei Männer, die sich als starke Persönlichkeiten, die sie waren, wenig um ihre Beliebtheit kümmerten. Sie kamen mehr oder weniger gut miteinander aus, aber die Notwendigkeit hielt sie zusammen. Terray verlängerte die beiden Formen des Zwanzigsten und ließ sie als allgemeine Steuer erheben; die Steuererklärungen wurden von speziell ausgebildeten Agenten kontrolliert. In Paris wurde die Kopfsteuer auf der Basis der vorher erfaßten Mieten erhoben, was die bisher limitierten Einkünfte aus dieser Steuer (eineinhalb Millionen Livres) um fast 80 Prozent steigerte. Die Pachten der Generalpächter wurden erhöht, die Einkünfte der Krondomäne und die Jahresgebühr für die Ämter gesteigert. Gleichzeitig entzog ein erneuter Bankrott die Verfügbarkeit über die Konten für jedermann. Terray plagten dabei keine Skrupel. Man konnte wie in der hohen Beamtenschaft die Aufhebung der Ämter in Angriff nehmen.

Im Jahre 1774 lag die mittlere Steuerlast eines Franzosen bei 15 Livres; die jährlichen Haushalte neigten zur Ausgeglichenheit, und die Kreditfähigkeit erholte sich wieder. Die Finanzlage blieb zwar prekär, aber die Staatsmaschine lief wieder. Der König brauchte nicht einmal auf die Armee zurückzugreifen, deren Unterstützung er sicher war.

Über diese Maßnahmen hinaus, die in der Finanzwelt als schmerzhaft empfunden wurden und ihm einen verbissenen Haß eintrugen, verstärkte der Generalkontrolleur seine Bemühungen um eine zutreffende Einschätzung der volkswirtschaftlichen Leistungskraft des Königreichs. Durch eine Abgleichung der Geburts-, Heirats- und Sterberegister gelang es ihm, die französische Bevölkerung ungefähr zu beziffern. Das Verfahren, das sicher nicht das Niveau anderer Länder erreichte, hatte zumindest den Vorzug, daß es nicht viel kostete. Andere Untersuchungen folgten, so zum Beispiel eine äußerst genaue Arbeit über die Brotherstellung und die Brotpreise. Nicht alles gelang auf Anhieb; man mußte zum Beispiel das Funktionieren der Mühlen von Corbeil verbessern, die sich zum Weizenspeicher von Paris entwickelt hatten. Abbé Terray, der kein Priester war, der auch wie jedermann Mätressen hielt und durchaus nicht den besten Ruf genoß, mußte erleben, wie man ihn attackierte, doch ohne Erfolg.

Die Reform Maupeous und Terrays trug schnell Früchte. Bereits 1774 war die Ordnung wiederhergestellt, aber noch im gleichen Jahr, am 10. Mai, starb Ludwig XV. an einer Pockeninfektion, da er die »Impfung« verweigert hatte. Die Häßlichkeit der Kundgebungen bei seinem Begräbnis überstieg das Maß des Vorstellbaren, obwohl man seinen Leichnam nachts aus Vorsicht nach Saint-Denis gebracht hatte.

So also verschied der König, der aus Schwäche einen Fehler nach dem anderen begangen und Konzessionen gegenüber einer arroganten Sekte gemacht hatte, die unfähig zur politischen Weitsicht war und gleichgültig angesichts der Gefahren, die die Nation bedrohten. Durch diesen unerwarteten Tod blieb die Reform Maupeous stecken – ein Experiment unter anderen, das schnell aufgegeben wurde. Nach dem Wort Roland Mousniers verlängerte es das Ancien régime um fünfzehn Jahre.

Die Frage ist erlaubt, was geschehen wäre, wenn Ludwig XVI. diese Reformen weitergeführt hätte, wie es eine kurze Zeitlang schien. Der höfische Hochadel hatte sich jedoch zu sehr den neuen Ideen zugewandt, als daß sich ein junger, beeinflußbarer König daneben ein vernünftiges eigenes Urteil hätte bewahren können. Selbst wenn man davon ausgeht, daß die Durchführung seiner letzten Reformen vielleicht die Revolution vermieden hätte, so bleibt doch die Tatsache bestehen, daß Ludwig XV. trotz seines späten Erwachens große Fehler beging. Die Verantwortung für den »Königsfrieden« von 1748 und die Entscheidung, Österreich 1756 zu helfen, trug allein er. Dagegen gelang es ihm, eine erste revolutionäre Krise, die von den *Parlements* ausgelöst wurde, abzuwenden. Selbst nach ihrer Wiedereinsetzung fanden die *Parlements* nicht mehr zu ihrer früheren Form zurück. Alles hing nun von der Persönlichkeit Ludwigs XVI. ab.

KAPITEL IV

»Der glücklose König«
1774–1789

EIN SCHLECHTER BEGINN

Ernest Labrousse, der große Wirtschaftshistoriker, bezeichnete Ludwig XVI. vor fünfunddreißig Jahren als »glücklosen König«. Er sprach von den klimatischen Schwierigkeiten, die dazu führten, daß seine Herrschaft auf fatale Weise mit einer Reihe sehr ungleicher Ernten zusammenfiel; sie führten zu Preiserhöhungen, die um 1768 begannen und sich anschließend beschleunigten. Die Einkünfte der Bauernschaft sanken, die Einkünfte der Rentiers, ob bürgerlich oder adlig, stiegen an. Im Laufe des Jahrhunderts hatte sich der Weizenpreis bereits verdoppelt, der Holz- und Fleischpreis verdreifacht. Solange der Aufschwung anhielt, waren die Preiserhöhungen jedoch hinnehmbar. Die Bevölkerung wuchs ebenfalls schneller als während der ersten Hälfte des Jahrhunderts, und zwar von 24 Millionen Einwohnern im Jahre 1740 auf 28 Millionen im Jahre 1789.

Ludwig XVI. fehlte aber auch die persönliche Fortüne. Die Todesfälle in der königlichen Familie bewirkten, daß im 18. Jahrhundert kein König seinem Vater folgte. Ludwig XVI. war nur der Enkel Ludwigs XV. 1774 zwanzig Jahre alt, verängstigte ihn die auf seinen Schultern ruhende Last. Im selben Alter drängte es Ludwig XIV. schon an die Regierung und Ludwig XIII. hatte bereits Concini ermorden lassen. Ludwig XVI. hatte eine sehr sorgfältige Bildung erfahren. Zum Beispiel besaß er ausgezeichnete geographische Kenntnisse und begeisterte sich für die Marine wie kein anderer König von Frankreich. Jean-Marie Roland de La Platière, der spätere Girondist, wunderte sich eines Tages über die detaillierte Aktenkenntnis des Königs, der den Kern eines Problems stets rasch erkannte.

1774 hätte Frankreich jedoch eines außergewöhnlichen Königs bedurft, statt dessen bekam es einen braven Mann von durchschnittlicher Intelligenz, geprägt von christlichen Tugenden, der in Friedenszeiten durchaus einen guten König abgegeben hätte.

In einigen Zügen glich er seinen Ahnen, in anderen wiederum unterschied er sich von ihnen; fleischliche Gelüste schätzte er nicht sonderlich. Seiner Frau Marie Antoinette von Österreich, der Tochter Maria Theresias, war er treu. Er liebte die Jagd und eine gute Küche. Diese Eigenschaften ergeben aber nicht notwendigerweise einen politischen Kopf. Wie Kaiser Joseph II., sein Zeitgenosse, war er einer der ersten gelehrten Monarchen. Aber wozu dienten Wissenschaft und die besten Hofmeister der Welt, wenn es an der Erfahrung mangelte? Ludwig XV. ließ ihn nicht an den Ratsversammlungen teilnehmen. Mehr noch als sein Großvater blieb Ludwig XVI. auf Versailles beschränkt, und das Scheitern seines Fluchtversuchs in Varennes am 21. Juni 1791 ist zum Teil auf die totale Unvertrautheit mit den Pariser Straßen zurückzuführen, was den Verlust wertvoller Stunden bedeutete.

Ludwig XVI. besaß keine nennenswerten Vorstellungen von den Regierungsgeschäften, abgesehen von einer einzigen, die groß und anerkennenswert, aber gefährlich war: Er wollte an England Vergeltung üben. Wenn der König und die Öffentlichkeit leidenschaftlich einen Krieg herbeigesehnt hatten, dann war es der amerikanische Unabhängigkeitskrieg. Trotz seiner Skrupel, die Aufständischen gegen ihren König zu unterstützen, fand Ludwig die Gelegenheit zu verlockend. Turgot hatte ihn jedoch gewarnt: »Sire, beim ersten Kanonenschuß bricht die Revolution aus.« Ob authentisch oder nicht – dieses Wort charakterisiert treffend das Problem. War Frankreich tatsächlich in der Lage, einen zweiten großen Krieg zu führen, ohne seine Finanzen völlig zu zerrütten? Die Reformen Terrays und Maupeous mußten vorangetrieben werden, um Früchte zu tragen.

Alles entschied sich innerhalb einiger Monate, in deren Verlauf der junge König, der bei seinem Regierungsantritt zwar nicht gerade begeistert, aber doch mit respektvoller Sympathie von der Bevölkerung empfangen worden war, noch sämtliche Fäden in der Hand hielt. Zahlreiche Intrigen wurden zu dieser Zeit geknüpft, die noch niemand richtig untersucht hat. Zu seinem Unglück holte Ludwig XVI. Maurepas aus der politischen Versenkung, einen Enkel Pontchartrains, zu dessen Gunsten

Saint-Simon 1725 seinerzeit das Weiterbestehen der Ministerien für Marine und Hofstaat durchgesetzt hatte. Bis zum österreichischen Erbfolgekrieg galt Maurepas als ziemlich guter Marineminister, der nach besten Kräften Elendshaushalte verwaltete. Doch dann war er auf die Ablehnung Madame de Pompadours gestoßen und auch auf das Mißfallen der Madame du Barry; so war er abgedrängt worden. Nun kehrte mit seiner Person eine Hofschranze in das vorderste Glied zurück, der es nur um die eigene Beliebtheit ging – ein Politiker ohne Programm. Das Volk machte sich zunächst noch Illusionen, wie ein damals umgehendes Wort bewies: Ludwig XVI. = Ludwig XII. + Heinrich IV. Einen ins Ritterwesen vernarrten und jedes politischen Sinns entbehrenden König so mit einem großen Zyniker zusammenzuwürfeln, zeugt bereits von einer einzigartigen Geistesverwirrung und unterstreicht die Bösartigkeit einer unbesonnenen Propaganda.

Für Ludwig XVI. sprachen seine Beliebtheit, seine Aufrichtigkeit und sein Wunsch, ein guter König zu sein. Aber das Wesentliche fehlte ihm: Willensstärke. Jedermann wußte das am Hof, angefangen bei seinen Lehrern, die versucht hatten, ihm das Gegenteil beizubringen. In dieser Lage hätte es eines zynischen und diplomatischen Königs bedurft, einer eisernen Hand in Samthandschuhen. Statt dessen übte seine Frau Marie Antoinette, die rasch unbeliebt wurde, einen unheilvollen Einfluß auf ihn aus, über den sich Maria Theresia in ihren letzten Briefen beunruhigt äußerte. Und zu alledem hin lebten am Hof noch die beiden Brüder Ludwigs XVI., der Graf von Provence, der nachmalige König Ludwig XVIII., und der Herzog von Artois, der spätere Karl X., beides Modenarren, die ihren Bruder verachteten und sich wie der Herzog von Orléans der Hoffnung hingaben, seine Thronfolge anzutreten. Mit etwas Übertreibung könnte man sagen, daß die Nachfolgefrage bereits mit der Thronbesteigung eröffnet war.

Alle Welt verachtete Ludwig XVI., angefangen bei der Königin, die ihm kaum die Impotenz der ersten Ehejahre verzieh, die erst später durch eine Operation behoben wurde. Ja, niemand hätte sich erlaubt, Ludwig XV. so zu behandeln, wie zuweilen sein Nachfolger behandelt wurde. Die ausländischen Botschafter pfiffen es von den Dächern, währenddem der Herzog von Orléans sich als Oppositionsführer aufspielte, der seiner Stunde harrte. Dieser allzu gutmütige, wahrhaft einfältige König ließ sich sogar anraten, die *Parlements* zurückzurufen, deren Rückkehr denn auch von rauschendem Beifall begleitet war. Der einzige klarsichtige Kommentar kam von Maupeou: »Ich hatte den König einen Prozeß gewinnen lassen, der seit dreihundert Jahren dauerte ... Er will ihn wieder verlieren ... er ist erledigt!« Nicht genug damit, man flößte dem König auch noch die Idee ein, der ersten Sitzung des *Parlement* von Paris zu präsidieren. Seine Rede war zwar ausgezeichnet, aber er hätte auch gegen eine Wand reden können: Die Parlamentarier waren kraft ihres »herkömmlichen Rechts« entschlossen, dort weiterzumachen, wo sie aufgehört hatten. Der Staatsanwalt sprach sogar von Generalständen.

Trotz der Willkommenswünsche für das *Parlement* blieben viele Menschen skeptisch. Die philosophischen Zirkel belegten die Angehörigen des *Parlements* mit wildklingenden Beinamen: »Panduren«, »Kosaken«, »Barbaren«, »Huronen«. Man erinnerte sich der Affären um Calas, Sirven und La Barre, wo die *Parlements* keine ruhmreiche Rolle gespielt und Voltaires Zorn geweckt hatten. Während sich die Monarchie also mehr oder weniger auf die führenden Köpfe der Aufklärung berufen konnte, durften die *Parlements* auf ihre weniger begabten Nacheiferer zählen.

Im übrigen starb die Generation der großen Philosophen zu Beginn der Herrschaftszeit Ludwigs XVI. aus. Die darauffolgende Generation war auf eigentümliche Weise gemischt. Sie hatte ihre faszinierenden Seiten: Von Condorcet bis zum Abbé Mably oder Abbé Raynal wurden Ideen entwickelt, aus denen zum Teil sogar Karl Marx schöpfte. Es gab unter ihnen sehr ehrenhafte Männer, zum Beispiel den Abbé Raynal, einen Historiker und Philosophen. Seine *»Histoire philosophique et politique des établissements et du commerce des Européens dans les deux Indes«* enthält entrüstete Proteste gegen die Sklaverei und gewisse Schandtaten der Kolonisation – ein Teil stammte aus der Feder Diderots, der aus Angst vor der Zensur bereitwillig unter dem Namen eines anderen schrieb –, aber das Buch konnte man ebenso auch als Kriegserklärung an die Monarchie lesen. Die ersten Ereignisse von 1789 belehrten den Autoren jedoch eines Besseren: Er ließ wissen, daß er dies nicht gewollt habe!

Der amerikanische Historiker R. Darnton förderte die Bedeutung einer anderen, verborgenen Literatur zutage. Mit der eigennützigen Komplizenschaft der Buchdrucker waren, wie bereits gezeigt, schamlose Pamphlete gegen Ludwig XV. in Umlauf gebracht worden. Niemand dachte daran, diese lukrative Ader zu verstopfen. Erotische Texte wurden verteilt, die anfangs noch pikant, später jedoch nur noch schlüpfrig waren.

Einige Berichte aus Akten der Pariser Sittenpolizei waren durchaus mit gewissen Szenen bei Sade vergleichbar. Aber es war gefährlich, die Vorstellung zu verbreiten, daß sich diese Exzesse im Adel und Klerus allgemeiner Beliebtheit erfreuten.

Daneben breitete sich eine popularisierte (und manchmal vulgäre) »Philosophie« aus, das heißt ein eigenartiges Gemisch aus richtigen Ideen und extravaganten Positionen, die kaum der Wirklichkeit entsprachen. Der Hofstaat trug mit Informationen und Klatsch kräftig zu dieser Demystifikation des Königs und der königlichen Familie bei. Da jedoch Ludwig XVI. keinerlei Anlaß zum Skandal bot, griff man die Königin an, die durch ihre Launen den schlimmsten Gerüchten Tür und Tor öffnete. Eine so niederträchtige Geschichte wie die Halsbandaffäre erlaubte es, gleichzeitig die »Österreicherin« und den Kardinal von Rohan, Bischof von Straßburg, in Verruf zu bringen. Diese Affäre erregte in Europa Aufsehen, wie das Lustspiel »Der Groß-Cophta« von Johann Wolfgang von Goethe über dieses Thema zeigt.

Zu der Diskreditierung der Monarchie trugen auch die *Parlements* ihren Teil bei. Sie verbreiteten das Bild einer unter ihrer Steuerlast ächzenden Bevölkerung – ein Thema, das sich wie kein anderes auszahlte! Die Revolutionäre taten so, als glaubten sie daran. Die Idee einer Kontrolle der königlichen Macht und der Nachahmung des englischen Parlamentarismus gefiel und setzte sich durch, und Rousseau lieferte ihre ideologische Begründung.

Wegen seiner geringen Auflage wurde der *»Contrat social«* offenbar wenig gelesen; so jedenfalls behauptet man, und doch erwähnen die Prospekte, die unter der Hand verschickt wurden, um die erotischen Abenteuer von Klosterschwestern und königlichen Mätressen anzupreisen, gleichzeitig einige Werke von hohem Rang, darunter ebendiesen *»Contrat social«*. In Wirklichkeit fand dieses Buch sehr viel mehr Leser, als behauptet worden ist. Zusammen mit den Reiseberichten aus dem Orient und den Studien über die nicht mehr ausschließlich griechisch-römische Antike bildete das Buch sogar einen der Bezugspunkte des philosophischen Denkens. Selbst in der Kirche suchte die Theologie der Aufklärer nach einem von allen Verunreinigungen freien »primitiven Christentum«. Stellt man deshalb die ethnologischen und soziologischen Kenntnisse der damaligen Zeit in Rechnung, so sind Rousseaus Hypothesen keineswegs lächerlich; sie waren – im Gegenteil – verführerisch und besaßen auf jeden Fall höheren Wert als die grundsätzliche Kritik der Parlamentsräte.

In diesem Humus keimten langsam die »revolutionären Ideen« heran. Die Polizei machte daraus keinen Hehl, aber der junge, verschreckte König wollte nichts davon hören. Die Nachrichtenmaschine, die Ludwig XIV. so gut geschmiert hatte, drehte sich langsam im Leerlauf. Gleichzeitig begannen sich die Volksströmungen in den Städten, insbesondere in Paris, von Grund auf zu ändern. Das ließ sich schon zu Beginn der Herrschaft Ludwigs XVI. beim »Mehlkrieg« feststellen. Die Unruhen hatten Rädelsführer und Losungen. Es wurden Taktiken erarbeitet, mit denen emotional geschürte Erhebungen in eine Revolution umgewandelt werden konnten.

Dennoch sollte man bei der Erklärung der Revolution nicht auf die sogenannte Verschwörungstheorie verfallen, selbst wenn es wirklich einige Verschwörungen gab. Zwar existierten zwischen den Angehörigen der *Parlements* und der Pariser Bevölkerung gewisse Verbindungen, und der Herzog von Orléans stimmte sich mit ihnen ab, wobei seine Gefolgschaft der des Königs in jeder Hinsicht überlegen war. Aber es handelte sich hierbei nur um situationsbedingte Verschwörungen von beschränkter Reichweite, angezettelt von gleichgesinnten Leuten, die sich gedungener Schergen bedienten. Sie dachten nicht an eine Revolution, sondern höchstens an einen Thronwechsel, sofern sich die Gelegenheit bot. Aber die Führung war in materieller Hinsicht schlecht gewappnet. Jahrzehnte des Bürgerfriedens hatten in Vergessenheit geraten lassen, daß die Macht von der Straße her erobert werden konnte; im Jahre 1774 dachte man aber nicht mehr daran. Das Gebäude hätte standhalten können, doch nur unter der Bedingung, daß nicht zu sehr daran gerüttelt wurde. Es wurde schließlich erschüttert, weil der König es so wollte, nämlich durch den amerikanischen Unabhängigkeitskrieg.

DIE AMERIKANISCHE UNABHÄNGIGKEIT (1777–1783)

Trotz seiner glanzlosen Außenpolitik hatte Ludwig XV. gegen Ende seiner Herrschaft sein Reich vergrößert. Der Erwerb Lothringens war vertraglich vereinbart, wenn Stanislaus Leszczynski sterben sollte. Deshalb fiel diese Provinz 1776 offiziell an Frankreich zurück. Zwei Jahre später hatte Ludwig XV. den Genuesern Korsika abgekauft (1768). Ob diese Erwerbung Teil eines seit langem bestehenden Plans war oder ob der König lediglich eine Gelegenheit beim Schopf packte – die Insel kam jedenfalls im richtigen Augenblick an Frankreich, um die Leistungsfähigkeit des Geschwaders von Toulon zu verstärken. Sie versorgte die Marine sogar mit Holz. Dennoch mußte Marbeuf mit einer Militärexpedition zunächst den Widerstand von Pascal Paoli brechen.

Diese beiden territorialen Vergrößerungen hatten sich fast unbemerkt während der Periode parlamentarischer Agitation ereignet. Rousseau, den die Ursprünglichkeit der korsischen Gesellschaft begeisterte, hatte für Korsika eine ideale Verfassung erdacht; eine weitere entwarf er für Polen.

Der Siebenjährige Krieg hatte die Schwächen des Landheeres und die noch offensichtlicheren Schwächen der Flotte aufgedeckt. In Regierungskreisen nahm man sich vor, sie wieder auf das europäische Niveau zu heben. Als treibende Kraft betätigte sich Choiseul, der sich allerdings von einer patriotischen Strömung getragen wußte. Ohne diesen nationalen Konsens wäre der Elan der »großen Nation« während der Revolution und des Empire nicht zu verstehen. Choiseul, der seit 1760 in Personalunion das Marine- und Kriegsressort leitete, wurde 1766 bei der Marine von seinem Vetter Choiseul-Praslin abgelöst.

Neben der Erneuerung der Ausrüstung gab es vor allem ein taktisches Problem beim Landheer. Ein neues Gewehrmodell mit schnellerer Schußfolge hatte die Kampfbedingungen in der Schlacht verändert. Unter den Militärs herrschten zwei Lehrmeinungen vor. Sollten sich die Kämpfenden verteilen und aus der Tarnung individuell schießen, oder sollten sie, in Reihen geordnet, gemeinsam feuern, wie dies bisher der Fall war? Ein weiteres Problem war die Disziplinlosigkeit des Offizierskorps. Choiseul und seine Nachfolger unter Ludwig XVI. bemühten sich, das Übel zu beseitigen, ohne daß es ihnen je wirklich gelang. Ebensowenig hatten sie bei der Marine Erfolg, wo die Schiffskapitäne nach Gott die einzigen Herren an Bord waren. Choiseul schuf die Militärschule von La Flèche, um die jungen adligen Offiziere auf die Militärschule von Paris vorzubereiten. Andere Spezialschulen wurden später eröffnet, so zum Beispiel die Artillerieschule von Brienne, wo Napoleon Bonaparte ausgebildet wurde. Außerdem wurde für die Belieferung der Armee eine direkte staatliche Verwaltung gegründet, die zeitweise der Herrschaft der Waffenlieferanten ein Ende bereitete. Die Rekrutierung der Soldaten wurde den Kapitänen entzogen und Beamten des Königs übertragen.

Die Ausrüstung, vornehmlich die Artillerie, wurde unter der Leitung des Ingenieurs Gribeauval erneuert, der, allerdings nicht ohne zahlreiche Schwierigkeiten, die Standardisierung des Materials einführte. Die französische Artillerie wurde zur besten Europas. Die großen Waffenschmieden – Klingenthal im Elsaß, Saint-Etienne, Charleville und Maubeuge – wurden direkt dem König unterstellt.

Andere Reformen unter Ludwig XVI. setzten hinsichtlich der Stellung und Ausbildung von Offizieren und Unteroffizieren verschiedene Maßnahmen aus den fünfziger Jahren des 18. Jahrhunderts fort, Maßnahmen, die man etwas zu ausschließlich mit dem Namen des Grafen von Saint-Germain verknüpft hat. Da sie die alten Führungskader stark beeinträchtigten und somit Unzufriedenheit hervorriefen, scheinen sie bei den Ereignissen von 1789 eine Rolle gespielt zu haben. Die Einführung »preußischer« Disziplin wurde bei der aktiven Truppe ebenfalls mit Mißfallen aufgenommen. Auch die »Adelsreaktion«, die darauf abzielte, dem Adel die Offiziersposten zu erhalten, fand bisher noch keine richtige Erklärung; ihr ging es vor allem darum, den Kleinadel vor der Konkurrenz reicher Bürger und des Hofadels zu schützen. Da sie sich nicht mit der politischen Konjunktur vertrug, richtete sie sich in mancher Hinsicht gegen den Dritten Stand und wurde auch so empfunden. Allerdings muß man auch hier modifizieren; denn wie bei der Beseitigung der Ämterkäuflichkeit, die zwar proklamiert, aber nicht ganz verwirklicht wurde, erlaubten es die Umstände zahlreichen Nichtadligen, Offiziere zu bleiben oder zu werden, und dies nicht nur bei den technischen Waffengattungen wie Pionierkorps oder Artillerie. Als schwerwiegendste dieser Maßnahmen erschien jedoch die, die den »niederen Offizieren« den Zugang zum höheren Offizierskorps verwehrte.

Der Wiederaufbau der Marine, der im Siebenjährigen Krieg stark gelitten hatte, gestaltete sich dagegen als voller Erfolg. Die Erfahrungen, die auf den neuen Schiffsprototypen gewonnen wurden, erlaubten es, den allgemeinen Standard der Schiffe zu vereinheitlichen; gering bewaffnete Schiffe wurden außer Dienst gestellt. Die Zeit, als Schiffe fünfzig, vierundfünfzig und vierundsechzig Kanonen besaßen, war vorüber; die Flotte bestand nun aus Schiffen mit vierundsiebzig – ein von allen Ländern nachgeahmtes Modell – und achtzig, selbst hundert und hundertachtzehn

Kanonen. In Friedenszeiten veranstaltete die Flotte nun auch Seemanöver. Man hatte endlich begriffen, daß es teurer war, eine Marine zu unterhalten, als zu bauen, und daß man dazu Kredite brauchte. Dank der Artillerieschulen und der Vergrößerung der Manövergeschwader konnten sowohl die Flottenbewegungen wie auch die Feuerkraft der französischen Marine mit den Leistungen der englischen Marine durchaus konkurrieren. Auf technischer Ebene ermöglichte der innovatorische Wettlauf zwischen den Seestreitkräften der beiden Länder spektakuläre Konsequenzen. Der Pazifische Ozean wurde von konkurrierenden Expeditionen vermessen. Besonders die Expedition von Bougainville ließ die philosophische Kontroverse um den »guten Wilden« wieder aufflackern, das heißt um den Bewohner Tahitis, der Diderot zu seinem während der Revolution erschienenen Dialog *»Supplément au voyage de Bougainville«* inspirierte. Die wissenschaftlichen Ergebnisse der Expedition überzeugten dagegen weniger. Immerhin erlaubte die lange Vermessungsarbeit der Längengrade in den Jahren 1720–1730 eine definitive Verbesserung des Chronometers, auch wenn die Öffentlichkeit erst nach mehreren Jahrzehnten davon Kenntnis nahm.

Da Frankreich fortan sechzig bis achtzig Großkampfschiffe aufbieten konnte, wandte sich das Land unter Ludwig XVI. nun entschlossener als zuvor dem Meer zu. Nach dem Siebenjährigen Krieg ging es mit dem Kolonialhandel wieder aufwärts, vielleicht ein wenig langsamer und vorsichtiger als 1749, aber schon nach einigen Jahren brach er alle bisherigen Rekorde. Unterstützt von holländischem Kapital entwickelte sich Bordeaux zum führenden Hafen Frankreichs; danach folgten Le Havre, Nantes und Marseille. Eine neue Generation von Reedern und Geschäftsleuten tauchte auf, unter ihnen viele Protestanten, Rheinländer, Schweizer und Norddeutsche. Die Landverbindungen mit Mitteleuropa verbesserten sich dank eines neuen Verkehrsnetzes. Le Havre wurde dadurch direkt mit Nürnberg, Basel, Frankfurt und Mülhausen verbunden.

Parallel dazu regten sich in der Industrie neue Kräfte. Die Hersteller von Indienne und Baumwollstoffen ließen sich vor allem in Nordfrankreich, im Elsaß und um Paris nieder. In der Pariser und anschließend in der europäischen Oberschicht setzte sich gezuckerter Milchkaffee zum Frühstück durch, bevor er sich im Bürgertum verbreitete. Der Sklavenhandel erfuhr eine neue Entwicklung, auch wenn er auf zunehmend heftigere Proteste stieß. Die Kaufleute berührte das kaum; so trugen etwa die

Schiffe Montaudouins, eines Sklavenhändlers in Nantes, sogar Philosophennamen. Nach der allmählichen Aufhebung der Indienkompanie zwischen 1768 und 1772 wurde der Indienhandel freigegeben und weckte neue Hoffnungen, die allerdings rasch enttäuscht wurden.

Mehrere Kaufleute, die dadurch in Schwierigkeiten geraten waren, suchten einen Ausweg in der Unterstützung der amerikanischen »Aufständischen«, und zwar unter der Führung des Händlers, Schriftstellers und Uhrmachers Pierre Augustin Caron de Beaumarchais. Sie versorgten sie mit ihren ersten Waffen, während der Außenminister, Vergennes, zwischen 1775 und 1778 noch die Fassade der Neutralität aufrechterhielt. Da die Qualität der Waffen zu wünschen übrigließ, verweigerte die amerikanische Regierung nach 1783 die Begleichung einiger Rechnungen, was einer der Gründe war, die zu dem Kettenbankrott in den atlantischen Häfen führten. Hier waren es vor allem diese enttäuschten Kaufleute, die 1789 die erste Revolution unterstützten.

Charles, Comte de Vergennes, der gewisse Ideen von Choiseul übernahm, glaubte, daß die Revolte der amerikanischen Kolonien unvermeidbar sei. Wie Choiseul entsandte er Agenten und beauftragte den Chevalier von Fleurieu, einen der Berater Ludwigs XVI. und bedeutenden Gelehrten, mit der Organisation einer intensiven Spionage in England. Damit verfügte der Marineminister jeden Monat über genaue Tabellen, die die Positionen aller britischen Kriegsschiffe in der ganzen Welt angaben.

In Europa wandte die französische Diplomatie die Theorie des europäischen Gleichgewichts nun gegen England. Sie löste sich von Mitteleuropa und blieb mit der Türkei, dem alten Verbündeten, verbunden. Auch die Annäherung an Österreich setzte sich fort, aber Vergennes lehnte das reizvolle Angebot Josephs II., seinen Plan einer Annektion Bayerns im Austausch gegen einen Teil der österreichischen Niederlande zu unterstützen, ab. Vergennes favorisierte die Marinepolitik und wollte keinen Zweifrontenkrieg. Deshalb weigerte er sich, an dem »Kartoffelkrieg« teilzunehmen, eine kurze österreichisch-preußische Auseinandersetzung, deren einziges Resultat in einem dem kaiserlichen »Küster« erteilten Rüffel bestand; so nannte man Kaiser Joseph II. wegen seiner Manie, religiöse Fragen zu regeln.

Als der Aufstand in den nordamerikanischen Staaten ausbrach, schickte der amerikanische Kongreß Benjamin Franklin, den ehemaligen Generalpostmeister der Neuengland-Staaten, nach Frankreich – einen ungewöhnlichen Mann, Erfinder des Blitzableiters, Philosoph und vor allem ein Mann mit politischem Weitblick, der es verstand, die tonangebenden Kreise in Versailles und Paris für sich zu gewinnen.

Von 1775 bis 1778 betrieb Frankreich eine vorsichtige Politik, denn man wußte nicht, ob sich die Amerikaner gegen die englischen Truppen würden behaupten können. Diese erhielten Verstärkung durch die Söldner, die die finanziell ausgebluteten kleinen deutschen Fürsten dorthin verkauft hatten. Man nutzte die Situation aus, um den Krieg vorzubereiten. Am 6. Februar 1778 wurde endlich der französisch-amerikanische Bündnisvertrag abgeschlossen.

Der Krieg begann am 27. Juli 1778 mit einer großen Seeschlacht vor der Küste von Ouessant, in deren Verlauf sich der Herzog von Chartres, der spätere »Philippe-Égalité«, trotz seiner Großtuerei schwertat. Diese Schlacht rief große Begeisterung in Frankreich hervor, allerdings ohne Grund. Im darauffolgenden Jahr veranlaßte der Frieden von Aranjuez vom 12. April 1779 Spanien dazu, sich auf die Seite Frankreichs zu stellen. Der späte Zusammenschluß der beiden Flotten fand im Ärmelkanal statt. Man plante, von Caen aus auf der Ile of Wight und von Paramé aus auf den Kanalinseln zu landen. Die Operation, die unter den Verbündeten schlecht abgestimmt war, schlug jedoch fehl. Die Beziehungen verbesserten sich auch dann nicht, als sich die holländische Flotte am 20. Dezember 1780 der französisch-spanischen Flotte anschloß.

Die auswärtige Lage Englands war ernst; noch nie hatten sich die drei wichtigsten Seemächte des Kontinents gegen Großbritannien verbündet. Doch die englischen »Holzmauern« (»wooden walls«) hielten stand, allerdings um den Preis, daß England einen Teil seiner Vormachtstellung zur See einbüßte. Bei den Antillen und in Nordamerika erzielten die französischen Geschwader unter dem Kommando der Admirale Estaing, Grasse, La Motte-Picquet und Guichen bemerkenswerte Siege. Allerdings hätten sie mit mehr Kühnheit und weniger starrer Anwendung des Prinzips der Linienschlacht noch bedeutendere Erfolge erzielt. Schließlich bildete sich in Nordeuropa eine bewaffnete Liga neutraler Staaten, die Rußland, Dänemark und Schweden umfaßte; sie beschränkte sich jedoch auf die Entsendung bewaffneter Konvois; weitergehende gemeinsame Operationen scheiterten an der hundertjährigen Feindschaft zwischen der schwedischen und der dänischen Marine.

Ende 1779 war die Partie ausgeglichen; die Angelegenheit schien ausweglos. In Frankreich wurde der Marineminister, Antoine de Sartine, geopfert, obwohl er ausgezeichnete Arbeit geleistet hatte. Die Strategie wurde geändert. Da eine Landung in England ausgeschlossen war, wählte man eine periphere Strategie. Die Armee im Lager von Paramé unter dem Befehl Rochambeaus wurde nach Brest verlegt, von wo aus sie das Geschwader des Chevalier de Ternay ohne Zwischenfälle in die Vereinigten Staaten brachte. Kurz zuvor waren ihr bereits einige Freiwilligenkontingente vorausgegangen, darunter auch La Fayette, der selbst 600000 Livres investiert und sich unter den Amerikanern einen Namen gemacht hatte. Er war zusammen mit dem Marquis de La Rouërie, dem späteren Anführer eines royalistischen Aufstandes in der Vendée, einer der wenigen Freiwilligen, die Entscheidendes bewirkten. Während La Rouërie sich als Führer der Guerillas auszeichnete, wurden die Leistungen anderer französischer Freiwilliger von den Amerikanern nur wenig geschätzt.

Bei der Armee Rochambeaus hingegen handelte es sich um ein Berufsheer, das sich in seiner Kriegsführung zwar sehr geschickt verhielt, jedoch wenig Begeisterung für die Sache der amerikanischen Revolution aufbrachte. Das gesamte Schrifttum zu diesem Thema entstammte der Propaganda von seiten des »liberalen« Adels und wurde schnell von den späteren Führern der Französischen Revolution übernommen. Die Offiziere und Soldaten selbst brachten aus den Vereinigten Staaten keine neuen Ideen mit und erwiesen sich zu Beginn der Revolution in der Regel als konservativer als andere Korps.

Rochambeau und La Fayette verstanden sich gut mit dem amerikanischen Oberbefehlshaber George Washington. Sie entschieden sich mit Admiral Grasse für den Krieg. Durch eine Land- und Seeoperation überraschten die französischen und amerikanischen Armeen mit dem Geschwader von Grasse die englischen Streitkräfte. Das kleine englische Heer von Cornwallis, das in Yorktown eingeschlossen war, kapitulierte am 19. Oktober 1781 nach dem Beginn einer Belagerung. Der Versuch eines englischen Geschwaders, die Blockade zu durchbrechen, war einige Tage zuvor gescheitert. Dieses große Datum der Weltgeschichte markierte den amerikanischen Sieg; England gab seine Kolonien mit Ausnahme Kanadas preis. Noch mehr aber kennzeichnet dieses Ereignis den Aufstieg einer großen Macht, ein Umstand, auf den damals schon einige besonders weitsichtige französische Beobachter hingewiesen hatten.

Der Krieg aber war damit noch nicht beendet. In Indien vollbrachte das Geschwader von Admiral Suffren, nach wie vor im Rahmen der peripheren Strategie, beispiellose Leistungen. Es focht eine Schlacht nach der anderen, blieb während der stürmischen Jahreszeit vor Ort und reparierte seine Schiffe selbst auf dem Meer. Dennoch gelang ihm aus Mangel an Landungsmitteln kein entscheidender Sieg. England erwies sich als harter Gegner. Der Krieg wurde auch auf den Antillen fortgesetzt. Dort erlitt de Grasse in der Schlacht von Saintes eine vernichtende Niederlage, als er einen Konvoi mit dem Ziel der Eroberung Jamaikas eskortierte. Den entscheidenden Beitrag dazu lieferten vor allem die englischen Schiffskanonen, denn es waren auf kurze Distanz mörderische Waffen. Der Admiral wurde gefangengenommen; England konnte in Verhandlungen eintreten, seine Ehre zur See war von nun an unangefochten.

Da sich die Amerikaner nunmehr ihrer Unabhängigkeit sicher wähnten, hatten sie mit getrennten Verhandlungen begonnen. Doch zwischen den Verbündeten herrschte Mißtrauen. In Spanien war die Belagerung des von England besetzten Gibraltars wieder einmal gescheitert. Als Folge von Epidemien fehlte es Frankreich zunehmend an Matrosen. Vor allem verschlechterte sich die politische und finanzielle Situation in Frankreich selbst. Auch fiel der Frieden von Versailles am 3. September 1783 letzten Endes enttäuschend aus. Die Klausel, die Frankreich den Wiederaufbau der Festungsanlagen von Dünkirchen zugestand, war nebensächlich, und die Wiederinbesitznahme von Tobago auf den Antillen und einiger Faktoreien in Afrika konnte nur als Trostpreis gelten. Am Ende sah es so aus, daß Frankreich sich um wenig mehr als die Ehre geschlagen hatte. Vom Standpunkt der französischen Interessen aus war dieser Krieg kaum gerechtfertigter gewesen als der Krieg von 1748; ihn feierte man indes, weil dabei Siege errungen wurden.

Eine Zeitlang war Frankreichs Stellung gefestigt. Aber Vergennes interessierte das Netz der Intrigen nicht. Er brachte 1783/84 die Türkei dazu, die Krim an Rußland abzutreten, und wies erneut das österreichische Angebot zurück, die Niederlande, das heißt Namur und Luxemburg, zum Preis der französischen Zustimmung zur Annexion Bayerns einzunehmen. Eine französisch-preußische, mehr oder weniger antiösterreichische Politik schien sich abzuzeichnen.

Als Schiedsrichter in europäischen Angelegenheiten erlitt Frankreich nach dem Tod von Vergennes (1787) schwere Rückschläge. Als sich die Liberalen und holländischen Patrioten gegen den *stathoulder* Wilhelm V.

erhoben, der für die Niederlage gegen die Engländer verantwortlich war, und dabei die Unterstützung Versailles' erhofften, schlugen die preußischen Truppen schnell die Bewegung nieder, ohne daß Frankreich einschreiten konnte. Als Rußland die Türkei erneut angriff, konnte Frankreich seinem Verbündeten nur zu Konzessionen raten.

Der Vertrag über den freien Handel, der 1784 mit den Vereinigten Staaten abgeschlossen wurde, entpuppte sich als Reinfall; entgegen seinen Hoffnungen bei Kriegseintritt rückte Frankreich als Handelspartner nach der Wiederkehr des Friedens nicht an die Stelle Englands. Dafür nahm der englisch-amerikanische Handel einen phantastischen Aufschwung; die Kreditsysteme, die die englischen Kaufleute eingerichtet hatten, und die Konsumgewohnheiten der Amerikaner setzten sich durch. Der amerikanische Unabhängigkeitskrieg endete also mit einem schlechten Geschäft für Frankreich. Benjamin Franklin hatte das sehr früh verstanden: Während er 1778 noch von der Erwartung fabelhafter Gewinne aus dem künftigen französisch-amerikanischen Handel sprach, appellierte er 1781 nur noch an das Ehrgefühl des Adels.

Schwerwiegender, aber vorhersehbar war, daß der Krieg etwa 2 Milliarden Livres gekostet hatte. Wie stets mußte man bei der Finanzierung des Kriegs improvisieren. Necker machte sich dabei einen großen Namen, Ludwig XVI. dagegen erntete die Revolution. Die Lähmung, die nun auf diplomatischem Gebiet eintrat, war nur ein Vorspiel zur allgemeinen Lähmung. Trotz der mageren Mittel erneuerte die Marine ihre Ausrüstung weiter. Noch nie hatte Frankreich eine derart gutausgerüstete und effiziente Flotte besessen. Auf der anderen Seite des Ärmelkanals war man darüber beunruhigt, setzte seine Hoffnung jedoch um so mehr auf die finanziellen Probleme Frankreichs. Allerdings war diesmal der Handel durch den Krieg nicht so stark beeinträchtigt worden und setzte sein Wachstum fort. Mit dem Rücken zum Kontinent stehend, schien Frankreich sich nun ganz dem Meer zuzuwenden.

DIE VERPASSTEN REFORMEN UNTER DER HERRSCHAFT LUDWIGS XVI.

In der Sprache des Pariser Kleinbürgers hieß der Sitz der Generalkontrolle nur »Amt für Umzüge«. Das Ende des Ancien régime gleicht in mehr als einer Hinsicht tatsächlich der III. Republik: Die Regierungen lösten einander in rascher Folge ab, wobei jeweils das Personal erhalten blieb. Dem Chef der Generalkontrolle kam dabei die wichtigste Funktion zu. Von 1774 bis 1790 gab es zehn Generalkontrolleure: Turgot von 1774 bis 1776, Clugny von Mai bis Oktober 1776, nach ihm Taboureau des Reaux, der von Oktober 1776 bis Juni 1777 amtierte, und zwar stellvertretend für den Protestanten Necker, der sich mit dem bescheidenen Titel eines »Tresordirektors« schmücken durfte, dann aber de facto Minister bis Mai 1781 war, Joly de Fleury von 1781 bis 1783, Lefèvre d'Ormesson von April bis Oktober 1783, Calonne von 1783 bis 1787, Bouvard de Fourqueux von April bis August 1787, im selben Jahr noch Laurent de Villedeuil, schließlich Lambert von 1787 bis 1790 als der erste Finanzminister der Revolution. Ab Dezember 1790 stand Lessart dem Ministerium für öffentliche Steuern vor. Die Geschichte erwähnt nur drei von ihnen: Turgot, um ihn auf den Sockel des verkannten Genies zu heben, Calonne, um Schmach über ihn auszugießen, und Necker, diesen jedoch vielleicht mehr als Vater von Madame de Staël denn als Mann des Jahres 1789. Die anderen sind in der Vergessenheit untergegangen, selbst Loménie de Brienne, der Erzbischof von Toulouse, der niemals Generalkontrolleur war, aber praktisch die Macht von 1787 bis 1788 ausübte.

Über diese Männer sind die unterschiedlichsten Urteile gefällt worden, doch keiner von ihnen war ohne Verdienste. Turgot gilt als Mann der letzten Hoffnung, als derjenige, der durch Reformen den Fall des Ancien régime hätte verhindern können. Die Urteile über Necker sind widersprüchlich. Der amerikanische Historiker John Bosher betrachtet ihn als einen großen Finanzminister, Mirabeau hingegen verachtete ihn. Nachdem er das Idol der Massen gewesen war, geriet er in Vergessenheit und war froh, dem Schafott zu entgehen. Die gesamte bürgerliche Geschichtsschreibung des 19. Jahrhunderts war auf Calonne, »den Verschwender«, fixiert, insbesondere weil er als erster emigrierte und in der Emigration die Rolle einer Art Premierminister spielte.

Dem jungen König schlug 1774 eine gewaltige Welle von Hoffnung entgegen; endlich ein respektabler König, den man bewundern konnte. Aber was sollte man tun? Das von Terray dominierte »Triumvirat« behalten? Man zögerte. Auch der Mentor des Königs, der betagte Graf von Maurepas, der ehemalige Marineminister, zögerte, bevor er auf die Wiedereinberufung der *Parlements* drängte, wodurch mit einem Federstrich der wesentlichste Teil der Ergebnisse annulliert wurde, die 1770 durch das plötzliche Aufbegehren des Königs erreicht worden waren. Ludwig XVI. konnte sich damit nur vorübergehende Beliebtheit erwerben.

Die Berufung Turgots, die auf Anraten Marie Antoinettes erfolgte, war dagegen ein ausgezeichnetes Omen. Der Intendant von Limoges verfügte über ein solides Ansehen, das auch durch eine beispielhafte Verwaltung durchaus gerechtfertigt war, von dem aber in der Erinnerung vor allem seine Werbekampagne für den Kartoffelanbau und die Geschichte um den Acker, der von Wachen mit Platzpatronen bewacht wurde, haften blieb. Schon damals galt der Reiz dieser verbotenen Frucht selbst in den Augen der königlichen Verwaltung als das einzige Mittel, den Fortschritt durchzusetzen. Versailles gewann dabei einige Kartoffelbeete, und das königliche Knopfloch schmückte eine Blüte dieser Knolle.

Die Diskussion über Turgots Reformen und sein Versagen hat schon viele Buchseiten gefüllt. Es ist hier deshalb vielleicht interessanter zu betrachten, was alle diese aufeinanderfolgenden Reformversuche miteinander gemeinsam haben, sowohl in ihrem Kern wie in den Gründen ihres Fehlschlags. Einer sticht dabei allerdings sofort heraus: der absolute Mangel an Homogenität und Kontinuität unter der Herrschaft Ludwigs XVI. Es war alles nur eine Serie von oft widersprüchlichen Versuchen. Man versuchte sich an allem, ließ es jedoch beim ersten ernsthaften Widerstand wieder fallen. Marie Antoinette spielte beim Sturz von Ministern eine große Rolle, besonders im Falle Turgots. Schon allein auf Grund ihrer Herkunft aus Österreich schlug ihr in der öffentlichen Meinung Frankreichs Mißtrauen entgegen. Sie verschlimmerte es noch durch unnötige Eingriffe in die Politik, und das trotz der Mahnungen zur Vorsicht, die sie vom österreichischen Botschafter nur allzuoft zu hören bekam. Sie war die erste Königin Frankreichs seit Anna von Österreich, die sich öffentlich in politische Angelegenheiten einmischte, und das wurde ihr nicht verziehen. Eine Reihe von Historikern hat versucht, Ludwig XVI. zu rehabilitieren, und dies nicht ohne gute Gründe. Nichts aber kann den fehlenden

Willen ersetzen: weder Aktenstudium noch beharrliche Arbeit, noch Redlichkeit. Per definitionem besteht aber eine absolute Monarchie nur unter der Bedingung, daß der König selbst alles in festem Griff hat.

Frankreich mußte sich der rasch voranschreitenden Entwicklung der Welt in der zweiten Hälfte des 18. Jahrhunderts anpassen. Kaum hatte es den kostspieligen Siebenjährigen Krieg hinter sich, stolperte es in einen anderen, noch teureren. Es stand also vor zwei grundlegenden Fragen. Die eine betraf die »Modernisierung« der Institutionen und berührte Probleme der Toleranz und der Gerechtigkeit sowie der Erneuerung des Justizapparats und der Integration des Bürgertums, das sich politische Verdienste erworben hatte, in die politische Welt; die andere Frage bestand in der Neuordnung der Finanzen. Das Ancien régime stolperte schließlich über diesen zweiten Punkt. 1774 hatte sich die finanzielle Situation zwar verbessert, im großen und ganzen blieb sie jedoch prekär. Das Defizit bestand weiter fort, wenn auch in verminderter Form. Obwohl sich die Staatsschuld noch in erträglichen Grenzen bewegte, stellten die Zinszahlungen doch eine schwere Last dar. Die Streitkräfte verbrauchten ein Drittel der Ausgaben, der Hofstaat ein Zehntel, die Zinszahlungen ein weiteres Drittel. Die Pensionen (sowohl der Soldaten als auch der Privilegierten) stellten 6 Prozent und die »restlichen Posten« 21 Prozent dar. Um die Situation definitiv zu sanieren, durfte deshalb kein neuer Krieg geführt werden. Daneben kam es auf die gleichzeitige Reduzierung der Ausgaben und die Vermehrung der Einnahmen an. Turgot wollte beides. Er beabsichtigte auch, die Pensionen und die Ausgaben des Hofes zu verringern. Wie jedermann gab er sich Illusionen über den genauen Betrag dieser unnützen Ausgaben hin. Selbst wenn eine Reihe von Pensionen schlicht skandalös waren, so hätte ihr Fehlen das Defizit nicht spürbar gesenkt. Turgot täuschte sich aber auch über die Widerstandsfähigkeit der Betroffenen. Jede Steuererhöhung zur Erschließung neuer Einnahmequellen, ob Erhöhung bereits bestehender Steuern oder die Schaffung neuer Steuern für alle, stieß auf den Widerstand des *Parlement* von Paris als Wortführer der »Privilegierten«. Da Turgot im übrigen den freien Getreidehandel eingeführt und die Zünfte beseitigt hatte, mußte er erleben, wie sich der Hof und Paris gegen ihn erhoben.

Das wirkliche Problem lag dagegen auf einer anderen Ebene. Diese Politik, die nur auf Kosten eines Konflikts mit den *Parlements* hätte verfolgt werden können, war nur in einer längeren Friedensperiode vorstellbar. Ludwig XVI. dagegen wollte in Übereinstimmung mit der öffentlichen Meinung den amerikanischen Unabhängigkeitskrieg, obwohl der notwendigerweise kostspielige Seekrieg nicht mit Turgots Politik in Einklang zu bringen war. Jacques Necker, schon seit langem in den Korridoren der Macht zu Hause, glaubte dagegen, den Krieg finanzieren zu können, was vermutlich die Entlassung Turgots nach sich zog. Necker aber finanzierte den Krieg.

Auch er wußte um die Notwendigkeit von Reformen und führte einige technische und sehr nützliche Neuerungen ein, deren bedeutendste die Schaffung der Generalschatzkammer war, die mit einem Schlag alle privaten Kassen der Finanzamtsträger ersetzte. Das erwies sich als sehr vernünftig und bedeutete eine enorme Klarstellung. Als ausgezeichneter Bankier traf Necker noch andere Maßnahmen dieser Art, die auf eine spezialisierte Finanzbürokratie hinsteuerten. Aber die Grundprobleme wurden damit nicht aus der Welt geschafft. Necker griff deshalb auf das Mittel der Anleihen zurück.

Sein Ansehen war so groß, daß sich auf diese Weise tatsächlich der Krieg finanzieren ließ, aber zu einem unerhörten Preis. An diesem Punkt scheiden sich die Geister. Einige Historiker glauben, daß die Zinstarife viel zu hoch lagen. Kritisiert man jedoch die Amtsführung Colberts, so muß man Necker mit denselben Maßstäben messen. Um 1780 wurde deutlich, daß sich Anleihen nur durch die Schaffung neuer ordentlicher Einnahmen finanzieren ließen. Inzwischen war bereits der »dritte« Zwanzigste eingeführt worden, der aber nicht ausreichte. Necker warb deshalb für weitere Reformen, so zum Beispiel für Steuergleichheit. Hierauf besannen sich mitten im Krieg die *Parlements* wieder auf ihre frühere Rolle als Bastionen ihrer materiellen Interessen. Necker wurde gestürzt. Zwar konnte man den Krieg beenden, aber doch nur mit knapper Not. Die parlamentarische Verweigerung war unerbittlich. Ludwig XVI. jedoch zögerte, in die Fußstapfen seines Großvaters zu treten. So fand man einen neuen Zauberer namens Calonne.

In mehr als einer Hinsicht ähnelt Calonnes Theorie dem System von Law: Damit ein Staat Geld aufnehmen kann, benötigt er den Anschein von Solidität. Er muß also Geld ausgeben, um es aufnehmen zu können. Diese Ausgaben erfolgten als Investitionen in große Bauvorhaben zum öffentlichen Nutzen. Dies waren zum einen militärische Projekte wie die Arbeiten am Hafen von Cherbourg; zum anderen floß das Geld in Planung und Bau von zivilen Vorhaben wie in Le Havre. Indem man dort dem Meer Baugrund abgewann, um ihn zum Verkauf anzubieten, betätigte sich der Staat zum erstenmal direkt und in großem Stil in der Rolle eines zivilen Wirtschaftsunternehmers. Diese für die Epoche sehr originelle Politik sollte nach Calonnes Vorstellungen das französische Steuervolumen durch eine Steigerung der wirtschaftlichen Macht erweitern. Unglücklicherweise belasteten diese Zukunftsperspektiven die Schatzkammer noch mehr; sie wurden darüber hinaus noch von weiteren Ausgaben der Krone zur Dämpfung des wachsenden Widerstandes am Hof begleitet.

Ludwig XVI. war nun tatsächlich die Kontrolle über den Hof entglitten. Der Wechsel der Minister mit ihren teilweise widersprüchlichen Programmen provozierte zunächst einen verdeckten, bald aber offenen Kampf zwischen den Aspiranten für ein Ministeramt. Calonnes Politik setzte auf Vertrauen; Necker unterhöhlte es durch die Veröffentlichung des berühmten »*Compte rendu au roi sur l'Administration des Finances*«. Diesen Streich verzieh ihm Calonne nicht. Necker gelang zwar mit der Veröffentlichung dieses Berichts der größte Bucherfolg des Ancien régime; mehr als 100 000 Exemplare wurden davon gedruckt. Das Problem bestand jedoch hauptsächlich in der ebenso phantasievollen wie einseitigen Darstellung der Einzelposten des Haushalts und in dem großen Fehler, eine einfache Lösung für das Problem des Defizits vorzuspiegeln. Necker zufolge brauchte man nur die Pensionen auf der sorgfältig zurechtgestutzten Liste der Empfänger zu streichen, ein Verfahren, das einen Skandal hervorrief, der Hof und Krone in Verruf brachte. Calonnes Politik mußte daher, auch ohne Necker, in einer Sackgasse enden. Im übrigen hatte Calonne die nützlichen Verwaltungsreformen widerrufen und gleich zu Beginn die Generalschatzkammer beseitigt, und dies aus dem einzigen Grund, weil es sich um Maßnahmen Neckers handelte.

Durch die Anrufung der öffentlichen Meinung seinerseits glaubte Calonne der Situation Herr zu werden. Er entwickelte die Idee einer Notabelnversammlung, die aus Vertretern des Hofs und des ganzen Landes bestehen sollte. So glaubte er unter Umgehung der widerspenstigen *Parlements* die Gleichheit vor der Steuer zu erreichen, und zwar auf seine Art, das heißt schrittweise. Die Idee beruhte auf einer erstaunlichen Eingebung, die Historikern der Revolution und des 19. Jahrhunderts als Grundlage ihrer politisch-sozialen Analyse diente: Calonne beabsichtigte den Übergang von einem politischen »Stände«-System zu einer neuen sozialen Wirklichkeit, die sich aus dem für Adel und Bürgertum gemeinsamen Korps der »Notabeln« zusammensetzte. Diese Politik befürwortete auch klar eine Zustimmung des Bürgers zur Höhe der Steuern – eine Vorstellung, die zuvor die *Parlements* für sich beansprucht hatten. Ihnen drohte zugunsten einer repräsentativeren Versammlung die politische Entmündigung.

Die Hoffnung wurde jedoch enttäuscht, denn die Notabeln stimmten gegen Calonne. Sie riefen die Generalstände an, die alleinigen Vertreter des französischen Volkes, das heißt, das Ancien régime wurde zuallererst von den eigenen Leuten verraten; die »neuen« Ideen hatten die ganze Zentralverwaltung angesteckt. Zwischen den Verfechtern Calonnes und Neckers tobte Streit. Diese Ideen bewegten jedoch noch mehr den Adel, insbesondere den Hoch- und Amtsadel. Die Generalstände einzuberufen hieß, einen schwer kontrollierbaren Weg einzuschlagen. Necker aber glaubte, ihn erfolgreich beschreiten zu können.

Calonne trat am 6. Apreil 1787 zurück, aber Necker folgte ihm nicht sofort nach. Um ihn zu umgehen, berief der König zunächst Loménie de Brienne. Der Erzbischof hatte die Stände des Languedoc bisher souverän geleitet und galt gleichzeitig als ein ausgezeichneter Finanzier und guter Administrator. Er nahm es mit den *Parlements* auf, an denen Calonne und Necker gescheitert waren. Das bedeutete, zur Politik am Ende der Herrschaft Ludwigs XV. zurückzukehren; aber es war zu spät. Es hätte einige Jahre gebraucht, um den Schock verdauen zu können, der durch die Ersetzung des *Parlement* durch die neuen, nicht politisierten Justizhöfe verursacht wurde. Auch fehlte das Geld in den Kassen. An diesem Fehlschlag zerbrach die Reputation Loménie de Briennes. Am 29. August 1788 trat er zurück und machte damit den erneuten Ruf nach Necker unausweichlich, der sich größerer Beliebtheit erfreute als je zuvor. Unterstützt von der Spitze der Verwaltung und den unmittelbaren Mitarbeitern der meisten Intendanten beabsichtigte Necker, den Adel durch die Verdoppelung der Deputierten des Dritten Standes zu zügeln, so daß die Nichtadligen in den Generalständen die gleiche Zahl wie die »Privilegierten« erreichten. Es lag in der Natur der Sache, daß man anschließend zur Abstimmung nach Köpfen und nicht mehr nach Ständen überging.

Von diesem Zeitpunkt an überstürzten sich die Ereignisse. Trotz regionaler Unterschiede setzte Necker ein fast allgemeines Wahlrecht durch. Parallel dazu wurde die gewaltigste »Pressekampagne« des Ancien régime entfesselt, die in ihrem Ausmaß noch die gegen Mazarin gerichteten Pamphlete und Lieder während der Fronde *(»Mazarinades«)* übertraf. Die Verwaltung sah sich auf allen Gebieten von den Ereignissen überrollt und brach langsam zusammen. In der Dauphiné wurde ein Exempel statuiert: Dort setzte sich in der Versammlung von Vizille nach einigen Unruhen erstmals in Frankreich die Abstimmung nach Köpfen durch.

Es scheint, daß Neckers Haltung innerlich mit der Einstellung der Mitglieder der »Mittwochsgesellschaft« korrespondierte, die zur gleichen Zeit unter diesem Namen die »Freunde der Aufklärung«, das heißt die wichtigsten preußischen Reformer, in Berlin versammelte. Diese »Fortschrittlichen« waren in Wirklichkeit Reformer, die Erneuerungen aber nur im Rahmen der absoluten Monarchie anstrebten. Im Geiste der Administratoren und geprägt von langen Jahren des vergeblichen Kampfes gegen den Widerstand von Instanzen und Männern, die sich zur Einsicht in die Notwendigkeit von Reformen als unfähig erwiesen hatten, mußte endlich Bewegung in die Situation gebracht werden, ohne dabei den Rahmen der absoluten Monarchie zu sprengen. Da sich nun aber der Druck der »bürgerlichen« öffentlichen Meinung auf die Steuerfestlegung nach dem Prinzip der freien Zustimmung konzentrierte, bedeutete das nichts anderes, als die Frage nach der konstitutionellen Monarchie aufzuwerfen, was wahrscheinlich dem geheimen Wunsch Mirabeaus entsprach. Weiter wollte dieser allerdings nicht gehen und schon gar nicht die Errichtung eines Assembleé-Regimes zulassen. Wie weit verstanden Necker und seine führenden Mitarbeiter, die in diesen entscheidenden Jahren eine verkannte Rolle spielten, und wie weit verstand oder spürte vor allem Ludwig XVI. diese Problematik?

Die politische Situation entwickelte sich vor dem Hintergrund von Ernährungsschwierigkeiten, Hungerrevolten und Handwerker-Bankrotten, die eine Folge des Vertrags über den freien Warenverkehr von 1786 waren. Die so lange Zeit unorganisierten Pariser Unruhen nahmen an Gefährlichkeit zu. Sie verfügten zunehmend über feste Strukturen, über Losungen und zeitweise über echte Anführer; und das gerade zu dem Zeitpunkt, als man aus Sparmaßnahmen die grauen Musketiere, die einzig tatsächlich wirkungsvolle Polizeieinheit, aufgelöst hatte. Auch das niedere Offizierskorps in den französischen Garderegimentern, das zum Teil privat untergebracht war, sah sich von den aufeinanderfolgenden Reformen enttäuscht, weil es durch sie benachteiligt wurde. Diese Offiziere standen im übrigen der Pariser Bevölkerung nahe und waren weniger als je zuvor bereit, der Führung bedingungslos zu gehorchen. Sie hatten es schon vor 1750 nicht getan und noch weniger danach. Im Gefolge der öffentlichen Debatten und durch sie geschürt, nahmen die Unruhen, nicht ohne Provokationen von beiden Seiten, an Heftigkeit zu.

Die Frage, ob Turgot das Ancien régime hätte retten können, zielt am Kern des Problems vorbei: Wie selbst Turgot unterstrichen hatte, hätte es angesichts der finanziellen Lage des Ancien régime unbedingt einer Periode des Friedens bedurft, um den Kredit des Staates wiederherzustellen. Die Revolution wäre dadurch mit Sicherheit verzögert worden. Man hätte auch das Justizsystem des Triumvirats beibehalten und eine gradlinige, zugleich gemäßigte und kontinuierliche Politik betreiben müssen. Innenpolitische Leitlinien hätten beschlossen und durchgesetzt werden müssen, aber weder Ludwig XVI. noch sein Gefolge waren dazu imstande.

Die Bilanz des Ancien régime, oder: War die Revolution unvermeidbar?

Die neue Hinwendung Frankreichs zum Meer sollte nicht lange dauern, jedenfalls nicht länger als der Wiedergewinn seines Prestiges durch den glorreichen Sieg von 1783. Kaum sechs Jahre nach dem Triumph brach die Revolution aus. Trotz der gewaltigen Anstrengung, die während der Revolution und des Empire für die Marine unternommen wurde, war die Flotte 1815 geschrumpft und technisch überholt. Die kommerziellen und kolonialen Perspektiven blieben bescheiden. Frankreich war wieder zu einer Kontinentalmacht geworden und nach vorübergehenden Erwerbungen auf dem linken Rheinufer kaum weitergekommen als zur Zeit des Ancien régime. Der Streit um die Frage, ob die Revolution unvermeidbar war oder nicht, wird noch ewig dauern. Die eine wie die andere Antwort bleibt unbeweisbar.

Wenigstens wissen wir heute genug, um die Schwäche gewisser Urteile über die Monarchie zu erkennen. Um Corneille zu zitieren, verdient das Ancien régime weder übertriebene Achtung noch die Verachtung, die ihm entgegenschlug. Beschränken wir uns deshalb darauf, einige Fragen zu stellen, vor allem die nach der menschlichen Bilanz des Ancien régime.

Welche Auswirkungen hatten die Kriege, das heißt die rein militärischen Aktionen mit nur beschränkt negativen Auswirkungen auf Frankreich, da sie meist oft außerhalb des Landes stattfanden, wie auch die »totalen«, zivilen oder auswärtigen Kriege, die zumeist verheerende Folgen innerhalb des Landes zeitigten? Bei diesen unmittelbar gegen die Bevölkerung gerichteten Kriegen kamen ja zu den eigentlichen Verlusten aus den Kämpfen noch die indirekten Auswirkungen hinzu: Epidemien, Zerstörungen, die Flucht großer Bevölkerungsteile, selbst Völkermord. Die Aufhebung des Edikts von Nantes mit dem daraus folgenden Abwanderungsstrom kam diesem zweiten Konflikttyp schon recht nahe. Dabei müssen aber auch die kompensatorischen Wirkungen erwähnt werden wie zum Beispiel die Flucht der Iren und der englischen Katholiken nach Frankreich.

Dabei wurden auch offensichtliche Verbrechen begangen wie die durch nichts zu rechtfertigende Entscheidung von 1685, für die Ludwig XIV. ganz allein die Verantwortung trug. Eine gerechte Bilanz darf aber nicht verschweigen, daß im Gegenzug zu den 300000 bis 350000 Emigranten und den 10000 protestantischen Eingekerkerten wahrscheinlich mehr als 100000 Iren ins Land strömten. Die Opfer der Unterdrükkung lassen sich wie folgt beziffern: einige hundert zum Tode Verurteilter unter Ludwig XIV. (einschließlich der von der *Chambre ardente* ausgesprochenen Todesurteile im Verlauf der »Giftaffäre«, die Paris mit ihrer Serie von skandalösen Giftmorden von 1670 bis 1680 in Atem hielt); einige Dutzende unter der Regentschaft; etwas weniger als zweihundert unter Ludwig XV.; knapp hundert zur Zeit Ludwigs XVI.; und 20000 bis 30000(?) direkte oder indirekte des Cevennenkriegs. Für die Fronde und die Religionskriege fehlen die Daten, aber es ist bekannt, daß allein die Bartholomäusnacht ungefähr 5000 Tote forderte. In der Tat waren die Bedingungen vor und nach 1650 sehr verschieden; denn zu diesem Zeitpunkt endete das Zeitalter der »totalen« – richtiger gesagt, der ihrem Wesen nach auf Zerstörung zielenden – Kriege, und es begann die Periode des »Kriegs in Spitzen und Samthandschuhen«.

Wie die nachfolgende Tabelle der militärischen und zivilen Verluste auf französischer Seite zeigt, lassen sich in der Geschichte Frankreichs drei Phasen unterscheiden: erstens die Zeit von 1550 bis 1650, in der es bedeutende Verluste in der Größenordnung von einer halben Million gab – ohne die Auswirkungen der Hungersnöte, die zugleich mit dem Klima, den militärischen Wechselfällen und sozialen Gründen zusammenhingen; zweitens die Periode von 1650 bis 1789 als einer Zeit der Schonung der französischen Bevölkerung – oder wie Mazarin sagte: »Ist es nicht besser, sie zahlen, als sie sterben« –, in der die Verluste weit unterhalb einer halben Million lagen; und drittens die Jahre von 1790 bis 1815 mit enormen Verlusten, die nur mit den Verlusten der beiden Weltkriege zu

BESCHRÄNKTE KRIEGE

MILITÄRISCHE VERLUSTE	DIREKTE ZIVILVERLUSTE
Devolutionskrieg: weniger als 1000	–
Niederländischer Krieg: 20–50000	–
Pfälzischer Krieg: 50–70000	– (Hungersnöte nicht berücksichtigt)
Spanischer Erbfolgekrieg: 120000	50000
Österreichischer Erbfolgekrieg: ca. 30000	ca. 50000
Siebenjähriger Krieg: 60–100000	50–60000
Amerikanischer Unabhängigkeitskrieg: 15000	30000

TOTALE KRIEGE

Dreißigjähriger Krieg: ca. 30000	200–500000 (ohne Elsaß)
Cevennenkrieg: ca. 15000	ca. 50000

Revolution und Empire:
Insgesamt mindestens 1500000, vielleicht 2000000 Menschen

vergleichen sind. Die Zahl der Toten im 19. Jahrhundert, deren Größenordnung am zuverlässigsten beziffert werden kann, war viel geringer.

Eine umfangreiche ökonomische, soziale, intellektuelle und politische Analyse, die schon zu Beginn der hier geschilderten Ereignisse ansetzte, hat im Laufe der Zeit unser Verständnis für die vorrevolutionäre Periode wesentlich erweitert. Daraus resultierte eine Umorientierung der Tiefenstruktur der Geschichtsschreibung, wobei man allerdings auch einige simple Überlegungen außer acht ließ.

Beim Niedergang eines Regimes fällt die Art und Weise, wie es sich zur Wehr setzt, stark ins Gewicht. Manche Staatsmänner leisten Widerstand, auch wenn der Preis hoch ist, wie zum Beispiel Thiers gegenüber der Kommune; andere wie Ludwig XVI. weichen vor Blutvergießen zurück. Wie immer man auch über die Politik dieses Herrschers denkt – diese Tatsache verlangt Respekt. Die Geschichte zählt jedoch fast nur die Erfolge und geht allzu leicht über die Verluste an Menschenleben hinweg.

1789 stellte sich die Frage nach der Aufrechterhaltung der Ordnung in Paris. Noch am 5. Oktober wurde Versailles nur von wenigen hundert Soldaten bewacht; die nächste Kompanie befand sich in Meudon. So standen Paris und Versailles unter dem Schutz einer Armee, die sehr weit entfernt lag, die aber die Nationalversammlung und die Nationalgarden schnell zur Räson hätte bringen können, wenn sie zuverlässig gewesen wäre. Die Revolution konnte aber glücken, weil die Armee auf die Seite der Revolution überging. In deren innerer Entwicklung, besonders in der der beiden französischen Garderegimenter, liegt somit eine der wesentlichsten Ursachen für den Verlauf der Ereignisse. Der königlichen Macht fehlte es angesichts der Frage der Aufrechterhaltung der Ordnung an Einsicht in die mentalen Strukturen der Bevölkerung. Während Ludwig XIV. und Ludwig XV. über die Entwicklung der Denkweisen in der Pariser Bevölkerung noch recht gut im Bilde waren, weigerte sich Ludwig XVI. aus moralischen Gründen, die klassischen Mittel der Informationsbeschaffung einzusetzen. Dadurch verlor er den Kontakt zu der Volksmeinung, und zwar genau in dem Augenblick, als die Möglichkeit städtischer Unruhen im philosophischen Denken und dessen Vulgarisierung nicht nur eine Ideologie, sondern auch eine Quelle der Dynamisierung fand. Ein Aufstand ohne Programm und Anführer ist, wie groß er auch sein mag, zum Scheitern verurteilt. Ein Aufstand mit Programm und organisatorischem Rahmen besitzt dagegen Aussicht auf Erfolg, vor allem wenn die Kräfte, die Widerstand leisten könnten, darauf nicht vorbereitet sind. Denn Paris war ein demographisches und soziologisches Monstrum; was verwundert, ist nicht, daß es schließlich zu einer Revolution kam, sondern daß sie so spät stattfand, nach mehr als einem Jahrhundert außergewöhnlicher Ruhe.

Dadurch bekommen die ökonomischen, sozialen und intellektuellen Ursachen ihren richtigen Stellenwert, ohne daß man dabei über- oder untertreiben darf. Hier hat auch das Problem seinen Ursprung, das durch Gavroche, den Pariser Straßenjungen in Victor Hugos Roman »Die Elenden«, auf den Begriff gebracht wurde, indem er den Refrain intonierte: *»C'est la faute à Voltaire, c'est la faute à Rousseau«* (»Das ist die Schuld von Voltaire, das ist die Schuld von Rousseau«). Dieses Wort wurde später zum Leitmotiv vieler konterrevolutionärer Generationen, solange bis andere, die sich gleichwohl auf diese »großen Vorfahren« beriefen, im Gegenzug dazu deren Rolle bestritten.

Voltaire und Rousseau gehörten dem zu Ende gehenden Ancien régime an. Voltaire hätte die Revolution abgelehnt. Bei Rousseau ist die Antwort nicht so einfach, doch auch er hätte viele ihrer Konsequenzen abgelehnt, gleichwohl diese von denen verschuldet wurden, die sich auf ihn beriefen.

Um 1750 bestand Frankreich aus zwei Teilen, deren Verständigung sich zunehmend schwieriger gestaltete. Der eine Teil, Erbe der christlichen Tradition, die durch die Gegenreformation im 17. Jahrhundert wieder neu belebt wurde, hatte die Verbindung zu Wissenschaft und Technik verloren. Der andere Teil, in dessen Augen Teleskop und Mikroskop neue Perspektiven eröffneten, kehrte der Beschäftigung mit dem himmlischen Jenseits den Rücken und wandte sich dem Ziel einer Neugestaltung des Lebens und der Gesellschaft zu. Es gab Momente der Euphorie, in denen es scheinen wollte, als ließe sich der Graben zwischen diesen beiden Teilen überbrücken, zum Beispiel als sich der niedere Klerus mit dem Dritten Stand verbündete. Von Januar bis Dezember 1789 durfte man noch glauben, daß sich die beiden Frankreich miteinander verständigen könnten; aber die blutigen Ereignisse trieben die meisten Adligen – und es waren nicht unbedingt die reaktionärsten – in das Lager der Unnachgiebigen zurück, und die Zivilverfassung des Klerus trug das Ihrige dazu bei, diese Möglichkeit einer Versöhnung zunichte zu machen. Nicht einmal die Bourgeoisie hat begriffen – ebensowenig wie einige Jahre zuvor Kaiser

Joseph II., der sich derselben Methoden bedient hatte –, daß die Zivilverfassung des Klerus nur einen unwiderruflichen Bruch provozieren konnte; für Katholiken, die mit der »Theologie der Aufklärung« nichts zu schaffen haben wollten, war sie jedenfalls unannehmbar.

Der große Historiker Marc Bloch schrieb, einige Monate bevor er unter den Kugeln eines deutschen Hinrichtungskommandos starb: »Es gibt zwei Arten von Franzosen, die niemals etwas von der Geschichte Frankreichs begreifen werden: die einen, die sich bei der Schilderung der Krönung von Reims jeglichem heiligen Gefühlsschauer versagen, und die anderen, die sich bei der Schilderung des Verbrüderungsfestes jedem Gefühlsschauer versagen.«

ZEITTAFEL

1515	Thronbesteigung Franz' I.; Schlacht von Marignano
1516	Konkordat von Bologna zwischen Franz I. und Papst Leo X.
1519	Fehlschlag Franz' I. bei der Reichswahl
1520	Begegnung Franz' I. mit Heinrich VIII. von England
1521	Krieg zwischen Franz I. und Kaiser Karl V.
1522	Frankreich verliert Mailand und Norditalien
1523	Verrat des Connétable von Bourbon zum Vorteil des Hauses Österreich
1524	Tod von Bayard; Invasion der Provence
1525	Niederlage von Pavia; Franz I. als Gefangener in Madrid
1526	Freilassung Franz' I.
1527	Plünderung Roms durch die Truppen von Bourbon im Dienste Karls V.
1528	Frankreich verliert Neapel
1529	Frieden von Cambrai oder Damenfrieden; Karl V. wird Herr von Italien
1530	Gründung des *Collège de France*
1532	Bündnis Frankreichs mit den protestantischen deutschen Fürsten
1532	Offizielle Vereinigung der Bretagne mit Frankreich
1534	Jacques Cartier in Kanada
1536	Bündnis Frankreichs mit den Türken
1536	Einmarsch der Kaiserlichen in die Provence
1538	Waffenstillstand von Nizza

1539	Ordonnanz von Villers-Cotterêts (Registrierung von Zivilstand und offiziellen Urkunden in französischer Sprache)
1541	Calvin läßt sich endgültig in Genf nieder
1542	Wiederaufnahme des Kriegs gegen Karl V.
1543	Französischer Sieg bei Ceresole Alba
1544	Karl V. in der Champagne, Frieden von Crépy
1545	Beginn des Konzils von Trient
1546	Vertrag von Ardres mit Heinrich VIII. von England
1546	Hinrichtung Étienne Dolets wegen Ketzerei
1547	Tod Franz' I.; Heinrich II. wird König
1548	Französisch-englischer Krieg; Verlobung Maria Stuarts mit dem Dauphin von Frankreich
1552	Franz von Guise nimmt Metz, Toul und Verdun ein
1552	Schaffung der *Sièges présidiaux* (Zwischeninstanzen zwischen den *baillages* und *Parlements*)
1552	Vergebliche Belagerung von Metz durch Karl V.
1555	Philipp II. von Spanien tritt die Nachfolge Karls V. nach dessen Abdankung an
1557	Französische Niederlage bei Saint-Quentin; Paris ist bedroht
1558	Franz von Guise nimmt Calais ein
1559	Frieden von Cateau-Cambrésis; Ende der Italienkriege; die Drei Bistümer (Trois-Évêchés: Metz, Toul, Verdun) fallen an Frankreich
1560	Thronbesteigung Karls IX.; Verschwörung von Amboise
1561	Religionsgespräch von Poissy; Massaker von Vassy
1562	Beginn des ersten Religionskriegs; Bündnis der Protestanten mit Elisabeth I. von England
1563	Franz von Guise wird ermordet; Frieden von Amboise
1564	Tod Calvins
1567	Zweiter Religionskrieg (1567–1568)
1568	Frieden von Longjumeau; La Rochelle wird protestantische Hauptstadt
1569	Dritter Religionskrieg (1569–1570); Schlacht von Jarnac
1570	Frieden von Saint-Germain; Sicherheitsplätze für die Protestanten
1572	Vierter Religionskrieg (1572–1573); Bartholomäusnacht (24. August)

1573	Belagerung von La Rochelle
1574	Heinrich III. wird König von Frankreich; Beginn des fünften Religionskriegs
1575	Schlacht von Dormans
1576	Bildung der Heiligen Liga; Friedensschlüsse von Loches und Beaulieu
1577	Sechster Religionskrieg (1577–1578)
1580	Siebter Religionskrieg
1582	Kalenderreform; Einführung des Gregorianischen Kalenders
1585	Achter Religionskrieg (1585–1598)
1587	Bündnis Heinrichs III. mit dem künftigen Heinrich IV. gegen die Guise
1588	Tag der Barrikaden; Ermordung der Guise in Blois
1589	Ermordung Heinrichs III.
1590	Siege Heinrichs IV. bei Ivry und Arques über den Herzog von Mayenne
1591	Terror in dem von der Liga beherrschten Paris
1593	Heinrich IV. schwört dem protestantischen Bekenntnis ab
1598	Edikt von Nantes
1602	Gründung der Manufaktur Gobelin; Frankreich garantiert die Unabhängigkeit Genfs
1603	Samuel de Champlain in Paris
1610	Ermordung Heinrichs IV. durch Ravaillac
1611	Kardinal Bérulle führt in Paris das Oratorium ein
1612	Frieden mit Spanien
1614	Versammlung der Generalstände in Paris
1615	Vermählung Ludwigs XIII. mit Anna von Österreich
1617	Ermordung Concinis, des Günstlings der Maria von Medici, auf Anordnung des Königs; Luynes wird Günstling des Königs
1620	Krieg gegen die Protestanten
1622	Ende des Bürgerkriegs
1624	Richelieu wird Mitglied im Königlichen Rat
1627	Belagerung von La Rochelle (1627–1628)
1629	Gnadenedikt von Alès; die Protestanten verlieren ihre Sicherheitsplätze
1635	Eintritt Frankreichs in den Dreißigjährigen Krieg (1618–1648)

1636	Einnahme von Corbie durch die Spanier; Paris ist bedroht
1637	Indienstnahme des ersten Linienschiffs in England; Frankreich zieht nach
1639	Besetzung des Elsaß durch französische Truppen
1640	Besetzung von Artois und Roussillon; Einnahme von Arras
1641	Frankreich unterstützt Katalonien in seiner Revolte gegen Spanien
1642	Verschwörung des Cinq-Mars; Tod Richelieus
1643	Tod Ludwigs XIII.; Condé siegt bei Rocroi; Regentschaft Annas von Österreich; Mazarin wird Erster Minister
1645	Condé und Turenne in Deutschland
1646	Franzosen und Schweden in Bayern; Maria Luise von Gonzaga heiratet König Wladislaw IV. von Polen
1648	Französischer Sieg bei Lens; Westfälischer Frieden; Beginn der parlamentarischen Fronde und Flucht des Hofs
1649	Belagerung von Paris; Ende der parlamentarischen Fronde; Beginn der Fürsten-Fronde
1650	Verwüstung der Champagne und der Picardie durch Lothringer und Spanier
1651	Bündnis zwischen Fürsten und *Parlement*; Flucht Mazarins
1652	Wiedereroberung von Paris durch die königlichen Truppen
1653	Ende der Fronde; Triumph Mazarins; Ludwig XIV. wird für volljährig erklärt
1655	Französisch-englisches Bündnis gegen die Spanier; Dünkirchen fällt an die Engländer
1658	Schaffung eines Rheinbundes unter der Federführung Mazarins
1658	Condé siegt im Dienst der Spanier über Turenne in der Dünenschlacht
1659	Pyrenäenfrieden; Vermählung Ludwigs XIV. mit Maria Theresia von Spanien
1661	Tod Mazarins; Beginn der Selbstherrschaft von Ludwig XIV.; Prozeß gegen Fouquet
1666	Die *Parlements* verlieren das Remonstranzrecht; kurzer französisch-englischer Krieg
1666	Baubeginn am Midi-Kanal
1667–1668	Devolutionskrieg

1668	Frieden von Aachen: Lille an Frankreich; europäische Beunruhigung angesichts der französischen Macht; Bündnis England – Holland – Schweden
1670	Vertrag von Dover: französisch-englische Annäherung
1672–1678	Niederländischer Krieg; der französische Einmarsch scheitert an der Überflutung; der Krieg wird europäisch
1673	Frankreich ist bedroht
1674–1675	Triumphaler Feldzug; Tod Turennes im Elsaß
1676	Seesiege von Duquesne im Mittelmeer über die holländischen und spanischen Flotten (Lipari, Agosta, Palermo)
1677	England läßt Ludwig XIV. im Stich
1678	Frieden von Nimwegen: Erwerbung Hochburgunds und der Städte im Norden, Ende des Niederländischen Kriegs
1679	Der Frieden von Saint-Germain ergänzt den Frieden von Nimwegen
1679–1682	Giftaffäre *(Affaire des Poisons)*
1680	Beginn der von Vauban propagierten Politik der »offensiven Defensive« der »rechteckigen Wiese«; »die »Reunionen«
1681	Einnahme von Straßburg
1682	Problem der »gallikanischen Freiheiten«
1683	Tod der Königin Maria Theresia und Colberts
1685	Der Österreich und dem Reich aufgezwungene »Regensburger Stillstand« kennzeichnet den Höhepunkt der Herrschaft Ludwigs XIV.; Aufhebung des Edikts von Nantes; protestantische Auswanderung
1686	Bildung der antifranzösischen Augsburger Liga
1688–1697	Pfälzischer Krieg: Europa gegen Frankreich, Beginn des »zweiten Hundertjährigen Kriegs« zwischen den Seemächten und Frankreich
1689	Erste durch den Krieg bedingte Finanzkrise; Zerstörung der Pfalz
1691	Seesieg bei Beachy Head über die englisch-holländische Flotte; Einmarsch in Piemont; Eroberung Savoyens; Tod Louvois'
1692	Niederlage in der Seeschlacht von La Hougue bei St. Vaast
1693	Sieg bei Neerwinden und Marsaglia
1694	Schwere Krise durch Klimaverschlechterung; Höhepunkt des Kaperkriegs

1696	Savoyen gibt die antifranzösische Koalition auf
1697	Frieden von Rijswijk: Bestätigung des status quo
1698	Streit um Quietismus: Bossuet gegen Fénelon
1700	Tod Karls II. von Spanien, sein Testament zugunsten des Herzogs Philipp von Anjou
1701	Tod Wilhelms von Oranien; das spanische Testament löst den Spanischen Erbfolgekrieg aus (1702–1714)
1702	Seeniederlage bei Vigo
1704	Schwere Niederlage Frankreichs bei Höchstädt
1706	Niederlage von Ramillies; allmählicher Verlust der spanischen Niederlande; Niederlage von Turin
1708	Schwere Finanzkrise
1709	Zerstörung von Port-Royal; französische Niederlage bei Malplaquet
1709–1710	Klima- und Ernährungskrise
1710	Vergebliche Friedensverhandlungen in Holland; französisches Erwachen; Sieg von Villaviciosa in Spanien
1711–1712	Tod des Dauphins und des Herzogs von Burgund
1712	Französischer Sieg bei Denain; Kongreß von Utrecht und Rastatt
1713	Frieden von Utrecht mit England; Bulle »*Unigenitus*« gegen die Jansenisten
1714	Friedensschlüsse von Rastatt und Baden mit England und dem Reich
1715	Tod Ludwigs XIV.; Herzog Philipp von Orléans wird Regent
1717	Alberoni, Premierminister in Spanien, gegen Frankreich
1718	Anfänge des Lawschen Systems
1719	Komplott von Cellamare; Krieg gegen Spanien
1720	Vertrag von Madrid; Pest in Marseille; Zusammenbruch des Lawschen Systems
1723	Tod des Kardinals Dubois, der Premierminister geworden war, und des Regenten Herzog Philipp von Orléans
1724	Der Herzog von Bourbon wird Premierminister
1725	Vermählung Ludwigs XV. mit Maria Leszczinska
1726	Entlassung des Herzogs von Bourbon; Kardinal Fleury wird Premierminister (1726–1743); Stabilisierung des Livre

1729	Der Vertrag von Sevilla kennzeichnet die Wiedererstarkung Frankreichs
1733	Orry als Generalkontrolleur; Ausgleich des Haushalts; Beginn des Polnischen Thronfolgekriegs (1733–1735)
1734	Villars' Feldzug in Italien
1736	Verhandlungen von Venedig: Lothringen soll beim Tode Stanislaus Leszczynskis an Frankreich zurückkehren
1738	Frieden von Wien; Schaffung der königlichen Frondienste auf den großen Verkehrswegen
1739	Englisch-spanischer Krieg
1741–1748	Österreichischer Erbfolgekrieg
1742	Böhmischer Feldzug; die französischen Truppen erobern und verlieren Prag
1743	Niederlage von Dettingen; Tod des Kardinals Fleury
1744	Österreichischer Einmarsch im Elsaß und in Lothringen zurückgeworfen; französischer Einmarsch in die Niederlande; Krieg Englands gegen Frankreich
1745	Französischer Sieg über England bei Fontenoy; Madame de Pompadour wird Favoritin des Königs
1746	Verlust der französischen Positionen in Italien, aber Einnahme von Madras in Indien und Sieg in den Niederlanden
1747	Sieg über England bei Laaffelt
1748	Enttäuschender Frieden von Aachen: Alle Beteiligten außer Frankreich ziehen daraus Gewinn
1749	Versuch einer Steuerreform durch Machault d'Arnouville; die Schaffung des »Zwanzigsten« erweist sich nur als halber Erfolg
1752	Heftiger Konflikt mit dem *Parlement* von Paris
1754	Dupleix aus Indien abberufen; der Vertrag von Godeheu bedeutet die Preisgabe Indiens an die Engländer
1755	Gewalttätige Grenzzwischenfälle in Kanada; Besetzung von Akadien durch die Engländer
1756	Bündniswechsel; Siebenjähriger Krieg (1756–1763); Einnahme von Menorca durch Frankreich; französischer Sieg bei Kloster Zeven
1757	Französische Niederlage bei Roßbach gegen Friedrich II. von Preußen; Damiens' Attentat auf Ludwig XV.
1758	Choiseul wird Leitender Minister; Kämpfe in Indien

1759	Schlacht von Quebec, Tod Montcalms; Verlust von Guadeloupe; Seeniederlage bei den Cardinaux-Inseln
1760	Kapitulation Montreals; Verlust von Kanada
1761	Bourbonischer Familienpakt (Frankreich – Spanien – Österreich)
1762	Calas-Affäre
1763	Frieden von Paris, Verlust des ersten französischen Kolonialreiches; Frankreich behält nur die Zuckerinseln
1764	Unterdrückung des Jesuitenordens in Frankreich
1766	Lothringen wird als Folge des Todes von Stanislaus Leszczynski französisch. Hinrichtung des Chevalier La Barre; heftige Konflikte der Krone mit den *Parlements*
1768	Kauf von Korsika; Maupeou wird Kanzler
1769	Geburt Napoleon Bonapartes in Ajaccio
1770	Sturz von Choiseul (Malwinen-Affäre); Vermählung des Dauphins mit Marie Antoinette von Österreich
1771	Das »Triumvirat« Maupeou, Terray, Herzog von Aiguillon; Terray ordnet die Finanzen; Ersetzung der *Parlements*
1772	Erste Teilung Polens
1774	Tod Ludwigs XV.; Ludwig XVI. wird König; Entlassung des »Triumvirats« und Wiedereinsetzung der *Parlements*; Turgot wird Premierminister
1776	Sturz Turgots; Franklin in Paris
1777	Necker in der Generalkontrolle; La Fayette in Amerika; amerikanischer Unabhängigkeitskrieg (1777–1783)
1778	Tod Voltaires und Rousseaus; Bündnis mit Spanien
1779	Französische Erfolge bei den Antillen gegen die Engländer; Fehlschlag des Flottenunternehmens im Ärmelkanal; Beseitigung der Hörigkeit in der Krondomäne
1780	Änderung der Strategie: Verlegung der Armee Rochambeaus in die Vereinigten Staaten
1781	Land- und Seesieg der Aufständischen und der Franzosen bei Yorktown, Unabhängigkeit der USA gesichert; Abgang Neckers
1782	Siegreicher Feldzug Suffrens in Indien
1783	Frieden von Versailles; gewaltige Kriegsschulden; Calonne wird Generalkontrolleur

1784	Aufführung von Beaumarchais' Komödie »*Le Mariage de Figaro*« (»Die Hochzeit des Figaro«)
1785	Halsbandaffäre
1786	Vertrag über freien Warenaustausch zwischen Frankreich und England, der die wirtschaftliche Situation noch mehr gefährdet; verschiedene Reformprojekte
1787	Einberufung der Notabelnversammlung durch Calonne, Fehlschlag; Ministeramt für Loménie de Brienne und Versuch einer Reform der *Parlements*
1788	Erneute Berufung Neckers, Einberufung der Generalstände
1789	Wahlen in den Generalständen, Beginn der Revolution

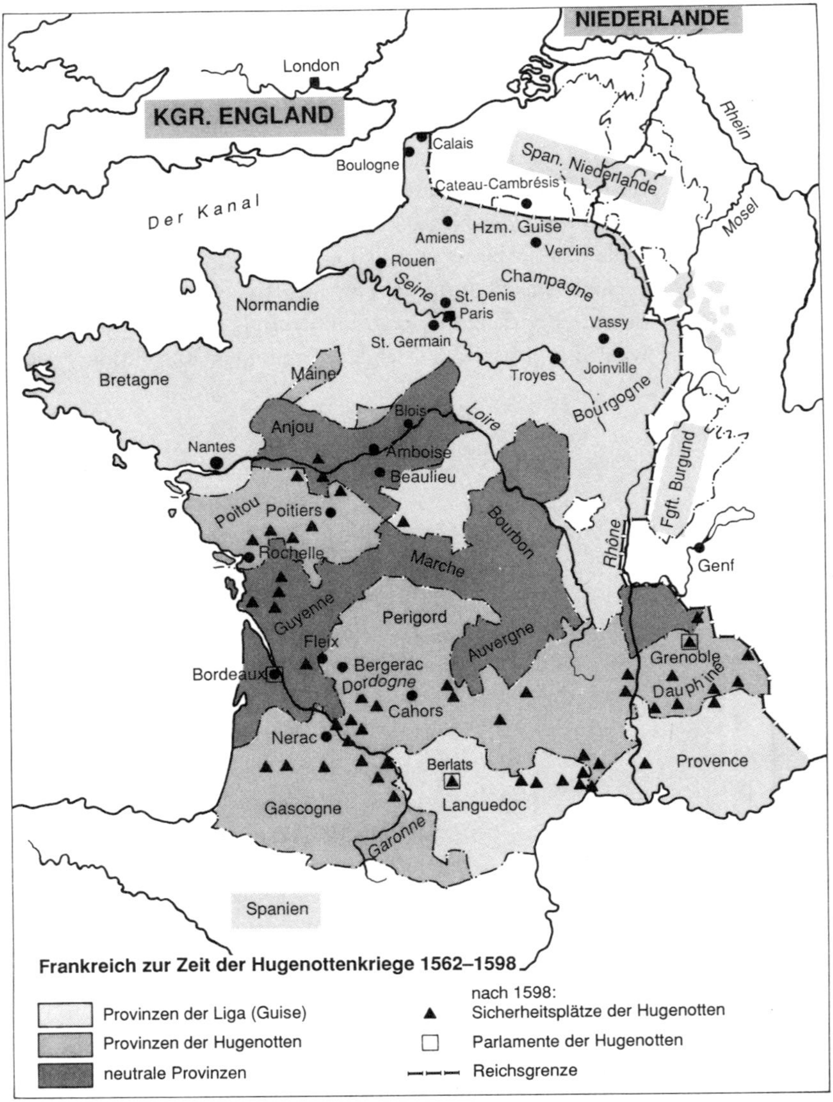

Frankreich zur Zeit der Hugenottenkriege 1562–1598

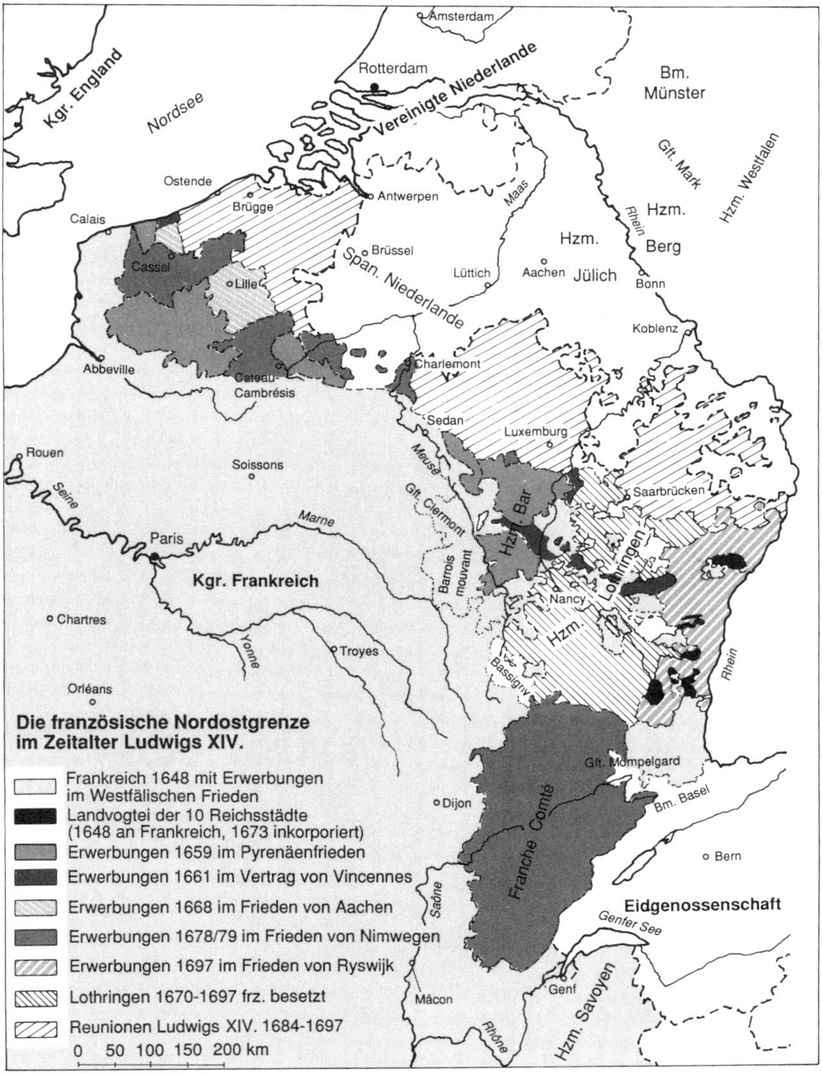
Die französische Nordostgrenze
im Zeitalter Ludwigs XIV.
Frankreich 1648 mit Erwerbungen im Westfälischen Frieden
Landvogtei der 10 Reichsstädte (1648 an Frankreich, 1673 inkorporiert)
Erwerbungen 1659 im Pyrenäenfrieden
Erwerbungen 1661 im Vertrag von Vincennes
Erwerbungen 1668 im Frieden von Aachen
Erwerbungen 1678/79 im Frieden von Nimwegen
Erwerbungen 1697 im Frieden von Ryswijk
Lothringen 1670-1697 frz. besetzt
Reunionen Ludwigs XIV. 1684-1697
0 50 100 150 200 km
Amsterdam
Rotterdam
Kgr. England
Nordsee
Vereinigte Niederlande
Bm. Münster
Gft. Mark
Hzm. Westfalen
Ostende
Brügge
Antwerpen
Calais
Maas
Rhein
Hzm. Berg
Brüssel
Hzm. Jülich
Cassel
Lille
Span. Niederlande
Lüttich
Aachen
Bonn
Koblenz
Abbeville
Charlemont
Cateau-Cambrésis
Sedan
Luxemburg
Rouen
Soissons
Meuse
Seine
Gft. Clermont
Saarbrücken
Marne
Hzm. Bar
Paris
Barrois mouvant
Hzm. Lothringen
Kgr. Frankreich
Nancy
Chartres
Yonne
Troyes
Bassigny
Rhein
Orléans
Gft. Mömpelgard
Dijon
Bm. Basel
Franche Comté
Bern
Saône
Eidgenossenschaft
Genfer See
Genf
Mâcon
Hzm. Savoyen
Rhône

BIBLIOGRAPHISCHE HINWEISE

Die nachstehende Bibliographie soll vor allem dem deutschen Leser als weiterführende Orientierung dienen. Daher wurde neben der einschlägigen älteren französischen Literatur vor allem die zur Geschichte der Frühen Neuzeit in den letzten Jahren selbständig erschienenen Werke in französischer Sprache aufgenommen. Deutschsprachige Arbeiten zur Geschichte des Ancien régime und Übersetzungen französischer Standardwerke wurden generell berücksichtigt. Aufsätze und Beiträge zu Sammelbänden wurden nur dann in die Bibliographie einbezogen, wenn es sich um grundlegende, für den deutschen Leser unschwer zu beschaffende Arbeiten handelt.

Die Zusammenstellung der Bibliographie besorgte Bernhard R. Kroener.

GESAMTDARSTELLUNGEN ZUR FRANZÖSISCHEN BZW. EUROPÄISCHEN GESCHICHTE DES 16. BIS 18. JAHRHUNDERTS

M. S. Anderson, Europe in the Eighteenth Century, 1713–1783, London ²1976

C. B. A. Behrens, The Ancient Régime, London 1967 (frz. Paris 1969)

B. Bennassar, J. Jacquart, Le XVIᵉ siècle, Paris ³1977

A. Bourdé, E. Thémine, Frankreich vom Ende des Hundertjährigen Krieges bis zum Beginn der Selbstherrschaft Ludwigs XIV. 1453–1661, in: Th. Schieder (Hrsg.), Handbuch der europäischen Geschichte, Bd. 3, Stuttgart 1971

F. Braudel, La Méditerranée et le monde méditerranéen à l'époque de Philippe II, 2. verb. Aufl., 2 Bde., Paris 1966

F. Braudel, Civilisation matérielle et capitalisme, XVᵉ–XVIIIᵉ siècles. Paris 1967 (dt.: Die Geschichte der Zivilisation. 15. bis 18. Jahrhundert, München 1971)

F. Braudel, Civilisation matérielle, économie et capitalisme, XVᵉ–XVIIIᵉ siècles, Bd. 1: Les structures du quotidien; Bd. 2: Les jeux de l'échange; Bd. 3: Le temps du monde, Paris 1979 (dt.: Sozialgeschichte des 15. bis 18. Jahrhunderts;

Bd. 1: Der Alltag, München 1985; Bd. 2: Der Handel, München 1986; Bd. 3: Aufbruch zur Weltwirtschaft, München 1986

F. BRAUDEL, L'identité de la France. Bd. 1: Espace et histoire, Paris 1986 (dt.: Frankreich, Bd. 1: Raum und Geschichte, Stuttgart 1989); Bd. 2: Les hommes et les choses, 2 Bde., Paris 1986 (dt.: Der Mensch und die Dinge / Die Dinge und die Menschen, Stuttgart 1990)

F. BRAUDEL, E. LABROUSSE (Hrsg.), Histoire économique et sociale de la France, Bd. 1: 1450–1660: Teil 1: P. CHAUNU, R. GASCON, L'Etat et la ville, Paris 1977; Teil 2: E. LE ROY LADURIE, M. MORINEAU, Paysannerie et croissance, Paris 1977; Bd. 2: E. LABROUSSE u. a., Les derniers temps de l'âge seigneurial aux préludes de l'âge industriel. 1660–1789, Paris 1970

R. BRIGGS, Early Modern France, 1560–1715, Oxford 1977

G. CABOURDIN, G. VIARD, Lexique historique de la France d'Ancien Régime, Paris 1978

J. CHARPENTIER, F. LEBRUN (Hrsg.), Histoire de France, Paris 1989

P. CHAUNU, La civilisation de l'Europe classique, Paris ²1970 (dt.: Europäische Kultur im Zeitalter des Barock, München 1968, nach der frz. Ausgabe 1966)

P. CHAUNU, La civilisation de l'Europe des Lumières, Paris 1971

P. CHAUNU, La France, Paris 1982

A. COBBAN, Frankreich von Ludwig XIV. bis de Gaulle, München 1966

A. COBBAN, A History of Modern France 1560–1715, Bd. 1: Old Régime and Revolution 1715–1799, Harmondsworth ³1963

M. CROUZET (Hrsg.), Histoire générale des civilisations, Bd. IV: R. MOUSNIER, Les XVIᵉ XVIIᵉ siècles. La grande mutation intellectuelle de l'humanité, l'avènement de la science moderne et l'expansion de l'Europe, Paris ⁵1967; Bd. V: E. LABROUSSE, Le XVIIIᵉ siècle. L'époque des Lumières (1715–1815), Paris ⁵1967

M. CROUZET (Hrsg.), Peuples et civilisations. Bd. 10: R. MANDROU, LouisA. Soboul, G. Lemarchand, M. Fogel, Le siècle des Lumières. Tl. 1: L'essor, 1715–1750, 2 Bde., Paris 1977

M. DAUMAS, Histoire générale des techniques, Bd. 1: Les origines de la civilisation technique, Paris 1962; Bd. 2: Les premiers étapes du machinisme, Paris 1965

M. DENNIS, N. BLAYAU, Le XVIIIᵉ siècle, Paris ³1974

G. DUBY (Hrsg.), Histoire de la France, Paris 1977

G. DUBY (Hrsg.), Histoire de la France urbaine, Bd. 2: La ville médiévale. Des Carolingiens à la Renaissance, hrsg. J. LE GOFF, Paris 1980; Bd. 3: La ville classique. De la Renaissance aux Révolutions, hrsg. E. LE ROY LADURIE, Paris 1981

G. DUBY, R. MANDROU (Hrsg.), Histoire de la civilisation française, 2 Bde., Paris ²1968
G. DUBY, A. WALLON (Hrsg.), Histoire de la France rurale, Bd. 2: H. NEVEUX u. a., L'âge classique des paysans. 1340–1789, Paris 1975
La France d'Ancien Régime. Etudes réunis en l'honneur de Pierre Goubert, 2 Bde., Toulouse 1984
B. GILLE, Histoire générale des techniques, Paris 1962
M. GÖHRING, Weg und Sieg der modernen Staatsidee in Frankreich, Tübingen 1946
P. GOUBERT, L'Ancien Régime, Bd. 1: La société, Paris ⁴1974; Bd. 2: Les pouvoirs, Paris 1973
P. GOUBERT, D. ROCHE, Les Français et l'Ancien Régime, Bd. 1: La société et l'Etat, Bd. 2: Culture et société, Paris 1984
E. LAVISSE (Hrsg.), Histoire de la France des origines jusqu'en 1789, 12 Bde., Paris 1901–1911, hier: Bde. 4–9; Bd. 7,1 und 7,2: E. LAVISSE, Louis XIV de 1643–1685 (Neu hrsg. Paris 1978)
F. LEBRUN, Le XVIIe siècle, Paris ³1977
E. LE ROY LADURIE, Histoire de France, Bd. 2: L'Etat royal 1460–1610, Paris 1987
G. LIVET, R. MOUSNIER (Hrsg.), Histoire générale de l'Europe des origines à nos jours, 3 Bde., Paris 1980 (hier Bd. 2)
D. MAC KAY, H. M. SCOTT, The Rise of the Great Powers, London 1982
W. MAGER, Frankreich vom Ancien Régime zur Moderne 1630–1830, Stuttgart 1980
R. MANDROU, La France aux XVIIe et XVIIIe siècles, Paris ³1974 (Nouvelle Clio 33)
R. MANDROU, Introduction à la France moderne 1500–1640. Essai de psychologie historique, Paris 1961
R. MANDROU, Staatsräson und Vernunft 1649–1775, Frankfurt 1976 (Propyläen Geschichte Europas 3)
H. MÉTHIVIER, L'Ancien Régime en France XVIe, XVIIe, XVIIIe siècles, Paris 1980
I. MIECK, Die Entstehung des modernen Frankreich 1450–1610, Stuttgart 1982
M. MORINEAU, Le XVIe siècle. L'Age de Jean le Cullon, Paris 1968
R. MOUSNIER, La monarchie absolue en Europe du XVe siècle à nos jours, Paris 1982
The New Cambridge Modern History, Bde. 4–9, Cambridge 1957–1970
X. DE PLANHOL, Géographie historique de la France, Paris 1988

E. PRÉCLIN, V.-L. TAPIÉ, Le XVIIe siècle. Monarchies centralisées 1610–1715, Paris [2]1949 (Clio, Introduction aux études historiques VII, 2–3)

E. PRÉCLIN, V.-L. TAPIÉ, Le XVIIIe siècle, 2 Bde., Paris 1952 (Clio, Introduction aux études historiques, VIII, 1–2)

M. REINHARD (Hrsg.), Histoire de France, 2 Bde., Paris 1954

R. RÉMOND, Introduction à l'histoire de notre temps. Bd. 1: L'Ancien Régime et la Révolution 1750–1815, Paris 1974

G. RUDÉ, Europe in the Eighteenth Century. Aristocracy and the Bourgeois Challenge, London 1972

J. VOSS, Von der frühneuzeitlichen Monarchie zur Ersten Republik 1500–1800 (Geschichte Frankreichs Bd. 2), München 1980

E. WEIS, Der Durchbruch des Bürgertums 1776–1847, Frankfurt 1978 (Propyläen Geschichte Europas 4)

E. WEIS, Frankreich von 1661 bis 1789, in: TH. SCHIEDER, Handbuch der europäischen Geschichte, Bd. 4, Stuttgart 1968

F. N. WILLIAMS, The Ancien Régime in Europe, Government and Society in the Major States 1648–1789, Harmondsworth 1970

E. W. ZEEDEN, Hegemonialkriege und Glaubenskämpfe 1556–1648, Frankfurt 1977 (Propyläen Geschichte Europas 2)

STUDIEN ZUR POLITISCHEN GESCHICHTE DES 16. BIS 18. JAHRHUNDERTS

M. ANTOINE, Louis XV, Paris 1989

H. BAUMANN, Der Geschichtsschreiber Philippe de Commynes und die Wirkung seiner politischen Vorstellungen in Frankreich um die Mitte des 16. Jahrhunderts, München 1981

F. J. BAUMGARTNER, Radical Reactionaries: The Political Thought of the French Catholic League, Genf 1975

P. BENEDICT, Rouen during the Wars of Religion, Cambridge 1981

Y.-M. BERCÉ, Croquants et Nu-pieds, Paris 1974

J. BÉRENGER, Turenne, Paris 1987

J. BERGIN, Cardinal Richelieu: Power and the Pursuit of Wealth, New Haven 1985

O. BERNIER, Louis the Beloved. The Life of Louis XV, Garden City 1984

J. BLACK, Natural and Necessary Enemies. Anglo-French Relations in the Eighteenth Century, Athens 1987

F. BLUCHE, Louis XIV, Paris 1986

P. Boissonnade, Colbert. Le triomphe de l'étatisme, la fondation de la suprématie industrielle de la France, Paris 1932

R. J. Bonney, Political Change in France under Richelieu and Mazarin 1624–1661, Oxford 1978

R. J. Bonney, Society and Government in France under Richelieu and Mazarin 1624–1661, London 1988

E. Bourassin, Charles IX, Paris 1986

D. Buisseret, Henry IV, London 1984

C. J. Burckhardt, Richelieu, 4 Bde., München 1935–1967

M. Carmona, Richelieu, Paris 1983

A. Castelot, François Ier, Paris 1983

A. Castelot, Henri IV, le passionné, Paris 1986 (dt.: Heinrich IV. Sieg der Toleranz, Karlsruhe 1989)

A. Castelot, A. Decaux, L'éclat de la Renaissance 1498–1524, Paris 1987

A. Castelot, A. Decaux, Le règne de Cathérine de Médicis 1559–1574, Paris 1987

A. Castelot, A. Decaux, Face à Charles Quint. 1524–1559, Paris 1987

P. Champion, Charles IX, la France et le contrôle de l'Espagne, 2 Bde., Paris 1939

G. Chaussinand-Nogaret, Mirabeau, Paris 1982 (dt.: Mirabeau, Stuttgart 1989)

P. Chevallier, Loménie de Brienne et l'ordre monastique (1766–1789), 2 Bde., Paris 1959/1960

W. F. Church, Richelieu and the Reason of State, Princeton 1972

J. Condy (Hrsg.), Die Hugenottenkriege in Augenzeugenberichten, München 1980

P. M. Conlon, Le siècle des Lumières: Bibliographie chronologique, Bd. 1 (1716–1722) Genf/Paris 1983; Bd. 2 (1723–1729) 1984; Bd. 3 (1730–1736) 1984; Bd. 4 (1737–1742) 1986

A. Corvisier, Louvois, Paris 1983

L. Crété, Coligny, Paris 1985

D. Dakin, Turgot and the Ancient Régime in France, New York 1965

K. P. Decker, Frankreich und die Reichsstände 1672–1675. Ansätze zur Bildung einer »Dritten Partei« in den Anfangsjahren des Holländischen Krieges, Bonn 1981

A. Denieul-Cormier, La France de la Renaissance 1488–1559, Paris 1962

D. Dessert, Louis XIV prend le pouvoir. Naissance d'un mythe? Paris 1989

Deutschland und Frankreich in der frühen Neuzeit. Festschrift für Hermann Weber zum 65. Geburtstag. Hrsg. H. Duchhardt und E. Schmitt, München 1987 (Ancien Régime, Aufklärung und Revolution 12)

H. Duchhardt, Krieg und Frieden im Zeitalter Ludwigs XIV., Düsseldorf 1987
J. Egret, La Pré-Révolution française, Paris 1962
J. Egret, Necker, ministre de Louis XVI., 1776–1790, Paris 1975
H. A. Ellis, Boulainvilliers and the French Monarchy: Aristocratic Politics in Early Eighteenth Century France, Ithaca 1988
N. Ferrier-Caverivière, Le grand roi à l'aube des Lumières 1715–1751, Paris 1985
J. Flammermont, Le chancelier Maupeou et les parlements, Paris 1884
Frankreich im 17. Jahrhundert. Eine Kölner Ringvorlesung, Köln 1983
P. Gaxotte, Le siècle de Louis XV. Paris [3]1963 (dt.: Ludwig XV. und sein Jahrhundert, München 1954)
G. P. Gooch, Louis XV. The Monarchy in Decline, London [2]1962
P. Goubert, Louis XIV et vingt millions de Français, Paris 1966 (dt.: Ludwig XIV. und zwanzig Millionen Franzosen, Berlin 1973)
M. Greengrass, France in the Age of Henry IV. The Struggle for Stability, London 1984
P. Grosclaude, Malesherbes, témoin et interprète de son temps, Paris 1961
R. D. Harris, Necker, Reform Statesman of the Ancient Regime, Paris [4]1986
H. Heller, The Conquest of Poverty. The Calvinist Revolt in Sixteenth Century France, Leyden 1986
E. Hinrichs, Ancien Régime und Revolution, Frankfurt 1988
J. Jacquart, François 1er, Paris 1981
S. L. Kaplan, Le pain, le peuple et le roi. La bataille du libéralisme sous Louis XV, Paris 1986 (engl.: Bread, Politics and Political Economy in the Reign of Louis XV, Den Haag 1976)
E. H. Kossmann, La Fronde, Leiden 1954
R. Lacour-Gayet, Calonne, financier, réformateur et contre-révolutionnaire, Paris 1963
H. Leclercq, Histoire de la Régence pendant la minorité de Louis XV, 3 Bde., Paris 1922
H. Lemonnier, La France sous Henri II. La lutte contre la maison d'Autriche 1519–1559, Paris 1983
E. Lever, Louis XVI, Paris 1985 (dt.: Ludwig XVI., Stuttgart 1989)
G. Livet, La guerre de Trente Ans, Paris [3]1972
G. Livet, Les guerres de religion 1559–1598, Paris [3]1970
J. Lough, An introduction to Seventeenth Century France, London 1969
K. Malettke, Opposition und Konspiration unter Ludwig XIV. Studien zu Kritik und Widerstand gegen System und Politik des französischen Königs während der ersten Hälfte seiner persönlichen Regierung, Göttingen 1976

S. C. Maza, Servants and Masters in Eighteenth Century France. The Uses of Loyality, Princeton 1983
R. Mettam, Power and Faction in Louis XIVs France, New York 1988
H. Méthivier, La fin de l'Ancien Régime, Paris [4]1986
H. Méthivier, Le siècle de Louis XIII, Paris [6]1987
C. Mettra, La France des Bourbons, Bd. 1: D'Henri IV à Louis XIV, Evry 1981
J. Meyer, Colbert, Paris 1983
J. Meyer, La naissance de Louis XIV, Paris 1989
J. Meyer, Le Régent. 1674–1723, Paris 1985
J. Meyer, Le poids de l'Etat, Paris 1983
H. Michaud, Les institutions militaires des guerres d'Italie aux guerres de religion, in: Revue historique 258 (1977), S. 29–43
P. Miguel, Les guerres de religion, Paris 1980
R. Minton, John Law. The Father of Paper Money, New York 1975
R. Mousnier, E. Labrousse, M. Bouloiseau, Le XVIIIe siècle, l'époque des Lumières (1715–1815), Paris 1985
I. Murat, Colbert, Paris 1980
J. Orieux, Voltaire, Paris 1966 (dt.: Das Leben des Voltaire. Frankfurt [2]1978)
M. Pernot, Les guerres de religion en France 1559–1598, Paris 1987
O. Ranum, Richelieu and the Councelors of Louis XIII, Oxford 1963 (frz.: Les créatures de Richelieu, secrétaires d'Etat et surintendants des finances. 1635–1642, Paris 1966)
A. Reese, Europäische Hegemonie und France d'Outre-mer. Koloniale Fragen in der französischen Außenpolitik 1700–1763, Wiesbaden 1988
V. Roeser, Politik und religiöse Toleranz vor dem ersten Hugenottenkrieg in Frankreich, Basel/Frankfurt 1985 (Basler Beiträge zur Geschichtswissenschaft 153)
L. Romier, Les origines politiques des guerres de religion, 2 Bde., Paris 1913/1914 (Neudruck Genf 1974)
L. Romier, Le royaume de Cathérine de Médicis. La France à la veille des guerres de religion, 2 Bde., Paris 1923 (Neudruck Genf 1978)
G. Sander, J. Schlobach (Hrsg.), Aufklärungen: Frankreich und Deutschland im 18. Jahrhundert, Heidelberg 1985 (Annales Universitatis Saraviensis, Reihe Phil. Fak. 19)
P. Sonnino, Louis XIV and the Origins of the Dutch War, Cambridge [2]1988
J.-C. Sournia, Blaise de Montluc, Paris 1982
L. Stone, The Causes of the English Revolution 1529–1642, London 1972 (dt.: Ursachen der englischen Revolution 1529–1642, Frankfurt u. a. 1983)

N. M. Sutherland, Princes, Politics and Religion 1547–1589, London 1984

V.-L. Tapié, La France de Louis XIII et de Richelieu, Paris ²1968

R. v. Thadden, M. Magdalaine, Die Hugenotten 1685–1985, Frankfurt u. a. 1986

G. R. D. Treasure, Cardinal Richelieu and the Development of Absolutism, New York 1972

F. Venturi, The End of the Old Regime in Europe. The First Crisis. 1768–1776, Princeton 1989

F. Venturi, Europe des Lumières. Recherches sur le XVIIIᵉ siècle. (o. O.) 1971

J. B. Wolf, Louis XIV, Paris 1968

VERFASSUNG UND POLITISCHE STRUKTUREN

L. André, Michel Le Tellier et l'organisation de l'armée monarchique, Paris 1906 (Neudruck Genf 1980)

L. André, Michel Le Tellier et Louvois, Paris 1942 (Neudruck Genf 1974)

M. Antoine, Le Conseil du Roi sous le règne de Louis XV, Paris/Genf 1970

A. Babeau, La vie militaire sous l'Ancien Régime, 2 Bde., Paris 1890

La bataille, l'armée, la gloire 1745–1871. Colloque International de Clermont-Ferrand, 2 Bde., Clermont-Ferrand 1985

D. C. Baxter, Servants of the Sword? French Intendants of the Army 1630–1670, Urbana 1976

F. Bayard, Le monde de financiers au XVIIᵉ siècle. Paris 1988

M. Benoit, La Polysynodie. Etude de l'organisation des conseils sous la Régence, Paris 1928

C. B. A. Behrens, Society, Government and the Enlightenment. The Experiences of Eighteenth Century France and Prussia, New York 1985

M. Bloch, Les rois thaumaturges. Etude sur le caractère surnaturel attribué à la puissance royale, particulièrement en France et en Angleterre, Paris ²1961

F. Bluche, Le despotisme éclairé, Paris 1968

K. Böse, Amt und soziale Stellung. Die Institution der »élus« in Frankreich im 16. und 17. Jahrhundert am Beispiel der Elektion von Troyes, 2 Bde., Frankfurt u. a. 1986

R. Bonney, The Kings' Debt. Finance and Politics in France 1589–1661, Oxford 1981

C. Bontemps u. a., Le Prince dans la France des XVIᵉ et XVIIᵉ siècles, Paris 1968

M. Bordes, L'administration provinciale et municipale en France au XVIIIe siècle. Paris 1972
J. F. Bosher, French Finances 1770–1795. From Business to Bureaucracy, Cambridge 1970
F. Braudel, G. Duby, M. Aymard, Die Welt des Mittelmeeres. Zur Geschichte und Geographie kultureller Lebensformen, Frankfurt 1990
K. Cameron (Hrsg.), From Valois to Bourbon. Dynasty, state and society in early modern France, Exeter 1989
P. R. Campbell, The Ancient Régime in France, Oxford 1988
J.-P. Charmeil, Les trésoriers de France à l'époque de la Fronde. Contribution à l'histoire de l'administration financière sous l'Ancien Régime, Paris 1964
J.-J. Clamageran, Histoire de l'impôt en France, 3 Bde., Paris 1867–1876
A. Corvisier, Armées et sociétés en Europe de 1494 à 1789, Paris 1976
A. Corvisier, La guerre, les hommes et la mort, Paris 1985
A. Corvisier, L'Armée française de la fin du XVIIe siècle au ministère de Choiseul. Le soldat, 2 Bde., Paris 1964
G. Delaume, Le bureau des finances de la généralité de Paris, Paris 1966
D. Dessert, Argent, pouvoir et société au Grand Siècle, Paris 1984
D. Dessert, Fouquet ou le soleil offusqué, Paris 1987
P. Deyon, Le temps des prisons. Essai sur l'histoire de la délinquence et les origines du système pénitentiaire, Lille 1975
R. Doucet, Les institutions de la France au XVIe siècle, 2 Bde., Paris 1948
W. Doyle, The Parlement of Bordeaux and the End of the Old Regime 1771–1790, London 1974
G. Durand, Etats et institutions. XVIe et XVIIIe siècles, Paris 1969
J. Egret, Louis XV et l'opposition parlementaire, Paris 1970
J. Ellul, Histoire des institutions, Bd. 4: 16e–18e siècles, Paris [6]1969
J. D. Hardy, Judicial Politics in the Old Regime. The Parlement of Paris during the Regency, Baton Rouge 1967
P. C. Hartmann, Französische Verfassungsgeschichte der Neuzeit 1450–1980. Ein Überblick, Darmstadt 1985
P. C. Hartmann, Das Steuersystem der europäischen Staaten im Ancien Régime. Eine offizielle französische Enquete (1763–1768). Dokumente, Analyse und Auswertung. England und die Staaten Mitteleuropas, Zürich/München 1979
A. Haueter, Die Krönungen der französischen Könige im Zeitalter des Absolutismus und in der Restauration, Zürich 1975
F. Hincker, Les français devant l'impôt sous l'ancien régime. Questions d'histoire, Paris 1971

H. HINTZE, Staatseinheit und Förderalismus im alten Frankreich und in der Revolution, Berlin/Leipzig 1928 (Neudruck mit einer Einleitung von R. REICHARDT, Frankfurt 1989)

R. HOLTZMANN, Französische Verfassungsgeschichte von der Mitte des 19. Jahrhunderts bis zur Revolution, München/Berlin 1910 (Neudruck Darmstadt 1965)

M. P. HOLT, Patterns of clientèle and economic opportunity at court during the Wars of religions. The household of François duke of Anjou, in: French Historical Studies 13 (1984), S. 305–322

O. HUFTON, The Poor of Eighteenth Century France. 1750–1789, Oxford 1974

A. JOUANNA, Le devoir de révolte. La noblesse française et la gestion de l'Etat moderne (1551–1661), Paris 1989

L. KENNETT, The French Armies in the Seven Years' War. A Study in Military Organisation and Administration, Durham (N.C.) 1968

B. R. KROENER, Die Entwicklung der Truppenstärken in den französischen Armeen zwischen 1635 und 1661, in KONRAD REPGEN (Hrsg.), Forschungen und Quellen zur Geschichte des Dreißigjährigen Krieges (Schriftenreihe der Vereinigung zur Erforschung der neueren Geschichte 12), Münster 1981, S. 163–220

B. R. KROENER, Les Routes et les Etapes. Heeresversorgung in Nordostfrankreich 1635–1661. Ein Beitrag zur Verwaltungsgeschichte des Ancien Régime, Münster 1980

E.-G. LÉONARD, L'armée et ses problèmes au XVIIIe siècle, Paris 1958

G. LIVET, L'intendance d'Alsace sous Louis XIV 1648–1715, Paris 1956

A. LLOYD MOOTE, The Revolt of the Judges. The parlement of Paris and the Fronde, Princeton 1971

H. DE LUÇAY, Les origines du pouvoir ministériel en France. Les secrétaires d'Etat depuis leur institution jusqu'à la mort de Louis XV, Paris 1881 (Neudruck Genf 1976)

M. MARION, Dictionnaire des institutions de la France au XVIIe et XVIIIe siècles, Paris 1923 (Neudruck 1988)

M. MARION, Histoire financière de la France depuis 1715, 6 Bde., Paris 1914–1931

L. MENTION, L'armée de l'Ancien Régime de Louis XIV à la Révolution, Paris 1900

H. MÉTHIVIER, L'Ancien Régime, Paris [9]1988

R. MOUSNIER, Le Conseil du Roi de Louis XII à la Révolution, Paris 1970

R. MOUSNIER, Les institutions de la France sous la monarchie absolue, 2 Bde., Paris 1974/1980

R. Mousnier, La plume, la faucille et le marteau. Institutions et société en France du moyen âge à la Révolution, Paris 1970 (gesammelte Aufsätze zur französischen Verfassungsgeschichte)

F. Olivier-Martin, Histoire du droit français des origines à la Révolution, Paris 1948

G. Pagès, La monarchie d'Ancien Régime en France, de Henri IV à Louis XIV, Paris [3]1941

J. Petot, Histoire de l'administration des ponts et chaussées. 1599–1815, Paris 1958

A. Petracci, L'intendante provinciale nella Francia d'Antico regime (1551–1648), Mailand 1971

R. Reichardt, E. Schmitt (Hrsg.), Handbuch politisch-sozialer Grundbegriffe in Frankreich 1680–1820, Heft 1–10, München 1985–1988

D. Richet, La France moderne: L'esprit des institutions, Paris 1973

J.-P. Samoyault, Les bureaux du secrétariat d'Etat des affaires étrangères sous Louis XV. Administration, personnel, Paris 1971

W. Schmale, Bäuerlicher Widerstand, Gerichte und Rechtsentwicklung in Frankreich. Untersuchungen zu den Prozessen zwischen Bauern und Seigneurs vor dem Parlement von Paris (16.–18. Jahrhundert), Frankfurt 1986

J. H. Shennan, Liberty and order in early modern Europe. The subject and the state. 1650–1800, London 1986

J. H. Shennan, The Parlement of Paris, London 1968

A. de Tocqueville, L'Ancien Régime et la Révolution, Paris [1]1856, Paris 1989 (dt.: Der alte Staat und die Revolution, Hamburg 1969)

J. Villain, Le recouvrement des impôts directs sous l'ancien régime, Paris 1952

P. Viollet, Histoire des institutions politiques et administratives de la France. Le roi et ses ministres pendant les trois derniers siècles de la monarchie, Paris 1912 (Neudruck Aalen 1966)

G. Zeller, Les institutions de la France au XVIe siècle, Paris 1948

WIRTSCHAFTS- UND SOZIALGESCHICHTE

ALLGEMEINES

C. Ballot, L'introduction du machinisme dans l'industrie française. Paris 1923

P. W. Bamford, Privilege and Profit. A Business Family in Eighteenth Century France, Philadelphia 1988

E. Baratier, La démographie provençale du XIIIe au XVIe siècle. Avec chiffres de comparaison pour le XVIIIe siècle, Paris 1961

F. Bayard, Finances et financiers en France dans la première moitié du XVIIe siècle (1598–1653), Thèse hist. Lyon II, 1984

F. Bayard, D. Dessert, Les financiers dans l'Etat monarchique en guerre au XVIIe siècle, in: Les monarchies. Actes du colloque de Paris 1981, Paris 1986, S. 235–258

M. Beaud, Capitalisme et économie politique dans l'histoire, XVIe–XVIIIe siècles, Saint-Denis 1981

M. Beaud, Histoire du capitalisme 1500–1980, Paris 1981

F. Blaich, Die Epoche des Merkantilismus, Wiesbaden 1974

P. Burger, G. Leithauser, Die Theorie der Physiokraten. Zum Problem der gesellschaftlichen Funktion wissenschaftlicher Theorien, in: Wolfenbütteler Studien zur Aufklärung 3 (1976), S. 355–375

Un nouveau Colbert. Actes du colloque pour le tricentenaire de la mort de Colbert, Paris 1985

C. W. Cole, French Mercantilism 1683–1700, New York 1943 (Neudruck New York 1965)

F. Crouzet, De la supériorité de l'Angleterre sur la France. L'économie et l'imaginaire (XVIIe–XXe siècle), Paris 1985

M. Daumas (Hrsg.), Histoire générale des techniques, Bd. 1: Les origines de la civilisation technique, Paris 1962; Bd. 2: Les premières étapes du machinisme, Paris 1965; Bd. 3: L'expansion du machinisme, Paris 1968

J. Dupâquier (Hrsg.), Histoire de la population française. 4 Bde.; Bd. 1: Des origines à la Renaissance; Bd. 2: De la Renaissance à 1789, Paris 1987

J. Dupâquier, Introduction à la démographie historique, Paris 1974

J. Dupâquier, Sur la population française au XVIIe et au XVIIIe siècle, in: Revue historique 239 (1968), S. 43–79

J. Dupâquier, La population française aux XVIIe et XVIIIe siècles. Paris 1979

J. Dupâquier, M. Dupâquier, Histoire de la démographie: La statistique de la population des origines à 1914, Paris 1985

F. Etner, Histoire du calcul économique en France, Paris 1987

L'Europe à la fin du XVIIIe siècle vers 1780–1802, Scandinavie, Empire russe et Empire ottoman exclus, Hrsg. André Corvisier, Paris 1985

F. Fox-Genovese, The Origins of Physiocracy: Economic Revolution and Social Order in Eighteenth Century France, Ithaca/London 1976

B. Garnot, La population française aux XVIe, XVIIe et XVIIIe siècles, Paris/Gap 1989

B. Gille, Les sources statistiques de l'histoire de France des enquêtes du XVIIe siècle à 1870. Paris/Genf 1964

P. GOUBERT, Demographische Probleme im Beauvaisis des 17. Jahrhunderts, in: C. HONEGGER (Hrsg.), Schrift und Materie der Geschichte. Vorschläge zur systematischen Aneignung historischer Prozesse, Frankfurt/M. 1977, S. 198–219

J.-L. GUIGOU, La rente foncière, les théories et leur évolution depuis 1650, Paris 1982

E. F. HECKSCHER, Der Merkantilismus, 2 Bde., Jena 1932

F. HINCKER, Expériences bancaires sous l'Ancien Régime, Paris 1974

J. IMBERT, H. LE GOHEREL, Histoire économique des origines à 1789, Paris [2]1970

A. E. IMHOF, Einführung in die Historische Demographie, München 1977

F. LEBRUN, Les crises démographiques en France au XVIIe et XVIIIe siècles, in: Annales E.S.C. 35 (1980), S. 205–234

P. LÉON, Economies et sociétés préindustrielles, Paris 1970

P. LÉON, L'industrialisation en France en tant que facteur de croissance économique du début du XVIIIe siècle à nos jours, in: Première conférence internationale d'histoire économique, Bd. 1, Paris 1960, S. 163–204

P. LÉON, La naissance de la grande industrie métallurgique en Dauphiné (fin du XVIIIe siècle – 1869), Paris 1954

P. LÉON, Les techniques métallurgiques dauphinoises au dix-huitième siècle, Paris 1961

E. LE ROY LADURIE, Histoire du climat depuis l'an Mil. Paris 1967

E. LEVASSEUR, Histoire du commerce de France, 2 Bde., Paris 1911/1912

G. LIVET, Les routes françaises aux XVIe et XVIIe siècles: état des questions et directions de recherches, in: L'Homme et la Route en Europe occidentale (2es Journées internationales d'histoire, Flaran, Gers 1980), Bordeaux 1982

G. LIVET, La route royale et la civilisation française de la fin du XVe au milieu du XVIIIe siècle, in: Les routes de France depuis les origines jusqu'à nos jours, Paris 1959, S. 57–100

H. LÜTHY, La banque protestante en France de la révocation de l'édit de Nantes à la Révolution, 2 Bde., Paris [2]1971

S. J. MCCLOY, French Inventions of the Eighteenth Century, Lexington 1952

J. MEUVRET, Demographic Crisis in France from the Sixteenth to the Eighteenth Century, in: D. V. GLASS, D. E. C. EVERSLEY (Hrsg.), Population in History. Essays in Historical Demography, London 1965, S. 507–522

M. MORINEAU, Pour une histoire économique vraie, Lille 1986

R. MOUSNIER, Progrès scientifique et technique au XVIIIe siècle, Paris 1958

U. MUHLHACK, Physiokratie und Absolutismus in Frankreich und Deutschland, in: Zeitschrift für historische Forschung 9 (1982), S. 15–46

J. U. NEF, A Comparison of Industrial Growth in France and England from 1540 to 1640, in: Journal of Political Economy 44 (1936), S. 289–317, 505–533, 643–666

J. U. Nef, L'industrie et l'Etat en France et en Angleterre 1540–1640, in: Revue historique 191 (1941), S. 21–53, 193–231
A. Pose, La monnaie et ses institutions. Histoire, théorie et technique, 2 Bde., Paris 1942
P. Raveau, Essai sur la situation économique et l'état social en Poitou au XVIe siècle. Paris 1931
R. Reichardt, Bevölkerung und Gesellschaft Frankreichs im 18. Jahrhundert. Neue Wege und Ergebnisse der sozialhistorischen Forschung 1950–1976, in: Zeitschrift für historische Forschung 4 (1977), S. 154–221
G. Reverdy, Atlas historique des routes de France, Paris 1986
J. C. Riley, The Seven Years' War and the Old Regime in France. The economic and financial toll, Princeton 1986
G. Rudé, Die Volksmassen in der Geschichte: Unruhen, Aufstände und Revolutionen in England und Frankreich 1730–1848, Frankfurt/New York 1979
H. Sée, La France économique et sociale au XVIIIe siècle. Paris 1969
H. Sée, Französische Wirtschaftsgeschichte, 2 Bde., Jena 1930/1936
B. H. Slicher van Bath, The Agrarian History of Western Europe. A. D. 500–1800, London 1963
M. Sonenscher, Work and Wages. Natural Law, Politics and the Eighteenth Century French Trade, Cambridge 1989
F. C. Spooner, L'économie mondiale et les frappes monétaires en France 1493–1680, Paris 1956
F. C. Spooner, The International Economic and Monetary Movements in France. 1493–1725, Cambridge (Mass.) 1972
G. Weulersse, La physiocratie à l'aube de la Révolution, Paris 1984
G. Weulersse, Le mouvement physiocratique en France de 1756–1770, 2 Bde., Paris 1910 (Neudruck Den Haag 1968)
G. Weulersse, La physiocratie à la fin de la règne de Louis XV., Paris 1959
G. Weulersse, La physiocratie sous les ministères de Turgot et de Necker (1774–1781), Paris 1950
M. Wolfe, The Fiscal System of Renaissance France, New Haven 1972

AGRARGESCHICHTE

M. Auge-Laribé, La révolution agricole, Paris 1955
L'approvisionnement des villes de l'Europe occidentale au Moyen Age et aux temps modernes (5es Journées internationales d'histoire, 1983), Auch 1985
L. Badré, Histoire de la forêt française, Grenoble 1983
J. Bart, La liberté ou la terre: la main-morte en Bourgogne au siècle des Lumières, Paris 1984

M. Bloch, Les caractères originaux de l'histoire rurale française, 2 Bde., Paris 1968, [2]1988
G. Bois, Crise du féodalisme. Economie rurale et la démographie en Normandie orientale du début du XIVe siècle au milieu du XVIe siècle, Paris 1976
A. J. Bourde, Agronomie et agromanie en France au XVIIIe siècle, Paris 1967
R. Boutruche, Les dévastations des campagnes pendant la Guerre de Cent Ans et la reconstruction agricole de la France, in: Publ. de la Faculté des Lettres de Strasbourg 106 (1945), S. 127–163
N. Bulst, J. Hoock, F. Irsigler, Bevölkerung, Wirtschaft, Gesellschaft. Stadt-Land-Beziehungen in Deutschland und in Frankreich vom XIV. bis XIX. Jahrhundert, Trier 1983
M. Clavel-Lévêque, M.-Th. Lorcin, G. Lemarchand, Les campagnes françaises. Précis d'histoire rurale, Paris 1983
A. Corvol, L'homme aux bois. Histoire des relations de l'homme et de la forêt (XVIIe–XIXe siècles). Paris 1987
M. Devèze, La forêt et les communautés rurales, XVIe–XVIIIe siècles, Paris 1982
R. Dion, Histoire de la vigne et du vin en France des origines au XIXe siècle, Paris 1959
G. Durand, Vin, vigne et vignerons en Lyonnais et Beaujolais (XVIe–XVIIIe siècles), Lyon/Paris 1979
Y. Durand, Vivre au pays au XVIIIe siècle: essai sur la notion de pays dans l'ouest de la France, Paris 1984
J. Ferry, J. Mulliez, L'état et la rénovation de l'agriculture au XVIIIe siècle, Paris 1970
I. Guérin, La vie rurale en Sologne au XIVe et XVe siècles, Paris 1960
J. Jacquart, La crise rurale en Ile-de-France 1550–1670, Paris 1974
P. M. Jones, Politics and rural society: the Southern Massif Central 1750–1880, Cambridge 1985
E. Le Roy Ladurie, Les paysans du Languedoc, 2 Bde., Paris/Den Haag 1960 (dt.: Die Bauern des Languedoc, Stuttgart 1983)
L. Merle, La métairie et l'évolution agraire de la Gâtine poitevine de la fin du Moyen-Age à la Révolution, Paris 1958
J. Meuvret, Le problème des subsistances à l'époque de Louis XIV, Bd. 1: La production des céréales dans la France du XVIIe et XVIIIe siècle, Paris 1977; Bd. 2: La production de céréales et la société rurale, Paris 1987; Bd. 3: Le commerce des grains et la conjoncture, Paris 1988
A. Meynier, Les paysages agraires, Paris 1958
H. Neveux, Les Grains du Cambrésis (fin du XIVe, début du XVIIe siècles). Vie et déclin d'une structure économique, Lille 1974

J. PITIÉ, L'homme et son espace: l'exode rural en France du XVIe siècle à nos jours, Paris 1987

J.-R. PITTE, Histoire du paysage français, 2 Bde., Paris 1983

A. POITRINEAU, La vie rurale en Basse Auvergne au XVIIIe siècle, Paris 1965

G. ROUPNEL, Histoire de la campagne française, Paris 1932

B. H. SLICHER VAN BATH, The Agrarian History of Western Europe. A. D. 500–1800, London 1963

M. VOVELLE, Ville et campagne au XVIIIe siècle. Chartres et la Beauce, Paris 1980

F. ZONABEND, La mémoire longue: temps et histoires au village, Paris 1980

INDUSTRIE, STADTWIRTSCHAFT UND HANDEL

G. ANTONY, L'industrie de la toile à Pau et en Béarn de 1750 à 1850, Bordeaux 1961

J.-P. BABELON (Hrsg.), Nouvelle Histoire de Paris au XVIe siècle, Paris 1987

P. BARRÈRE, M. CASSON-MOUNAT, Les villes françaises, Paris 1980

C. CARRIÈRE, Négociants marseillais au XVIIIe siècle. Contribution à l'étude des économies maritimes, 2 Bde., Marseille 1973

S. CHASSAGNE, La manufacture de toiles imprimées de Tournemine-les-Angers 1752–1820. Etudes d'une entreprise et d'une industrie au XVIIIe siècle, Paris 1971

S. CHASSAGNE, Oberkampf. Un entrepreneur capitaliste au siècle des lumières, Paris 1980

J. G. CLARK, La Rochelle and the Atlantic economy during the Eighteenth Century, Baltimore 1981

P. DARDEL, Les manufactures de toile peintes et de serges imprimées à Rouen et à Bolbec aux XVIIe et XVIIIe siècles, Rouen 1940

J. DELUMEAU, Le commerce extérieur français au XVIIe siècle, in: XVIIe siècle, Sondernummer: Aspects de l'économie française au XVIIe siècle, 70–71 (1966), S. 81–105

B. GARNOT, Les villes de France aux XVIe, XVIIe et XVIIIe siècles, Gap 1989

B. GILLE, Les forges françaises en 1772, Paris 1960

P. HÖFER, Deutsch-französische Handelsbeziehungen im 18. Jahrhundert. Die Firma Breton Frères in Nantes 1763–1766, Stuttgart 1982

M. JULLIEN, CH. MEYER, Histoire de France des commerçants, Paris 1983

S. L. KAPLAN, Provisioning Paris. Merchants and millars in the grain and flour trade during the eighteenth century. Ithaca/London 1984

S. L. KAPLAN, Les ventres de Paris. Pouvoir et approvisionnement dans la France d'Ancien Régime, Paris 1987

P. LELIÈVRE, Nantes au XVIIIe siècle, Paris 1988
H. LEVY-BRUHL, Histoire juridique des sociétés de commerce en France aux XVIIe et XVIIIe siècles. Paris 1938
T. J. MARKOVITCH, Histoire des industries françaises, Bd. 1: Les industries lainières de Colbert à la Révolution, Genf 1976
G. MARTIN, La grande industrie en France sous la règne de Louis XIV, Paris 1898
J. MEYER, Esclaves et nègres, Paris 1986
E. PARISET, Histoire de la fabrique lyonnaise. Etudes sur le régime social et économique de l'industrie de la soie à Lyon, depuis le XVIe siècle jusqu'à nos jours, Lyon 1903
G. RAMBERT (Hrsg.), Histoire du commerce de Marseille, Bde. 5–6, Paris 1952–1959
B. ROY, Une capitale de l'indiennage: Nantes, Nantes 1948
L. SALA-MOLINS, Le code noir (1685) ou le calvaire de Canaan, Paris 1987
R. L. STEIN, The French Slave Trade in the Eighteenth Century: An Old Regime Business, Madison 1980
A. VANDENBOSSCHE, Un projet de code de commerce sous la Régence, Paris 1980

GESELLSCHAFTSGESCHICHTE

TH. M. ADAMS, Bureaucrats and beggars. French social policy in the Age of Enlightenment, New York 1988
M. ANTOINE, Le gouvernement et l'administration sous Louis XV. Dictionnaire biographique, Paris 1978
M. ANTOINE, Le dur métier de roi. Etudes sur la civilisation politique de la France d'Ancien Régime, Paris 1986
PH. ARIÈS, L'enfant et la vie familiale sous l'ancien régime, Paris ²1973
PH. ARIÈS, L'histoire des mentalités, in: J. LE GOFF (Hrsg.), La nouvelle histoire, Paris 1978, S. 402–423
PH. ARIÈS, L'homme devant la mort, Paris 1977
PH. ARIÈS, G. DUBY (Hrsg.), Histoire de la vie privée, Bd. 3, Paris 1986
E. C. BARBER, The Bourgeoisie in 18th Century France, Princeton 1955
J. BARRY, Versailles, passions et politique, Paris 1987
E.-M. BENABOU, La prostitution et la police des mœurs au XVIIIe siècle. Paris 1987
A. BENJEBBAR, La vie quotidienne en Anjou au XVIIIe siècle, Paris 1983
Y.-M. BERCÉ, Fête et révolte. Des mentalités populaires du XVIe au XVIIIe siècle, Paris 1976
Y.-M. BERCÉ, Histoire des croquants, Paris ²1986

L. Bergeron, Croissance urbaine et société à Paris au XVIIIe siècle, in: La ville au XVIIIe siècle. Colloque Aix-en-Provence 1973, Aix-en-Provence 1975, S. 127–134

L. Bergeron, Die französische Gesellschaft von 1750 bis 1820. Kontinuitäten und Diskontinuitäten, in: Zeitschrift für historische Forschung 4 (1977), S. 131–146

D. D. Bien, The Sécretaires du Roi: Absolutism, Corps and Privilege under the Ancien Régime, in: E. Hinrichs u. a. (Hrsg.), Vom Ancien Régime zur Französischen Revolution. Forschungen und Perspektiven, Göttingen 1978, S. 153–168

F. Billacois u. a., Crimes et criminalité en France (XVIIe–XVIIIe siècles), Paris 1971

F. Bluche, Im Schatten des Sonnenkönigs. Alltagsleben im Zeitalter Ludwigs XIV., Freiburg/Würzburg 1986 (frz. 1984)

F. Bluche, Les magistrats du Parlement de Paris au XVIIIe siècle, Paris 1960, 2. erw. A. 1986

F. Bluche, La vie quotidienne de la noblesse française au XVIIIe siècle, Paris 1973

J.-L. Bourgeon, Les Colbert avant Colbert. Destin d'une famille marchande, Paris 1973

R. Briggs, Communities of Belief. Cultural and Social Tension in Early Modern France, Oxford 1988

H. Carré, La noblesse de France et l'opinion publique au XVIIIe siècle, 1920 (Neudruck Genf 1977)

Y. Castan, Justice et repression en Languedoc à l'époque des Lumières, Paris 1980

Y. Castan, Magie et sorcellerie à l'époque moderne, Paris 1979

M. de Certeau, La possession de Laudun, Paris 1970

J. Chagniot, Paris et l'armée au XVIIIe siècle: étude politique et sociale, Paris 1985

P. Chaunu, La mort à Paris, XVIe, XVIIe, XVIIIe siècles, Paris 1978

G. Chaussinand-Nogaret, Les financiers de Languedoc au XVIIIe siècle, Paris 1970

G. Chaussinand-Nogaret, Une histoire des élites 1700–1848. Recueil de textes présentés et commentés, Paris/Den Haag 1975

G. Chaussinand-Nogaret, La noblesse au XVIIIe siècle. De la féodalité aux Lumières, Brüssel ²1984

J.-M. Constant, La vie quotidienne de la noblesse française au XVIe et XVIIe siècles, Paris 1985

P. Constant, Un monde à l'usage des demoiselles, Paris 1987

A. DAUMARD, F. FURET, Structures et relations sociales à Paris au XVIIIe siècle, Paris 1961
M. DAUMAS, L'affaire d'Esclans: les conflits familiaux en France au XVIIIe siècle, Paris 1986
N. Z. DAVIS, Frauen und Gesellschaft am Beginn der Neuzeit. Studien über Familie, Religion und die Wandlungsfähigkeit des sozialen Körpers, Frankfurt 1989
N. Z. DAVIS, Humanismus, Narrenherrschaft und die Riten der Gewalt. Gesellschaft und Kultur im frühneuzeitlichen Frankreich, Frankfurt 1989
N. Z. DAVIS, Der Kopf in der Schlinge. Gnadengesuche und ihre Erzähler, Berlin 1988
J. DELUMEAU, Angst im Abendland. Die Geschichte kollektiver Ängste in Europa, 14.–18. Jahrhundert, Hamburg 1989 (frz. 1978)
J.-P. DESNAIVE u. a., Médecins, climat et épidémies à la fin du XVIIIe siècle, Paris/Den Haag 1972
A. DEVYER, Le sang épuré. Préjuges de race chez les gentilhommes française de l'Ancien Régime. 1560–1720, Paris 1974
P. DEYON, Le temps des prisons. Essai sur l'histoire de la délinquance et les origines du système penitentiaire, Villeneuve-d'Ascq/Paris 1975
P. DEYON, Quelques remarques sur l'évolution du régime seigneurial en Picardie XVIe–XVIIIe siècles, in: Revue d'histoire moderne et contemporaine 8 (1961), S. 271–280
M. DINGES, Stadtarmut in Bordeaux 1525–1675: Alltag, Politik, Mentalitäten, Bonn 1988
G. DUBY, Histoire des mentalités, in: C. SAMARAN (Hrsg.), L'histoire et ses méthodes, Paris 1961, S. 937–966
J. DUPÂQUIER, J. JACQUART, Les rapports sociaux dans les campagnes françaises au XVIIe siècle: quelques exemples, in: D. ROCHE, C. E. LABROUSSE (Hrsg.), Ordres et classes. Colloque d'histoire sociale (Saint Cloud 1967), Paris/Den Haag 1973, S. 167–179
P. DU PUY CLINCHAMPS, La noblesse, Paris 1959
Y. DURAND, Finance et mécenat. Les fermiers généraux au XVIIIe siècle. Paris 1976
N. ELIAS, Über den Prozeß der Zivilisation. Soziogenetische und psychogenetische Untersuchungen, Bern [2]1969
C. FAIRCHILDS, Domestic enemies: Servants and their Masters in the Old Regime, Baltimore/London 1984
Familie zwischen Tradition und Moderne. Studien zur Geschichte der Familie in Deutschland und Frankreich vom XVI. bis zum XX. Jahrhundert, Göttingen 1981

A. FARGE, La vie fragile. Violence, pouvoirs et solidarités à Paris au XVIIIe siècle, Paris 1986

A. FARGE, Le vol d'aliments à Paris au XVIIIe siècle, Paris 1974

A. FARGE, M. FOUCAULT, Familiäre Konflikte: »lettres de cachet« aus den Archiven der Bastille im 18. Jahrhundert, Frankfurt 1989 (frz. 1982)

W. FISCHER, Rekrutierung und Ausbildung von Personal für den frühmodernen Staat: Beamte, Offiziere und Techniker in England, Frankreich und Preußen in der Frühen Neuzeit, in: R. KOSELLECK (Hrsg.), Studien zum Beginn der modernen Welt. Stuttgart 1979, S. 194–217

J.-L. FLANDRIN, Les amours paysannes. Amour et sexualité dans les campagnes de l'ancienne France (XVIe–XIXe siècles), Paris 1975

J.-L. FLANDRIN, Familles, parenté, maison, sexualité dans l'ancienne France, Paris [2]1984

F. L. FORD, Robe and Sword. The Regrouping of the French Aristocracy after Louis XIV, Cambridge (Mass.) 1953

J. GÉLIS, L'arbre et la fruit. La naissance dans l'Occident moderne (XVIe–XIXe siècles), Paris 1984

J. GÉLIS u. a., Entrer dans la vie. Naissances et enfances dans la France traditionelle, Paris 1978

M. GÖHRING, Die Ämterkäuflichkeit im Ancien Régime, Berlin 1938

J.-P. GOUBERT, Malades et médecins en Bretagne 1770–1790, Rennes 1974

P. GOUBERT, Familles marchandes sous l'Ancien Régime: les Danse et les Motte, de Beauvais, Paris 1959

M. GRESSET, Gens de Justice à Besançon, de la conquête par Louis XIV à la Révolution (1674–1789), Paris 1978

H.-U. GUMBRECHT, R. REICHARDT, TH. SCHLEICH (Hrsg.), Sozialgeschichte der Aufklärung in Frankreich, 2 Tle., München 1981

J. P. GUTTON, Villages du Lyonnais sous la monarchie (XVIe–XVIIIe siècles), Lyon 1978

R. R. HARDING, Anatomy of a Power Elite. The Provincial Governors of Early Modern France. New Haven/London 1978

H. HAUSER, Ouvriers du temps passé: XVe–XVIe siècles, Paris 1927

G. HUPPERT, Bourgeois et gentilshommes: la réussite sociale en France au XVIe siècle, Paris 1982

B. JOLIBERT, L'enfance au XVIIe siècle, Paris 1981

A. JOUANNA, Ordre social, mythes et hiérarchies dans la France du XVIe siècle, Paris 1977

J. KAPLOW, The Names of Kings. The Parisian laboring Poor in the Eighteenth Century, New York 1972

B. R. KROENER, Militärischer Professionalismus und soziale Karriere. Der französische Adel in den europäischen Kriegen 1740–1763, in: B. R. KROENER (Hrsg.), Europa im Zeitalter Friedrichs des Großen. Wirtschaft, Gesellschaft, Kriege. München 1989, S. 99–132.

B. R. KROENER, Rechtsstellung und Profite französischer Heereslieferanten in der ersten Hälfte des 17. Jahrhunderts, in: Vierteljahrsschrift für Sozial- und Wirtschaftsgeschichte 76 (1989), S. 457–493

J. KUCZYNSKI, Geschichte der Lage der Arbeiter in Frankreich von 1700 bis in die Gegenwart, Berlin 1949 (Geschichte der Arbeiter unter dem Industriekapitalismus, Bd. 6)

J.-P. LABATUT, Les ducs et pairs de France au XVIIe siècle. Etude sociale, Paris 1972

J.-P. LABATUT, Les noblesses européennes de la fin du XVe siècle à la fin du XVIIIe siècle, Paris 1978

J.-P. LABATUT, Noblesse, pouvoir et société en France au XVIIe siècle, Limoges 1987

E. LAMBERT, Les droits féodaux et seigneuriaux de l'Ancien Régime, Creil 1985

J.-D. LASSAIGNE, Les assemblées de la noblesse de France aux XVIIe et XVIIIe siècles, Paris 1965

F. LEBRUN, Les hommes et la mort en Anjou aux XVIIe et XVIIIe siècles. Essai de démographie et de psychologie historiques, Paris/Den Haag 1971

F. LEBRUN, La vie conjugale sous l'Ancien Régime, Paris 1985

G. LEMARCHAND, Bilan et perspectives de recherches: le XVIIe et le XVIIIe siècle en France, in: Annales Historiques de la Révolution Française 41 (1969), S. 642–659

G. LEMARCHAND, Der Feudalismus im ländlichen Frankreich in der Neuzeit. Versuch einer Charakterisierung, in: L. KUCHENBUCH, B. MICHAEL (Hrsg.), Feudalismus – Materialien zur Theorie und Geschichte. Frankfurt/M. 1977, S. 624–659 (frz. 1969)

P. LÉON (Hrsg.), Structures économiques et problèmes sociaux du monde rural dans la France du Sud-Est (Fin du XVIIe siècle – 1835), Paris 1966

E. LE ROY LADURIE, Les paysans de Languedoc, 2 Bde., Paris/Den Haag 1960 (dt.: Die Bauern des Languedoc, Stuttgart 1983)

D. LIGOU, La franc-maçonnerie, Paris 1977

A. LOTTIN, La désunion du couple sous l'ancien Régime. L'exemple du Nord, Lille 1975

E. LOUSSE, La société d'ancien régime, organisation et représentation corporative, Löwen 1943

P. LUNDGREN, Gegensatz und Verschmelzung von »alter« und »neuer« Bürokratie im Ancien Régime. Ein Vergleich von Frankreich und Preußen, in: H.-U. WEHLER (Hrsg.), Sozialgeschichte heute. Festschrift für Hans Rosenberg zum 70. Geburtstag, Göttingen 1974, S. 104–118

J. Q. C. MACKRELL, The Attack on Feudalism in Eighteenth Century France. London/Toronto 1973

W. MAGER, Soziale Ungleichheit und Klassenstrukturen in Frankreich 1630–1830, in: H.-U. WEHLER (Hrsg.), Klassen in der europäischen Sozialgeschichte, Göttingen 1979, S. 66–93

K. MALETTKE, »Trésoriers généraux de France« und Intendanten unter Ludwig XIV. Studien zur Frage der Beziehungen zwischen »officiers« und »commissaires« im 17. Jahrhundert, in: Historische Zeitschrift 220 (1975), S. 298–323

R. MANDROU, Adelskultur und Volkskultur in Frankreich, in: Historische Zeitschrift 217 (1974), S. 36–53

R. MANDROU, Classes et luttes de classes en France au début du XVIIe siècle, Florenz/Messina 1965

R. MANDROU, De la culture populaire au XVIIe et XVIIIe siècles. La bibliothèque bleue de Troyes, Paris 1965

R. MANDROU, Magistrats et sorciers en France au 17e siècle. Une analyse de psychologie historique, Paris 1968

R. MERCIER, L'enfant devant la société au XVIIIe siècle, avant l'Emile, Paris 1961

J. MEYER, La noblesse bretonne au XVIIIe siècle, 2 Bde., Paris 1966

J. MEYER, Noblesses et pouvoirs dans l'Europe d'ancien régime, Paris 1973

J. MEYER, Quelques vues sur l'histoire des villes à l'époque moderne, in: Annales E.S.C. 29 (1974), S. 1551–1568

La mobilité sociale au XVIIe siècle. Sonderheft: XVIIe siècle 122 (1979)

W. E. MONTER, Witchcraft in France and Switzerland. The Borderlands during the Reformation, London/Ithaca 1976

R. MOUSNIER, Fureurs paysannes. Les paysans dans les révoltes du XVIIe siècle (France, Russie, Chine), Paris 1967

R. MOUSNIER, Les hiérarchies sociales de 1450 à nos jours, Paris 1969

R. MOUSNIER, Paris capitale au temps de Richelieu et de Mazarin, Paris 1978

R. MOUSNIER, La plume, la faucille et le marteau. Institutions et société en France du moyen âge à la Révolution, Paris 1970

R. MOUSNIER, Problèmes de méthode dans l'étude des structures sociales des XVIe, XVIIe et XVIIIe siècles, in: K. REPGEN, S. SKALWEIT (Hrsg.), Spiegel der Geschichte (Festgabe für Max Braubach), Münster 1974, S. 550–564

R. Mousnier u. a., Problèmes de stratification sociale. Deux cahiers de la noblesse pour les états généraux de 1649–1651, Paris 1965
R. Mousnier (Hrsg.), Problèmes de stratification sociale. Actes du colloque international 1966, Paris 1968
R. Mousnier, La vénalité des offices sous Henri IV et Louis XIII, Paris [2]1971
R. Muchembled, L'invention de l'homme moderne: sensibilité, mœurs et comportements collectifs sous l'Ancien Régime, Paris 1988
R. Muchembled, Kultur des Volks – Kultur der Eliten. Die Geschichte einer erfolgreichen Verdrängung. Stuttgart [2]1984
R. Nürnberger, Die Politisierung des französischen Protestantismus, Tübingen 1948
F. Olivier-Martin, L'organisation corporative de la France d'ancien régime, Paris 1938
U.-Ch. Pallach, Materielle Kultur und Mentalitäten im 18. Jahrhundert: Wirtschaftliche Entwicklung und politisch-sozialer Funktionswandel des Luxus in Frankreich und im Alten Reich am Ende des Ancien Régime, München 1987 (Ancien Régime, Aufklärung und Revolution 14)
A. Pardailhé-Galabrun, La naissance de l'intime: 3000 foyers parisiens, XVIIe–XVIIIe siècles, Paris 1988
L. H. Parias (Hrsg.), Histoire générale du travail, Bd. 2, Paris 1960
R. Pernoud, Histoire de la bourgeoisie en France, 2 Bde., Paris 1960/1962
J. C. Perrot, Genèse d'une ville moderne. Caen au XVIIIe siècle, 2 Bde., Paris/Den Haag 1975
M.-C. Phan, Les amours illégitimes. Histoires de séduction en Languedoc (1676–1786), Paris 1986
B. Philipps, Cities and Social Change in Early Modern France, London 1989
R. Pillorget, La tige et le rameau. Familles anglaises et françaises (16e–18e siècles), Paris 1979
A. Poitrineau, La vie rurale en Basse Auvergne au XVIIIe siècle, 2 Bde., Paris 1965
J.-L. Quoy-Bodin, L'armée et la franc-maçonnerie. Au déclin de la monarchie sous la Révolution et l'Empire, Paris 1987
O. Ranum, Les Parisiens du XVIIe siècle, Paris 1973 (engl. 1968)
R. Reichardt, Auf dem Wege zu einer Totalgeschichte des ländlichen Frankreich, in: Historische Zeitschrift 224 (1977), S. 635–654
R. Reichardt, »Histoire des Mentalités«. Eine neue Dimension der Sozialgeschichte am Beispiel des französischen Ancien Régime, in: Internationales Archiv für Sozialgeschichte der deutschen Literatur 3 (1978), S. 130–166

G. RICHARD, Noblesse d'affaires au XVIIIe siècle, Paris 1974
A. RIECKS, Französische Sozial- und Mentalitätsgeschichte. Ein Forschungsbericht, Altenberge 1989 (Münsteraner theologische Abhandlungen 2)
B. ROGER, L'enfant et la femme sous l'Ancien Régime, Poitiers 1985
PH. SAGNAC, La formation de la société française moderne. Bd. 1 und 2, Paris 1945/1946
Soziale und Politische Konflikte im Frankreich des Ancien Régime. Studien aus dem Forschungsschwerpunkt »Soziale Mobilität im Frühmodernen Staat. Bürgertum und Ämterwesen« am Fachbereich 13 (Geschichtswissenschaft) der Freien Universität Berlin, Berlin 1982
B. STONE, The French Parlements and the Crisis of the Old Regime, Chapel Hill 1986
A. TEXIER, Qu'est-ce que la noblesse?, Paris 1988
L. TRENARD, L'histoire des mentalités collectives. Les livres, bilan et perspectives, in: Revue d'histoire moderne et contemporaine 15 (1968), S. 691–703
P. DE VAISSIÈRE, Gentils-hommes campagnards de l'ancienne France, 1903 (Neudruck Etrépilly 1986)
G. u. M. VOVELLE, Vision de la mort et au delà en Provence d'après les autels des âmes du purgatoire XVe–XXe siècles, Paris 1970
M. VOVELLE, La mort et l'occident de 1300 à nos jours, Paris 1983
M. VOVELLE, Mourir d'autrefois: attitudes collectives devant la mort XVIIe–XVIIIe siècles, Paris 1974
M. VOVELLE, D. ROCHE, Bourgeois, rentiers, propriétaires: éléments pour la définition d'une catégorie sociale à la fin du XVIIIe siècle, in: Actes du 84e congrès des sociétés savantes (1959), 1960, S. 419–452
E. WEIS, Der französische Adel im 18. Jahrhundert, in: R. VIERHAUS (Hrsg.), Der Adel vor der Revolution. Zur sozialen und politischen Funktion des Adels im vorrevolutionären Europa, Göttingen 1971, S. 29–40

KIRCHENGESCHICHTE, RELIGIOSITÄT

A. ADAM, Du mysticisme à la révolte. Les jansénistes du XVIIe siècle, Paris 1968
Atlas de la réforme pastorale en France de 1550–1790, Paris 1987
J. BAUBÉROT, Histoire du protestantisme, Paris 1987
F. J. BAUMGARTNER, Change and Continuity in the French Episcopate. The Bishops and the Wars of Religion 1547–1610, Durham (N.C.) 1986

P. Blet, Le clergé de France et la monarchie. Etudes sur les assemblées générales du clergé de 1615 à 1666, 2 Bde., Rom 1959
P. Blet, Les assemblées du clergé et Louis XIV, Rom 1972
M. Braure, L'Eglise à l'époque classique (XVIIe–XVIIIe siècles), Paris 1961
P. Chaunu (Hrsg.), L'aventure de la Réforme: le monde de Jean Calvin, Paris 1986
P. Chaunu, Eglise, culture et société: Essais sur Réforme et Contre-Réforme 1517–1620, Paris 1981
L. Cognet, Le jansénisme. Paris ^{3}1968
La controverse religieuse, XVIe–XIXe siècles (Actes du 1er colloque Jean Boisset, 6eme colloque du centre d'histoire de la Réforme et du Protestantisme, 1979), 2 Bde., Montpellier 1980
E. Delaruelle u. a., Histoire du catholicisme en France, Bd. 2, Paris 1963
J. Delumeau, La catholicisme entre Luther et Voltaire. Paris ^{3}1985 (Nouvelle Clio Bd. 30)
R. P. Gagg, Hugenotten. Profil ihres Glaubens, Basel 1984
J. Garrisson-Estèbe, L'homme protestant, Paris 1980
J. Garrisson-Estèbe, Protestants du Midi. 1559–1598, Toulouse 1980
J. G. Gray, The French Huguenots, anatomy of courage, Grand Rapids 1981
M. Greengrass, The French Reformation, Oxford 1987
H. Hillenaar, Fénelon et les Jésuites, Den Haag 1967
P. Jansen, Le Cardinal Mazarin et le mouvement janséniste français 1653–1659, Paris 1967
H. Jedin, Handbuch der Kirchengeschichte, Bd. 4 und 5, Freiburg 1967/1970
M.-J. Jette, France religieuse du XVIIIe siècle, de la Révolution et de l'Empire, Paris 1956
D. R. Kelley, The Beginning of Ideology. Consciousness and Society in the French Reformation, Cambridge 1981
B. R. Kreiser, Miracles, Convulsions and Ecclesiastical Politics in Early Eighteenth Century Paris, Princeton 1978
G. Le Bras, Etudes de sociologie religieuse, 2 Bde., Paris 1955/1956
G. Le Bras, L'église et le village, Paris 1976
F. Lebrun (Hrsg.), Histoire des catholiques en France du XVe siècle à nos jours, Toulouse 1980
E.-G. Léonard, L'histoire générale du protestantisme. Bd. 2 und 3, Paris 1961, 1964 (^{2}1981, 1982)
E.-G. Léonard, Le protestant français, Paris 1955
D. Ligou, Le protestantisme en France de 1598 à 1715, Paris 1968
A.-G. Martimort, Le gallicanisme, Paris 1973
V. Martin, Le gallicanisme politique et le clergé de France, Paris 1929

J. McManners, French Ecclesiastical Society under the Ancient Régime. A Study of Angers in the Eighteenth Century, London 1960

J. Orcibal, Louis XIV et les protestants, Paris 1952

R. R. Palmer, Catholics and Unbelievers in XVIIIth Century France, Princeton 1939

M. Peronnet, Les évêques de l'ancienne France, 2 Bde., Lille 1977

P. Pierrard, Les papes et la France, vingt siècles d'histoire commune, Paris 1981

P. Pierrard, Le prêtre français du concile de Trente à nos jours, Paris 1985

B. Plongeron, La vie quotidienne du clergé français au XVIIIe siècle, Paris 1974, ^{2}1988

B. Plongeron, R. Pannet (Hrsg.), Le christianisme populaire. Les dossiers de l'histoire, Paris 1976

E. Préclin, Les jansénistes du XVIIIe et la constitution civile du clergé. Le développement du richérisme, sa propagation dans le bas-clergé (1713–1791), Paris 1929

J. Quéniart, Les hommes, l'église et Dieu dans la France du XVIIIe siècle, Paris 1978

N. Ravitch, Sword and Mitre. Government and Episcopate in France and England in the Age of Aristocracy, Paris/Den Haag 1966

M. Richard, La vie quotidienne des Protestants sous l'Ancien Régime, Paris 1985

P. Schmitt, La Réforme catholique: le combat de Maldonat 1534–1583, Paris 1985

R. Simon-Sandras, Les curés à la fin de l'Ancien Régime, Paris 1988

N. M. Sutherland, The huguenot struggle for recognition, London 1980

W. J. Stankiewicz, Politics and Religion in Seventeenth Century France. A Study of Political Ideas from the Monarchomachs to Bayle as reflected in the Toleration Controversy, Berkeley 1960

R. Stauffer, La réforme 1517–1564, Paris ^{4}1988

R. Taveneaux, Le catholicisme dans la France classique 1610–1715, 2 Bde., Paris 1980

R. Taveneaux, Jansénisme et prêt à l'interêt, Paris 1977

R. Taveneaux, La vie quotidienne des jansénistes. Paris 1973

P. de Vaissière, Curis de campagne de l'ancienne France, Paris 1933

D. Vidal, Miracles et convulsions jansénistes au XVIIIe siècle. Le mal et sa connaissance, Paris 1987

KULTUR, LITERATUR, KUNST

KULTUR UND WISSENSCHAFT

M. BENOIT, Les musiciens du roi de France 1661–1733, Paris 1982

G. BERGER (Hrsg.), Zur Geschichte von Buch und Leser in Frankreich des Ancien Régime. Beiträge zu einer empirischen Rezeptionsforschung, Rheinfelden 1985

G. BOLLÊME u. a., Livre et société dans la France du XVIIIe siècle. 2 Bde., Paris/Den Haag 1965/1970

L. W. B. BROCKLISS, French Higher Education in Seventeenth and Eighteenth Centuries: A Cultural History, Oxford 1987

D. G. CHARLTON, New Images of the Natural in France: A Study in European Cultural History (1750–1800), Cambridge 1984

R. CHARTIER, Lecture et lecteurs dans la France d'Ancien Régime, Paris 1987

R. CHARTIER u. a., L'éducation en France du XVIe au XVIIIe siècle, Paris 1976

M.-F. CHRISTOUT, Le ballet de cour au XVIIe siècle, Genf 1987

M. M. COMPÈRE, D. JULIA, Les collèges françaises, XVIe–XVIIIe siècles, Bd. 1: La France du Midi, Paris 1983

P. COSTABEL, L'enseignement classique au XVIIIe siècle: collèges et universités, Paris 1986

R. DARNTON, Der Mesmerismus und das Ende der Aufklärung in Frankreich, Frankfurt 1986 (frz. 1984)

R. DARNTON, Das große Katzenmassaker. Streifzüge durch die französische Kultur vor der Französischen Revolution, München u. a. 1989

G. DEMERSON (Hrsg.), Livres populaires du XVIe siècle, Paris 1987

L. FEBVRE, H.-J. MARTIN, L'apparition du livre, Paris 1958

W. FRIJHOF, D. JULIA, Ecole et société dans la France d'ancien régime. Quatre exemples. Auch, Avallon, Condom et Gisors, Paris 1975

F. FURET, J. OZOUF u. a., Lire et écrire. L'alphabétisation des Français de Calvin à Jules Ferry, 2 Bde., Paris 1977

CH. GILLISPIE, Science and polity in France at the end of the Ancien Régime, Princeton 1981

G. HUPPERT, Public Schools in Renaissance France, Urbana (Ill.) 1984

R. M. ISHERWOOD, Farce and fantasy. Popular entertainment in XVIIIth century Paris, New York 1986

H.-J. MARTIN, Le livre français sous l'Ancien Régime, Paris 1987

H. MARTIN, Livres, pouvoirs et société à Paris au XVIIe siècle. 1598–1701, 2 Bde., Genf 1969

J. Morange, J.-F. Chassaing, Le mouvement de réforme de l'enseignement en France 1760–1798, Paris 1974

R. Muchembled, Culture populaire et culture des élites dans la France moderne (XVe–XVIIe) siècles. Paris 1978

L.-H. Parias (Hrsg.), Histoire générale de l'enseignement et de l'éducation en France, Bd. 1: M. Rouche, Des origines à la Renaissance, Paris 1981; Bd. 2: F. Lebrun u. a., De Gutenberg aux Lumières, Paris 1981

D. T. Pottinger, The french book trade in the Ancien Régime 1500–1791, Cambridge (Mass.) 1958

J. Quéniart, Culture et société urbaines dans la France de l'Ouest au XVIIIe siècle, Paris 1978

D. Roche, Literarische und geheime Gesellschaftsbildung im vorrevolutionären Frankreich: Akademien und Logen, in: Lesegesellschaften und bürgerliche Emanzipation. Ein europäischer Vergleich, München 1981

D. Roche, Les Républicains des lettres. Gens de culture et Lumières au XVIIIe siècle. Paris 1988

D. Roche, Le siècle des Lumières en province. Académies et académiciens provinciaux 1680–1789, 2 Bde., Paris/Den Haag 1978, Paris ²1989

J. H. M. Salmon, Renaissance and Revolt. Essays in the intellectual and social history of early modern France, Cambridge 1987

G. Snyders, La pédagogie en France aux XVIIe et XVIIIe siècles, Paris 1965

S. Suchanek-Fröhlich, Kulturgeschichte Frankreichs, Stuttgart 1966

H. K. Weinert, Die Kultur Frankreichs (Handbuch der Kulturgeschichte, 2. Abt., Bd. 14), Wiesbaden 1976

KUNST

R. Bacu, Il settecento francese, Mailand 1971 (frz. Paris 1976)

Y. Bottineau-Fuchs, L'art baroque, Paris 1986

F. Boucher, Ph. Jaccottet, Le dessin français au XVIIIe siècle, Lausanne 1952

A. Braham, The Architecture of the French Enlightenment. Berkeley/Los Angeles 1980

P. Cabanne, L'art du XVIIIe siècle, Paris 1987

A. Chatelet, J. Thuillier, La peinture française de Le Nain à Fragonard, Genf 1964

Ph. Conisbee, Painting in Eighteenth Century France, Oxford 1981

A. Corvisier, Arts et société dans l'Europe du XVIIIe siècle, Le Puy 1978

Th. E. Crow, Painters and public life in eighteenth century Paris, New Haven/London 1985

E. HUBALA (Hrsg.), Die Kunst des 17. Jahrhunderts, Berlin 1970 (Propyläen Kunstgeschichte Bd. 9)

G. KAUFMANN (Hrsg.), Die Kunst des 16. Jahrhunderts, Berlin 1970 (Propyläen Kunstgeschichte Bd. 8)

H. KELLER (Hrsg.), Die Kunst des 18. Jahrhunderts, Berlin 1971 (Propyläen Kunstgeschichte Bd. 10)

D. KOCKS, Kunst, in: Frankreich im 17. Jahrhundert. Eine Kölner Ringvorlesung, Köln 1983, S. 157–183

M. LEVY, W. KALNEIN, Art and Architecture of the Eighteenth Century France, Baltimore 1972

Louis XV. Un moment de perfection de l'art français, Paris 1974 (Ausstellungskatalog)

JEAN-LOUIS PRADEL (Hrsg.), La peinture française, Paris 1983

W. PRINZ, R. G. KECKS, Das französische Schloß der Renaissance: Form und Bedeutung der Architektur. Ihre geschichtlichen und gesellschaftlichen Grundlagen, Berlin 1985

B. TEYSSÈDRE, L'art au siècle de Louis XIV, Paris 1967

C. VERMEULE, European Art and the Classical Past, Cambridge 1964

D. WAKEFIELD, French Eighteenth Century Painting, London 1984

G. WEBER, Brunnen und Wasserkünste in Frankreich im Zeitalter von Louis XIV., Worms 1985

LITERATUR

P. ABRAHAM, R. DESNÉ (Hrsg.), Histoire littéraire de la France, 12 Bde., Paris 1974–1980

A. ADAM, Histoire de la littérature française au XVIIe siècle, 5 Bde., Paris 1948–1957

A. VON COSSART, Französische Renaissance. Französische Literatur im 16. Jahrhundert, Frankfurt/M. 1984

R. DARNTON, Literaten im Untergrund. Lesen, schreiben und publizieren im vorrevolutionären Frankreich, Frankfurt/M. 1988

G.-L. FINK, Francophilie et francophobie chez Frédéric II de Prusse, in: Revue d'Allemagne 18 (1986), S. 543–559

Französische Literatur im Zeitalter der Aufklärung. Gedächtnisschrift für Fritz Schalk, Frankfurt/M. 1983

J. GRIMM (Hrsg.), Französische Literaturgeschichte, Stuttgart 1989

E. KÖHLER, Vorlesungen zur Geschichte der französischen Literatur, 11 Bde., Stuttgart 1983–1987

M. Lazard, Images littéraires de la femme à la Renaissance, Paris 1985
J. von Stackelberg, Französische Literatur. Renaissance und Barock, Zürich 1984

STUDIEN ZUR REGIONALEN UND LOKALEN WIRTSCHAFTS- UND SOZIALGESCHICHTE

R. Baehrel, Une croissance: la Basse-Provence rurale de la fin du XVIe siècle – 1789. Essai d'économie historique statistique, Neudruck Paris 1988
R. Baehrel, Une croissance: la Basse-Provence rurale (fin du XIe siècle – 1789). Essai d'économie historique statistique, Paris 1961
J.-P. Bardet, Rouen aux XVIIe et XVIIIe siècles. Les mutations d'un espace urbain, 2 Bde., Paris 1983
Y.-M. Bercé, Histoire des Croquants, 2 Bde., Genf 1974
J. Berthelot du Chesnay, Les Prêtres séculiers en Haute-Bretagne au XVIIIe siècle, Rennes 1984
P. Bois, Les Paysans de l'Ouest. Des structures économiques et sociales aux options politiques depuis l'époque révolutionnaire, Paris 1960
G. Bouchard, Le Village immobile: Sennely-en-Sologne au XVIIIe siècle, Paris 1961
G. Cabourdin, Terre et hommes en Lorraine, 1550–1635, 2 Bde., Nancy 1977
C. Carrière, Négociants marseillais. Contribution à l'étude des économies maritimes, 2 Bde., Marseille 1973
C. Carrière, M. Courdurié, F. Rebuffat, Marseille, ville morte: la peste de 1720, Marseille 1968
N. Castan, Les Criminels du Languedoc. Les exigences d'ordre et les voies du ressentiment dans une société pré-révolutionnaire, 1750–1790, Toulouse 1968
N. Castan, Justice et répression en Languedoc à l'époque des Lumières, Paris 1980
Y. Castan, Honnêteté et relations sociales en Languedoc (1715–1750), Paris 1974
J. Cavignac, Jean Pellet, commerçant en gros, 1694–1772. Contribution à l'étude du négoce bordelais au XVIIIe siècle, Paris 1967
J. Chagniot, Paris et l'armée au XVIIIe siècle, Paris 1984
P. Chaunu, La Mort à Paris, XVIe, XVIIe et XVIIIe siècles, Paris 1978
G. Chaussinand-Nogaret, Les Financiers de Languedoc au XVIIe siècle, Paris 1970

A. COCHIN, Les Sociétés de pensée et la révolution en Bretagne 1788–1789, Paris 1925

J.-M. CONSTANS, Nobles et paysans en Beauce aux XVIIe et XVIIIe siècles, Lille 1981

M. CORDURIÉ, La Dette des collectivités publiques à Marseille au XVIIIe siècle. Du débat sur le prêt à intérêt au financement par l'emprunt, Paris 1974

A. CORVOL, La Forêt en Bourgogne aux XVIIe et XVIIIe siècles, Paris 1984

A. CROIX, La Bretagne aux XVIe et XVIIe siècles. La vie, la mort, la foi, 2 Bde., Paris 1981

M. COUTURIÉ, Recherches sur les structures sociales de Châteaudun, 1525–1789, Paris 1969

P. DEYON, Étude sur la société urbaine au XVIIe siècle: Amiens, capitale provinciale, Paris 1967

J. DUPÂQUIER, La Propriété et l'exploitation foncières à la fin de l'Ancien Régime dans le Gâtinais septentrional, Paris 1957

J. DUPÂQUIER, La Population rurale du Bassin Parisien à l'époque de Louis XIV, 2 Bde., Paris 1977/1979

G. DURAND, Vin, vigne et vignerons en Lyonnais et Beaujolais (XVIe et XVIIIe siècles), Lyon 1979

Y. DURAND, Vivre au pays au XVIIIe siècle. Essai sur la notion de pays dans l'ouest de la France, Paris 1984

L. FEBVRE, Philippe II et la France-Comté. Étude d'histoire politique, religieuse et sociale, Paris 1912 (Neudruck 1972)

J. FERTÉ, La vie religieuse dans les campagnes parisiennes (1622–1695), Paris 1961

M. FOISIL, La révolte des Nu-pieds et les révoltes normandes de 1639, Paris 1970

M. FOISIL, Le Sire de Gouberville, Paris 1981

G. FRÊCHE, Toulouse et la région Méditerranée-Pyrénées au siècle des Lumières, 1670–1789, Paris 1974

H. FRÉVILLE, L'Intendance de Bretagne, 3 Bde., Rennes 1953

M. GARDEN, Lyon et les Lyonnais au XVIIIe siècle, Paris 1970

R. GASCON, Grand commerce et vie urbaine au XVIe siècle. Lyon et ses marchands, environs de 1520 – environs de 1580, Paris 1971

P. GAXOTTE, Paris au XVIIIe siècle, Paris/Grenoble 1968

P. GOUBERT, Beauvais et le Beauvaisis de 1600 à 1730. Contribution à l'histoire rurale de la France du XVIIe siècle, Paris 1960

M. GRESSET, Gens de justice à Besançon, 1679–1789, Paris 1978

J.-P. GUTTON, La Société et les pauvres. L'exemple de la généralité de Lyon, 1534–1789, Paris 1969

C. Huetz de Lemps, Géographie du commerce de Bordeaux à la fin du règne de Louis XIV, Paris 1975

J. Jacquard, La Crise rurale en Île-de-France, 1550–1670, Paris 1974

M. Lachiver, La vigne et les vignerons à l'ouest de Paris aux XVIIe et XVIIIe siècles, Pontoise 1982

M. Lachiver, La population de Meulan du XVIIe au XIXe siècle (vers 1600–1870). Étude de démographie historique, Paris 1969

F. Lebrun, Les Hommes et la mort en Anjou aux XVIIe et XVIIIe siècles. Essai de démographie et de psychologie historiques, 2 Bde., Paris 1971

G. Lefebvre, Études orléanaises. Contribution à l'étude des structures sociales à la fin du XVIIIe siècle, Paris 1962

G. Lefebvre, Les Paysans du Nord pendant la Révolution française, 2 Bde., Paris 1924

G. Lefebvre, Cherbourg à la fin de l'Ancien Régime et au début de la Révolution, Caen 1965

P. Léon, La naissance de la grande industrie en Dauphiné (fin du XVIIe siècle–1869), Paris 1953

E. Le Roy Ladurie, Les Paysans du Languedoc, 2 Bde. Paris/Den Haag 1960 (dt.: Die Bauern des Languedoc, Stuttgart 1983)

E. Le Roy Ladurie, Le Carnaval de Romans, de la Chandeleur au mercredi des Cendres (1579–1580), Paris 1979 (dt.: Karneval in Romans. Von Lichtmeß bis Aschermittwoch 1579–1580, Stuttgart 1982)

G. Livet, L'Intendance d'Alsace sous Louis XIV (1648–1715), Strasbourg 1956

A. Lottin, Vie et mentalité d'un Lillois sous Louis XIV, Paris 1968

M. Ménard, Mille retables de l'ancien diocèse du Maine, Paris 1980

L. Merle, La Métaierie et l'évolution agraire de la Gâtine poitevine de la fin du Moyen Age à la Révolution, Paris 1950

J. Meyer, L'Armement nantais dans la deuxième moitié du XVIIIe siècle, Paris 1969

J. Meyer, La Noblesse bretonne au XVIIIe siècle, 2 Bde., Paris 1966

E. Mireaux, Une province française au temps du grand roi: la Brie, Paris 1958

A. Molinier, Stagnations et croissance. Le Vivarais aux XVIIe et XVIIIe siècles, Paris 1985

R. Mousnier, Paris capitale au temps de Richelieu et de Mazarin, Paris 1978

R. Mousnier, Recherches sur la stratification sociale à Paris aux XVIIe et XVIIIe siècles, Paris 1976

J. Nicolas, La Savoie au XVIIIe siècle. Noblesse et bourgeoisie, 2 Bde., Paris 1978

C. Nières, La Reconstruction d'une ville au XVIIIe siècle: Rennes, 1720–1760, Rennes 1972

C. Nières, Y. Garlan, Les Révoltes bretonnes de 1675. Papier timbré et bonnets rouges, Paris 1975

L. Perouas, Le Diocèse de La Rochelle de 1648 à 1724. Sociologie et Pastorale, Paris 1964

J.-C. Perrot, Genèse d'une ville moderne: Caen au XVIIIe siècle, 2 Bde., Paris 1975

R. Pillorget, Les Mouvements insurrectionnels de Provence entre 1596 et 1715, Paris 1975

A. Plaisse, La Baronnie du Neufbourg, Paris 1961

J.-P. Poussou, Bordeaux et le Sud-Ouest au XVIIIe siècle. Croissance économique et attraction urbaine, Paris 1983

J. Queniart, Culture et sociétés urbaines dans la France de l'Ouest au XVIIIe siècle, 2 Bde., Lille 1977

O. Ranum, Les Parisiens du XVIIe siècle, Paris 1973

D. Roche, Jacques-Louis Ménétra, compagnon vitrier au XVIIIe siècle, Paris 1982

D. Roche, Le Siècle des Lumières en province. Académies et académiciens provinciaux, 1680–1789, 2 Bde., Paris 1978

D. Roche, Le Peuple de Paris, Paris 1982

G. Roupnel, Les Populations de la ville et de la campagne dijonnaise au XVIIe siècle, Paris 1922

G. Sabatier, Le vicomte assailli, économie rurale, seigneurie et affrontements sociaux en Languedoc des montagnes (Velay, Vivarais, Gevaudan) aux XVIIe et XVIIIe siècles, Grenoble 1988

P. de Saint-Jacob, Les Paysans de la Bourgogne du Nord au dernier siècle de l'Ancien Régime, Paris 1960

P. de Saint-Jacob, Documents relatifs à la communauté villageoise en Bourgogne du milieu du XVIIe siècle à la Révolution, Paris 1962

H. Sée, Les Classes rurales en Bretagne du XVIe siècle à la Révolution, Paris 1906

PERSONENREGISTER

ORTSREGISTER